TGCR

长江三峡工程文物保护项目报告

乙种第十七号

奉节宝塔坪

重庆市文物局　重庆市移民局　编

科学出版社

内 容 简 介

本书属于三峡库区考古发掘专题报告。重庆市奉节县宝塔坪2000～2005年发掘所得遗存以墓葬为主，有战国、两汉、蜀汉、两晋、南朝、唐、宋、明代的墓葬，其中以唐宋墓数量最多，另外还发现了唐宋建筑遗址，这些为研究三峡历史增添了丰富的考古资料。2001年发掘的唐墓中有乌银下颌托，是我国首次发现的乌银工艺制品，是研究唐宋葬俗和与中亚文化交流的珍贵资料。

本书适用于从事考古、文物、冶金史、古建的研究者和相关人员阅读。

图书在版编目(CIP)数据

奉节宝塔坪/重庆市文物局，重庆市移民局编．—北京：科学出版社，2010

（长江三峡工程文物保护项目报告）

ISBN 978-7-03-028524-9

Ⅰ．①奉…　Ⅱ．①重…②重…　Ⅲ．①文化遗址－发掘报告－奉节县　Ⅳ．①K878.05

中国版本图书馆CIP数据核字（2010）第153463号

责任编辑：闫向东　宋小军／责任校对：赵桂芬

责任印制：赵德静／封面设计：陈　敬

科学出版社 出版

北京东黄城根北街16号

邮政编码：100717

http://www.sciencep.com

中国科学院印刷厂 印刷

科学出版社发行　各地新华书店经销

*

2010年8月第　一　版　　开本：A4（880×1230）

2010年8月第一次印刷　　印张：24 1/4　插页：35

印数：1—1 500　　字数：646 000

定价：258.00元

（如有印装质量问题，我社负责调换）

Reports on the Cultural Relics Conservation
in the Three Gorges Dam Project
B(site report) Vol.17

TGCR

The Baotaping Site in Fengjie, Chongqing

Cultural Relics and Heritage Bureau of Chongqing
&
Resettlement Bureau of Chongqing

Science Press

长江三峡工程文物保护项目报告

乙种第十七号

《奉节宝塔坪》

主　编

冯恩学

副主编

魏　东　王培新

项目承担单位

吉林大学边疆考古研究中心
重庆市文化局
奉节县白帝城文物管理所

本项目研究得到2005年度教育部人文社会科学研究专项任务项目的支持（项目号：05JD770035）

目　　录

插图目录

彩版目录

图版目录

第一章　绪　　论

一、遗址文化地理环境

（一）遗址的地理环境

宝塔坪遗址，位于重庆市奉节县永安镇窑湾村，在长江北岸山坡上，东经109°32′33″，北纬31°02′36″（图一）。三峡移民之前，宝塔坪的居民行政隶属于奉节县永安镇窑湾村；三峡移民之后，窑湾行政村取消，在高处新迁建的居民区称为奉节县鱼复开发区。

奉节之名，是唐贞观二十三年（公元649年），为旌表诸葛亮“托孤寄命，临大节而不可夺”的品质而更改。奉节老县城位于瞿塘峡口之西今奉节县永安镇，处在梅溪河汇入长江口的西岸。奉节古称鱼复，蜀汉时改称永安（传说为西蜀永安宫地）。永安镇东十三里即著名的白帝山，上有白帝城。宝塔坪墓葬群就位于梅溪河之东。宝塔坪为一山冈的名称，因山冈上有一座清嘉庆二十三年（1819年）修筑的耀奎塔而得名（彩版一，1、2）。站在古塔下的遗址高处，向东眺望可见雄伟的三峡起点——夔门，向西俯视则奉节老县城尽收眼底，脚下的江边滩地即为著名的鱼复浦，是一块长2500米，宽800米的碛石沙滩，当地相传诸葛亮入川时，曾在此聚石为堆，设置八阵图。宝塔坪遗址则包括宝塔坪台地及其以西的3座山坡。2002年6月奉节县在宝塔坪设立白帝城风景区，把奉节古城城门“依斗门”搬迁到宝塔下的山坡，在遗址的西部山坡修建了三峡第一个旅游电梯码头。

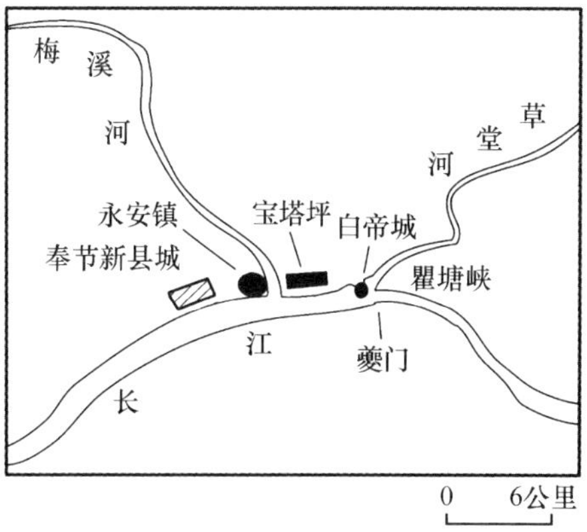

图一　宝塔坪位置示意图

长江三峡，西起重庆市奉节县的白帝城，东至湖北省宜昌市的南津关，全长192.3公里。向东奔腾的江水切开了七耀山、巫山和黄陵三个背斜构造，形成了雄伟险峻的瞿塘峡、幽深秀丽的巫峡和滩多流急的西陵峡三段峡谷。瞿塘峡西起白帝城下的夔门，东止大溪，长8公里。巫峡西起巫山县城东的大宁河口，东到湖北省巴东县的官渡口，全长45公里。西陵峡西起秭归县香溪口，东至宜昌市南津关。三段峡谷之间是较为开阔的两个宽谷，即大宁河宽谷、香溪宽谷。西陵峡全长66公里，是长江三峡中最长的峡。西陵峡内有庙南宽谷，把西陵峡分为东、西两部分。三峡大坝修筑在庙南宽谷中的三斗坪。

随着三峡水库的修建，“三峡”一词的地理含义也发生了变化。三峡水库的淹没区西过重庆港，东西长达600余公里，是真正三峡长度的3倍多。目前人们普遍使用的“三峡”经常是指三峡水库，如三峡移民、三峡考古等。而我们发掘的宝塔坪遗址位于三峡峡谷门外，东与白帝城为邻，地势较开阔，属于三峡水库的淹没区和迁建区。

奉节境内山地面积占总面积的88.3%，中山（海拔1000米以上）占总面积80.01%，最高海拔吐祥猫儿梁为2123米，三峡工程蓄水前最低海拔瞿塘峡口为86米。奉节北部为大巴山南麓的一部分，东部和南部为巫山和七曜山的一部分，长江横切七曜山形成著名的瞿塘峡。地貌总体为东南、东北高而中部偏西稍平缓，南北约为对称分布，以长江为对称轴，离长江越远海拔越高，有少量平缓河谷平坝。境内长江干流41.5公里，有梅溪河、草堂河、大溪河、石笋河、朱衣河等主要河流。

奉节属中亚热带湿润季风气候，春早、夏热、秋凉、冬暖，四季分明，无霜期长，雨量充沛，日照时间长。境内山高谷深，海拔高度变化很大，受地形地貌影响，垂直变化较为明显，形成典型的立体气候。年均气温海拔低于600米的地区为16.4℃，600～1000米的地区为16.4℃～13.7℃，1000～1400米的地区为13.7℃～10.8℃，高于1400米的地区，低于10.8℃。极端最高气温为39.8℃，极端最低气温为－9.2℃。无霜期年均287天，年平均降水量1132毫米，常年日照时数为1639小时。奉节是农业县，大宗农产品有稻谷、玉米、红苕、洋芋、小麦、油菜、蚕茧、芝麻、烟叶、蔬菜、药材、水果、茶叶等。境内森林覆盖率约18.2%，主要树种有光皮桦、马尾松、华山松、杉木、柏木和栎类等。

三峡是四川重庆地区通往长江中下游平原的黄金水道，其特殊的地理优势成为四川盆地与长江中下游平原文化交流的主要通道，峡江两岸留下丰富的古代遗迹、遗物。奉节县地处四川盆地东部，是重庆直辖市的东大门，东邻巫山县，南界湖北恩施，西连云阳县，北接巫溪县，是陕南、渝东、鄂西和湘北最便捷的水上出口通道，更是连接湘鄂渝陕南北经济走廊的枢纽。

（二）奉节的历史沿革

从旧石器时代起，本地区就有人类的足迹。与宝塔坪遗址一路之隔的渔腹浦遗址就是一个旧石器时代开始有人类活动的遗址。新石器时代，在奉节县发现了多处遗址，如老关庙遗址、新浦遗址。

西周初年，这里是巴国的属国夔子国领地，名鱼邑。

春秋战国时期，瞿塘峡成了楚、秦、巴、蜀四国争夺的要地。周襄王十八年（公元前634年）楚灭夔子国，夔并为楚庸国的鱼邑。周匡王二年（公元前611年），庸叛楚，楚联巴、秦共同灭亡庸国。庸国一分为三，鱼邑重归于巴国。

公元前316年秦并吞巴国。周郝王元年（公元前314年），秦在原巴国地建巴郡，并在鱼邑建鱼复县，它是中国历史上最古老的县城之一。

汉高祖五年（公元前202年）平定巴、蜀，沿用秦的建制。汉武帝元封五年（公元前106年），全国设13个刺史部，鱼复属益州刺史部的巴郡，并设江关都尉。西汉末年，公孙述在四川称帝，修筑了白帝城。汉献帝兴平元年（公元194年），刘璋分巴郡为三郡，鱼复属固陵郡。

三国鼎立时，刘备在章武二年（公元222年）将鱼复县改为永安县。

西晋泰始二年（公元266年）分益州置梁州，永安属梁州的巴东郡。太康元年（公元280年）

恢复鱼复县名。惠帝永兴元年（公元304年）划巴东郡属荆州。

南朝宋明帝泰始五年（公元469年），分荆州、益州五郡，置三巴校尉，治地白帝城。萧梁普通五年（公元523年）分梁州置信州，治白帝城。以分鱼复县西南和朐忍东部，新增设了阳口县。西魏废帝三年（公元554年）改鱼复为人复县。北周明帝二年（公元558年），升信州为总管府；分巴东郡置永安郡，治人复县；废阳口县，其东部地区归还人复。天和元年（公元566年），在永安宫南建城，并迁州、郡、县治为一地。宣政元年（公元576年），将治地迁回白帝城。

隋开皇三年（公元583年），拆永安郡，人复隶属信州总管府。六年，置山南道行台尚书省，信州为其属州。大业三年（公元607年），将信州改置巴东郡，人复为其首县。

唐武德元年（公元618年），废巴东郡复置信州。二年（公元619年）改信州为夔州，并设总管府于白帝城。贞观十四年（公元640年），改夔州总管府为夔州都督府。二十三年（公元649年），为旌表蜀国丞相诸葛亮奉刘备“托孤寄命，临大节而不可夺”的忠君爱国品质，改人复为奉节县，为州治。

唐开元二十一年（公元733年），分山南道为山南东、西两道。天宝元年（公元742年）废州置云安郡，隶属山南东道，奉节为其属县。乾元元年（公元758年），改云安郡为夔州。五代时，州、县建置无改变。

宋朝时，分四川为益州、梓州、利州、夔州四路。夔州路辖数十县，治白帝城。景德二年（1005年），将路、州、县治迁至梅溪边的奉节县城。

元中统三年（1262年），全国建置行中书省，奉节属陕西四川行中书省。

至元十五年（1278年），设夔州路总管府于奉。十八年，分陕西四川行省置四川行省，奉节为其属县。

明洪武四年（1371年），降夔州路为府。九年（1376年）又降为州。拆奉节县入夔州，隶重庆府。十四年（1381年）又升夔州为府，复设奉节县。

清康熙六年（1667年），把大宁县（今巫溪）划入奉节县。雍正七年（1729年）恢复大宁县。嘉庆七年（1802年）在府上设道，夔州隶川东道。宣统三年（1911年）奉节县革命党人杀死县官，同年十月初六宣布独立。

民国元年（1912年）废除道制，奉节仍属夔州府。民国二年，复道废府、州、厅，奉节隶川东道。民国七年（1918）撤销道，奉节直隶四川省府。民国二十四年（1935），四川划为18个行政督察区，奉节属第九行政督察区。

1949年12月3日，中国人民解放军唐山部队371团入城，奉节和平解放，隶属于万县地区行政公署。1993年属万县市，后来直属重庆直辖市①。

二、遗址的分区与发掘工作概况

宝塔坪遗址南临长江，遗址南边缘有奉节县城—白帝城的老公路通过（海拔135～140米），公路以下属于鱼复浦遗址。宝塔坪的北部，建设了新的公路及新城区。奉节—白帝城的新公路就

① （清）曾秀翘修，杨德坤等纂：《奉节县志》，（清）光绪十九年（1893）刻本。袁东山：《永安镇遗址的发掘及永安宫故址考》，《重庆2001三峡文物保护学术研讨会论文集》，科学出版社，2003年。

由此通过，并将原来相连的山体截断，使得宝塔坪呈现为椭圆形的山顶（海拔202米）。

宝塔坪遗址的规划面积很大，从东向西横跨四个大的山体坡面，本报告依据自然山坡地形的分布，从东向西依次编为Ⅰ区、Ⅱ区、Ⅲ区、Ⅳ区。其中Ⅰ区是宝塔所在台地及周围的山坡，遗迹最丰富，根据地面的道路、建筑物和地形情况，在发掘过程中又先后分为9个小的发掘区（图二）。

该墓群于1992年5月发现，当年调查时已暴露的汉代、宋代砖室墓达百余座。1993年进行复查并发掘40平方米，清理了2座汉代墓葬。1994年试掘320平方米，清理汉代墓葬4座，并采集到可能为隋唐时期的半浮雕式莲花纹墓砖。通过勘探了解到，墓葬主要分布在宝塔坪的南坡和山顶，三峡水库最高水位线是海拔175米，在175米以上区域墓葬分布密集。墓区内因修建公路、修筑梯田、建筑房屋以及盗掘等原因，已对墓葬造成了极大的破坏。

对于奉节宝塔坪唐宋墓地的正式发掘是从2000年开始的，此后在2001、2003、2004和2005年分别又进行了四次发掘，五次发掘工作都是由吉林大学边疆考古研究中心、重庆市文化局和奉节县白帝城文物管理所完成。本报告是对这五次发掘的资料进行报道。

第一次发掘为2000年10月至2001年1月，发掘区选在第Ⅰ区的西南坡，属于梯田。以一条羊肠小路为界，分为2个发掘区（图二），小路之北到变电所大路之间为第1小区（年度简报的前言称为“第Ⅰ区”），此小区地势较缓（彩版一，2）。小路之南为第2小区（年度简报的前言称为“第Ⅱ区”），地势较陡峻。总发掘面积为2008平方米，共清理墓葬89座，时代分别为战国、汉、唐、宋，其中唐宋墓葬特别密集（图三、图四）。发掘领队王培新，参加发掘工作的有奉节县白帝城文管所余卫东和吉林大学98级博物馆专业学生10人。吉林大学教师吕军负责编写了唐宋墓葬的简报。

第二次发掘为2001年9～12月。对遗址进行分区调整，从东向西把4个大山坡划为分4个大区，用罗马数字表示，大区之下分小区，用阿拉伯数字表示。本次发掘在第Ⅰ区、第Ⅱ区、第Ⅲ区进行。第一阶段队员分3组发掘。第一组在第1小区的2000年发掘区之东、西两侧分别布方发掘，第二组在第2小区2000年度发掘区的东侧布方，发掘到的墓葬很少，确定已经到了唐宋墓地的东边和南边。第三组在第3小区布方发掘（位于变电所的院子到环绕的大路之间），发掘到唐宋墓葬排列密集，我们判断第3小区墓葬和第1小区、第2小区的唐宋墓地属于一个墓地。第二阶段开始在第4小区（当地俗称“华佗咀”的山冈脊背，地势平坦）发掘，在这里不仅有墓葬，还发掘到建筑遗迹。随后在第5、6、7、8小区发掘，规模都很小，空方较多，收获不大，但确定出唐宋墓地的西南边、南边，同时还认识到墓地向东北分布到变电所之北（彩版一，1；彩版二）。这些遗迹分布及所在探方见图五～图一一。发掘后期还在第Ⅱ区、第Ⅲ区进行了发掘，第Ⅱ区没有发现遗迹，第Ⅲ区收获甚微（图一二、图一三）。第二次发掘总发掘面积为4000平方米，清理墓葬96座，时代分别为东汉、两晋、唐、宋、明；唐宋建筑遗迹12个。发掘领队冯恩学，参加发掘工作的有吉林大学魏东和99级考古专业学生10人，奉节县白帝城文管所余卫东，黑龙江省双鸦山市文物管理站黄震亚，吉林省双辽博物馆邵海波，内蒙古乌盟博物馆李树国，吉林省群艺馆的孔蜀筠，延边博物馆张雪，磐石县文保所李秋虹。

第三次发掘为2003年10～12月。本年度在遗址的第Ⅰ区和第Ⅲ区发掘（图二）。分区、探方和遗迹编号接续第2次发掘的编号。总发掘面积2000平方米。共清理墓葬17座，时代属于战国、东汉、唐宋。另有时代不明的灰坑3座、灶1座。遗迹分布见图一四～图一八。发掘领队冯恩学，参加发掘工作的有吉林大学魏东，奉节县白帝城文管所余卫东，哈尔滨市博物馆的杜赤和李斌，黑龙江省双鸭山市文物管理站黄震亚，吉林省双辽博物馆邵海波，吉林市文物管理委员会刘力，内蒙古乌盟博物馆李树国等。

第四次发掘为2004年10～12月。发掘在第Ⅳ区。之前的三次发掘区主要围绕耀奎塔四周，以耀奎塔为墓群的发掘基点，随着发掘区的逐渐西移，与原来基点的距离渐远，为测量等工作带来很多不便，故本年度发掘区设立了分基点，其坐标为北纬109°32′195″，东经31°02′856″，海拔153米，划分为3个小发掘区（图一九）。总发掘面积为3000平方米。共清理墓葬24座，其中汉墓3座、南朝墓2座、唐墓1座，宋墓11座，由于盗扰严重难以推断时代的墓葬8座。遗迹分布见图二〇、图二一。发掘领队冯恩学，执行领队魏东，参加人员有白帝城文管所余卫东、吉林省双辽博物馆邵海波、内蒙古乌盟博物馆李树国等。

第五次发掘为2005年10～12月。发掘在第Ⅳ发掘区进行（图一九），延续了2004年的发掘工作，基点与2004年度的发掘基点相同。总发掘面积为2000平方米。共清理墓葬17座，其中战国墓1座，汉墓1座，六朝墓2座，宋墓3座，明清墓7座，由于盗扰严重难以推断时代的墓葬3座。另发现灰坑3个，灰沟一条，砖石圈4个，建筑排水系统1处。遗迹分布见图二二～图二五。发掘领队冯恩学，执行领队魏东，内蒙古乌盟博物馆李树国，吉林双辽博物馆邵海波，黑龙江双鸭山文管站黄震亚，湖北十堰博物馆黄玉洪，吉林大学2003级博物馆专业全体学生，硕士研究生张桦、周高亮。

对于宝塔坪墓群的发掘虽然所跨年度较多，但基本延续了一致的分区编号、探方编号和墓葬编号。

吉林大学边疆考古研究中心对宝塔坪遗址共进行过五次正式的考古发掘，其中2000年①、2001年②、2003年③的部分发掘资料已有简报发表。

三、报告编写体例

（1）本报告是吉林大学承担的五次发掘成果的总报告，按照发掘协议的要求，历年发掘都编写了年度发掘简报，发表在《重庆库区考古发掘报告集》的系列报告集内。

宝塔坪遗址的遗迹以墓葬为主，另有建筑遗迹及很少的灰坑、灰沟等。墓葬被盗扰严重，对其时代的判定带来很大困难。在章节的安排上，对于时代特征较明确的遗存，报告大致按时代将其划分为战国墓葬、汉至六朝墓葬、唐宋遗存、明清墓葬。对于时代不明的墓葬等遗迹，报告将其单列于后。

---

① 吉林大学考古学系、重庆市文化局、奉节县文物管理所：《奉节县宝塔坪墓群战国、汉代墓葬发掘报告》，《重庆库区考古报告集·2000卷》，科学出版社，2007年。吉林大学考古学系、重庆市文化局、奉节县文物管理所：《奉节宝塔坪墓群唐宋墓葬的发掘》，《重庆库区考古报告集·2000卷》，科学出版社，2007年。

② 吉林大学边疆考古研究中心、重庆市文化局、奉节县白帝城文物管理所：《奉节宝塔坪2001年度建筑遗迹发掘报告》，《重庆库区考古报告集·2001卷》，科学出版社，2007年。吉林大学边疆考古研究中心、重庆市文化局、奉节县白帝城文物管理所：《奉节宝塔坪遗址2001年汉晋墓葬发掘报告》，《重庆库区考古报告集·2001卷》，科学出版社，2007年。吉林大学边疆考古研究中心、重庆市文化局、奉节县白帝城文物管理所：《奉节宝塔坪2001年唐宋明清墓发掘报告》，《重庆库区考古报告集·2001卷》，科学出版社，2007年。

③ 吉林大学边疆考古研究中心、重庆市文化局、白帝城文物管理所：《奉节宝塔坪遗址2003年发掘简报》，《江汉考古》2005年第4期。

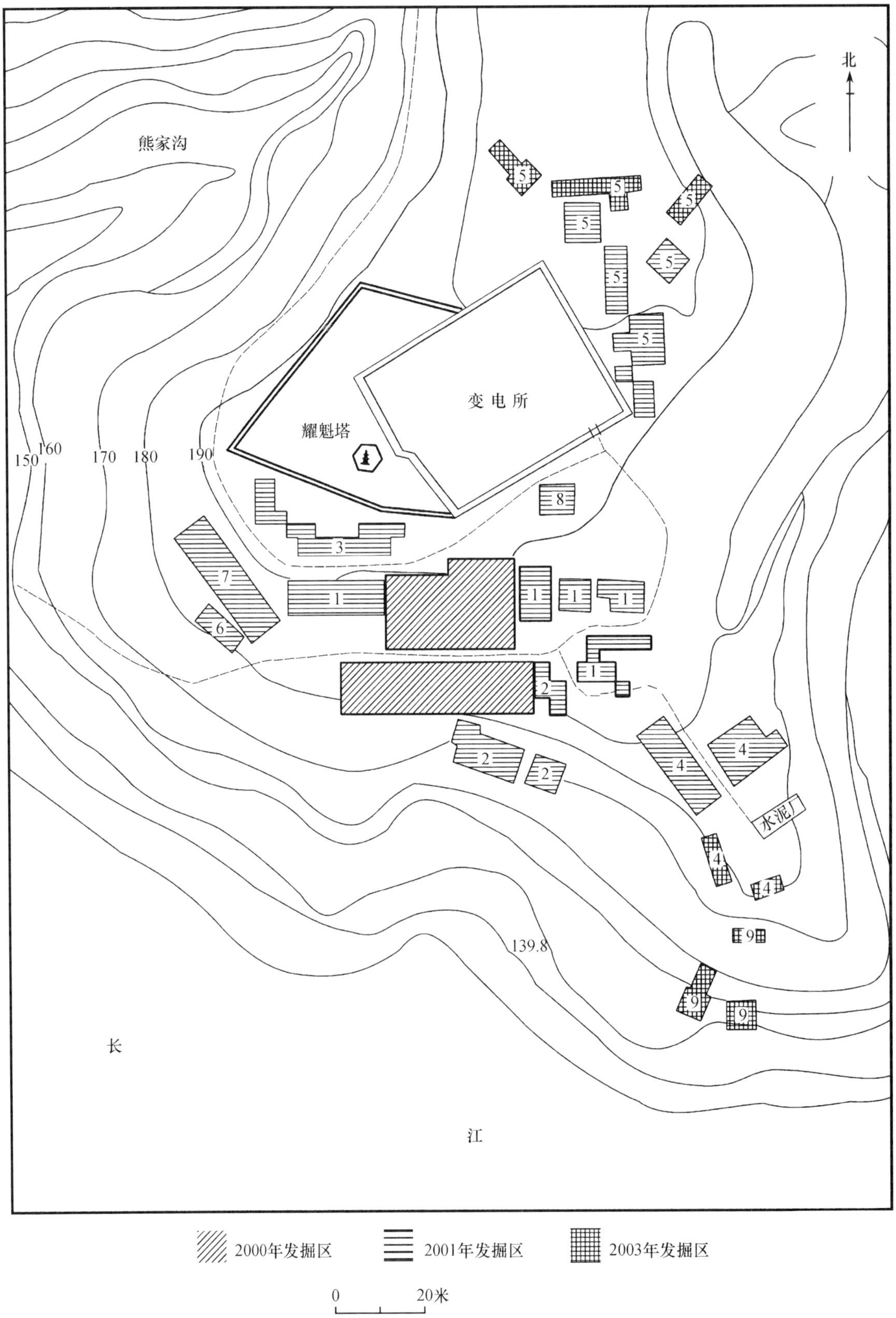

图二　宝塔坪第Ⅰ区地形与发掘区位置示意图

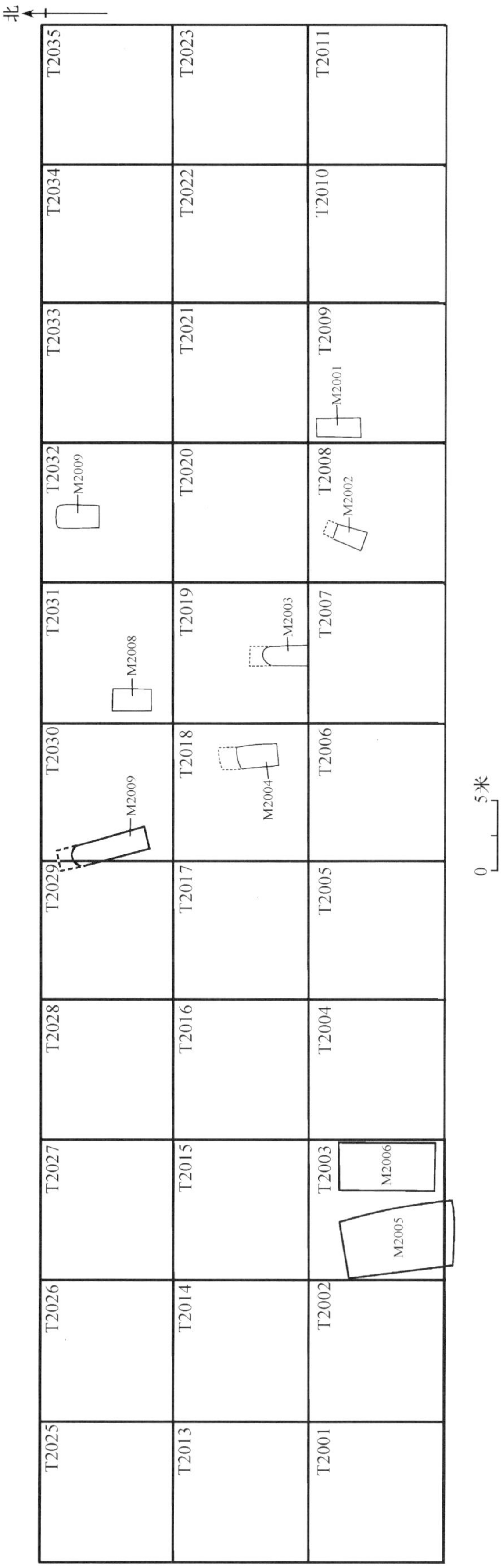

图四 第Ⅰ区2000年发掘第2小区的遗迹分布图

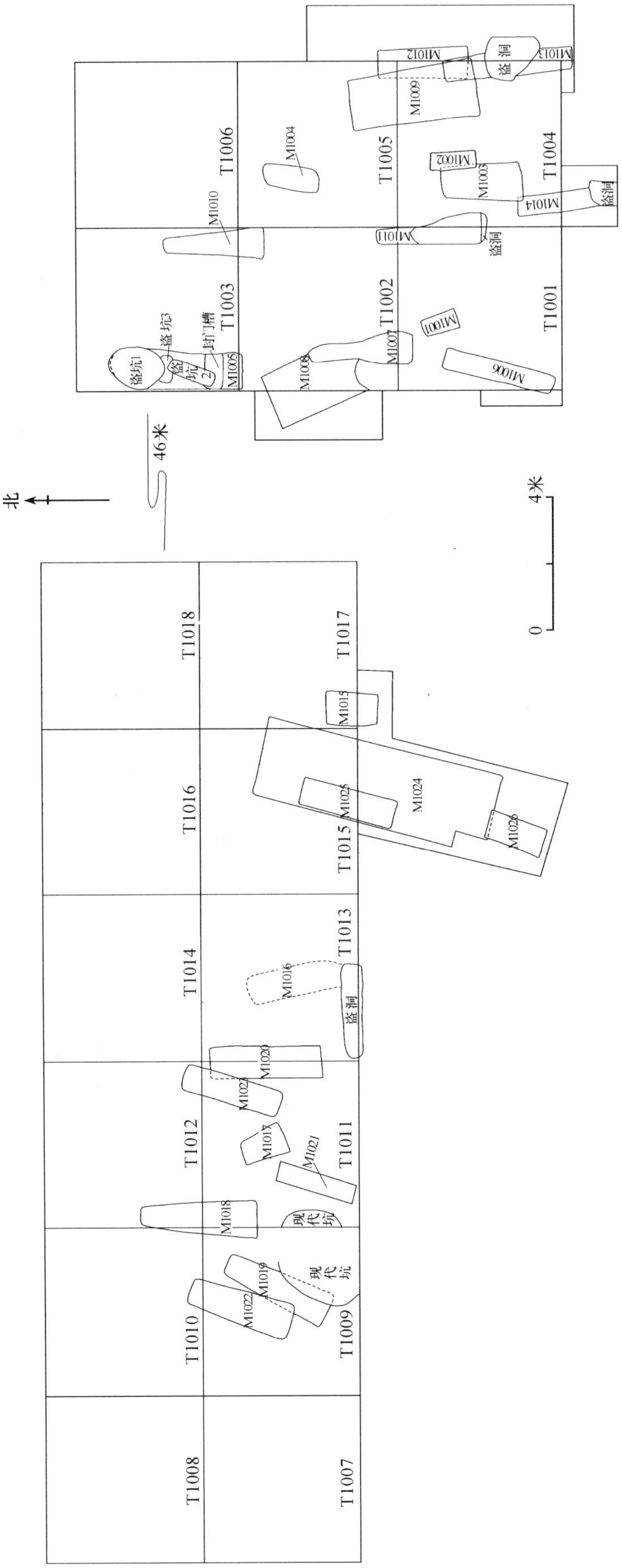

图五　第Ⅰ区2001年发掘第1小区的遗迹分布图

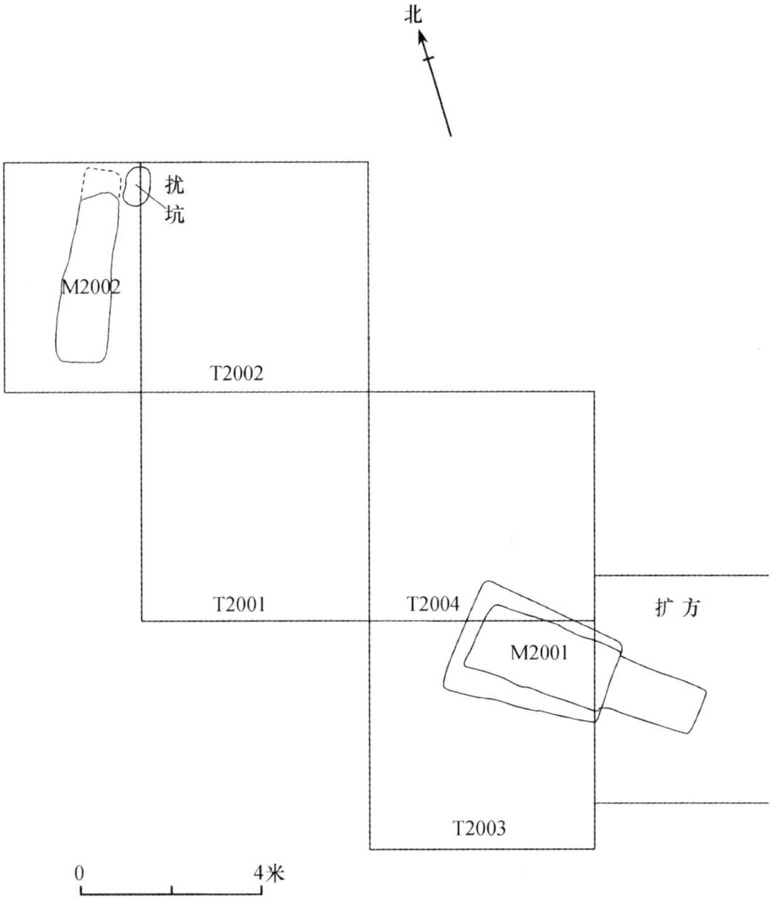

图六 第Ⅰ区 2001 年发掘第 2 小区的遗迹分布图

（2）遗迹一律按照单位发表资料，以便于读者利用。

（3）探方、墓葬编号方法：本报告的探方、墓葬编号由前缀和主干两部分组成。前缀包括发掘年份、大区号。主干是探方号和墓葬编号组成，原始编号中采用了 4 位数字分区编号法，即其 4 位数字中第 1 个数字是表示小区编号，后 3 为位数字表示顺序号，本报告沿用，并加上前缀。图示如下：

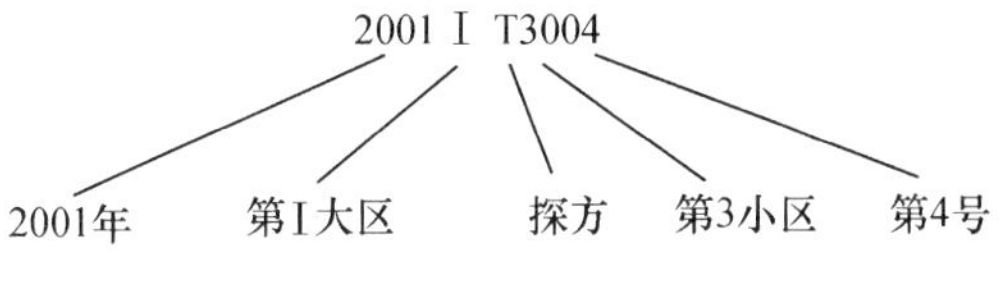

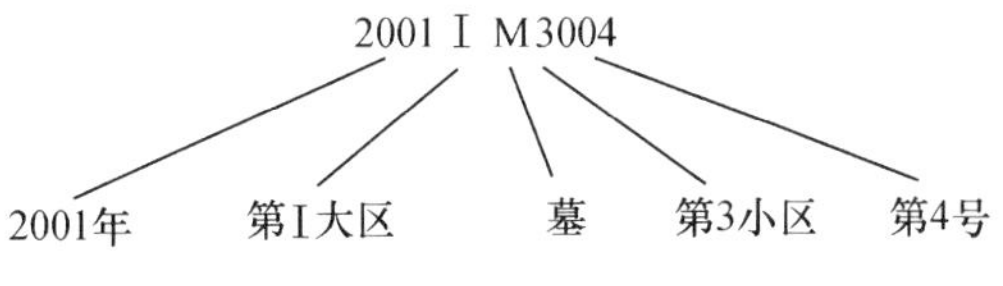

田野发掘期间的墓葬编号不同年度有部分重号现象，但年度号是不同的，请读者务必注意年度号。

第 1 次发掘仅在第Ⅰ大区的第 1 小区和第 2 小区进行（年度简报前言中的“第Ⅰ区”和“第Ⅱ区”实为本报告第Ⅰ区的“第 1 小区”和“第 2 小区”）。第 1 次发掘的原始编号中没有前缀年度

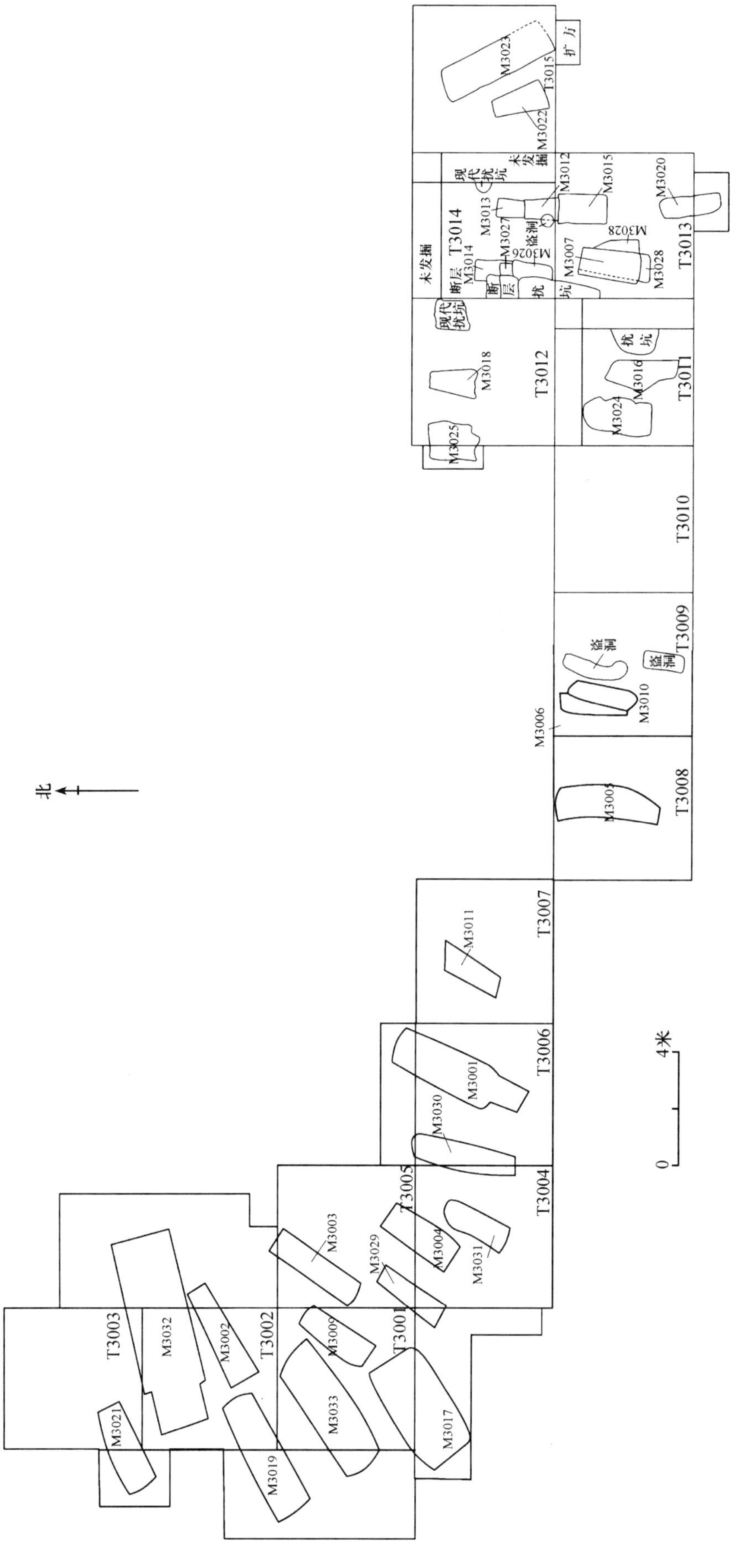

图七　第Ⅰ区2001年发掘第3小区的遗迹分布图

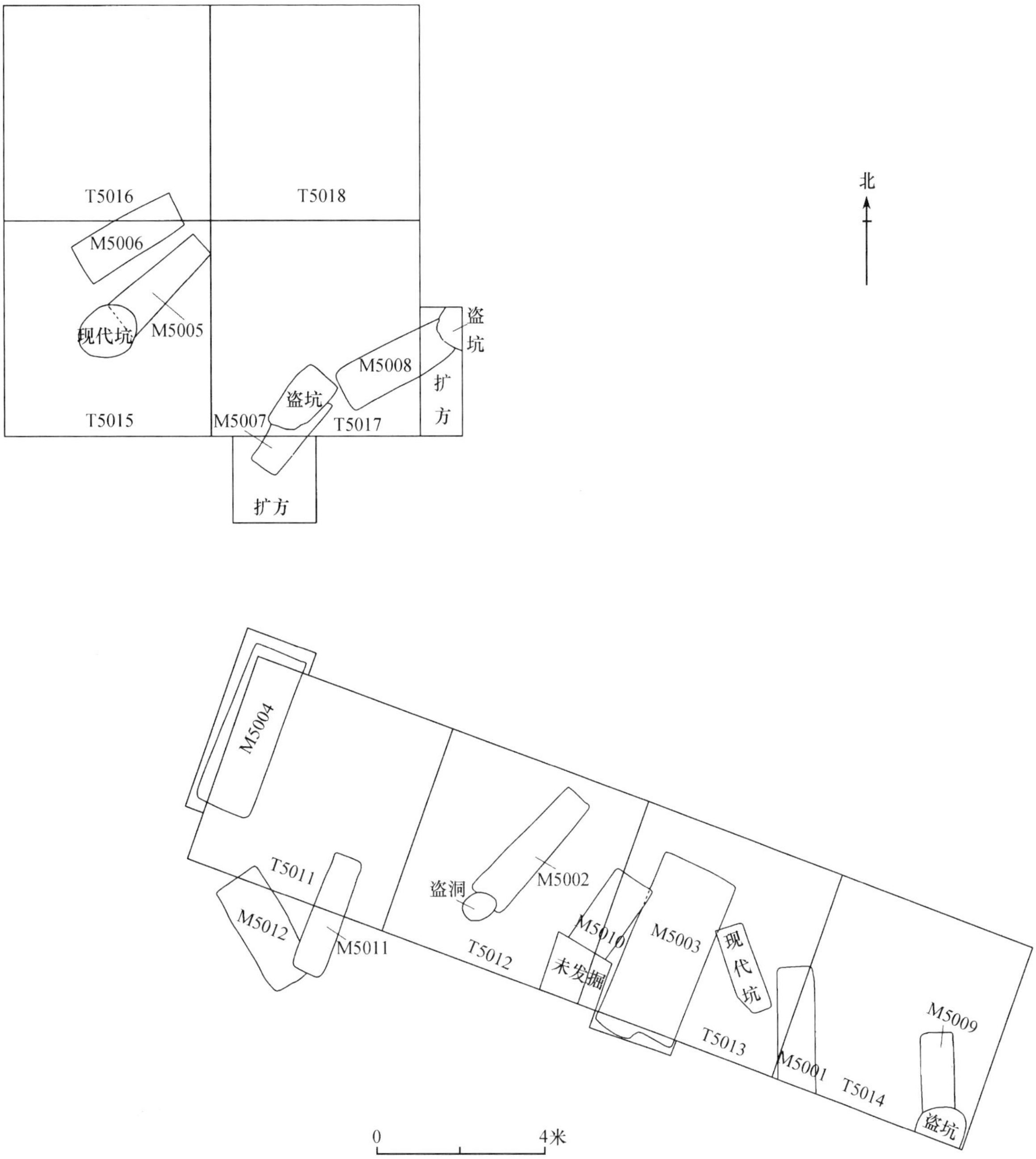

图九　第Ⅰ区2001年发掘第5小区的遗迹分布图

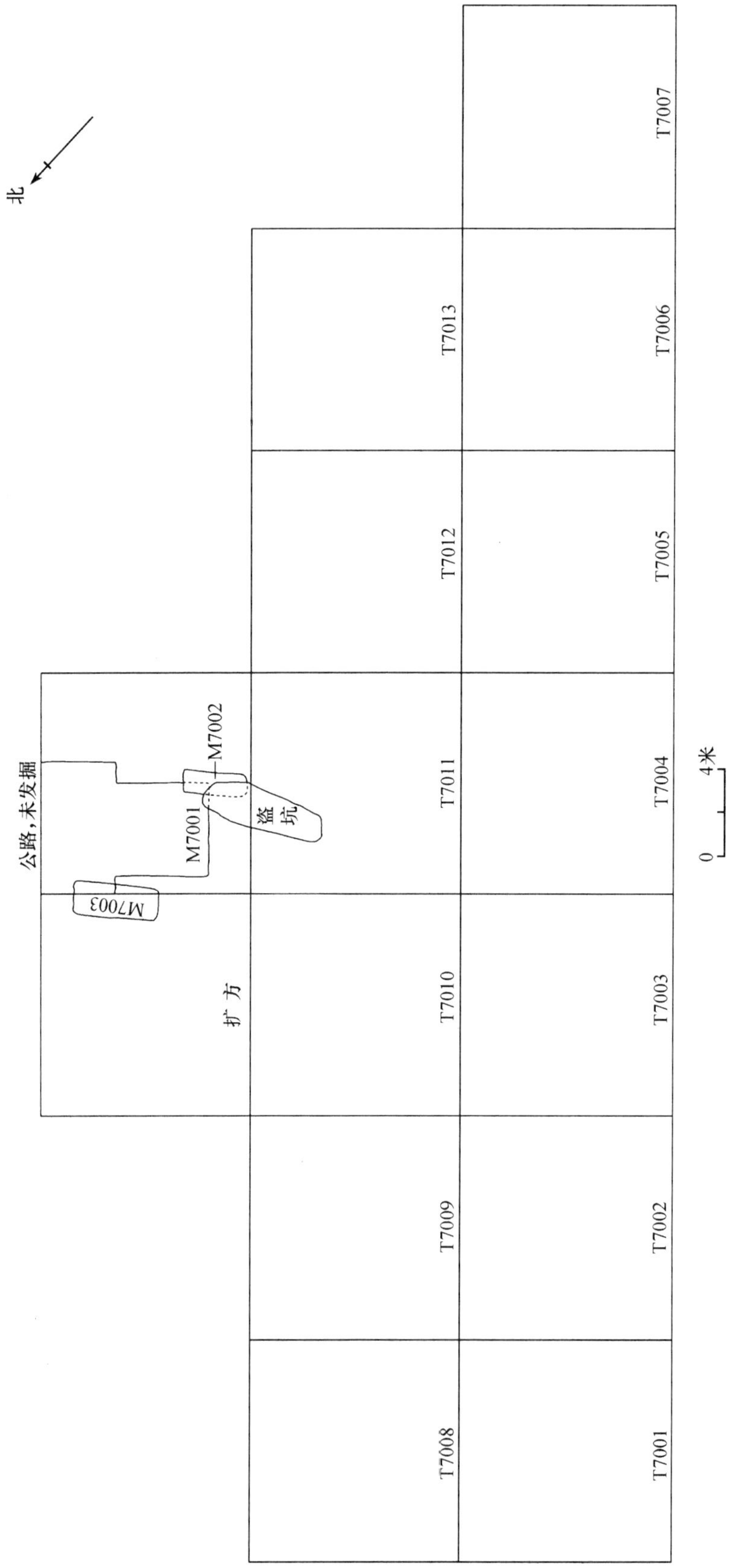

图一〇　第 I 区 2001 年发掘第 7 小区的遗迹分布图

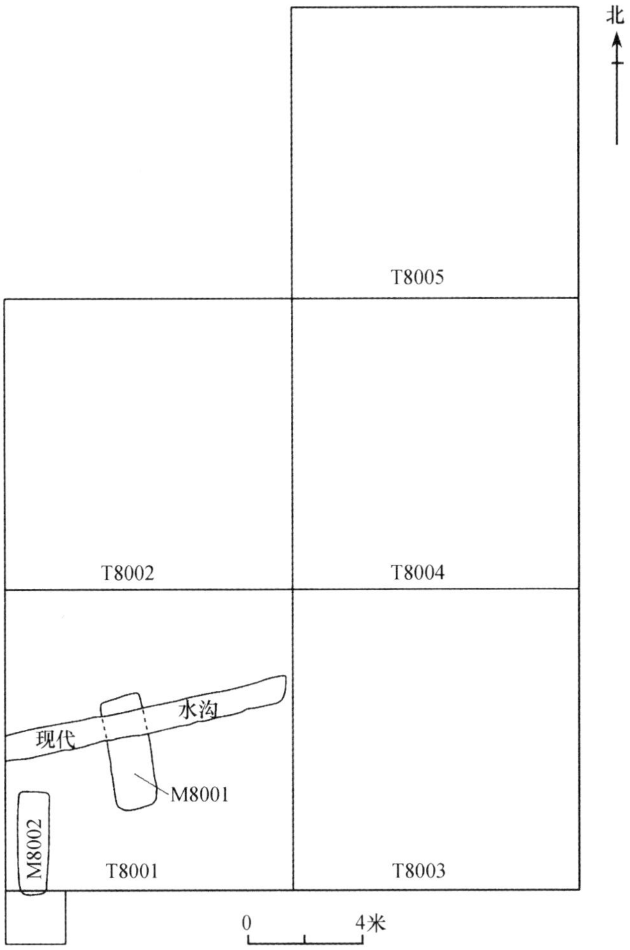

图一一 第Ⅰ区2001年发掘第8小区的遗迹分布图

号和大区的编号（Ⅰ区从1001开始顺序编号，如T1001、M1001；Ⅱ区从2001开始顺序编号，如T2001、M2001），本报告统一加前缀年度号和大区的编号。

2003年发掘的原始编号为2003ⅡM1004的汉墓，其实际分区位于第Ⅲ区，按照本报告的编号原则将此墓编号改为2003ⅢM1004。

（4）建筑遗迹编号方法：分两种情况。在2001年发掘的第Ⅰ区第4小区有少量建筑遗迹发现，发掘的原始编号中没有采用4位数字分区编号法，而是采用简洁的顺序数字法，本报告仍沿用原始编号，另加前缀。图示如下：

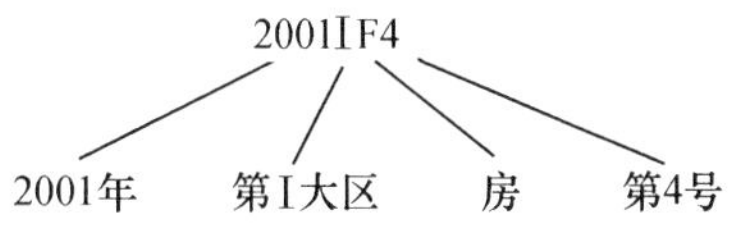

2003年和2005年发掘到的时代不明的灶、灰坑、砖石圈，原始编号则采用了4位数字分区编号法，本报告仍沿用原始编号，另加前缀，同墓葬编号。

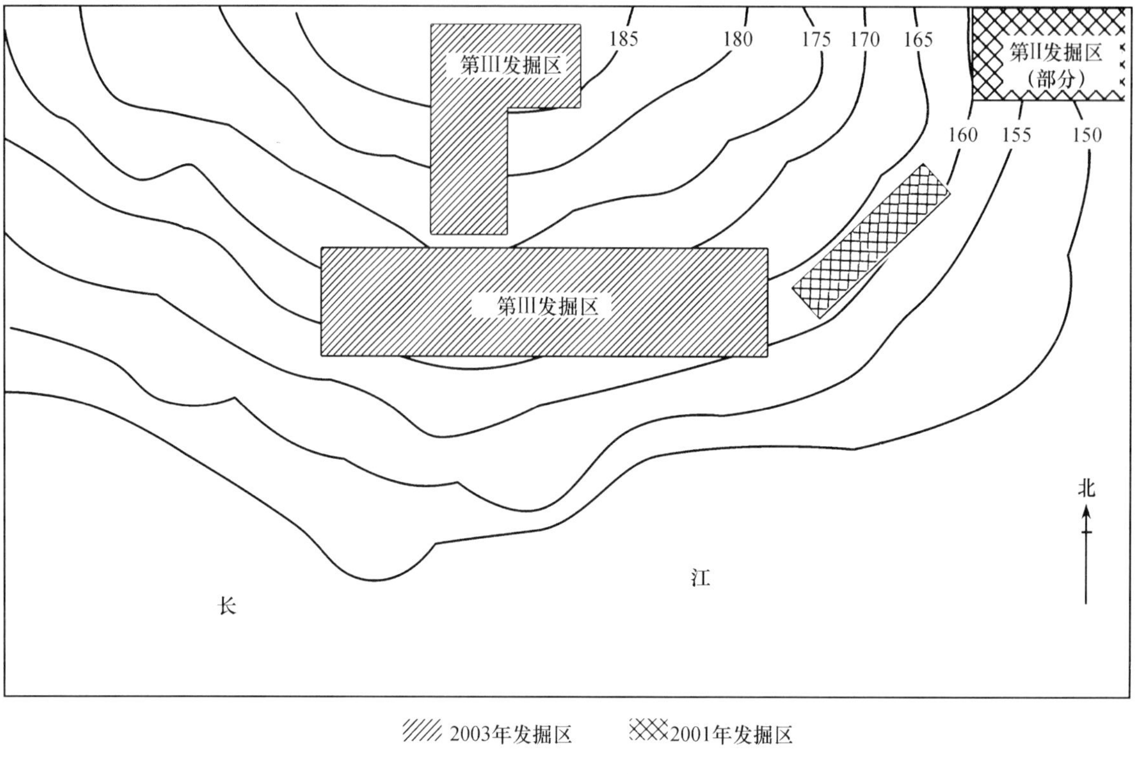

图一二　宝塔坪第Ⅲ区地形与发掘区位置示意图

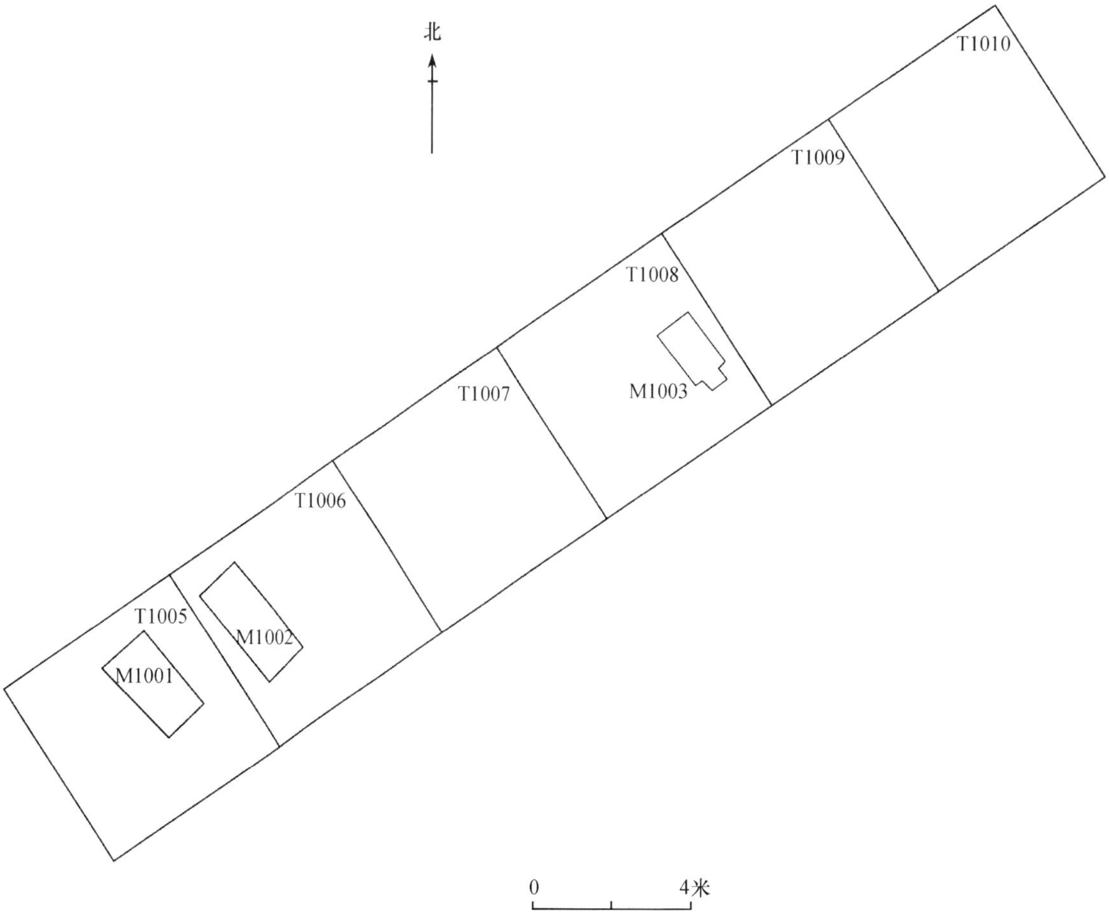

图一三　第Ⅲ区2001年发掘的遗迹分布图

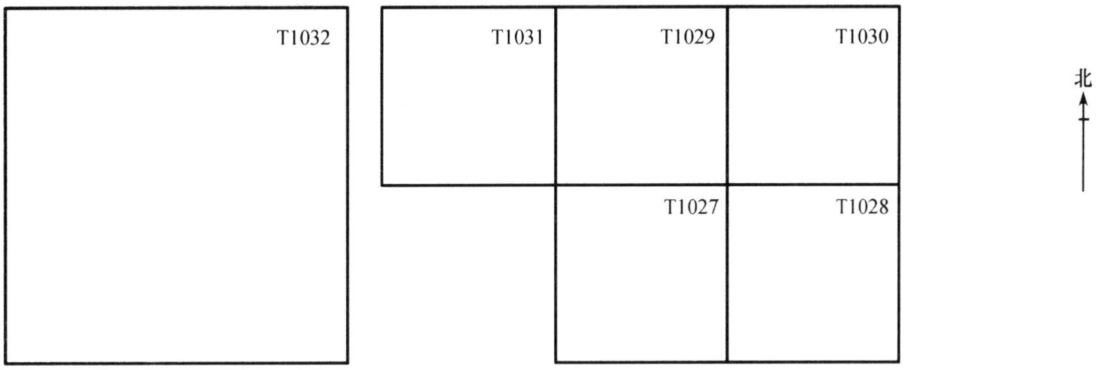

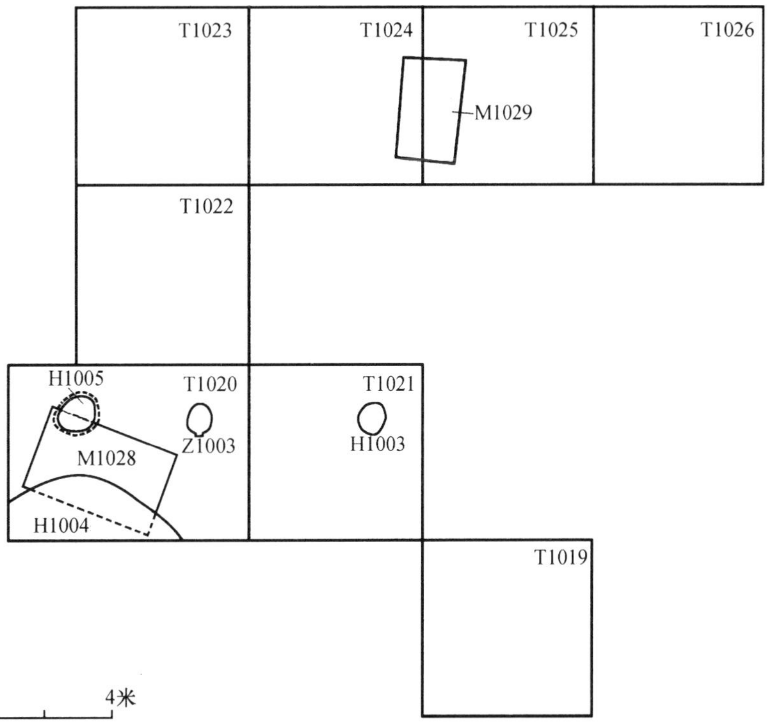

图一四　第Ⅰ区 2003 年发掘第 1 小区的遗迹分布图

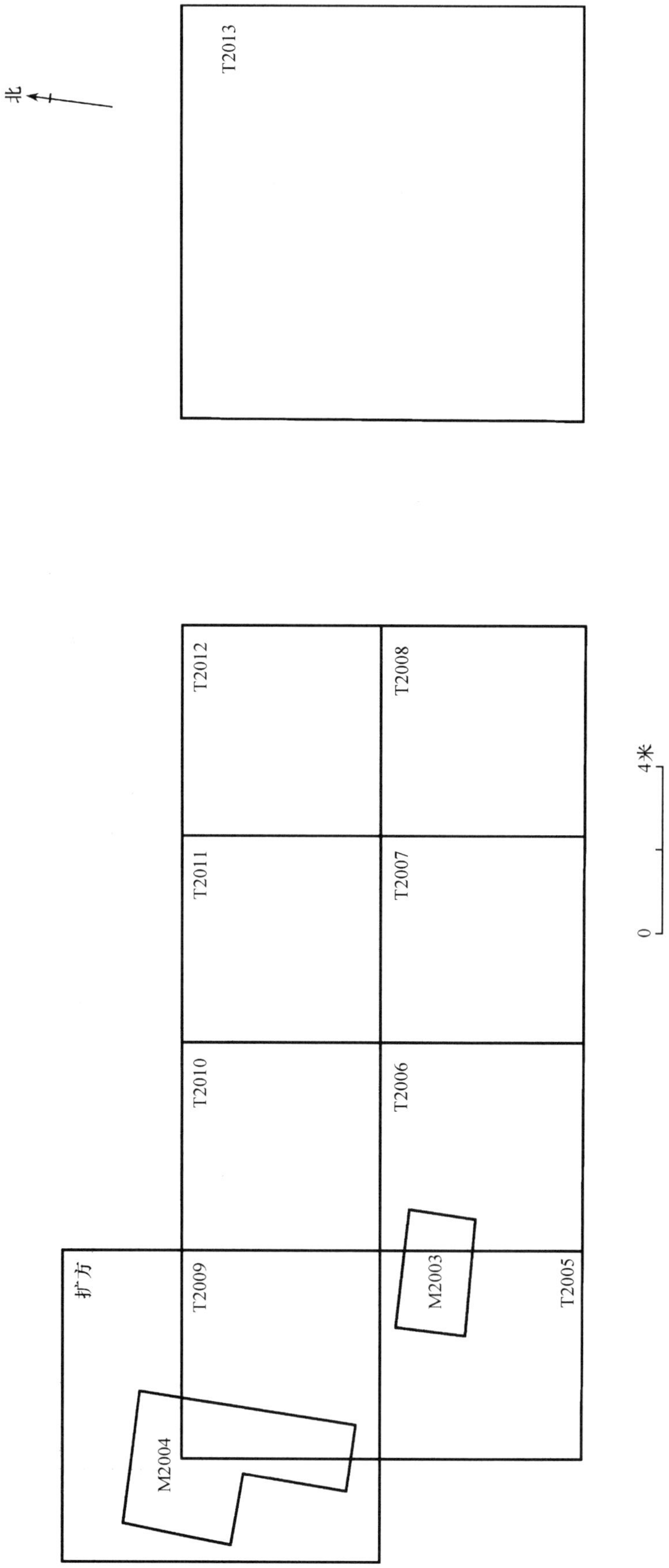

图一五　第Ⅰ区 2003 年发掘第 2 小区的遗迹分布图

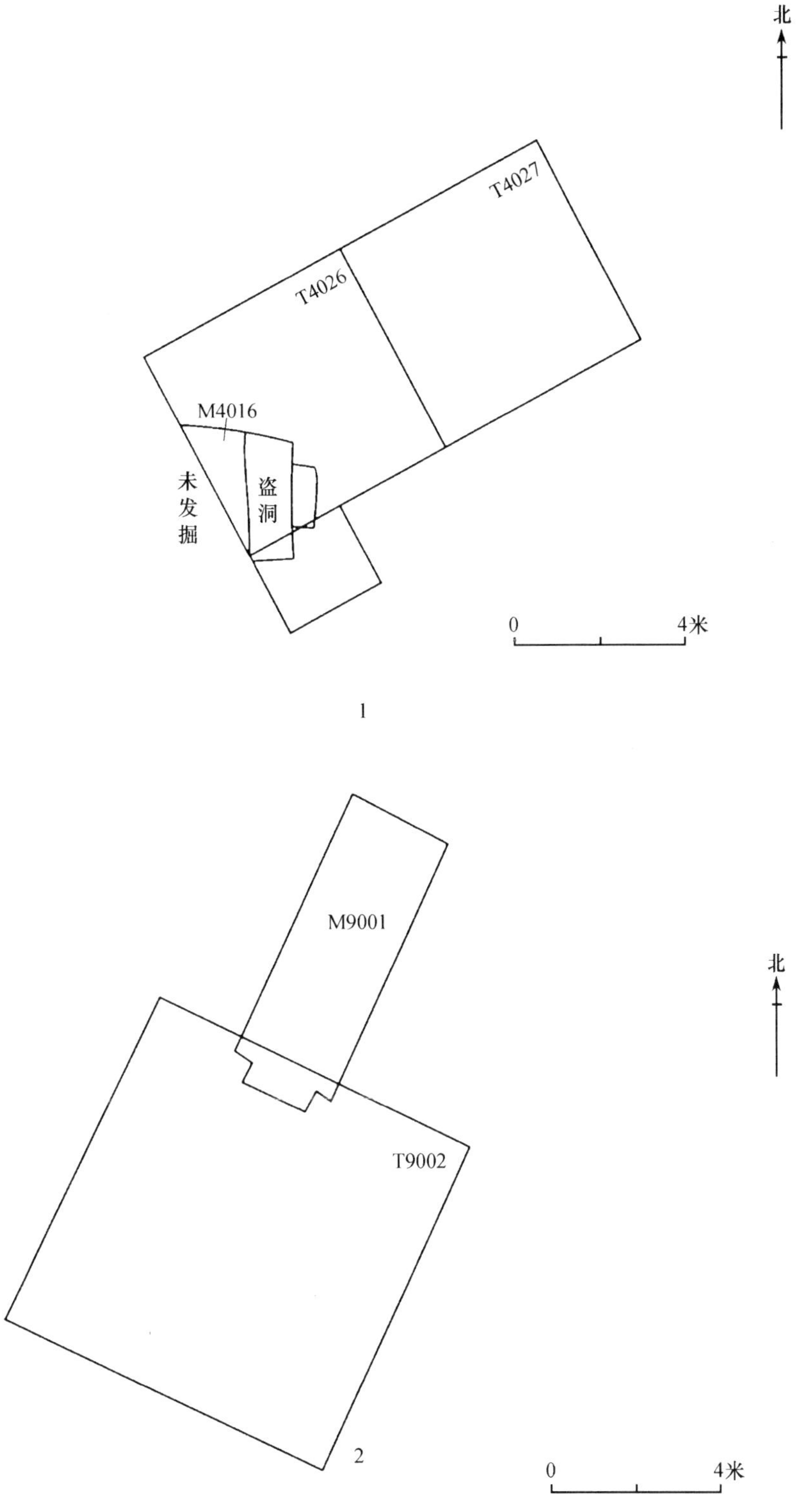

图一六 第Ⅰ区2003年发掘第4、9小区的遗迹分布图
1. 第4小区 2. 第9小区

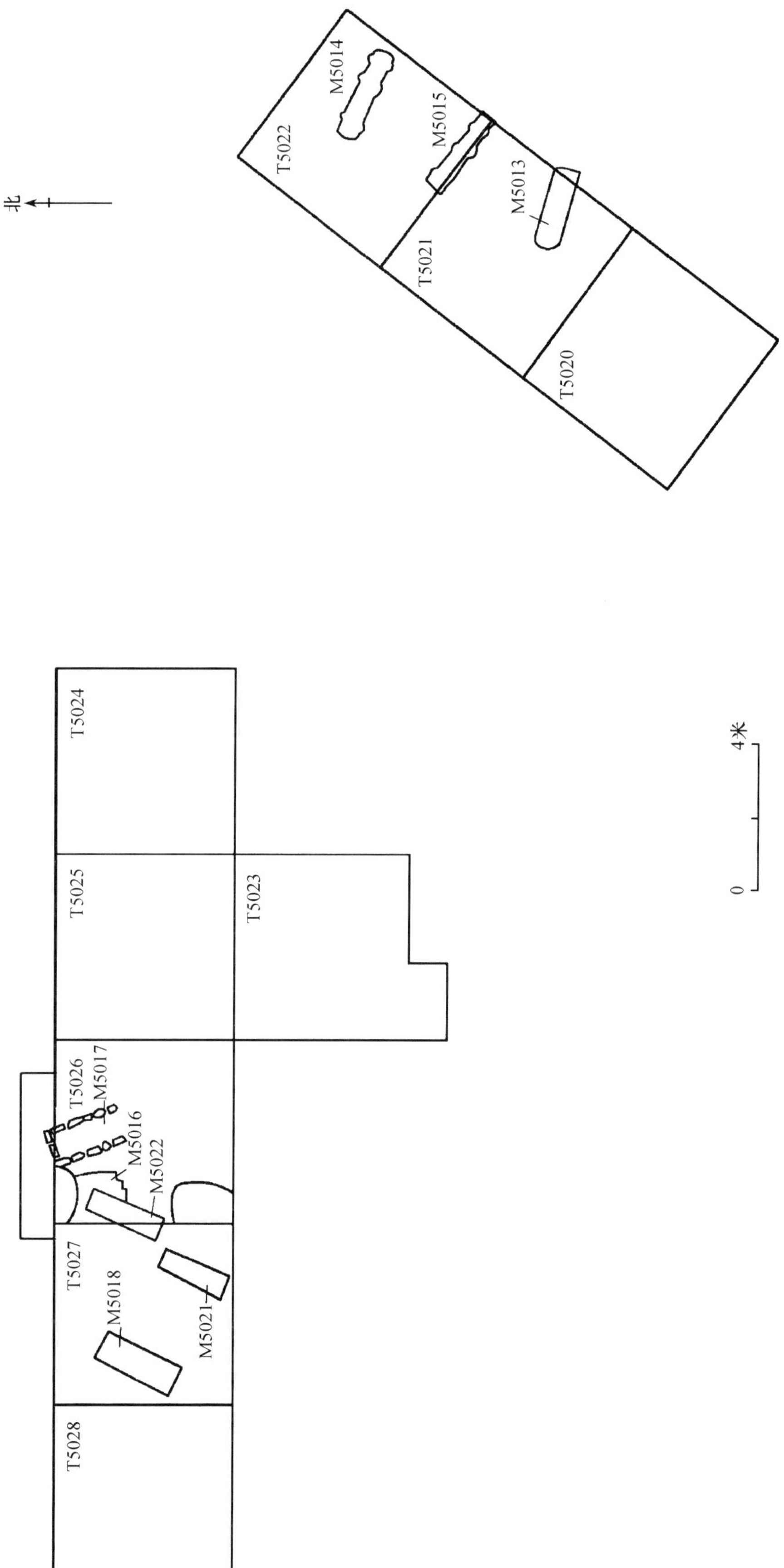

图一七　第Ⅰ区2003年发掘第5小区的遗迹分布图

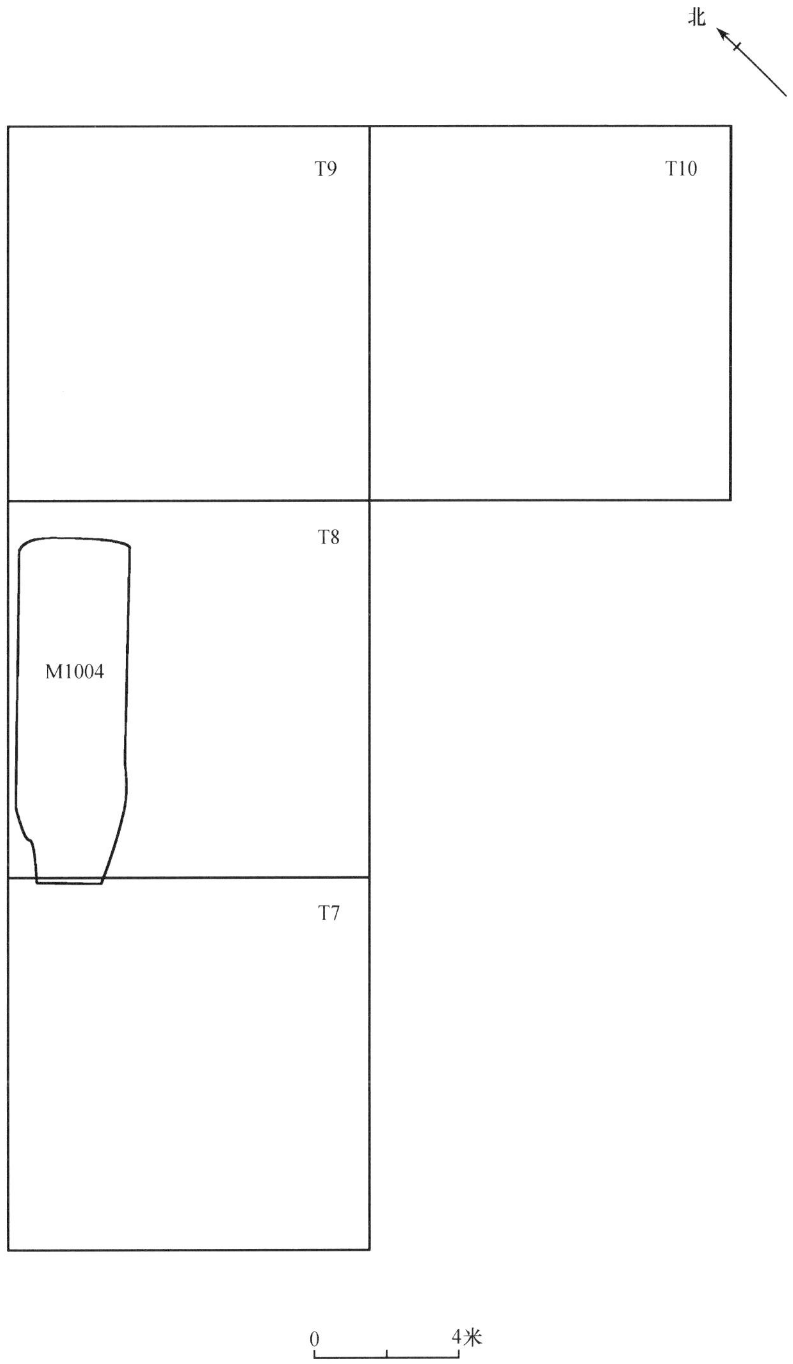

图一八 第Ⅲ区 2003 年发掘的遗迹分布图

四、地层堆积

（一）墓地地层堆积

宝塔坪墓地的多数地层较为简单，仅为两层，即耕土层下就是生土。有的墓上的叠压地层有 2 层或 3 层，也都是现代修梯田或盗墓时形成的，对墓葬的形成年代没有参考价值。

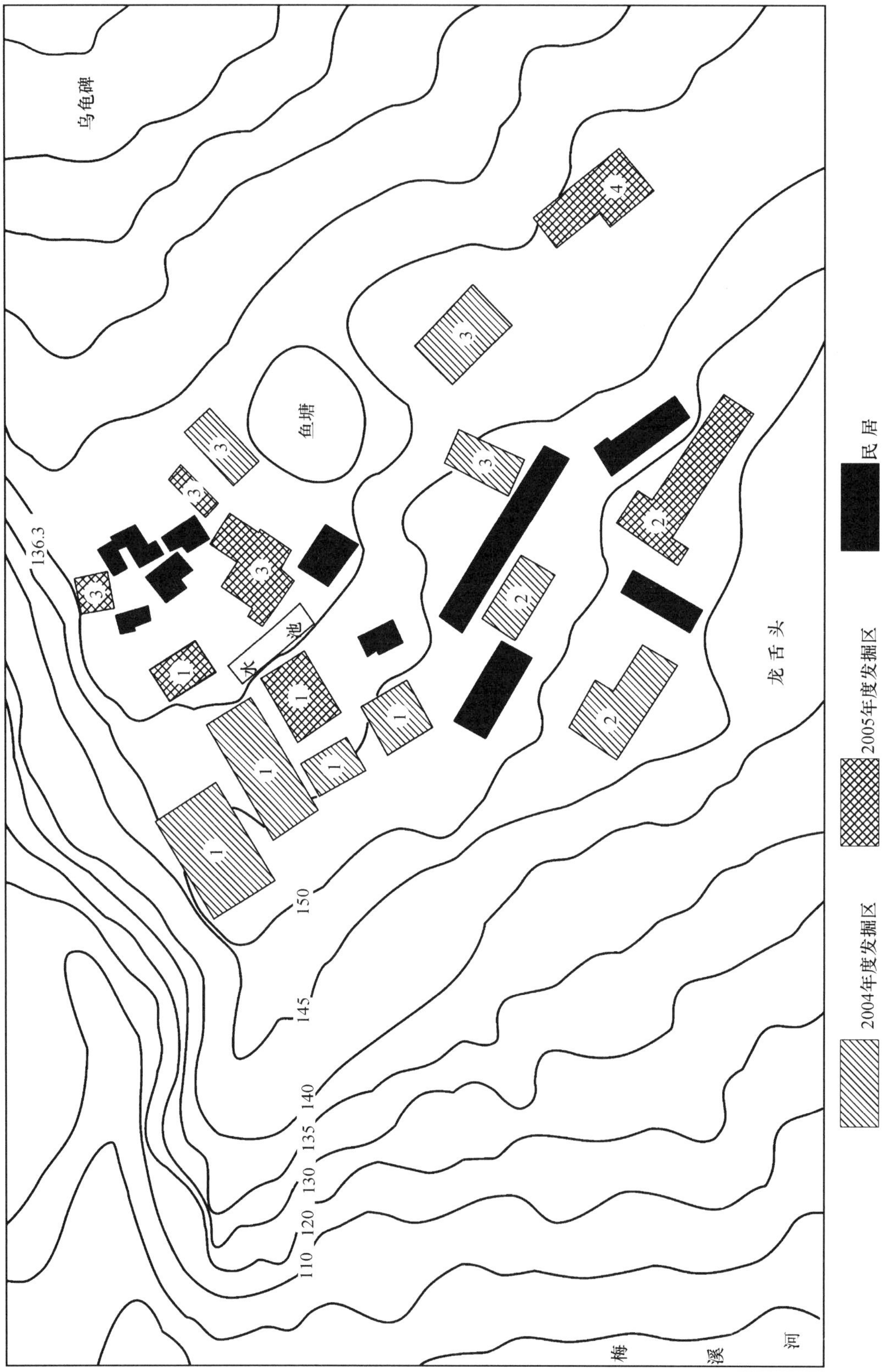

图一九　宝塔坪第Ⅳ区地形与发掘区位置示意图

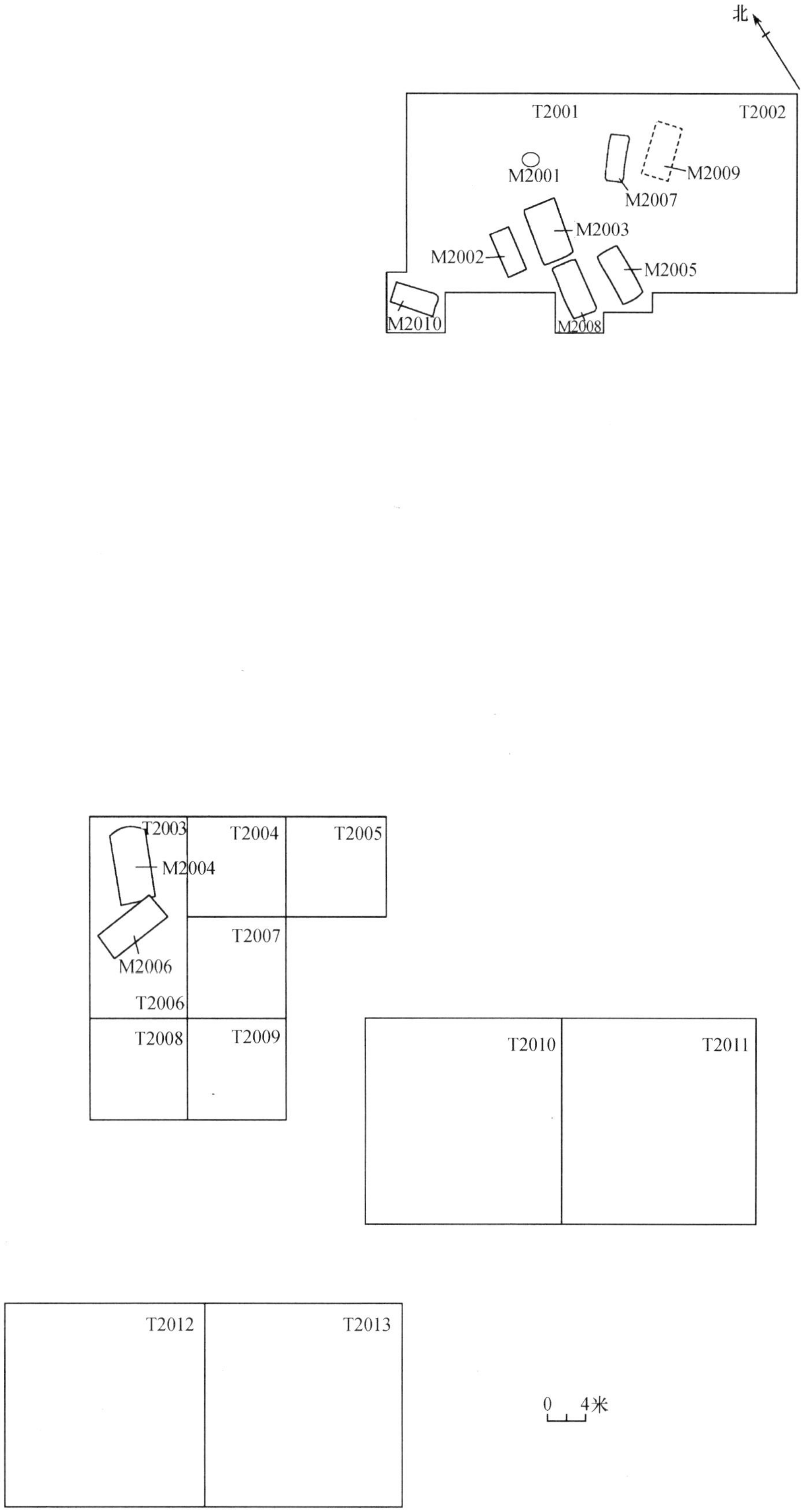

图二一 第Ⅳ区2004年发掘第2小区的遗迹分布图

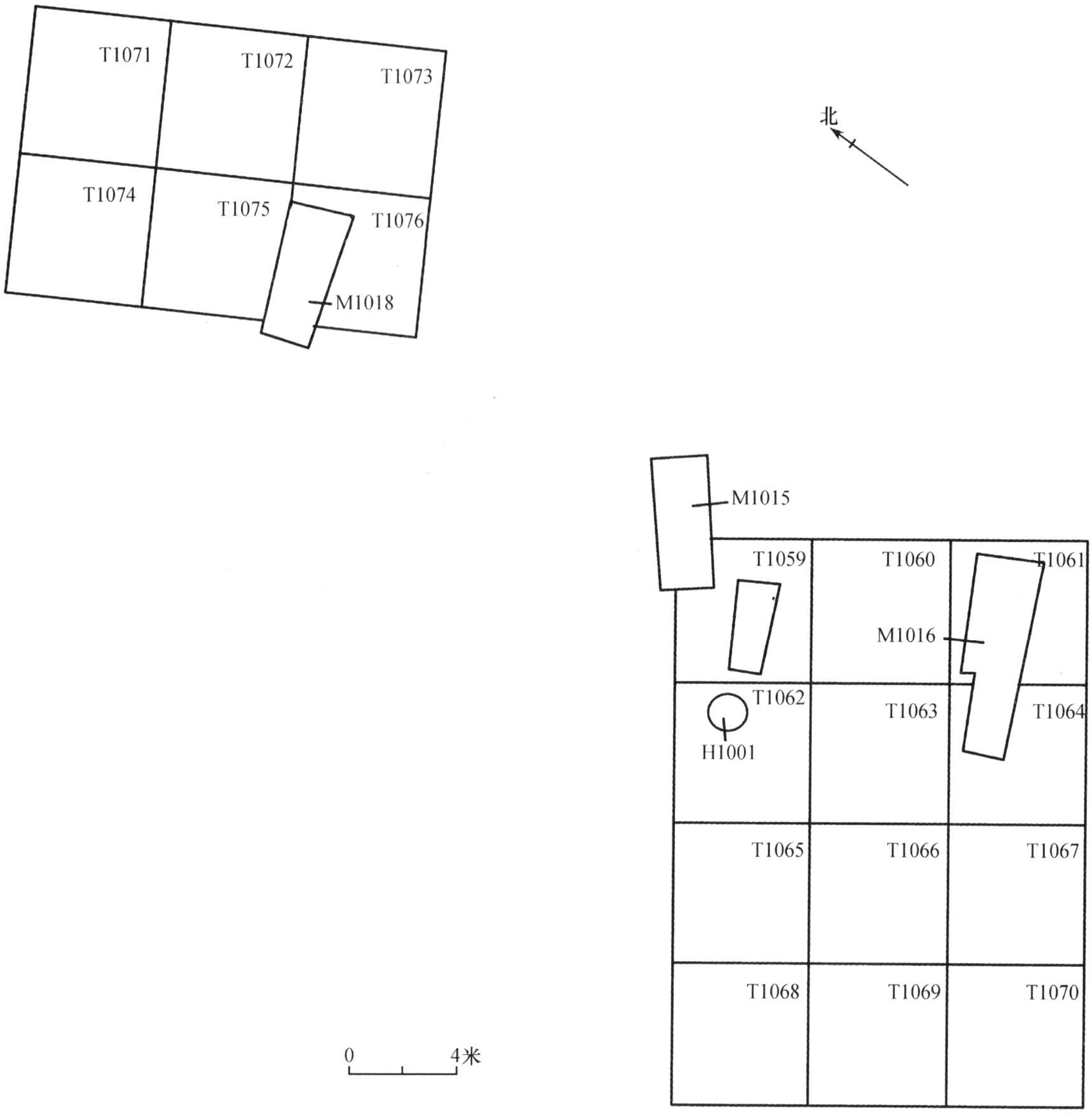

图二二　第Ⅳ区 2005 年发掘第 1 小区的遗迹分布图

（二）建筑遗迹地层堆积

2001 年的发掘中，共清理建筑遗迹 12 处，这些遗迹都位于第Ⅰ区的第 4 小区，这一发掘区也是历年发掘中地层关系最为复杂的，堆积最厚的有 9 层。现以 2001FBIT4004 和 2001FBIT4008 东壁地层堆积为例说明

2001FBIT4004 的东壁地层（图二六）：

第 1 层：灰黄色耕土。厚 15 ~ 25 厘米。夹杂一些现代生活垃圾，出有少量陶瓷片。

第 2 层：褐色硬土。厚 20 ~ 54 厘米。呈暗红色，颗粒较细，包含有零星瓦砾。属于现代垫土层。

第 3 层：瓦砾层。厚 10 ~ 30 厘米。含有大量瓦砾，出有兽面瓦当。属于宋代地层。

第 4 层：黄褐色胶土。厚 10 ~ 30 厘米。包含零星瓦砾。属于宋代地层。

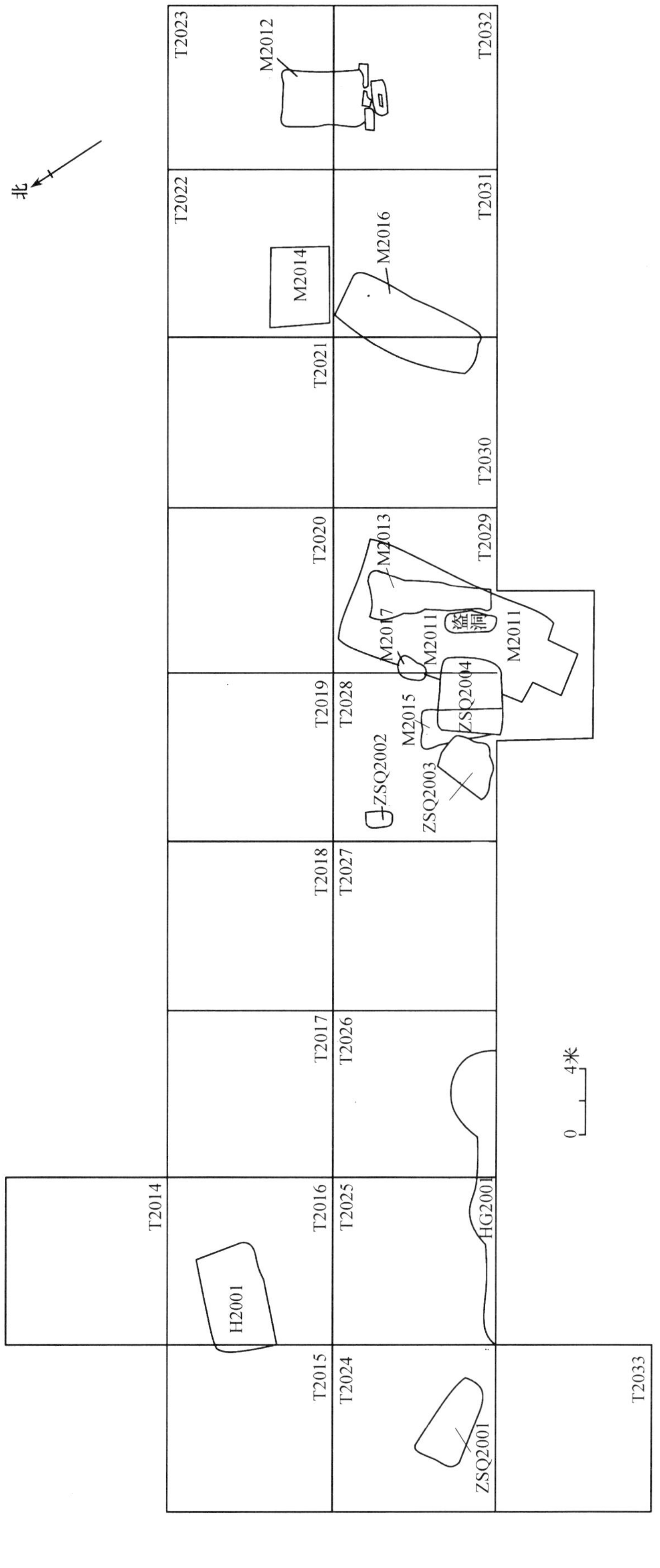

图二三　第Ⅳ区2005年发掘第2小区的遗迹分布图

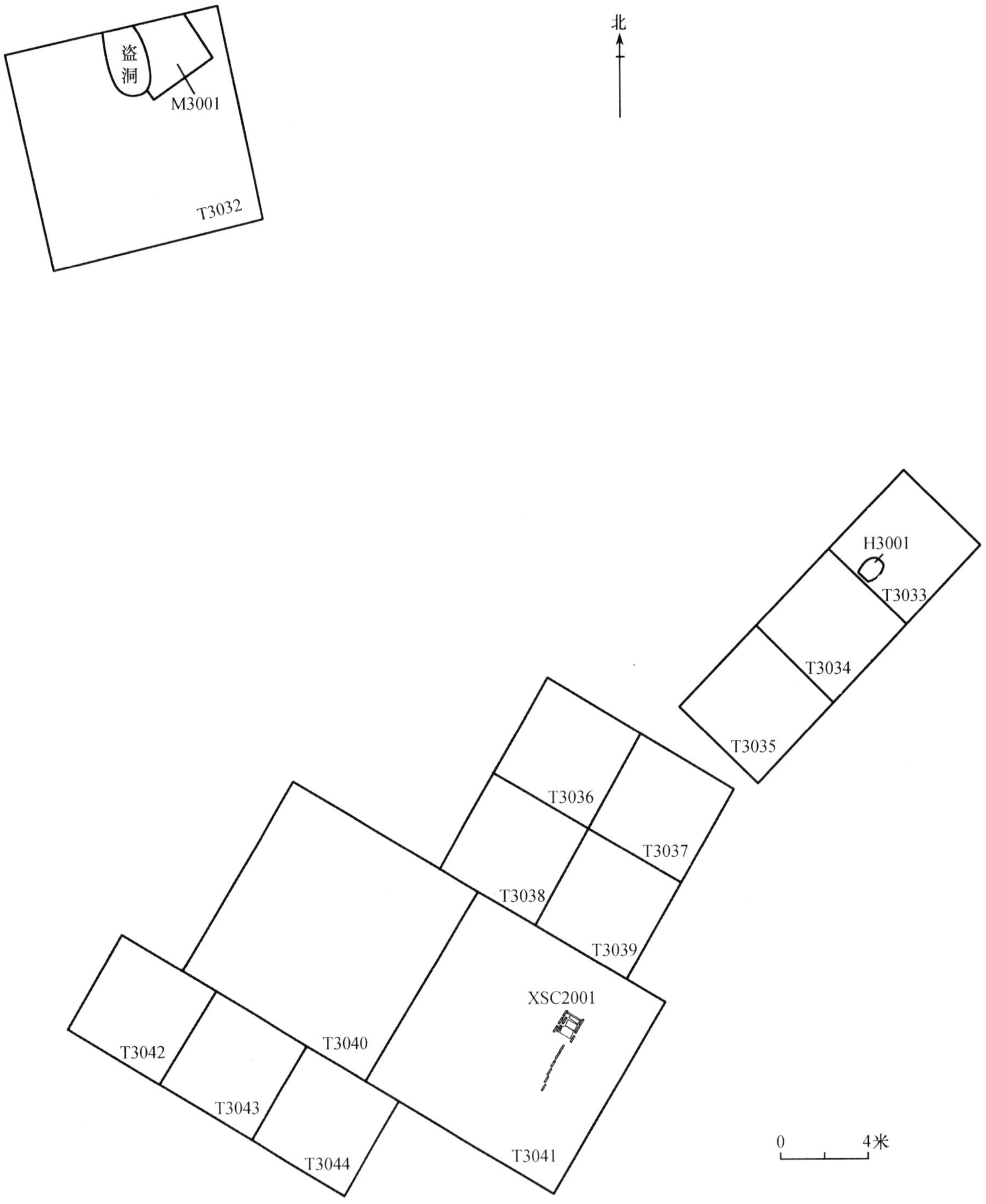

图二四　第Ⅳ区2005年发掘第3小区的遗迹分布图

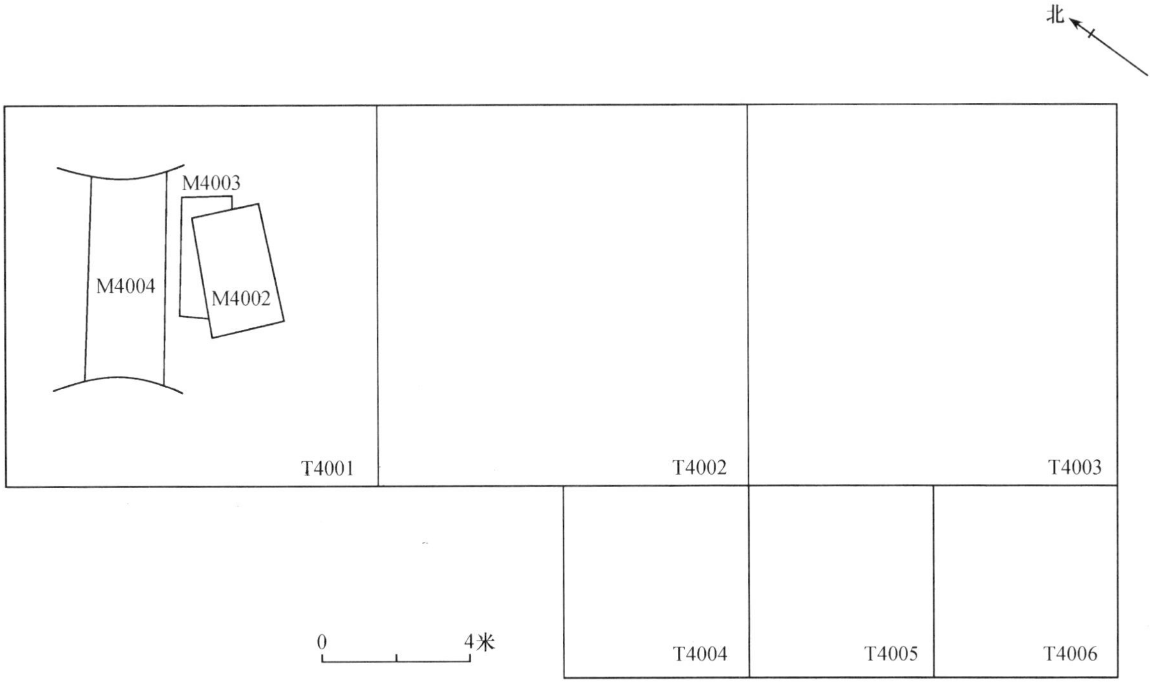

图二五　第Ⅳ区2005年发掘第4小区的遗迹分布图

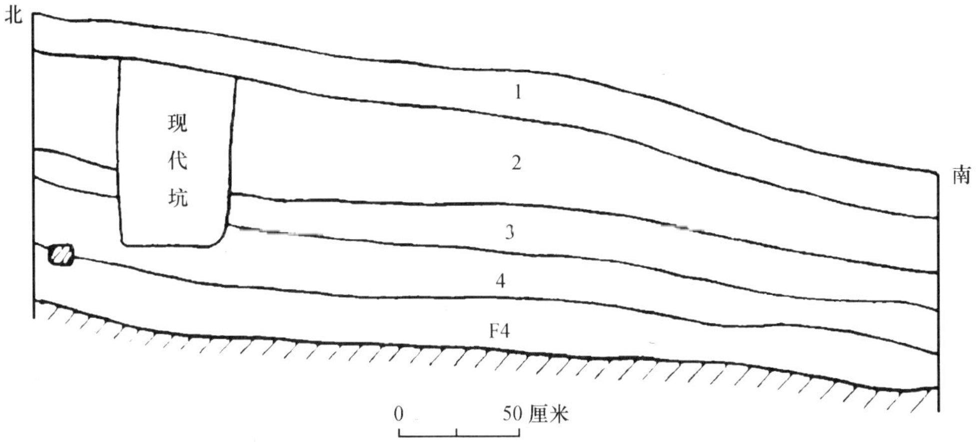

图二六　宝塔坪遗址2001IT4004东壁剖面图

2001FBIT4008东壁地层（图二七）：

第1层：灰黄色耕土。厚15～25厘米。土质疏松，夹杂灰色沙土及小石子，出有一些现代垃圾，少量陶片、瓷片、瓦砾等。

第2层：黄色硬土。厚15～30厘米。土质坚硬细腻，夹杂灰黑色及白色颗粒，含有零星瓦砾、少量陶片、瓷片。

第3层：瓦砾层。厚10～25厘米。出有大量瓦片以及少量的兽面瓦当及建筑构件，还有很少的影青、青瓷等宋代碎瓷片、元丰通宝钱。属于宋代地层。

第3a层，红色土。厚0～15厘米。含少量瓦砾。

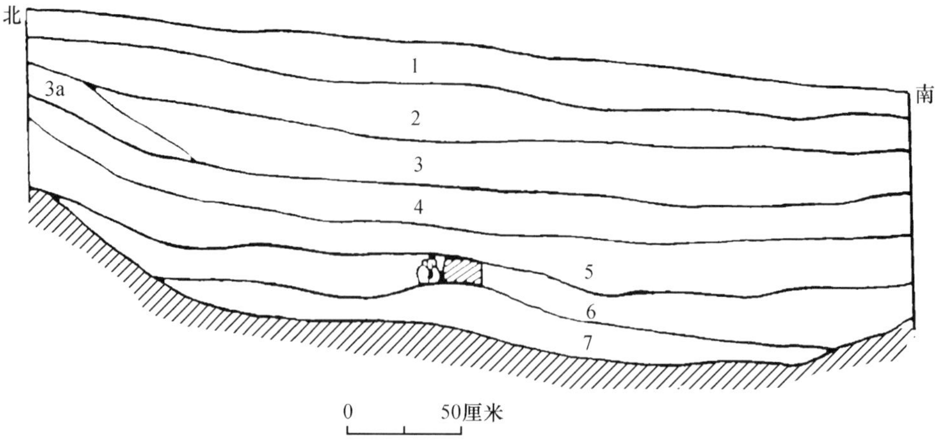

图二七　宝塔坪遗址 2001IT4008 东壁剖面图

第 4 层：黄色黏土。厚 10 ~ 25 厘米。土质较疏松，包含少量瓦砾及白色颗粒。属于宋代地层。

第 5 层：瓦砾层。厚 20 ~ 35 厘米。夹杂有少量红烧土块及草拌泥块，含有大量瓦片，也分为板瓦、筒瓦两种，出有莲花瓦当及残破建筑构件。属于唐代地层。

第 6 层：黄色硬土层。厚 0 ~ 40 厘米。土质较纯，细腻，且含有白色颗粒。

第 7 层：瓦砾层。厚 0 ~ 25 厘米。含有大量瓦片，并夹杂少量碎陶片。属于唐代地层。

第二章　战国墓葬

历年发掘共发现战国墓葬3座，均分布在Ⅰ区。2000年发掘清理1座，编号2000IM1024，2003年发掘清理2座，编号2003IM1028、2003IM4016。

2000IM1024

位于2000IT1024西部和2000IT1023东隔梁。长方形土坑竖穴墓。开口于耕土层下，南端被现代坑和2000IM1016打破，西北角被2000IM1040打破。墓口长2.7米，宽1.83米，深2.3米。墓底南、西、北部有生土二层台。骨架一具，单人仰身直肢葬，头向90°。陶礼器鼎、敦、壶2套共6件，位于墓主人头顶的棺外侧，陶壶置于中部，两侧放鼎、敦，头左上部有2处红色漆器痕迹（图二八）。

陶器　6件。

鼎　2件。形制相同。2000IM1024∶2，泥质灰陶。器盖隆起而顶稍平，上饰二道凸弦纹，盖边有三牺纽，口沿有凹槽与器盖相合。深弧腹，圜底，三蹄足较长而微外撇，表面经刮削，横截面呈不规整六角形，方附耳略外弯，上腹饰一道凹弦纹，下腹施绳纹。口径19.5厘米，高21.6厘米（图二九，1）。2000IM1024∶5，泥质灰陶。器形与2000IM1024∶2相同。口径18厘米，高21.3厘米（图二九，2）。

敦　2件。形制相同。2000IM1024∶7，泥质灰陶。整体呈椭球形，器腹为半球形，三足呈昂首卧兽状，下腹饰三道凹弦纹。器盖与器腹相同，以三足为纽，亦饰三道凹弦纹。口径18厘米，高22.4厘米（图二九，3）。2000IM1024∶8，泥质灰陶。器形与2000IM1024∶7相同。口径16.8厘米，高23.4厘米（图二九，4）。

壶　2件。形制相同。2000IM1024∶3，泥质灰陶。原有器盖，上附犄角形小纽，因极度破碎，已不能修复。口微敞，束颈，鼓腹，高圈足，腹中部饰二道、颈下部饰一道凹弦纹。口径9.8厘米，腹径19.6厘米，高27.6厘米（图二九，5）。2000IM1024∶4，泥质灰陶。器形与2000IM1024∶3相同。口径10.2厘米，腹径19.6厘米，高27.2厘米（图二九，6）。

2003IM1028

位于2003IT1020的西部，开口于2层下。长方形土坑竖穴墓。开口于耕土层下，西北角被现代袋形坑H1005打破，土坑上宽下窄。墓口长3.6米，宽2.5米，墓底长2.3米，宽1米，深2.8米。墓底南部为生土二层台，东、西、北部为熟土二层台，台宽24～46厘米，高50～60厘米。单人仰身直肢葬，骨骼保存很差，头向305°。随葬品共10件。豆2件，上下扣合放置，陶礼器鼎、敦、壶各1件，均位于墓主人头顶一侧。骨簪1件，置于头骨前。小铜铃3件、铁带钩1件，置于位于墓主人腰部（图三〇；彩版三，1）。

陶器　5件。

鼎　1件。2003IM1028∶3，泥质灰陶。钵形盖，盖顶有一桥形纽，纽贴在盖上，有两圈突棱。器身为圆唇，子母口，内口较低，浅直腹，圜底，方折耳，高蹄足，腹中部有一突弦纹，下腹拍印

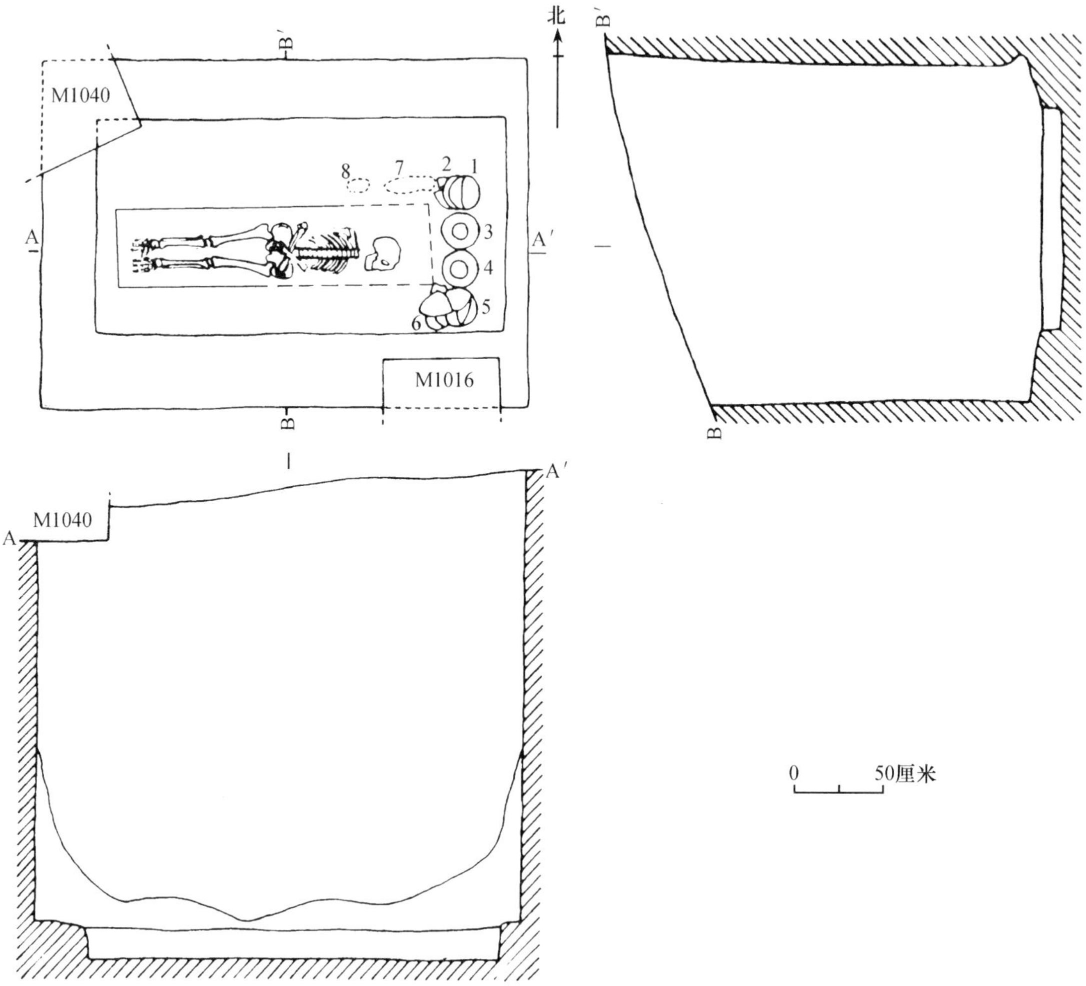

图二八　2000IM1024 平、剖面图

1、2. 陶鼎　3、4. 陶壶　5、6. 陶敦　7、8. 红漆器痕迹

竖绳纹。足、耳采用榫卯结构连接。口径 15 厘米，高 23 厘米（图三一，1；彩版三，2）。

敦　1 件。2003IM1028∶2，泥质黑皮陶。器身下部有两道弦纹，器体中隐约可见有抹平绳纹的痕迹。“S”形板状足，平口，盖中部有两道弦纹，足、耳用榫卯结构连接。高 25 厘米，口径 18 厘米（图三一，2；彩版四，3）。

壶　1 件。2003IM1028∶1，泥质褐陶。器盖为圆形，子母口，盖面微鼓，器盖上有三个锥状竖纽。器身为敞口，平沿，尖圆唇，高领，束颈，圆鼓腹，高圈足，足墙外撇。肩与颈之间饰有二周浅凹弦纹。在上腹部饰有同样的纹饰。口径 9.8 厘米，腹径 18.4 厘米，高 30.4 厘米（图三一，3；彩版三，3）。

豆　2 件。形制相同。泥质黑皮陶。豆盘圆唇，浅盘，空心柱状柄，喇叭形座。2003IM1028∶4，口径 12.7 厘米，高 12.4 厘米（图三一，4；图版一，1 右）。2003IM1028∶5，口径 11.8 厘米，高 11 厘米（图三一，5；图版一，1 左）。

铜器　3 件。

铜铃　3 件。钟形，桥形挂纽，铃身为前后左右四梁，其余部分镂空，铃下缘为圆弧形，留有尖锐钟角。标本 2003IM1028∶10，底宽 2.7 厘米，高 4 厘米（图三一，6；彩版四，2）。

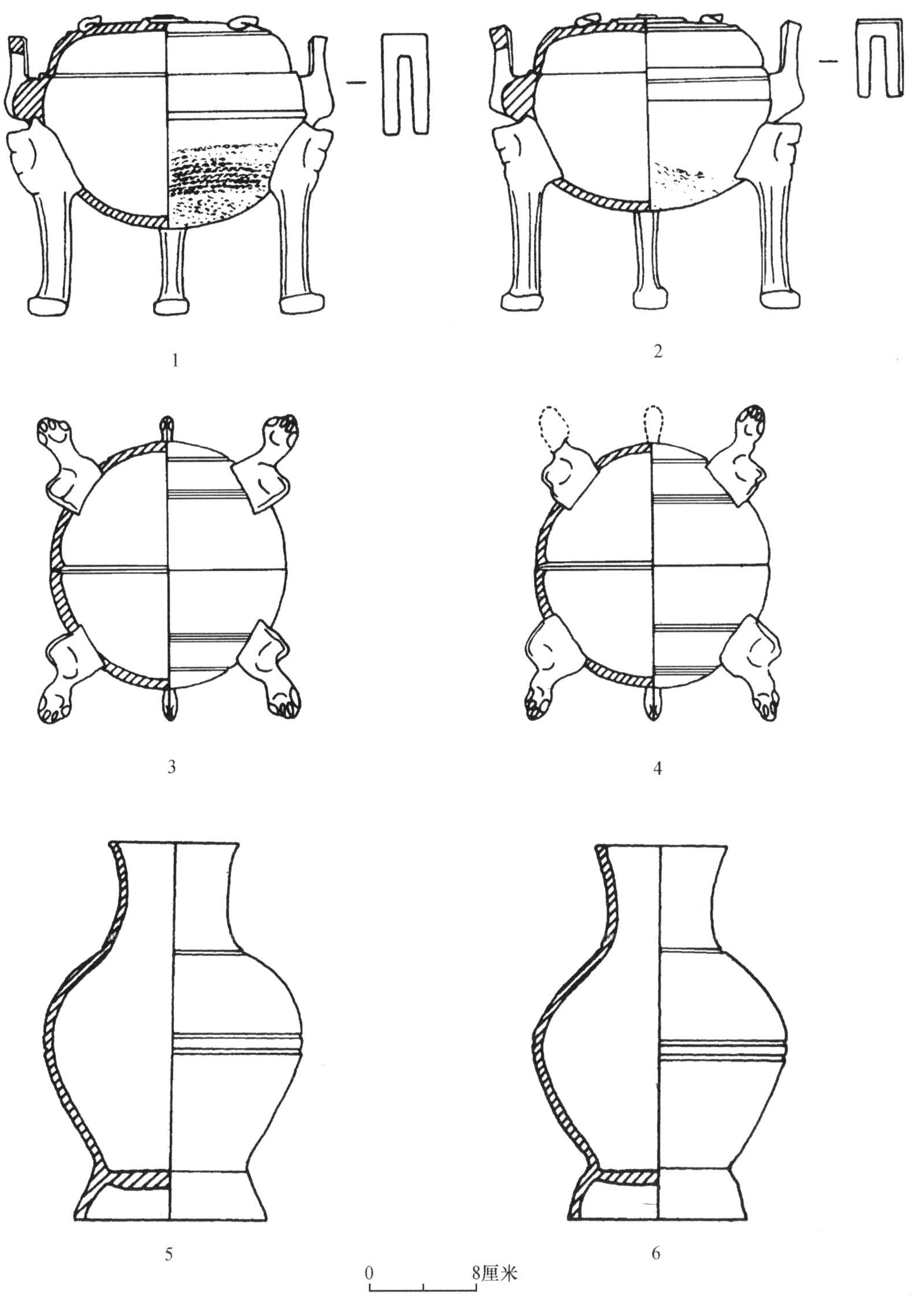

图二九　2000IM1024出土陶器

1、2. 鼎（2000IM1024：2、2000IM1024：5）　3、4. 敦（2000IM1024：7、2000IM1024：8）　5、6. 壶（2000IM1024：3、2000IM1024：4）

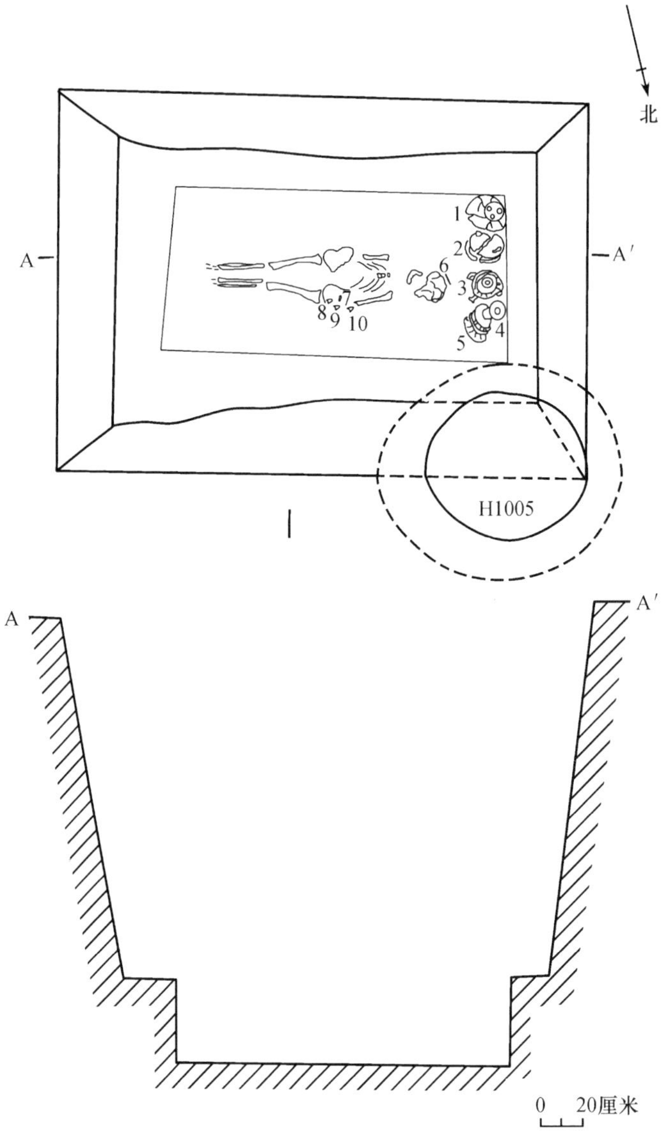

图三〇　2003IM1028 平、剖面图

1. 陶壶　2. 陶敦　3. 陶鼎　4、5. 陶豆　6. 骨簪　7. 铁带钩

8～10. 铜铃

铁带钩　1 件。2003IM1028:11，铁质，锈蚀严重。长 4.2 厘米，宽 1.3 厘米（图三一，7；彩版四，1）。

骨簪　1 件。2003IM1028:8，扁体，扁尖。长 6 厘米（图三一，8）。

2003IM4016

位于 2003IT4026 西南部。长方形土坑竖穴墓。开口于耕土层下，墓坑上部和西部已被毁，仅存墓底东部。墓向南北向。残长 1.1～3.2 米，宽 2.18 米，残深 0.35 米。墓向为东西向。随葬品置于东部箱内，共 7 件。陶礼器鼎、敦、壶 2 套共 6 件，陶盘 1 件（图三二）。

陶器　7 件。

盘　1 件。2003IM4016:5，泥质灰陶。尖唇，平沿，平底。口径 18.5 厘米，高 3 厘米（图三三，1；图版一，3）。

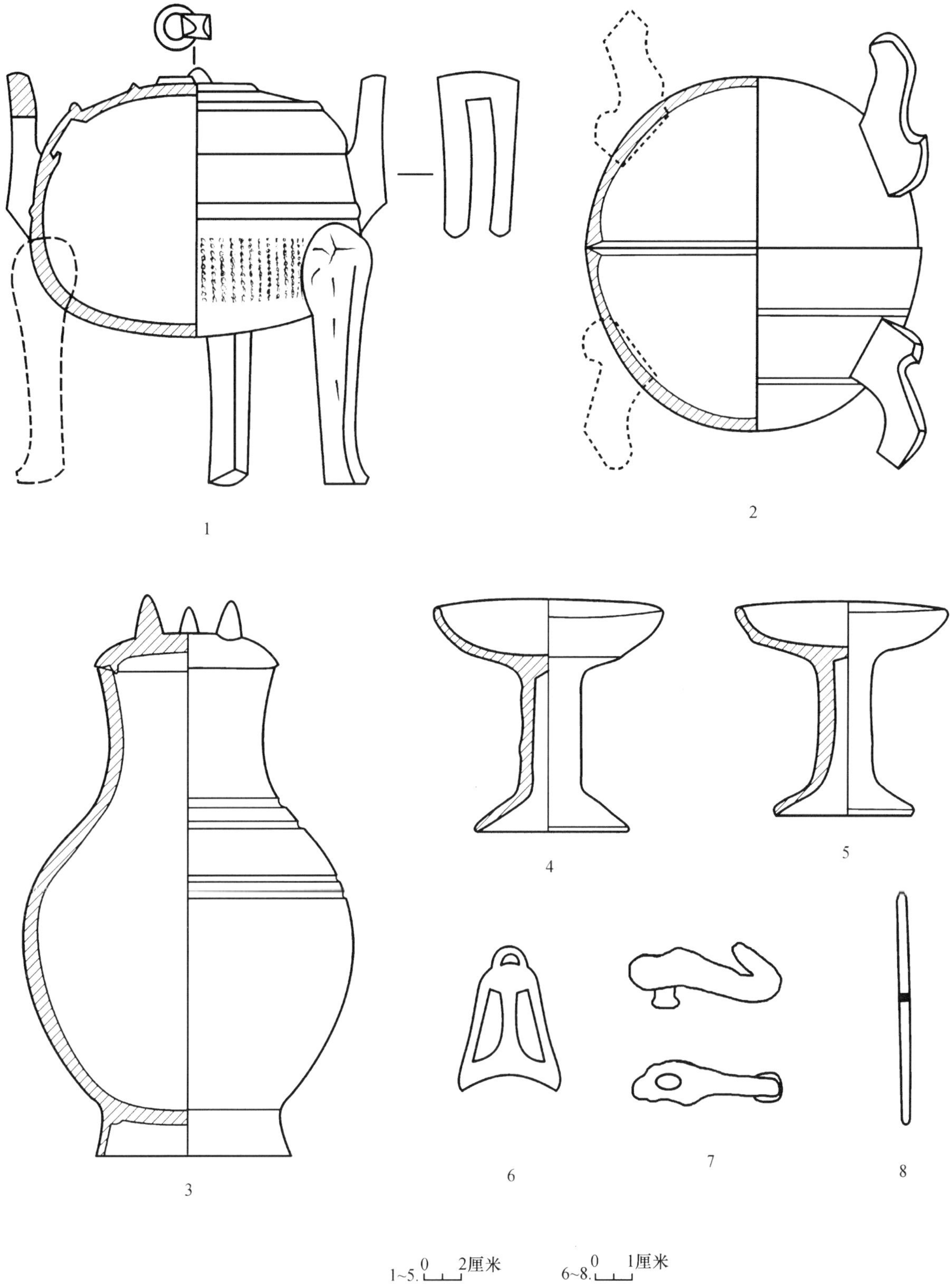

图三一　2003IM1028出土器物

1. 陶鼎（2003IM1028:3）　2. 陶敦（2003IM1028:2）　3. 陶壶（2003IM1028:1）　4、5. 陶豆（2003IM1028:4、2003IM1028:5）　6. 铜铃（2003IM1028:10）　7. 铁带钩（2003IM1028:11）　8. 骨簪（2003IM1028:8）

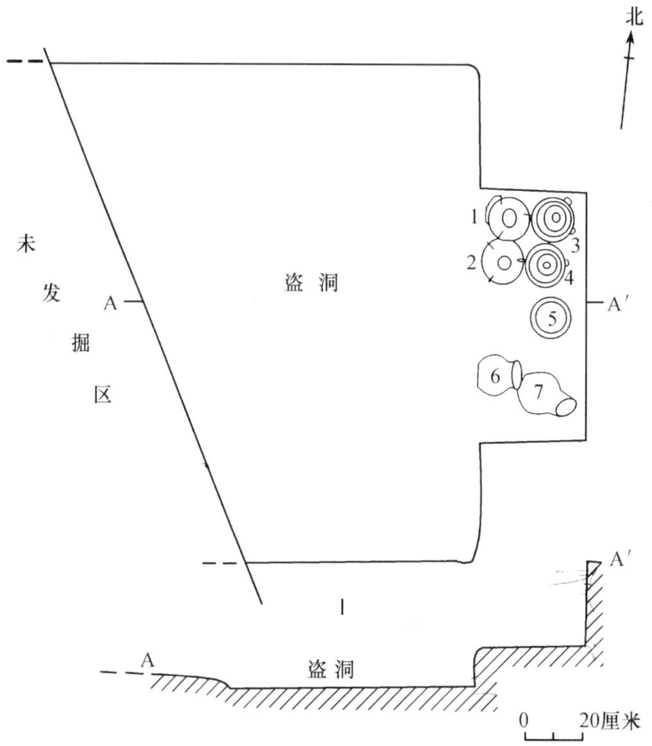

图三二　2003IM4016 平、剖面图

1、2. 陶敦　3、4. 陶鼎　5. 陶盘　6、7. 陶壶

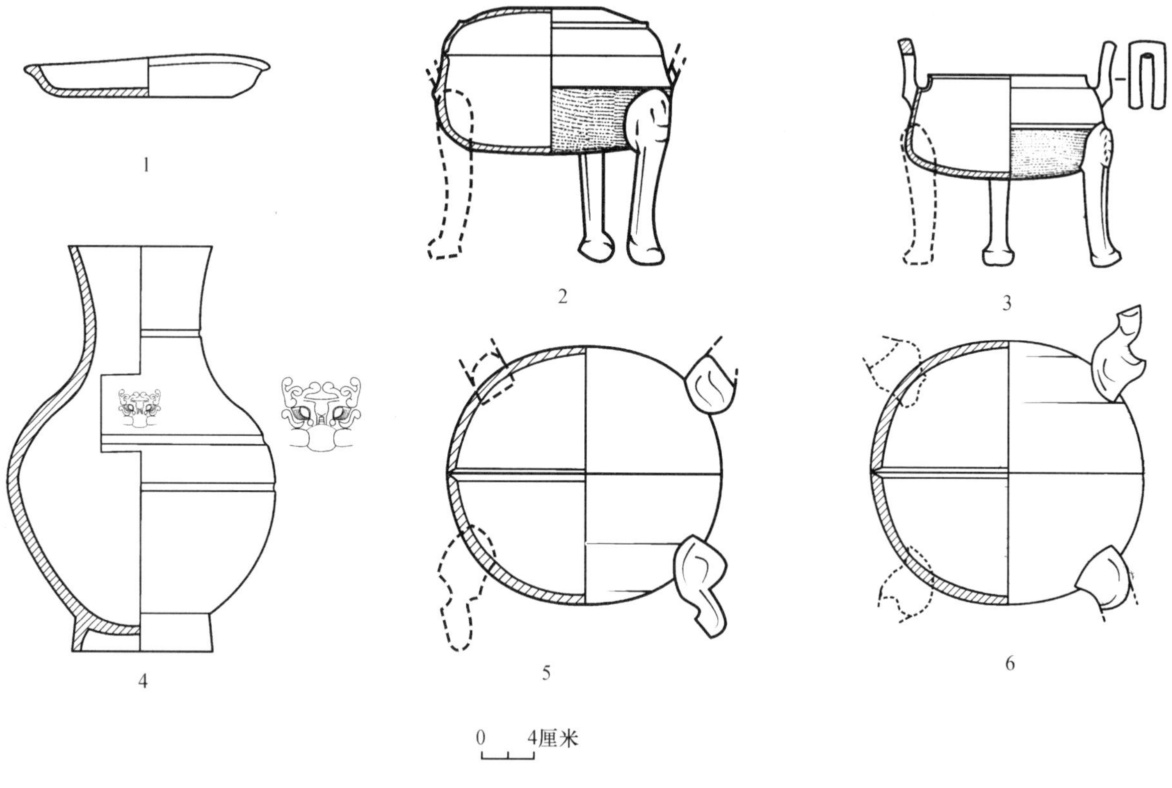

图三三　2003IM4016 出土陶器

1. 盘（2003IM4016∶5）　2、3. 鼎（2003IM4016∶3、2003IM4016∶2）　4. 壶（2003IM4016∶6）

5、6. 敦（2003IM4016∶1、2003IM4016∶4）

鼎 2件。2003IM4016:3，泥质灰陶。器盖圆顶，盖面有两圈突棱。器身为方唇，内口较高，方折已残。耳，平底。足、耳为榫卯结构连接，腹身分上下两部制作，扣合而成。中腹接合处附加泥条，下腹及底遍布横向绳纹，足根为简化兽面。口径15厘米，高21厘米（图三三，2；图版二，2）。2003IM4016:2，泥质灰陶。盖残，器身为方唇，内口较高，方折耳，平底，高蹄足。中腹外鼓，腹中部有一突棱，突棱较细。下腹有横向绳纹，足根外为简化的兽面形。口径12厘米，高21.8厘米（图三三，3；彩版四，4）。

壶 2件，复原1件，另一件残破。2003IM4016:6，泥质褐陶。敞口，平沿，尖圆唇，高领，束颈，圆鼓腹，高圈足，足墙外撇。肩部对称饰两个兽面辅首，肩下饰一条浅凹弦纹，在腹最大径处饰一条浅凹弦纹。腹径20.4厘米，高29.6厘米（图三三，4；图版二，1）。

敦 2件。形制相同。2003IM4016:1，泥质灰陶。由盖、身两部分扣合组成，盖和身大小和形制基本相同。足与身为榫卯结构连接。盖身有两圈凹弦纹，较细，“S”形片状纽，纽面高低不平。口径18.5厘米，高10.8厘米（图三三，5；图版一，2左）。2003IM4016:4，与2003IM4016:1形制相同（图三三，6；图版一，2右）。

第三章　汉—六朝墓葬

历年发掘共发现汉—六朝墓葬24座，分属于Ⅰ～Ⅳ区。

2000年发掘清理2座，编号为2000IM1006、2000IM1025。

2001年发掘清理10座，编号为2001IM4009、2001IM3032、2001IM7001、2001IM4014、2001ⅡM1003、2001IM4013、2001IM1024、2001IM5012、2001IM5003、2001IM2001。

2003年发掘清理4座，编号为2003IM2003、2003IM2004、2003IM9001、2003ⅢM1004。

2004年发掘清理5座，编号为2004ⅣM1012、2004ⅣM1014、2004ⅣM2003、2004ⅣM1001、2004ⅣM1002。

2005年发掘清理3座，编号为2005ⅣM2011、2005ⅡM1004、2005ⅣM1016。

2005年发掘清理1座，编号2005ⅣM2017。

一、汉　　墓

汉墓发现13座，其中有土坑竖穴墓5座、土圹石墙墓1座、石室墓2座、砖室墓5座。

（一）土坑竖穴墓

2005ⅣM2017

位于2005ⅣT2029的西北部，被2005ⅣM2011打破，仅残留一角，可能为土坑竖穴墓。墓向为西北—东南走向。残长0.84米，残宽0.38米，残深0.16米。随葬品2件，陶釜、陶钵各1件（图三四）。

陶器　2件。

釜　1件。2005ⅣM2017∶1，敞口，圆唇，宽沿，短直颈，折肩，圜底。肩部下有细绳纹，因磨损已不可辨。口径12厘米，高14.7厘米（图三五，1）。

钵　1件。2005ⅣM2017∶2，素面灰陶。敞口，圆唇，折收腹，平底。口径19.6厘米，底径5.8厘米，高6.3厘米（图三五，2）。

2000IM1006

位于2000IT1011西部。长方形土坑竖穴墓。开口于耕土层下，西部被一座唐代土洞墓打破，中部有一现代盗坑。墓口东西长3.64米，南北宽2.51米，深1.73米。有短墓道，墓道设在南壁的东侧，南北长1.86米，东西宽2.06米。墓内共葬5人，骨架大都腐烂无存，只保存部分下肢骨和头骨碎片。墓穴的西部并葬2人，头向南，均有木棺痕迹。墓穴东部并葬2人，头向北。墓道东侧埋葬1人，头北向。后述3人均未见棺痕，骨架附近有铁棺钉。随葬品共30

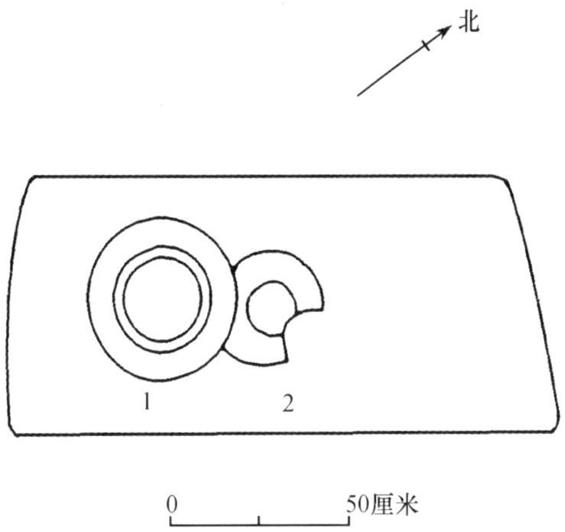

图三四　2005ⅣM2017 平面图
1. 陶釜　2. 陶钵

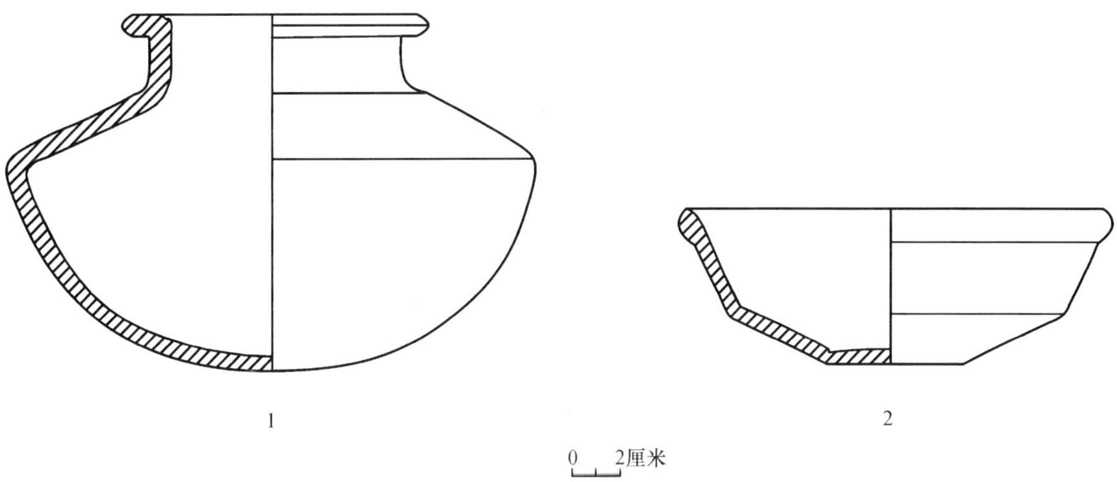

图三五　2005ⅣM2017 出土陶器
1. 釜（2005ⅣM2017:1）　2. 钵（2005ⅣM2017:2）

余件，有陶器、铜器、石器（图三六）。

陶器　21件。

壶　1件。2000IM1006:17，泥质灰陶。盘口微敞，束颈，鼓腹，矮圈足，肩部饰三道腹部饰四道凹弦纹。口径13.7厘米，高28.5厘米（图三七，1）。

罐　7件，均泥质灰陶。2000IM1006:12，圆唇，翻沿，敞口，短颈，斜肩，平底，肩部饰一道凹弦纹。口径11.3厘米，底径9.3厘米，高12厘米（图三七，2）。2000IM1006:21，厚圆唇，敞口，短颈，斜肩，鼓腹，平底，肩部饰一道、下腹饰数道凹弦纹。口径11.3厘米，底径11.3厘米，高11.2厘米（图三七，3）。2000IM1006:23，器形与2000IM1006:21略同，肩部饰三道凹弦纹。口径11.4厘米，底径10.5厘米，高11.5厘米（图三七，4）。2000IM1006:31，圆唇，翻沿，

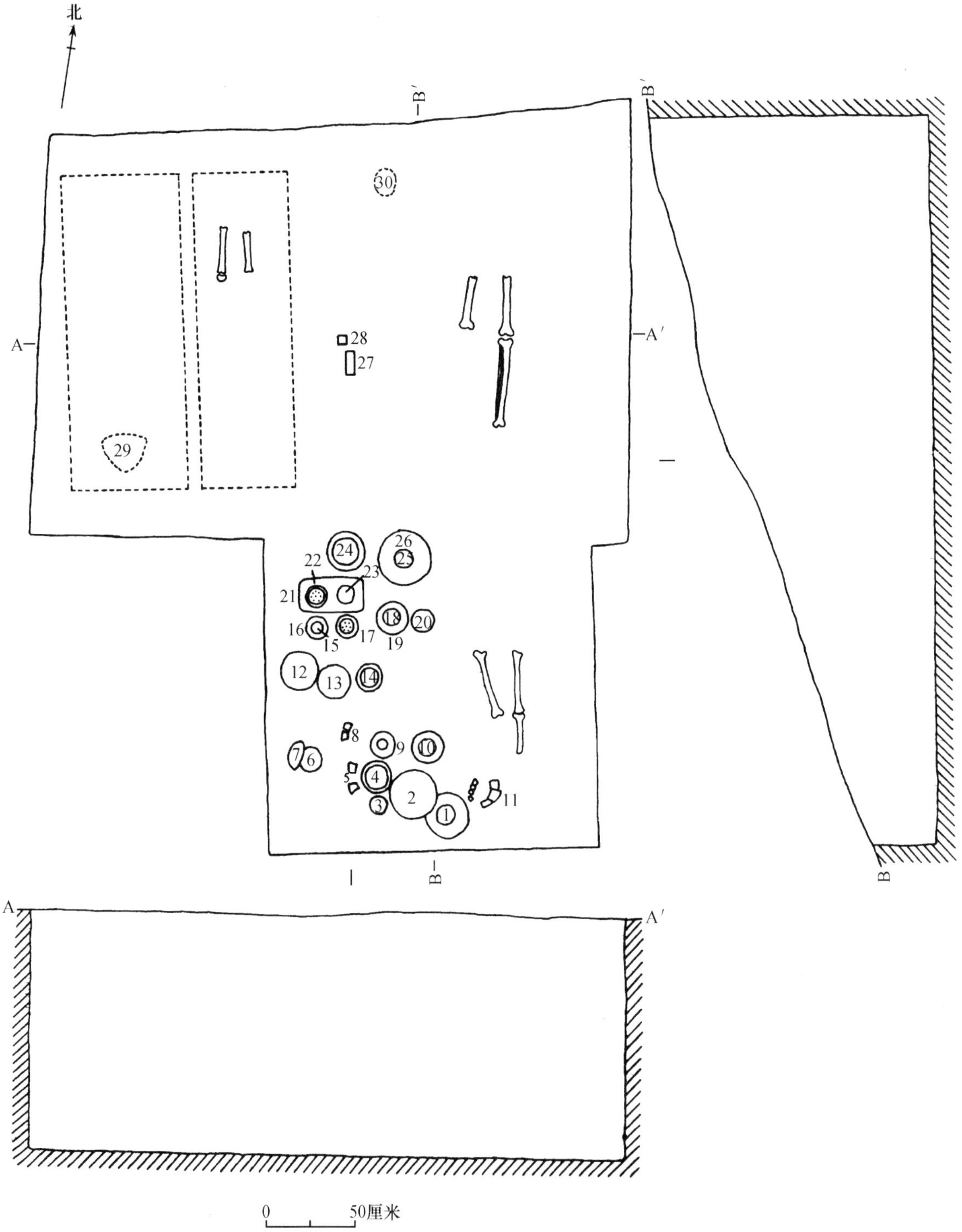

图三六　2000IM1006平、剖面图

1、4、9、10、16、19、20、26. 陶罐　2、11. 陶壶　3、5～8、15、18、23、25. 陶钵　12～14. 陶盒（盖）　17、22. 陶甑　21. 陶灶　24. 铜釜　27. 长方形石板　28. 方形石器　29、30. 头骨朽痕范围

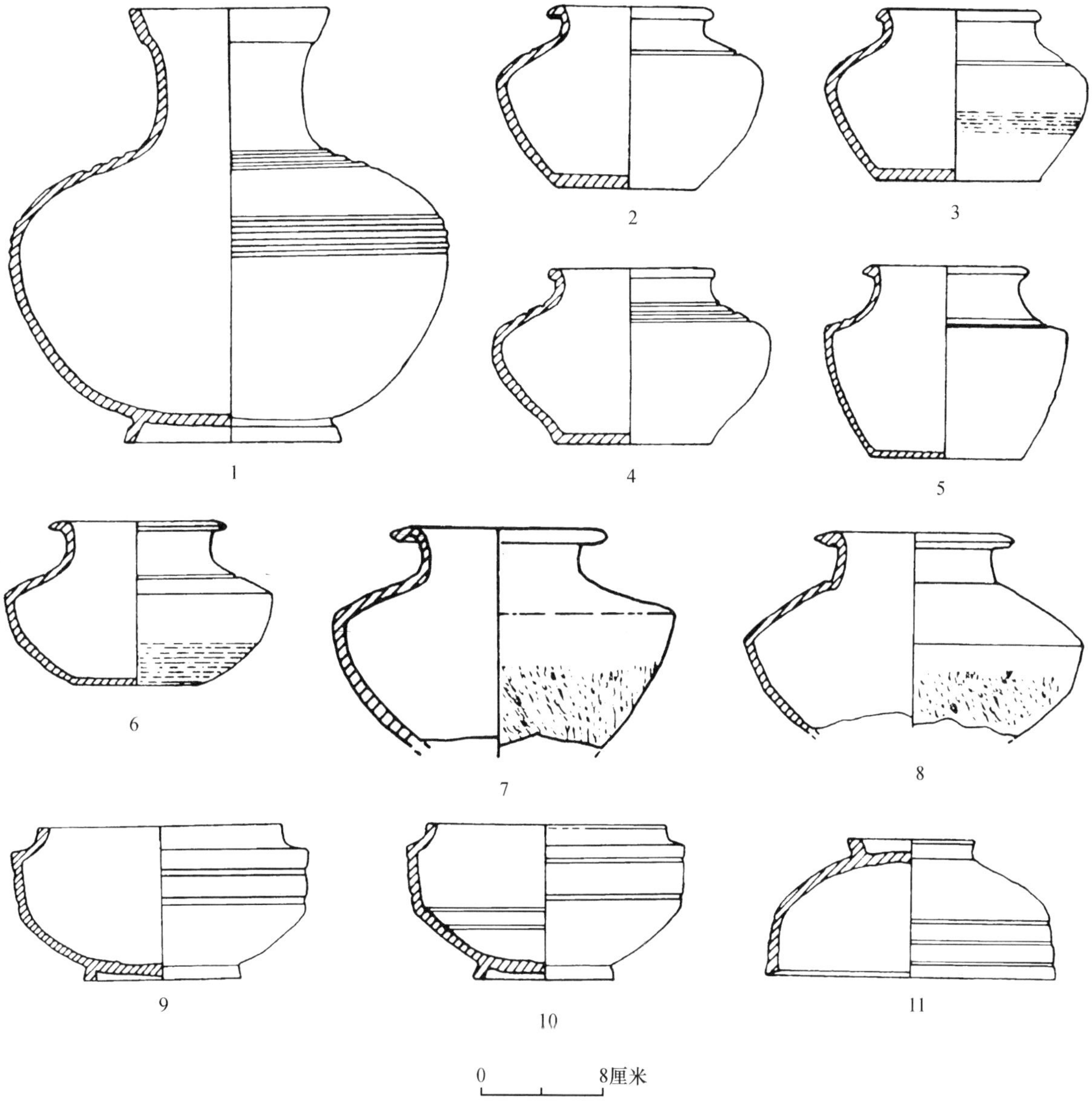

图三七　2000IM1006 出土陶器

1. 壶（2000IM1006∶17）　2～8. 罐（2000IM1006∶12、2000IM1006∶21、2000IM1006∶23、2000IM1006∶31、2000IM1006∶24、2000IM1006∶22、2000IM1006∶16）　9、10. 盒（2000IM1006∶15、2000IM1006∶20）　11. 盒盖（2000IM1006∶18）

直口，折肩，弧腹，平底，肩部饰二道凹弦纹。口径 11.4 厘米，底径 10.4 厘米，高 12.6 厘米（图三七，5）。2000IM1006∶24，尖唇，翻沿，直领，斜折肩，弧腹，平底，肩部饰一道、下腹饰数道凹弦纹。口径 12 厘米，底径 8.4 厘米，高 10.8 厘米（图三七，6）。2000IM1006∶22，圆唇，翻沿，敞口，束颈，斜折肩，弧腹，底残，下腹饰绳纹。口径 14.6 厘米，残高 14.4 厘米（图三七，7）。2000IM1006∶16，尖唇，翻沿，直领，斜折肩，弧腹，底残。口径 13.8 厘米，残高 12.6 厘米（图三七，8）。

盒　2 件，均泥质灰陶。2000IM1006∶15，子母口，弧折腹，矮圈足，上腹饰二道凹弦纹。口径 16.4 厘米，高 10.5 厘米（图三七，9）。2000IM1006∶20，子母口，弧折腹，矮圈足，上腹及内壁饰二道凹弦纹。口径 13.4 厘米，高 10.2 厘米（图三七，10）。

盒盖　1 件。2000IM1006∶18，泥质灰陶。器形与盒略同，饰三道凹弦纹，圈足纽。口径 20 厘米，高 9 厘米（图三七，11）。

钵　5 件，均泥质灰陶。2000IM1006∶34，敞口，口部壁厚，曲腹，平底，腹部有一道凸棱。口径 14.3 厘米，高 4.3 厘米（图三八，1）。2000IM1006∶19，敞口，口部壁厚，曲腹，假圈足。口径 14.4 厘米，高 4.7 厘米（图三八，2）。2000IM1006∶27，盘口，曲腹，平底。口径 14.5 厘米，高 5 厘米（图三八，3）。2000IM1006∶29，敞口，口部壁厚，弧腹，平底，腹部有一道凹槽。口径 14 厘米，高 4.6 厘米（图三八，4）。2000IM1006∶32，敞口，弧腹，平底，腹部有二道凹槽。口径 13.6 厘米，高 4.4 厘米（图三八，5）。

盆　1 件，明器。2000IM1006∶33，泥质灰陶。敞口，沿微外翻，弧折腹，平底。口径 15.8 厘米，高 7 厘米（图三八，6）。

甑　2 件，明器，均为泥质灰陶。2000IM1006∶28，方唇，敞口，曲腹，平底，器底有 15 个小孔，上腹有二道浅凹槽。口径 15.6 厘米，高 7.4 厘米（图三八，7）。2000IM1006∶14，敞口，窄折沿，曲腹，平底，器底有 14 个小孔，腹部饰一道凹弦纹。口径 13.6 厘米，高 5.8 厘米（图三八，8）。

釜　1 件，明器。2000IM1006∶30，泥质灰陶。敞口，斜领，鼓腹，平底，上腹部有对称舌形耳，腹中部饰一道凹弦纹。口径 10.8 厘米，高 11.5 厘米（图三八，9）。

灶　1 件，明器。2000IM1006∶13，泥质灰陶。器体长方形，四壁外弧，前壁两侧各开一半椭圆形火口，灶面两侧各一圆形灶眼，灶面后侧中央有一小孔，孔周有 3 个瘤形饰为烟道。灶面长 15.2 厘米，宽 11.6 厘米（图三八，10）。

石器　2 件。

石板　1 件。2000IM1006∶38，长方形，表面涂白，一面涂朱。长 18.8 厘米，宽 7 厘米，厚 0.6 厘米（图三八，11）。

方形器　1 件。2000IM1006∶37，下部正方形，上部作圆柱形，方形面涂朱。边长 3.1 厘米，高 1.4 厘米（图三八，12）。

铜器　9 件。

鍪　1 件。2000IM1006∶1，敞口，束颈，斜肩，弧腹，底残因挤压而内凹，肩部有对称环耳，上腹饰二道凸弦纹。口径 17.6 厘米，高 18.4 厘米（图三八，13）。

钱币　8 枚，均为五铢钱。标本 2000IM1006∶4，圆形有周郭，正方穿，五字交笔较直，金字头三角形，朱字头方折。直径 2.5 厘米（图三八，14）。标本 2000IM1006∶41，磨去周郭一部分，正方穿，五字交笔较直，金字头三角形略大，朱字头稍圆折。直径 2.3 厘米（图三八，15）。

2000IM1025

位于 2000IT1013 内。长方形土坑竖穴墓。开口于耕土层下，东部被 2 座宋墓打破，西南角被 3 座唐宋墓葬打破，墓穴中部有一现代盗坑。墓口东西长 2.82 米，南北宽 2.9 米，深 1.55 米。有短墓道，墓底平坦。墓道设在南壁东侧，其东壁直接于墓穴东壁相接，底面为斜坡形，南北宽 0.94 米，东西长 1.22 米。骨架扰乱严重，只在墓穴的西南角及中部，存有少量肢骨碎片，骨架周围出有铁棺钉，头向 180°。随葬品共 40 余件，除了 7 枚铜钱以外，余者皆为陶器，有数件陶器因粉碎过甚未能修复（图三九）。

陶器　38 件。

壶　3 件。2000IM1025∶22，泥质红陶。仿铜陶壶。器盖顶部微隆，上有 3 件瘤状纽。盘口，束颈，鼓腹，圈足，上肩部模印出对称兽面铺手衔环，颈腹相交出饰三道、中腹饰一道、圈足饰三道凹弦纹。口径 15.6 厘米，高 33.2 厘米（图四〇，1）。2000IM1025∶25，泥质灰陶。盘口，束颈，

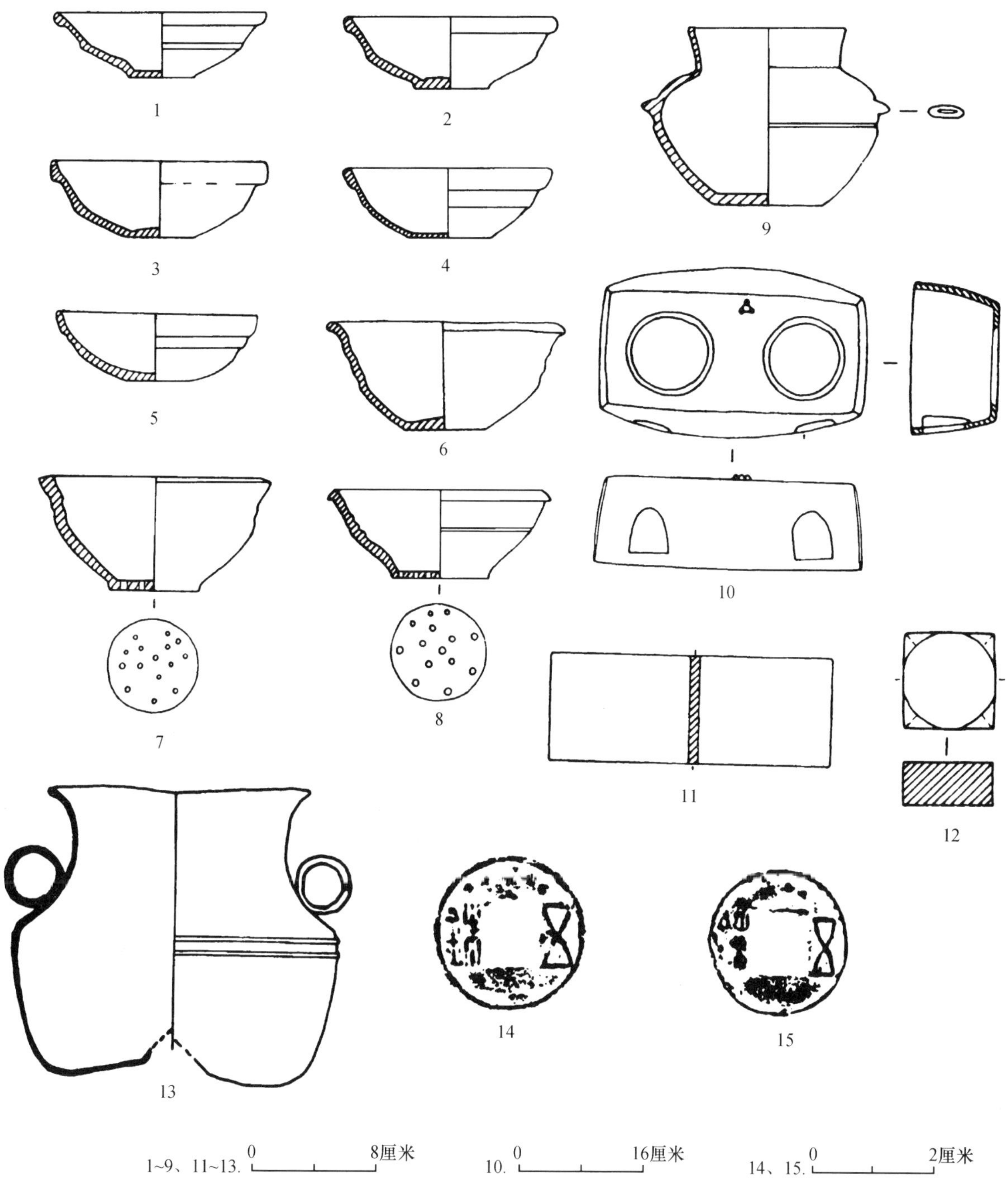

图三八　2000IM1006出土器物

1～5. 陶钵（2000IM1006∶34、2000IM1006∶19、2000IM1006∶27、2000IM1006∶29、2000IM1006∶32） 6. 陶盆（2000IM1006∶33） 7、8. 陶甑（2000IM1006∶28、2000IM1006∶14） 9. 陶釜（2000IM1006∶30） 10. 陶灶（2000IM1006∶13） 11. 长方形石板（2000IM1006∶38） 12. 方形石器（2000IM1006∶37） 13. 铜鍪（2000IM1006∶1） 14、15. 铜钱（2000IM1006∶4、2000IM1006∶41）

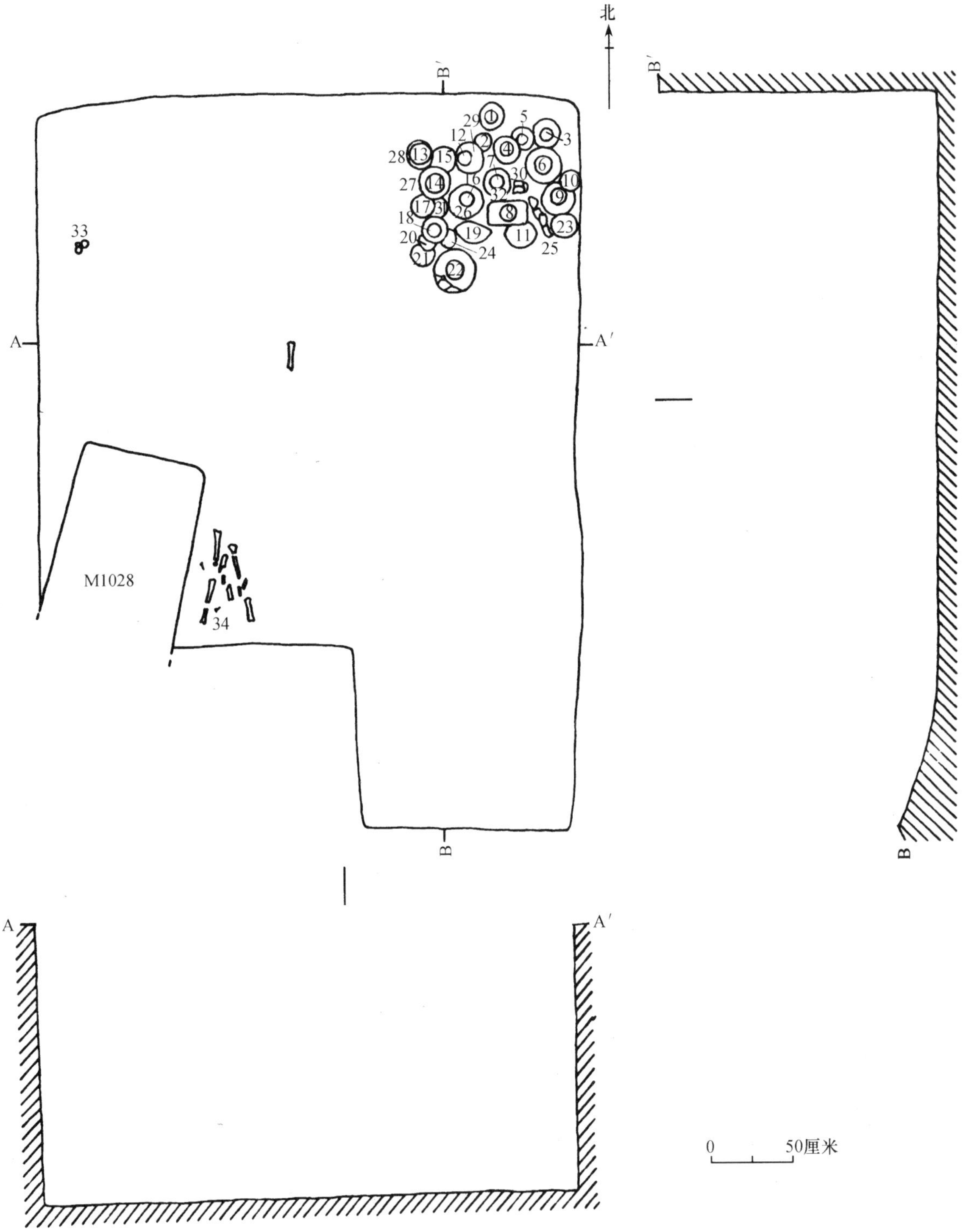

图三九　2000IM1025平、剖面图

1～5、12、14、15、18、28、30、32. 陶罐　6、17. 陶盒　7、16、20、24、27、29、30. 陶钵　8. 陶钵　9、22、26. 陶壶　10、23. 陶灯　11、31. 陶魁　13、25. 陶碗　19、21. 陶釜　33. 大泉五十　34. 铁钉

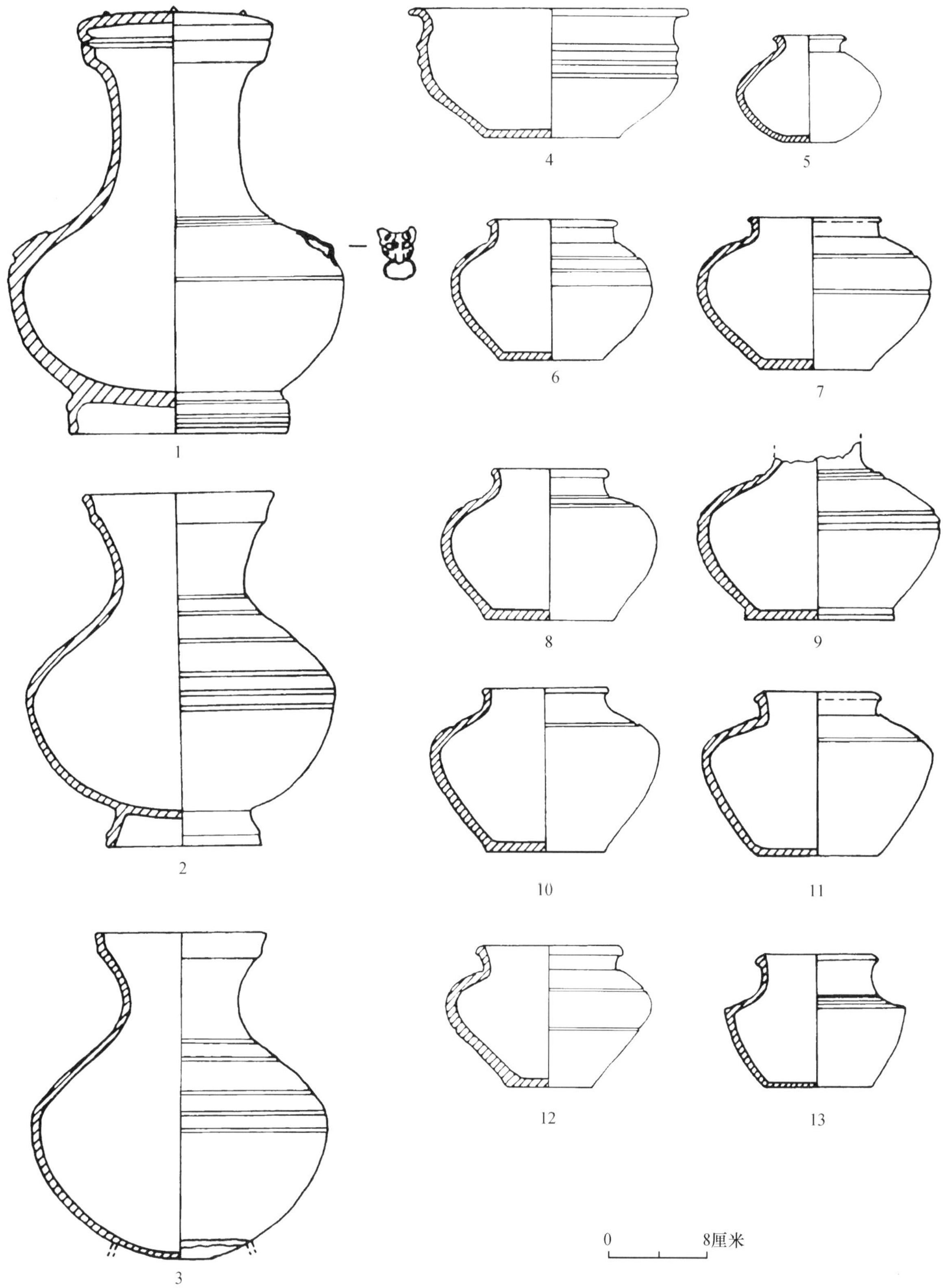

图四○　2000IM1025出土陶器

1～3. 壶（2000IM1025:22、2000IM1025:25、2000IM1025:9）　4. 盆（2000IM1025:24）　5～13. 罐（2000IM1025:5、2000IM1025:12、2000IM1025:14、2000IM1025:15、2000IM1025:3、2000IM1025:18、2000IM1025:4、2000IM1025:7、2000IM1025:1）

鼓腹，圈足，上腹饰六道凹弦纹。口径15.6厘米，高27.9厘米（图四〇，2）。2000IM1025:9，泥质灰陶。盘口，束颈，鼓腹，圈足残，上腹饰五道凹弦纹。口径13.8厘米，残高25.8厘米（图四〇，3）。

盆　1件。2000IM1025:24，泥质灰陶。翻沿，敞口，曲腹，平底，上腹饰三道凸棱。口径23厘米，高10.2厘米（图四〇，4）。

罐　9件，均为泥质灰陶。2000IM1025:5，敞口，短束颈，鼓腹，平底。口径6.3厘米，高8.5厘米（图四〇，5）。2000IM1025:12，口微敞，短颈，鼓腹，平底，上腹饰三道凹弦纹。口径10.8厘米，高11.1厘米（图四〇，6）。2000IM1025:14，直口，短颈，窄平沿，鼓腹，平底，上腹饰二道凹弦纹。口径11.1厘米，高12厘米（图四〇，7）。2000IM1025:15，敞口，短颈，鼓腹，平底，肩部饰二道凹弦纹。口径9.8厘米，高12厘米（图四〇，8）。2000IM1025:3，器形与2000IM1025:14略同，口残，肩、腹各饰二道凹弦纹。残高13.2厘米（图四〇，9）。2000IM1025:18，直口，短颈，圆折肩，斜腹，平底，肩部饰一道凹弦纹。口径10.2厘米，高13.1厘米（图四〇，10）。2000IM1025:4，敞口，短颈，圆折肩，斜腹，平底，肩部饰一道凹弦纹。口径10.6厘米，高13厘米（图四〇，11）。2000IM1025:7，敞口，斜领，圆折肩，曲腹，平底，肩、腹各饰一道凹弦纹。口径12厘米，高11.1厘米（图四〇，12）。2000IM1025:1，窄沿，直领，折肩，弧腹平底，肩部饰二道凹弦纹。口径10.2厘米，高10.5厘米（图四〇，13）。

盒　2件，均为泥质灰陶。2000IM1025:32，子母口，弧腹，平底，圈足，腹部饰四道凹弦纹。口径17.1厘米，高16.9厘米（图四一，1）。2000IM1025:17，子母口，弧腹，圜底，圈足，腹部饰三道凹弦纹。口径14.7厘米，高9.9厘米（图四一，2）。

盒盖　1件。2000IM1025:36，泥质灰陶。器形似碗覆扣，圈足纽，盖身饰三道凸弦纹。口径18.8厘米，高6.8厘米（图四一，3）。

碗　1件。2000IM1025:6，泥质灰陶。敞口，弧腹，圈足，口部饰二道凹弦纹。口径17.8厘米，高9.6厘米（图四一，4）。

魁　2件。2000IM1025:30，泥质灰陶。直口，深弧腹，平底，柄残缺，口部饰二道凹弦纹。口径18厘米，高8.4厘米（图四一，5）。2000IM1025:11，泥质红陶。敛口，浅弧腹，平底，龙首形柄，口部饰一道凹弦纹。口径17.8厘米，高6.6厘米（图四一，6）。

勺　1件。2000IM1025:33，泥质红陶。椭圆口，浅腹，柄微曲，横截面三角形。长17.6厘米（图四一，7）。

钵　9件，均为泥质灰陶。2000IM1025:40，敞口，假圈足，口部饰一道凹弦纹。口径14.1厘米，高5.2厘米（图四一，8）。2000IM1025:13，敞口，口缘厚重，曲腹，假圈足。口径13厘米，高5.6厘米（图四一，9）。2000IM1025:27，盘口，曲腹，平底，内壁饰二道凹弦纹。口径16.8厘米，高5.6厘米（图四一，10）。2000IM1025:29，敞口，厚圆唇，圆折腹，平底。口径9厘米，高3.9厘米（图四一，11）。2000IM1025:38，敞口，弧腹，平底，上腹有二道凹槽。口径13.8厘米，高4.5厘米（图四一，12）。2000IM1025:39，敞口，斜腹，平底，中腹饰一道凹弦纹。口径15.4厘米，高4.4厘米（图四一，13）。2000IM1025:20，敞口，弧腹，平底，口缘下有一道凹槽。口径10.1厘米，高4厘米（图四一，14）。2000IM1025:37，敞口，弧腹，平底。口径10.5厘米，高3.7厘米（图四一，15）。2000IM1025:41，器形与M1025:37相同。口径10.1厘米，高3.6厘米（图四一，16）。

釜　2件，明器，均为泥质灰陶。2000IM1025:35，直领，鼓腹，平底，肩部有对称舌形耳，饰二道凹弦纹。口径10厘米，高8.2厘米（图四一，17）。2000IM1025:2，斜领，鼓腹，平底，肩部

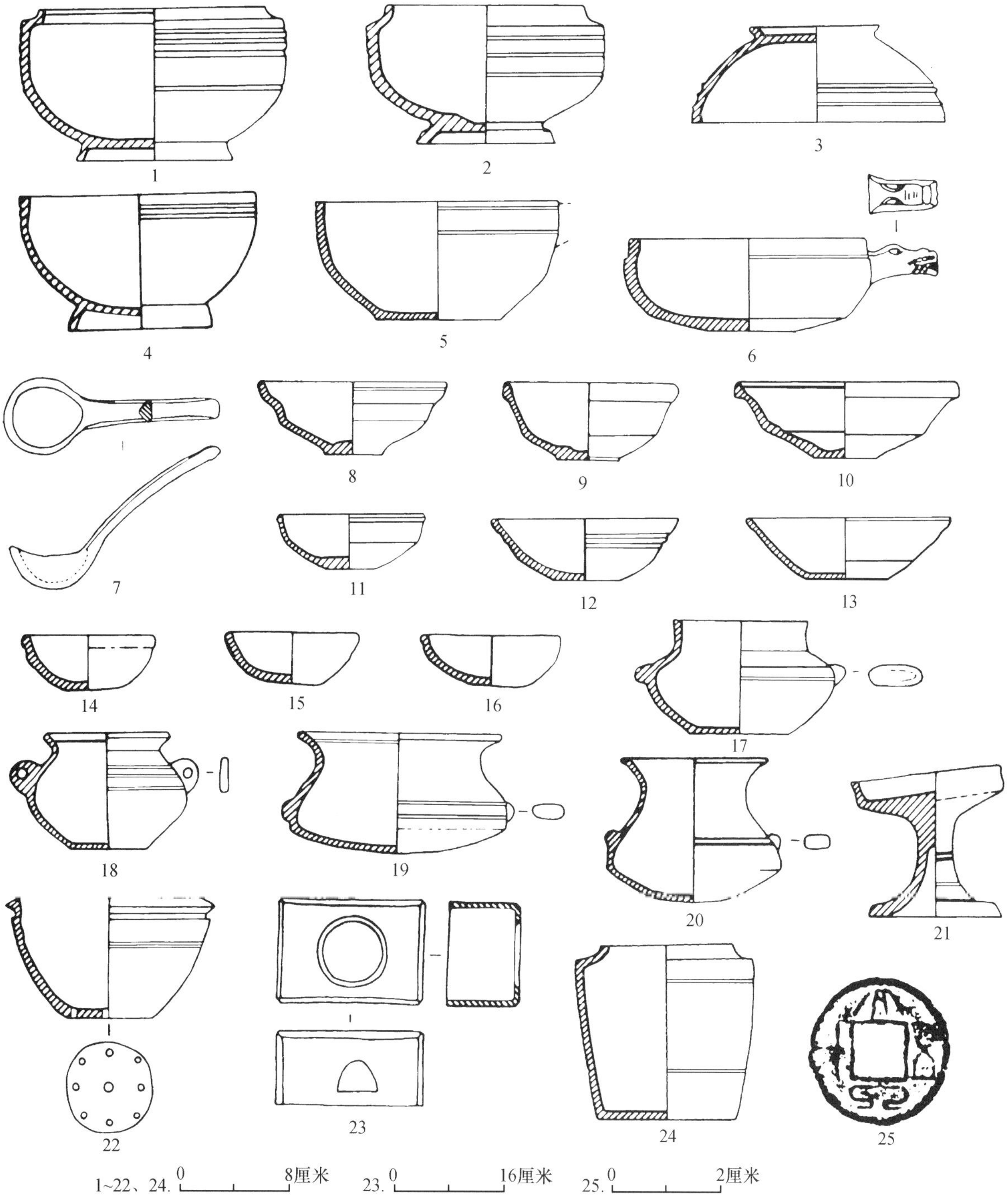

图四一　2000IM1025 出土器物

1、2. 陶盒（2000IM1025∶32、2000IM1025∶17）　3. 陶盒盖（2000IM1025∶36）　4. 陶碗（2000IM1025∶6）　5、6. 陶魁（2000IM1025∶30、2000IM1025∶11）　7. 陶勺（2000IM1025∶33）　8～16. 陶钵（2000IM1025∶40、2000IM1025∶13、2000IM1025∶27、2000IM1025∶29、2000IM1025∶38、2000IM1025∶39、2000IM1025∶20、2000IM1025∶37、2000IM1025∶41）　17、18. 陶釜（2000IM1025∶35、2000IM1025∶2）　19、20. 陶鍪（2000IM1025∶19、2000IM1025∶21）　21. 陶灯（2000IM1025∶20）　22. 陶甑（2000IM1025∶26）　23. 陶灶（2000IM1025∶8）　24. 陶仓（2000IM1025∶31）　25、铜钱（2000IM1025∶28）

有对称圜耳，肩部饰三道、口部内壁饰一道凹弦纹。口径9.7厘米，高8.4厘米（图四一，18）。

鍪　2件，明器，均为泥质红陶。2000IM1025∶19，敞口，束颈，折腹，圜底，腹部有对称舌形耳，腹部饰二道、口沿内壁饰一道凹弦纹。口径15.2厘米，高8.6厘米（图四一，19）。2000IM1025∶21，敞口，束颈，深折腹，圜底，腹部有对称舌形耳，饰二道凹弦纹。口径11.2厘米，高10.4厘米（图四一，20；图版七，4）。

甑　1件，明器。2000IM1025∶26，泥质灰陶。窄平沿，敞口，弧腹，平底上有9个小孔，口部有一道凹槽，腹部有二道凸弦纹。口径15.7厘米，高8.7厘米（图四一，22）。

灶　1件，明器。2000IM1025∶8，泥质灰陶。器体长方形，四壁平直，抹平棱角，前壁中央开一半圆形火口，灶面中央有一圆形火眼。灶面长21.6厘米，宽14.8厘米（图四一，23）。

灯　2件，明器，皆泥质红陶。2000IM1025∶20，整体呈豆形，盘形盏略倾斜，喇叭形座，柄中空，饰四道凹弦纹。盏口径11.2厘米，器高10.4厘米（图四一，21）。2000IM1025∶10，盏部残缺，灯座与2000IM1025∶20略同。

仓　1件，明器。2000IM1025∶31，敛口，折肩，斜腹，平底，饰二道凹弦纹。口径9.8厘米，高12.4厘米（图四一，24）。

铜钱　7枚，均为“大泉五十”。标本2000IM1025∶28，圆形有周郭，正方穿，“大泉五十”四字直读，阳文，篆书。直径2.6厘米（图四一，25）。

2003IM2003

位于2003IT2005东北部，向东进入2003IT2006西北部。长方形土坑竖穴墓。墓长2.8米，宽1.8米，深1.1～1.7米。东壁下有生土二层台，宽20厘米，高50厘米。未见人骨，墓向为东北—西南向（图四二）。墓底没有发现随葬品。在盗洞土里出有灰陶片，复原陶盆1件。

陶盆　1件。2003IM2003∶1，泥质灰陶。敞口，卷沿，尖圆唇，斜直壁，平底，微内凹，内壁上部有一周凹弦纹，内底心突起。口径12.4厘米，通高8.4厘米（图四三，1）。

2003IM2004

位于2003IT2009西北部。刀形土坑墓。墓圹长方形，后壁因山体滑坡向前倾斜。墓东西长3.2米，南北宽2.9米，深3.4米。墓室前部靠东侧有一墓道，墓道长2.7米，宽1.6米，深1.1～1.5米。该墓多次被盗，最后的盗洞被顺山坡滚落下的石块填满。未见人骨，墓底只有铜印、铜钱、陶饰件残留下来。其中在墓室东壁下发现一排铜钱，计13枚，一枚压一枚，似为一串钱。墓室的西部有黄色和褐色斑痕，是棺具朽烂的痕迹。在此处有两堆铜钱，每堆6个，钱为丝绸状朽灰包裹。有4个陶饰件，体呈“S”形，下出一尖锥，在墓底集中分布，似为一个器盖上的附纽。墓向为南北向。随葬品均出土于墓底（图四四）。

铜器　26件。

印章　1件。2003IM2004∶1，方印，桥纽，印面不平，边缘有凸粒状毛刺，印面文字为篆书，笔道模糊。印面边长1.4厘米，高1.6厘米（图四三，2；彩版一一，2、4）。

五铢钱　25枚，其中剪轮钱2枚。字体分两种，第一种，金字头为三角形，朱字头直折，五字交笔较直，直径2.5厘米（图四三，3）。第二种，金字头为三角形，朱字头圆折，五字交笔弯曲（图四三，4）。剪轮钱，直径2.4厘米，钱文清晰（图四三,5）。

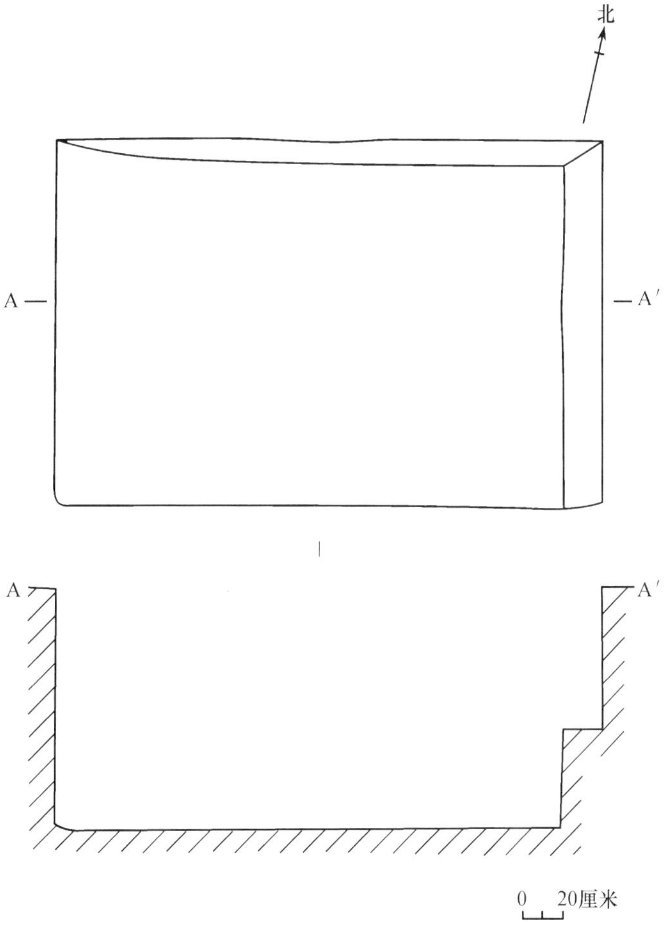

图四二　2003IM2003 平、剖面图

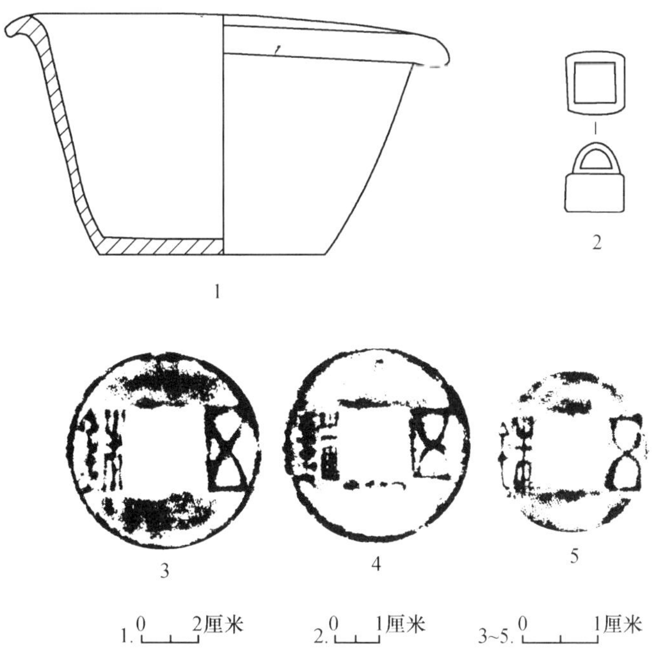

图四三　2003IM2003 和 2003IM2004 出土器物

1. 陶盆（2003IM2003∶1）　2. 铜印（2003IM2004∶1）　3~5. 五铢钱（2003IM2004∶2、2003IM2004∶3、2003IM2004∶4）

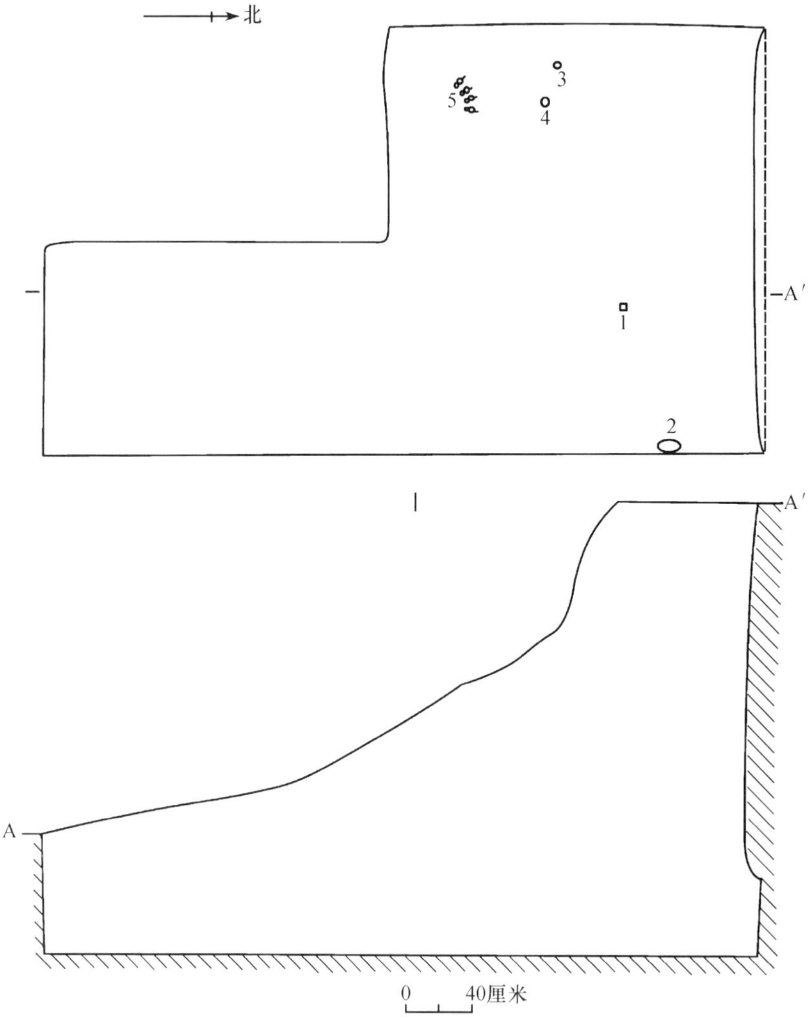

图四四　2003IM2004平、剖面图

1. 铜印　2～4. 铜钱　5. 陶饰件

（二）土圹石墙墓

2001IM4009

位于2001IT4014、2001IT4015等探方内。由墓道、前室、后室组成。墓向为南北向。台阶式墓道，有6步台阶。墓道长6.8米，墓道北部与前室相接处为斜坡，长1.9米。前室与墓道的连接处有一封门槽，长1.76米，宽0.28～0.36米。封门槽的西端残留有一段封门墙，高1.82米，宽0.54米，土石混筑，上部还夹杂三块砖。封门里侧的墓门处，在距墓底高2.24米的两侧生土壁上，都有一条竖沟式小坎槽。坎槽口部与墓圹口部相平，宽10～30厘米，呈袋形，上小下大，底圆。两个坎槽的高度、形状一致，应该是放置墓门过梁横木的支撑槽（彩版五）。

前室为长方形竖穴土圹。东西两侧垒砌石板墙。前室石墙内东西长2.6米，南北长2.2米。石板平砌，石板边长10～36、厚2～10厘米不等。石墙内壁表面有一层抹泥，厚2～8厘米。石板间铺红泥。石墙与土坑壁之间有较大空隙，用黄花色土填实。西石墙高1.7米，东石墙高1.6厘米。

后室为长方形竖穴土圹。后室南北长3.4米，东西长4.5米，深4.2米。生土壁竖直，未发现石墙，下部生土壁有高约1.3米的抹泥，泥层厚2~4厘米。墓底与前室底部平齐。

随葬品共260件，分别位于前室和后室。

前室：中部有1处棺灰，棺灰中部有2堆五铢钱，偏东还有两堆五铢钱。东北部有一排器物紧贴石板墙，紧密叠压，有陶罐9件，釉陶盆1件，陶碗5件，还有铜簋1件。西南部有陶公鸡、子母鸡、陶狗各1件，俑表面均施有彩绘。陶狗之上有铁釜，配有铁三脚架。铁釜北部有不同形制的陶罐3件，不同形制的陶碗2件，釉陶罐1件。在子母鸡的东部有10件器物，紧密叠压，有竹节杯，博山炉，釉陶器盖，釉陶钵2件，陶碗1件，陶灶1件，釉陶壶1件，陶甑1件，陶罐1件。

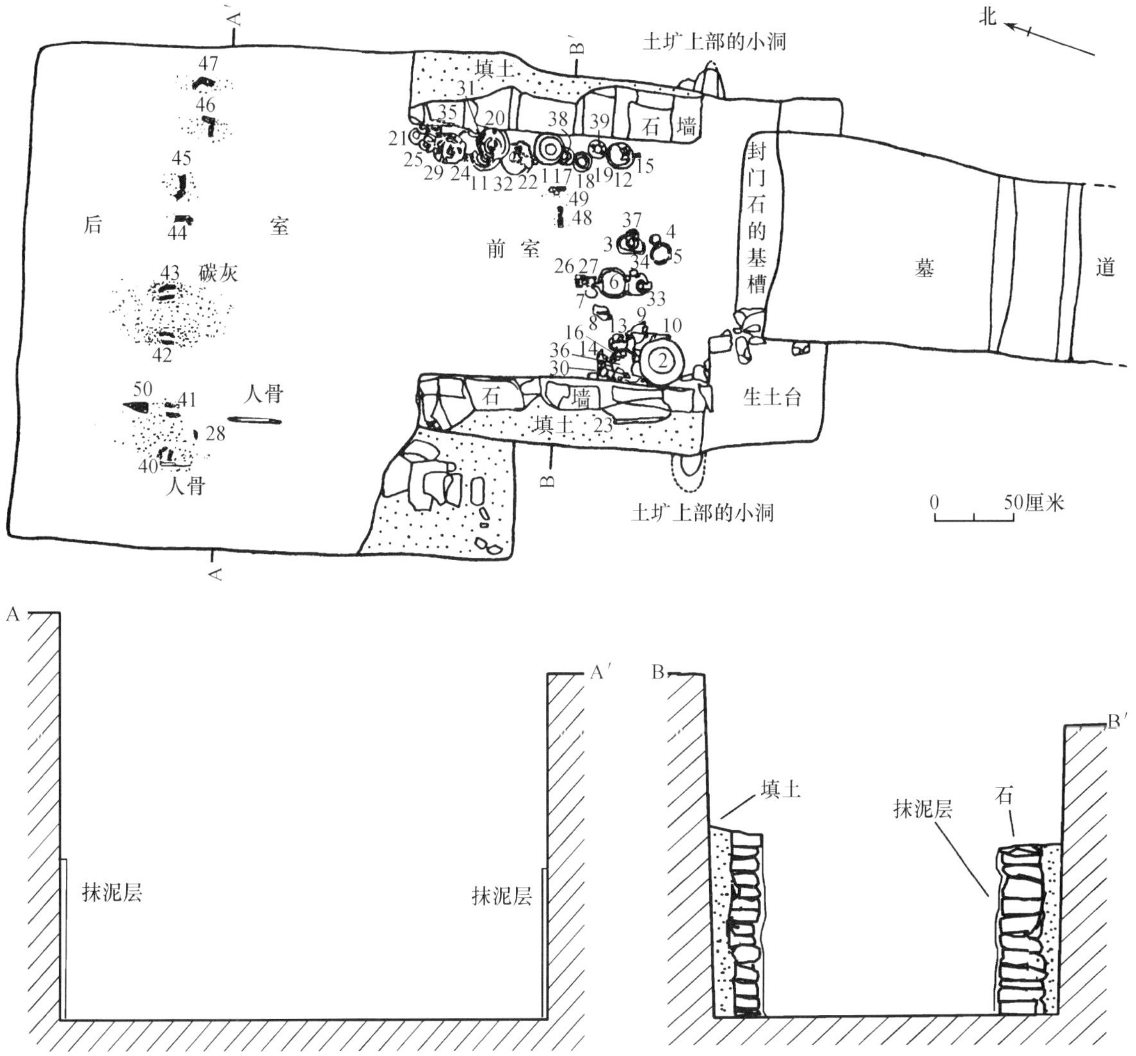

图四五　2001IM4009平、剖面图

1. 铜簋　2. 铁釜　3. 陶灶　4. 陶甑　5、11、12、16~20、24、29、30、32、36. 陶罐　6、33. 釉陶钵　7. 釉陶器盖　8. 陶子母鸡　9. 陶公鸡　10. 陶狗　13~15、21、22、25、34、35、38、39. 陶碗　23. 釉陶盘口壶　26. 釉陶竹节杯　27. 釉陶博山炉　28. 铜带钩　31. 釉陶盆　37. 釉陶壶　40~49. 铜钱串　50. 陶器碎片

后室：东西排列4处棺灰，并有木棺漆痕，每处棺灰上都有两堆铜钱。西起第1处棺灰上残留一段上肢骨和一段下肢骨。从肢骨判断，人骨的头向应该是朝向墓室的北壁。棺灰中部有铜带钩和两堆“大泉五十”铜钱，铜钱北部有陶器碎片。西起第2处棺灰与第1棺灰平行，棺灰中部有两堆“大泉五十”铜钱，呈串状分布。第3处棺灰位置比第1、2棺灰位置偏南，棺灰中部有两堆东汉五

铢钱，呈串状分布。第 4 处棺灰位置比第 3 棺灰的位置还偏南，棺灰中部有两堆东汉五铢钱，呈串状分布（图四五；图版三，2、3）。

陶器　25 件。

碗　10 件，完整 7 件。2001IM4009∶34，黄褐陶，胎较薄。敞口，叠唇，平底。腹部有凸棱。口径 16. 8 厘米，底径 6. 8 厘米，高 6. 4 厘米（图四六，1）。2001IM4009∶39，泥制灰陶，胎较薄，火候较低。叠唇，平底。腹部有一突棱。口径 11. 2 厘米，底径 6. 2 厘米，高 4 厘米（图四六，2）。2001IM4009∶22，泥质灰陶。敞口，叠唇，小平底，腹部有一较宽的凸棱。口径 18 厘米，底径 6. 6 厘米，高 5. 6 厘米（图四六，3）。2001IM4009∶15，黄褐陶，胎薄，火候较低。口沿及碗内带黑皮，叠唇。平底。腹部有一突棱。口径 17 厘米，底径 6. 3 厘米，高 5 厘米（图四六，4）。2001IM4009∶13，泥制灰陶，薄胎，制作较粗糙。敞口，卷沿，底部较小，向内弧。腹部有一凸棱。口径 12. 8 厘米，高 4 厘米（图四六，5）。2001IM4009∶21，黄褐陶。敞口，叠唇，口沿部分有黑皮，平底，腹部有两条凸棱。口径 17. 6 厘米，底径 6. 8 厘米，高 5. 6 厘米（图四六，6）。2001IM4009∶38，泥制灰陶。敞口，厚唇，小平底，腹部有一凸棱。口径 12. 8 厘米，高 4 厘米（图四七，5）。

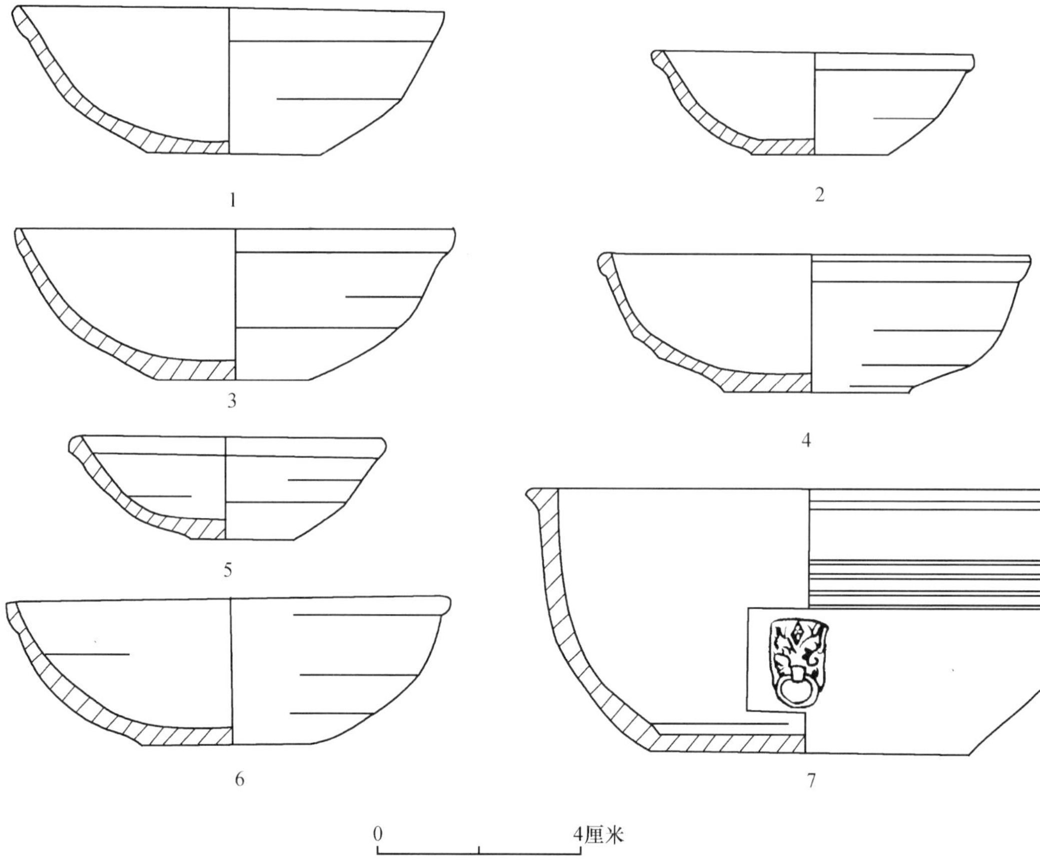

图四六　2001IM4009 出土器物

1 ~ 6. 陶碗（2001IM4009∶34、2001IM4009∶39、2001IM4009∶22、2001IM4009∶15、2001IM4009∶13、2001IM4009∶21）

7. 釉陶盆（2001IM4009∶31）

罐　12 件。均为泥质灰陶，1 件器物残破难以复原。2001IM4009∶30，圆唇，口沿略外敞，短颈，鼓肩，腹部弧收至底。肩部有两条较粗弦纹，间施有斜向暗纹，腹部有细弦纹。口径 11. 5 厘米，腹径 22. 8 厘米，底径 14. 2 厘米，高 16. 4 厘米（图四八，1）。2001IM4009∶20，泥质灰陶，胎较薄，火候较低。小口，圆唇，卷沿，矮粗颈，鼓肩，圆腹，平底。肩上有一圈暗纹，腹部至底有很多凹弦纹。口径11.8厘米，底径13.2厘米，最大径22.8厘米，高16.4厘米（图四八，2；彩版六，3）。2001IM4009:32，泥质灰陶，圆唇，口沿略外敞，短颈，鼓肩，最大径位于肩部，腹部弧收至底。肩部有两条较粗弦纹间施有暗纹。口径11.2厘米，底径13.8厘米，高14.8厘米，腹径22.4厘米（图四八，3）。2001IM4009:16，尖唇，卷沿，矮颈，颈部略向内弧，折肩，腹部弧收，圆弧至底，平底，肩上有两圈突棱。口径11厘米，底径9.6厘米，最大腹径15厘米，高11厘米（图四八，4）。2001IM4009:11，泥质灰陶，胎质较薄。尖唇，卷沿，矮颈，并略向内弧，折肩，肩部有一突棱，腹部弧收，圆弧至底，平底。口径10.2厘米，底径9.4厘米，最大径15厘米，高11厘米（图四八，5）。2001IM4009:17，圆唇，短粗颈，鼓肩，腹弧收至底，平底。肩部有两圈凹弦纹，肩、腹部有凸弦纹，下腹部有不明显的凹弦纹。口径9.8厘米，底径9.4厘米，最大腹径16.2厘米，高11.4厘米（图四八，6）。2001IM4009:19，泥质灰陶，胎较薄，火候较低。圆唇，矮粗颈。鼓肩，圆折，腹弧收至底。平底，略有凹凸。颈与肩的连接处有一圈凸弦纹。肩上有一圈暗纹。肩部有不太明显的凸棱，腹部有一圈断续的凹弦纹。带盖，但盖已残破。口径9厘米，底径10厘米，最大径12厘米，高10厘米（图四八，7）。2001IM4009:5，直颈，圆鼓肩，平底，颈部胎较厚，最大腹径处有一圈弦纹，腹的下半部有一圈不明显的突棱。在最大腹径处，只残留一件錾耳，耳侧面有4个小突棱。与此耳相对位置处已经残缺，可能原有一对称耳。口径10.6厘米，底径5.8厘米，最大腹径15.6厘米，高12厘米（图四九，1）。2001IM4009:18，尖唇，卷沿，矮直颈。肩上有两突棱。尖唇，卷沿，矮颈，并略向内弧，折肩，肩部有一突棱，腹部弧收，圆弧至底，平底。口径10.5厘米，底径9.2厘米，最大腹径15厘米，高10.5厘米（图四七，6）。2001IM4009:24，小口，形体矮扁，短颈，鼓肩，平底，圆凸唇。颈部有之字形暗纹，肩部有斜向暗纹。口径12.4厘米，腹径23.4厘米，高15.4厘米（图四七，7）。2001IM4009:12，圆凸唇，鼓肩，圆折，腹部弧收至底，肩部有两条凹弦纹，腹部有不明显的突棱。口径11.8厘米,底径13.4厘米，最大腹径24厘米，高17.2厘米（图四七，8）。

甑　2件，复原1件。2001IM4009:4，泥质灰褐陶。方唇，窄沿。腹部弧收至底。底部略向内弧。底有圆形孔15个（图四七，4）。

灶　1件。2001IM4009:3，泥制灰褐陶。长方形，后壁有火墙，前壁有火口，火口呈半圆形。灶面火眼2个，火眼呈圆形。长31.6厘米，宽14.8厘米，高8.8厘米（图四七，9）。

陶动物俑　3件。

子母鸡　1件。2001IM4009:8，泥质褐陶。上有红白彩绘，大部分都已脱落，尾部彩绘保留较好。母鸡蹲伏，呈昂首警惕观望状。1只鸡雏蹲伏母鸡背上观望。其余的鸡雏藏身于母鸡身下和翅内，母鸡前胸处有1只鸡雏探出头颈和前胸，两翅前端亦各伸出1件鸡雏头，两翅后端隐露鸡雏嘴。长20厘米，高13厘米（图四九，2；彩版七，3）。

公鸡　1件。2001IM4009:9，泥质灰陶。上有彩绘，但大部分现已脱落。平稳站立，昂首挺胸，曲颈，鸡头略向右偏。翅膀收敛。鸡尾较大，末端向上翘。鸡右腿残。长20.5厘米，高20厘米（图四九，3；彩版七，4）。

狗　1件。2001IM4009:10，泥质灰陶。上有彩绘，但大部分都已脱落。昂首，站立，卷尾，颈部及腹部系缰带。长25.6厘米，高22厘米（图四九，4；彩版七，2）。

釉陶器　6件。

盆　1件。2001IM4009:31，泥制红陶，盆内外均施黄釉。方唇，腹的上半部为直壁，有四圈凸弦纹，腹的下半部弧收，平底。在凸弦纹下有铺首衔环。口沿及腹部有残缺。口径22.5厘米，底径12.4厘米，高10厘米（图四六，7；图版三，1）。

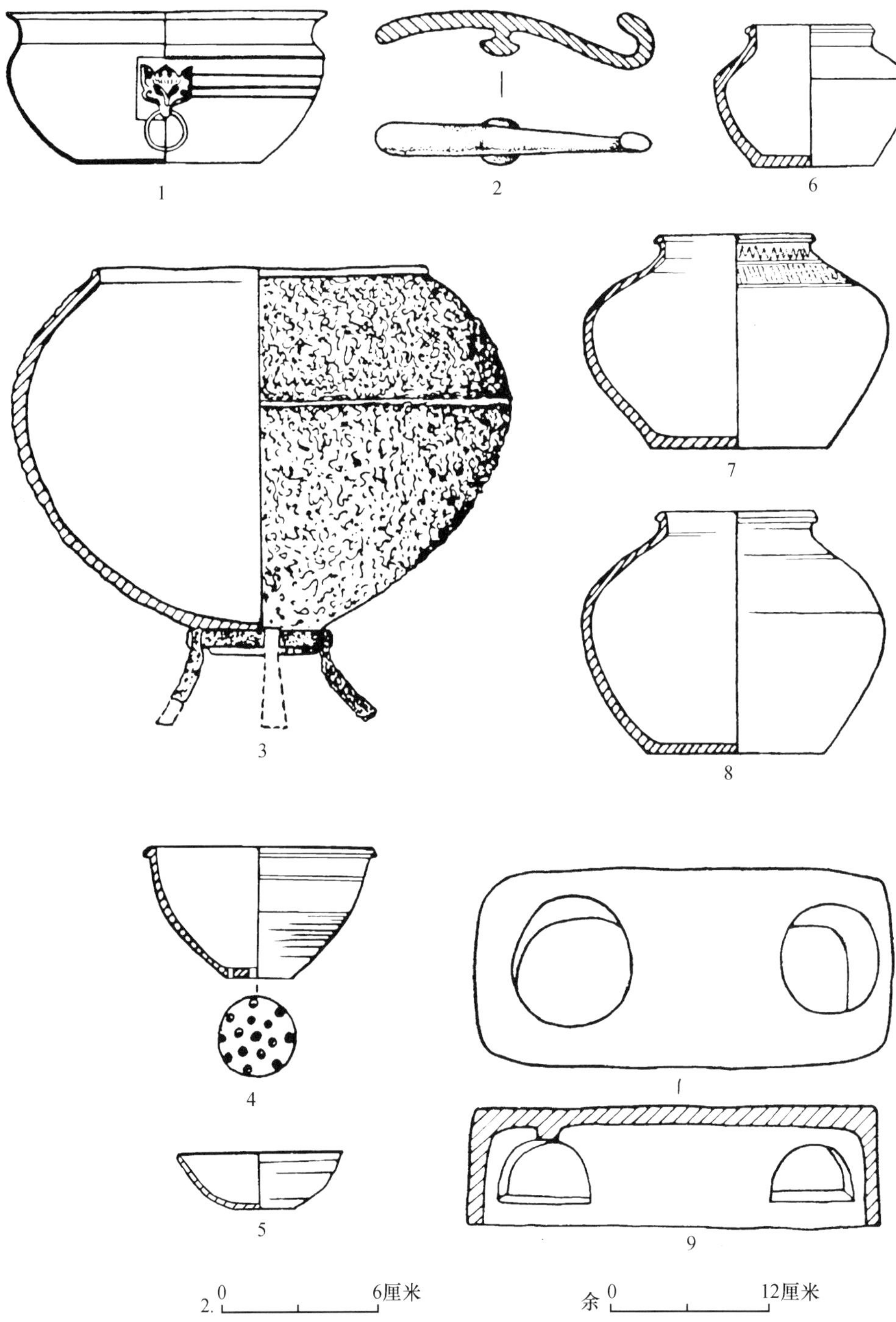

图四七　2001IM4009出土器物

1. 铜簋（2001IM4009∶1）　2. 铜带钩（2001IM4009∶28）　3. 铁釜和支架（2001IM4009∶2）　4. 陶甑（2001IM4009∶4）　5. 陶碗（2001IM4009∶38）　6～8. 陶矮颈无耳罐（2001IM4009∶18、2001IM4009∶24、2001IM4009∶12）　9. 陶灶（2001IM4009∶3）

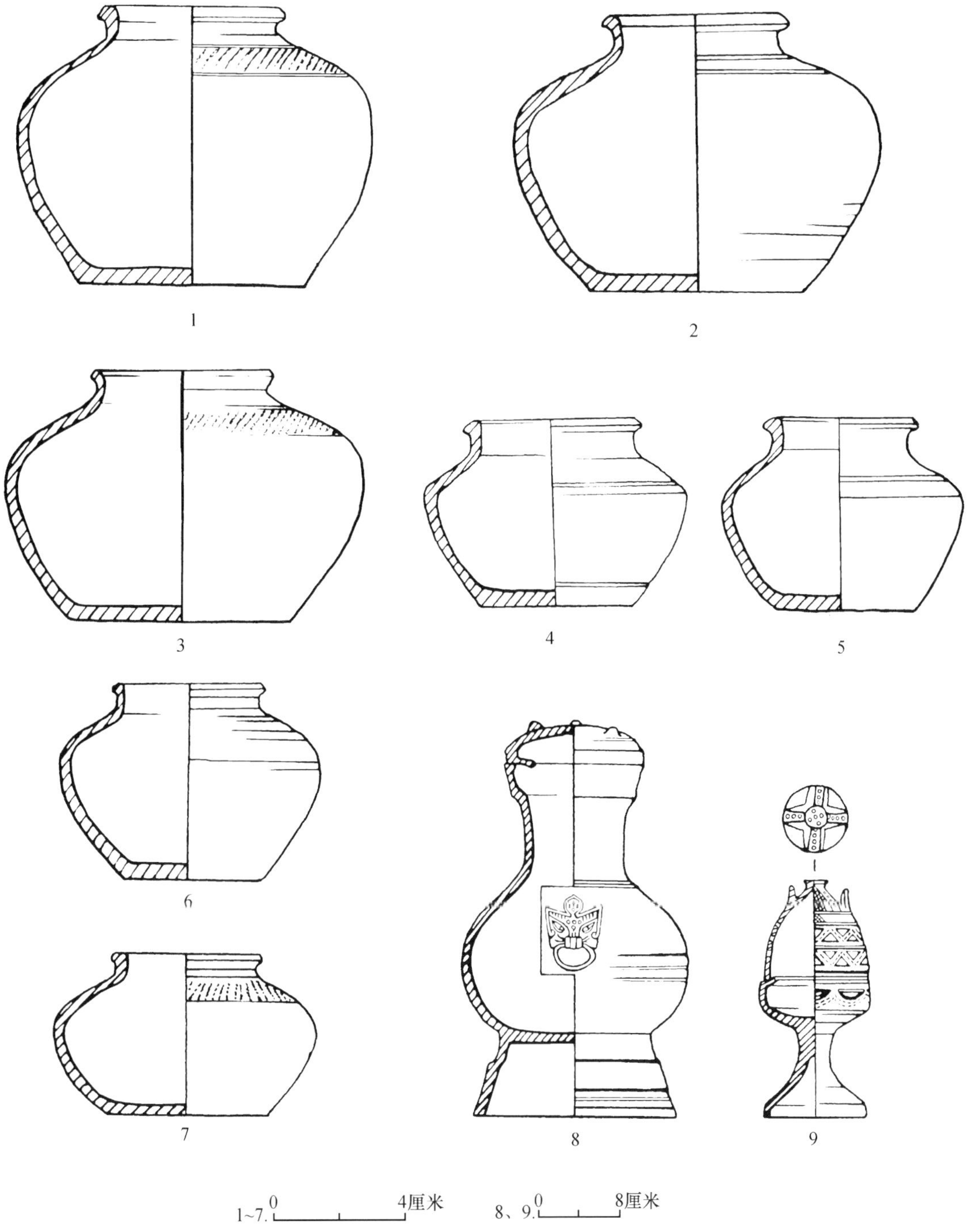

图四八　2001IM4009 出土器物

1～7. 陶罐（2001IM4009∶30、2001IM4009∶20、2001IM4009∶32、2001IM4009∶16、2001IM4009∶11、2001IM4009∶17、2001IM4009∶19）　8. 釉陶盘口壶（2001IM4009∶23）　9. 釉陶博山炉（2001IM4009∶27）

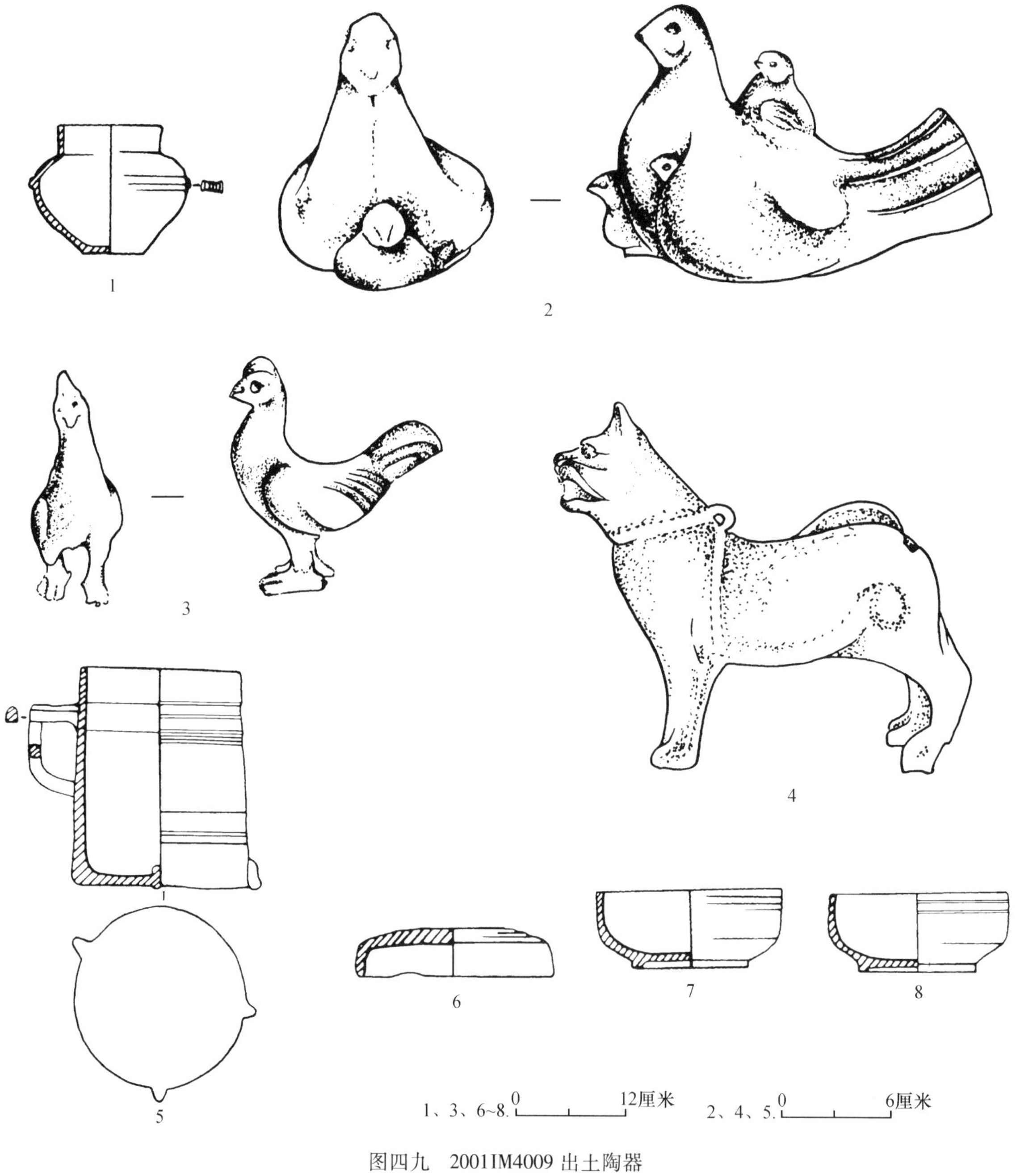

图四九　2001IM4009 出土陶器

1. 陶罐（2001IM4009∶5）　2. 陶子母鸡（2001IM4009∶8）　3. 公鸡（2001IM4009∶9）　4. 陶狗（2001IM4009∶10）
5. 釉陶竹节杯（2001IM4009∶26）　6. 釉陶器盖（2001IM4009∶7）　7、8. 釉陶钵（2001IM4009∶6、2001IM4009∶33）

盘口壶　1件。2001IM4009:23，泥质黄陶，外施黄釉。盘口，长颈，扁鼓腹，大圈足，平底，球面形盖。肩部有对称的两件衔环铺首。在颈与肩的衔接处，有两凸棱。在鼓腹上有5条凸弦纹。在圈足的中部有一凸棱，底部有两圈凸弦纹。底径20厘米，高37.2厘米（图四八，8；彩版六，1）。

博山炉　1件。2001IM4009:27，泥制红陶，上施黄釉，内部不施釉。分盖、身、座三部分。盖的顶端是捉手，捉手为平顶，顶上有五件呈梅花状分布的圆圈纹。捉手下连四条，呈十字形，每条上有四件圆圈纹。每两条之间都被切割成一件山峰，一共四件山峰，现残缺一件。盖腹部有划的弦纹，中部有两排三角形镂孔。上排与下排正反相对，上下两排同排相间。身部为子母口，直壁，浅腹，腹中部有7个呈月牙形的镂孔，沿着孔下刻划两条弧线，在两条弧线上有竖向的划纹。座为细柄，柄中部有一圈凸棱，覆盘（图四八，9；彩版六，2）。

钵　2件。2001IM4009:6，泥质红陶，器身施黄釉，釉非常薄，口部和底部的釉大部分已脱落。子母口，口下有两圈突弦纹，腹的上半部为直壁，下半部弧收，圈足。口径16.4厘米，肩径18厘米，底径12厘米，高6.4厘米（图四九，7）。2001IM4009:33，泥制红陶，器身施黄釉。直口，口下有两圈凸弦纹，微敛，方唇，腹的上半部为直壁，下半部弧收，圈足。口径17.8厘米，底径11.8厘米，高7.2厘米（图四九，8）。

器盖　1件。2001IM4009:7，细泥红陶，青黄釉。覆盘形，弧顶，顶部有弦纹。直径9.8厘米，高2.2厘米（图四九，6）。

竹节杯　1件。2001IM4009:26，细泥红陶，除杯内和杯底外，都施黄釉。直口，圆唇，杯身呈竹节形，在杯身的上部和下部都有凸弦纹，单把，把上顶为一横片，其下为圆柱形，分别与横片和杯身相接。杯身的底部有3个装饰性的小足。口径8厘米，底径8.5厘米，高10.2厘米（图四九，5）。

铜器　226件。

簋　1件。2001IM4009:1，侈口，斜沿，腹微鼓，平底，底略残。肩腹部有凸弦纹，有两件相对的衔环铺首，环直径3.2厘米，仍可转动。口径25厘米，高11厘米（图四七，1；彩版八，3）。

带钩　1件。2001IM4009:28，蛇形钩首，身卷曲如“S”形，圆盘形纽，截面为椭圆形，素面。长10.5厘米（图四七，2；彩版八，1）。

大泉五十　72枚。篆书，钱文和边郭清楚。直径2.7厘米（图五〇，1）。

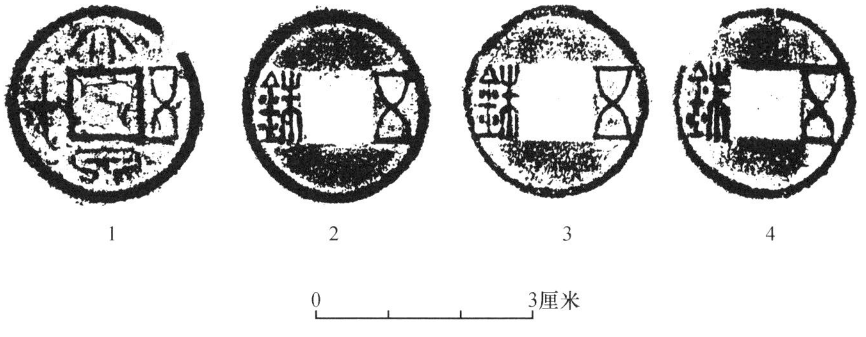

图五〇　2001IM4009出土铜钱

1. 大泉五十　2～4. 五铢钱

五铢　142 枚。边郭钱文清楚。棱线分明，孔边缘毛刺尚存，没有磨损。分两种：第一种，钱文规整，制作精致，五字交叉处较弯曲，金字头为等腰三角形，与朱字等高，四点较长。朱字上横直折（图五〇，2、3）；第二种，钱文规整，制作精致，五字交叉处较弯曲，金字同第一种，朱字上横圆折（图五〇，4）。

铁器　2 件。

釜与支架　各 1 件。2001IM4009:2，直口，方唇，鼓腹，小平底。口径 26 厘米，底径 9.4 厘米，最大腹径 38.2 厘米（图四七，3）。支架三足，上有一铁圈，铁圈直径 11.2 厘米，高 5.8 厘米。与铁釜配套使用（图四七，3）。

（三）石室墓

2001IM3032

位于第 3 发掘区的西端。长方形单室石室墓。开口于耕土层下。墓室长 6.34 米，宽 2.5 米，高 2 米。地面为一慢坡，挖出直壁竖穴土坑，紧贴土坑壁砌筑墓道和墓室。墓道和墓室用打制较为规整的条石砌成墓圹，用打制的较为规整的石块和条石砌成墓顶和墓壁（图五一；图版二，3）。墓道为长方形，长 1.46 米，宽 2.1 米。在填土中陆续发现一些人骨，其中有头骨 10 个。这些人骨是盗墓者在盗扰时扔弃所致。墓向为西南向。随葬品仅存釉陶器和陶器各 1 件。

陶勺　1 件，明器。2001IM3032:1，泥质红陶胎，青黄釉。口和底成椭圆形，口的一侧捏成小小的竖把。长 2.1 厘米（图五二，1）。

陶盘口壶　1 件。2001IM3032:2，泥质黑陶。盘口，方唇，长颈，扁鼓腹，肩和腹部有数道凸弦纹。口径 14.2 厘米，腹 21.5 厘米，底 9.8 厘米，残高 24 厘米（图五二，2）。

此外，墓中出土 1 枚五铢钱，发现一些灰陶绳纹折肩大瓮的陶片，黑陶甑的底片、腹片，红陶器的碎片等。

2003IM9001

长方形石室券顶墓。墓室长 6.45 米，宽 2.55 米，高 2.58 米。墓室由修理较规整的石条砌成的。石条宽度在 15 厘米左右。石条最大者长 40 厘米，厚 15 厘米。石条最小者为长 15 厘米，厚 5 厘米。墓室东西壁用石条错缝顺砌 12 层，高 1.15 米，然后起券。后壁砌 6 层，然后左侧砌 5 层，右侧砌 6 层，中间缺失。后壁石条墙之上，有一巨型岩石外凸，为挖墓穴建墓室时所留（图版五，1）。墓顶前部被盗洞打破。盗洞长为 2.1 米，宽 1.7 米。墓室前的墓道已经被破断崖破坏掉。未见人骨，墓向为东北—西南向。墓室内前部被盗洞土填实，墓室后部没有被流土填满，填土之上距离墓顶还有 10 ~50 厘米的空间。填土分 2 层。第 1 层出有三彩人俑、兽面瓦当、宋代瓷片、灰陶盆残片、灰陶盏残片、灯盏残片等遗物。遗物没有完整者，散乱分布于不同高度上，没有规律。随葬品共出土 24 件，均位于墓底后部（图五三）。

釉陶器　12 件。

碗　3 件。2003IM9001:21，泥质红陶，碗内壁和口外部施黄釉。敛口，尖唇，浅腹，小平底，口下有一弦纹。口径 12 厘米，高 4.3 厘米。2003IM9001:23，泥质红陶，内壁和口部施釉，外壁无釉，黄釉。敛口，方唇，小平底，弧壁，口下有一弦纹。通高 4.2 厘米（图五四，1；图版七，2）。

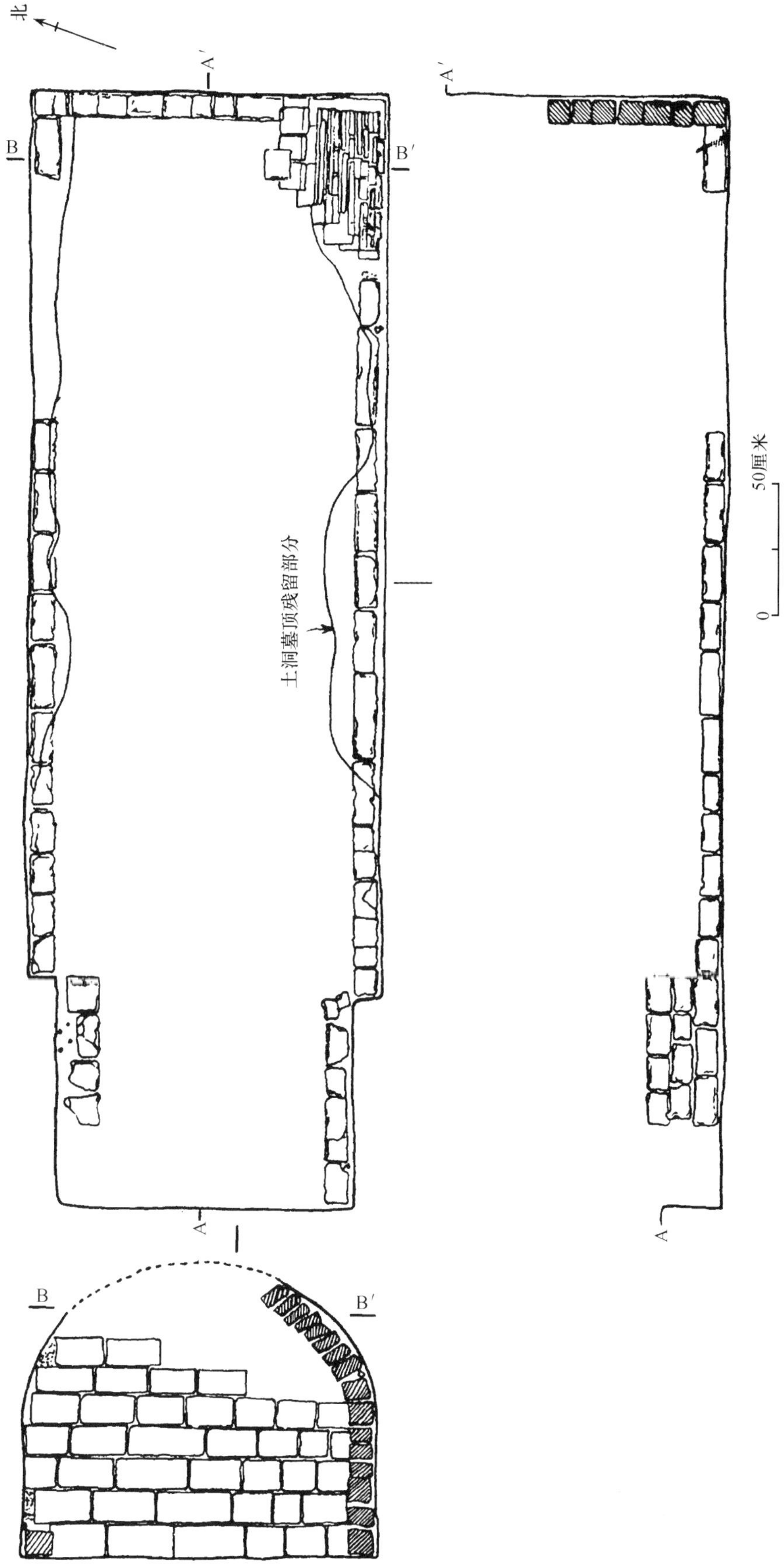

图五一　2001IM3032 平、剖面图

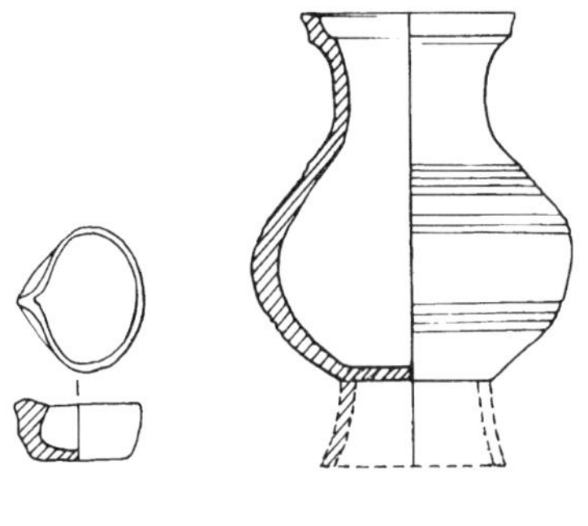

图五二　2001IM3032 出土器物
1. 釉陶勺（2001IM3032∶1）　2. 陶盘口壶（2001IM3032∶2）

2003IM9001∶7，泥质红陶，内壁及口部施青黄釉，外壁无釉。平沿，内勾唇，小平底，直壁，腹壁由三段泥圈套接而成，外壁形成阶梯状突棱。口径 12.5 厘米，通高 5 厘米（图五四，6；图版七，3）。

器盖　1 件。2003IM9001∶11，泥质红陶，外施青黄釉。盖为子母口，圆唇，盖顶中心有一桥纽，内穿圆环，环直立；外绕 3 个锥状纽。盖口内径 11 厘米，器身口内径 11、外口径 14.2 厘米，高 5.3 厘米（图五四，2）。

杯　2 件。2003IM9001∶20，泥质红陶，外施青黄釉，釉面有脱落。方唇，桶腹，平底，器身上部和下部各有一弦纹，口下有一扳凸。口径 7.5 厘米，高 6.5 厘米（图五四，3；彩版一一,3 右）。2003IM9001∶17，器形与 2003IM9001∶20 相同，口径 7.2 厘米，高 6 厘米（彩版一一，3 左）。

壶　1 件。2003IM9001∶9，泥质红陶，外施黄釉。壶盖为子母口，圆唇。盖顶中心有一桥纽，内穿圆环，环直立；外绕 3 个锥状纽。器身盘口，方唇，盘外壁有一凹弦纹，盘与颈部交接处呈锐折，长颈，扁腹，高足，肩部有一对称扶手，肩与颈交接处有两道凹弦纹，腹部有两道凹弦纹。盖高 6.6 厘米，盖内径 11 厘米，器身口径 13.5 厘米，高 32.3 厘米（图五四，4；彩版一一，1）。

博山炉盖　1 件。2003IM9001∶19，泥质红陶，外施青黄釉，釉面有脱落。盖顶中心有一鸟头形纽。器身方唇，纽两侧各有一长方形穿孔，盖体两侧刻划鸟翅，刻痕深。口径 8 厘米，高 6 厘米（图五四，5）。

鼎　1 件。2003IM9001∶1，泥质红陶，口沿内外壁施釉，其他外部施黄釉。斜折沿，尖唇，竖颈，扁腹，小平底，3 个小蹄状足。高 6.7 厘米（图五四，7）。

灯盏　1 件。2003IM9001∶4，泥质红陶，内壁施黄釉，外壁无釉。敛口，方唇，平底，口外有一凹弦纹。口径 10 厘米，高 4.4 厘米（图五四，8）。

勺　2 件。2003IM9001∶13，泥质红陶，内壁施釉，外壁无釉，黄釉。敛口，尖唇，平底，口部用手捏成突起。口径 5.6 厘米，高 2.3 厘米（图五四，9）。2003IM9001∶5，扰土中出土，器形与 2003IM9001∶13 相同。通高 2.3 厘米（图五四，10）。

陶器　4 件

碗　1 件。2003IM9001∶2，泥质红陶。轮制，窄沿，圆唇，腹壁较直，下腹折收，小平底。口径 11 厘米，高 4.9 厘米（图五五，2）。

甑　1 件。2003IM9001∶25，泥质红陶。圆唇，窄沿，下腹急收，小平底，底部有 6 个穿孔。口径 12 厘米，高 5 厘米（图五五，4；图版六，2）。

罐　2 件。2003IM9001∶24，泥质红陶。小口，折肩，平底，扁腹，圆唇。高 5 厘米（图五五,5；图版七，1）。2003IM9001∶15，泥质灰陶。直口，厚唇，广肩，扁圆腹，圜底，肩到腹部饰有三周划弦纹，腹下及底饰竖向细绳纹。腹径 33.2 厘米，高 19.2 厘米（图五五，6；图版六，3）。

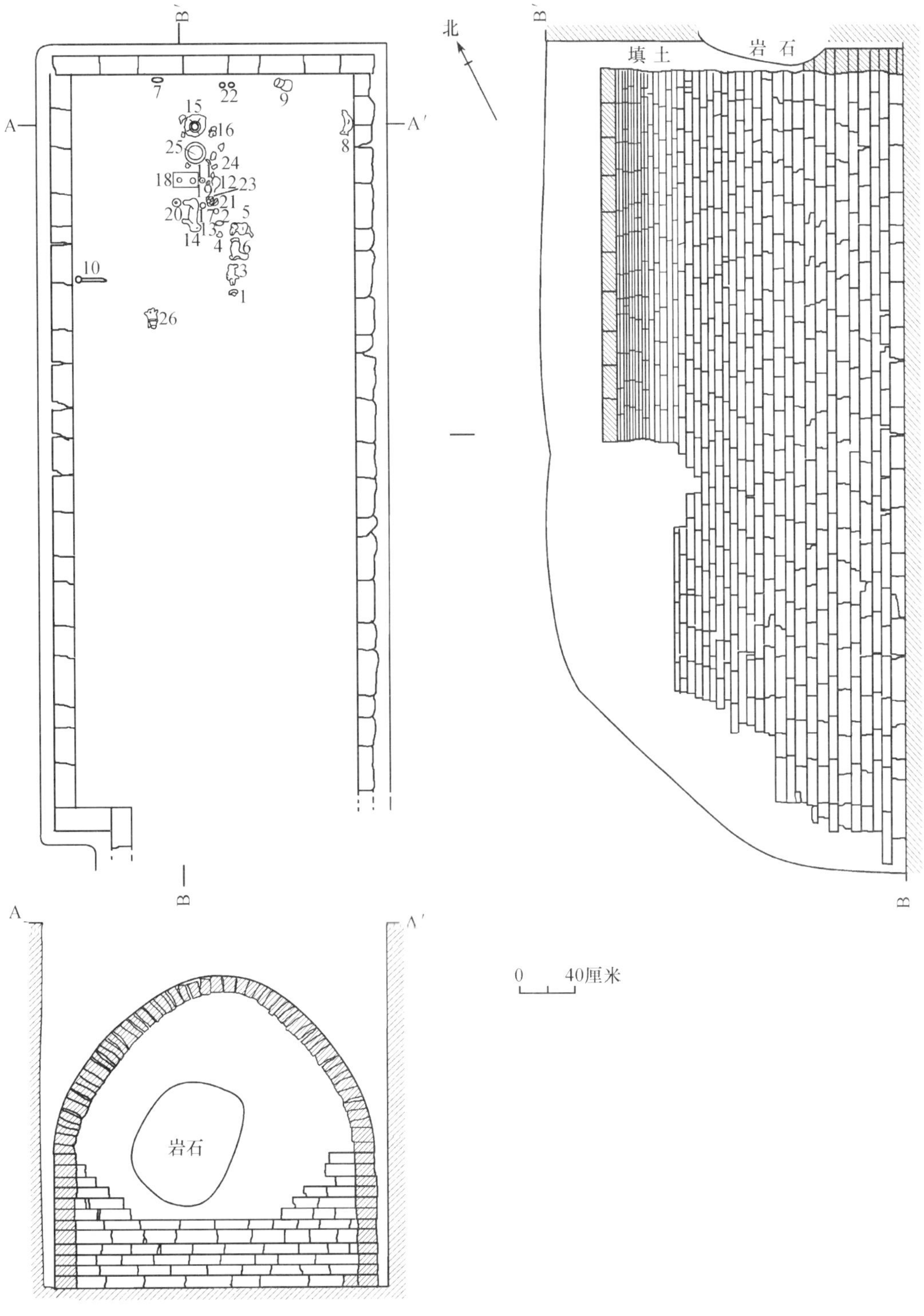

图五三　2003IM9001 平、剖面图

1. 釉陶鼎　2. 陶碗　3. 陶猪　4. 釉陶灯盏　5. 陶羊　6. 动物俑　7、21、23. 釉陶碗　8. 陶鸡　9. 釉陶壶　10. 铁刀　11. 釉陶器盖　12. 陶子母鸡　13. 釉陶勺　14. 陶狗　15、24. 陶罐　16. 陶仓　17、20. 釉陶杯　18. 陶灶　19. 釉陶博山炉盖　22. 五铢钱　25. 甑　26. 陶狗头

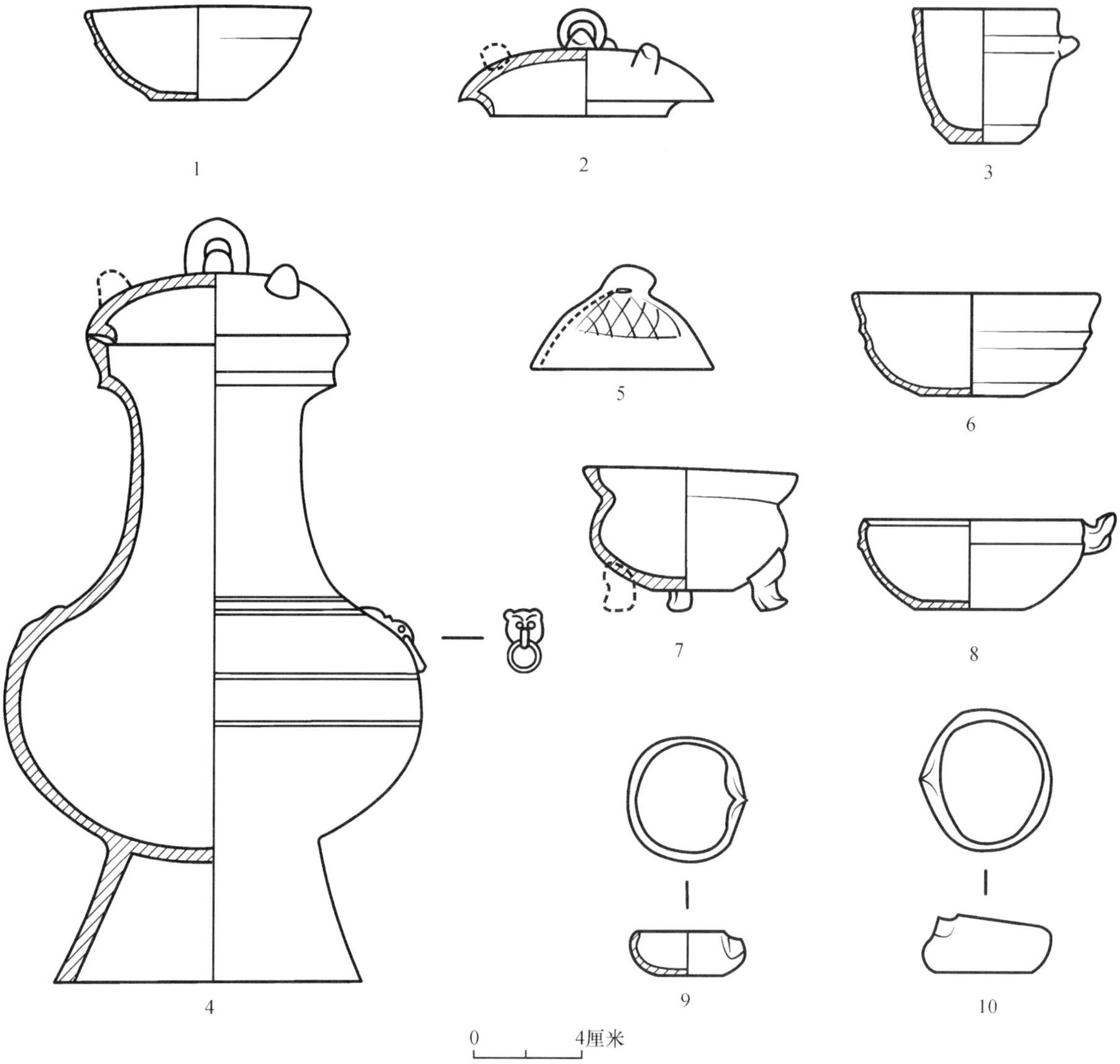

图五四　2003IM9001 出土器物

1、6. 釉陶碗（2003IM9001:23、2003IM9001:7）　2. 釉陶器盖（2003IM9001:11）　3. 釉陶杯（2003IM9001:20）　4. 釉陶壶（2003IM9001:9）　5. 釉陶博山炉盖（2003IM9001:19）　7. 釉陶鼎（2003IM9001:1）　8. 釉陶灯盏（2003IM9001:4）　9、10. 釉陶勺（2003IM9001:13、2003IM9001:5）

陶模型　2件。

仓　1件。2003IM9001:16，泥质灰陶。圆唇，子母口，直壁，下腹略鼓，平底，肩部有一突棱。口径9.2厘米，底径10厘米，高11.8厘米（图五五，3）。

灶　1件。2003IM9001:18，泥质灰陶。灶体呈长方体形，前壁有灶门2个，灶门为方形，高3.5厘米，宽2.4厘米。顶壁有圆形灶孔2个，直径5厘米。左壁上有一挡火墙，高6厘米。挡火墙面中间有凸线之字纹，之字纹之上有两排瓦当式连珠纹，之字纹之下有一排瓦当式连珠纹。灶全长22厘米，宽12.7厘米，高14.2厘米（图五五，1；图版五，4、5）。

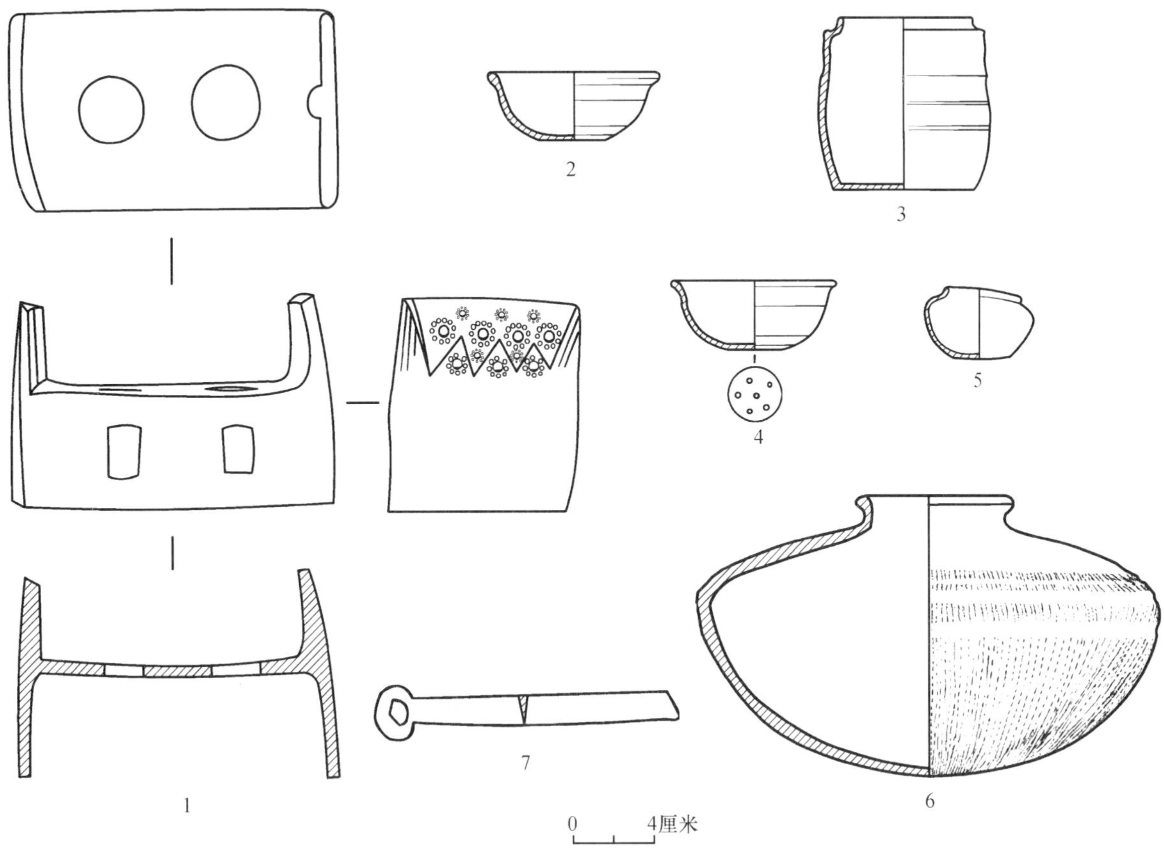

图五五　2003IM9001出土器物

1. 陶灶（2003IM9001:18）　2. 陶碗（2003IM9001:2）　3. 陶仓（2003IM9001:16）　4. 陶甑（2003IM9001:25）　5、6. 陶罐（2003IM9001:24、2003IM9001:15）　7. 铁刀（2003IM9001:10）

陶俑　5件。

猪　1件。2003IM9001:3，泥质灰陶。站立状。猪头低伸，阔嘴，隆鼻，獠牙外露，双耳下垂，猪鬃高耸，猪身肥圆，四肢短矮。长24.4厘米，高12.6厘米（图五六，1；图版五，2）。

鸡　1件。2003IM9001:8，泥质灰陶。高冠，低首站立状，垂尾，失一足，用拍印叶脉状纹饰表示翅膀上的羽毛，用交叉刻划线表示翅膀上的翎毛。长19.6厘米，高17.2厘米（图五六，2；图版五，3）。

羊　1件。2003IM9001:5，泥质灰陶。昂首，直颈，翘尾。羊口微张，施有朱彩，圆睛，戳印鼻孔，双耳后附，羊角向前绕耳盘曲。四肢粗实。长24.6厘米，高20.6厘米（图五六，3；彩版一〇，1）。

子母鸡　1件。2003IM9001:12，泥质灰陶。母鸡做卧姿状，圆头，立颈，挟翅，翘尾，身饰拍印扇形或叶脉形羽毛图案，交叉刻划线表示翅膀上的翎毛，在鸡的前胸下、后背上、双翅内各卧有1只鸡雏。高19.6厘米（图五六，4；图版六，1）。

狗　1件。2003IM9001:14，泥质灰陶。为昂首站立状。双耳竖起，前肢外撇，狗尾盘卷于左臀，狗颈及前腹部有两条饰带，狗背饰带上方雕有带环，通体做仰吠状。长25.4厘米，高21.4厘米（图五六，5；彩版一〇，2）。

铁刀　1件。2003IM9001:10，环首，长身，薄刃，刀尖缺失，从断面观察，刀身中部为空心。长23.5厘米，环宽3.5厘米（图五五，7；图版八，1）。

图五六 2003IM9001 出土陶俑
1. 猪（2003IM9001∶3） 2. 鸡（2003IM9001∶8） 3. 羊（2003IM9001∶5） 4. 子母鸡（2003IM9001∶12）
5. 狗（2003IM9001∶14）

（四）砖室墓

2001IM7001

长方形砖室墓。耕土层下开口，打破生土，甬道东南角被 2001IM7002 打破，墓室西南角被 2001IM7003 打破。墓室的后半部被现代公路所压，没有发掘。未见人骨。墓向为东北－西南向。先挖出直壁竖穴土坑，紧贴土坑壁砌筑甬道和墓室。单砖错缝顺砌。墓砖青灰色，有榫卯，长 40 厘米，宽 17 厘米，厚 9 厘米。侧面有三种几何花纹。

第一种也是两整两半布局，单元纹样是菱形内还有一条纵向的对角线。

第二种是一整两半布局，即中间是一件完整的单元图案，两侧是对称的半个单元图案。单元图案纹样是菱形格内有 2 个相套的菱形。

第三种是两整两半布局，即主体部分是 2 个并列相接的完整图案，两侧是对称的半个图案。单元图案是菱形内有 4 个方块，方块两两相邻。

墓道已经被梯田破坏掉。甬道宽1.64米，长2.2米，残高1～1.2米。券顶，顶上部已被破坏。填土为红褐色花土，夹杂石块和大量券顶倒塌下来的墓砖。墓底未见铺砖。

墓室形状是长方形，券顶，后部未发掘，揭露出的长度是1.6米，宽3米，残高1.8米。填土为红褐色花土，夹杂石块和大量券顶塌下来的墓砖。墓底为红烧土面，墓底比甬道底高20厘米。

该墓虽然被盗，随葬品仍较丰富，共出土23件。甬道东南壁下有倒扣的陶魁，上面叠置带把钵、陶钵。其南有博山炉盖，正放，较完整。甬道中部和后部西侧，放置陶俑。墓室前部西侧有陶俑、陶灶、陶屋、器盖等。墓底还有一些破碎的陶片。

陶器　4件。

灶　1件。2001IM7001:16，泥质黑灰陶。长方形，前壁有弧形双火门，上有双釜眼，两釜眼正中有一烟囱孔，两火门和两釜眼之间各刻划一条鱼。长34厘米，宽21.2厘米，高10.8厘米（图五七，1）。

钵　1件。2001IM7001:17，泥质灰陶。卷沿，圆唇，腹部近直，有二道凹弦纹，平底内凹。口径14厘米，底径4.8厘米，高6厘米（图五七，3）。

盏　1件。2001IM7001:18，泥质灰黑陶。敞口，圆唇，平底内凹。口径9.5厘米，底径3.6厘米，高3.5厘米（图五七，4）。

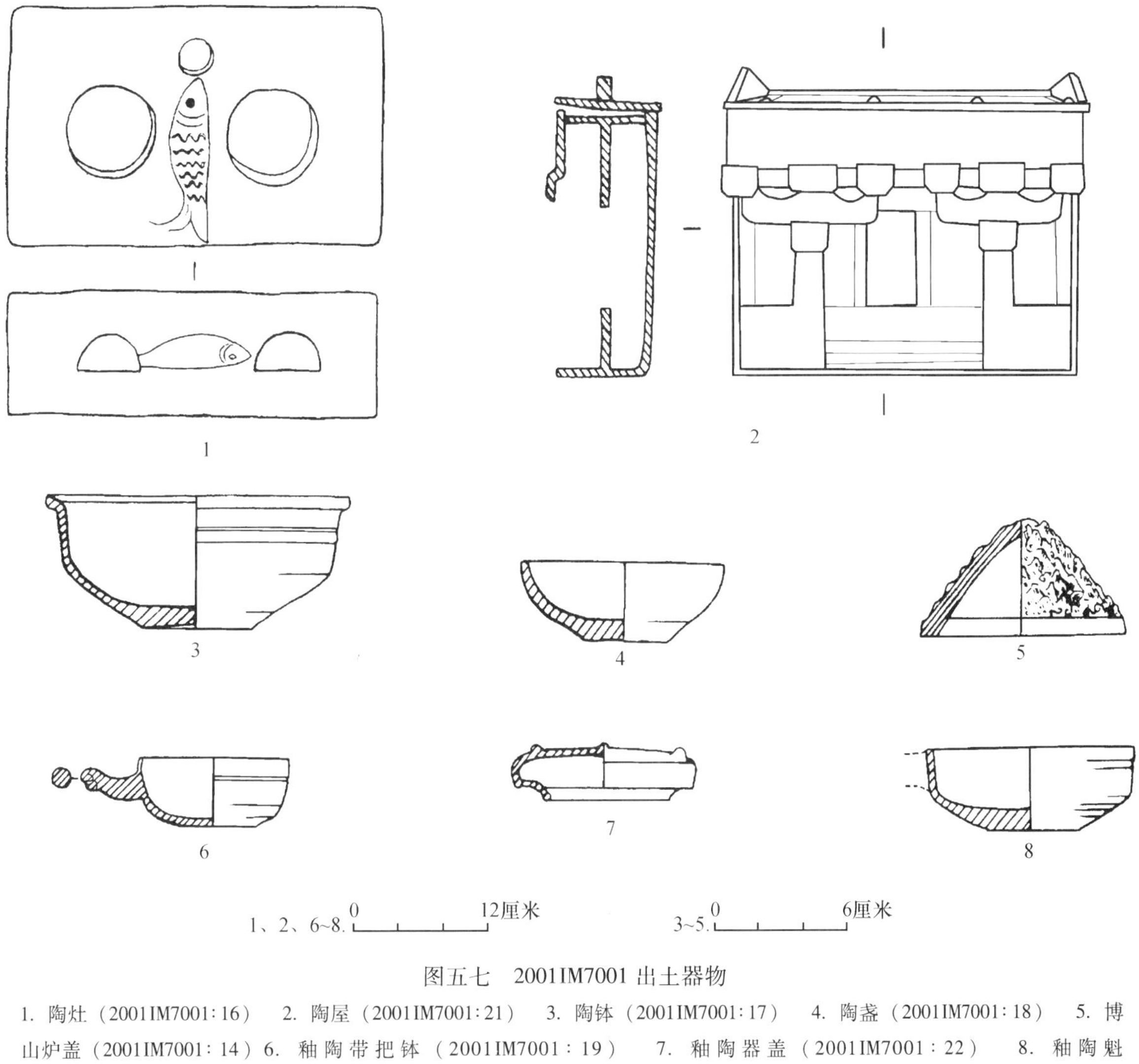

图五七　2001IM7001出土器物

1. 陶灶（2001IM7001:16）　2. 陶屋（2001IM7001:21）　3. 陶钵（2001IM7001:17）　4. 陶盏（2001IM7001:18）　5. 博山炉盖（2001IM7001:14）6. 釉陶带把钵（2001IM7001:19）　7. 釉陶器盖（2001IM7001:22）　8. 釉陶魁（2001IM7001:20）

博山炉盖　1件。2001IM7001:14，泥质红陶。盖似圆顶山峰状，盖顶群峰突起，无透气孔。底径9.5厘米，高5厘米（图五七，5）。

陶模型　1件。

陶屋　1件。2001IM7001:21，黑褐陶。平顶，有垄瓦和一斗三升斗拱。残缺，不能复原（图五七，2）。

釉陶器　3件。

带把钵　1件。2001IM7001:19，泥质红陶，表面施青黄釉，大部已脱落。敛口，圆唇，平底，上腹有弦纹，下腹有折棱，器柄呈柱状，略上翘。内口径13.6、底径9.2厘米，高5.8厘米（图五七，6）。

器盖　1件。2001IM7001:22，泥质红陶，盖顶施黄釉。覆盘状，子母口，盖顶成微弧形，顶部有一粒乳突状纽。高4.2厘米（图五七，7）。

魁　1件。2001IM7001:20，泥质红陶，器内外遍施黄釉，器表外壁下部及底部无釉，大部分已脱落。圆唇，腹部近直，平底，器柄残。口径19.2厘米，底径8厘米，高7.2厘米（图五七，8）。

陶俑　15件。

拍鼓俑　1件。2001IM7001:2，泥质红陶。头戴圆平顶冠，面露微笑，身穿交领长服，席地而坐，右手上台齐肩，左手拍打鼓面。高18厘米，底径12厘米（图五八，1；彩版九，1）。

坐俑　2件。2001IM7001:8，细泥红陶。男子，坐式，做工精美，轮廓鲜明，头无冠，挽小髻，身着右衽长服，质料轻薄，双手置于腿上，面部表情严肃。高19.5厘米，底径7.8厘米（图五八，3；彩版九，1）。2001IM7001:11，红褐陶。坐式，做工略粗。头笼平顶帽，袖手，长衣向后拖地。高19.5厘米，底径7.5厘米（图五九，1）。

武士俑　1件。2001IM7001:6，泥质红陶。站立状，头戴圆平顶冠，面部较清晰，身着长服，窄袖，双手抱于胸前，左配一剑，剑首挂系缨穗。高22.2厘米，底径10.5厘米（图五八，4）。

抱琴俑　1件。2001IM7001:1，泥质红陶。站立状，头戴圆顶冠，面部清晰，身着长袍，左手抱琴，右手执一琴弓。高24.4厘米，底径9厘米（图五八，5；彩版九，1）。

抚琴俑　1件。2001IM7001:3，泥质红陶。头包巾，身穿交领长服，席地而坐。琴置于膝上，左手抚于琴上，右手拨弄琴弦，面露微笑，张口吟唱，表情丰富。高22.4厘米（图五八，6;彩版九，1）。

听乐俑　1件。2001IM7001:10，泥质黄褐陶。坐式，盘腿，头包巾，穿交领长袖长服，右手抚耳倾听，左手放在腿上，面露得意微笑。高20厘米，底径8.7厘米。

女侍俑2件。2001IM7001:4，立式，长裙及地，袖手，恭敬而立。高19厘米，底径12.5厘米（图五九，5）。2001M7001:12，立式，袖手，长服及地，恭敬而立。高17厘米，底径5.5厘米（图五九，2）。

男侍俑　5件。站式，袖手，恭敬而立，长服及地。2001M7001:7，站式，袖手，头戴圆平顶冠，长服及地，恭敬而立。高21.5厘米，底径9.8厘米（图五九，3）。2001M7001:9，站式，袖手，头戴冠，长服及地，恭敬而立。高20厘米，底径9厘米（图五九，4）。2001IM7001:5，平顶冠，长服及地，衣服的下口宽大，呈喇叭形。高18厘米，底径12厘米。

猪俑　1件。2001IM7001:15，泥质灰陶。低首，竖耳，鬃部明显，尾残，体壮膘肥。长22.4厘米，高12厘米（图五八，2；彩版七，1）。

2001IM4014

北部被2001IF4叠压，中部和南部被2001IF1叠压、被2001IM4006打破，中部有现代盗洞。长方形单室砖室墓。墓室长6.3米，宽2.04~2.26米，残高0.7~1.6米。墓室单砖错缝顺砌，墓底

图五八　2001IM7001 出土陶俑

1. 拍鼓俑（2001IM7001∶2）　2. 陶猪（2001IM7001∶15）　3. 坐俑（2001IM7001∶8）　4. 武士俑（2001IM7001∶6）　5. 抱琴俑（2001IM7001∶1）　6. 抚琴俑（2001IM7001∶3）

铺砖。该墓被毁严重，墓顶、甬道、墓道已经不存。墓室内的绝大部分砖也被取走，填土中只有零碎的砖头，填土较硬。未见人骨，墓向为西北—东南向。随葬品出土 51 件。墓葬南部填土中发现陶勺 1 件、陶罐 1 件和陶盏 1 件，墓底中部发现有釉陶甑、铜钱，墓底西南部有铜碗、釉陶杯和釉陶碗（图六〇）。

铜器　46 件。

碗　1 件。2001IM4014∶2，直口、深腹、平底，口下有凹弦纹。口径 14.5，底径 11 厘米，高 6.1 厘米（图六一，1；彩版八，2）。

五铢钱　45 枚。编号为 2001IM4014∶5。直径 2.5 厘米。钱文清晰，金字头为等腰三角形，三点较长，朱字上横圆折，五字交叉处较弯曲，属于东汉五铢（图版八，2）。

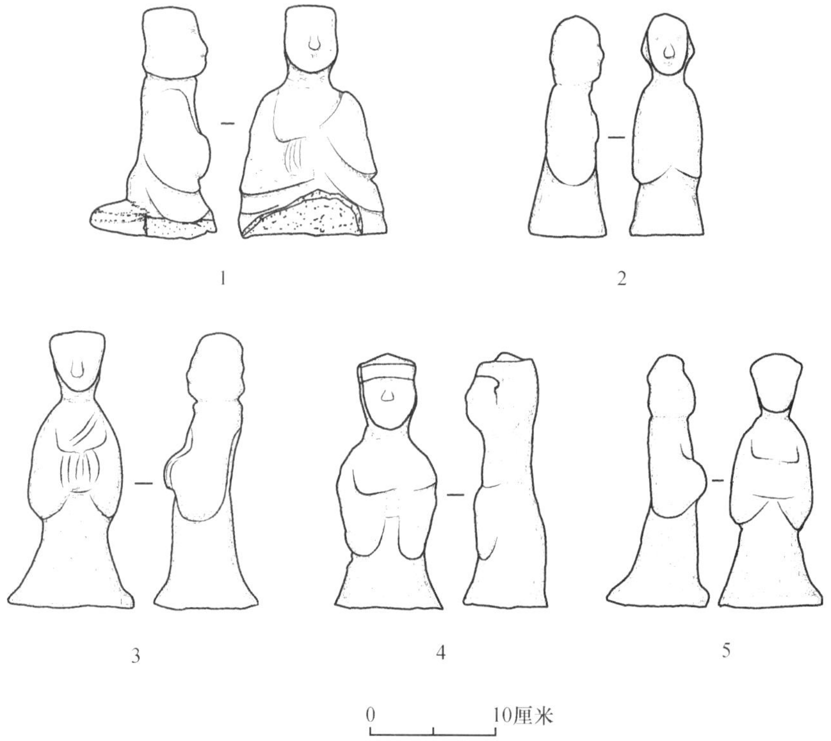

图五九　2001IM7001 出土陶俑
1. 坐俑（2001IM7001∶11）　2、5. 女侍俑（2001IM7001∶12、2001IM7001∶4）　3、4. 男侍俑（2001IM7001∶7、2001IM7001∶9）

陶器　2 件。

盏　1 件。2001IM4014∶6，泥质红陶。敞口，圜底。口径 8.4 厘米，高 3.4 厘米（图六一，2）。

勺　1 件。2001IM4014∶7，泥质灰陶。口稍残，把残，内有一圈刻划纹，外有一层刮制痕迹。口径 5.1 厘米，残长 7.8 厘米，高 3.6 厘米（图六一，5）。

罐　1 件。2001IM4014∶8，泥质灰褐陶。圆唇，敛口，折腹，平底。口径 12.4 厘米，腹径 13.2 厘米，高 7.6 厘米（图六一，7）。

釉陶器　3 件。

碗　1 件。2001IM4014∶3，泥质红陶，内外均施黄绿色釉，釉有脱落。敞口，口沿稍厚，器身上部较直，中部有一圈凸棱，下部呈弧形内收，小平底。口径 16.4 厘米，底径 5 厘米，通高 5 厘米（图六一，3）。

甑　1 件。2001IM4014∶4，泥质红陶，器身施釉大部分已脱落。侈口，竖颈，颈下有一圈折棱，鼓腹斜收，器身下部也有一圈折棱，平底，底有 6 个透孔。口径 14.2 厘米，底径 8.1 厘米，高 5.6 厘米（图六一，4）。

杯　1 件。2001IM4014∶1，泥质红陶，内外均施黄色釉，内部釉有脱落。直口，单把，接近器物底部有一圈弦纹，平底。口径 7.1 厘米，底径 4.4 厘米，通高 7.6 厘米（图六一，6）。

2001ⅢM1003

开口于耕土下，打破生土。长方形单室砖室墓。墓室长 4.8 米，宽 2.56 米，残高 1.8 米。长斜坡墓道，残长 1.4 米，宽 1.9 米，深 1.5 米。墓室用几何纹砖砌成，并用砖起券顶，墓底未铺砖。墓砖长 40 厘米，宽 15 厘米，厚 7 厘米。墓室残存 34 层，自第 17 层起券。未见人骨，墓向为西南向。随葬品只剩数片红陶片、绳纹灰陶片等（图六二）。

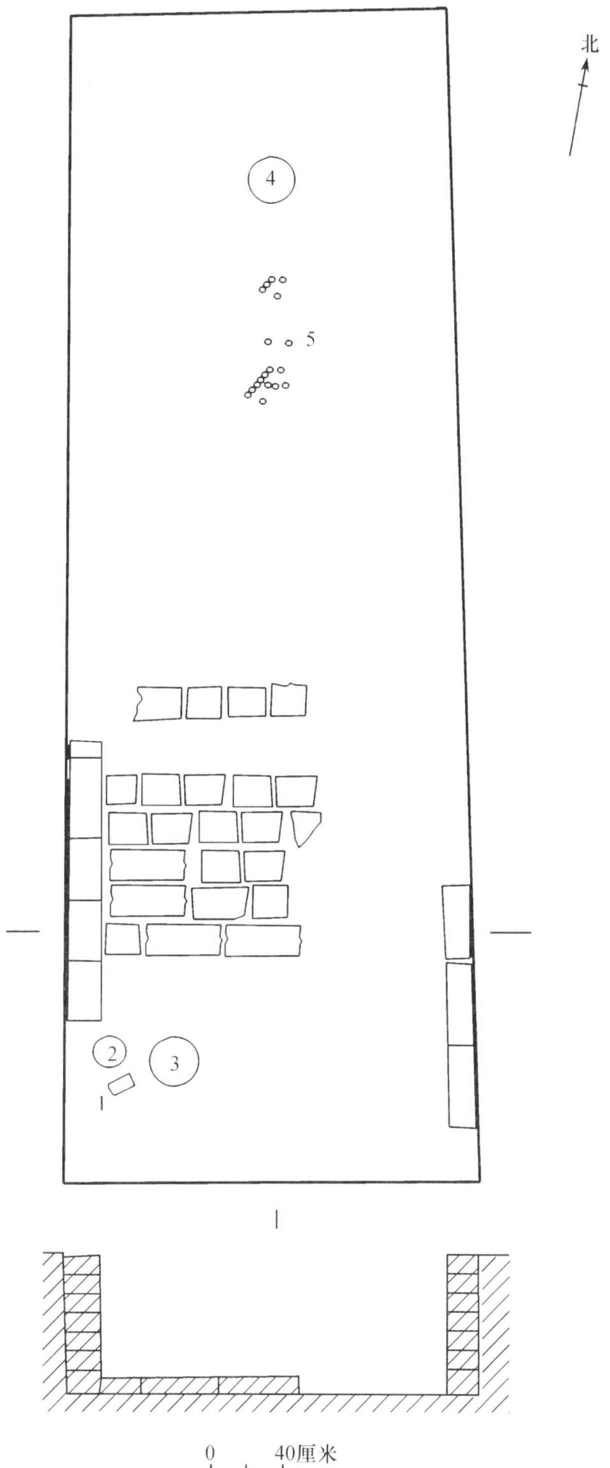

图六〇　2001IM4014 平、剖面图
1. 釉陶杯　2. 铜碗　3. 釉陶碗　4. 釉陶甑　5. 铜钱

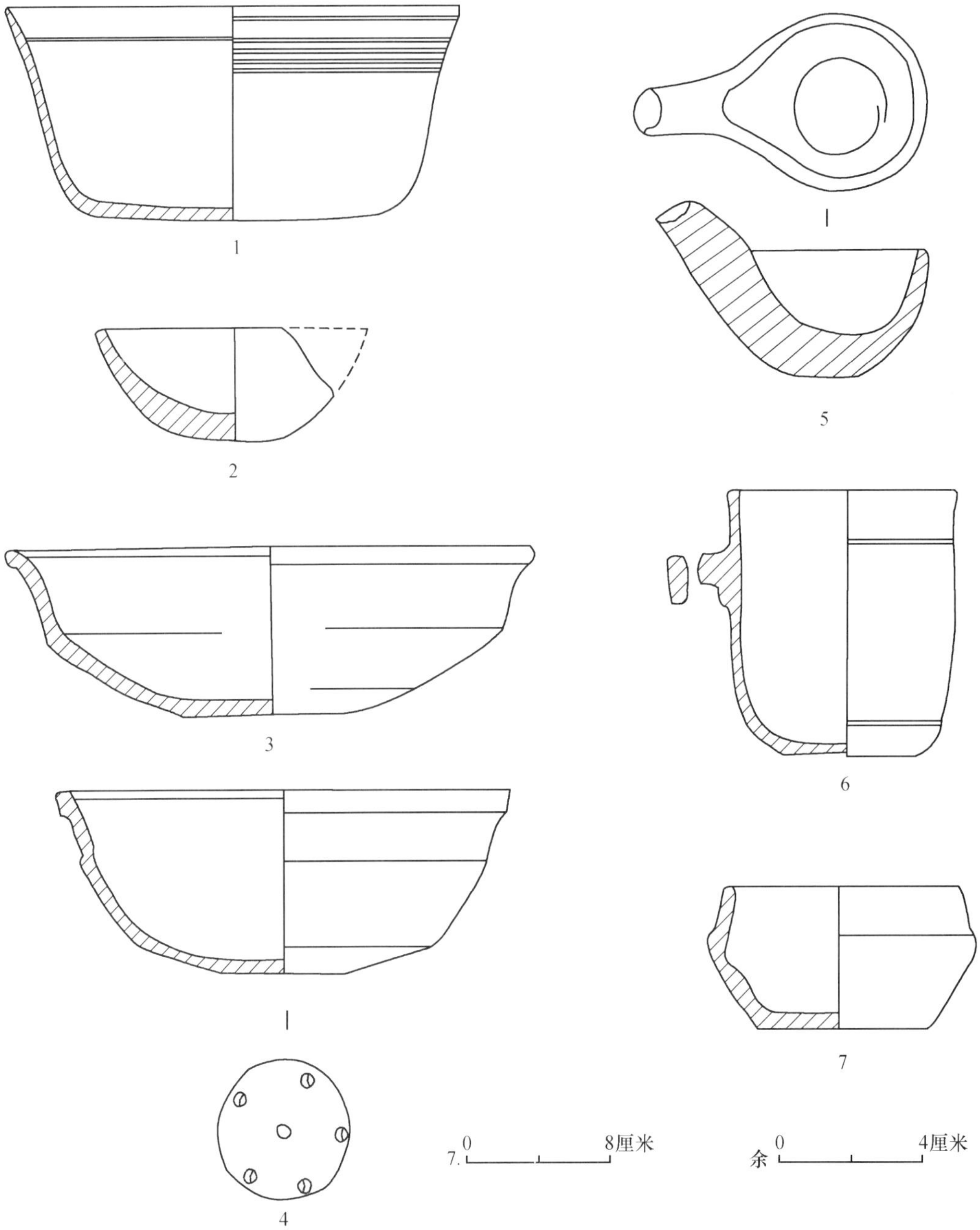

图六一　2001IM4014出土器物

1. 铜碗（2001IM4014:2）　2. 陶盏（2001IM4014:6）3. 釉陶碗（2001IM4014:3）　4. 釉陶甑（2001IM4014:4）　5. 陶勺（2001IM4014:7）　6. 釉陶杯（2001IM4014:1）　7. 陶罐（2001IM4014:8）

2003ⅢM1004

位于2003ⅢT1008西部。长方形砖室墓。由墓道、甬道、墓室组成。墓道被破坏。墓室长6.7米，宽2.2米，残高1.5米。甬道为长方形，长2米，宽1.76米，两壁只保存0.3米高的砖墙。砖长42厘米，宽19厘米，厚9厘米。墓壁12层砖，单砖错缝顺砌，高1.2米，然后起券。由于多次被盗和后期的破坏，墓室券顶已被毁，后壁仅存1层砖。墓底平坦，没有铺砖。在墓底中部偏前，残存少量的棺具漆皮痕和一小块长骨。随葬品共出土16件。有釉陶器、陶器、陶俑、铜钱。墓室后部东壁下发现5件陶俑，排成一列放置。另有几件红陶俑碎片，难以辨认形态，墓底西部有灰陶罐，骨架周围散乱铜钱9枚（图六三）。墓室是在土坑内用青灰色的几何纹砖墓垒砌而成，墓砖花纹简单，为菱形纹（图六四）。

陶俑　5件，均为泥质红陶（彩版九，2）。

倾听俑　1件。2003ⅢM1004∶3，夹细沙，坐姿，空心圆雕，头戴软帽，隆鼻，身向右后微倾，右手抚耳做倾听状，左手垂于腿部，身着右衽广袖长衫。高18.7厘米（图六五，1）。

舞俑　1件。2003ⅢM1004∶5，立姿，无头，左手高扬，右手垂于腰际，左脚微抬，做踏步舞蹈状，身着右衽长衫，短肥袖，袖口可见衣褶。高17.4厘米（图六五，2）。

击鼓俑　1件。2003ⅢM1004∶4，坐姿，头戴圆顶高冠，隆鼻，身向左后微倾，右手抬起，左手拍鼓，身着右衽广袖长衫。高18.4厘米（图六五，3）。

男立俑　1件。2003ⅢM1004∶1，空心圆雕，立姿，头戴平顶圆冠，窄脸高鼻，眉目不清，外饰长衫，右衽，手作揖拜状。高19.4厘米（图六五，4）。

抚琴俑　1件。2003ⅢM1004∶2，空心圆雕，坐姿，做抚琴状，右衽，腿部横置一琴。高17.4厘米（图六五，5）。

陶罐　1件。2003ⅢM1004∶8，泥质灰陶。直口，圆唇，广肩，扁腹，圜底，肩部饰有凹弦纹和方格纹，腹下及底饰竖向篮纹，肩部划刻一“向”字。口径8.4厘米，高19厘米（图六五，6；图版六，4）。

釉陶碗　1件。2003ⅢM1004∶7，泥质灰陶，外壁口沿部施青釉。敛口，尖圆唇，碗壁上部外弧，弧下斜收，近底斜削出棱，饼状底。口径13.7厘米，高6.3厘米（图六五，7）。

铜钱　9枚。编号为2003ⅢM1004∶6，钱文模糊，个别可辨识为“五铢”。

2004ⅣM1012

位于2004ⅣT1041东部和东隔梁及扩方内。三室并列砖室墓。墓底铺砖，墓顶用砖纵横迭砌，不起券，有头箱，墓室之间在墓主的头侧有洞相通。墓室长3.26米，宽2.6米，深0.8米。人骨保存相对完好，西室为成年男性，其他两室均是成年女性。三人均为仰身直肢葬，头向240°。葬具腐朽，仅发现少量的棺钉。该墓被盗扰，墓顶部分被毁（图六六；图版九，3）。随葬品出土有6件，其中陶器5件，铜器1件。

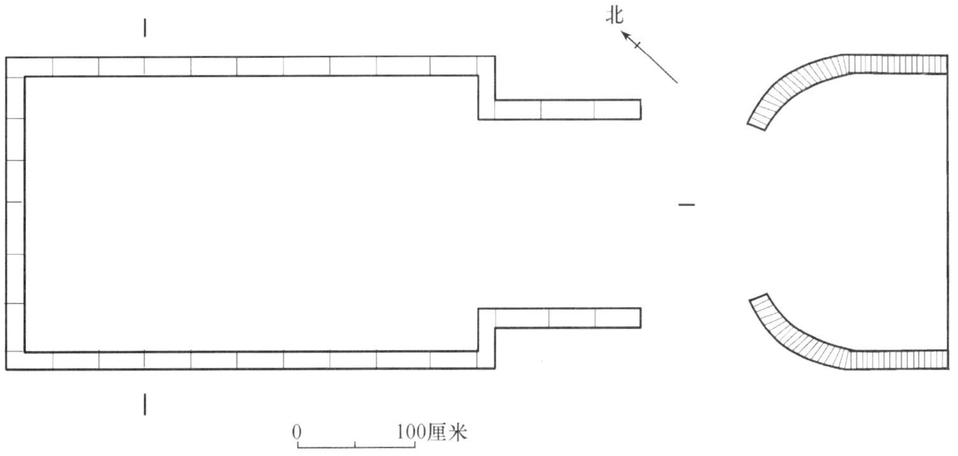

图六二　2001ⅢM1003平、剖面图

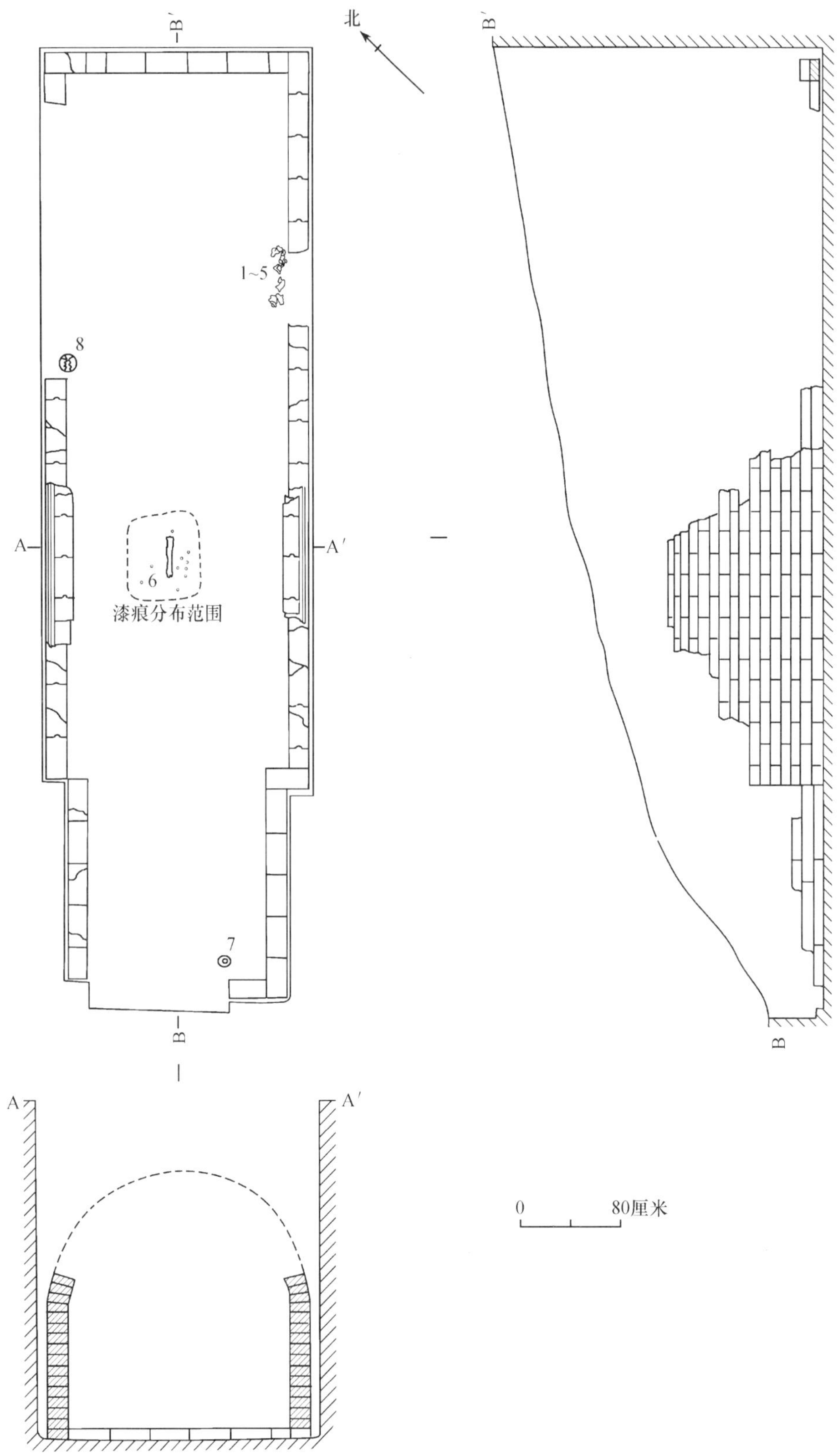

图六三　2003ⅢM1004 平、剖面图

1～5. 陶俑　6. 铜钱　7. 釉陶碗　8. 陶罐

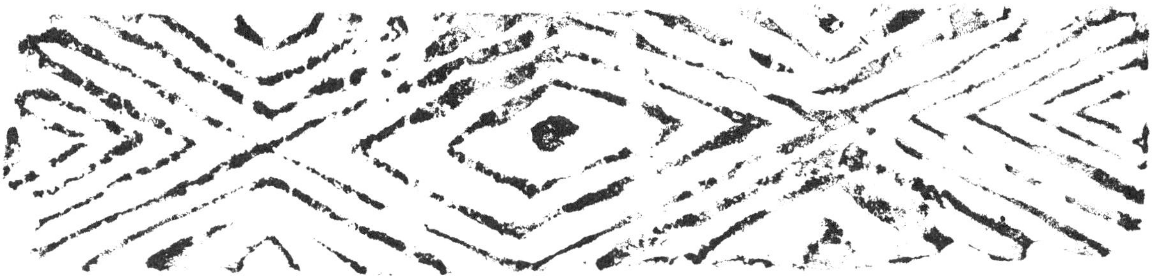

图六四　2003ⅢM1004 墓砖拓片

图六五　2003ⅢM1004 出土器物

1. 陶倾听俑（2003ⅡM1004∶3）　2. 陶舞俑（2003ⅡM1004∶5）　3. 陶击鼓俑（2003ⅡM1004∶4）　4. 陶男立俑（2003ⅡM1004∶1）　5. 陶抚琴俑（2003ⅡM1004∶2）　6. 陶罐（2003ⅡM1004∶8）　7. 釉陶碗（2003ⅡM1004∶7）

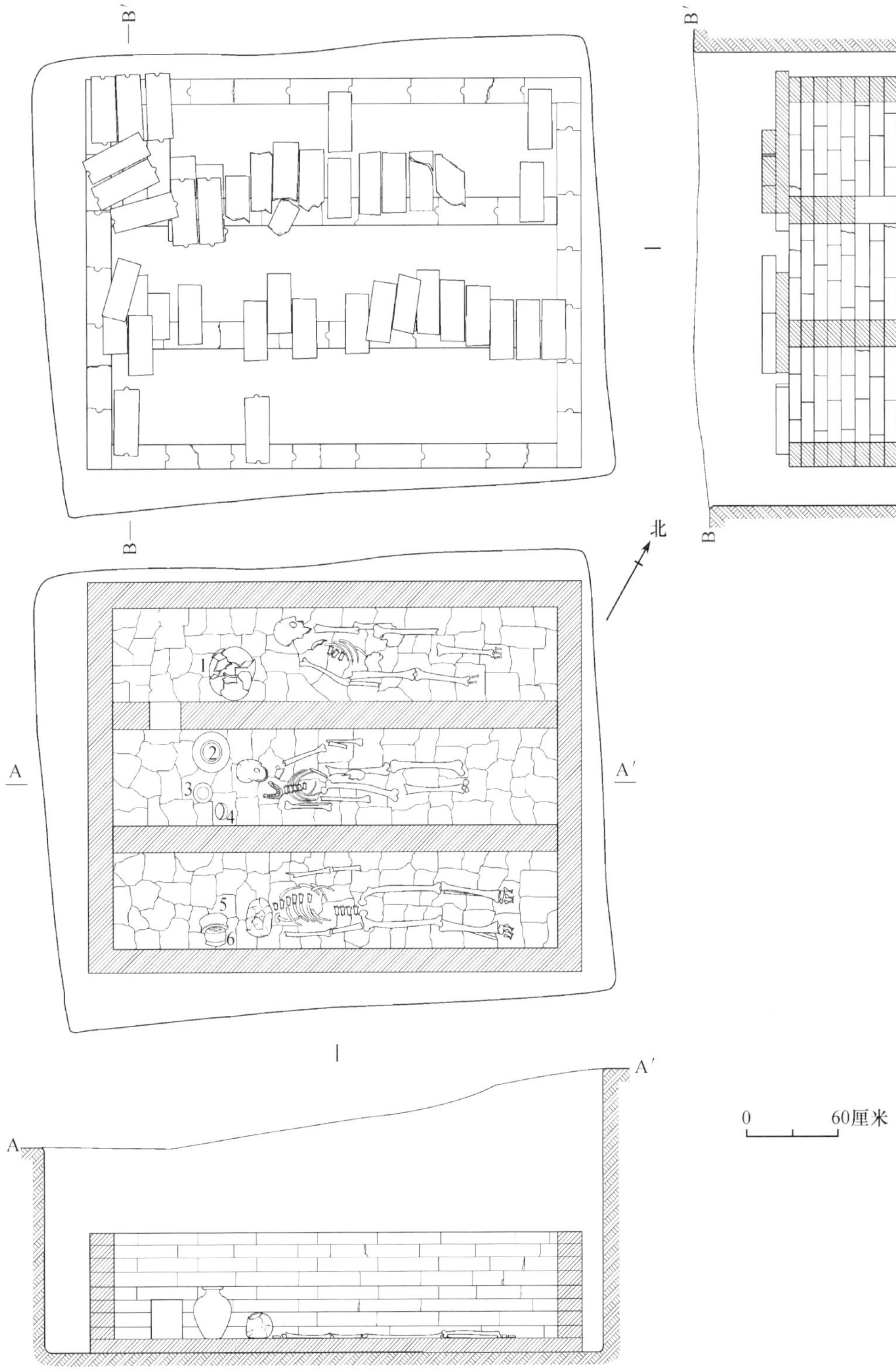

图六六　2004ⅣM1012平、剖面图

1、2. 陶罐　3. 陶灯　4. 陶钵　5. 铜釜　6. 陶甑

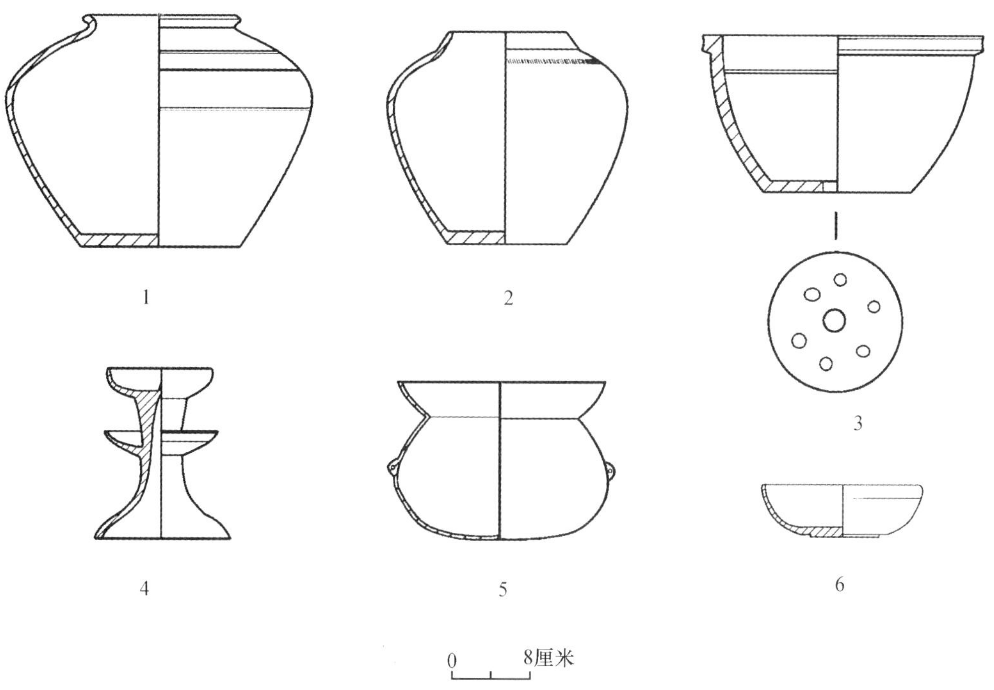

图六七　2004ⅣM1012出土器物

1、2. 陶罐（2004ⅣM1012∶1、2004ⅣM1012∶2）　3. 陶甑（2004ⅣM1012∶6）　4. 陶灯（2004ⅣM1012∶3）　5. 铜釜（2004ⅣM1012∶5）　6. 陶钵（2004ⅣM1012∶4）

陶器　5件。

罐　2件。2004ⅣM1012∶1，泥质黑灰陶。撇口，圆唇，短颈，丰肩，肩下有一条凹弦纹，肩部有两条凹弦纹，深腹，腹下内收，平底。口径15.3厘米，腹径32.3厘米，底径17.2厘米，高23.7厘米（图六七，1）。2004ⅣM1012∶2，泥质灰陶。敛口，圆唇，丰肩，肩部有一圈堆纹，深腹，腹下内收。口径12.3厘米，腹径25厘米，底径12.3厘米，高21.8厘米（图六七，2）。

甑　1件。2004ⅣM1012∶6，泥质黑灰陶。方口，方唇，直壁，壁下有一条弦纹，壁下内收，平底，底有7个孔，大孔居中，6个小孔在四周环绕分布，甑外壁布满细弦纹。口径29.5厘米，底径15.8厘米，高16厘米（图六七，3）。

灯　1件。2004ⅣM1012∶3，泥质灰陶。油盏撇口，斜壁，平底，盏心有一乳灯，承盘撇口，圆唇，倒置碗形足。口径11厘米，底径14.3厘米，高17.4厘米（图六七，4）。

钵　1件。2004ⅣM1012∶4，泥质灰陶。敛口，圆唇，浅腹，平底假圈足，钵外壁有一条弦纹。口径16.6厘米，底径7.3厘米，高5.3厘米（图六七，6；彩版一七，4）。

铜釜　1件。2004ⅣM1012∶5，撇口，溜肩，球腹，圜底，腹及口部略残，腹部有一对耳。口径22厘米，高16厘米（图六七，5；彩版一七，3）。

二、六朝时期墓葬

六朝墓发现12座，其中砖石混筑墓1座、石室墓3座、砖室墓8座。

（一）砖石混筑墓

2001IM4013

位于2001IT4001，开口于第9层下，打破生土。1层是耕土。2～5层是褐色土，夹杂瓦砾，是唐宋时期形成的土层。6～9层是花土，不出遗物，只分布在墓门附近，是古代盗墓形成的土层。长方形砖石混筑墓，单室。先挖出土坑，再在坑内用砖石垒砌甬道和墓室。墓室长3.2米，宽1.5米，高1.4米。墓门朝东，墓道在墓门东侧，台阶式短墓道，平面大致呈梯形，长3.2米，东宽1.6米，西宽2米。墓道有长方形盗洞。墓门用石块封堵，石块已经被盗墓者掘开。甬道位于墓室和墓道连接处，长0.8米，宽0.8～0.98米，高1.4米（图六八）。

甬道和墓室四壁用石块垒砌，砌石壁所用石块大小不一，厚6～20厘米，长10～30厘米，石块错缝砌筑，大致分为9层，通高1.2米。墓壁在高1.2米处起券，青灰色楔型砖垒砌，墓砖上印有几何纹饰。墓砖共有24层，多为残砖拼对，少有完整。墓砖残长30～40厘米，宽16厘米，厚5厘米。墓底平铺碎青砖，无任何规律。墓室西壁被水冲开一个长0.8米，宽0.66米的缺口。墓中只余少量棺钉，未发现其他葬具。

随葬品共出土41件。有陶器、铜器、铁器、陶俑和陶模型。多位于甬道和墓室。墓室东北角靠近甬道倒置虎子1件。西南角出土陶钵和铜弩机各1件。西部有铜器残片，尖状物的铁套头。中部出土铜钱一堆，其中直百五铢3枚，太平百钱2枚，半两钱1枚，五铢钱20枚。东南角出土单扳陶罐和陶塑水塘，塘中有陶鱼、陶藕、陶龟。甬道中部出土陶罐1件。南部有站立的陶俑、陶猪、陶牛。北部有陶猪、陶狗（彩版一二，1）。

陶器　4件。

虎子　1件。2001IM4013:1，泥质黑皮陶，胎里侧呈红色。器壁及提手有戳印纹饰，造型厚重敦实，做工较粗糙。长21厘米，宽14厘米，高17厘米（图六九，3；彩版一三，3）。

钵　1件。2001IM4013:2，泥质灰陶。上有篦点纹，直口、方唇、大鼓肩，平底，形体矮胖。口径11.8厘米，腹径16.4厘米，高8.2厘米（图六九，4）。

罐　2件。2001IM4013:17，泥质灰陶。素面，圆唇，鼓肩，平底，器壁微残。口径9.2厘米，腹径16.5厘米，底径8.5厘米，高12.6厘米（图六九，5）。2001IM4013:18，泥质黑皮陶。罐身厚重，口沿略残，扳手为乌龟的头部造型。侈口，鼓肩，平底，底有三足，已残。口径8.2厘米，底径8厘米，高7.8厘米（图六九，6）。

铁器　铁套头1件。2001IM4013:6，圆锥式銎，上部有“V”形缺口，通体锈蚀。长12.3厘米，宽2.8厘米（图六九，2）。

铜器　27件。

弩机　1件。2001IM4013:3，机体保存完整。长11.4厘米，高12.2厘米（图六九，1；彩版一三，2）。

直百五铢　共3枚。分两种：第一种，壁厚，体大，篆书，钱文不太清晰。共1枚。直径2.7厘米，郭宽0.1厘米（图七〇，1）。第二种，壁薄，体小。共2枚。直径2.3厘米，郭宽0.08厘米。

五铢钱　20枚。分五种：第一种，铸造较粗糙，钱文较清晰，五字交笔较弯曲，金字旁较大，共7枚。直径2.5厘米，穿宽1厘米，郭宽0.1厘米（图七〇，4）。第二种，铸造较粗糙，钱文不太清晰，字体较瘦，五字交笔稍直，共7枚。直径2.35厘米，郭宽0.1厘米。第三种，轮郭窄细，

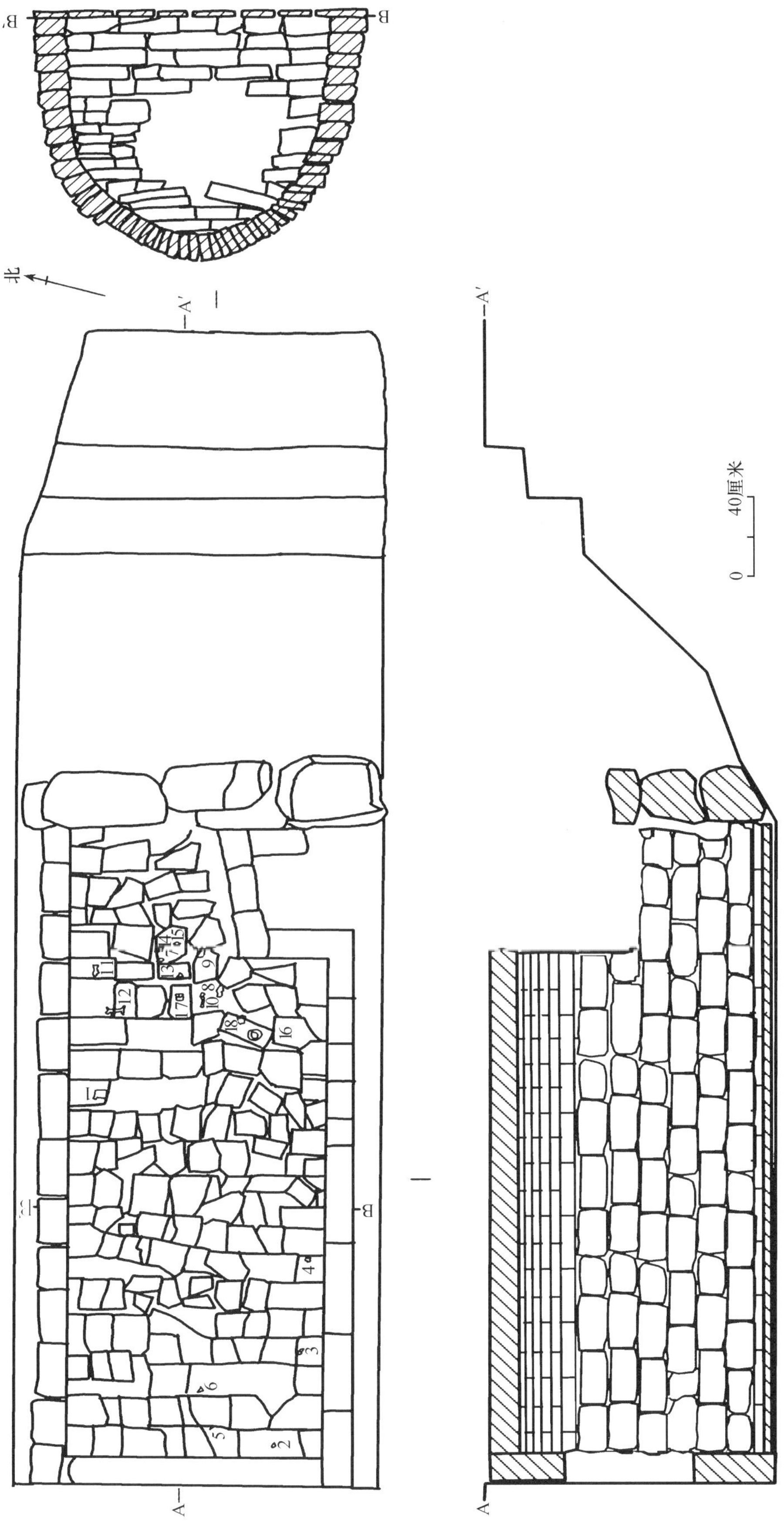

图六八　2001IM4013 平、剖面图

1. 陶虎子　2. 陶钵　3. 铜弩机　4、5. 铜钱　6. 铁器　7. 陶女俑　8. 陶无头人俑　9. 陶男俑　10. 陶墓俑　11. 陶猪　12. 陶狗　13. 陶渚　14. 陶牛　15. 陶鸭　16. 陶水塘　17、18. 陶罐

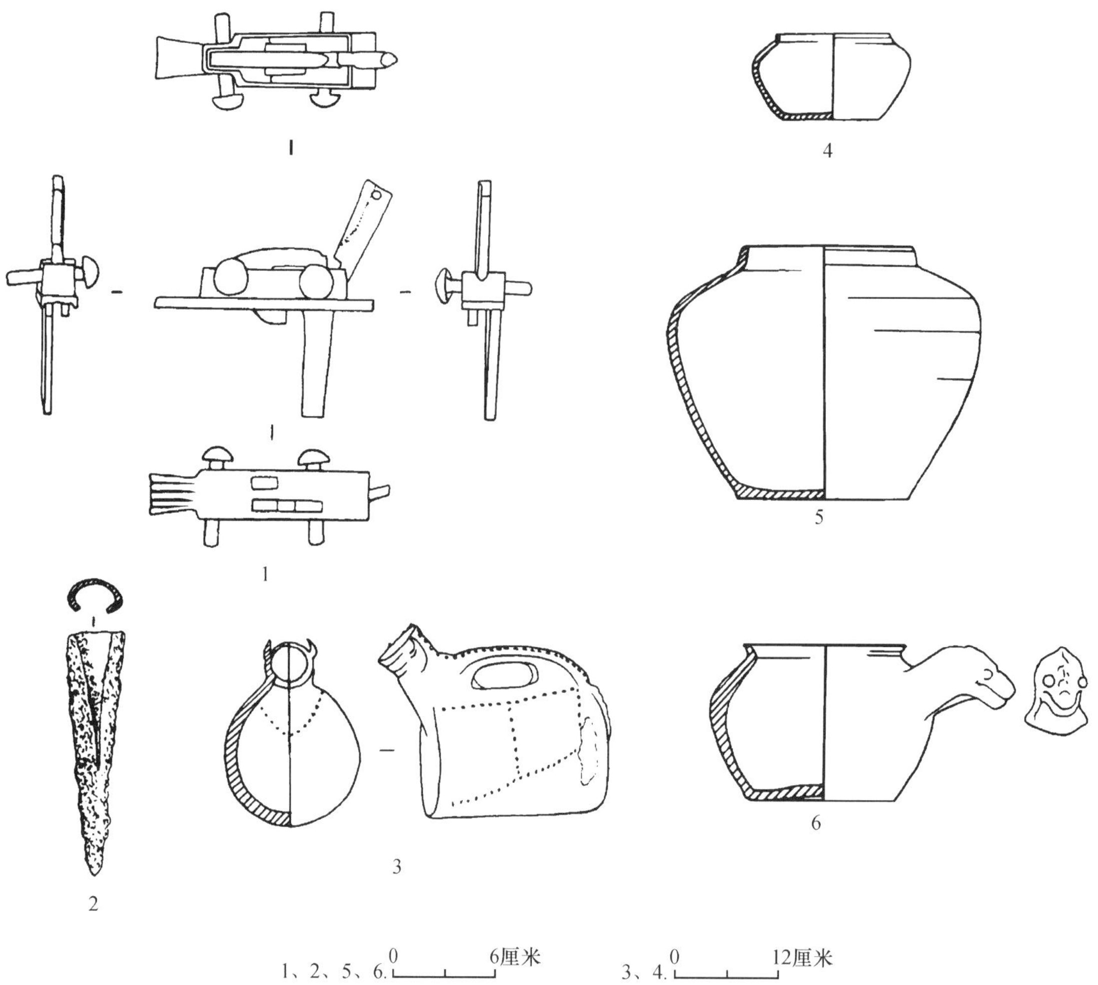

图六九　2001IM4013 出土器物

1. 铜弩机（2001IM4013∶3）　2. 铁套头（2001IM4013∶6）　3. 陶虎子（2001IM4013∶1）　4. 陶钵（2001IM4013∶2）　5、6. 陶罐（2001IM4013∶17、2001IM4013∶18）

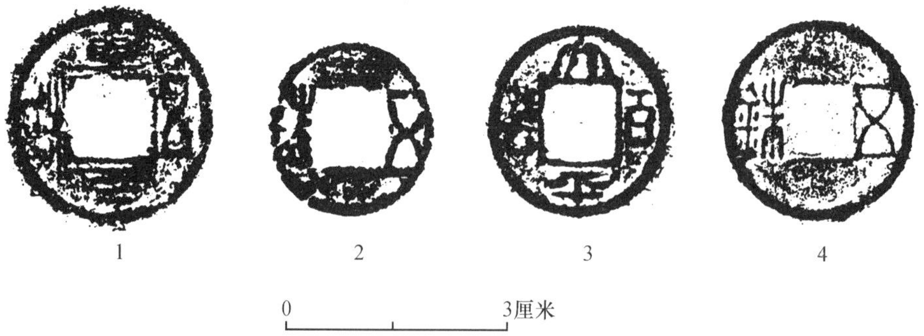

图七〇　2001IM4013 出土铜钱

1. 直百五铢　2、4. 五铢　3. 太平百钱

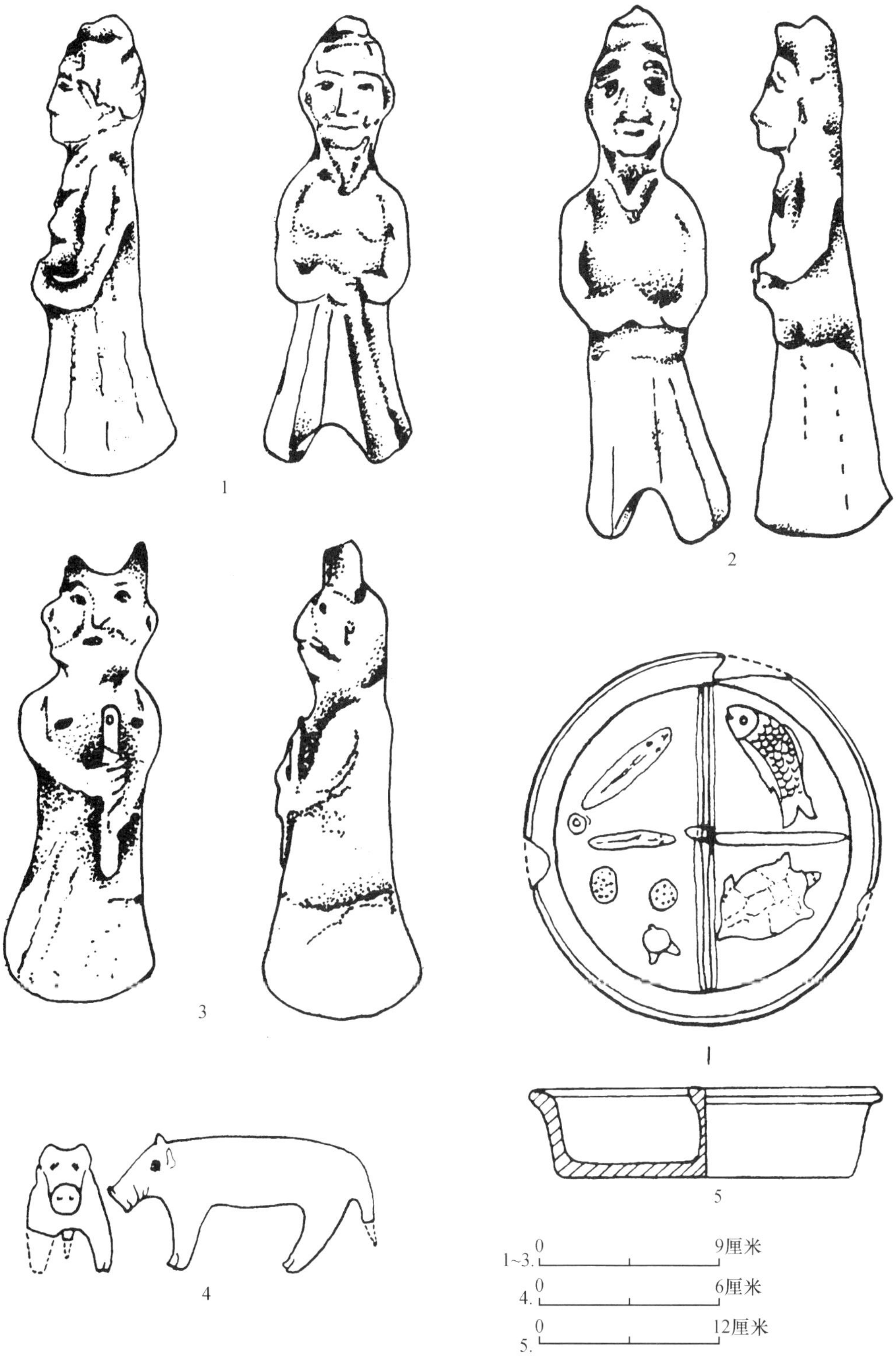

图七一　2001IM4013 出土器物

1. 陶女俑（2001IM4013∶7）　2. 陶男俑（2001IM4013∶9）　3. 陶镇墓俑（2001IM4013∶10）　4. 陶猪（2001IM4013∶13）　5. 陶水塘（2001IM4013∶16）

一枚钱文模糊，一枚钱文可辨，五字交笔弯曲，可能是磨边五铢，共2枚。直径2.4厘米，郭宽0.05厘米。第四种，剪凿五铢，轮郭被剪凿掉，边缘不齐整，共3枚，其中1枚内穿边也被凿去一周。直径2厘米。第五种，沈郎五铢，铢字没有金旁，品相差，铸造粗糙，共1枚。直径2.2厘米，郭宽0.08厘米（图七〇，2）。

太平百钱　2枚。篆书，钱文清楚。直径2.4厘米（图七〇，3）。

半两钱　1枚。体轻，钱文不太清晰。直径2.3厘米。

陶俑　9件（彩版一二，2）。

男俑　1件。2001IM4013:9，泥质灰陶，保存较完好。立式中空。身体瘦长，头上着冠。着左衽窄袖长袍，衣纹较清晰。面部特征与陶女俑相似，眼大而外突、粗眉、阔鼻、短颏，双眼下斜，表情哀怨。双手合拱于胸前。上施彩绘，已脱落。高28厘米（图七一，2）。

女俑　1件。2001IM4013:7，泥质灰陶。立式中空，容貌较丑陋。面部较平，大眼睛、粗眉、阔鼻。头绾发髻，身着左衽窄袖长服，双乳明显，双手置于身前做持物状，但塑工粗糙，故不可辨。高23厘米（图七一，1）。

人俑　1件，无头。2001IM4013:8，泥质灰陶。右臂残，塑工粗糙，身着左衽窄袖长袍，自腰收束向下展开。双手端于身前做持物状，但塑工粗糙，无法分辨所持物品。残高16厘米。

镇墓俑　1件。2001IM4013:10，泥质灰陶。人形直立，通体粗壮，顶生双角，角微残，高鼻、高颧、大耳、圆颏，双目圆睁，做张口呵斥状，前胸塑出明显的双乳头，双手于胸前合握一环首刀。高25厘米（图七一，3）。

猪　2件。2001IM4013:11，泥质褐陶。塑工粗糙，猪身瘦长，头顶至颈部鬃毛直立，猪拱前伸，口微张做就食状，双耳翕张，眼圆睁，四肢粗硕，尾粗短下垂。长19厘米，高8厘米。2001IM4013:13，泥质灰陶。一侧双腿残，尾端残，塑工较另一陶猪为精，细节刻画生动，从仅余二足可见明显的偶蹄动物特征，拱部鼻孔亦有清晰表现，两耳细小，猪拱长而前伸，眼圆睁，体形瘦长，神情生动，憨态可掬。长8.8厘米（图七一，4）。

狗　1件。2001IM4013:12，泥质灰陶。体形粗壮，四肢短硕。吻部刻画一细线，似欲张口做吠状。双耳直立，双眼圆睁，狗尾上卷。整体做工较粗糙。身长16厘米，高8厘米。

牛　1件。2001IM4013:14，泥质褐陶，体微残，尾端残，一耳及一角残。牛身粗壮，四肢健硕，吻部微翕，鼻孔清晰可见。双眼圆睁，尾上扬，原施有彩绘，已脱落。

鸭　1件。2001IM4013:15，长10厘米，高6厘米。泥质褐陶。体态粗短肥硕，鸭吻扁平前伸，蹼肥厚夸张，眼圆睁，尾部粗短，做工较粗糙。身长9厘米，高7厘米。

陶水塘　1件。2001IM4013:16，泥质灰陶。圆盘状，内有可活动的陶田埂，把盘分为三格，格内放有大小陶鱼3条，陶制团鱼1只，陶藕3枚，造型稚拙生动。此外尚有两物，类蹲踞之蛙，但塑工粗糙，不甚清楚。直径23厘米（图七一，5；彩版一三，1）。

（二）石室墓

2001IM1024

开口于耕土下，打破生土。墓室被2001IM1025打破，并有近代盗坑。石室券顶墓。墓室长6.3米，宽2.2米，残高1.6米。墓室用加工过的长方形石块垒砌而成。墓道被2001IM1026打破，残长0.6米，宽1.5米。该墓被盗扰严重，墓顶和墓壁部分倒塌，墓壁略向内倾斜，墓底没有铺砖石。墓室内发现2具成年的骨架，保存不好，仅余残破头骨和部分肢骨，未发现葬具。墓向为西

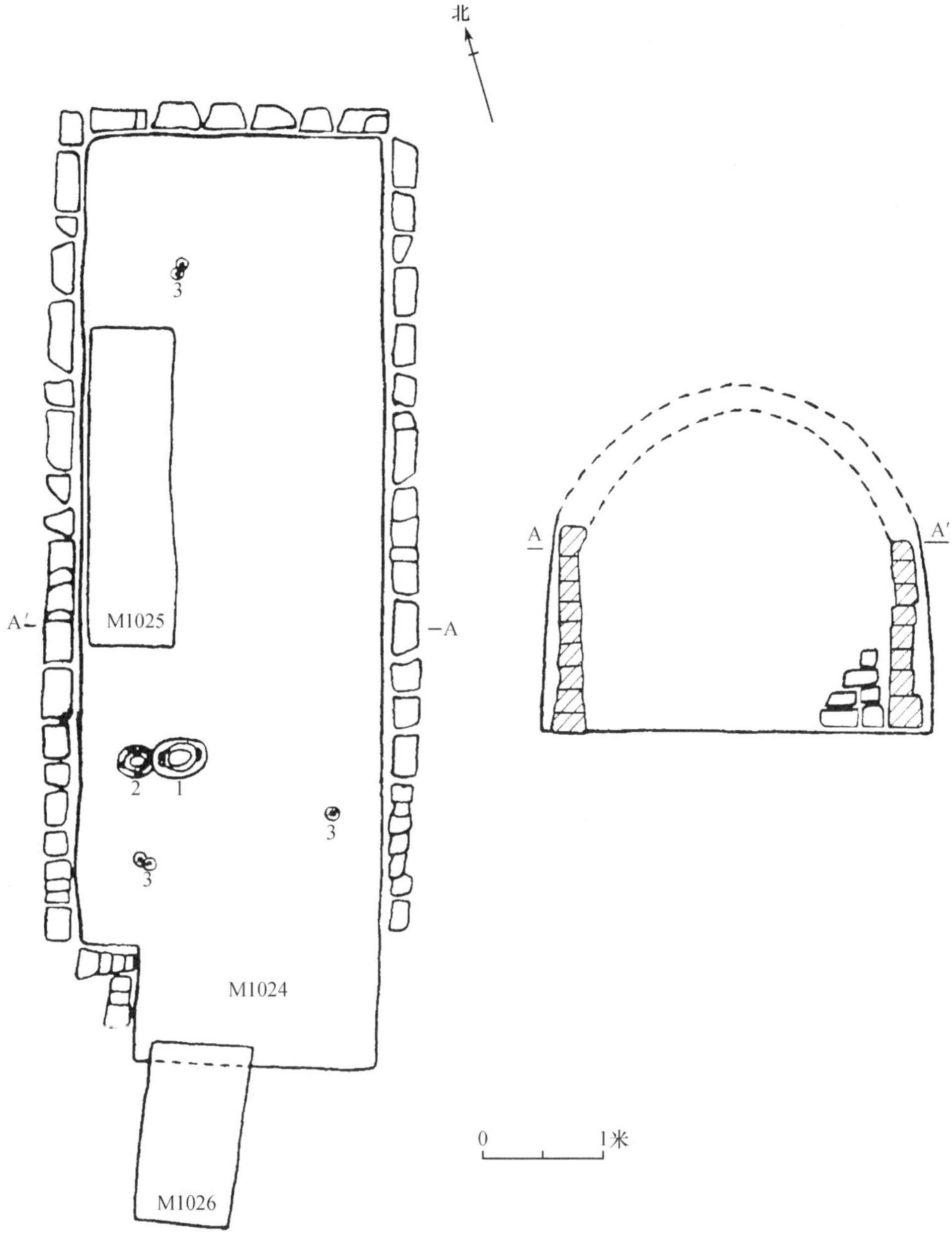

图七二　2001IM1024平、剖面图
1. 铜釜　2. 青瓷四系罐　3. 铜钱

北—东南向。随葬品有铜器、陶模型、瓷器。铜釜、青瓷四系罐各1件，正放于西南部墓底。陶屋（彩版一五，1）、红陶碗残片、碟残片、红陶狗残片、陶鸡残片均发现于西南角。五铢钱5枚位于墓底（图七二）。

铜器　6件。

釜　1件。2001IM1024∶1，盘口，口沿上有四耳，左右各一对，每个耳中均有一圆形透孔，浅腹，圜底，器表及底部有使用后留下的烟炱，底部略残破。口径21.5厘米，高9.6厘米（图七三，1；彩版一五，3）。

五铢钱　5枚。金字头为三角形，四点较长，铢字横画圆折，为东汉五铢。

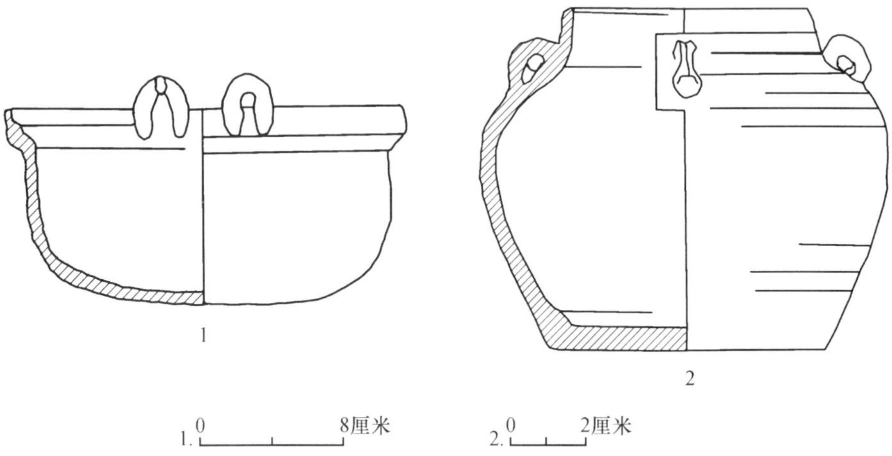

图七三　2001IM1024出土器物

1. 铜釜（2001IM1024∶1）　2. 瓷四系罐（2001IM1024∶2）

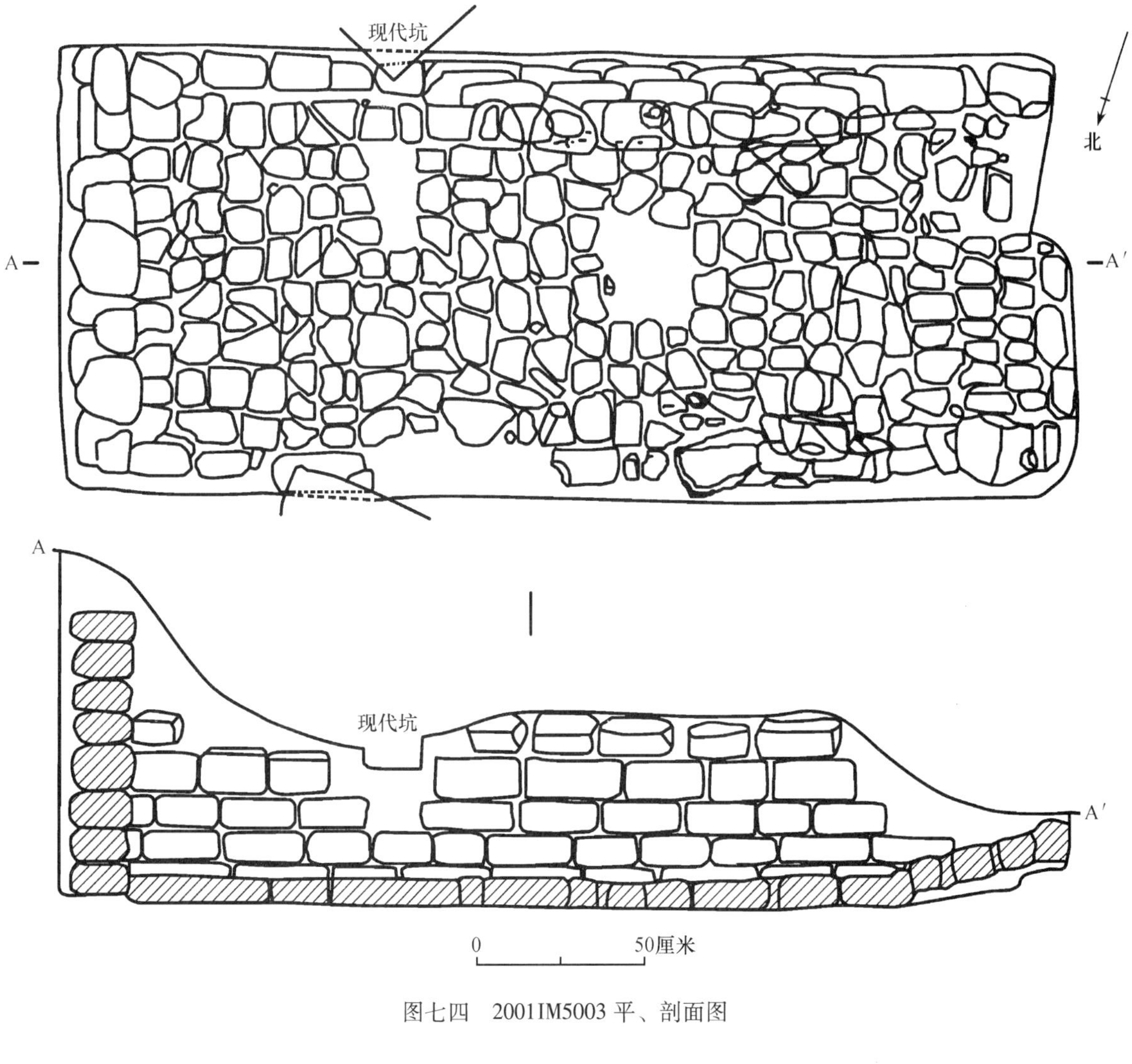

图七四　2001IM5003平、剖面图

青瓷四系罐　1件。2001IM1024:2，胎质坚硬，呈灰白色，器表施黄白色化妆土，器内外均施青色釉，施釉不到底，釉质均匀，上有开片。敛口，圆唇，颈部有凹弦纹，肩部有对称的横桥形小耳4个，鼓腹，斜直壁。平底略内凹。口径6.4厘米，底径6.5厘米，腹径11厘米，高7.3厘米（图七三，2；彩版一五，2）。

2001IM5003

开口于耕土层下，打破生土。东、西两侧分别被现代盗坑和2001IM5010所打破。长方形石室单室墓。由墓道和墓室组成。墓道位于墓室南端西部，斜坡式墓道，由较规则的小石块铺成，铺设规整，共7列3排。其边缘北抵墓底铺石，并高于墓底6厘米左右，东、西、南三侧则围以稍大的石块。墓道长73厘米，宽72厘米。墓道南端高于墓底24厘米左右。

墓顶已完全破坏。墓室长3.6米，宽1.84米。墓圹平面呈长方形，东、西、北三侧残留有石壁。北侧石壁竖直，残余5～9层，残高0.52～1.05米。东侧石壁残余1～5层，残高0.1～0.6米，中部向内弧曲，弧曲不规则，应是顶部塌陷后受外侧地层挤压所致，而非原有的起券。西侧石壁残余0～5层，残高0.65厘米。砌石壁所用石块大小不一，长20～50、厚10～15厘米。石块错缝砌筑，缝间以红泥黏合，石壁与土圹间则填以灰黄杂土。墓底较平整，北半部铺以青色或青灰色残砖块。砖的边长皆在20厘米以下，厚10厘米左右。南半部则铺以青石块，间有少量青砖。砖的边长亦多在20厘米以下，石块厚12厘米左右。砖石块铺设杂乱，形状不规则，中部有缺失（图七四；彩版一四）。未见葬具、人骨，墓向为西南向。随葬品出土1件青瓷四系罐。位于墓底中部贴近东壁处。另外，经盗扰的填土中有一些灰陶片、铁钱和白瓷碗残片。

瓷四系罐　1件。2001IM5003:1，胎呈灰白色，胎质坚硬，制作精细，器身施青黄色釉，大多脱落，底部不施釉。形体矮胖，矮直领，肩部饰凹弦纹一周，并有对称横桥形耳4个。鼓腹，平底。口径6.2厘米，最大腹径10.6厘米，底径5.6厘米，高6.5厘米（图七五）。

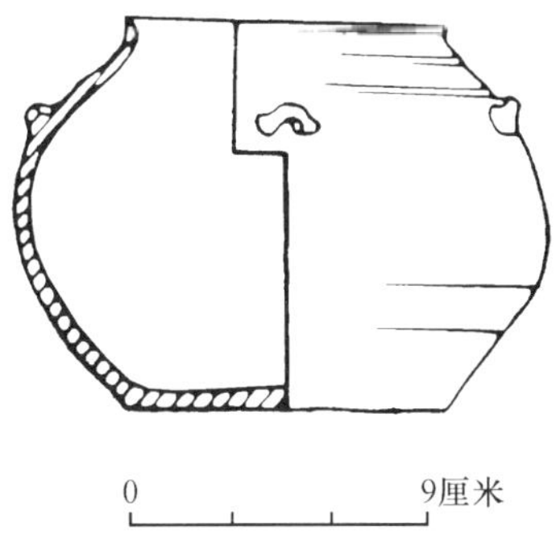

图七五　2001IM5003出土瓷四系罐
（2001IM5003:1）

2004ⅣM1001

位于2004ⅣT1034的中部。长方形石室墓。墓顶全部被破坏，墓底和部分墓框由修理较规整的石块砌成，扰乱严重。墓室长4.7米，宽2.4米，高1.2米。未发现人骨，墓向为西南向（图七六；图版九，1）。随葬品共出土3件瓷器（彩版一七，1）。

图七六　2004ⅣM1001 平、剖面图
1、2. 瓷碗　3. 瓷盆

瓷器　3件。

瓷碗　2件。2004ⅣM1001∶1，青釉，灰白胎，施釉不均。撇口，尖唇，腹壁浅弧形内斜，外壁口下有一条凹弦纹，碗内底有8个支钉痕，平底。口径18.7厘米，底径10.9厘米，高5.9厘米（图七七，1）。2004ⅣM1001∶2，青釉，灰白胎，施釉不均。敛口，口沿下外壁有一条凹弦纹，圆唇，浅弧弦腹，假圈足，内底和外底部各有14个支钉痕。口径15.2厘米，底径10.8厘米，高6.5厘米（图七七，2）。

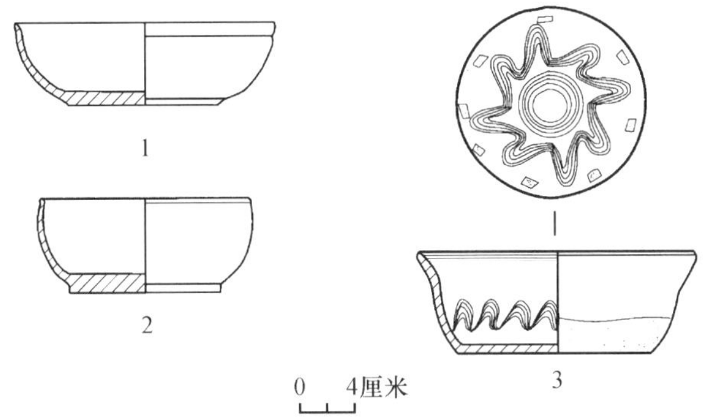

图七七　2004ⅣM1001出土瓷器

1、2. 碗（2004ⅣM1001∶1、2004ⅣM1001∶2）　3. 盆（2004ⅣM1001∶3）

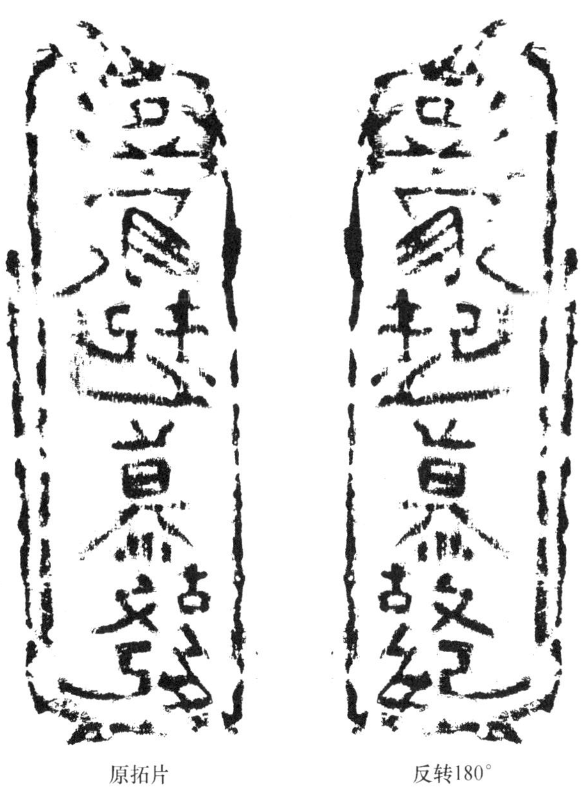

图七八　2004ⅣM1001铭文砖拓片

瓷盆　1件。2004ⅣM1001∶3，青釉。撇口，尖唇，口沿内侧有三个等距离弦纹，盆内壁刻画有水波纹一圈，盆内底画有葵花图案，有一条一条刻出的刻花纹，另有8个支钉痕，底部有一圈支钉痕。口径19.9厘米，底径14.1厘米，高7.2厘米（图七七，3）。

该墓填土中还出土破损的铭文砖一块，阳文，文字为印章式的反字，可辨识的文字为“彭家起墓故纪”（图七八）。

（三）砖室墓

2001IM5012

开口于耕土层下，打破生土。被2001IM5011打破，又被近代盗扰。长方形单室砖室墓。墓室残长230厘米，宽140厘米。墓道和券顶全部被破坏，墓壁最多处仅保留5层砖，墓底前半部已被破坏掉，后半部东侧也被扰乱。墓砖上有麦粒形花纹。墓中只见少量棺钉。墓向为东南向。随葬品共出土3件。有铜器、瓷器和铁器（图七九）。

瓷四系罐　1件。2001IM5012∶1，灰白色胎，胎坚硬，表面施青黄釉。带盖，盖中心有一桥形纽。圆唇，直领，鼓腹平底。肩部有4个横桥耳，耳之上有弦纹。底径6.8厘米，最大腹径11.8厘米，器身高7.2厘米，通高8.2厘米（图八〇，1；彩版一六，2）。

铜熨斗　1件。2001IM5012∶2，盘口，折沿，浅腹，平底，直柄，柄中空。口径14.6厘米，底径11.4厘米，高5.2厘米，柄长20厘米（图八〇，2；彩版一六，1）。

铁剪刀　1件。2001IM5012∶3，交股式，锈蚀严重。长26厘米。

2001IM2001

开口于耕土层下，打破生土。该墓处于南向偏西的陡坡，墓不是顺着山坡构筑，而是横向构筑。长方形砖室券顶墓。墓室长3.16米，宽1.33米，高1.2米。单室，墓门朝东。墓道斜坡形，位于墓室的东侧。底坡长2.4米，宽1米。从地面数第7层砖开始起券，后壁中部在距墓底0.73米处向墓内探出一块砖（图八一）。墓被东、西两个盗洞打破，盗扰严重。葬具只余少量棺钉，未见人骨，墓向为东南向。随葬品仅存铜泡钉2个。

2004ⅣM1014

位于2004ⅣT1006中部，进入西壁。砖室券顶墓。严重扰乱，西部被天然冲沟破坏。墓室长6.45米，宽2.75米，高1.9米。未见人骨，墓向为西南向。墓底出土3枚五铢钱，未见其他随葬品（图八二）。

2004ⅣM1002

位于2004ⅣT1026西部。长方形砖室墓。大部分被破坏。墓室残长0.7米，宽1米，高0.6米。发现少量人骨，墓向为东西向（图八三）。随葬品仅出土瓷碗1件。

瓷碗　1件。2004ⅣM1002∶1，灰白胎，碗内施青釉，外壁腰部以上有釉，釉不均匀。芒口，圆唇，斜壁，凹底。口径16.4厘米，底径9.4厘米，高6.2厘米（图八四）。

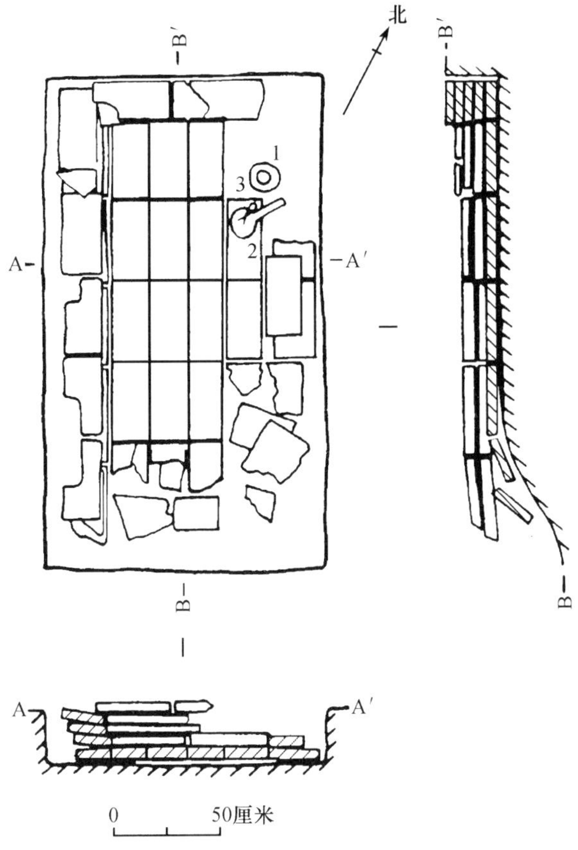

图七九　2001IM5012 平、剖面图

1. 青瓷四系罐　2. 铜熨斗　3. 铁剪刀

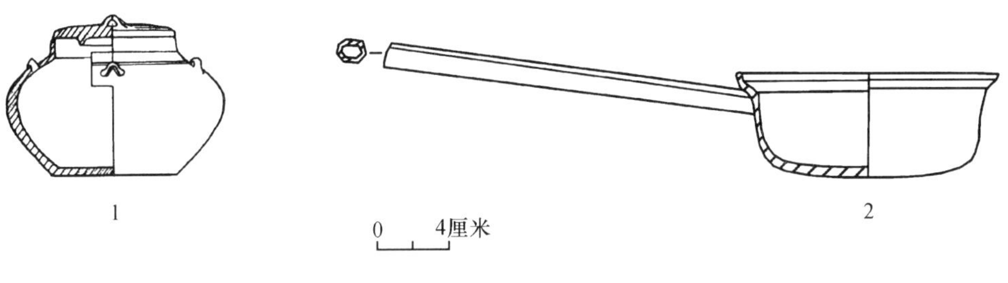

图八〇　2001IM5012 出土器物

1. 瓷四系罐（2001IM5012∶1）　2. 铜熨斗（2001IM5012∶2）

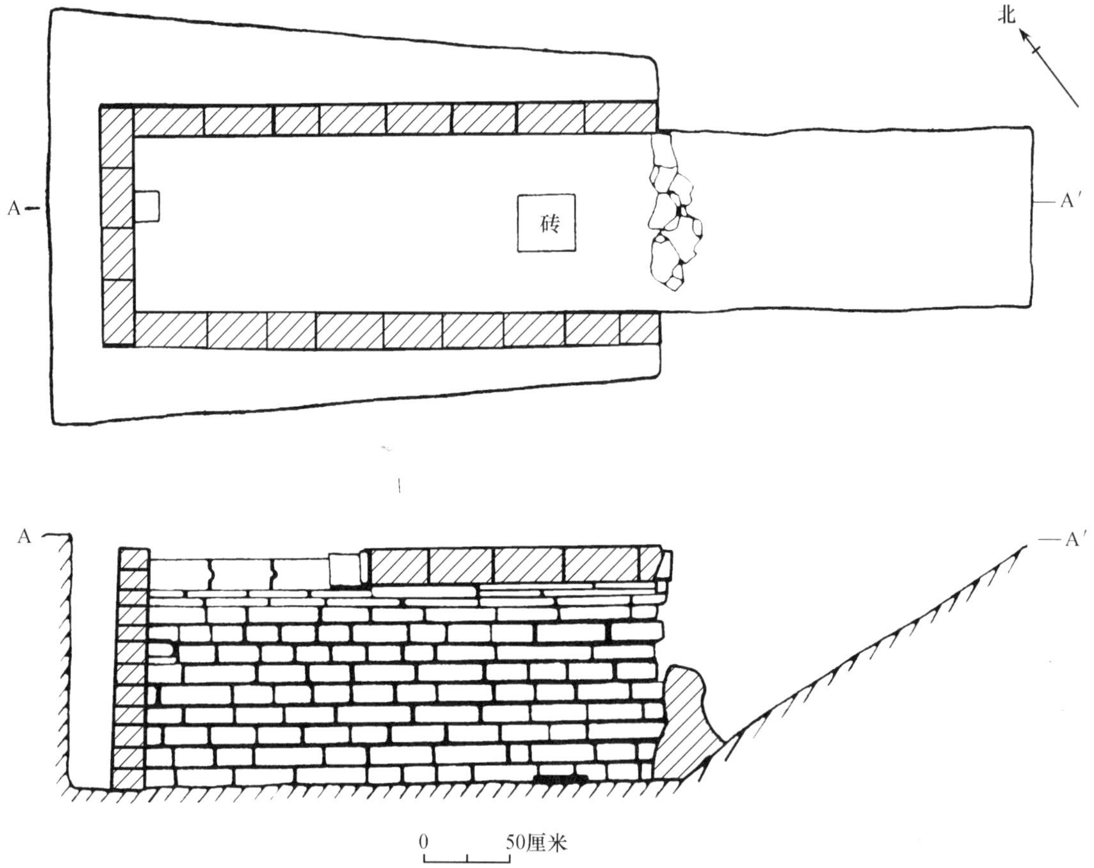

图八一　2001ⅠM2001 平、剖面图

2005ⅣM2011

位于2005ⅣT2029 和2005ⅣT2028，被两个盗洞扰乱。长方形砖室券顶墓。墓道被破坏。墓室长7 米，宽2. 8 ~3. 2 米，高3. 35 ~3. 5 米。未见人骨，墓向为西南向。墓中出土陶器残片若干，多数不可修复。据可辨识残片分析有陶俑、陶盆、陶罐等器物，出土铜钱数枚，腐朽严重，可辨识的全部为五铢（图八五）。

陶俑　修复1 件。2005ⅣM2011∶1，泥质红陶。跪坐姿，袖手，头戴冠，腰缠带，容貌清晰。高17. 4 厘米（图八六）。

2005ⅡM1004

位于2005ⅡT1001 内。长方形砖室券顶墓。墓向为东向。墓室长7 米，宽3 米，深2. 4 米。盗扰严重，券顶部分塌落，有墓道（图八七）。发现散乱人骨，但部位已不可辨。葬式、头向不明。随葬器物碎片也混于墓内填土中。保留下的随葬品有40 多件。有瓷器、陶器、陶俑、铜钱灯等。

陶俑　3 件

坐俑　1 件。2005ⅡM1004∶2，红陶。前后两半分别烧制合成，坐姿，手抚膝，面部表情模糊，无冠，脑后有发髻。底径12. 6 厘米，高17. 2 厘米（图八八，1；图版四，1、3）。

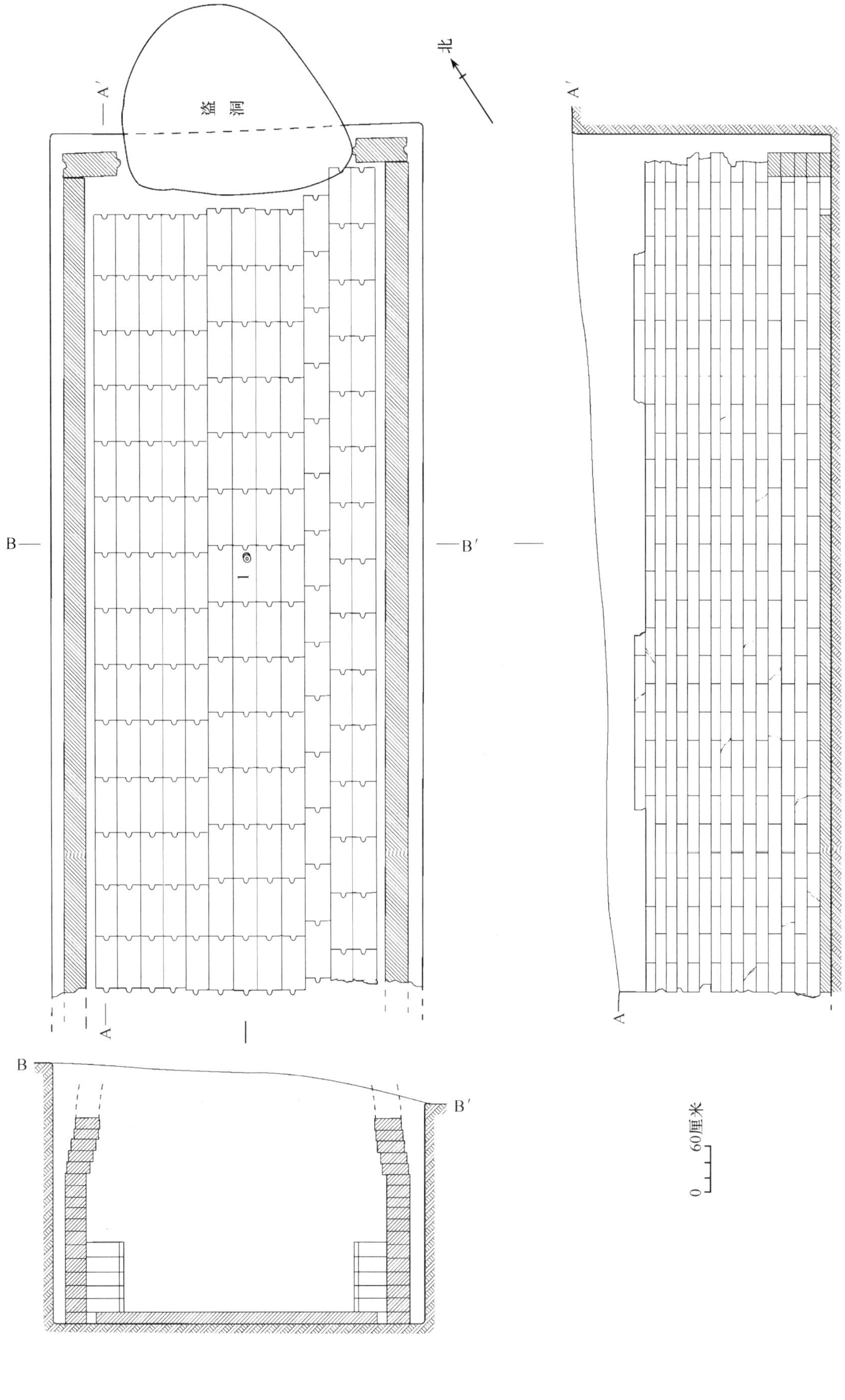

图八二　2004ⅣM1014 平、剖面图
1. 铜钱(3 枚)

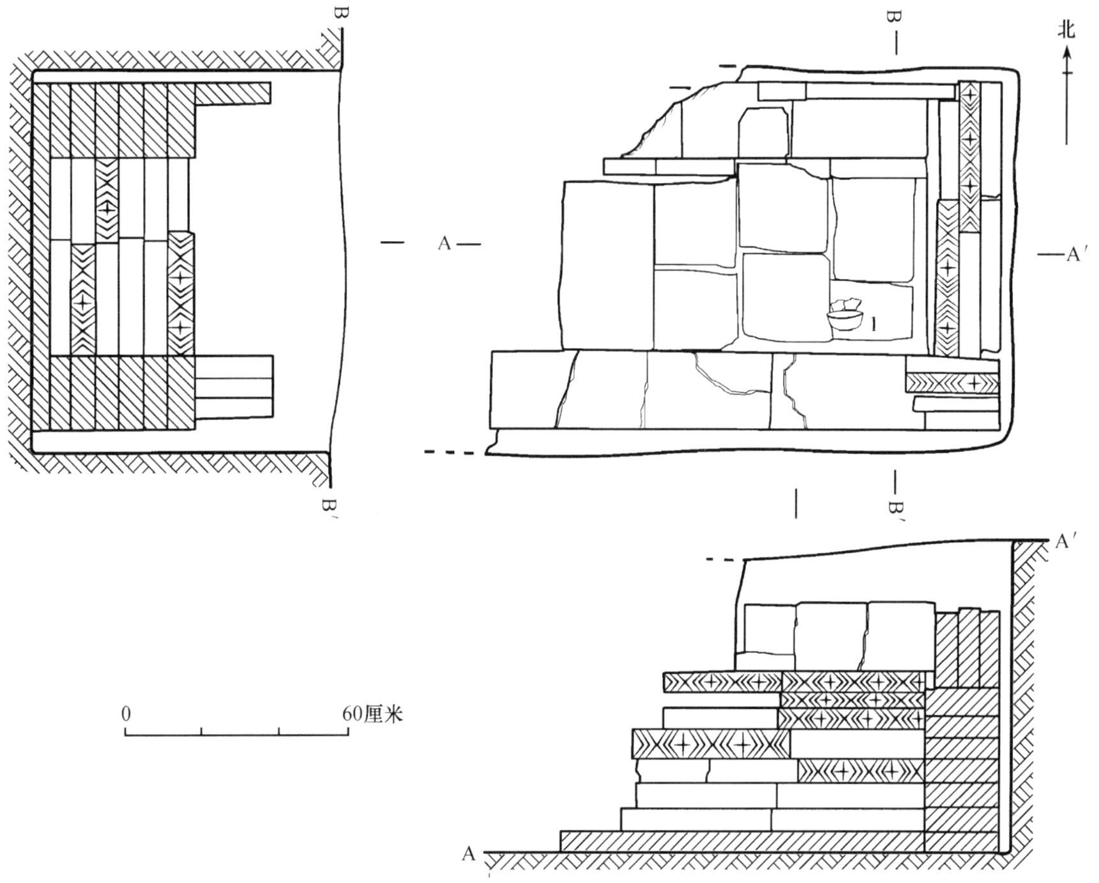

图八三　2004ⅣM1002 平、剖面图

1. 瓷碗

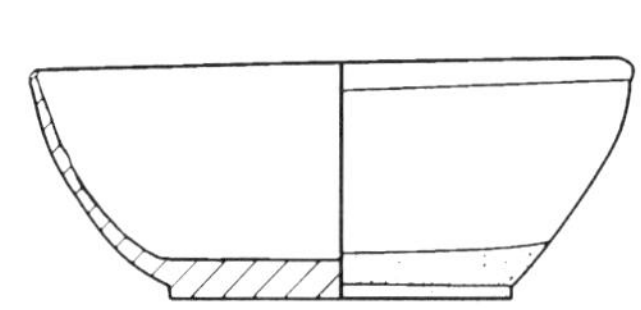

图八四　2004ⅣM1002 出土瓷碗

（2004ⅣM1002∶1）

子母鸡　1件。2005ⅡM1004∶6，红陶。母鸡卧姿，背上和胸前各有一小鸡，形态生动，母鸡身体中空，翅和尾有刻划纹。底径.11.2厘米，高14厘米（图八八，2；图版四，2）。

公鸡　1件。2005ⅡM1004∶7，红陶。昂首站立，形态生动，翅、尾、爪有刻划纹表示羽毛。高23.5厘米（图八八，4）。

瓷碗　1件。2005ⅡM1004∶1，黄白胎，青釉，釉色不均有流痕。口略残，敛口，圆唇，弧壁，饼足，内底有轮制痕迹，中心有突出鸡心点，有14个支钉痕。口径18厘米，底径11厘米，高6厘米（图八八，3）。

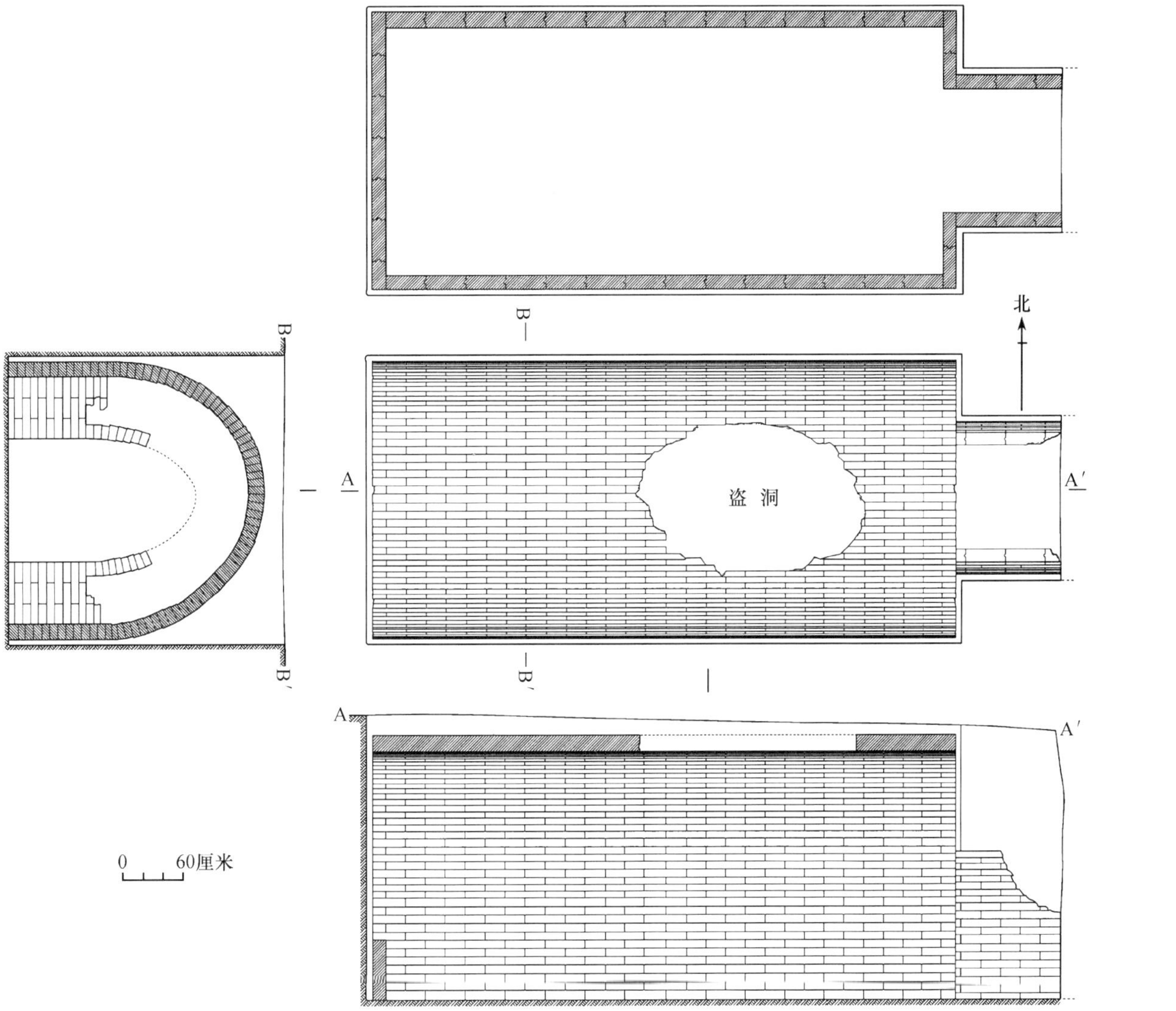

图八五　2005ⅣM2011 平、剖面图

陶器　7 件。

碗　1 件。2005ⅡM1004∶4，红陶。圆唇，敞口，窄沿。弧壁，渐内收。饼足。内底有轮制痕迹。口径 15.2 厘米，底径 7.2 厘米，高 4.2 厘米。

罐　6 件。2005ⅡM1004∶3、5、8 ~ 11，均为灰陶。器形相近，圆唇，短颈，鼓肩，扁体，最大径在中部，平底（图八八，5 ~ 10；图版四，4、5）。通高为 4 ~ 8 厘米。

另有铜钱 30 余枚，钱文不可辨识。

2005ⅣM1016

位于 2005ⅣT1064 西北部，伸入 2005ⅣT1061。刀形砖室墓。券顶坍塌，墓砖散落墓底，有墓道。墓室残长 5.2 米，宽 1.34 ~ 1.75 米，深 1.6 ~ 2 米（图八九）。人骨零星错乱散布且保存极差，墓向为西南向。随葬品共出土 9 件，都是填土中的器物碎片拼对修复而成。

瓷器　9 件（彩版一七，2）。

四系罐　1件。2005ⅣM1016∶3，红褐胎，外壁半施青釉，器内口部有釉。敞口，圆唇，鼓腹，平底，肩部有四个对称的纽，器外有明显轮修痕迹。口径10.8厘米，底径10.4厘米，高18.6厘米（图九〇，1）。

钵　3件。2005ⅣM1016∶1，内外施青绿色釉。敞口口沿下有一凹弦纹，尖唇，弧壁，假圈足。内外底均有支钉痕，内底7个，外底8个，外壁有明显轮修痕迹。口径15.8厘米，底径11.2厘米，高6.2厘米（图九〇，2）。2005ⅣM1016∶2，内外施青绿色釉。敞口，口沿下有一凹弦纹，较浅，尖唇，弧壁，假圈足，内外底均有支钉痕，内底12个，外底9个，外壁有明显轮修痕迹。口径16.4厘米，底径12.2厘米，高6厘米（图九〇，3）。2005ⅣM1016∶9，胎色青黄，器内全釉，外壁仅上部施釉。敛口，口下部装饰有一条凹弦纹，尖唇，腹渐内收，饼足，内底有13个支钉痕，分布散乱。口径17.6厘米，底径10厘米，高5.6厘米（图九〇，4）。

碗　5件。2005ⅣM1016∶4～8，形制与制法相近。敛口，尖唇，腹渐收，假圈足，平底。内外均施釉，底部有支钉痕（图九〇，5～9）。

2004ⅣM2003

位于2004ⅣT2001的东部。长方形砖室墓。双室，有头箱，盗扰。墓室长3米，宽1.5米，深0.4米。墓底发现了属于两个个体的人骨，破损严重。葬具全部腐朽，仅余少量棺钉。未见人骨，墓向为南向。随葬品共出土3件，均为陶钵，置于头箱中（图九一；图版九，2）。

陶钵　3件。2004ⅣM2003∶1，泥质灰陶。已残，敛口，尖唇，浅弧壁，平底。口径16.2厘米，底径8.4厘米，高5.5厘米（图九二，1）。2004ⅣM2003∶2，泥质灰陶。敛口，尖唇，浅弧壁，平底。口径15.5厘米，底径6.7厘米，高5.6厘米（图九二，2）。2004ⅣM2003∶3，夹砂黑陶。部分残，敛口，浅弧腹，假圈足。口径16.2厘米，底径6.7厘米，高6.9厘米（图九二，3）。

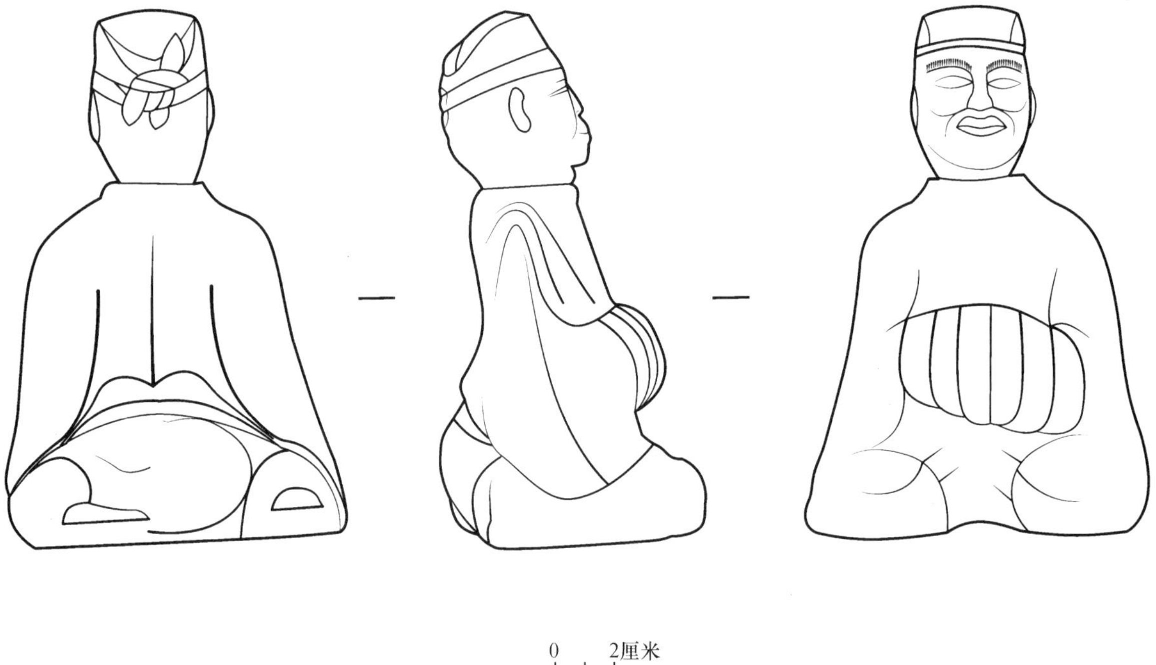

图八六　2005ⅣM2011出土陶俑

（2005ⅣM2011∶1）

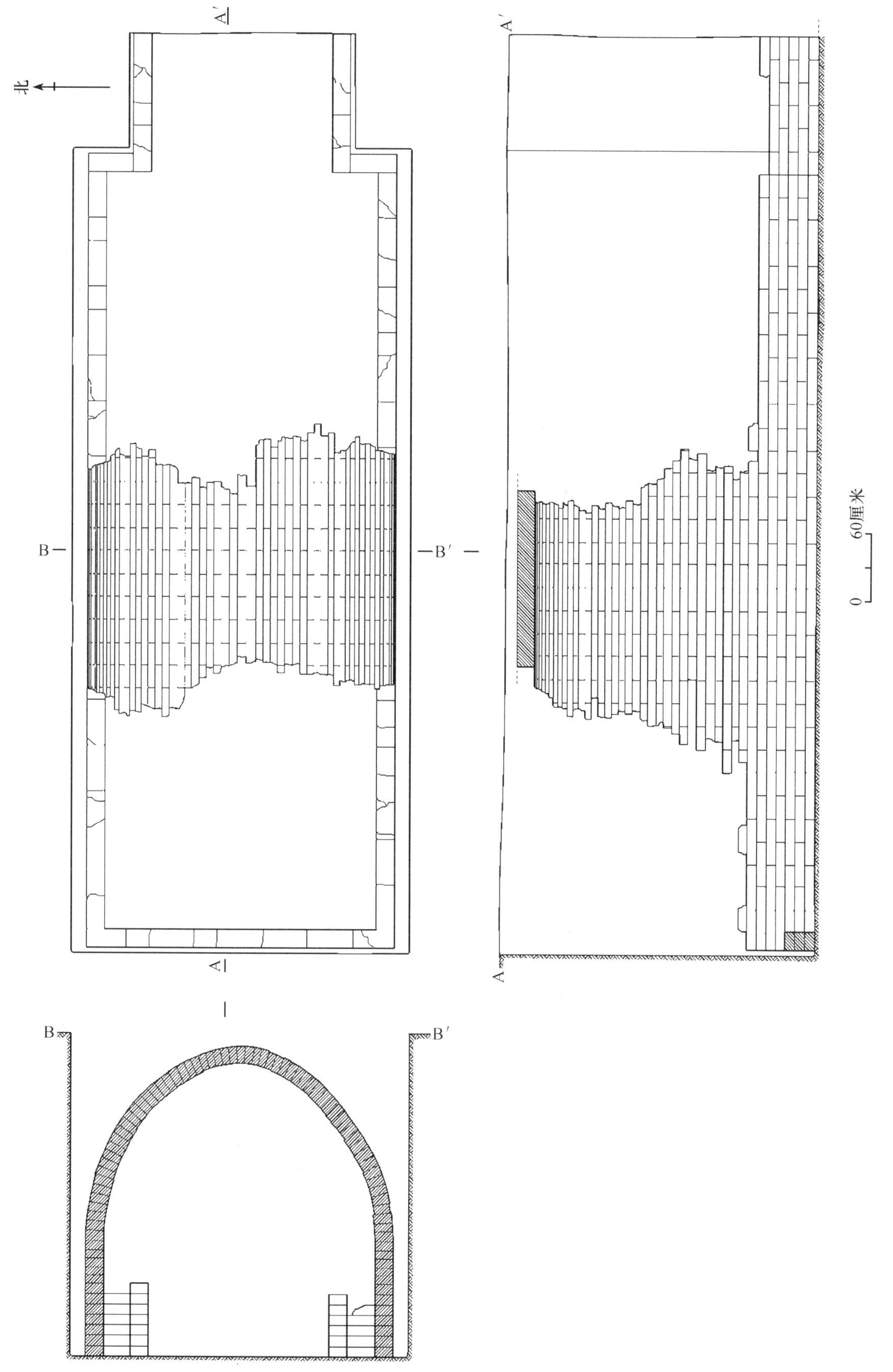

图八七　2005ⅡM1004平、剖面图

图八八　2005ⅡM1004出土器物

1. 陶坐俑（2005ⅡM1004∶2）　2. 陶子母鸡（2005ⅡM1004∶6）　3. 瓷碗（2005ⅡM1004∶1）　4. 陶公鸡（2005ⅡM1004∶7）　5～10. 陶罐（2005ⅡM1004∶3、2005ⅡM1004∶5、2005ⅡM1004∶8、2005ⅡM1004∶9、2005ⅡM1004∶10、2005ⅡM1004∶11）

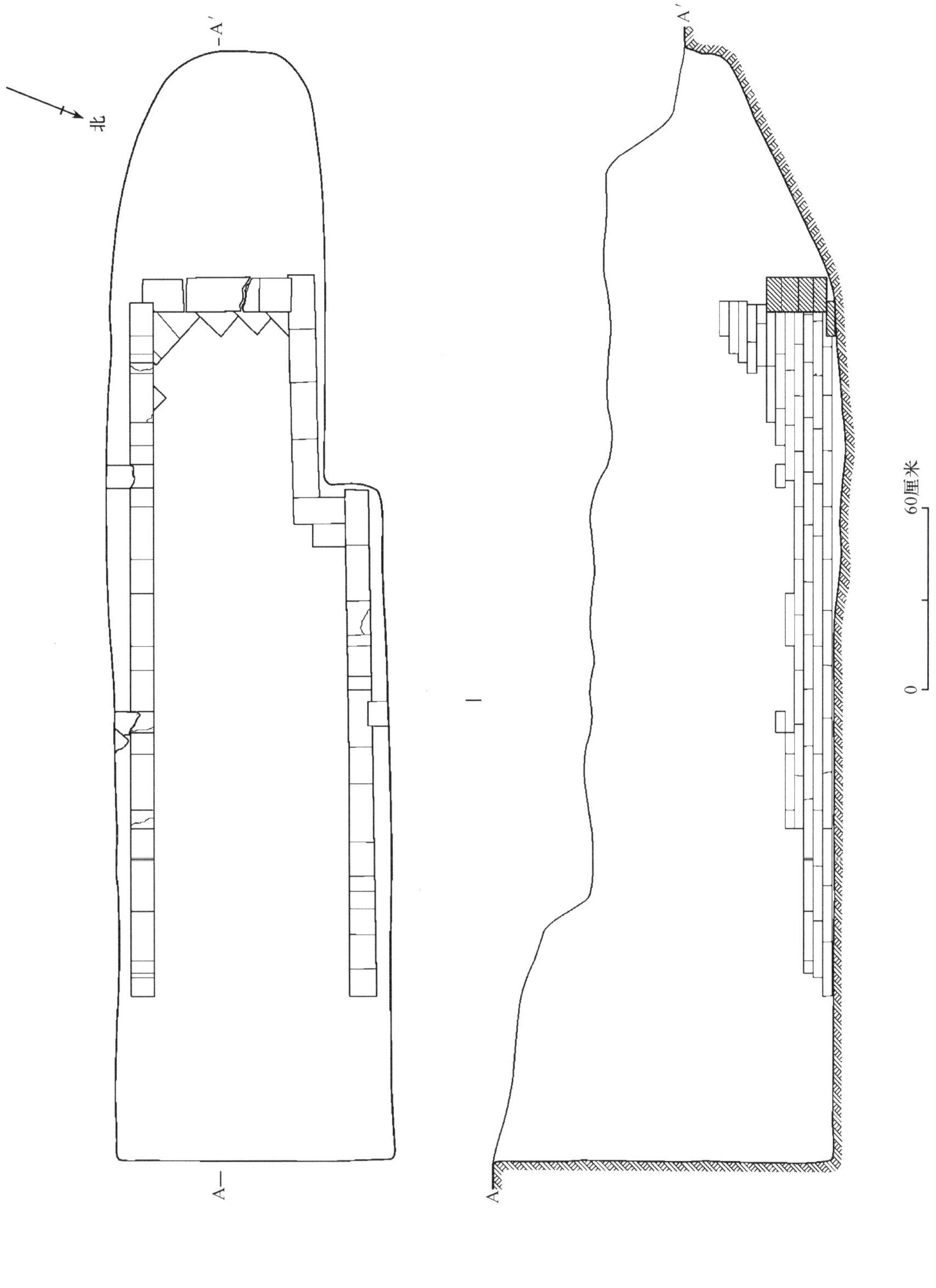

图八九　2005ⅣM1016 平、剖面图

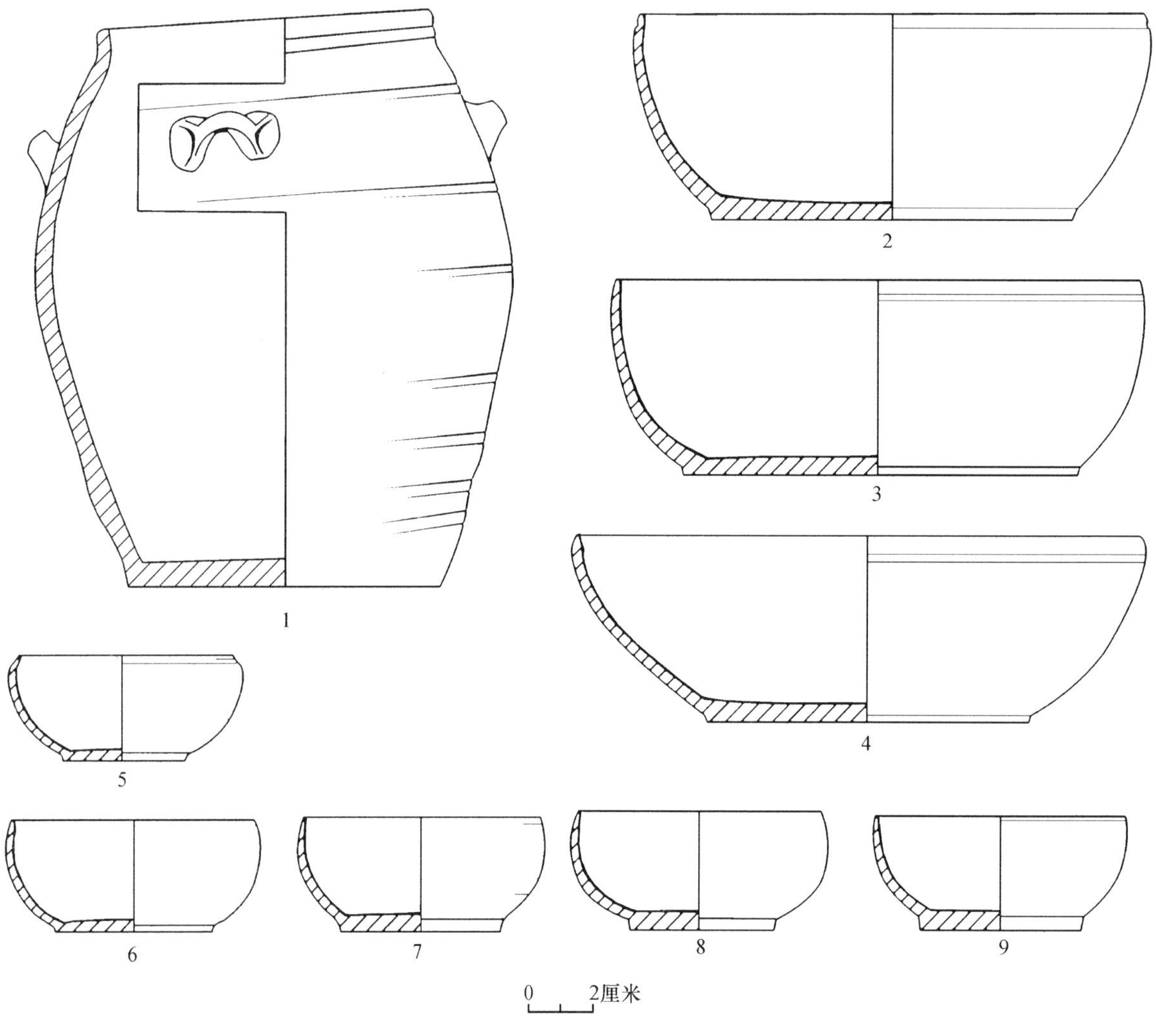

图九〇　2005ⅣM1016出土瓷器

1. 四系罐（2005ⅣM1016:3）　2～4. 钵（2005ⅣM1016:1、2005ⅣM1016:2、2005ⅣM1016:9）　5～9. 碗（2005ⅣM1016:4、2005ⅣM1016:5、2005ⅣM1016:6、2005ⅣM1016:7、2005ⅣM1016:8）

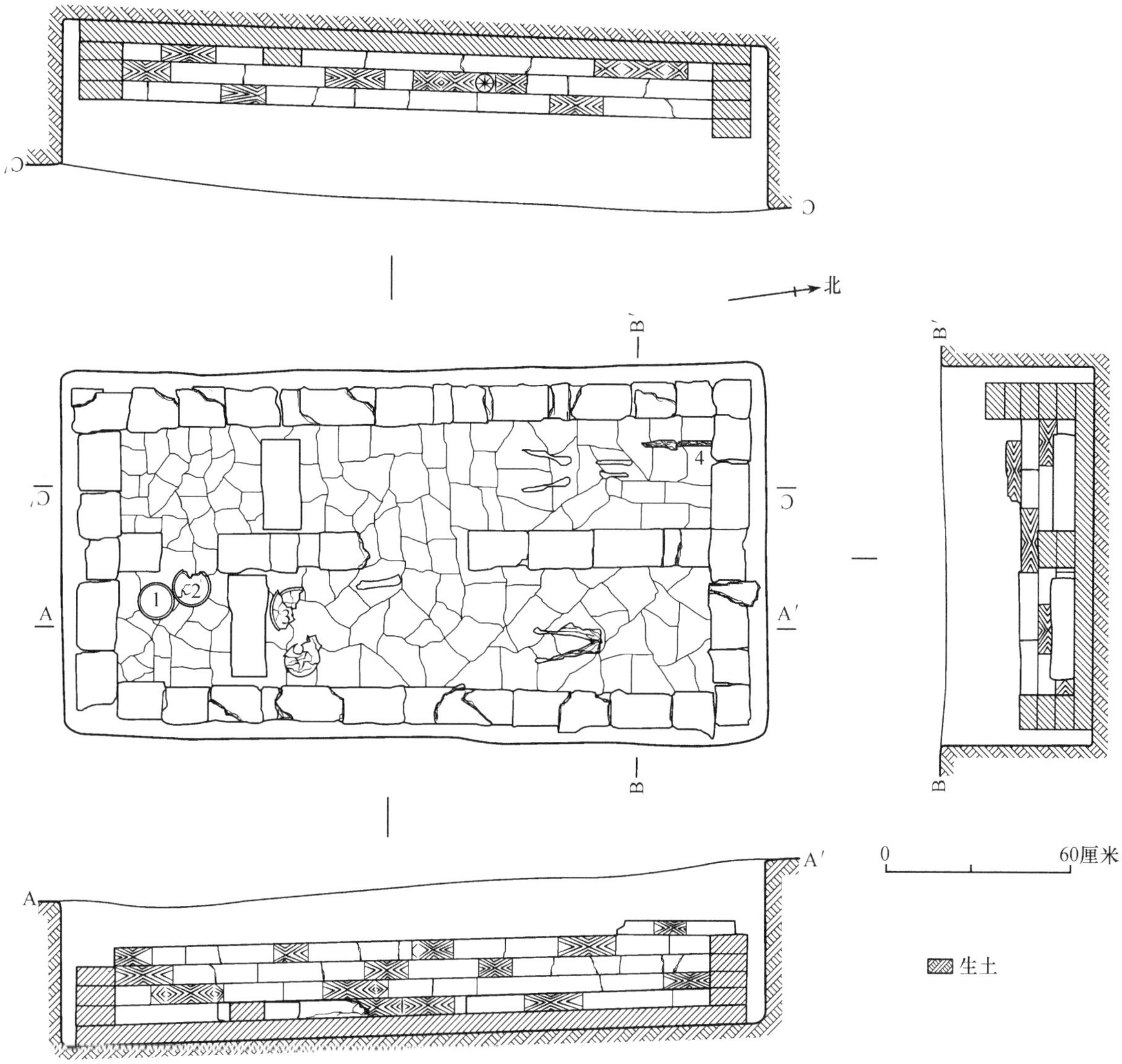

图九一　2004ⅣM2003平、剖面图
1～3. 陶钵　4. 铁器

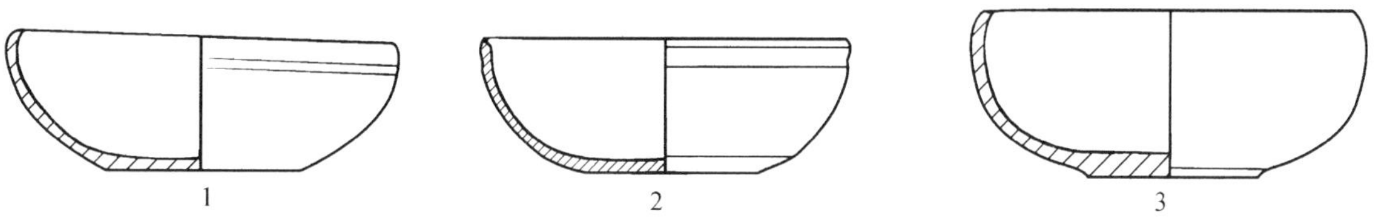

图九二　2004ⅣM2003出土陶钵
（1. 2004ⅣM2003∶1　2. 2004ⅣM2003∶2　3. 2004ⅣM2003∶3）

第四章　唐 宋 遗 存

宝塔坪遗址唐宋时期的遗存丰富，以墓葬为主体，还有少量的建筑遗迹。墓葬和建筑遗迹集中分布在第Ⅰ区，另外在第Ⅳ区也有零星墓葬发现。

一、唐 宋 墓 葬

历年发掘中，唐宋墓葬的数量最多，共清理发掘188座。由于多数墓葬已被破坏，而且从这些墓葬中区分唐墓和宋墓较为困难，因此本报告将唐宋时期墓葬资料合在一起发表。唐宋墓葬多数分布在第Ⅰ区，另有少量分布在第Ⅳ区。唐宋墓葬按墓葬结构可分为土洞墓、土坑竖穴墓、砖室墓、石室墓以及火葬墓等类型，现分述如下。

（一）土洞墓

宝塔坪的土洞墓是依山坡挖洞室，洞口基本朝南或南偏东，墓底平坦，北低南高，略向北倾斜，个别墓有底坑。人骨架的头朝向墓门方向，也就是朝洞室外，门口用石块等封堵。洞室墓的墓道很短，或无墓道，因此一般洞室距离地表较浅，由于山坡水土流失、修筑梯田等原因，墓室的前部和顶部被破坏严重或全部削去，一般存有北壁，东、西壁的上部绝大多数被部分削去，形成墓葬左右两壁的上边缘依山坡走势呈北高南低状态。根据发掘时所保存的状态，本报告把土洞墓分为保留或部分保留墓顶的土洞墓，墓顶完全被破坏掉的土洞墓（残存撮箕形墓坑）。

1. 保留或部分保留墓顶的土洞墓

保留或部分保留墓顶的土洞墓，发掘51座。

2000年清理土洞墓31座，编号为2000IM1008、2000IM1009、2000IM1010、2000IM1011、2000IM1013、2000IM1014、2000IM1021、2000IM1023、2000IM1026、2000IM1028、2000IM1033、2000IM1037、2000IMI1038、2000IM1039、2000IM1041、2000IM1043、2000IM1044、2000IM1050、2000IM1052、2000IM1054、2000IM1057、2000IM1060、2000IM1063、2000IM1066、2000IM1068、2000IM1070、2000IM1075、2000IM1078、2000IM2003、2000IM2004、2000IM2009。均开口于表土层下，打破生土。其中有随葬品的15座，无随葬品的16座。

2001年清理土洞墓16座，编号为2001IM1004、2001IM1005、2001IM1006、2001IM1010、2001IM1011、2001IM1016、2001IM1017、2001IM1018、2001IM2002、2001IM3002、2001IM3004、2001IM3020、2001IM3025、2001IM3029、2001IM3030、2001IM5008。此次发掘的土洞墓皆为小型墓，均遭到不同程度的多次破坏和扰乱，多数土洞墓的墓顶被盗掘或部分自然塌毁。有的上部完全被破坏掉，残留撮箕形墓坑。个别墓内还发现葬具和骨架，保存不好。墓葬被盗严重，随葬品出土较少，甚至有的墓没有发现随葬品。

2004 年清理土洞墓 4 座，编号为 2004ⅣM1008、2004ⅣM1009、2004ⅣM1011、2004ⅣM1013。按照发掘年代和序号分别介绍如下。

2000IM1008

位于 2000IT1022 东部，被扰乱。土洞墓，长方形，墓底长 2.7 米，宽 1.14 米，北壁高 0.86 米，无南壁，墓底北低南高，北壁上方有墓顶残余，长约 5 厘米，东西壁与山坡走势相同。仅见少量残骨，墓向为南向。未见随葬品（图九三）。

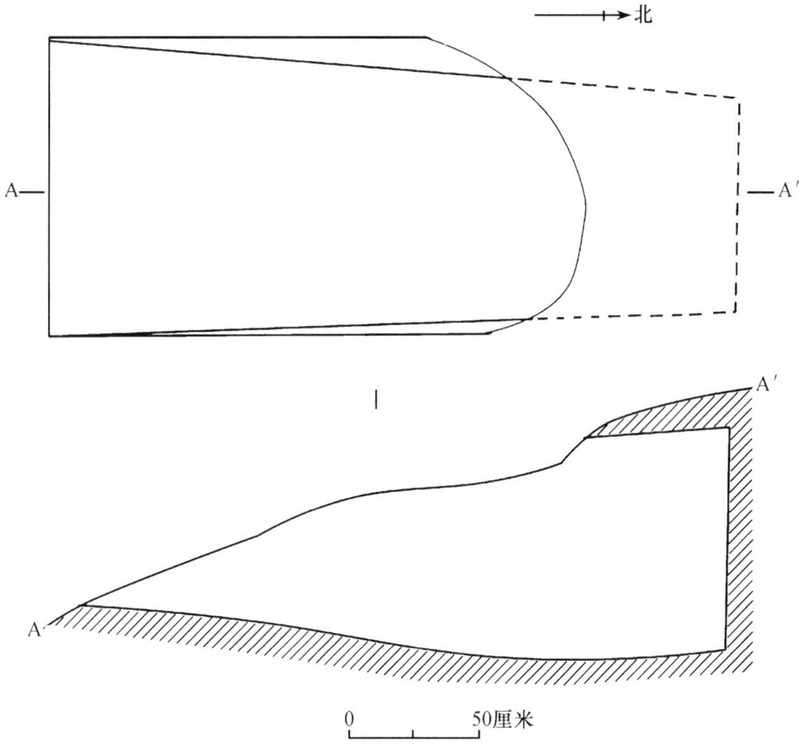

图九三　2000IM1008 平、剖面图

2000IM1009

位于 2000IT1020 东南部，被扰乱。土洞墓，洞口已经裸露在外。墓底残长 1.3 米，宽 0.8 米，北壁高 0.6 米，无南壁，墓顶残宽 30 厘米。未见人骨，墓向为东北—西南向。未见随葬品（图九四）。

2000IM1010

位于 2000IT1015 东部。土洞墓，被盗。洞室较深，墓室平面近长方形。墓底长 4.8 米，宽 0.94 米，北壁高 1.1 米，无南壁。墓底北低南高，墓底平坦，中部有一个腰坑。单人仰身直肢葬，头向 159°。棺具朽无，在脚骨外侧发现 2 件铁棺钉，填土中出土 3 件铁棺钉。随葬品有瓷器和铜器。盘口壶置于头顶南侧，铜镜和铜钱位于腰部，执壶和瓜棱壶置于腰坑内（图九五）。

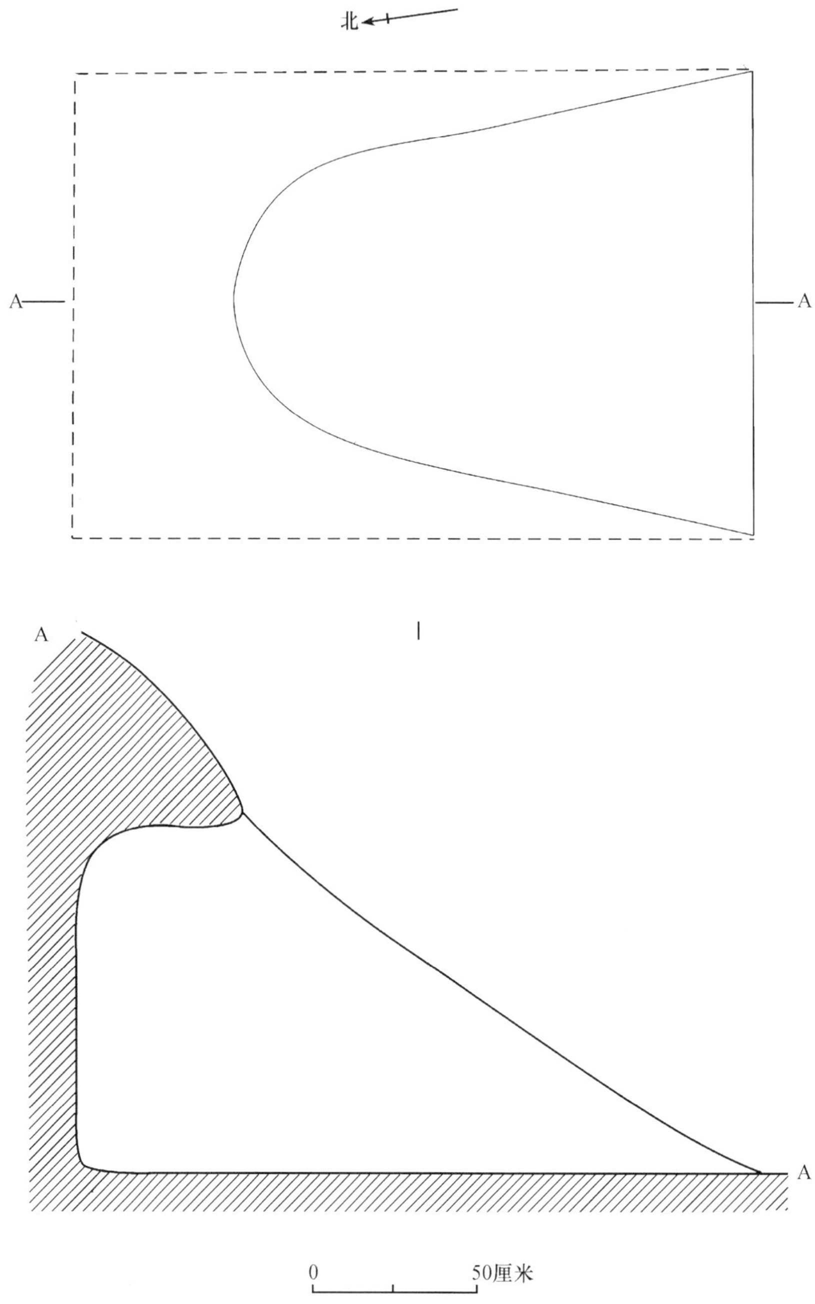

图九四　2000IM1009 平、剖面图

瓷器　3 件。

盘口壶　1 件。2000IM1010:5，浅褐色胎，通体施酱色釉，釉层稍薄，釉面有细小开片。盘口倾斜，圆唇外卷，束颈较高，丰肩，圆弧腹，器腹略长，平底内凹。肩部附竖向四系，均已被断掉。颈肩交接处有凸弦纹两道，下腹部有分布不很规则的弦纹数道。口径 19.6 厘米，腹径 20.8 厘米，底径 15.2 厘米，高 40 厘米（图九六，3，彩版一九，2）。

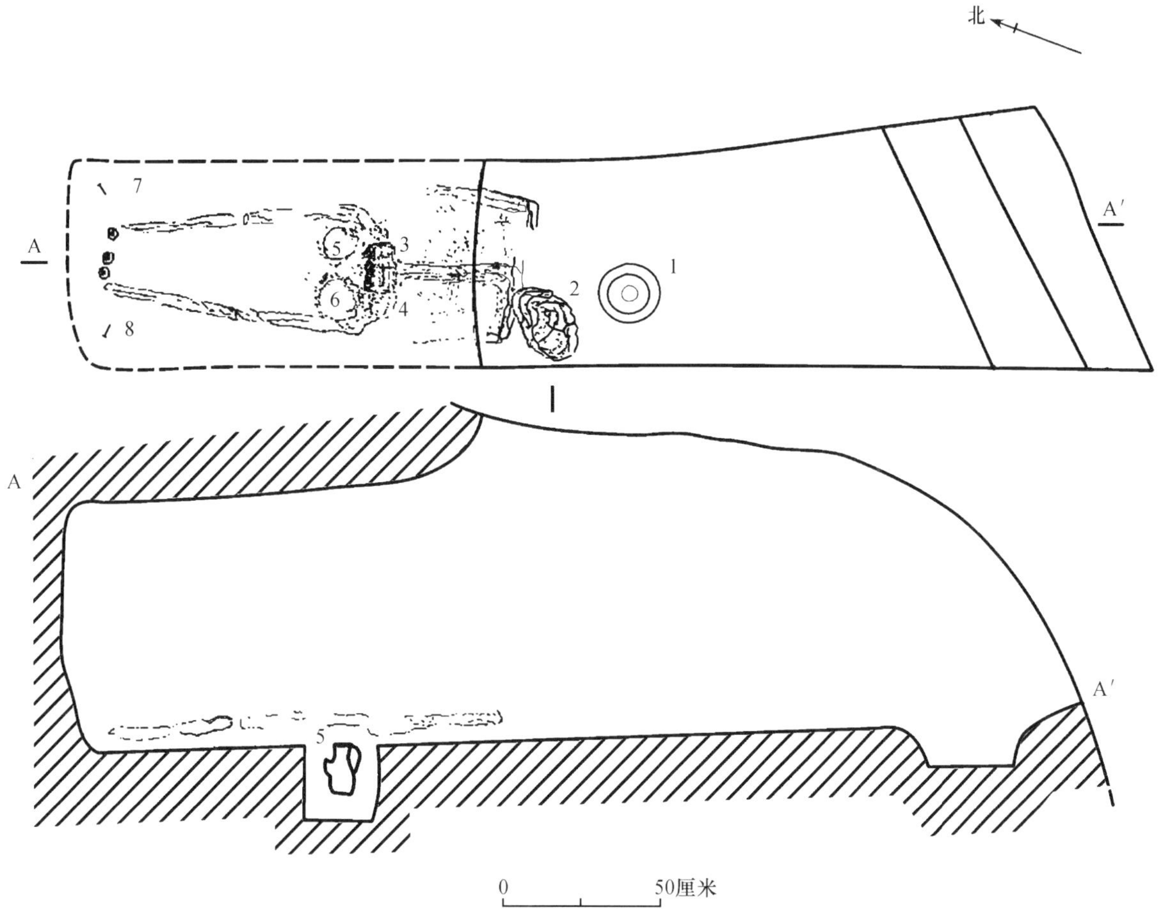

图九五　2000IM1010平、剖面图

1. 瓷盘口壶　2. 铜饰　3. 铜镜　4. 铜钱　5. 瓷执壶　6. 瓷瓜棱双耳罐　7、8. 铁棺钉

执壶　1件。2000IM1010∶10，施青釉，足无釉。敞口，卷沿，束颈略短粗，溜肩，弧腹，假圈足，平底内凹。肩部一侧为六棱短直流，另一侧有一柄。口径7.4厘米，腹径9.8厘米，底径8.2厘米，高16厘米（图九六，2）。

瓜棱双耳罐　1件。2000IM1010∶11，灰色胎，器内口颈及外腹施釉，外腹近底处及外底无釉。施釉不均匀，一处釉呈酱色，其余处釉呈黄褐色。底部无釉处为砖红色。直口，口部有变形，在一侧呈“V”形向外歪敞。圆唇外卷，短颈，弧肩，腹呈竖向瓜棱形，平底。肩上有对称横向双系，一系残缺。腹部有8条竖向凹槽，使腹部呈现瓜棱状。口径13.5厘米，底径13.4厘米，高11.4厘米（图九六，1）。

铜器　7件。

铜镜　1件。2000IM1010∶9，方形，宽缘，残存一半。

下颌托　1件。2000IM1010∶8，由铜片弯曲而成，两端缠绕成环，整体呈“O”形，中部渐宽扁。单侧长36.4厘米，宽0.5厘米，厚0.1厘米（图九六，4）。

铜钱　5枚。其中出土钱币钱文可识者有“开元通宝”，如2000IM1010∶7（图九六，5）。

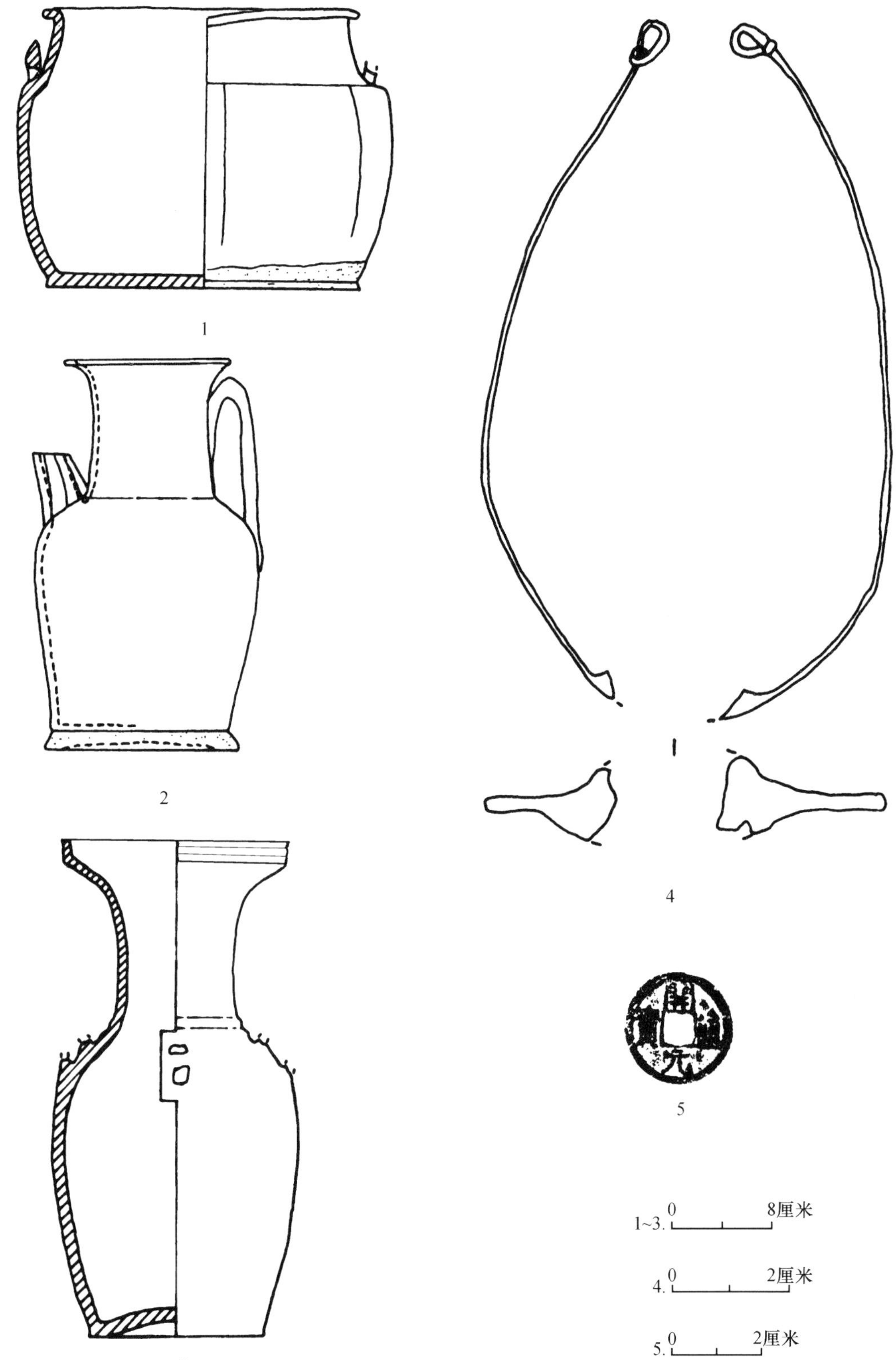

图九六　2000IM1010 出土器物

1. 瓷瓜棱双耳罐（2000IM1010∶11）　2. 瓷执壶（2000IM1010∶10）　3. 瓷盘口壶（2000IM1010∶5）　4. 下颌托（2000IM1010∶8）　5. 开元通宝（2000IM1010∶7）

2000IM1011

位于2000IT1022南部和2000IT1014北部。土洞墓，被扰乱。洞室略浅，似在墓的北壁上方的墓檐。墓室平面呈长方形，墓底长2米，宽0.76米，北壁高0.67米，无南壁。东西壁依山坡走势北高南低，墓底则北低南高。可见少量残骨，单人仰身直肢葬，头向180°。随葬品仅存1枚“开元通宝”（图九七）。

铜钱　1枚。2000IM1011:1，为“开元通宝”。

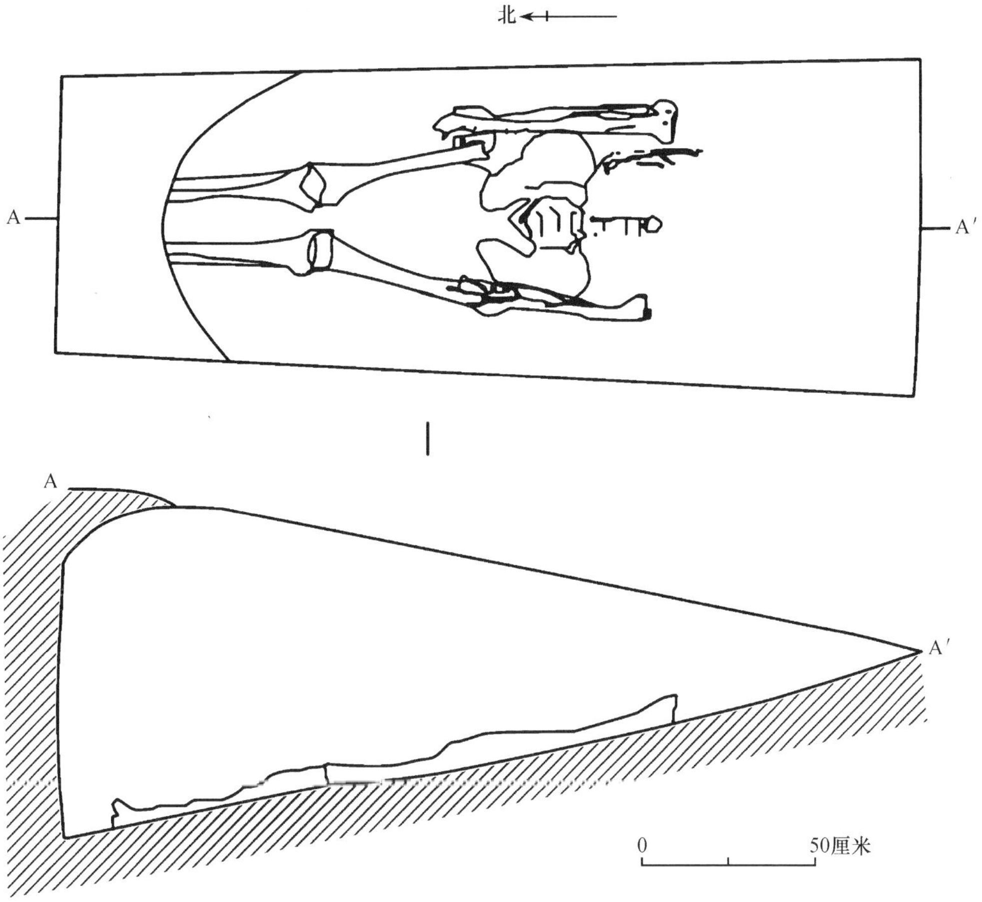

图九七　2000IM1011平、剖面图

2000IM1013

位于2001IT1011东部。土洞墓，洞室较深。墓室平面呈梯形，墓底长3.9米，宽0.6～1.25米，北壁高0.72米，无南壁。墓底北低南高。在距北壁1.3米处有一道石墙，墙内长1.3米，宽0.6米，墙外长2.6米，宽1.25米。墓室墙外放置骨架1具，仰身直肢，头向180°。墓室墙内另有一些人骨残片。随葬品共出土3件。有瓷壶和铜笄和钱币（图九八）。另有铁棺钉2枚。

瓷盘口壶　1件。2000IM1013:2，紫色胎，黄色釉，近底处无釉。盘口较深，束颈斜直，鼓肩，腹壁斜直，平底。肩部对称分布横向四系。颈部有14条弦纹。从盘口内侧有一周凸起分析，似应有盖，子母口。口径20.6厘米，腹径21.2厘米，底径11.6厘米，高38.6厘米（图九九，1）。

铜器　2件。

铜笄　1件。2000IM1013:4，整体呈“U”字形，残断，弯曲部分则稍粗，弯曲部分截面呈椭圆形。长8.8厘米，横截面直径0.3厘米（图九九，2）。

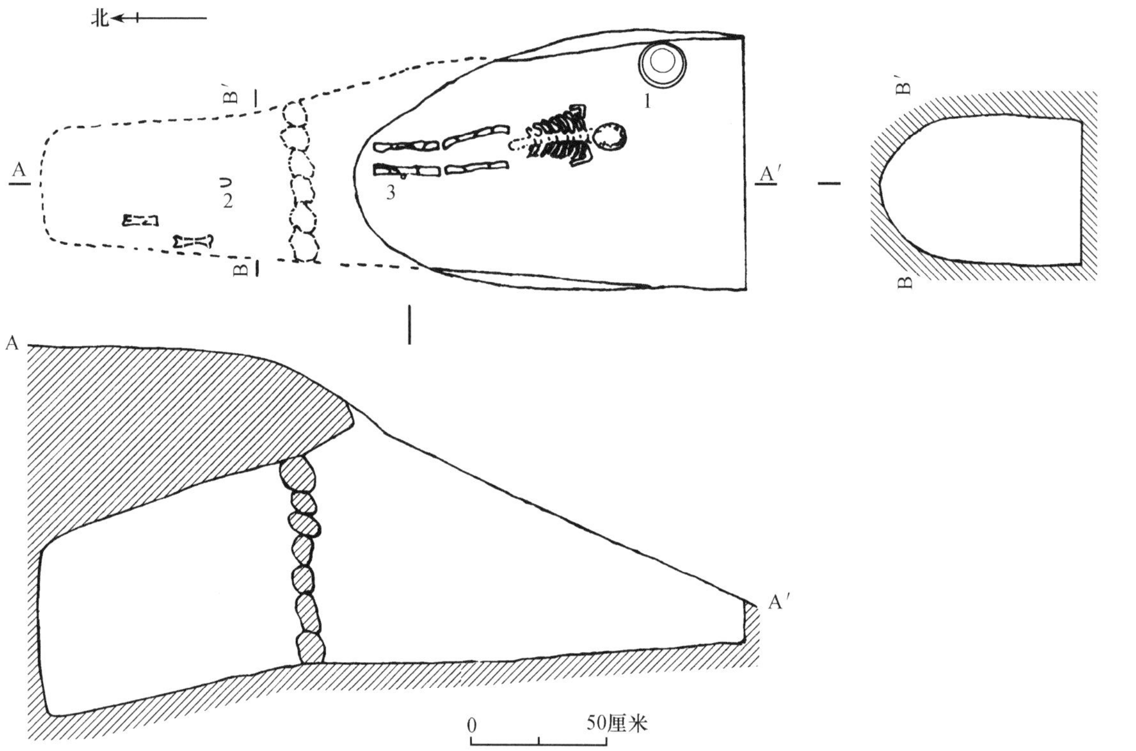

图九八　2000IM1013 平、剖面图

1. 瓷盘口壶　2. 铜笄　3. 铜钱

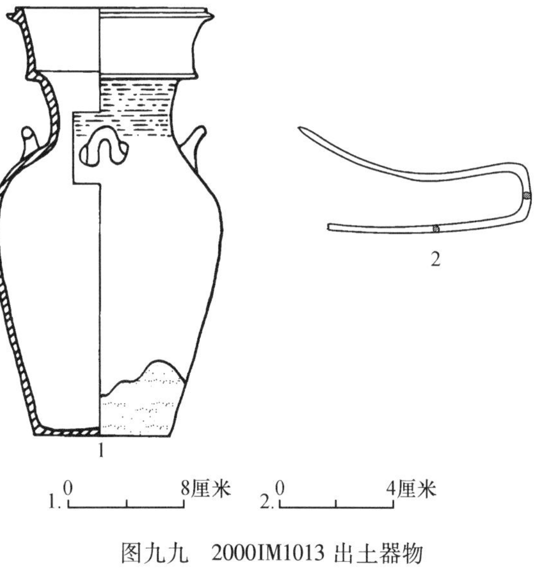

图九九　2000IM1013 出土器物

1. 瓷盘口壶（2000IM1013∶2）　2. 铜笄（2000IM1013∶4）

铜钱　1 枚。2000IM1013∶1，钱文为“开元通宝”。直径 2.5 厘米，孔边长 0.7 厘米。

2000IM1014

位于 2000IT1020 的中部。土洞墓，被扰乱。洞口由于之前修路施工，被推开暴露在外，洞口裸露于地面。墓底残长 1.5 米，宽 0.5 米，北壁高 1.1 米。南端比北端略宽，北壁上有 40 余厘米宽的残顶。未见人骨，墓为南向。未见随葬品（图一〇〇）。

2000IM1021

位于 2000IT1021 的西北部。土洞墓，被扰乱。墓底略北低南高，墓顶呈弧形。墓底长 2.15 米，宽 0.8 米，北壁高 0.8 米，无南壁。仅见少量残骨，葬式、头向不明。墓向为南向。未见随葬品（图一〇一）。

2000IM1023

位于 2000IT1010 的东北部。土洞墓，被现代坑破坏。长方形，墓顶呈拱形。墓底残长 1 米，宽 0.92 米，北壁高 1 米。墓底平坦，大部分已被破坏。未见人骨，葬式、头向不明。墓向为南向。未见随葬品（图一〇二）。

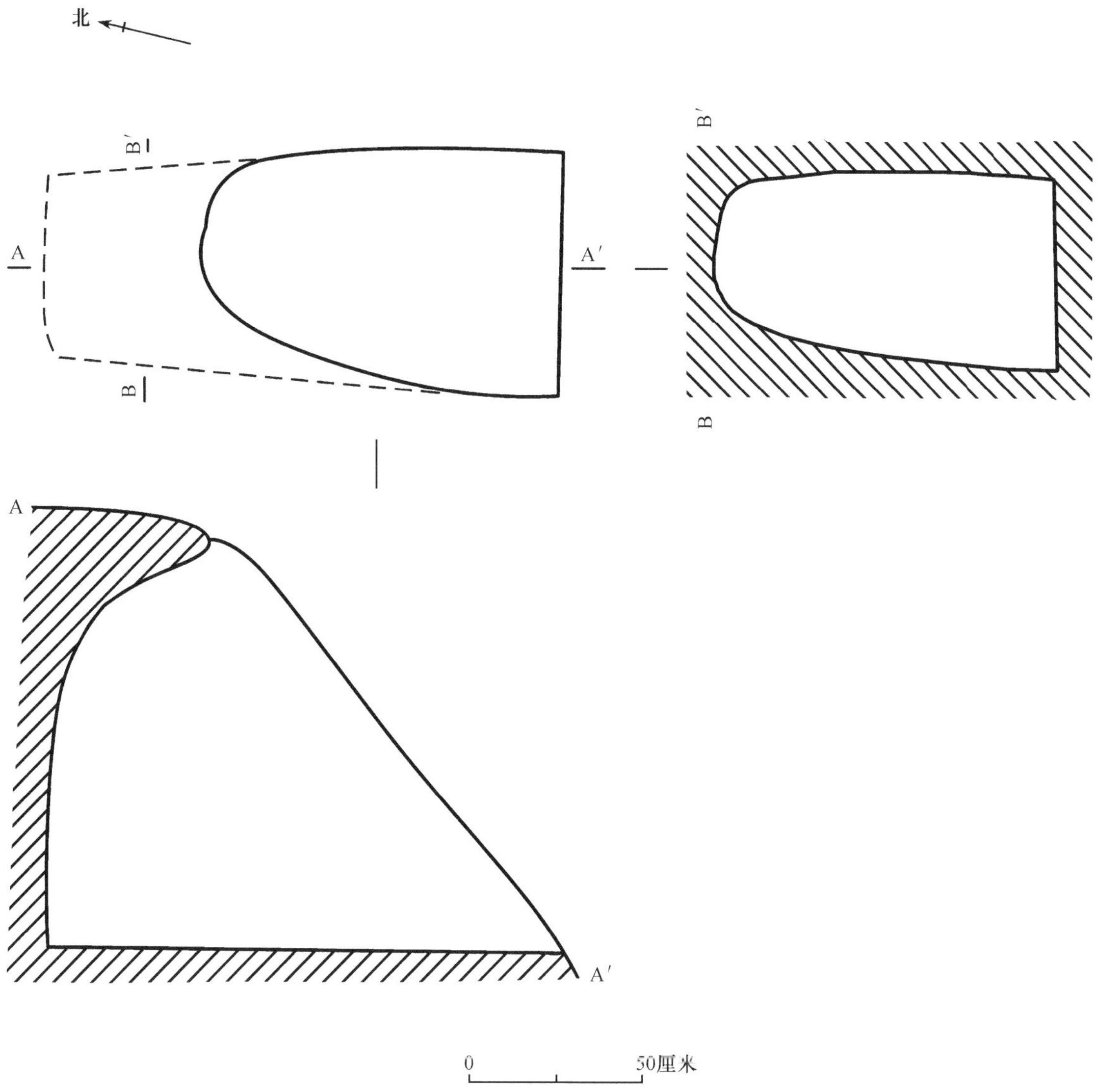

图一〇〇 2000IM1014平、剖面图

2000IM1026

位于2000IT1019中部。土洞墓，洞室较深。墓室平面呈长方形，墓底长2.5米，宽0.84米，北壁高0.65米，无南壁。东西壁与山坡走势相同，北高南低，墓底平坦，南高北低，向北倾斜。在北壁底部有小龛1个，东壁底有小土台。单人仰身直肢葬，仅存完整的下肢，头向200°。未见随葬品（图一〇三）。

2000IM1028

位于2000IT1005西北部，进入隔梁。土洞墓，被扰乱。长方形，墓底长3.6米，宽1.6米。有墓道，墓道长1.6米。墓底平坦。未见人骨，葬式、头向不明。墓向为南向（图一〇四）。随葬品仅发现1片青瓷盘口壶残片。

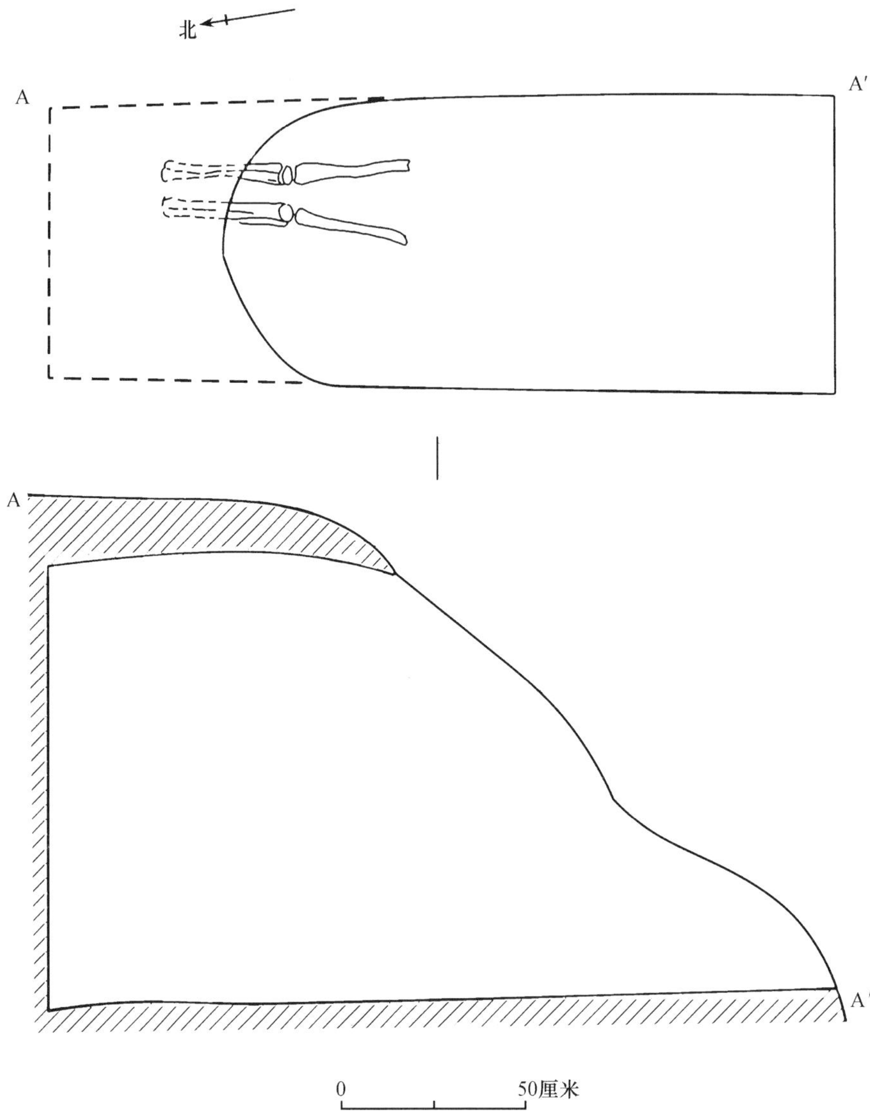

图一〇一　2000IM1021 平、剖面图

2000IM1033

位于2000IT1018东北角。土洞墓，被扰乱。长方形，墓顶呈拱形。墓底长2米，宽0.7米，北壁高1米。东西壁依山坡走势，无南壁，墓底平坦。未见人骨，葬式、头向不明。墓向为南向。未见随葬品（图一〇五）。

2000IM1037

位于2000IT1023的中部。土洞墓，被扰乱。长方形，墓底长3.6米，宽0.94米，北壁高1.06米，无南壁。墓的东西壁北高南低，与山坡走势相同。墓底平坦，北低南高。单人仰身直肢体葬，头向169°。未见棺具，发现铁棺钉9枚。随葬品共出土3件。瓷盘口壶1件和开元铜宝铜钱2枚（图一〇六，1）。

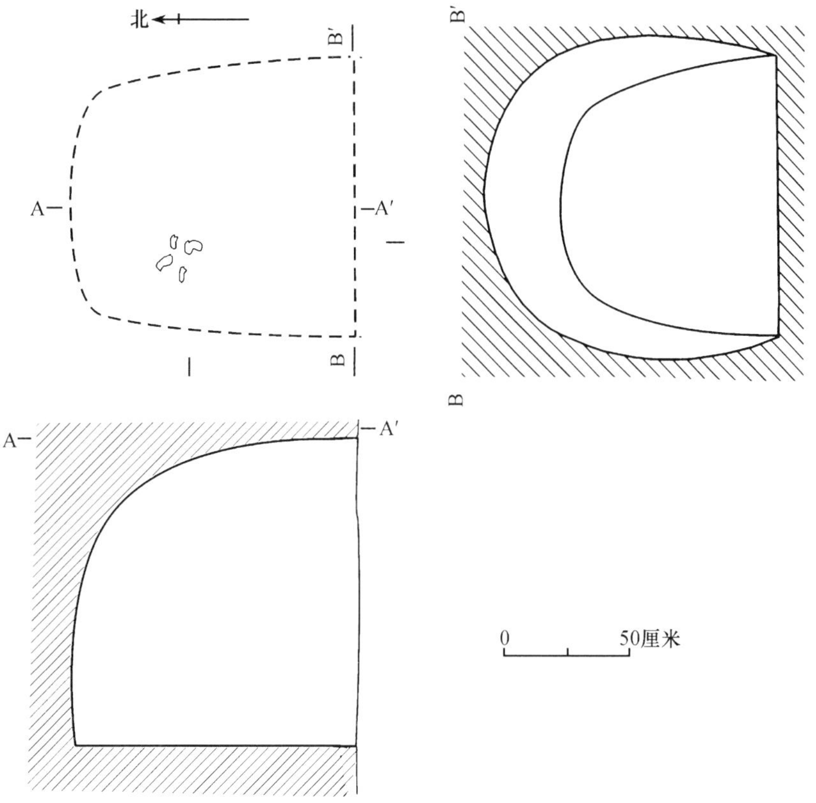

图一〇二　2000IM1023平、剖面图

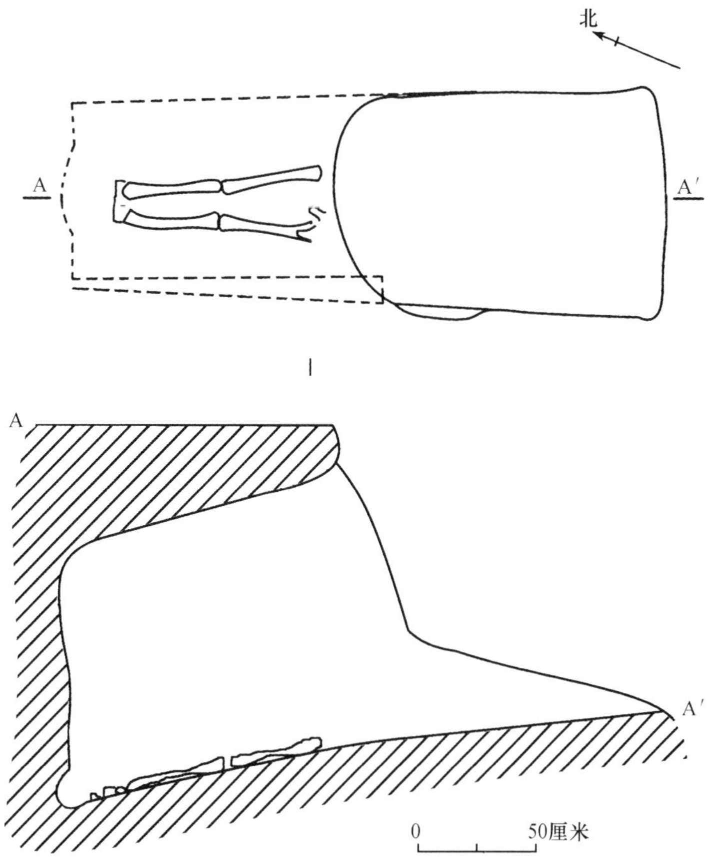

图一〇三　2000IM1026平、剖面图

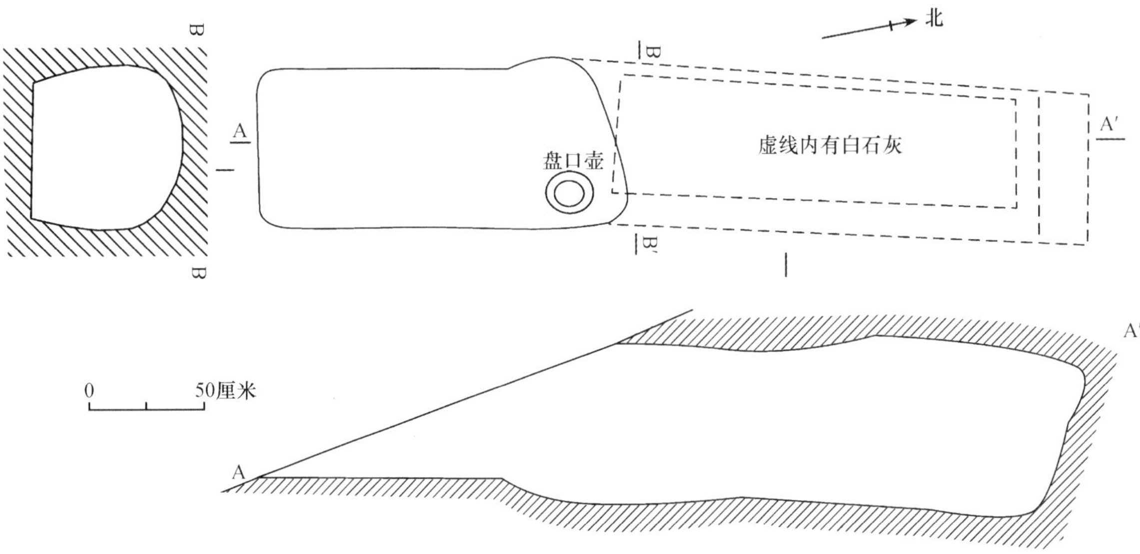

图一〇四　2000IM1028 平、剖面图

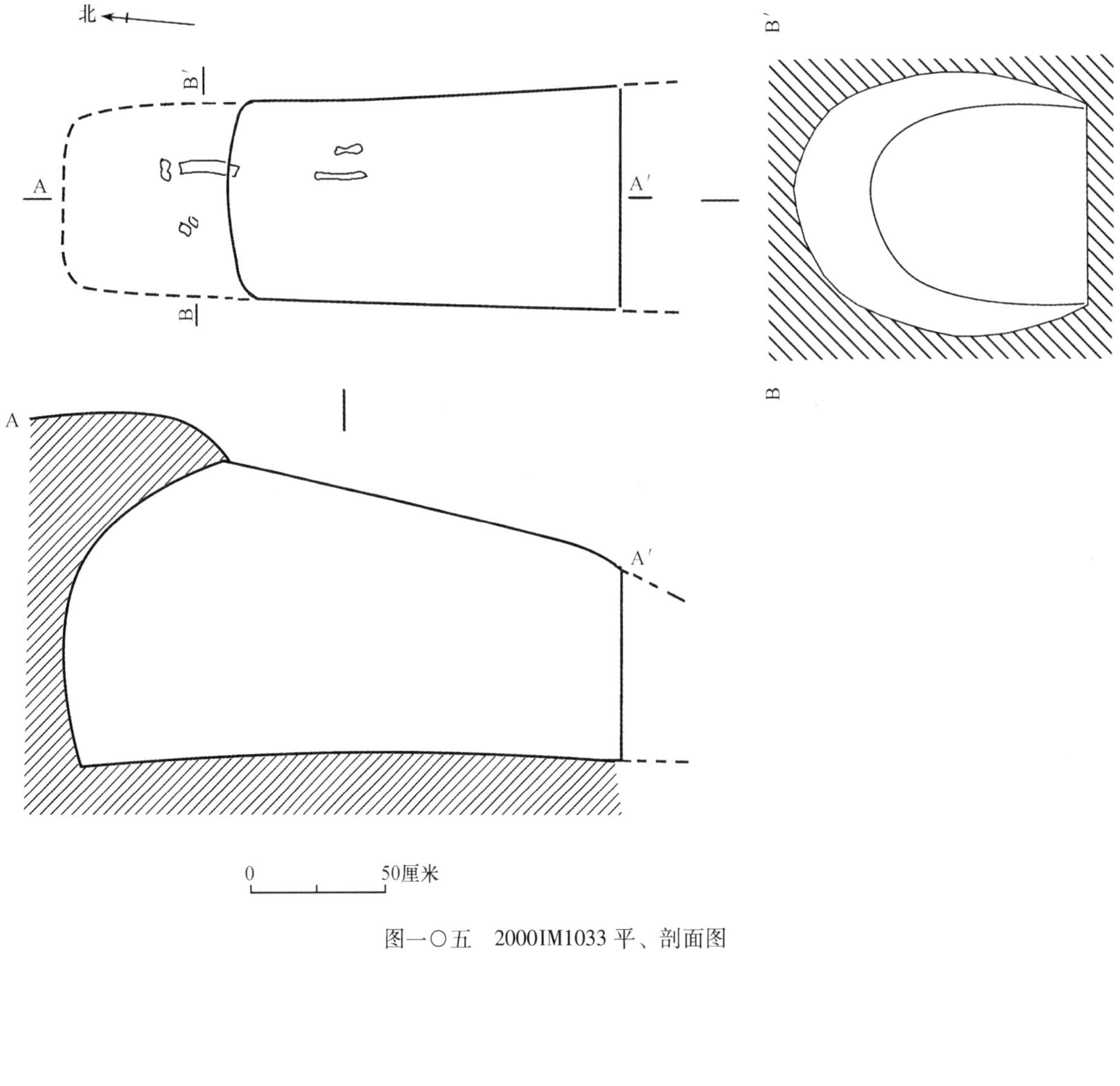

图一〇五　2000IM1033 平、剖面图

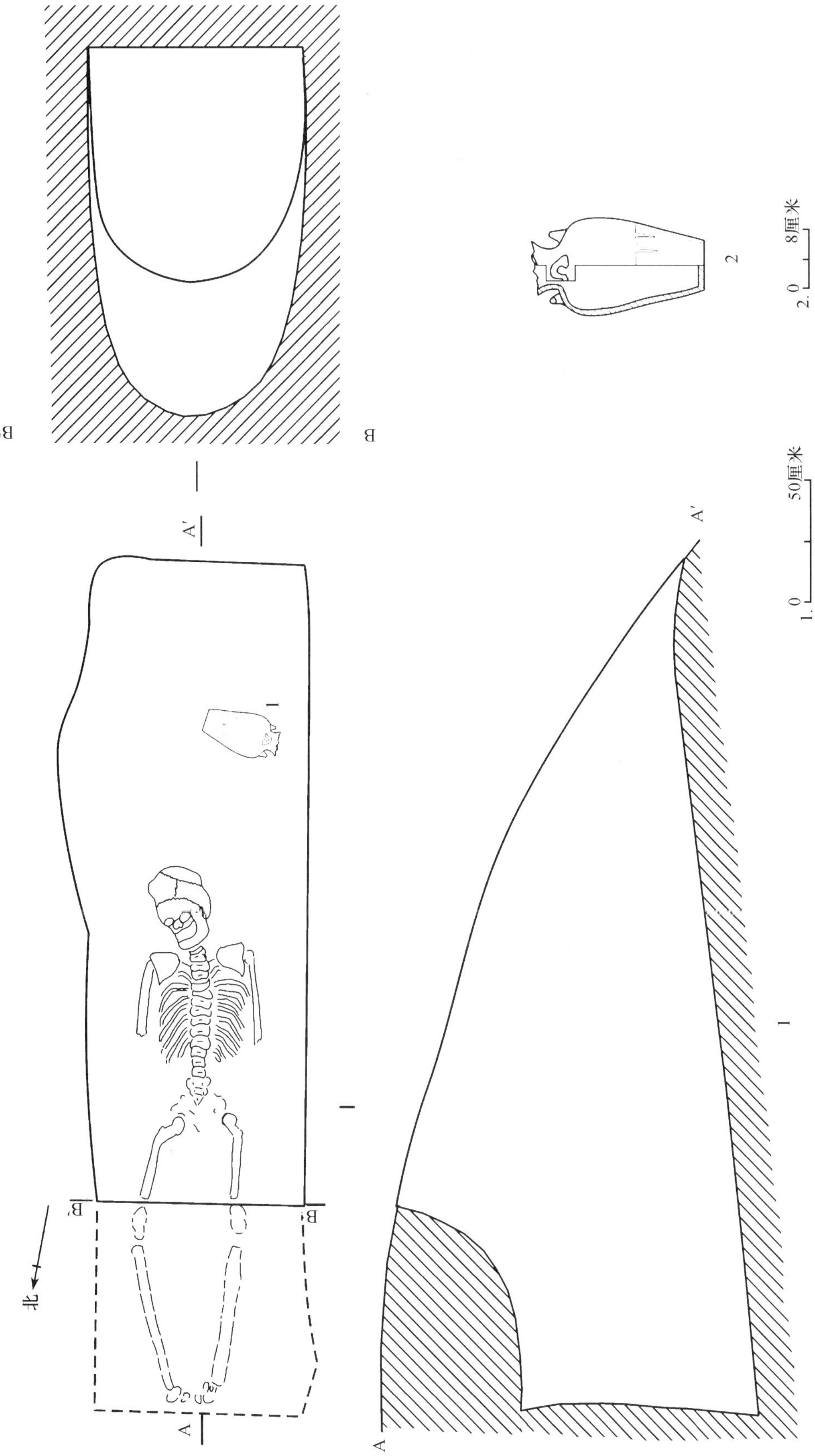

图一〇六　2000IM1037平、剖面图和出土器物
1. 2001IM10137平、剖面图　2. 瓷盘口壶（2001IM1037∶1）

瓷盘口壶　2000IM1037∶1，灰色胎厚重，黄褐色釉，釉层薄，表面有脱落。下腹无釉。口部残失，束颈，丰肩，斜腹，平底。肩上均匀分布四系，肩下器胎的泥条盘筑痕明显，腹近于直壁。高32厘米，底径9.2厘米，腹径17.8厘米（图一〇六，2）。

2000IM1038

位于2000IT1030南部和2000IT1022北部。土洞墓，被扰乱。长方形，墓底长2.44米，宽0.84米，北壁高0.64米，无南壁。墓底南高北低，东西壁与山坡走势相同，洞口距北壁140厘米。未见人骨，葬式、头向不明。墓向为南向。未见随葬品（图一〇七）。

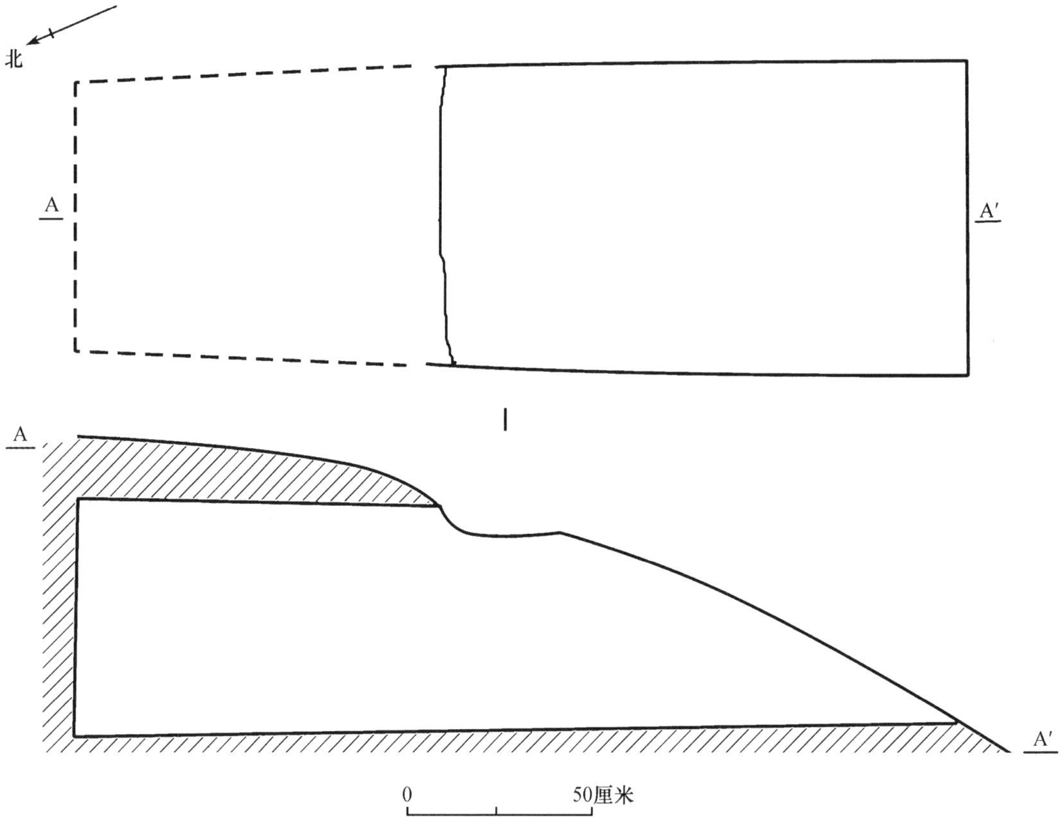

图一〇七　2000IM1038平、剖面图

2000IM1039

位于2000IT1027西部。土洞墓，被扰乱。长方形，墓底残长1.9米，宽0.8米，北壁高1.14米，无南壁。北壁为弧形，墓底平坦，南高北低。东西壁北高南低，与山坡走势相同。未见人骨，葬式、头向不明。墓向为南向。未见随葬品（图一〇八）。

2000IM1041

位于2000IT1030中部偏西。土洞墓，洞室较深。墓室平面呈长方形。墓底长3.76米，宽0.96米，北壁高0.7米，无南壁。东西壁呈长方形，修理得非常规整。墓底向北倾斜，且墓底用砖砌铺而成。墓顶呈缓弧形。墓门用石块堆在一起封堵，石块之间用泥黏结。墓底砖的规格为长28厘米，宽17厘米，厚4厘米。仅存部分残骨，葬式、头向不明。墓向为南向。随葬品共出土16件。有瓷器、铜器和铁器、石俑（图一〇九）。

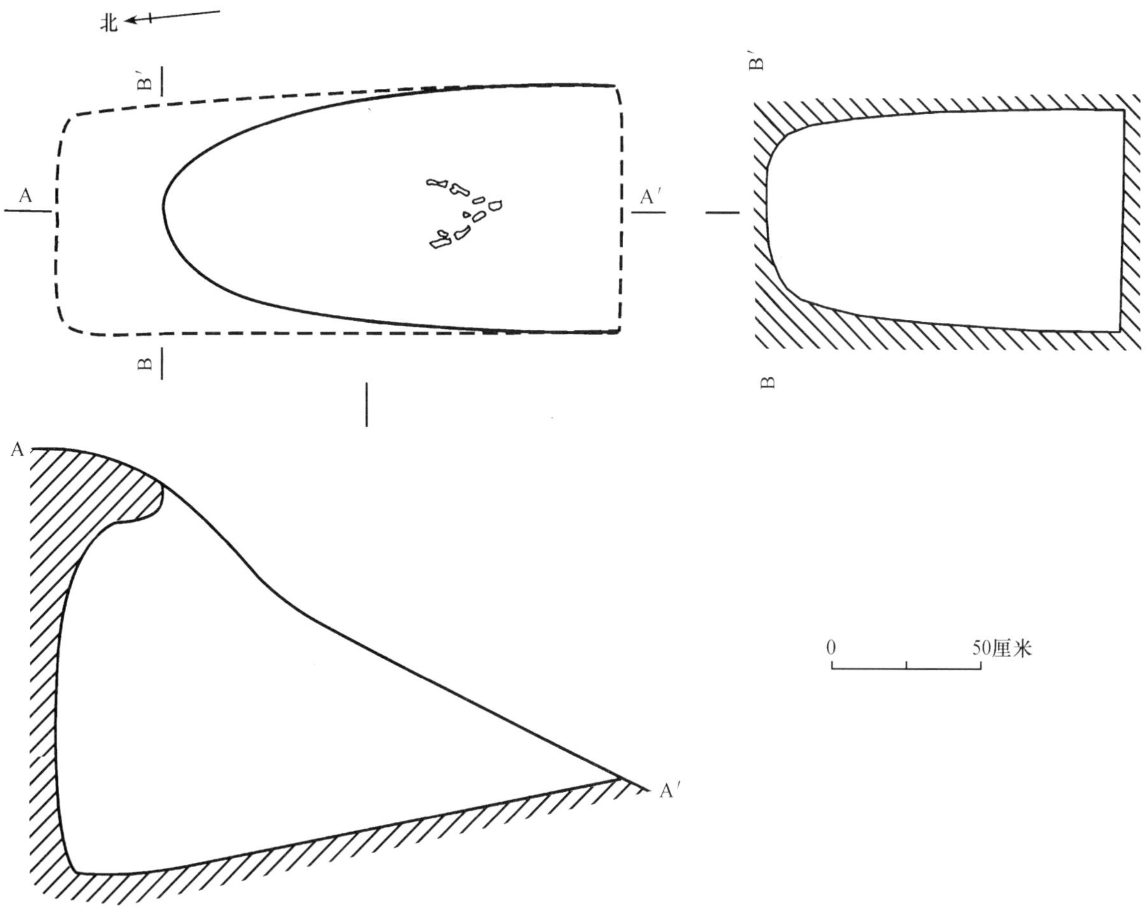

图一〇八 2000IM1039平、剖面图

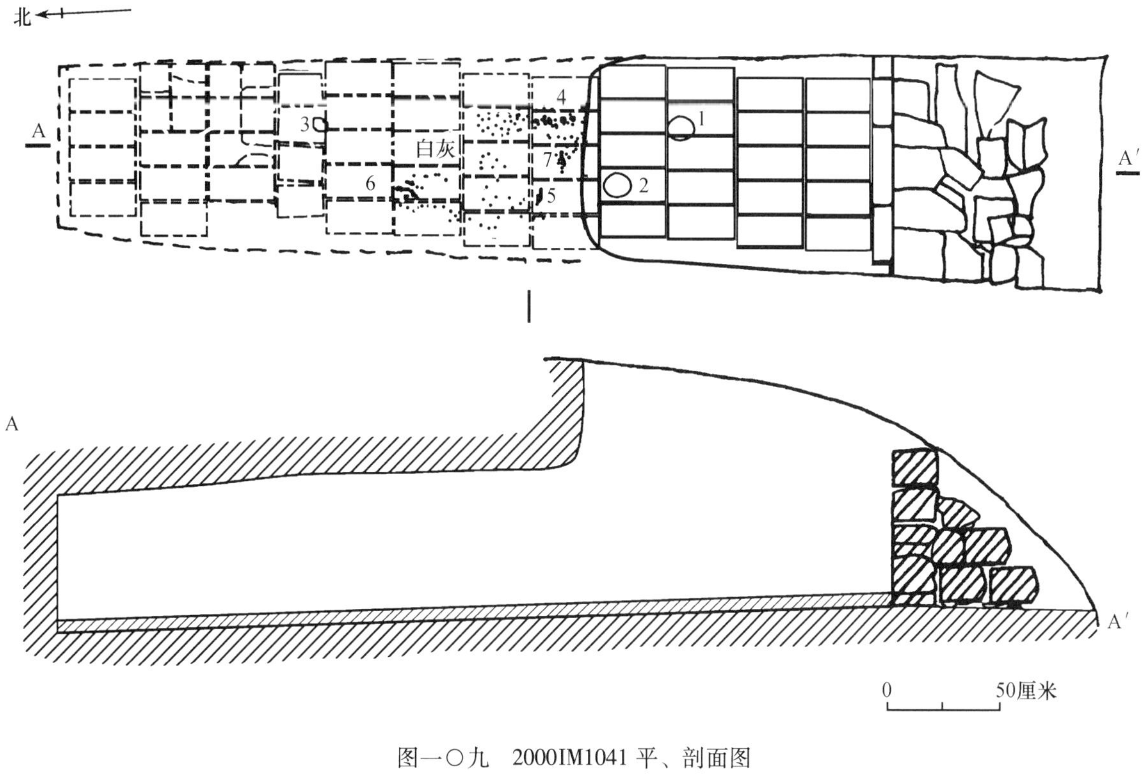

图一〇九 2000IM1041平、剖面图

1. 瓷四系罐 2. 铜镜 3. 石俑 4. 铜钱 5. 铁刀 6. 铜饰 7. 铜钗

瓷四系罐　1 件。2000IM1041∶1，器外上半部施青釉，下半部不施釉。敛口，方圆唇外卷，短颈，溜肩，长圆鼓腹，假圈足。肩部有横向四系，均已断掉。上腹部有酱色彩绘云纹和花草纹。口径 11.2 厘米，腹径 27 厘米，底径 10.8 厘米，高 32 厘米（图一一〇，2；彩版二〇，2）。此器中腹有一圆形透孔。

铜器　14 件。

铜镜　1 件。2000IM1041∶2，圆形，圆纽，窄缘。内区似有花纹，因锈蚀严重不可辨识。出土时已断为两半，可复原完整，直径 19.9 厘米（图一一〇，4）。

铜饰　2 件。2000IM1041∶10，两端圆弧，中间细窄，似钉或嵌在某处的饰物。两端分别有 2 个钉子，其中 1 个已残。长 3.55 厘米（图一一〇，3）。2000IM1041∶8，呈梅花形，通长 1.4 厘米。

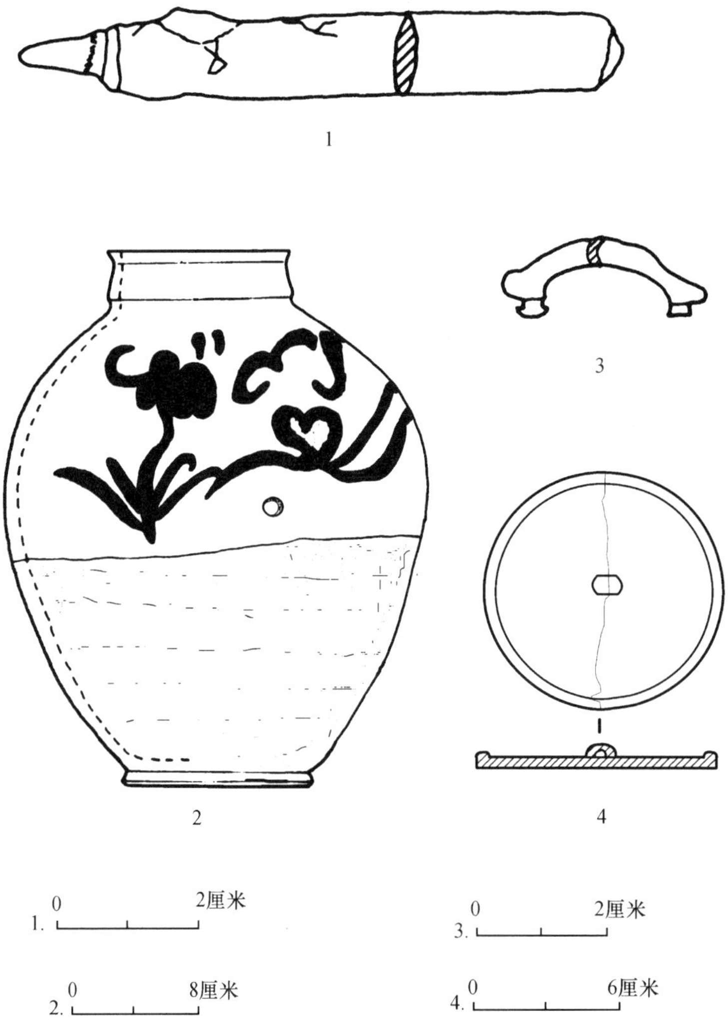

图一一〇　2000IM1041 出土器物

1. 铁刀（2000IM1041∶3）　2. 瓷四系罐（2000IM1041∶1）　3. 铜饰（2000IM1041∶10）　4. 铜镜（2000IM1041∶2）

铜钱　10 枚，其中 3 枚可辨为开元通宝，直径 2.5 厘米。

铜钗　1 件，残破较甚，断裂成数节。

铁刀　1 件。2000IM1041∶3，长条状，刀把部变细，顶端钝尖，刀体插入木鞘中。长 8.9 厘米，宽 1 厘米，木鞘长 6.8 厘米（图一一〇，1）。

石俑　1 件。2000IM1041∶11，仅头部可辨眼睛和耳朵的形状，其余部分不清，横截面略呈椭圆形，制作粗糙，下半部残损。长 8.2 厘米，宽 4 厘米，厚 2.6 厘米。

2000IM1043

位于 2000IT1026 西南部。土洞墓，被扰乱。长方形，墓底长 2.1 米，宽 0.7 米，北壁高 0.7 米，无南壁。墓顶呈拱形，墓底平坦。保留部分人骨，单人仰身直肢葬，头部缺失。未见随葬品（图一一一）。

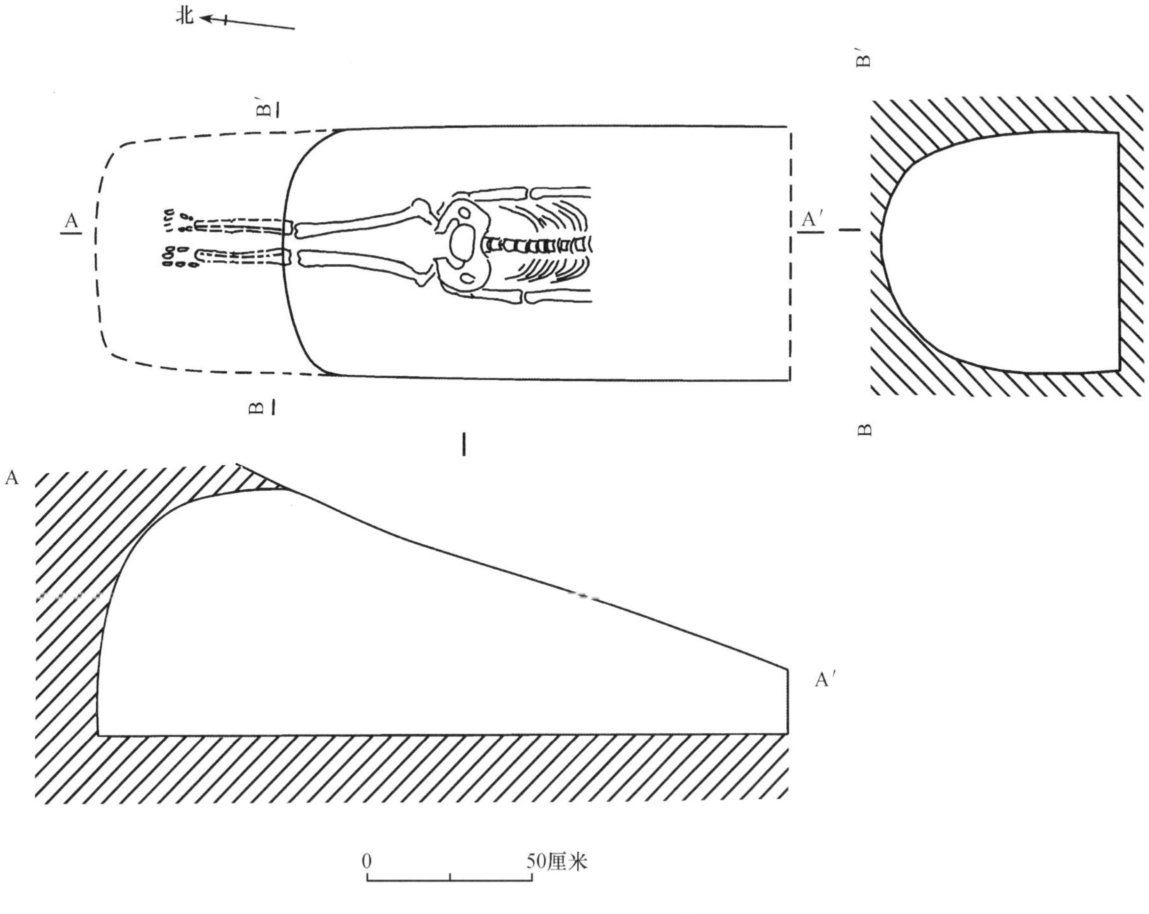

图一一一　2000IM1043 平、剖面图

2000IM1044

位于 2000IT1025 西部。土洞墓，被扰乱。长方形，墓底长 2.8 米，宽 0.8 米，北壁高 0.8 米，无南壁。未见人骨，葬式、头向不明。墓向为南向。未见随葬品（图一一二）。

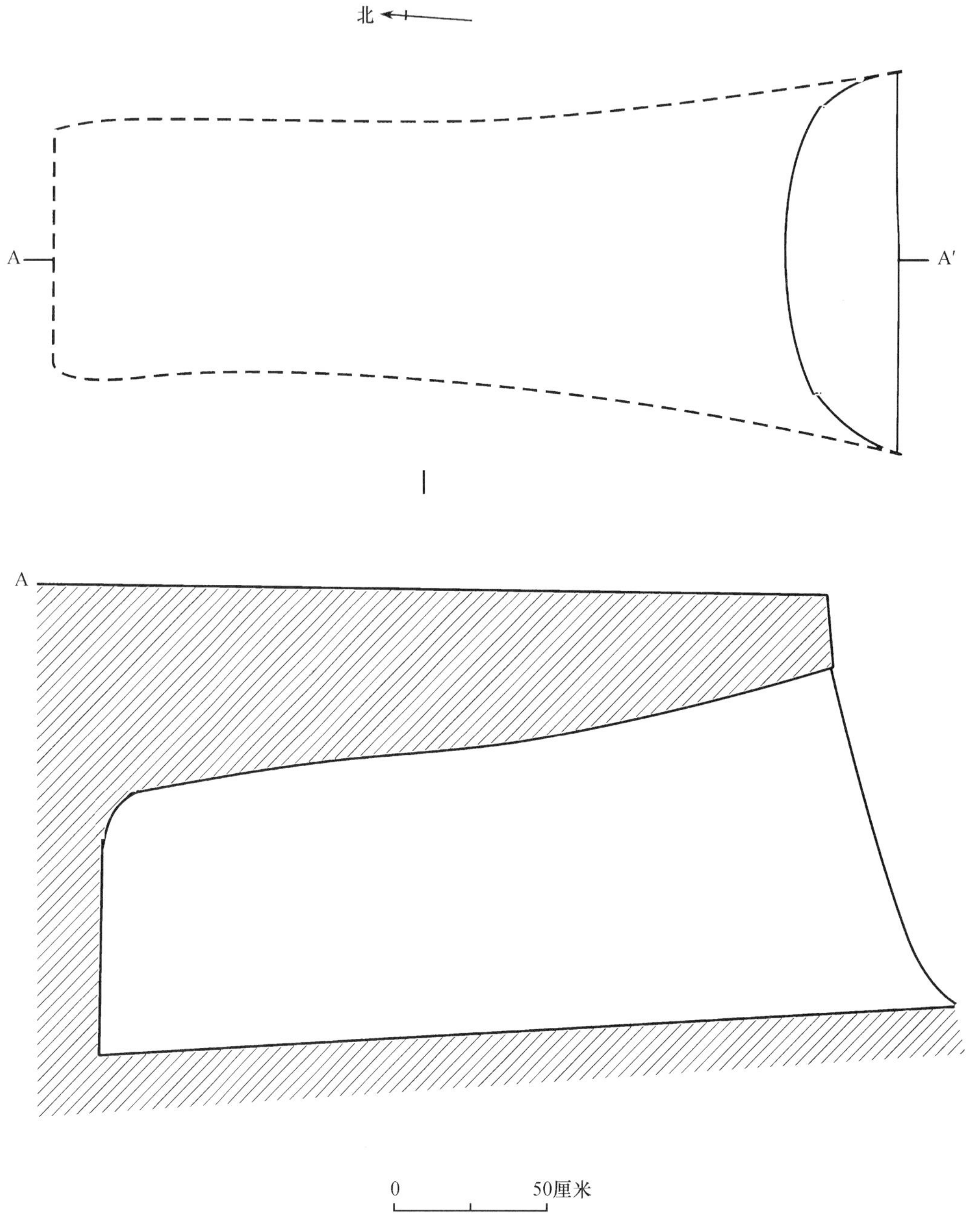

图一一二　2000IM1044 平、剖面图

2000IM1050

位于2000IT1025东南。土洞墓，南部被扰乱。洞室较深，墓室平面略呈长方形。墓底残长1.8米，宽0.9米，北壁高0.7米，无南壁。墓底水平，拱形顶。葬式、头向不明。墓向为南向。随葬品共出土4件，有瓷器和铜器（图一一三）。

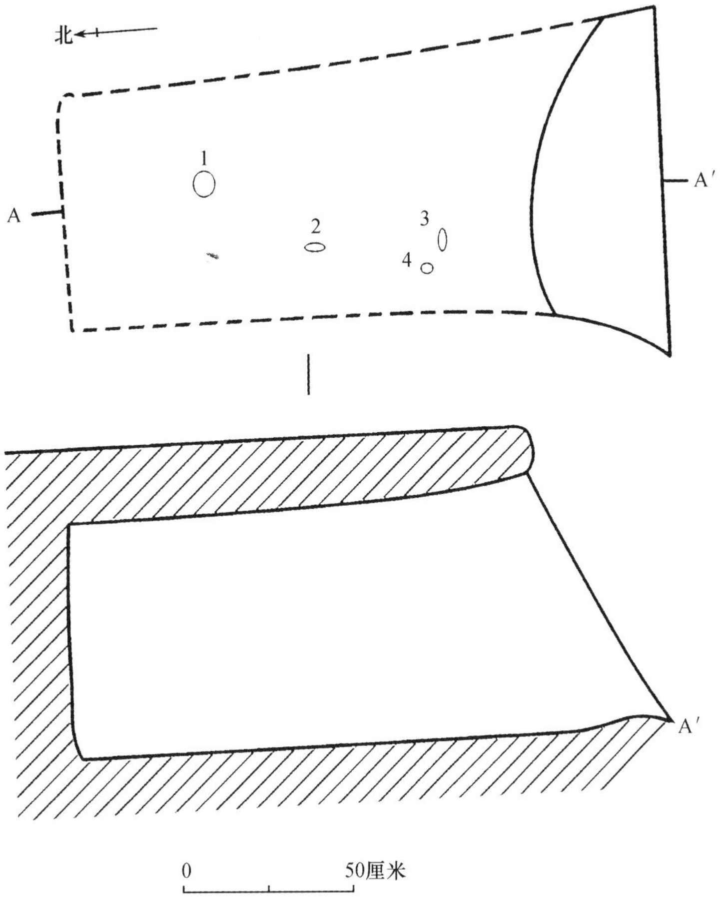

图一一三 2000IM1050平、剖面图

1. 铜八卦镜 2. 铜素面镜 3. 瓷双耳罐 4. 瓷小罐

瓷双耳罐 1件。2000IM1050∶3，紫色胎，施青灰色青釉。直口，圆唇略外卷，短直颈，溜肩，直腹，平底内凹。颈肩部有对称竖向双系。肩上部有一周褐色点彩，腹部有对称分布的彩点组成的圆四个，其中双系下分别为褐色点彩组成，双系两边分别为绿色点彩组成，绿色点彩圆圈外侧围有褐色点彩构成的“心”形图案，心形图案的上部借用了肩部的点彩。口径8.8厘米，腹径10.8厘米，底径9.7厘米，高15.1厘米（图一一四，3；彩版二〇，3、4）。

瓷小罐 1件。2000IM1050∶4，瓷质，灰色胎稍粗，青釉。器内仅口沿处施釉，器外半截釉，下腹及底无釉，釉呈灰褐色。敞口，圆唇卷沿，溜肩，弧腹微鼓，平底。口径10.5厘米，最大腹径13厘米，底径8.1厘米，高14厘米（图一一四，2）。

铜镜 2件。2000IM1050∶1，四方委角形，圆形纽，素缘略宽。内区内侧为青龙、白虎、朱雀、玄武四神图案，内区外侧为八卦图案。长、宽均为15.7厘米（图一一四，1；彩版二〇，1）。2000IM1050∶2，仅残存一半，为圆角方形镜，宽缘，素背。

1

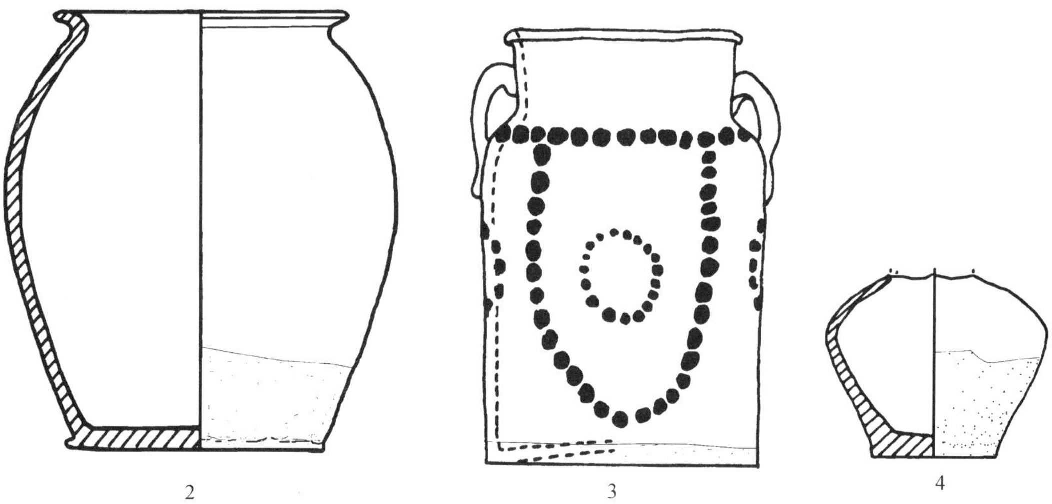

2　　3　　4

1. 0 2厘米　2~4. 0 4厘米

图一一四　2000IM1050 和 2001IM1054 出土器物

1. 铜镜（2000IM1050∶1）　2. 瓷小罐（2000IM1050∶4）　3. 瓷双耳罐（2000IM1050∶3）　4. 瓷罐（2000IM1054∶1）

2000IM1052

位于2000IT1029东部。土洞墓，被扰乱。长方形，墓底长1.6米，宽0.8米。仅见少量残骨，葬式、头向不明。墓向为南向。未见随葬品（图一一五）。

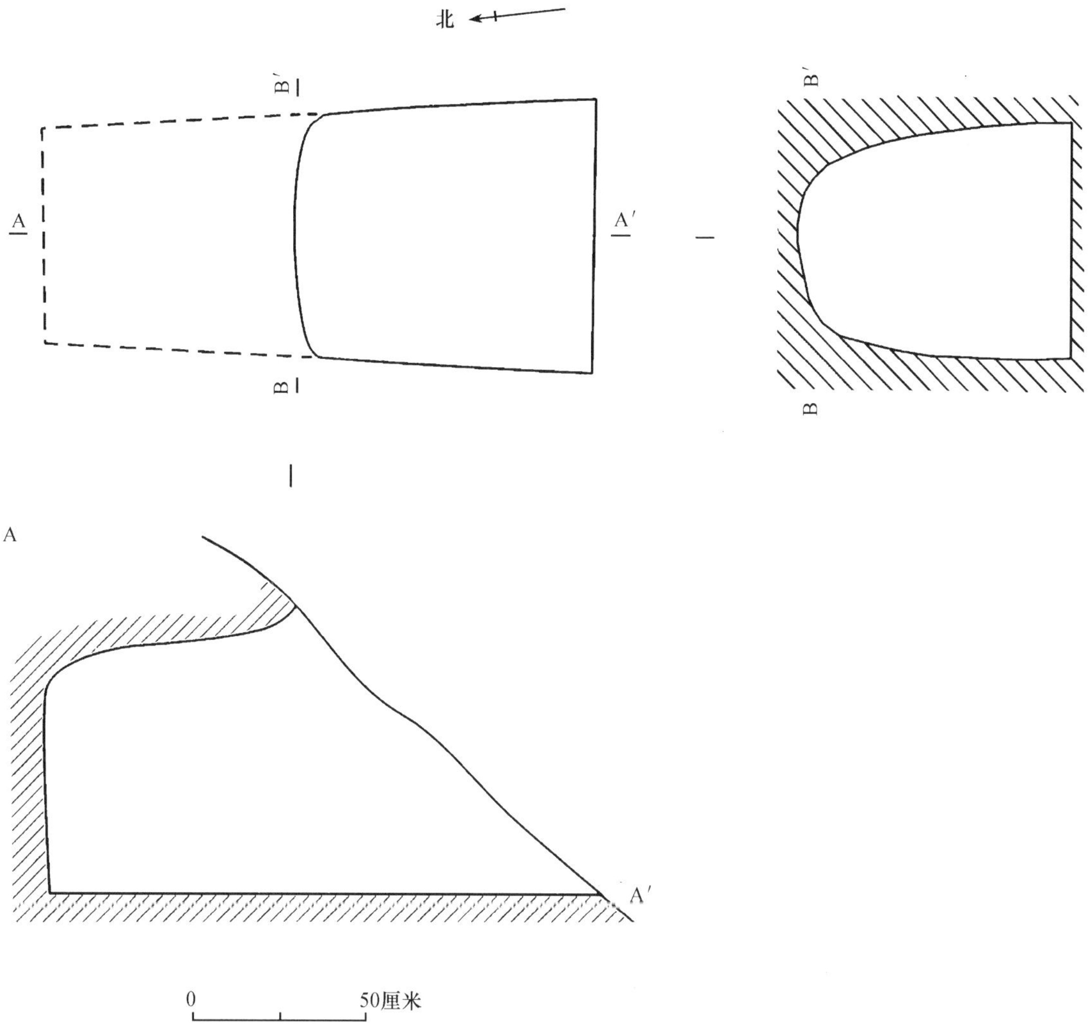

图一一五 2000IM1052平、剖面图

2000IM1054

位于2000IT1030的东隔梁。土洞墓，被扰乱。长方形，墓底长2.3米，宽0.92米，北壁高0.98米，无南壁。东西壁北高南低，与山坡走势相同，墓底北低南高，土洞进深45厘米。墓向为南向，未见人骨（图一一六）。随葬品仅见瓷罐1件，出土于前部扰乱土层中。

瓷罐 2000IM1054:1，肩部施黄釉。口部缺失，丰肩，鼓腹，腹以下内收，平底。高5.8厘米，底径4.2厘米（图一一四，4）。

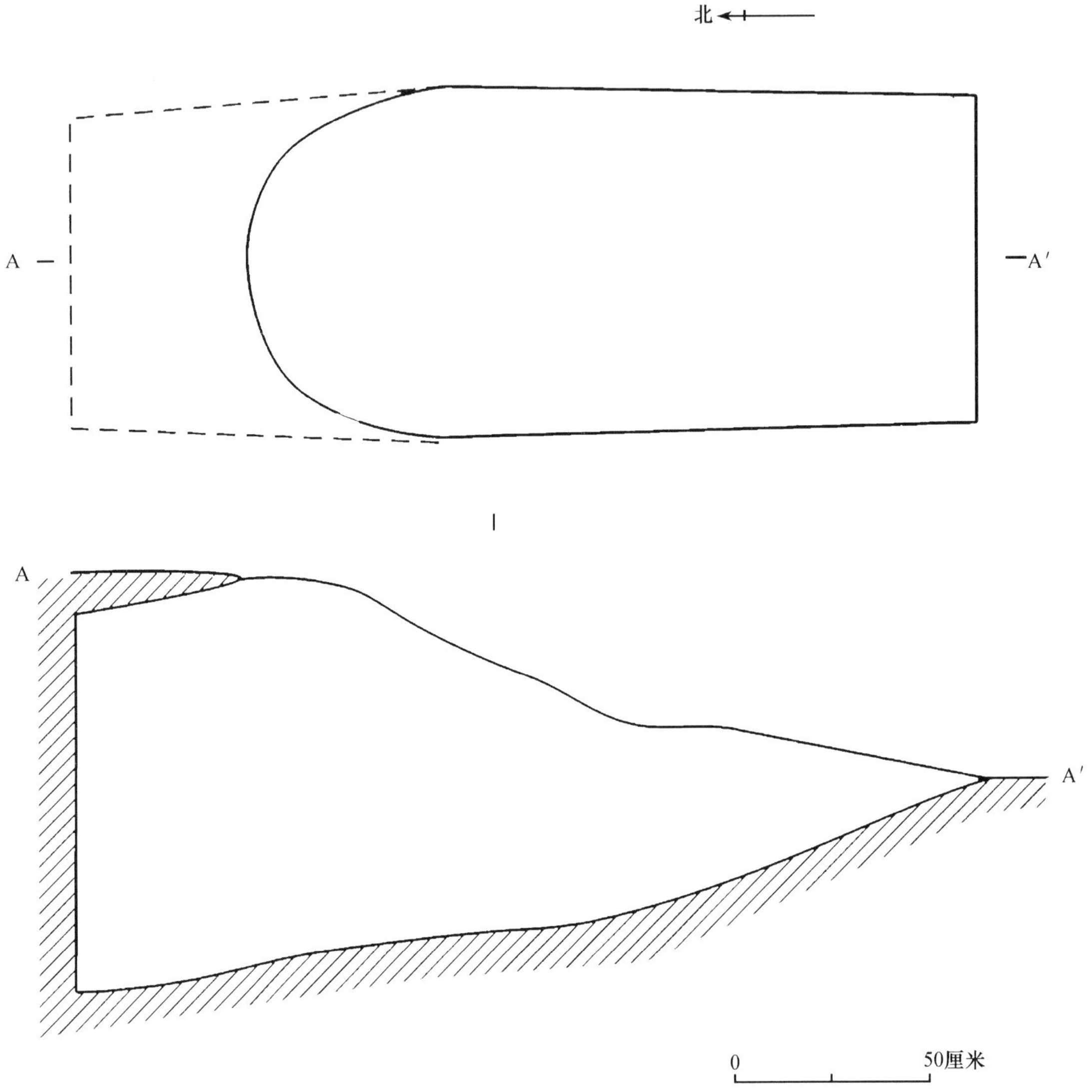

图一一六　2000IM1054平、剖面图

2000IM1057

位于2000IT1019东部。土洞墓，被扰乱。长方形，墓底残长1.6米，宽0.98米，北壁高0.52米，无南壁。东西壁依山坡走势北高南低，墓底南高北低。未见人骨，葬式、头向不明。墓向为南向。随葬品仅见铜钱1枚，为“开元通宝”（图一一七）。

2000IM1060

位于2000IT1036西部。土洞墓，被扰乱。长方形，墓底长2.1米，宽1米。北壁上约有15厘米的残顶盖，无南壁，西壁稍内倾。未见人骨。墓向为南向。未见随葬品（图一一八）。

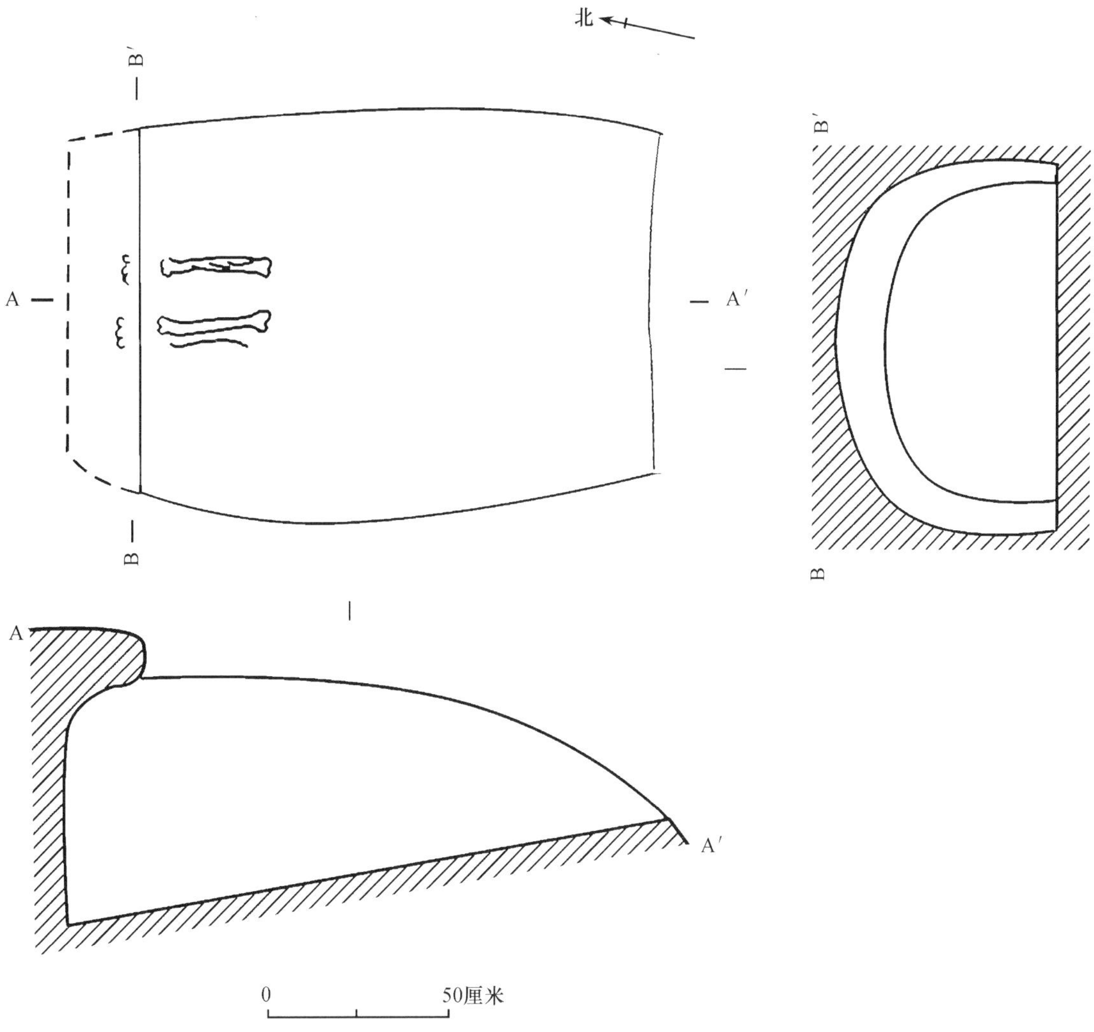

图一一七　2000IM1057 平、剖面图

2000IM1063

位于2000IT1026西南部。土洞墓，被扰乱，墓顶大部分被M1056打破，西壁打破2000IM1072。长方形，墓底长2.35米，宽0.9米，北壁高0.8米，无南壁。东壁北高南低，依山势走向，墓底平坦，北壁内凹，顶上带檐。保留部分人骨，单人仰身直肢葬。墓向东南向。未见随葬品（图一一九）。

2000IM1066

位于2000IT1032中部和2000IT1040南部。土洞墓。墓室南部有长方形斜坡式墓道，长1.8米。洞室较深，墓室平面呈长方形，墓底长3.8米，宽1.1米，北壁高1.7米，无南壁。墓顶为拱形。单人葬，仅存头骨。墓向为西南向。随葬品共出土2件瓷器（图一二〇）。

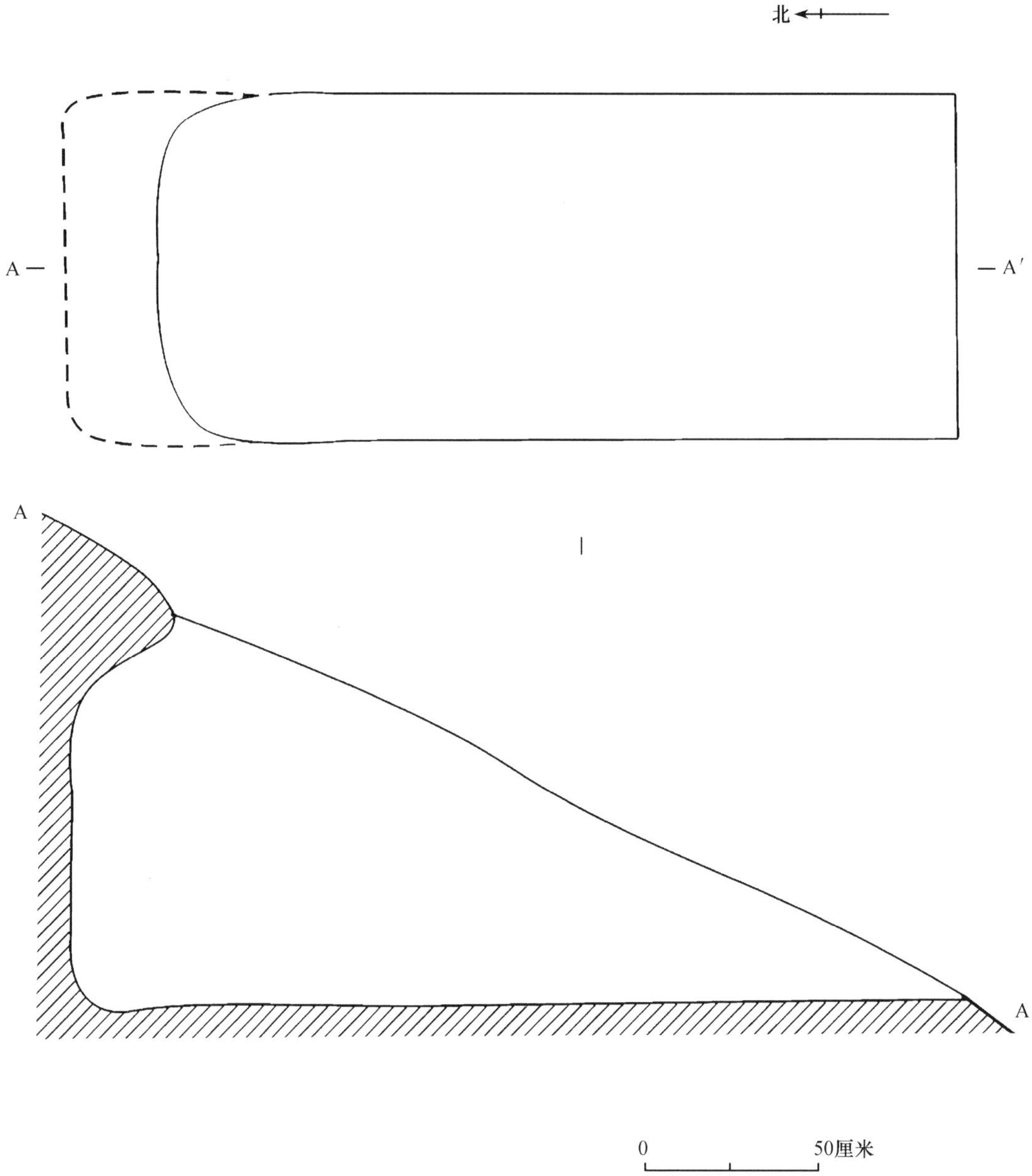

图一一八　2000IM1060 平、剖面图

瓷盘口壶　1 件。2000IM1066∶1，紫色胎，盘口内侧及器外肩腹部以上施青釉，略泛黄，器外腹及外底均无釉。盘口，圆唇，束颈较高，溜肩，圆鼓腹，平底。肩部附有对称竖向四系，均已被断掉。盘口与颈部交接处有一圈凸棱。口径 27. 5 厘米，腹径 24. 5 厘米，底径 18 厘米，高 40. 5 厘米（图一二一，1，彩版一九，3）。

瓷双系罐　1 件。2000IM1066∶2，灰色胎，施酱色釉，器内口沿及器身大部分施釉，仅器外近底处及外底无釉，釉面有细小开片。直口，圆唇，直颈，溜肩，直腹，平底内凹。颈肩处有对称竖向双系。口径 7. 4 厘米，腹径 8 厘米，底径 7 厘米，高 12. 4 厘米（图一二一，2，彩版一九，1）。

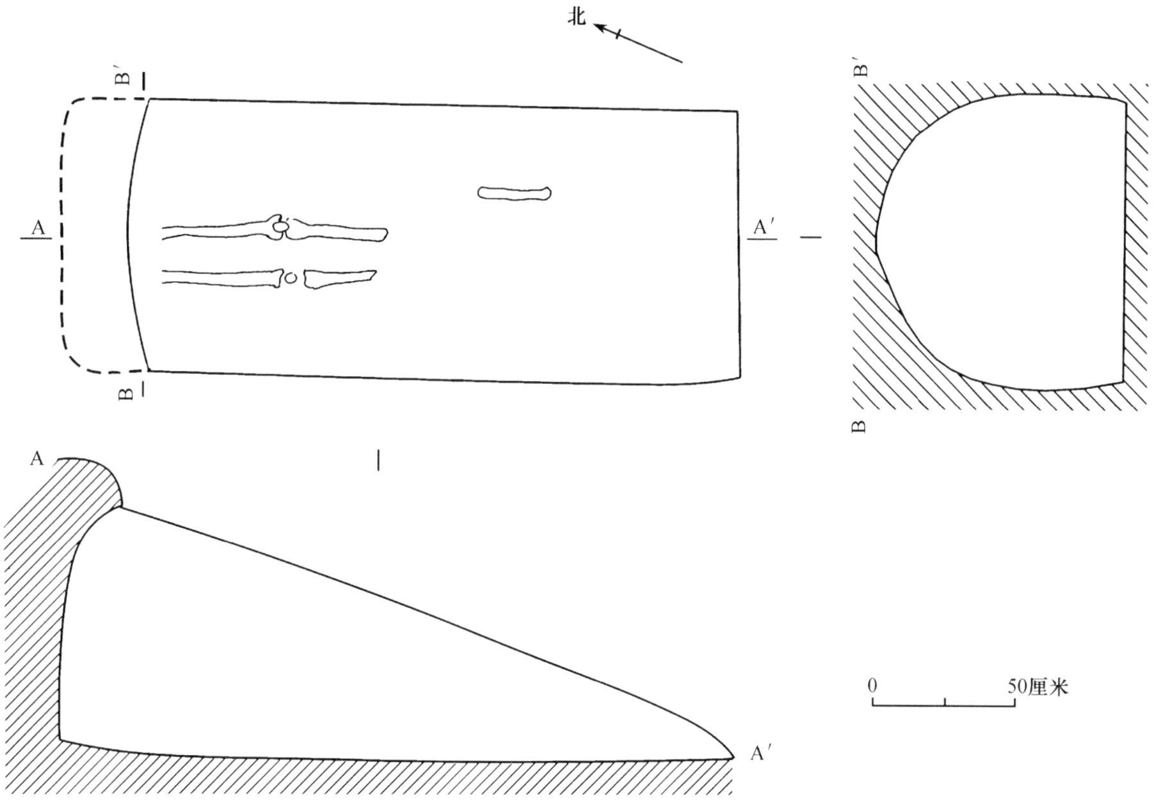

图一一九 2000IM1063平、剖面图

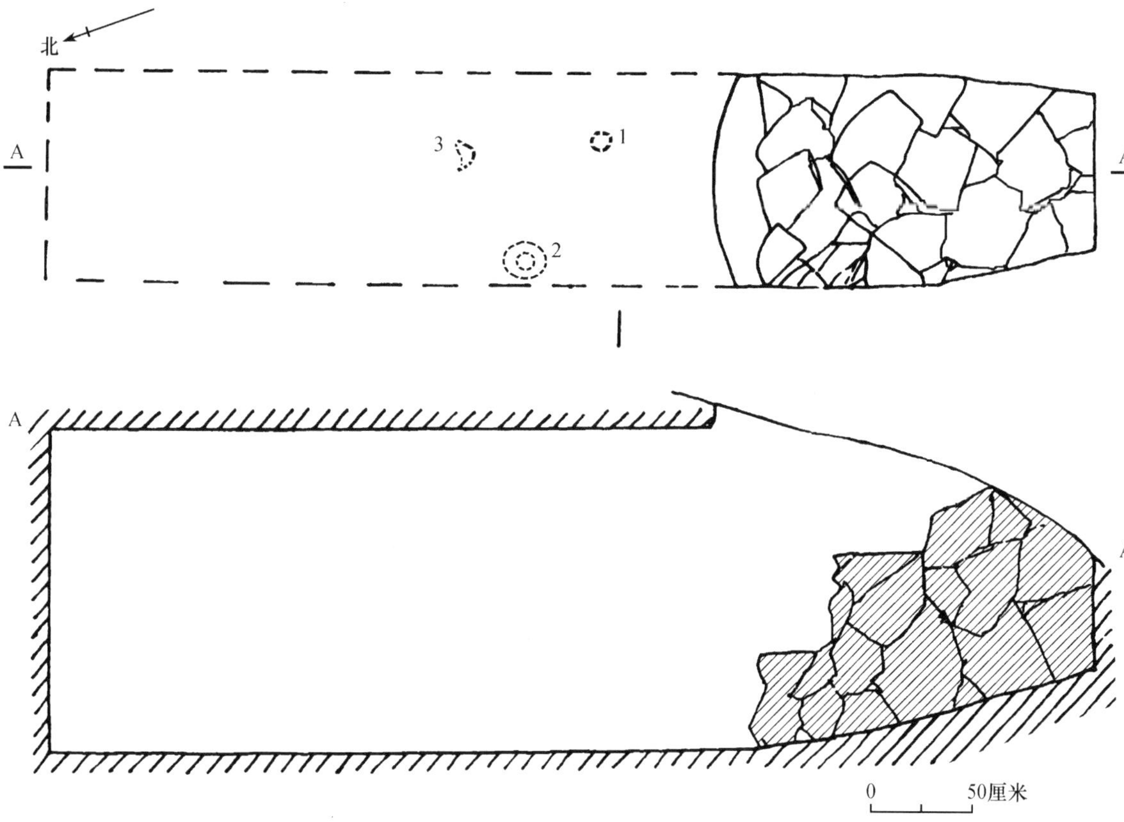

图一二〇 2000IM1066平、剖面图

1. 瓷双系罐 2. 瓷盘口壶 3. 头骨残片

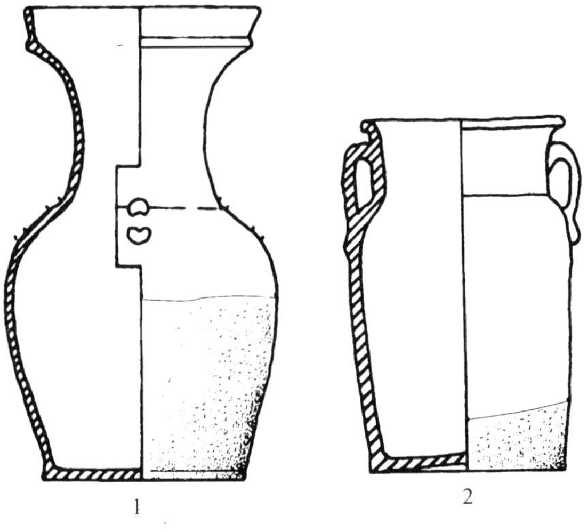

图一二一　2000IM1066 出土瓷器

1. 盘口壶（2000IM1066∶1）　2. 双系罐（2000IM1066∶2）

2000IM1068

位于2000IT1040 东北角。土洞墓，被扰乱。长方形，墓底长 3.85 米，宽 1 米，北壁高 0.86 米，无南壁。墓底平坦，北低南高。未见人骨，葬式、头向不明（图一二二）。墓向为南向。填土出土铁棺钉、瓷碗各 1 件。

瓷碗　2000IM1068∶2，内施黄釉。器外口部施釉，其他部位不施釉。圆唇，敞口，圈足。有轮制修制痕迹。高 6 厘米，口径 18.6 厘米，底径 5.8 厘米（图一二四，1）。

2000IM1070

位于2000IT1038 的北部。土洞墓，被扰乱。洞室进深略浅，似在墓的北壁上方有墓檐。墓室平面呈长方形，墓室底部长2.5 米，宽0.8 米，北壁高0.98 米，无南壁。东西壁与山坡走势相同，北高南低，墓底平坦，略向北倾斜。洞室进深较浅，最深处有 40 厘米，中间为 30 厘米。未见人骨，葬式、头向不明。墓向为南向（图一二三）。出土一些瓷片，拼对复原为 2 件瓷器。填土出土铁棺钉 1 件。

瓷四系罐　2 件。2000IM1070∶2，砖红色胎，器表上半部施有化妆土，器表较细腻。直口，方平唇，短颈，溜肩，腹中部圆鼓，下腹内收，假圈足。肩部对称分布有竖向四复系。口径 8.7 厘米，腹径 10.1 厘米，底径 8.1 厘米，高 15 厘米（图一二四，2）。2000IM1070∶3，灰色胎，器内部及器外上腹部施白色化妆土，器表细腻，下腹及底部露胎敛口，方平唇，短颈，溜肩，肩部有竖向四复系，圆鼓腹，腹下部渐收，平底。口径 18 厘米，腹径 31 厘米，底径 17.5 厘米，高 21.5 厘米（图一二四，3）。

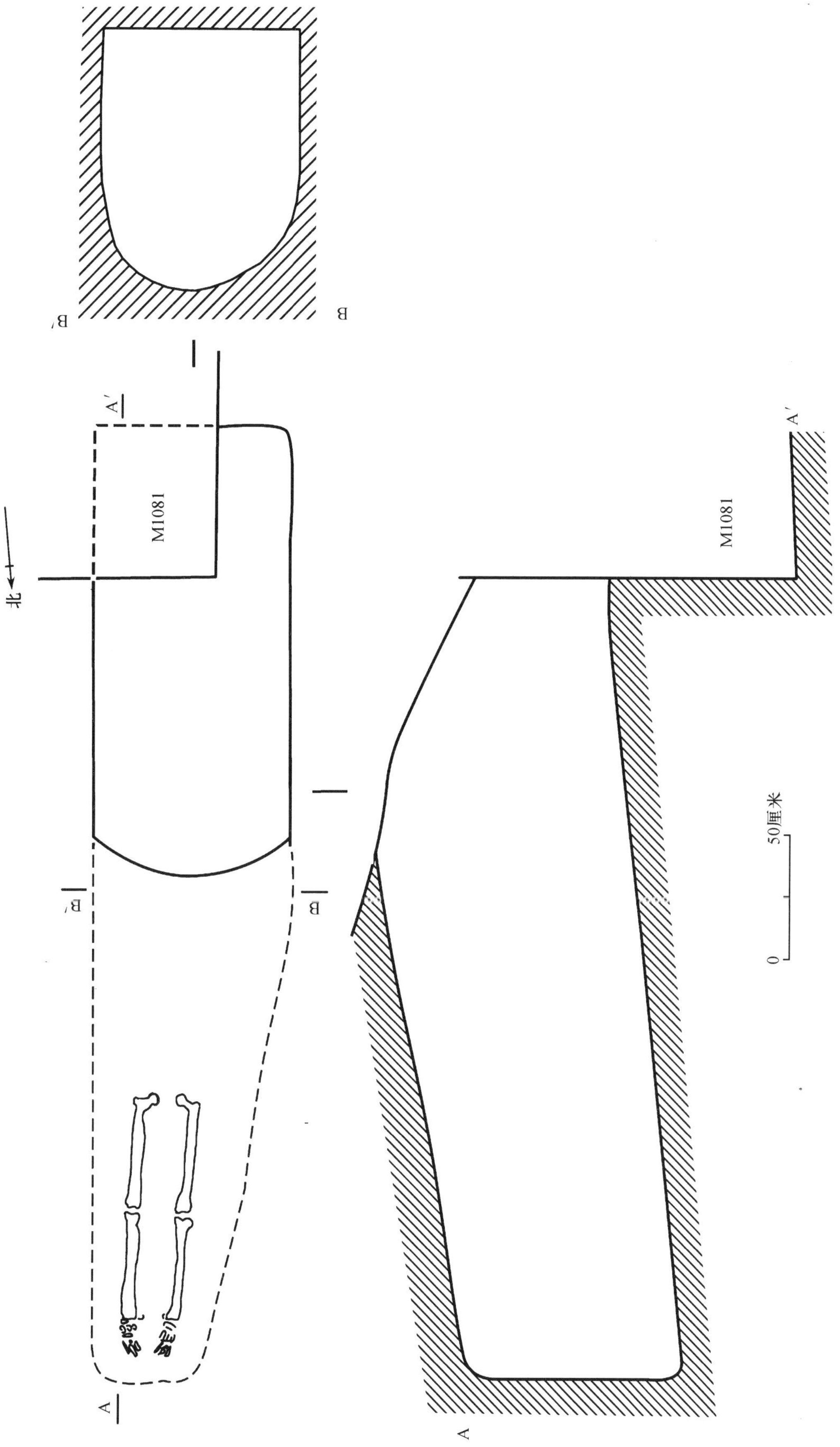

图一二二 2000IM1068平、剖面图

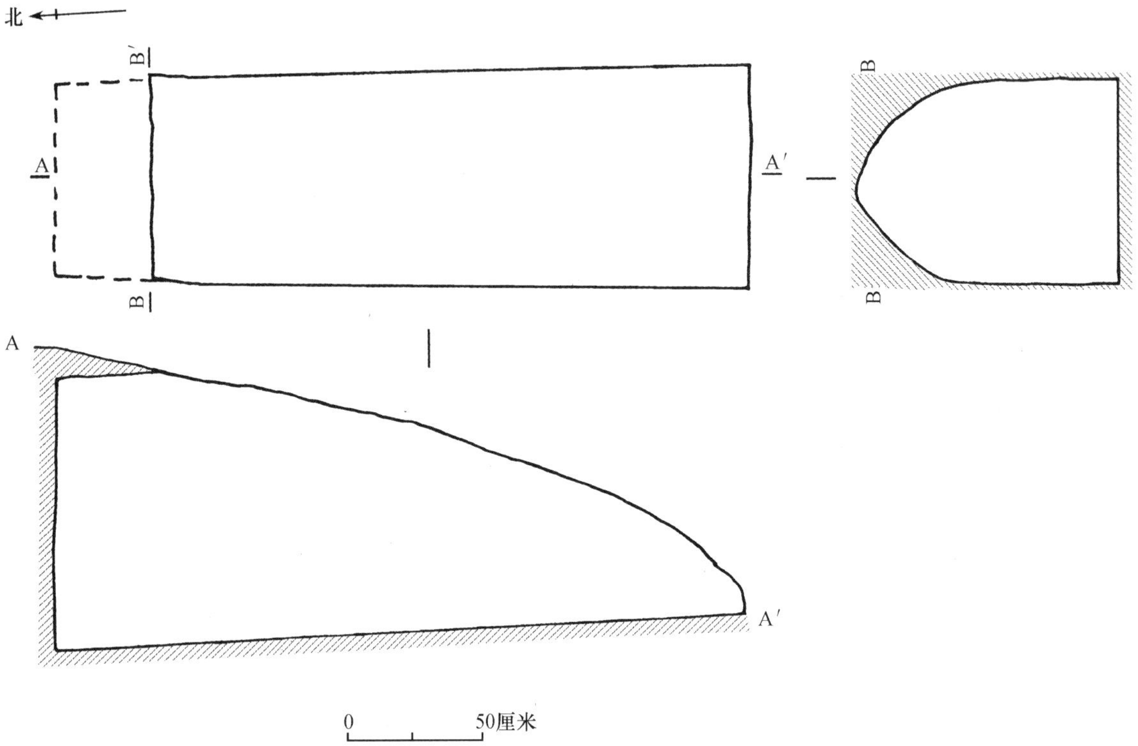

图一二三　2000IM1070 平、剖面图

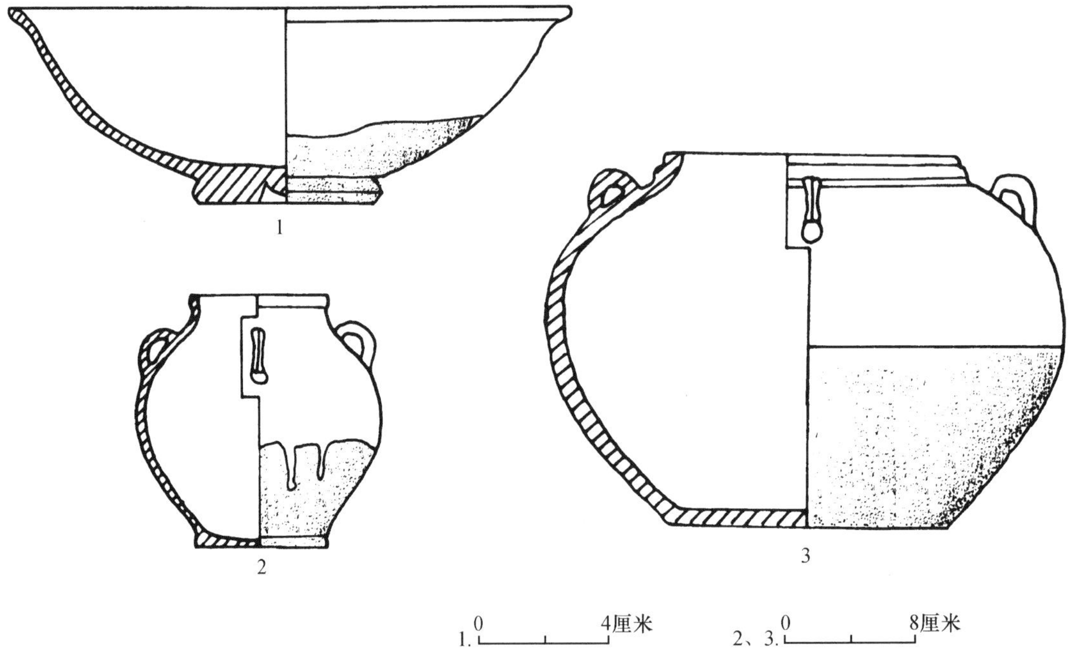

图一二四　2000IM1068 和 2000IM1070 出土瓷器

1. 碗（2000IM1068∶2）　2、3. 四系罐（2000IM1070∶2、2000IM1070∶3）

2000IM1075

位于2000IT1036东部。土洞墓，被扰乱。长方形，墓底残长1.8米，宽0.8米。南部略宽于北部，北端残留有20厘米的墓顶，墓顶离墓底约1米，墓底水平。保留部分人骨，单人仰身直肢葬。墓向为南向。未见随葬品（图一二五）。

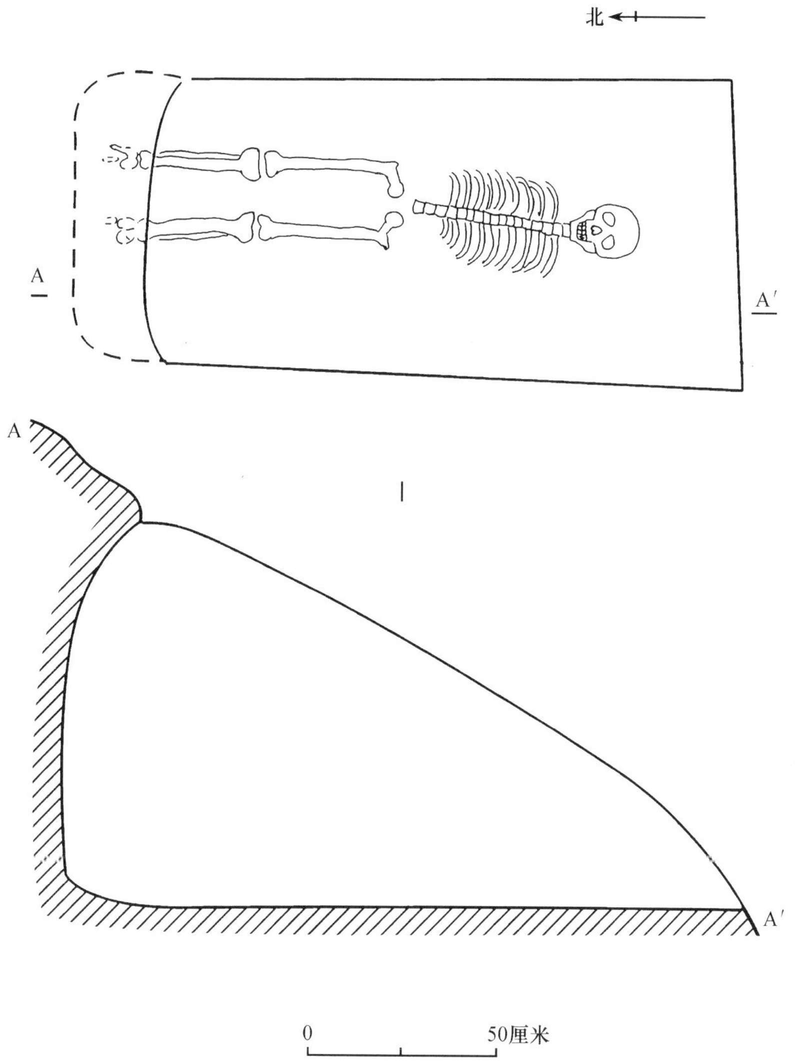

图一二五 2000IM1075平、剖面图

2000IM1078

位于2000IT1037西部。土洞墓，被扰乱。长方形，残长0.4米，残深0.8米。洞内东北角有石头，自然而成，非有意摆放。墓道南端稍宽，东西壁依地势成北高南低之势，墓道南端有东西向小横沟。仅见少量人骨，葬式、头向不明。墓向为南向。未见随葬品（图一二六）。

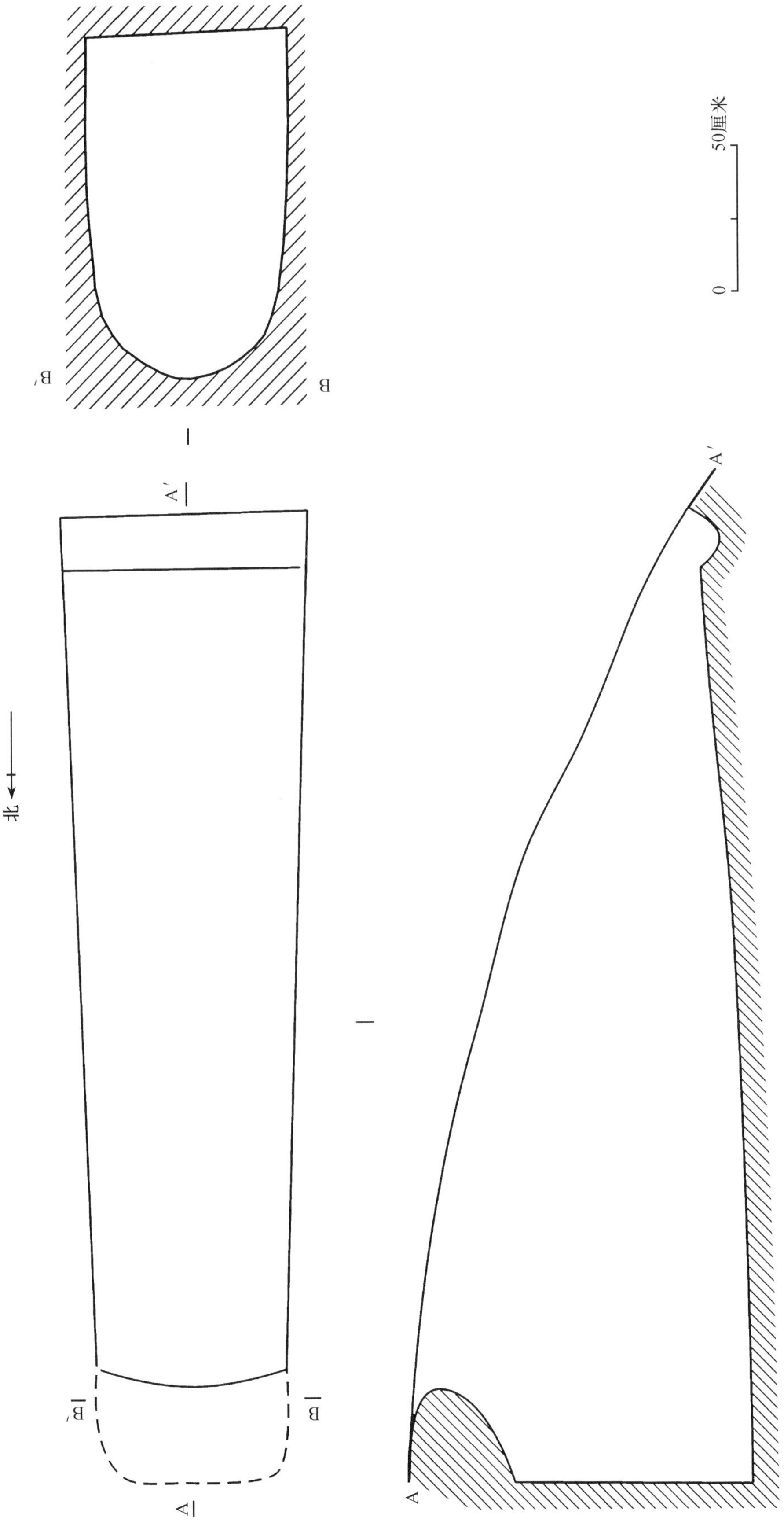

图一二六　2000IM1078 平、剖面图

2000IM2003

位于2000IT2019南部。土洞墓，被扰乱。长方形，墓底长2.15米，宽0.65米，北壁高0.92米。墓底平坦，南高北低。东西壁北高南低，与山坡走势相同，南壁高6厘米。未见人骨，葬式、头向不明。墓向为南向。随葬品仅见残铜簪1件（图一二七）。

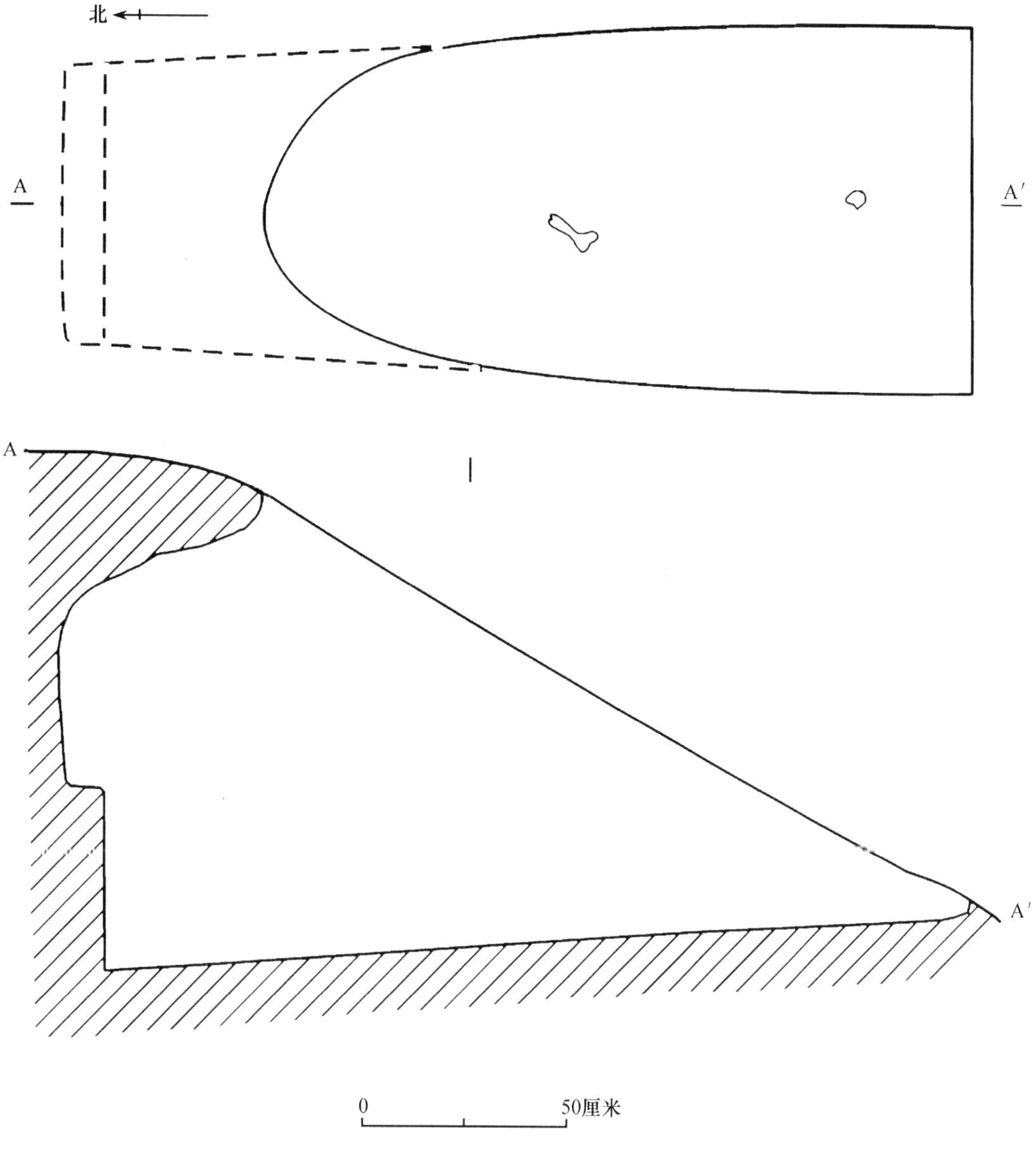

图一二七　2000IM2003平、剖面图

2000IM2004

位于2000IT2018东部。土洞墓，被扰乱。长方形，墓底残长0.6米，宽0.72米。洞内壁略向内倾斜。仅见少量人骨，葬式、头向不明。墓向为南向。未见随葬品（图一二八）。

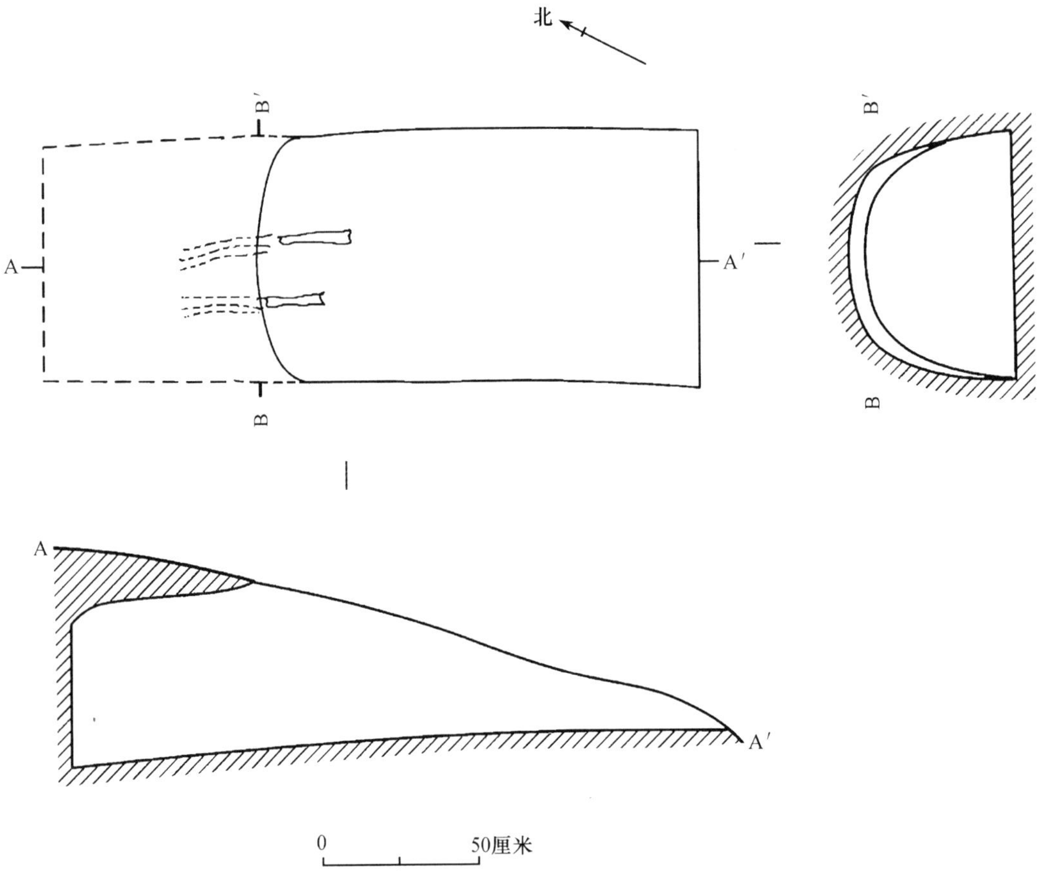

图一二八　2000IM2004 平、剖面图

2000IM2009

位于 2000IT2030 西部。土洞墓，被扰乱。长方形，墓底残长 0.76 米，宽 0.73 厘米，残深 0.1 ~0.8 米。洞内壁垂直于地面，墓底北高南低。仅见少量人骨，葬式、头向不明。墓向为南向。未见随葬品（图一二九）。

2001IM1004

开口于耕土层下，打破生土。土洞墓，近长方形。墓底长 2.5 米，宽 0.5 ~0.6 米，残深 0.6 ~1.3 米。东西壁与墓底的转角为圆弧形，墓底南高北低，墓顶大部分被破坏。有残存人骨，单人仰身直肢葬，头向 170°。有少量棺钉。在人骨两腿之间发现唐“开元通宝”1 枚，在墓葬前半部的盗坑中发现倾斜放置的残破釉陶罐 1 件（图一三〇）。

2001IM1005

开口于耕土层下，被 3 个盗洞扰乱，打破生土。土洞墓，梯形，全长 5.8 米。斜坡式墓道，平面略呈南窄北宽的梯形。墓底长 0.7、宽 1.1 ~1.3 米，残深 0.95 ~2.66 米。墓口处有一东西向

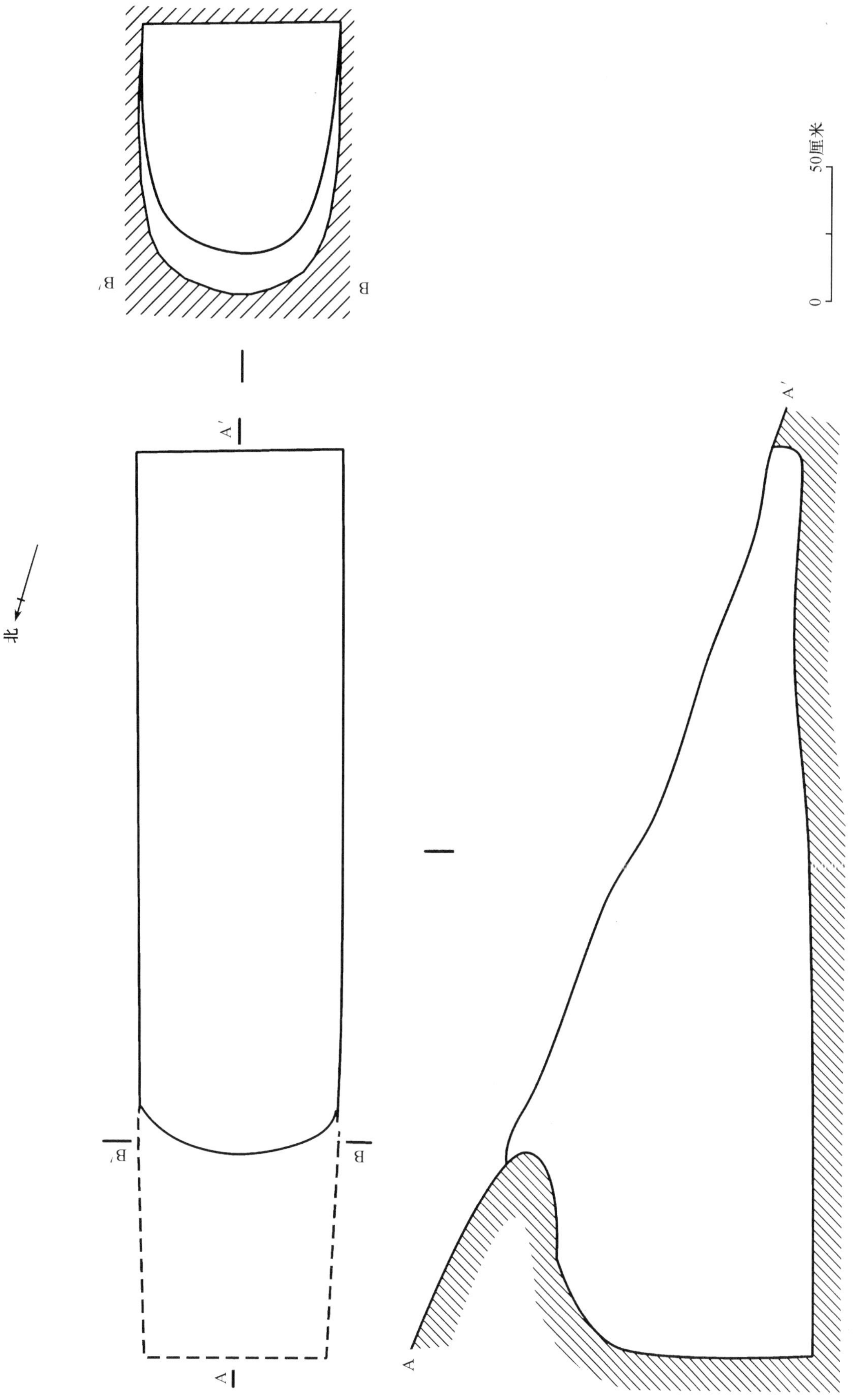

图一二九 2000IM2009平、剖面图

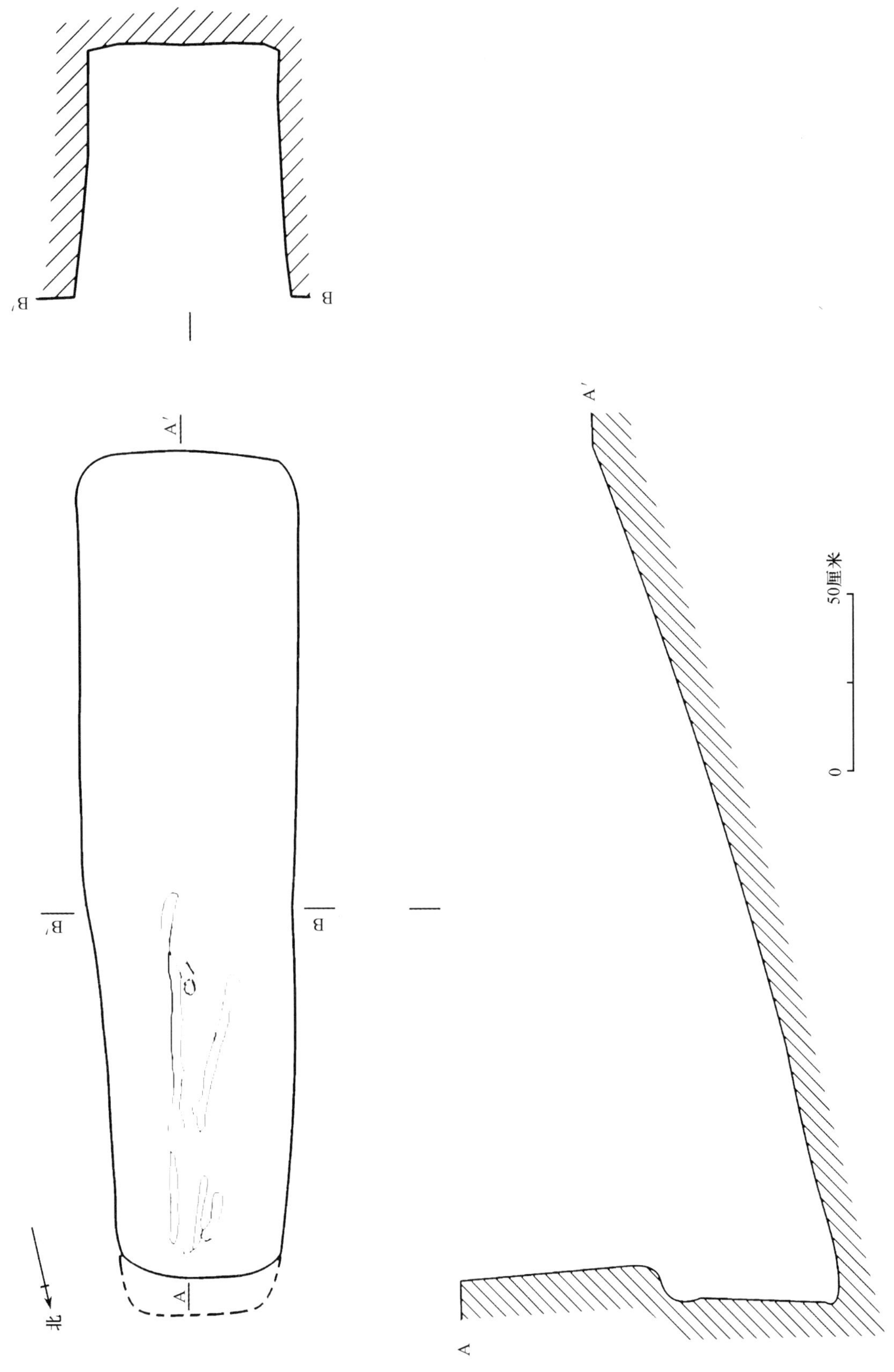

图一三〇　2001IM1004 平、剖面图

浅槽，长1.3米，宽0.35~0.5米，封住墓室。封门槽内填有石块，分布无规律。封门槽之上的填土内夹杂有大量石块，大小不一。洞室部分残长1.75米，宽1.28米，高1.5~1.7米。弧顶规整，留有工具痕，壁较直，前部洞顶已破坏，墓壁亦有残缺，从而使墓口自北向南倾斜。墓底较平坦，自南向北倾斜。洞室里端有散乱的铁棺钉，2个铁棺环，皆被洞室内淤泥所覆盖。有棺环，未见人骨，墓向为南向。随葬品共出土5件。皆摆放于墓底，紧贴墓壁，未经扰动。其中2件壶东西对称摆放于墓口处，壶皆有残缺，可能为下葬时故意毁坏所致。东壁盘口壶以北放置四系罐1件，四系罐内有半罐松软的灰黄色土，其中夹杂有不少残碎的动物骨骼；盘口壶中亦填满灰黄土，另一壶中则进土较少。陶砚覆扣于墓室后部，位置靠近中部，砚的前端朝北。半枚开元通宝铜钱出于墓室最里端（图一三一）。

瓷四系罐 1件。2001IM1005:1，稍残，红色胎，胎质坚硬，上半部施青色釉，釉色均匀，边缘整齐。小口，叠唇，领较直，颈部有一周凸棱，肩微鼓，对称分布4个竖桥状耳，下腹缓收，平底微凹。口径14厘米，腹最大径25.8厘米，高27.5厘米（图一三二，1）。

釉陶 2件。

壶 1件。2001IM1005:6，红胎，质地坚硬，通体施乳白色化妆土，上半部又施黑釉，表层黑釉有脱落，釉的下缘不整齐。口残，颈细长，肩微鼓，下腹缓收，平底，流残，执手残。最大腹径14.4厘米，底径9.6厘米，高19.6厘米（图一三二，2）。

盘口壶 1件。2001IM1005:5，红色胎，质地坚硬，上半部施黄褐色釉，黄褐釉上有黑釉残痕，下半部不施釉，呈淡黄色，流釉呈黄褐色。盘口，长颈，鼓腹，平底，执手上有两道细凹槽，流残。口径7.3厘米，腹径13厘米，底径9厘米，高20厘米（图一三二，3）。

陶砚台 1件。2001IM1005:2，泥质灰陶，制作较粗糙，不甚规整。整体呈簸箕形，前高后低，前端边缘平直，其余三个边缘呈弧形。砚台内面有一片略呈圆形的磨损面，发暗，光滑。其背面前端有二足，呈不规则台状，足周围有按捺痕。长10.5厘米，前端宽9.6厘米，后端宽8厘米，高1.8厘米（图一三二，4）。在砚台的底面刻有“任”字（图一三二，5）

2001IM1006

开口于耕土层下，打破生土。土洞墓，长方形，墓底平坦，呈南高北低的斜坡状。墓底残长3.92米，宽0.8米，深0.2~1.7米。土洞下部残留黑色棺痕和头箱痕迹，从棺板灰痕看，棺长约2.14米，宽约0.6，高0.4米，棺板厚8厘米，头箱长约0.64米，宽约0.49米，高度不详。发现大量棺钉，棺钉多排布在棺痕的两侧，填土中也有发现，尤以棺痕和头箱相连处最多，出土有十数根。单人仰身直肢葬，骨架保存较好，成年男性。头向193°。随葬品共出土14件。乌银下颌托1件，位于墓主人的头部，自颅顶至下颌环绕一乌银下颌托。铜钱置于墓主人腰部。铁牌1件，置于头箱中部。釉陶四系盘口壶1件，置于头箱外西南部（图一三三；彩版一八，2）。

釉陶四系盘口壶 1件。2001IM1006:2，红色胎，质硬，表面粗糙，凸凹不平，上部残有黑釉痕迹，近底部不施釉。盘口，长颈，鼓肩，弧腹斜收，小平底，微凹。口径14厘米，腹径19.2厘米，底径10.2厘米，高35.2厘米（图一三四，1；彩版一八，3）。

乌银下颌托 1件。2001IM1006:4，银质。宽0.5厘米左右，因上锈呈现绿色，且已经破碎成数片。该器环绕在耳后，在颅顶拧绕一小环，而且在下颌处变宽，呈勺状（彩版一八，1）。

铜钱 11枚，其中乾元重宝2枚（图一三四，4），开元通宝9枚（图一三四，3）。开元通宝其中1枚为两半，一半出土于填土中，紧贴东墓壁，另半枚出于墓底。推测该钱在下葬时被人为地折成两半。

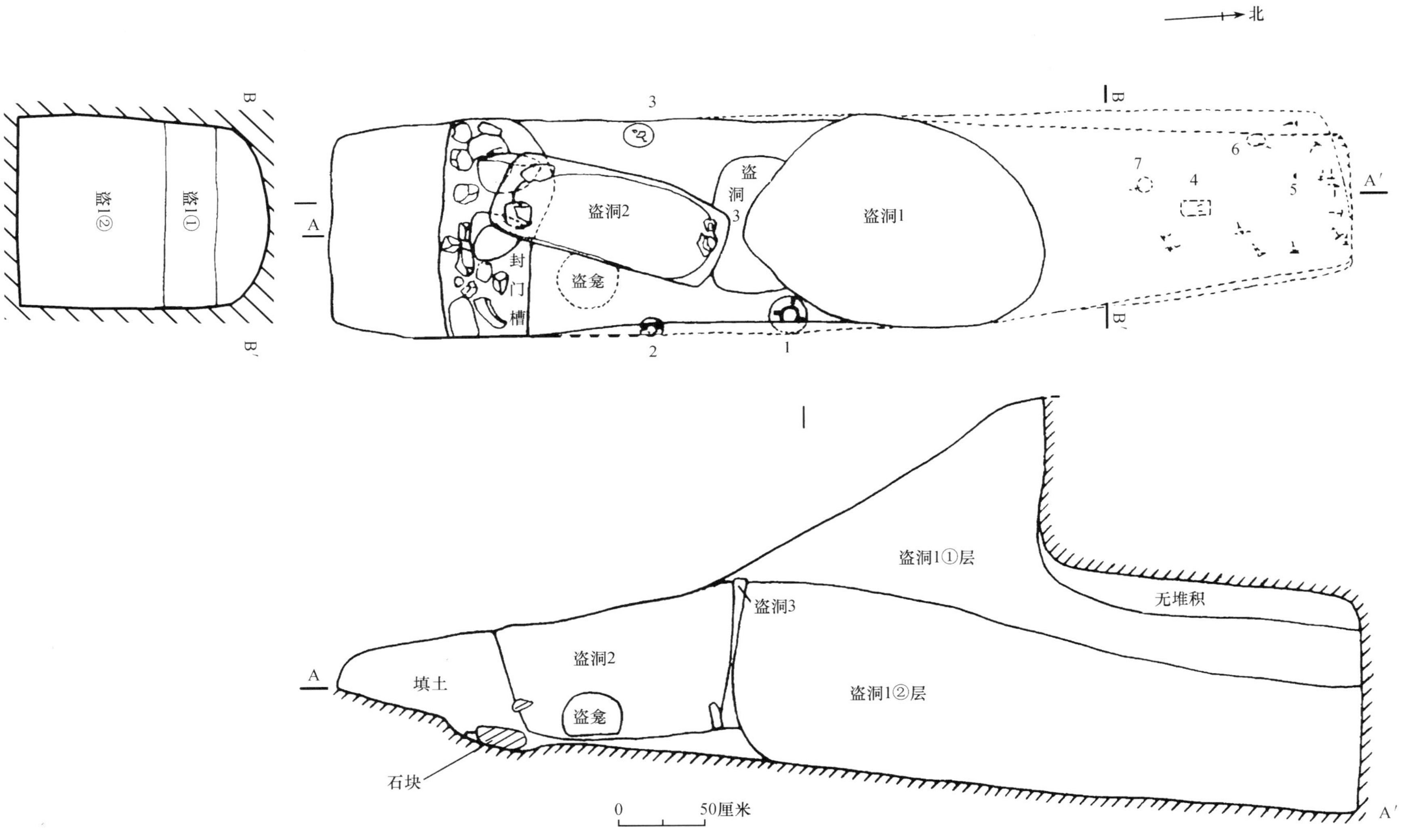

图一三一　2001IM1005 平、剖面图

1. 青瓷四系罐　2. 彩陶盘口壶　3. 彩陶壶　4. 陶砚台　5. 铜钱（半枚）　6、7. 铁棺环

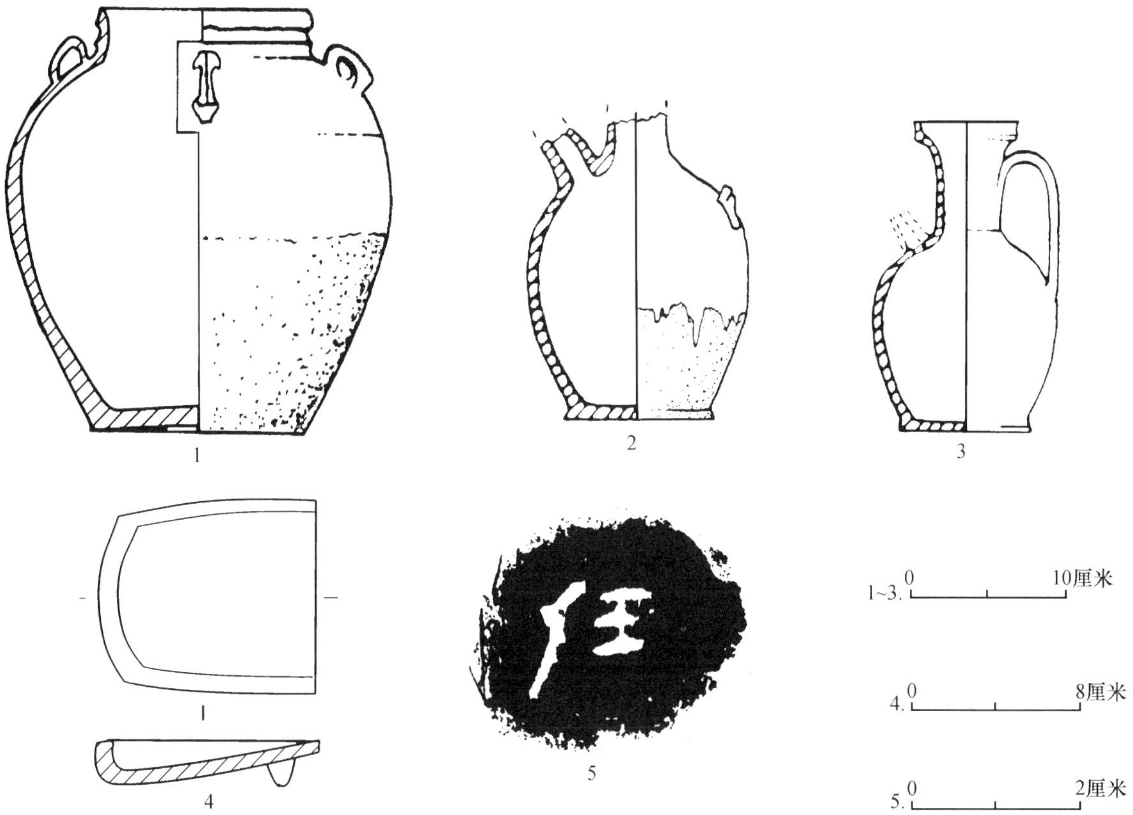

图一三二 2001IM1005 出土器物

1. 青瓷四系罐（2001IM1005:1） 2. 彩陶壶（2001IM1005:6） 3. 彩陶盘口壶（2001IM1005:5） 4. 陶砚台（2001IM1005:2） 5. 陶砚台底部“任”字拓片

铁牌 1件。2001IM1006:3，长方形，锈蚀严重。长22厘米，宽10厘米，厚0.2厘米（图一三四，2）。

2001IM1017

位于T1011北部，墓底较平，墓葬前半部被破坏，仅剩后半部分，残长1.3米，墓坑宽0.8~1.1米。墓顶残留一小块。墓底后部有2段人的腿骨和棺环（图一三五）。

2001IM1010

开口于耕土层下，打破生土。土洞墓，梯形，前半部被扰乱。东西壁与墓底的转角呈圆弧形，墓底南高北低，墓顶大部分被破坏。墓底长3.6米，宽0.8~1.1米，残深1.2~1.9米。有残存人骨，头向180°，未见葬具。在墓葬填土中发现倾斜放置的瓷碗、陶罐残片、铁牌各1件（图一三六）。

瓷碗 2001IM1010:1，胎呈白色，较薄，胎质坚硬，上施青白釉，均匀光洁，釉较薄。假圈足，足底内部未施釉。圆唇，侈口，斜弧腹。通高4.2厘米，口径15.4厘米，底径6.2厘米，厚0.36厘米（图一三七，1）。

铁牌 1件。2001IM1010:3，长方形，锈蚀严重。长22厘米、宽10厘米（图一三七，2）。

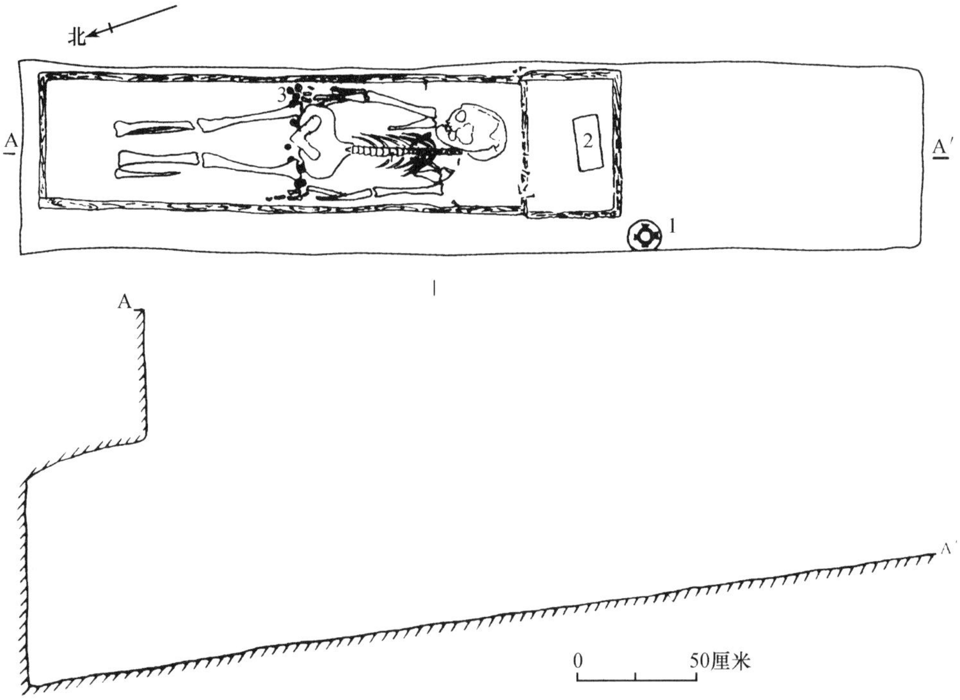

图一三三　2001IM1006 墓底平面图、墓室剖面图

1. 彩陶四系盘口壶　2. 铁牌　3. 铜钱

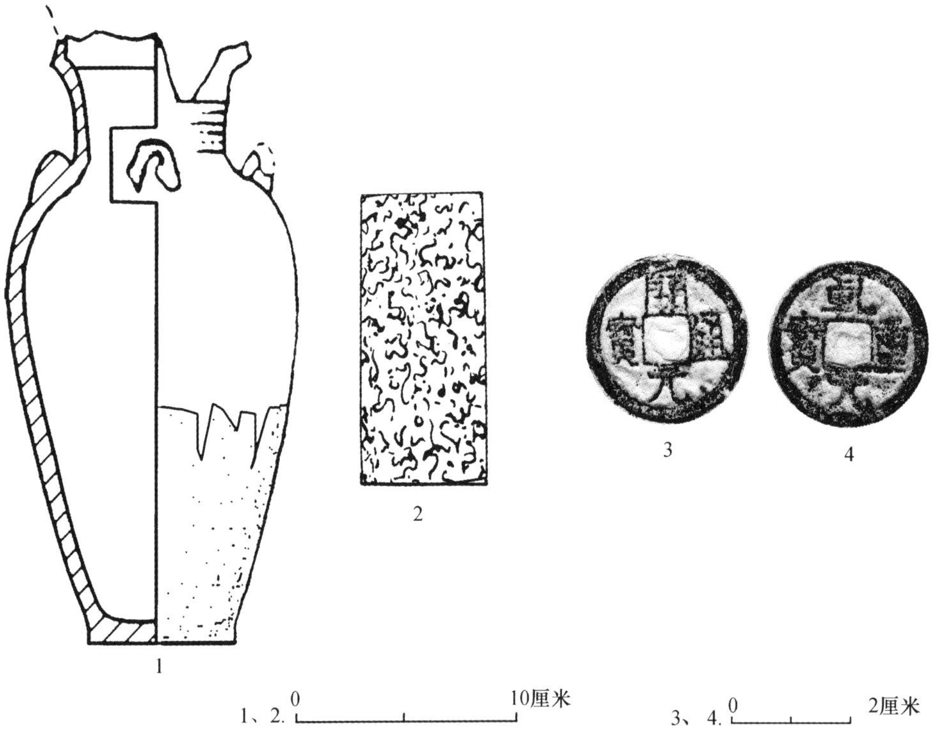

图一三四　2001IM1006 出土器物

1. 彩陶四系盘口壶（2001IM1006∶2）　2. 铁牌（2001IM1006∶3）　3. 开元通宝（2001IM1006∶1）　4. 乾元重宝（2001IM1006∶5）

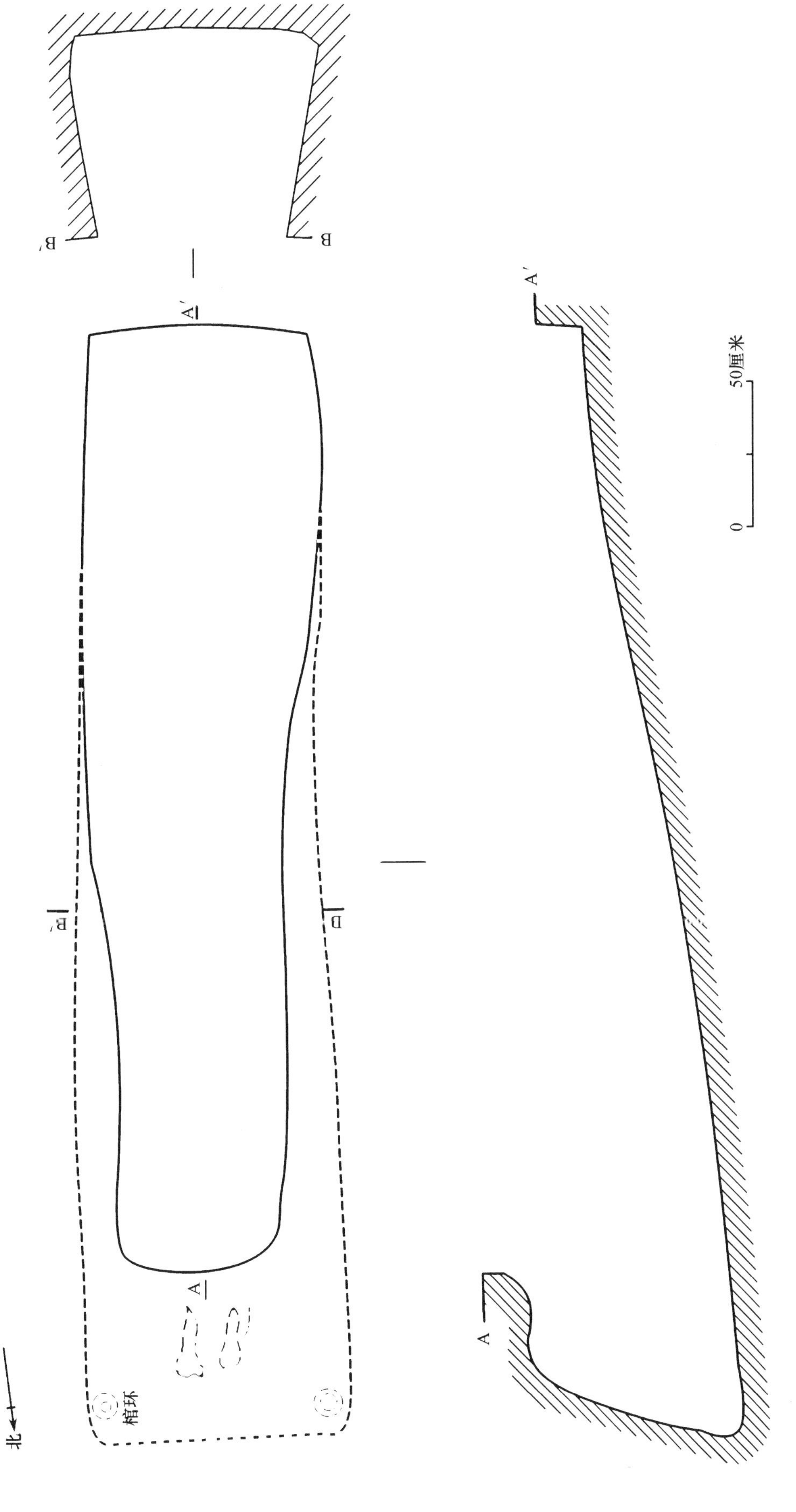

图一三五 2001IM1017平、剖面图

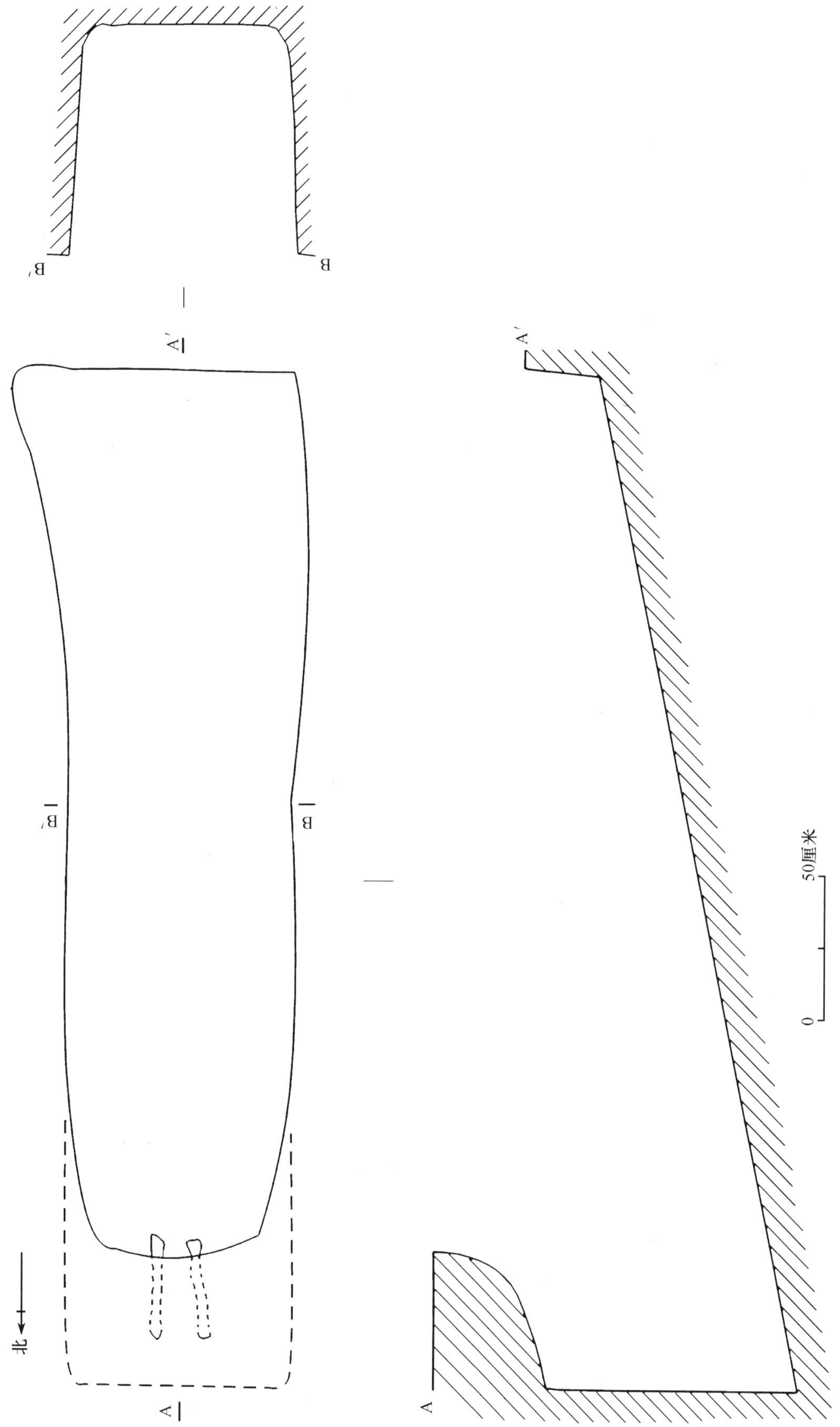

图一三六　2001IM1010 平、剖面图

2001IM1011

开口于耕土层下，打破生土。土洞墓，长方形，南半部被盗扰。墓圹东壁的南半部被盗洞破坏。墓口南低北高，墓底平坦，呈南高北的斜坡状。弧形顶，顶部大部分被破坏，且有坍塌现象。墓底长3.9米，宽0.78米，残深0.5～2.04米。有残存人骨，单人仰身直肢葬，头向176°。人骨的下方有一层2～5厘米厚的灰绿色朽灰。随葬品仅存开元通宝1枚和蚌壳1片，前者位于墓主人腰部，后者位于墓主人右脚跟的外侧，该蚌壳处土时内侧向上，蚌口朝向人骨，斜放于墓底的朽灰上（图一三八；图版一〇）。

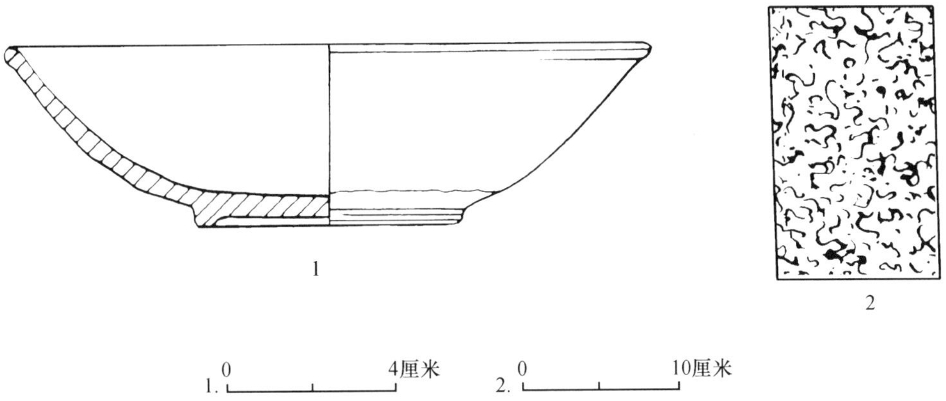

图一三七 2001IM1010出土器物
1. 瓷碗（2001IM1010:1） 2. 铁牌（2001IM1010:3）

2001IM1016

开口在表土层下，打破生土。土洞墓，被盗。长方形，拱形顶保存完好，直壁，墓底较平。墓底长3.2米，宽1米，北壁高0.7米。未见人骨，葬式、头向不明。未见随葬品。墓向为南向（图二九）。

2001IM1018

开口于表土层下，打破生土。土洞墓，梯形，外宽而内窄，直壁，东西壁与墓底的转角呈圆弧形，墓底南高北低。墓底长3.7米，宽0.52～1.2米，残深0.1～0.8米。墓顶全部被破坏。仅见少量残骨，葬式不明，头向180°。随葬品共出土7件。均位于靠近墓口前部的墓底处，未经扰动。有影青瓷、釉陶、陶器、铜镜、铁牌。在填土中还发现有铁钱和铜钱各1件，钱文不清（图一四〇；彩版二一，3）。

瓷器 3件。

盏 1件。2001IM1018:2，斗笠形，可复原，胎呈乳白色，器体轻薄，质地坚硬，上施黄褐色釉，较薄。尖唇，侈口，腹壁斜直，高圈足。口径9.6厘米，底径2.7厘米，高3.8厘米（图一四一，3；彩版二一，2）。

碟 2件。2001IM1018:4、2001IM1018:6，形制完全相同，胎体薄而坚硬，通体施影青釉，釉色均匀光洁，釉较薄。尖唇，侈口，口沿呈六曲花边状，腹壁微弧，平底，较厚。口径11.2厘米，底径4.4厘米，高2.2厘米（图一四一，4、6；彩版二一，4）。

釉陶 2件。

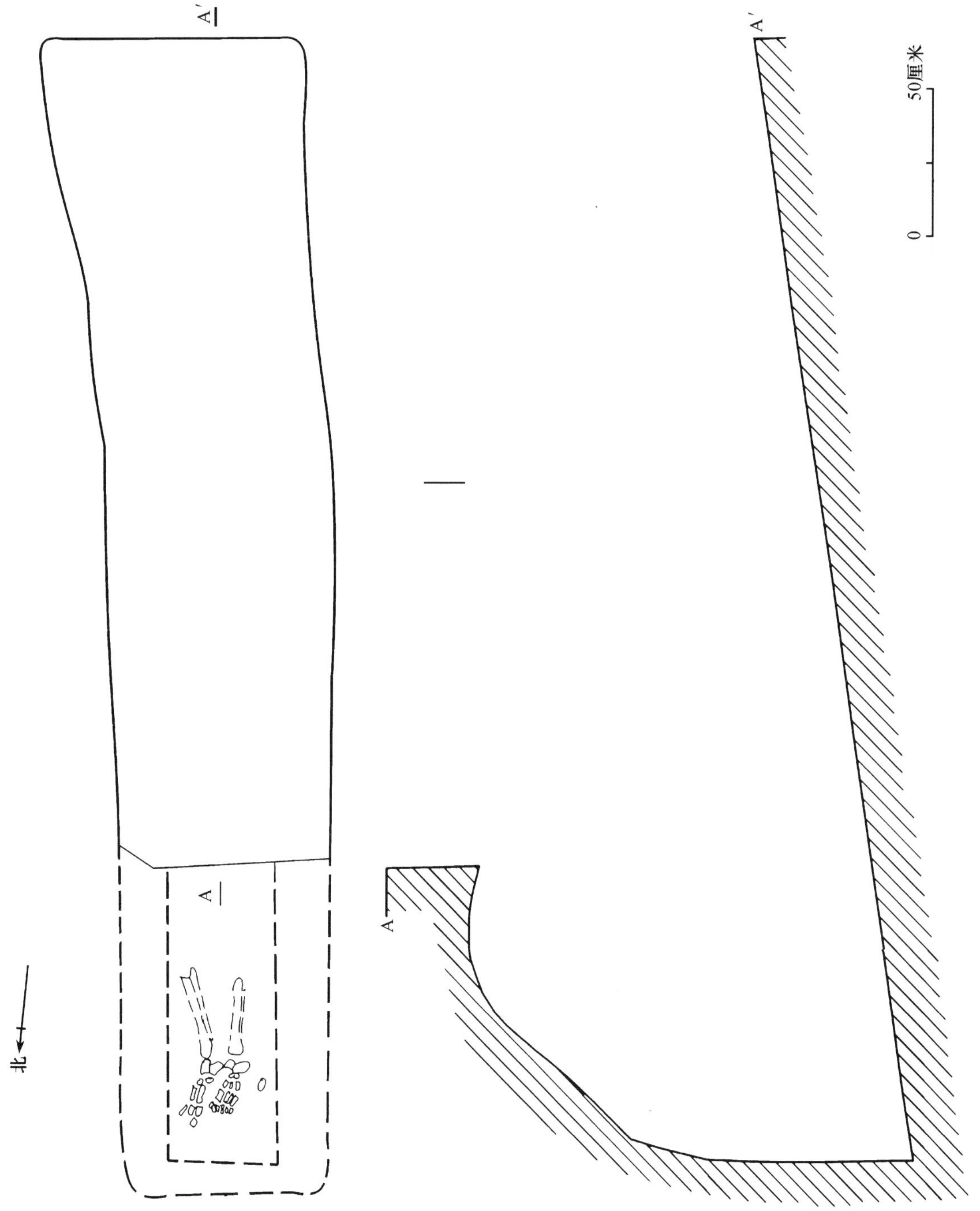

图一三八　2001IM1011 平、剖面图

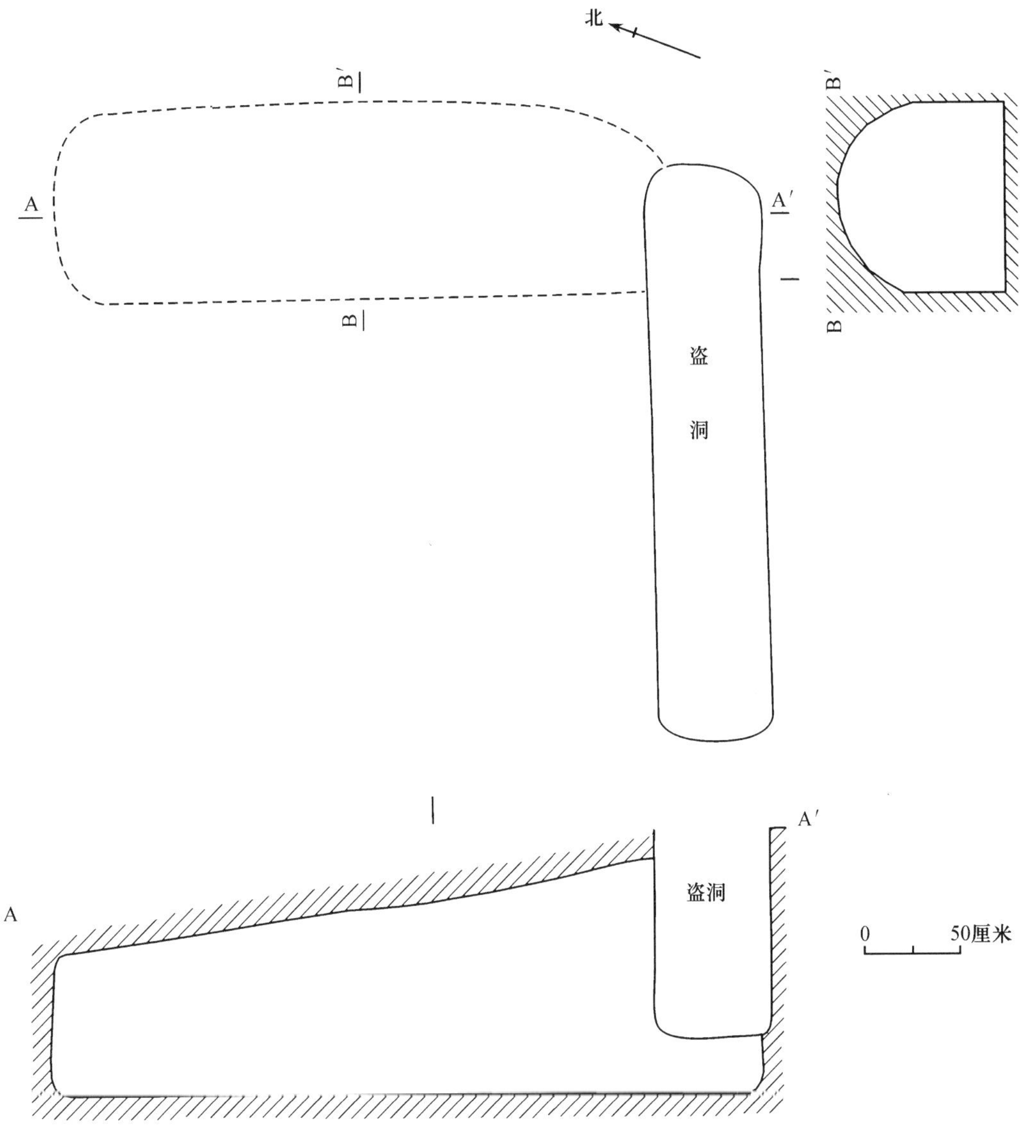

图一三九 2001IM1016平、剖面图

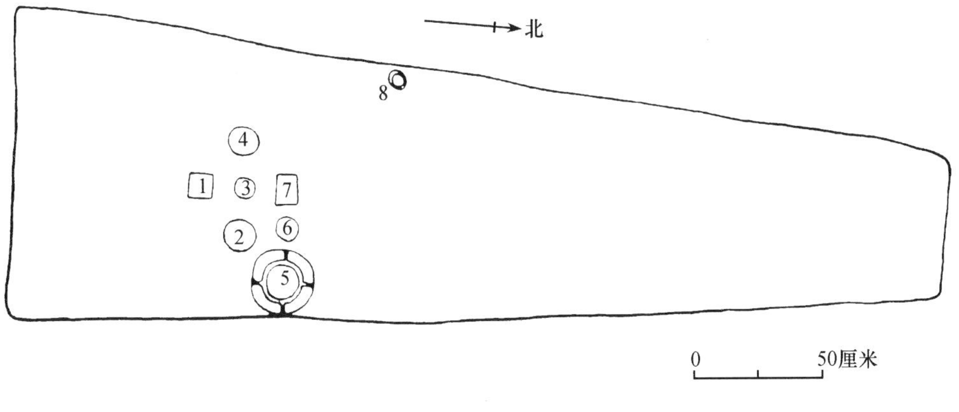

图一四〇 2001IM1018平面图

1. 铜镜 2、4. 瓷碟 3. 陶碗 5、8. 釉陶罐 6. 瓷碗 7. 铁牌

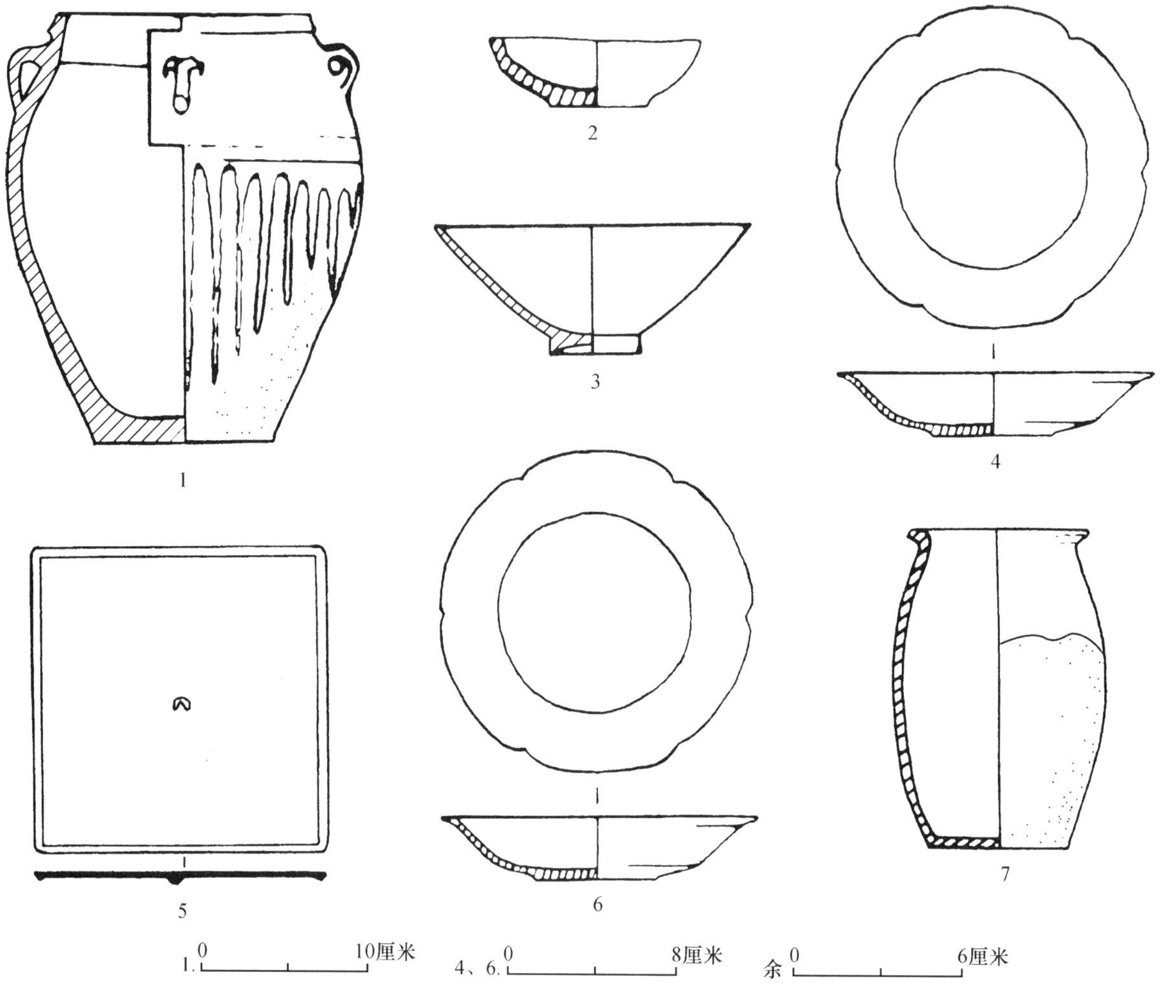

图一四一　2001IM1018 出土器物

1、7. 釉陶罐（2001IM1018∶1、2001IM1018∶9）　2. 陶盏（2001IM1018∶5）　3. 瓷盏（2001IM1018∶2）　4、6. 瓷碟（2001IM1018∶4、2001IM1018∶6）　5. 铜镜（2001IM1018∶7）

罐　2 件。2001IM1018∶1，稍残，灰陶，轮制，胎呈红色，质地坚硬，上半部施黄褐色釉，釉色较均匀，下半部不施釉，有流釉现象。敛口，斜坡唇，颈较直，颈部有一周凸棱，肩微鼓，上有 4 个竖桥状耳，下腹急收，腹壁较直，平底微凹。口径 16 厘米，底径 11.6 厘米，最大腹径 21.5 厘米，高 26 厘米（图一四一，1）。2001IM1018∶9，灰陶，轮制。缸胎，胎呈红色，质地坚硬。口部及颈部施釉但不均匀。侈口，方唇，矮领。弧肩，腹壁微弧，平底，表面不平整。口径 5.2 厘米，底径 4 厘米，通高 9.2 厘米（图一四一，7）。

陶盏　1 件。2001IM1018∶5，灰褐陶，质地坚硬，厚重粗糙。圆唇，侈口，腹壁微弧，饼状底，微内凹。口径 9.4 厘米，底径 4 厘米，高 2.6 厘米（图一四一，2）。

铜镜　1 件。2001IM1018∶7，方形，器体轻薄，素面，背面中心有一小纽。边长 9 厘米（图一四一，5；彩版二一，1）。

2001IM2002

位于 2001IT2004 西壁外，开口于耕土层下，扩方后发掘。土洞墓，全部被盗扰。长方形，后半部保留了部分墓顶，墓底南高北低，较为平坦。墓底长 3 米，宽 0.9 米，残深 0.35 ~ 1.1 米。未见人骨，头向、葬式不明。墓向为西南向。出土了大量棺钉，其中有部分棺钉上挂有铜钱，铜钱为“开元通宝”和“五铢”两种。在填土中发现一件倾斜放置的陶盏，底部稍残（图一四二）。

陶盏　1件。2001IM2002:1，胎质厚重，表面施红釉，部分已脱落；腹部斜且直，底部已残缺一块。口径7.2厘米，底径3厘米（图一四三，1）。

2001IM3002

开口于耕土层下，打破生土。土洞墓，全部被扰乱。梯形，直壁，墓底呈坡形，南高北低，墓向232°。墓底长3.8米，宽0.76~0.9米，北壁高1.12米（图一四四）。墓底有人骨碎片。出土少量棺钉。随葬品仅见釉陶四系盘口壶。

釉陶四系盘口壶　2001IM3002:1，施半釉，釉为酱褐色釉。杯口，褐色缸胎，形体瘦高。口径约17厘米，腹径17.4厘米，底径10.8厘米，通高36厘米（图一四三，3；图版一六，3）。

2001IM3004

开口于耕土层下，打破生土。土洞墓，全部被扰乱。长方形，直壁，墓底南高北低，墓向230°。墓底残长2.7米，宽0.8米，残深0.65~1.25米（图一四五）。在北端残存少量腿骨和脚骨，为单人仰身直肢葬。有少量棺钉，残破铜镜碎片1件。

2001IM3020

位于T3013东南部，开口于耕土层下，打破生土。土洞墓，全部被扰乱。长方形，墓室北壁呈弧形，东西壁较直，墓顶被完全破坏。墓底南高北低，南偏东7°。仅剩部分下肢骨。残长1.54米，宽0.62米。靠近骨架有铁钱2枚（图一四六）。

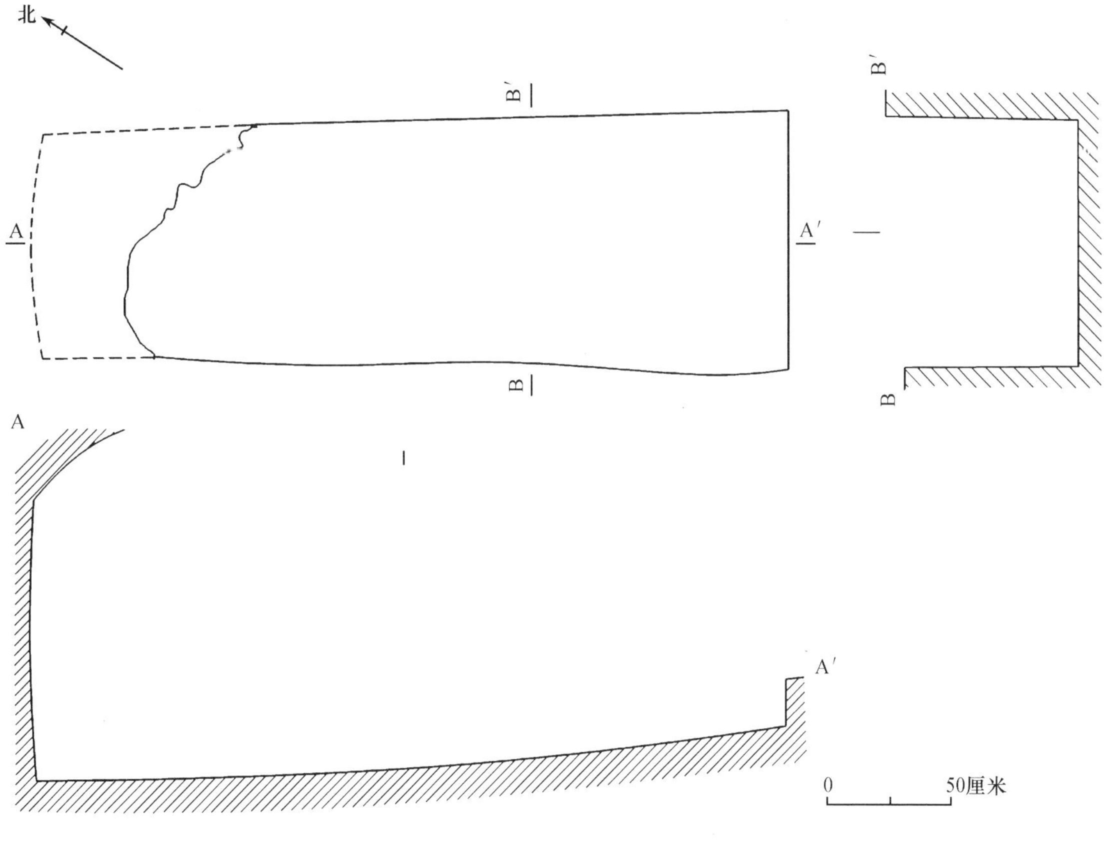

图一四二　2001M2002平、剖面图

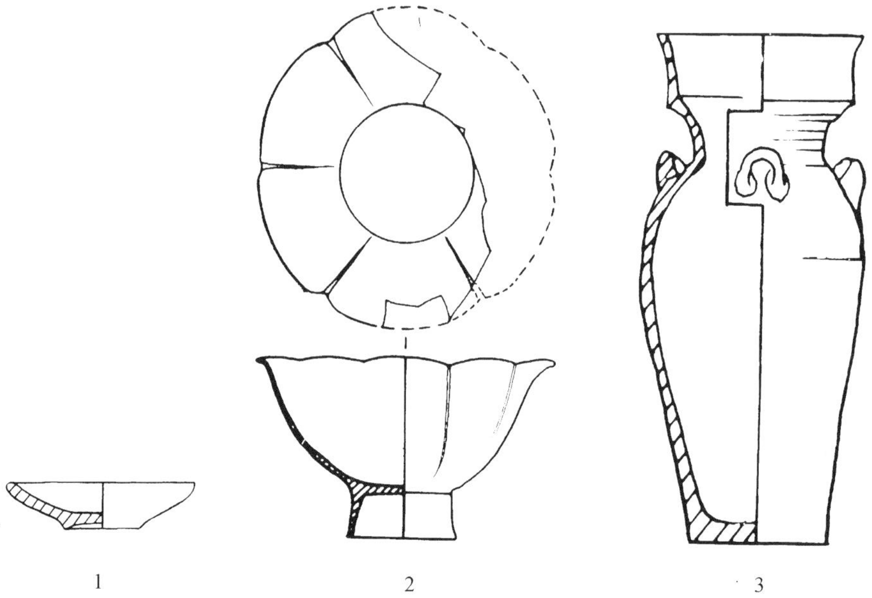

图一四三　土洞墓出土器物

1. 陶盏（2001IM2002∶1）　2. 瓷高足碗（2001IM3025∶1）　3. 釉陶四系盘口壶（2001IM3002∶1）

2001IM3025

开口于耕土层下。被严重扰乱。近似长方形，土洞墓，直壁，东西壁与墓底的转角呈圆弧形，长2.1米，宽0.5～1米，深0～1.3米。墓底南高北低，弧形顶，墓顶大部分被破坏，墓顶残长0.6米，高1.3米。方向190°（图一四七）。在填土中发现倾斜放置的残高足花口瓷碗一只。

瓷高足碗　2001IM3025∶1，白色胎，很薄，胎质坚硬。上施影青釉，白中略泛青。均匀光洁，釉较薄。高足上细下粗，较薄，足部有细微开片，内部没有施釉。口沿呈花边状，向外翻。底较厚。在碗的内部有凸棱。口径5.8厘米，底径8.5厘米，腹径10.5厘米，口沿宽1厘米，高12.65厘米（图一四三，2；彩版二九，2）。

2001IM3029

开口耕土层下。被严重扰乱。近似长方形，土洞墓，墓壁较直，方向220°。墓室残长2.76米，宽0.9米，深0～0.8米。墓底南高北低，顶部部分被破坏，顶残长0.4米，高0.8米（图一四八）。在去除填土的过程中，发现27枚棺钉及头盖骨残片与陶器残片。清理墓底时，发现平行排列的两节腿骨，头向约220°。无其他遗物。

2001IM3030

开口于耕土层下。被严重扰乱。土洞墓，直壁，方向210°。墓室长3.75米，宽0.8米，深0～0.8米。墓底南高北低，墓顶为弧形顶，大部分被破坏，顶残长0.5米，高1.1米。人骨架仅余右侧少部分下肢骨和残乱的趾骨。填土中发现6枚棺钉（图一四九）。

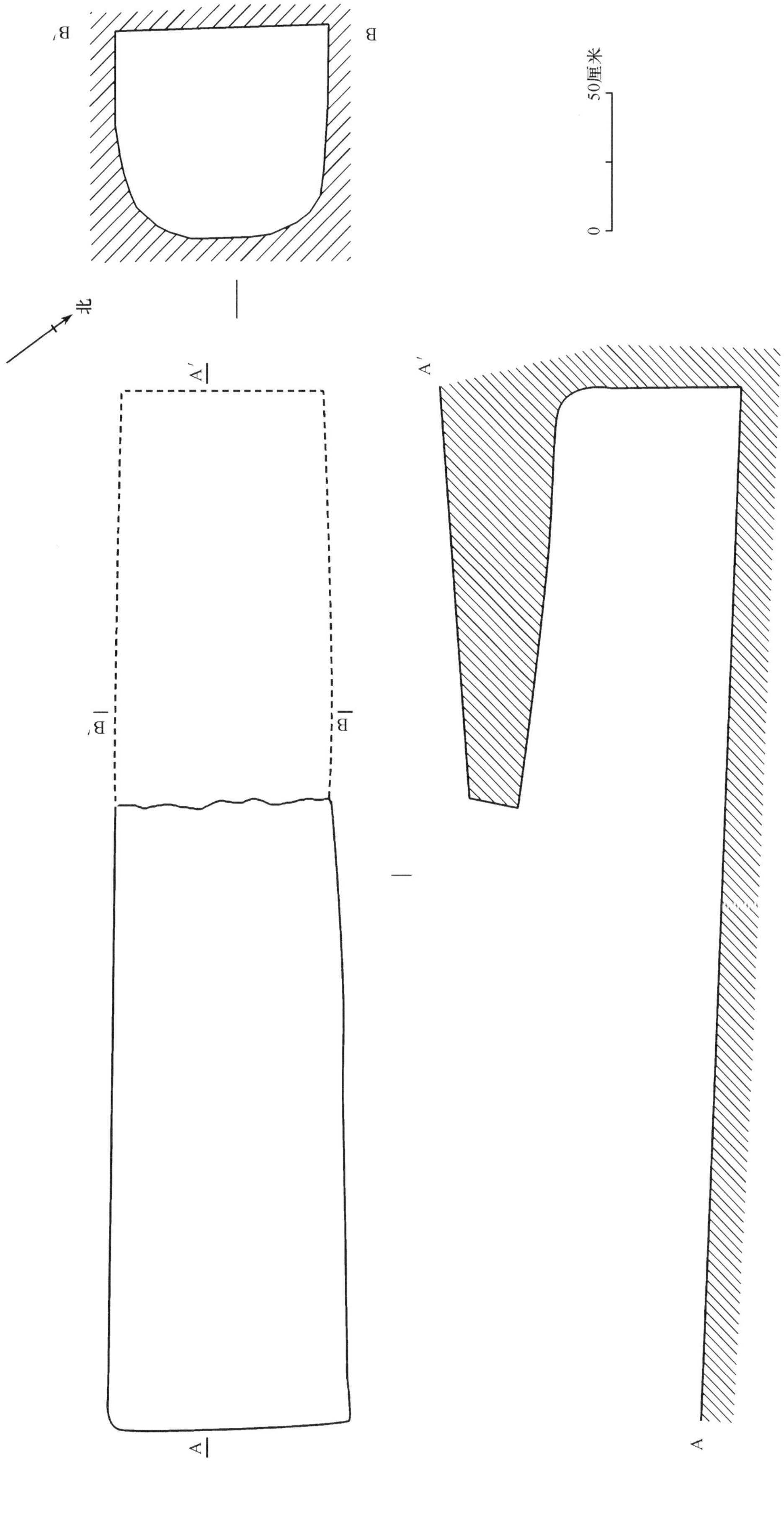

图一四四　2001IM3002平、剖面图

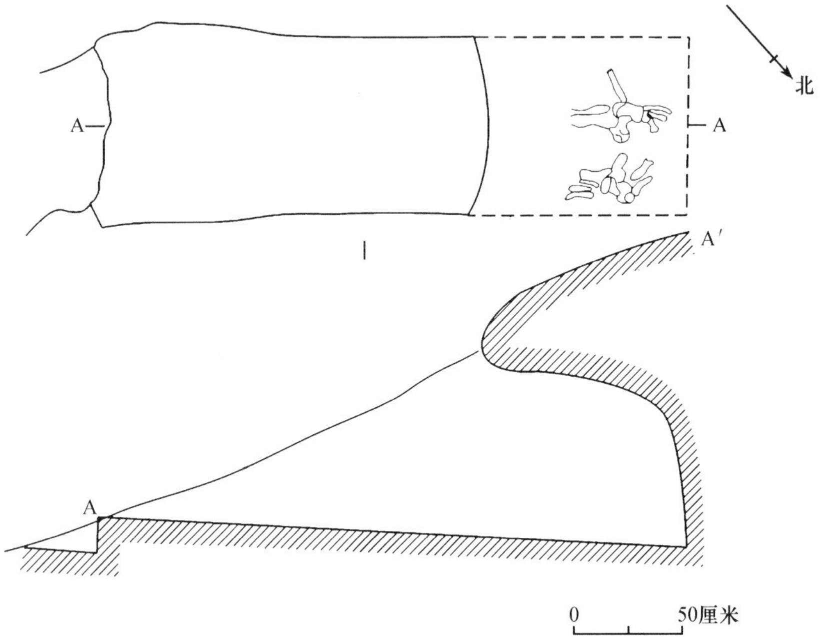

图一四五　2001IM3004 平、剖面图

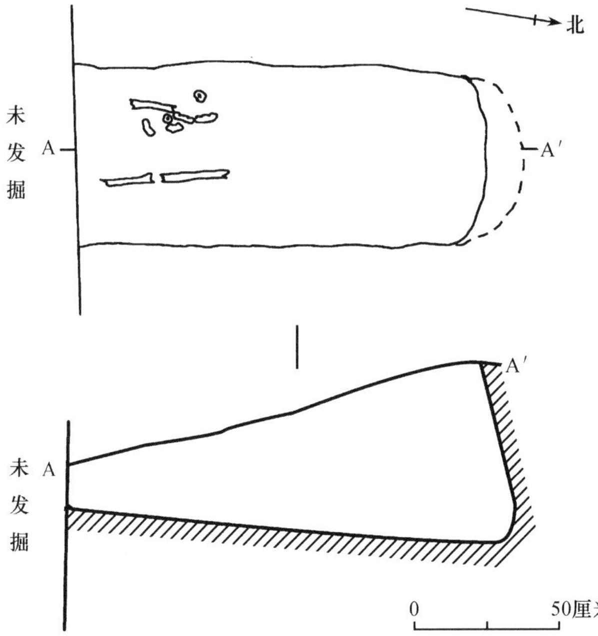

图一四六　2001IM3020 平、剖面图

2001IM5008

土坑竖穴墓，墓底较平，墓壁较直，被严重盗扰。方向 210°。长 2. 24 米，宽 0. 88 ~ 1. 08 米，深 0. 5 ~ 0. 55 米。墓底铺有一层白石灰。未见遗物（图一五〇）。

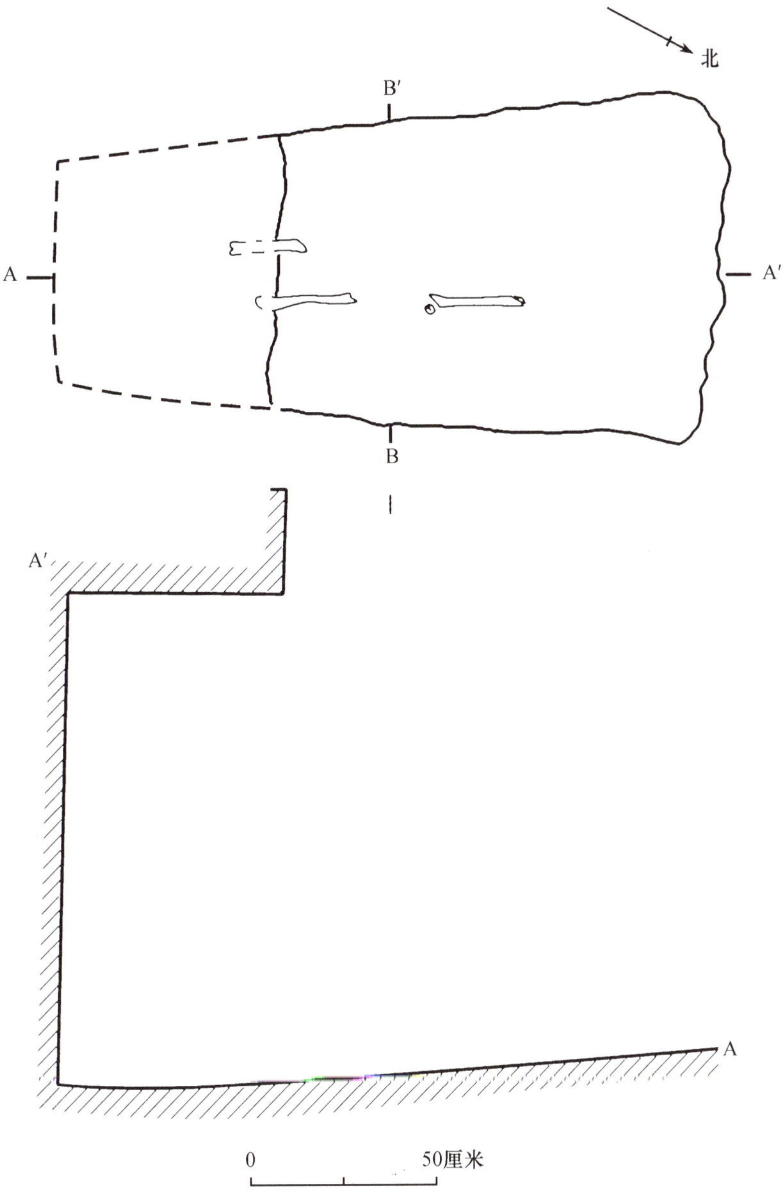

图一四七　2001IM3025 平、剖面图

2004ⅣM1008

土洞墓，部分被扰乱。墓室长 3 米，宽 1.2 米。墓道为长方形斜坡式，长 2.7 米。方向为 230°。墓底铺有长方形砖，铺设的方式是横竖相间。墓室的中部有一腰坑，腰坑中放置 1 件釉陶壶（图一五一；图版一八）。墓底前部有瓷碗、瓷杯、釉陶罐、釉陶瓶和 1 件铁块。墓底后部有 1 枚“元祐通宝”铜钱。该墓人骨腐朽的比较严重，从残留的人骨痕迹分析，墓主人的头部接近墓室内侧，脚朝向墓道。未发现有保留的葬具。

瓷器　2 件。

碗　2004ⅣM1008:3，影青瓷，胎质细白，釉面光滑。六瓣花口，口残，壁略弧，厚底，圈足。内壁有三组团花纹。口径 11.94 厘米，底径 3.56 厘米，高 4.41 厘米（图一五二，1；彩版三二，1、2）。

杯　2004ⅣM1008:4，影青瓷，釉面光滑，润泽。直口，口沿略残，直腹，圈足。腹壁外有海涛纹。口径 8 厘米，底径 6.2 厘米，高 5.92 厘米（图一五二，2；彩版三二，3）。

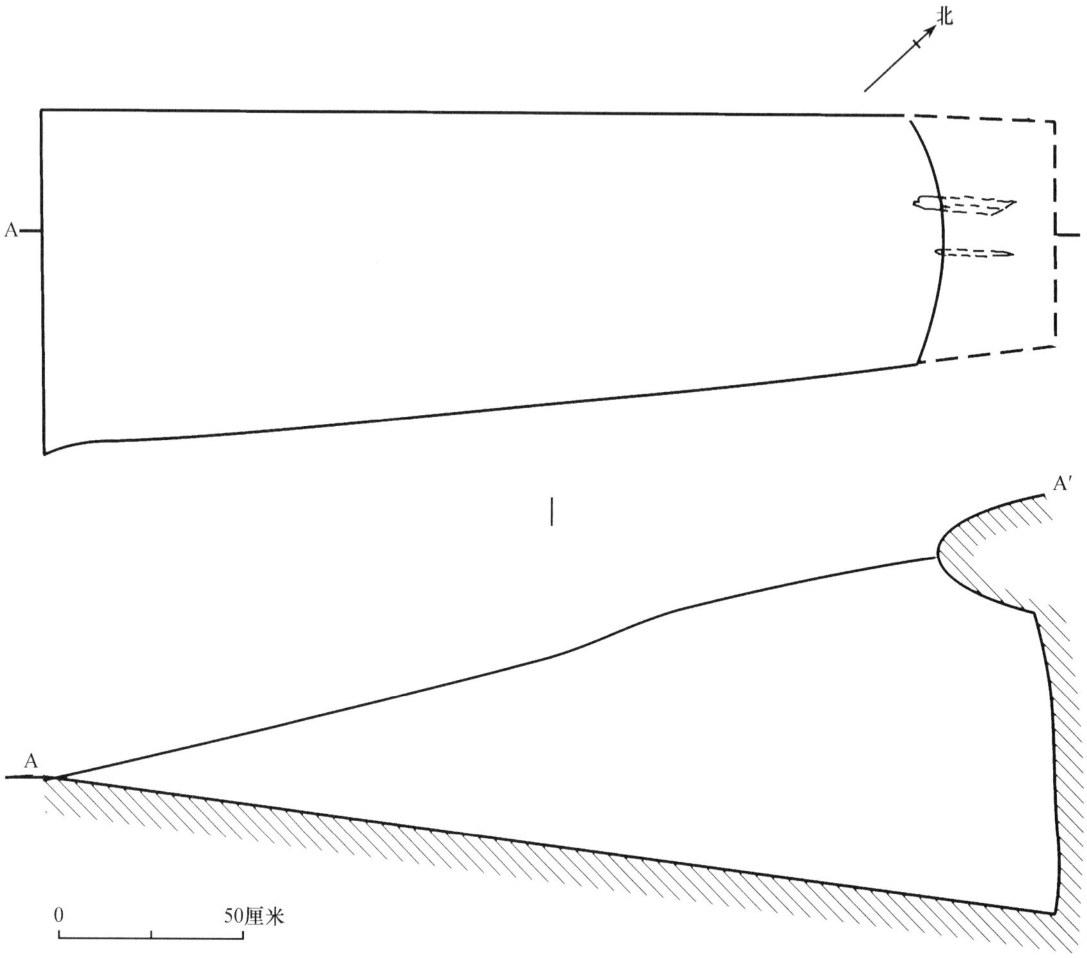

图一四八　2001IM3029平、剖面图

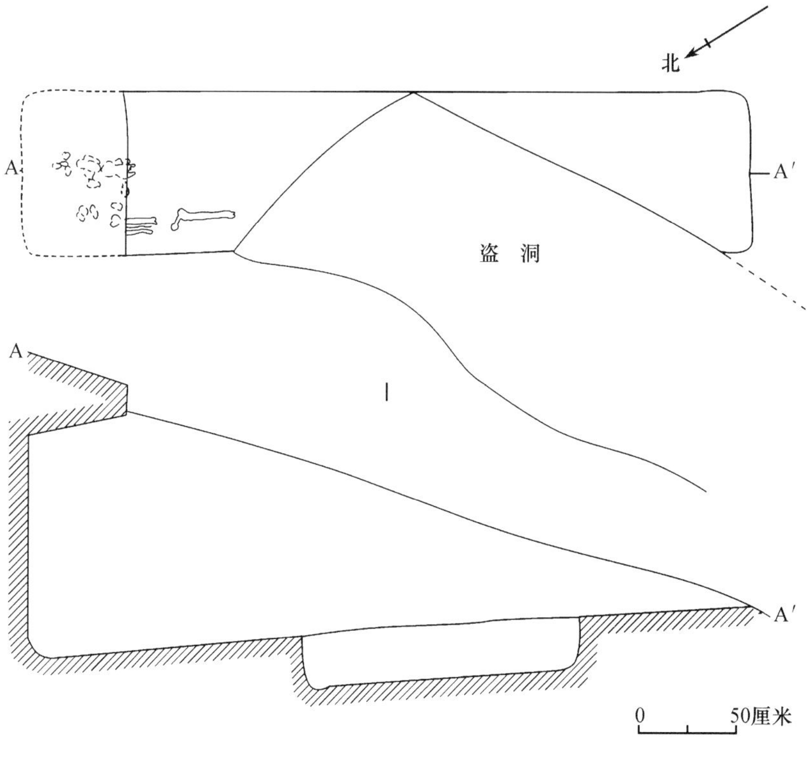

图一四九　2001IM3030平、剖面图

釉陶　3件。

壶　2004ⅣM1008∶6，出土于墓室的腰坑中。缸胎，直口（口部残），方唇，细颈，鼓肩，球腹，平底。外壁饰黄白色化妆土，有泪痕。口径3.82厘米，底径4.06厘米，高10.46厘米（图一五二，3）。

罐　2004ⅣM1008∶1，斜口，尖唇，鼓腹，双耳，平底。制作工艺较粗糙，腹部在烧制过程中严重变形。腹部以上有酱色釉，大部分已脱落，有泪痕。口径13.36厘米，底径8.34厘米，高20.46厘米（图一五二，4）。

瓶　2004ⅣM1008∶2，撇口，圆唇，细长颈，颈中部有凸出装饰带。圆肩，鼓腹，高圈足。圈足以上饰酱色釉。口径3.12厘米，底径5.8厘米，高13.82厘米（图一五二，5）。

2004ⅣM1009

土洞墓，墓室长2.88米，宽1.28米，墓道长3.22米。墓向为200°。墓室内铺方砖，方砖边长约为33厘米。墓底中部有腰坑，坑中正放1件罐（图一五三；图版一一）。人骨腐朽严重，仅余痕迹。该墓未被盗扰，出土的随葬品较多，也比较精美。随葬器物共有22件，瓷器、铜镜位于墓室的前部，耳环、头饰、铜钱和铁钱位于墓室的后部。

瓷器　9件（彩版二七，1）。

花口碟　2004ⅣM1009∶9，白瓷。六瓣花口，腹下部急收，平底。口径11.5厘米，底径4.97厘米，高2.28厘米（图一五四，1；彩版二七，3）。

圆口盏　2件。2004ⅣM1009∶5，敞口，圆唇，浅弧弦壁，圈足。白胎，胎质细腻。影青釉，釉色有渐变，上部釉色偏白，下部偏青。口径7.49厘米，底径2.71厘米，高2.61厘米（图一五四，9；彩版二三，1、2上、3、4）。2004ⅣM1009∶3，形制与尺寸与2004ⅣM1009∶5完全一致。

盏托　2件。2004ⅣM1009∶8，影青釉，直口，圆唇，圈足。盏形座，口径4.2厘米，托盘口径8.53厘米，底径2.95厘米，通高3.37厘米（图一五四，2；彩版二三，2下；彩版二六，4）。2004ⅣM1009∶7，形制同M1009∶8，口部残，盏身略倾斜，盏口径3.98厘米，盘口径7.94厘米，底径2.82厘米，通高3.22厘米（图一五四，3）。

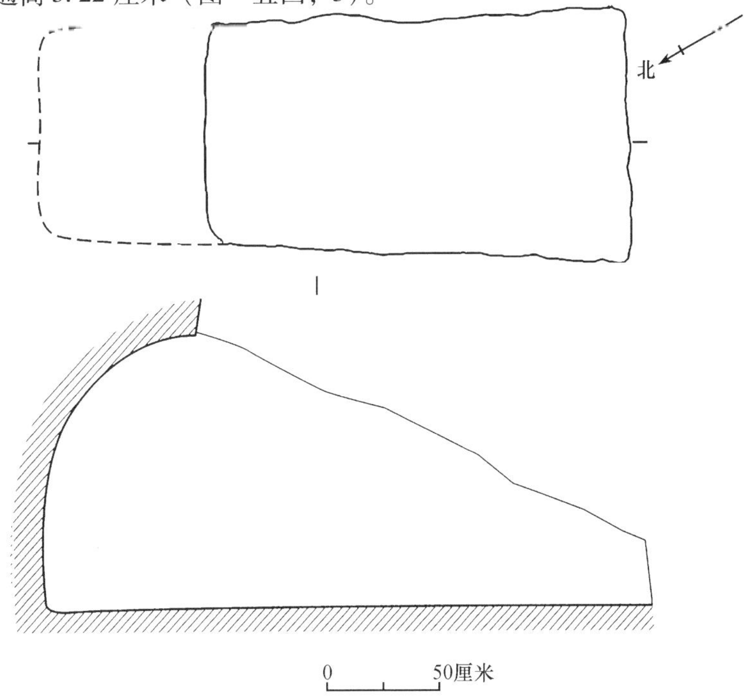

图一五〇　2001IM5008平、剖面图

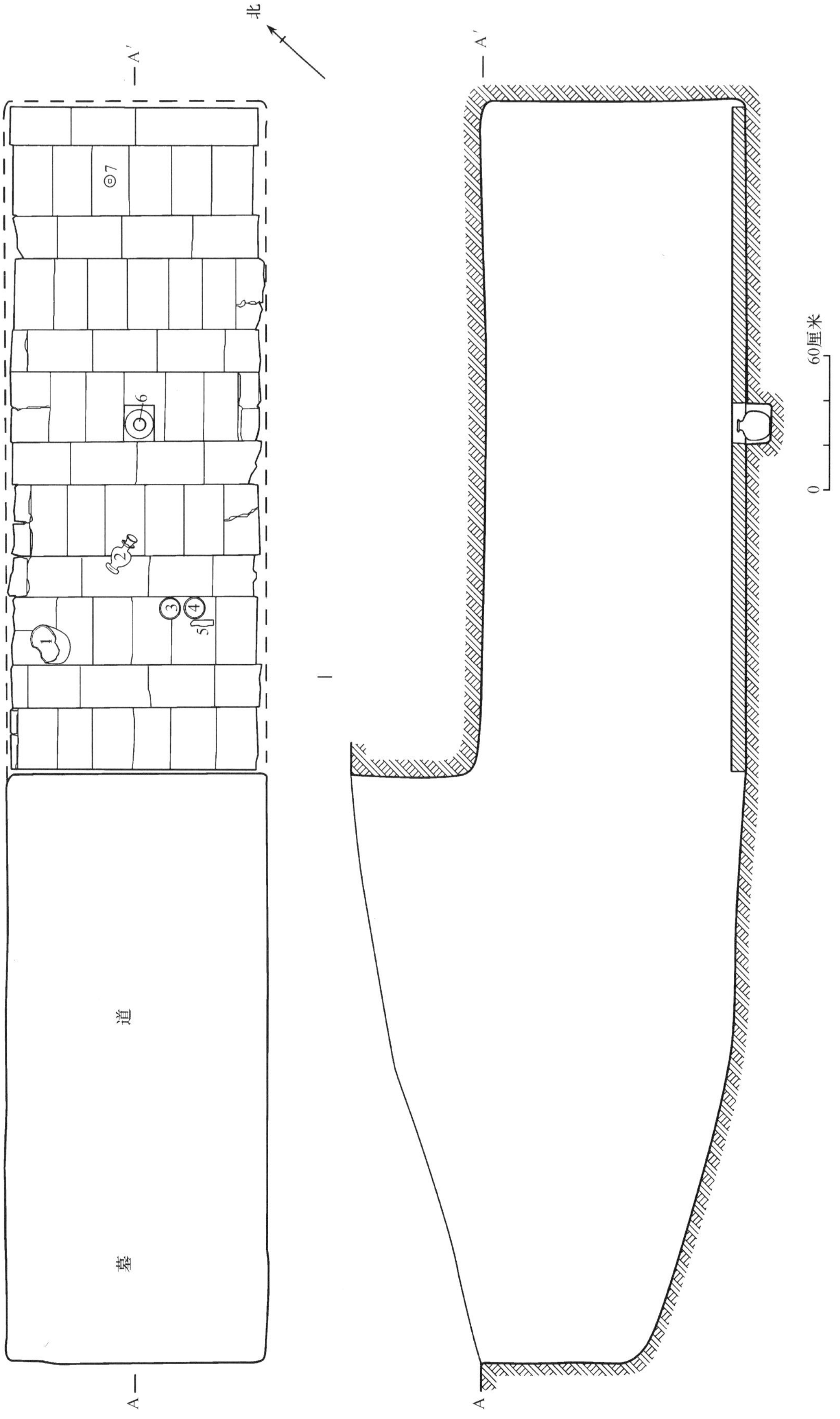

图一五一　2004ⅣM1008 平、剖面图

1. 釉陶罐　2. 釉陶瓶　3. 瓷碗　4. 瓷杯　5. 残铁器　6. 釉陶壶　7. 铜钱

图一五二　2004ⅣM1008出土器物

1. 瓷碗（2004ⅣM1008∶3）　2. 瓷杯（2004ⅣM1008∶4）　3. 釉陶壶（2004ⅣM1008∶6）　4. 釉陶罐（2004ⅣM1008∶1）　5. 釉陶瓶（2004ⅣM1008∶2）

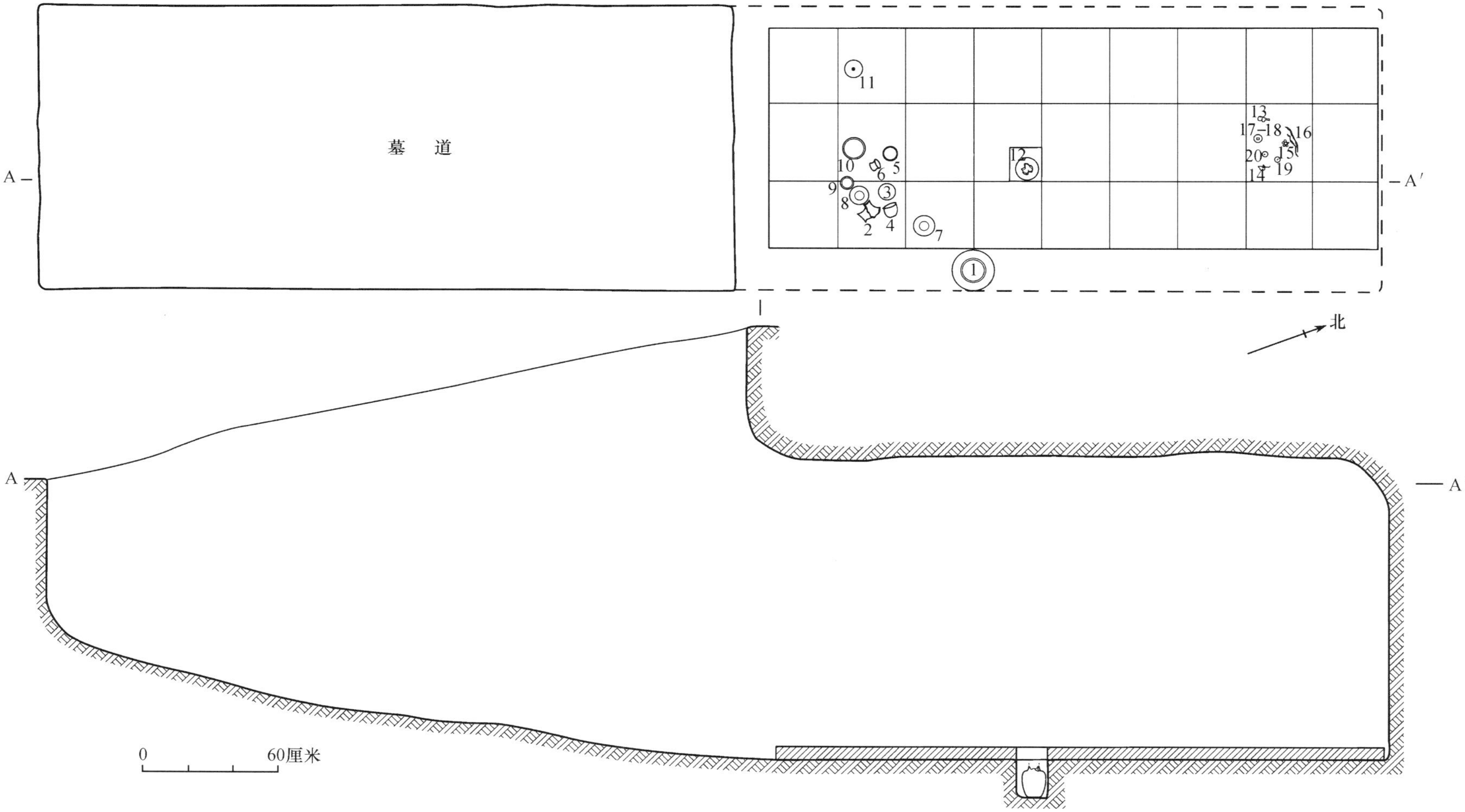

图一五三　2004ⅣM1009平、剖面图

1. 釉陶罐　2. 瓷壶　3、5. 瓷圆口盏　4. 瓷杯　6. 瓷注碗　7、8. 瓷盏托　9. 瓷花口碟　10. 瓷碗　11. 铜镜　12. 釉陶壶　13、14. 金耳环　15、16. 金花饰　17～20. 铜钱

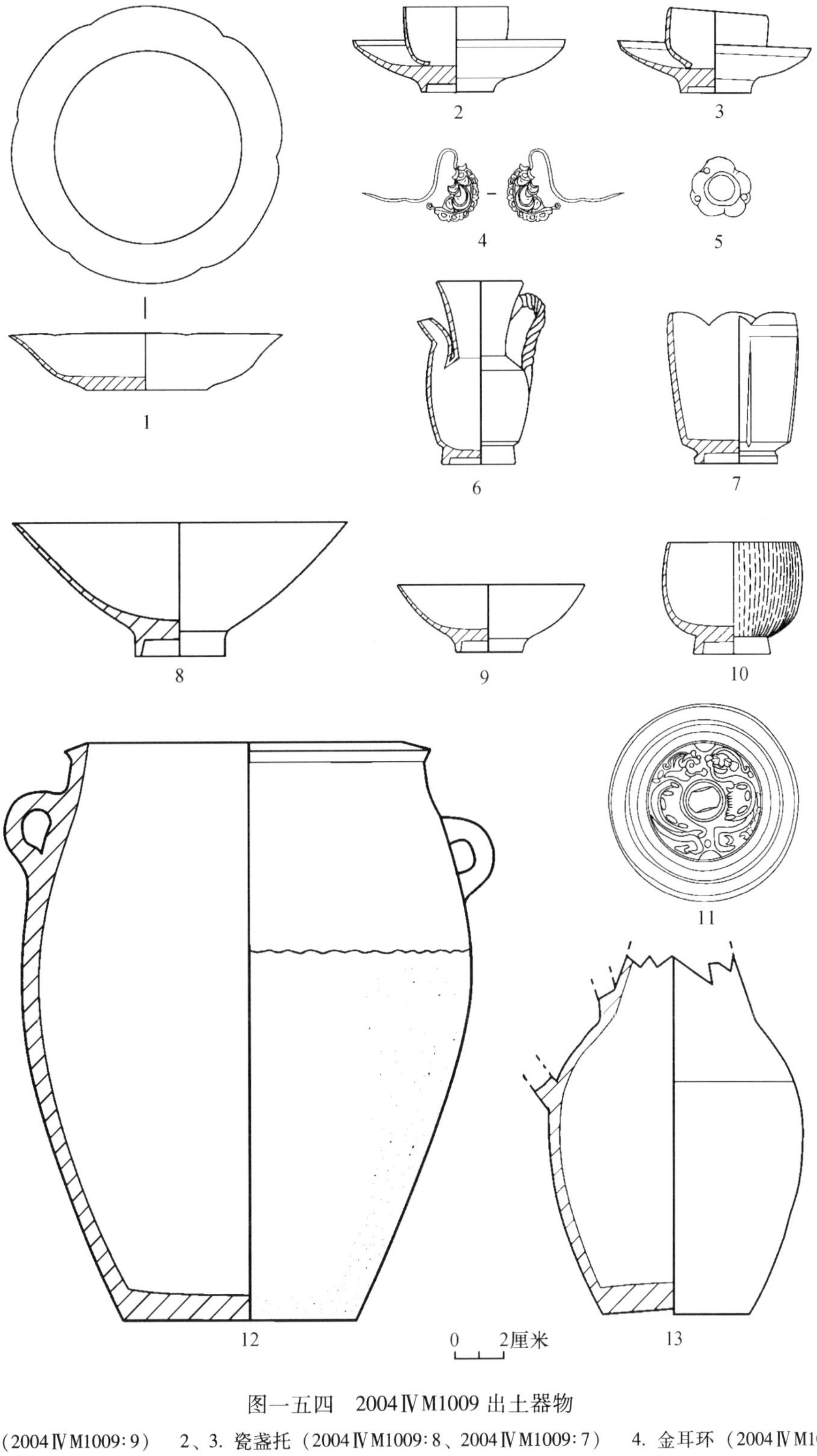

图一五四 2004ⅣM1009出土器物

1. 瓷花口碟（2004ⅣM1009：9） 2、3. 瓷盏托（2004ⅣM1009：8、2004ⅣM1009：7） 4. 金耳环（2004ⅣM1009：13、14） 5. 金花饰（2004ⅣM1009：15） 6. 瓷注子（2004ⅣM1009：2） 7. 瓷注碗（2004ⅣM1009：6） 8. 瓷碗（2004ⅣM1009：10） 9. 瓷圆口盏（2004ⅣM1009：5） 10. 瓷杯（2004ⅣM1009：4） 11. 铜镜（2004ⅣM1009：11） 12. 釉陶罐（2004ⅣM1009：1） 13. 釉陶壶（2004ⅣM1009：12）

注子　2004ⅣM1009∶2，影青釉。敞口，圆唇，折肩，短直流，腹壁较直，圈足，绞索式把手。口径3.38厘米，底径2.97厘米，高7.16厘米（图一五四，6；彩版二六，1）。

注碗　2004ⅣM1009∶6，影青釉。花口，瓜棱腹，深腹，圈足。虽然在2004ⅣM1009中该器物与注子（2004ⅣM1009∶2）不同出，但注子（2004ⅣM1009∶2）可以放置在其中，二者的质地也相近，推测该器物应是为注子加温而与注子配套使用。口径5.18，底径3.39，高5.91厘米（图一五四，7；彩版二六，3）。

碗　2004ⅣM1009∶10，口部残。白瓷，釉明亮。斗笠状，敞口，斜直壁，厚底，圈足。口径13.48厘米，底径3.66厘米，高5.34厘米（图一五四，8；彩版二七，2）。

杯　2004ⅣM1009∶4，白瓷，釉质薄，足部无釉。敛口，圆唇，垂肩，圈足。杯外满饰纵向和斜向的刻划纹。口径5.23厘米，底径3.12厘米，高4.39厘米（图一五四，10；彩版二六，2）。

釉陶　2件。

罐　2004ⅣM1009∶1，双耳，直口，方唇，垂肩，鼓腹，平底。腹部以上为青釉，有泪痕。口径12.68厘米，底径9.4厘米，高22.74厘米（图一五四，12）。

壶　2004ⅣM1009∶12，灰黑色胎。口残，圆肩，鼓腹，凹底，单耳（已残）。肩部以上青釉，釉不均，器表有黄白色化妆土。腹最大径10.5厘米，底径6.6厘米，残高14.4厘米（图一五四，13）。

金器　3件。

耳环　一对。2004ⅣM1009∶13、14，做工细致精美，整体形状为叶状，中有镂空花纹。最大长4.74厘米，最大宽2.89厘米（图一五四，4；彩版二四，2）。

金花饰　2004ⅣM1009∶15，五瓣花形，有3个孔，推测该饰品应固定在织物上使用，据出土位置判断应在墓主的额部。最大径为2.44厘米（图一五四，5；彩版二四，1）。

另有长条形头饰片，残断。

铜器　5件。

铜镜　2004ⅣM1009∶11，圆形，镜面光滑。背面窄缘，有两周凸起的同心圆，把镜背划分三个区，在内区围绕镜纽有两个动物浮雕，似双龙。直径7.84厘米（图一五四，11；彩版二四，3）。

铜钱　4枚，有景德元宝、绍圣元宝，天禧通宝。

2004ⅣM1011

土洞墓，位置与2004ⅣM1009相邻。墓室长方形，长3.6米，宽1.5米。底铺砖，最外侧铺有一圈石条，石条上每隔26厘米，凿有一长方形石坑。墓道长2.4米，呈斜坡与墓室相接。墓葬方向为185°（图一五五；图版一九）。由于腐朽严重，未发现葬具和人骨。

釉陶　2件。

罐　2004ⅣM1011∶1，缸胎，腰部以上有酱色釉，部分釉已脱落。斜口，尖唇，口部烧制时严重变形，溜肩，肩部有两道凹弦纹，鼓腹，平底。口径11.72厘米，底径9.54厘米，高3.37厘米（图一五六，1）。

壶　2004ⅣM1011∶2，缸胎，肩部以上施有化妆土。撇口，尖唇，细颈，圆肩，鼓腹，平底，（底部有手指压痕）。口径4.34厘米，底径4.86厘米，高10.24厘米（图一五六，2）。

瓷器　13件。

注子　2004ⅣM1011∶13，白瓷，敞口，圆唇，折肩，鼓腹，圈足，绞索式柄，短流。口径3.13厘米，底径2.56厘米，高7.31厘米（图一五六，3；彩版三一，1）。

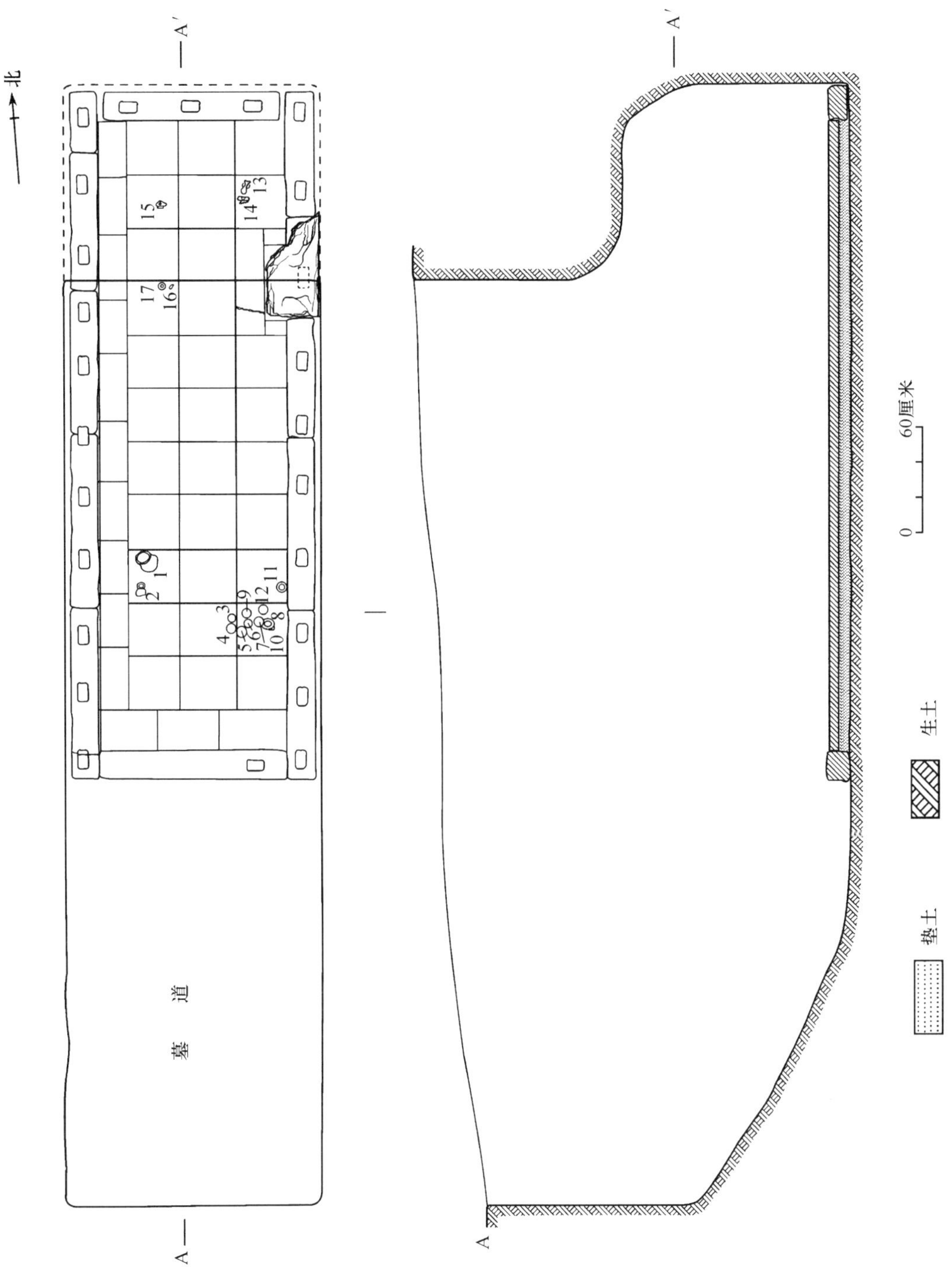

图一五五 2004ⅣM1011平、剖面图

1. 釉陶罐 2. 釉陶壶 3～8. 瓷碟 9. 瓷杯 10. 瓷器盖 11、14. 瓷盏托 12. 碗 13. 瓷注子 15～17. 铜钱

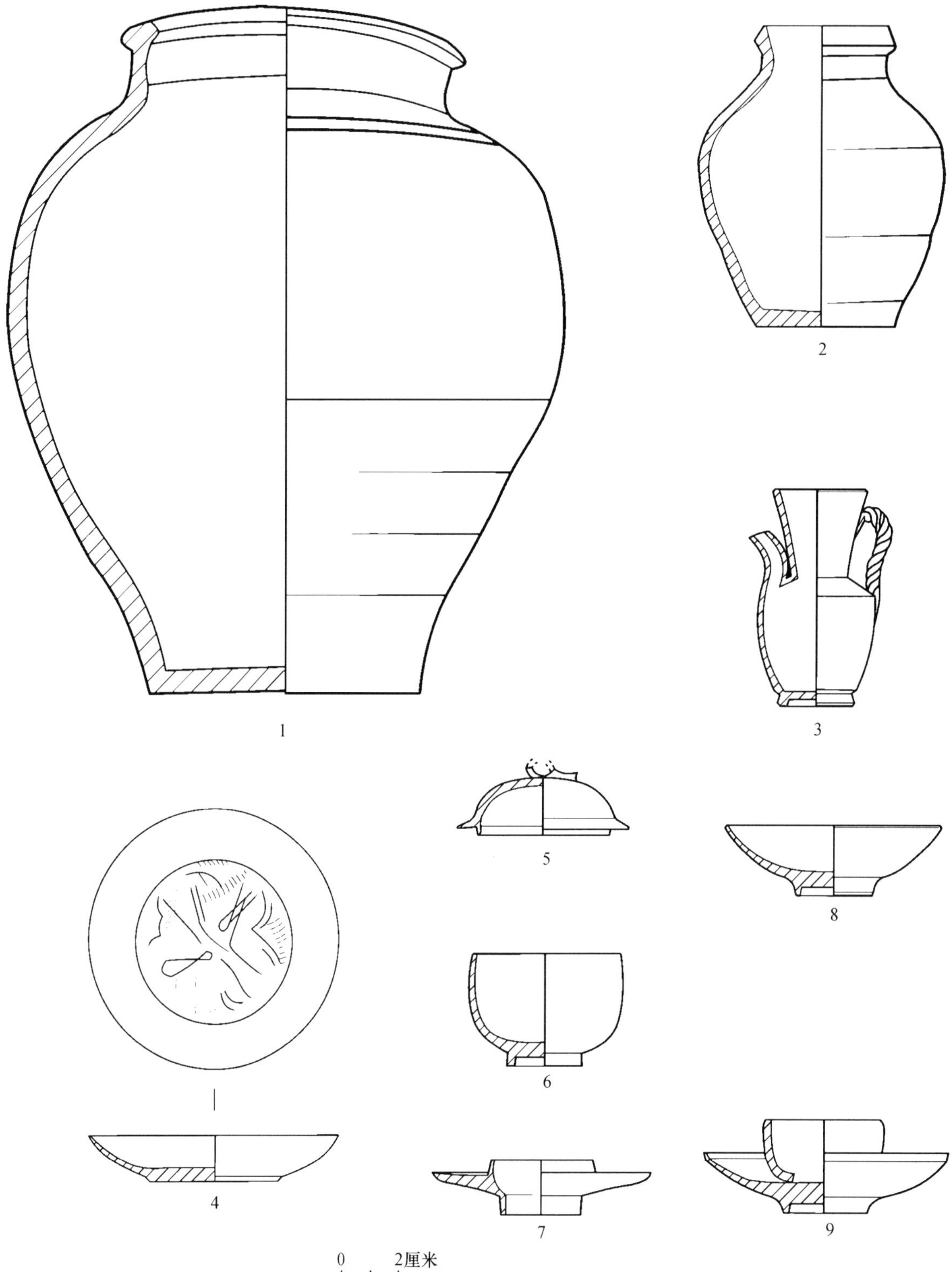

图一五六　2004ⅣM1011 出土器物

1. 釉陶罐（2004ⅣM1011∶1）　2. 釉陶壶（2004ⅣM1011∶2）　3. 瓷注子（2004ⅣM1011∶13）　4. 瓷碟（2004ⅣM1011∶3）　5. 瓷器盖（2004ⅣM1011∶10）　6. 瓷杯（2004ⅣM1011∶9）　7、9. 瓷盏托（2004ⅣM1011∶14、2004ⅣM1011∶11）　8. 瓷碗（2004ⅣM1011∶12）

碟　2004ⅣM1011∶3，影青釉，底无釉。碟心有模印的蝶纹，敞口，浅腹，弧壁，平底。口径8.69厘米，底径4.53厘米，高1.56厘米（图一五六，4；彩版三二，4、5）。该墓中共出土6个这种瓷碟，形制尺寸基本相同。

器盖　2004ⅣM1011∶10，白瓷。半球状，内部无釉。环状纽，已残。最大径5.99厘米，底径4.57厘米，残高2.31厘米（图一五六，5）。

杯　2004ⅣM1011∶9，白瓷。敛口，圆唇，垂腹，圈足。口径5.14厘米，底径2.16厘米，高3.82厘米（图一五六，6）。该器物与编号2004ⅣM1011∶10的器盖虽不同出，但胎质与装饰都比较一致，盖底与杯口也相互契合，应为配套使用。

碗　2004ⅣM1011∶12，影青釉，由口至底釉色渐变。圆唇，浅弧弦壁，圈足，底无釉。口径7.40厘米，底径2.64厘米，高2.42厘米（图一五六，8；彩版三一，2）。

盏托　2004ⅣM1011∶13、14，白瓷，形制与大小完全相同。小盘口，圈足，空底。口径3.54厘米，最大径7.64厘米，底径2.81厘米，高1.88厘米（图一五六，7；彩版三一，1）。2004ⅣM1011∶11，影青瓷。杯盘一体，杯无底，直口，圆唇，盘圈足。杯口径3.98厘米，盘最大径8.50厘米，底径2.95厘米，通高3.15厘米（图一五六，9）。

铜钱　3枚，皆为开元通宝。

2004ⅣM1013

土洞墓。竖井墓道，长方形墓室。墓向为235°。墓道上口长2.5米，宽1.2～1.3米，距离地面深0.6米。墓道下口长2.5米，宽1.2～1.3米，距离上口深1.7～2米。墓室长2.1米，宽1.3～1.4米。被盗扰，盗洞在墓道中部（图一五七）。有人骨残段，但未发现随葬品。

2. 墓顶完全被破坏掉的土洞墓（残存撮箕形墓坑）

墓顶完全被破坏掉的土洞墓（残存撮箕形墓坑）有93座。宝塔坪土洞墓一般是墓底外高内低，墓中人骨架的头朝向墓道口，所以即使墓顶和墓道被破坏也能识别出来。但是也有部分土洞墓的墓底是水平的，如果墓顶和墓道被完全破坏掉，仅残留部分墓室的底部，则与竖穴墓无法区分。

其中，2000年清理土洞墓50座，编号为2000IM1001、2000IM1002、2000IM1003、2000IM1004、2000IM1005、2000IM1007、2000IM1012、2000IM1015、2000IM1016、2000IM1017、2000IM1018、2000IM1019、2000IM1020、2000IM1022、2000IM1027、2000IM1030、2000IM1031、2000IM1032、2000IM1034、2000IM1035、2000IM1036、2000IM1040、2000IM1042、2000IM1045、2000IM1046、2000IM1047、2000IM1048、2000IM1049、2000IM1051、2000IM1055、2000IM1056、2000IM1058、2000IM1059、2000IM1061、2000IM1064、2000IM1065、2000IM1067、2000IM1071、2000IM1072、2000IM1073、2000IM1074、2000IM1076、2000IM1077、2000IM1080、2000IM1081、2000IM1082、2000IM2001、2000IM2002、2000IM2007、2000IM2008。

2001年清理土洞墓43座，编号为2001IM1001、2001IM1002、2001IM1003、2001IM1012、2001IM1013、2001IM1014、2001IM1015、2001IM1017、2001IM1020、2001IM1021、2001IM1022、2001IM1023、2001IM1025、2001IM1026、2001IM3001、2001IM3003、2001IM3005、2001IM3006、2001IM3007、2001IM3008、2001IM3009、2001IM3010、2001IM3011、2001IM3012、2001IM3013、2001IM3014、2001IM3015、2001IM3016、2001IM3018、2001IM3019、2001IM3020、2001IM3021、2001IM3022、2001IM3023、2001IM3024、2001IM3026、2001IM3027、2001IM3028、2001IM3031、2001IM3033、2001IM5011、2001IM7002、2001IM7003。

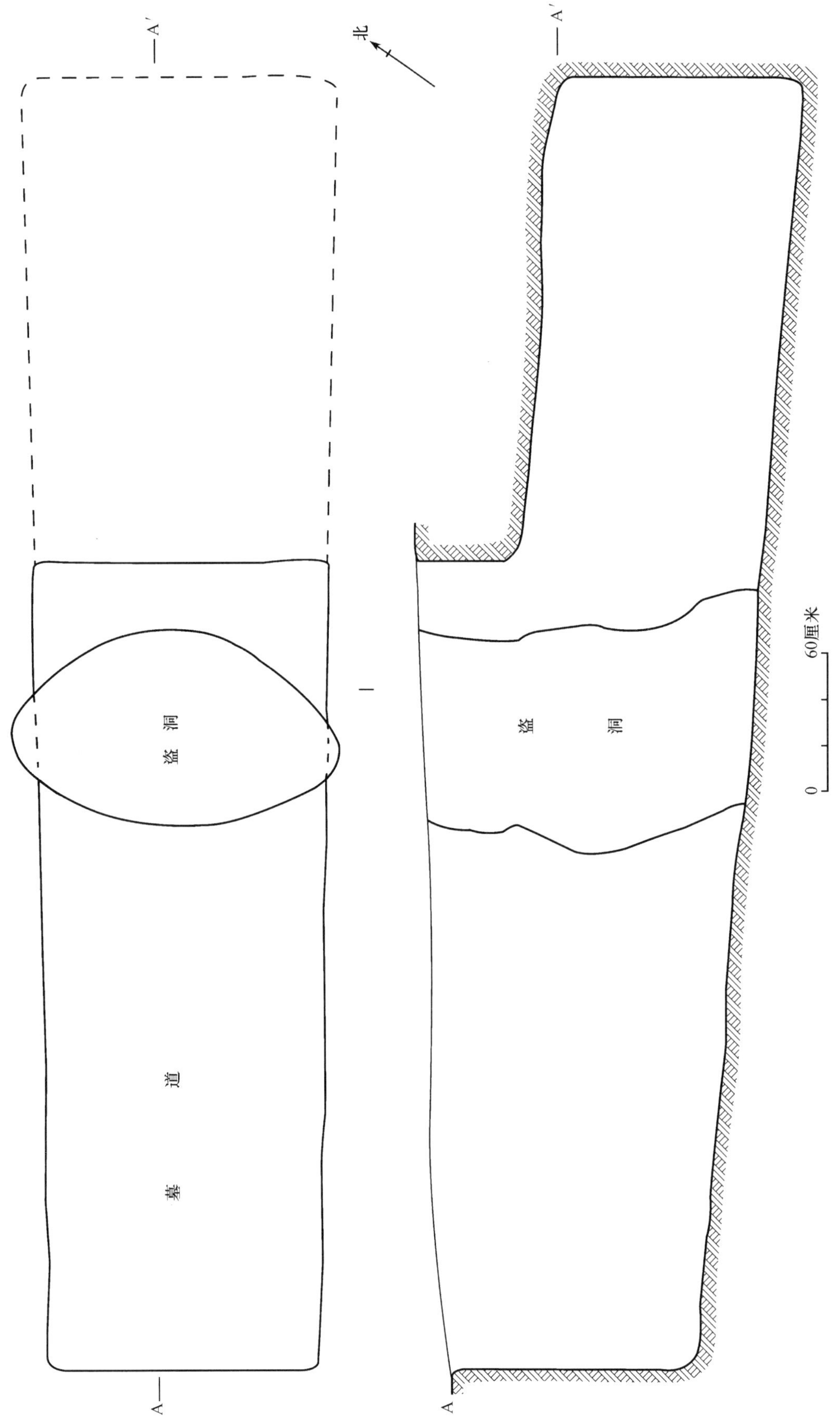

图一五七　2004ⅣM1013 平、剖面图

2000IM1001

位于2000IT1012的东北角。被扰乱。墓室长方形，墓底长2.1米，宽0.6米，残深0.1米。北、东、西三壁基本垂直。单人仰身直肢葬，头向190°（图一五八）。随葬品仅有铜钱3枚。

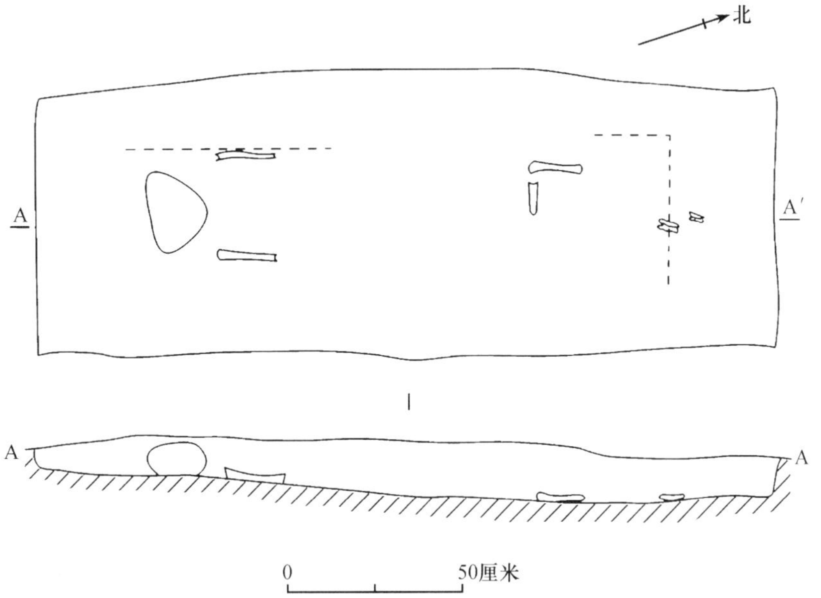

图一五八　2000IM1001平、剖面图

2000IM1002

位于2000IT1010西南部。被扰乱。墓室长方形，墓底长2.3米，宽0.72米，残深0.7米。东、西壁均北高南低，依山坡走势，墓底平坦。单人仰身直肢葬，肢骨保存较好。头向175°。随葬品仅见铁钱1枚（图一五九）。

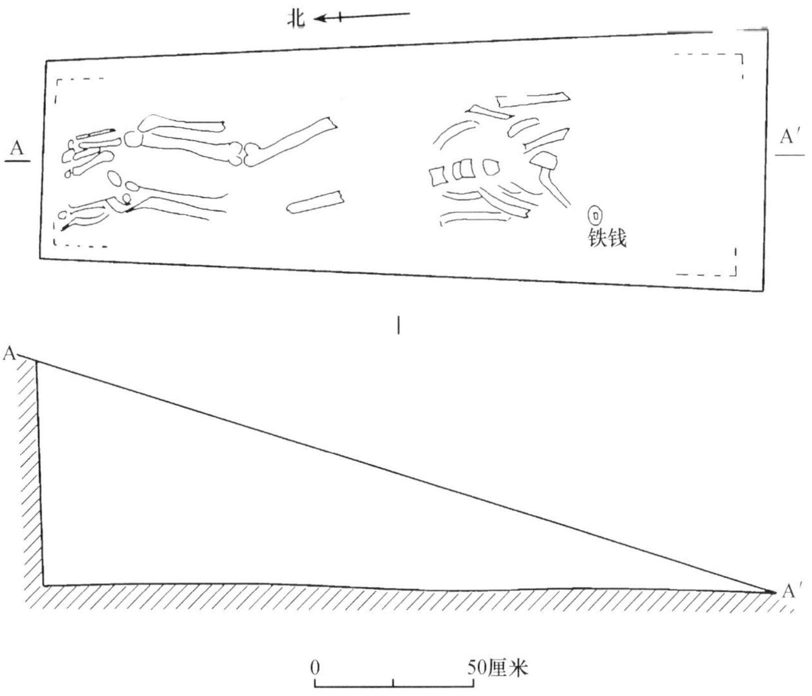

图一五九　2000IM1002平、剖面图

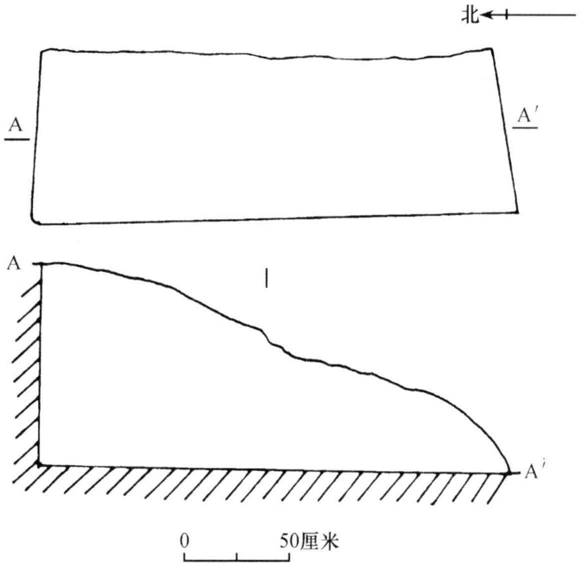

图一六〇　2000IM1003 平、剖面图

2000IM1003

位于2000IT1007东部。被扰乱。墓室长方形，墓底长2.34米，宽0.74米，残深0.92米。东、西壁均北高南低，依山坡走势，墓底平坦。仅见少量残骨，葬式、头向不明。墓向为南向。填土中有铜簪、银簪各1件，皆残破（图一六〇）。

2000IM1004

位于2000IT1005东部，被扰乱。方形，墓底长2.1米，宽0.6米，残深0.64米。东、西壁均北高南低，依山坡走势，墓底平坦。有部分人骨，单人仰身直肢葬，头向190°（图一六一，1）。随葬品仅见陶罐1件，开元通宝半枚。

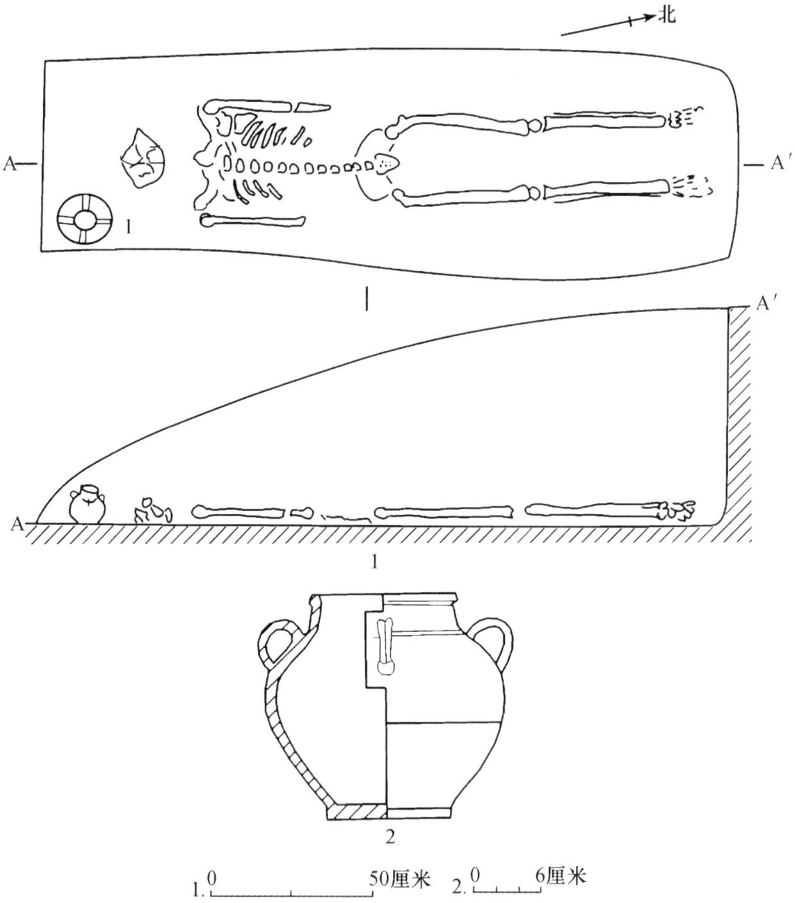

图一六一　2000IM1004 平、剖面图

1. 2000IM1004 平、剖面图　2. 釉陶四系罐（2000IM1004∶1）

釉陶四系罐 2000IM1004:1，直口，厚圆唇，短颈，溜肩，鼓腹，腹下部渐收，假圈足，四系。器内壁近口沿处和外壁上部施釉．口径12厘米，腹径18厘米，底径9厘米，高16.5厘米（图一六一，2）。

2000IM1005

位于2000IT1009内。被扰乱。墓室长方形，墓底长2.85米，宽0.78米，残深约0.6米。缺失墓呈北高南低之势（图一六二）。未见人骨。墓向为南向。随葬品共出土7件，有瓷器、釉陶和铜器。

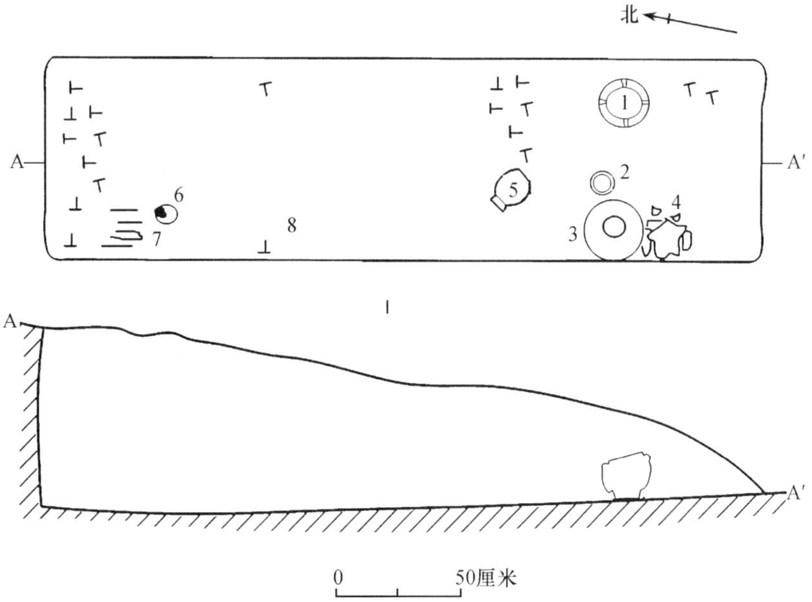

图一六二 2001IM1005平、剖面图

1. 瓷四系罐 2. 釉陶奁 3. 黑瓷碗 4. 白瓷碗 5. 釉陶双系罐 6. 铜钱 7. 铜饰 8. 铁棺钉

铜器 2件。

铜饰 1件。长条形，毁为22段，不能复原完整形态。

铜钱 1枚。钱文锈蚀，不识。

釉陶 2件。

双系罐 1件。2000IM1005:9，灰陶，外壁上部施黄色釉。圆尖唇，短颈，溜肩，弧腹，平底，肩部为横向条形双耳。口径6厘米，腹径10.5厘米，底径6.9厘米，高12.7厘米（图一六三，4）。

奁 1件。2000IM1005:6，陶质，口沿部施绿釉。。敞口，直腹，圈足。口径9.8厘米，底径7.8厘米，高5.6厘米（图一六三，3）。

瓷器 3件。

瓷碗 2件。2000IM1005:5，薄胎白釉，釉色略泛青。口沿呈六出花瓣口，敞口外撇，斜直壁，假圈足，小平底。口径13.1厘米，底径3.3厘米，高5.2厘米（图一六三，1）。2000IM1005:4，白胎，黑釉，器内满釉，器外半截釉。敞口，圆唇，斜直壁，腹较深。圈足。口径17.8厘米，底径6厘米，高6.6厘米（图一六三，2）。

四系罐 1件。2000IM1005:3，外壁上部施黄釉。直口，竖向四系，平底，并有两条刻划弦纹，形制不规整，有破损。口径17.7厘米，最大腹径23.5厘米，底径11厘米，高22厘米（图一六三，6）。

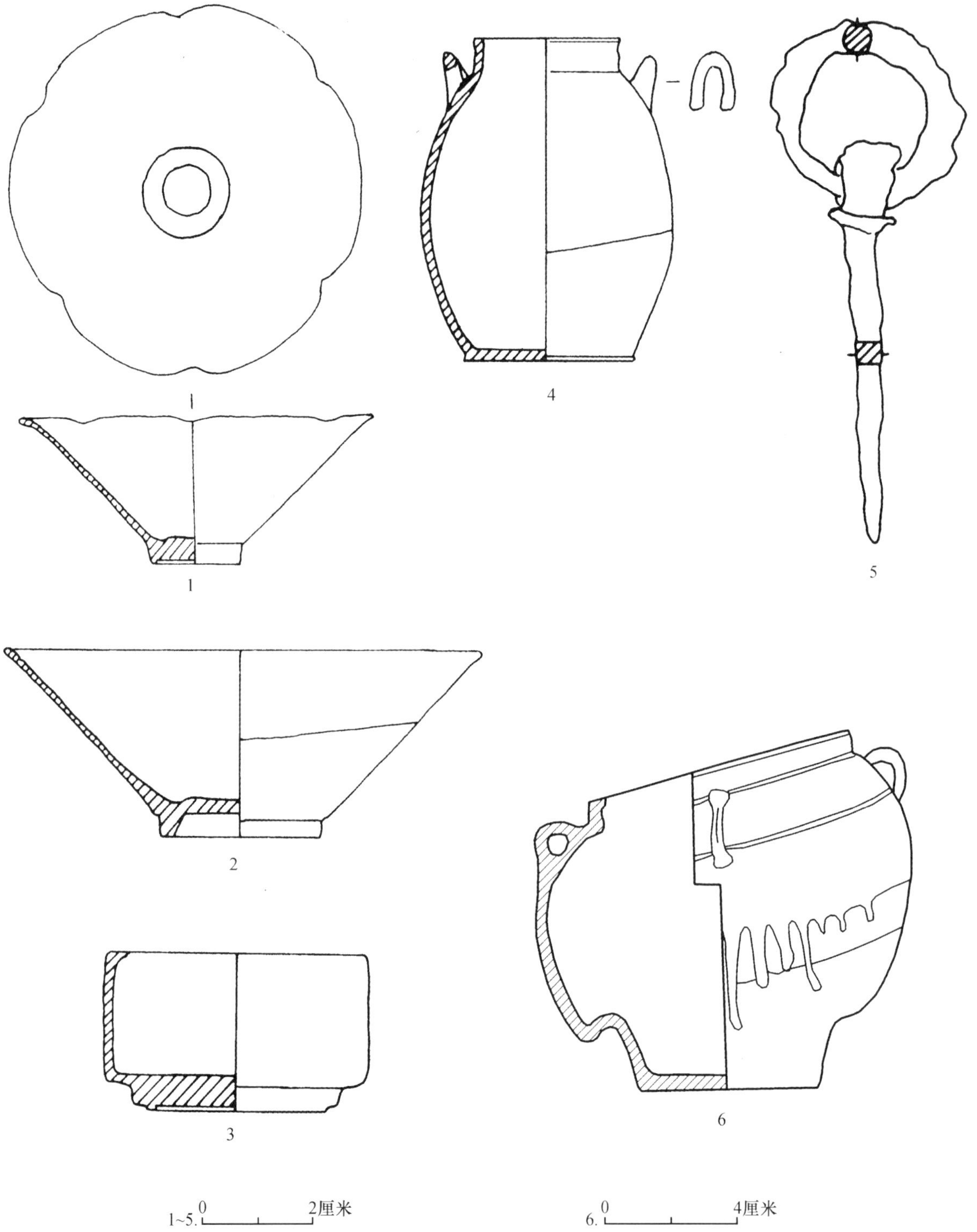

图一六三　2000IM1005 出土器物

1. 白瓷碗（2000IM1005∶5）　2. 釉陶黑瓷碗（2000IM1005∶4）　3. 釉陶奁（2000IM1005∶6）　4. 釉陶双系罐（2000IM1005∶9）　5. 铁棺环（2000IM1005∶2）　6. 瓷四系罐（2000IM1005∶3）

铁棺环　2000IM1005∶2，圆形环，环横截呈圆形，环上套接铁钉，钉系铁打扁后合在一起制成，铁钉上一般均带少量木屑（图一六三，5）。

2000IM1007

位于2000IT1020北部。墓室长方形。墓底残长1.35米，宽0.6米，残深0.17米。北端略窄于南端，南端可能被山体削去，墓底基本水平。仅见少量残骨，葬式、头向不明。墓向为南向（图一六四）。未见随葬品。

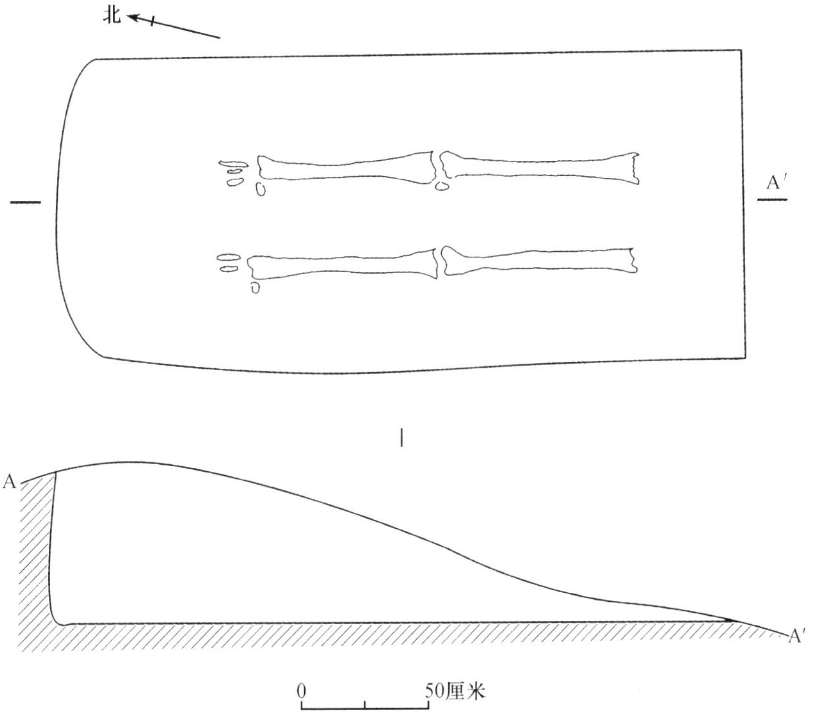

图一六四 2000IM1007平、剖面图

2000IM1012

位于2000IT1010中南部。被扰乱。墓室长方形，墓底残长1.45米，宽0.65米，残深1.15米。墓底平坦。未见人骨，葬式、头向不明。墓向为南向（图一六五）。未见随葬品。

2000IM1015

位于2000IT1020西北部。前部被削去。墓室长方形，墓底残长0.6米，宽0.5米，残高0.4米。东、西壁均北高南低，依山坡走势，南部被破坏，墓底平坦。人骨残留腿脚骨骼。墓向为南向（图一六六）。未见随葬品。

2000IM1016

位于2000IT1020西南部，被扰乱。墓室长方形。墓底长2米，宽0.7米，残深0.5米。有少量残骨，单人仰身直肢葬，头向180°（图一六七）。未见随葬品。

2000IM1017

位于2000IT1017南部。墓室长方形。墓底长1.95米，宽0.88米，残深0.4米。东、西壁均北高南低，依山坡走势，南部被破坏，墓底平坦。有少量残骨，单人仰身直肢葬，头向160°（图一六八）。未见随葬品。

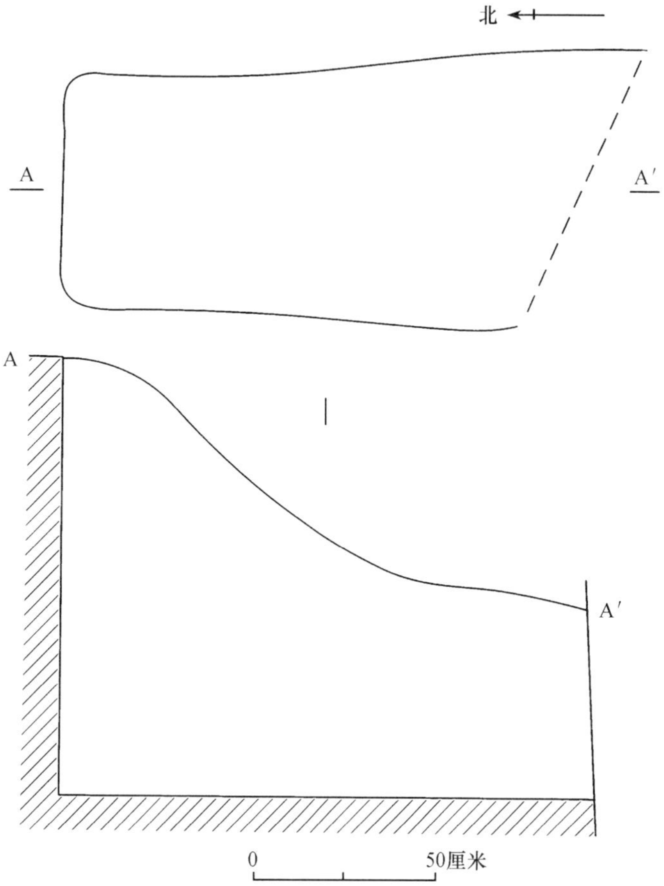

图一六五　2000IM1012平、剖面图

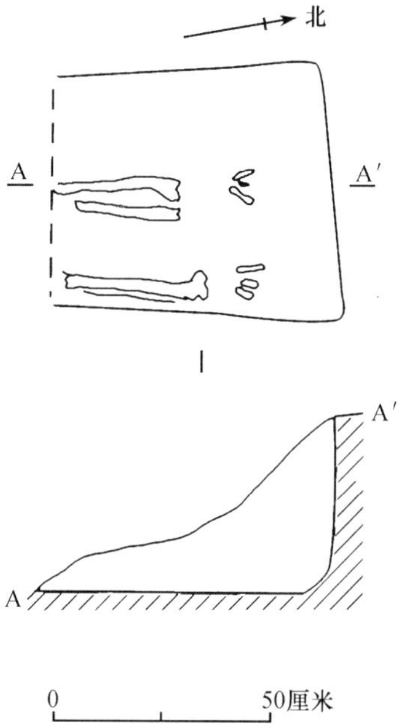

图一六六　2000IM1015平、剖面图

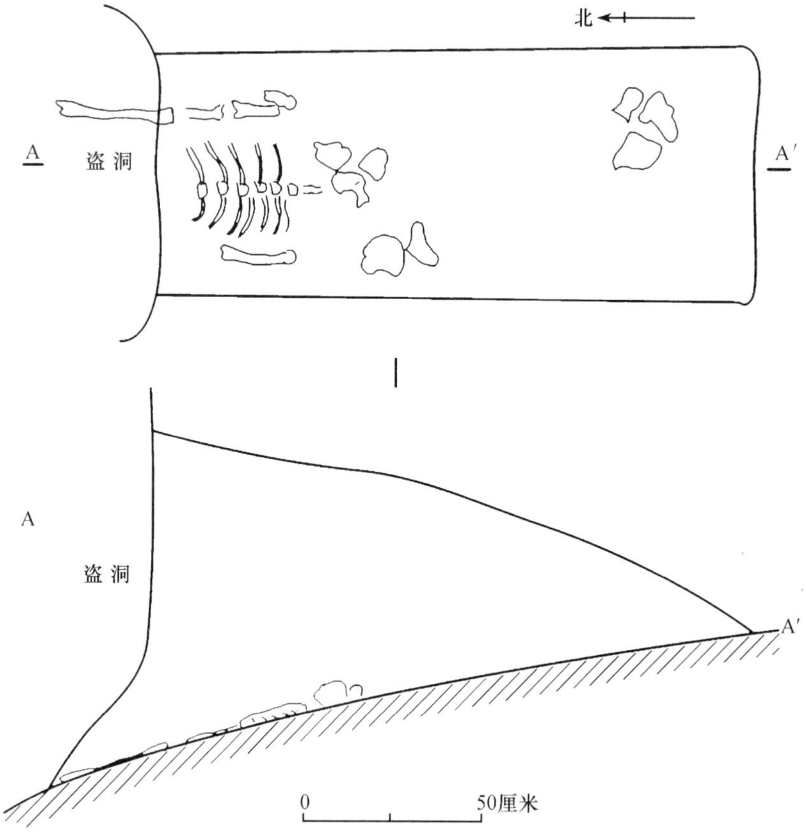

图一六七　2000IM1016平、剖面图

2000IM1018

位于2000IT1028东部。被扰乱。墓室长方形，墓底长2米，宽0.8米，残深0.8米。东、西壁均北高南低，依山坡走势，南部被破坏，墓底平坦（图一六九）。未见人骨，葬式、头向不明。墓向为南向。未见随葬品。

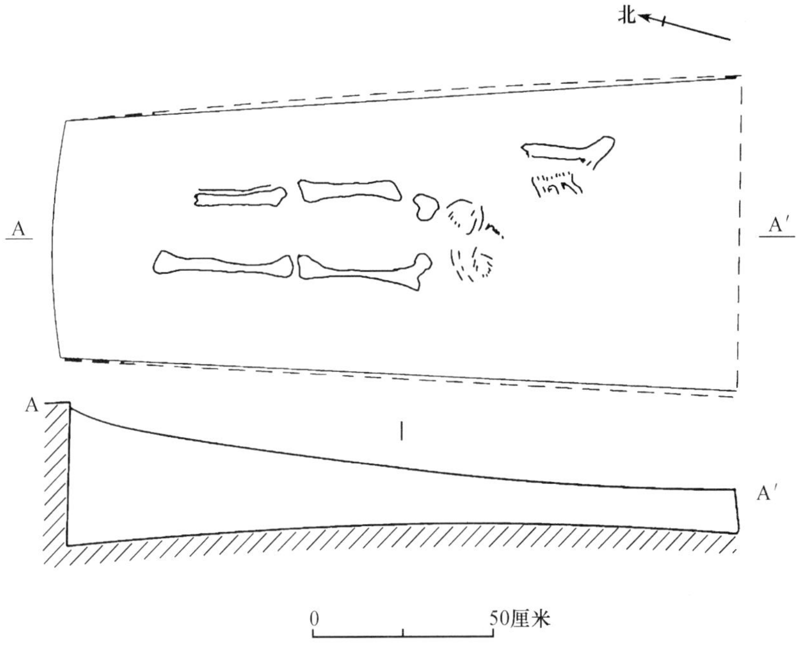

图一六八 2000IM1017平、剖面图

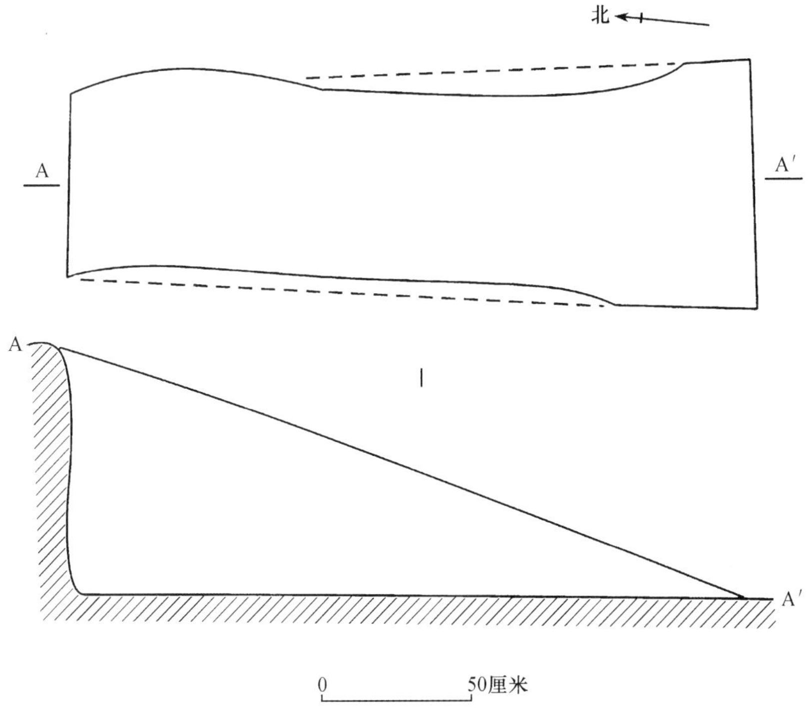

图一六九 2000IM1018平、剖面图

2000IM1019

位于2000IT1028中部。被扰乱。墓室长方形，墓底长2.8米，宽1.5米，残深1米。东、西壁均北高南低，依山坡走势，南部被破坏，墓底平坦（图一七〇）。未见人骨，葬式、头向不明。墓向为南向。随葬品仅见铜钗2件。

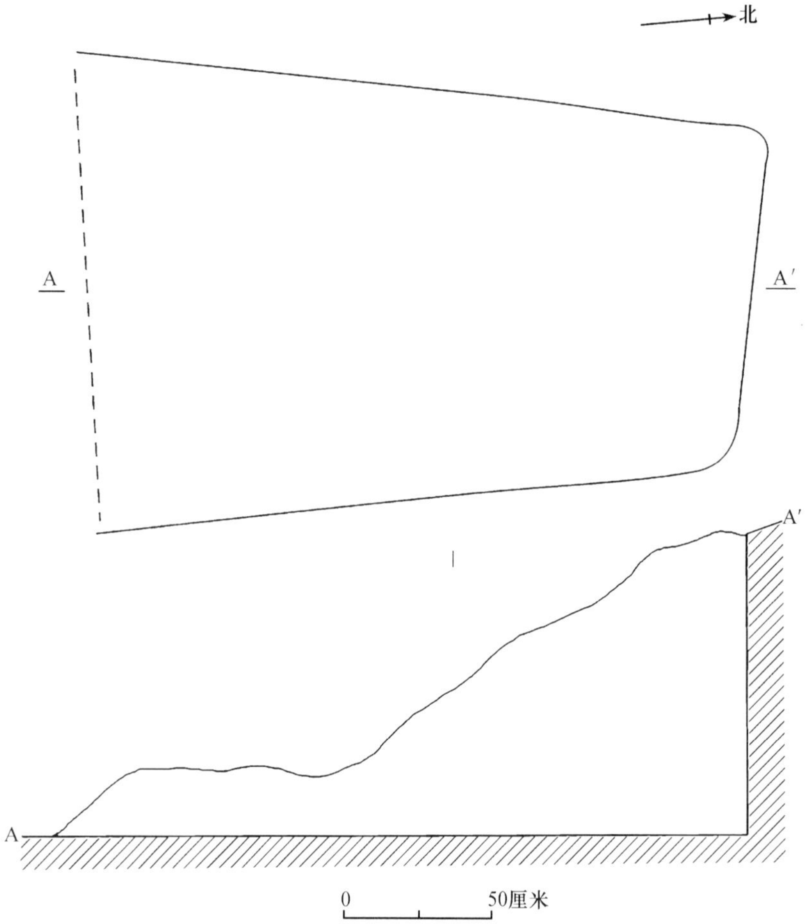

图一七〇　2000IM1019平、剖面图

铜钗　2件。2000IM1019∶1，铜质，绿色，通体都布满绿色的铜锈。钗分两股，钗身圆柱形，中部较细。钗首呈竹节状，一股分为15节，共30节。长16.5厘米，宽0.5厘米，厚0.1厘米（图一七一，1）。2000IM1019∶2与前者相同（图一七一，2）。

2000IM1020

位于2000IT1021东南部。被扰乱。墓室长方形，墓底长1.9米，宽1.1米，残深1.1米。东、西壁北高南低，与山坡走势相同，墓底平坦，北高南低，墓的偏南部有一直径约30厘米的小坑。墓向为南向。随葬品仅见铜、铁钱（图一七二）。

铜钱　2枚，1枚完整。2000M1020∶1，“皇宋元宝”（图一七一，3）。另1枚已残。

铁钱　若干，已锈蚀成块。

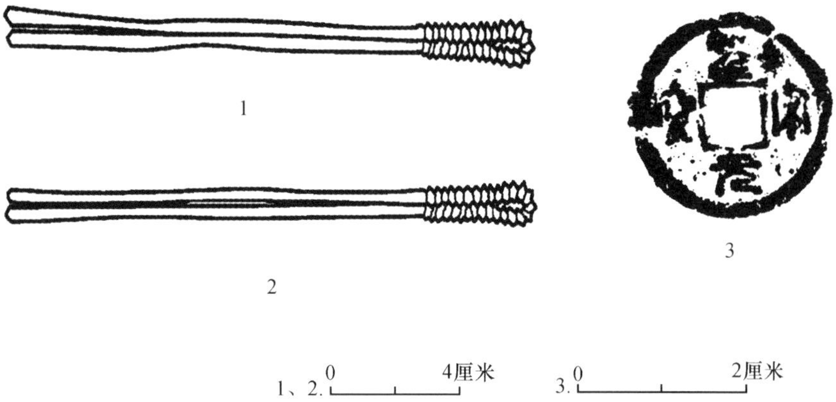

图一七一　2000IM1019出土器物

1、2. 铜钗（2000IM1019∶1、2000IM1019∶2）　3. 铜钱（2000IM1020∶1）

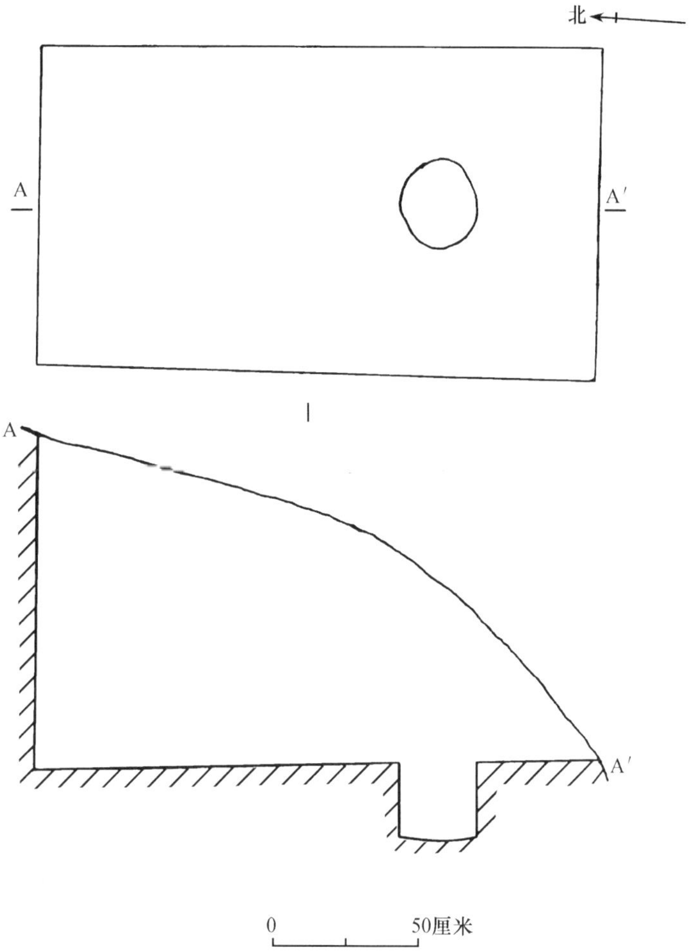

图一七二　2000IM1020平、剖面图

2000IM1022

位于2000IT1013东部进东隔梁。被扰乱。墓室长方形，墓底长2.8米，宽0.6米，残深0.8米。东、西壁均北高南低，依山坡走势，墓底平坦。有少量人骨，单人仰身直肢葬，头向186°。未见随葬品（图一七三）。

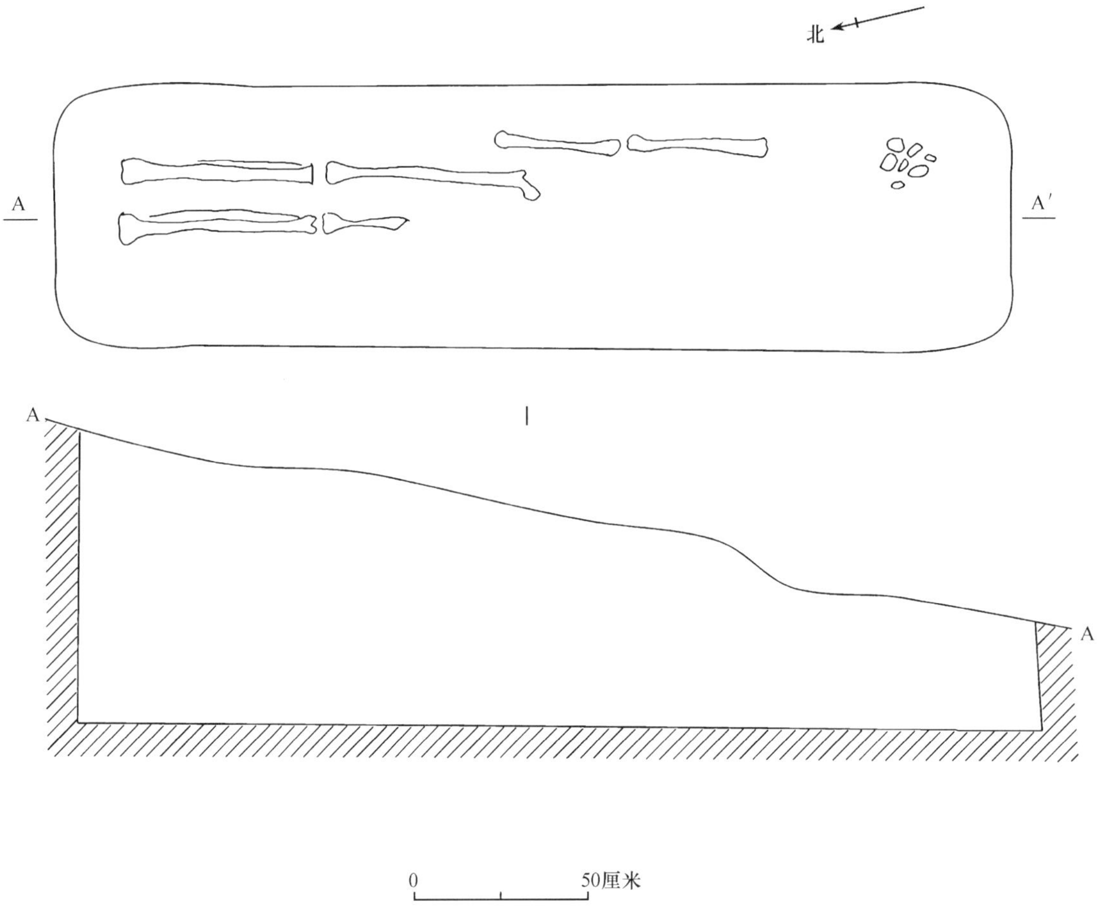

图一七三　2000IM1022平、剖面图

2000IM1027

位于2000IT1013西南部，进入2000IT1005北隔梁。被扰乱。西壁与山体走势相同。墓底长2.4米，宽0.63米，残深1.1米。有少量人骨，单人仰身直肢葬，男性，头向180°（图一七四）。头骨旁有1件黑陶罐残碎片。

2000IM1030

位于2000IT1025内。被扰乱。墓室长方形，墓底长1.9米，宽0.75米，残深0.98米。东、西壁均北高南低，依山坡走势，墓底平坦。未见人骨，葬式、头向不明。墓向为南向。未见随葬品（图一七五）。

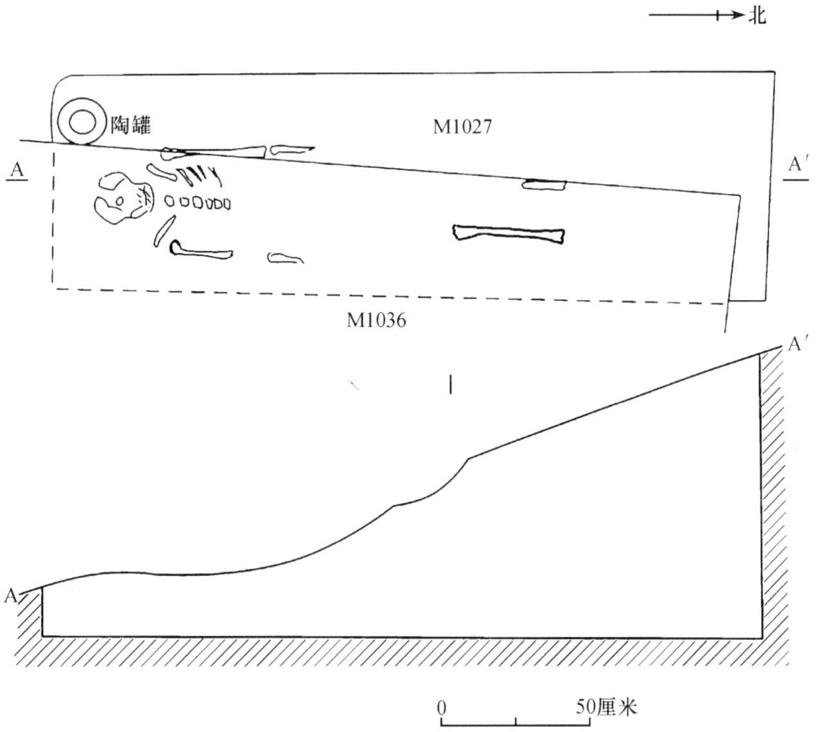

图一七四 2000IM1027平、剖面图

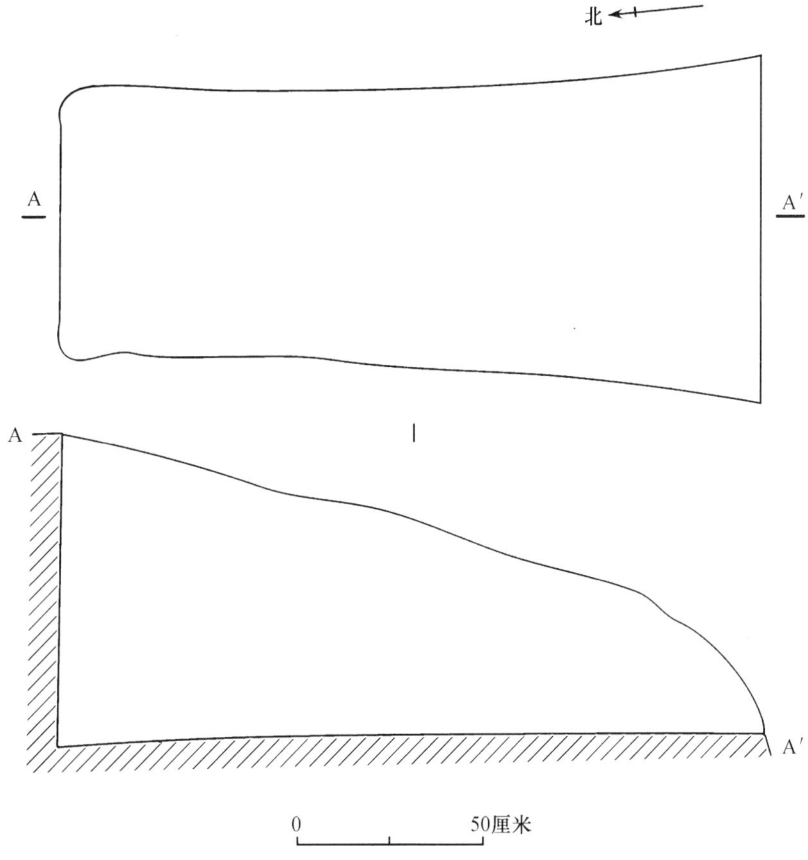

图一七五 2000IM1030平、剖面图

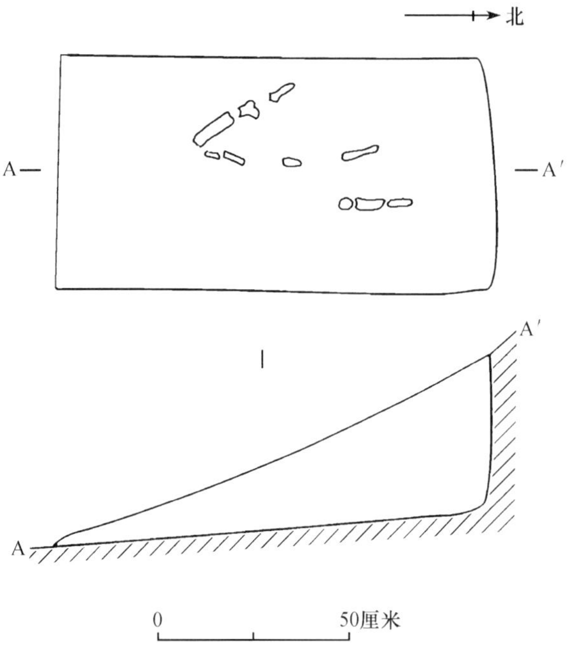

图一七六　2000IM1031 平、剖面图

2000IM1031

位于 2000IT1027 东部。被扰乱。墓室长方形，墓底残长 1.15 米，宽 0.6 米，残深 0.38 米。东、西壁均北高南低，依山坡走势，墓底平坦。仅见少量残骨，头向 180°。未见随葬品（图一七六）。

2000IM1032

位于 2000IT1019 北部及 T1027 南部。被扰乱，墓顶几乎被完全破坏，在北壁还能看到弧形顶残迹。墓室长方形，墓底长 2.86 米，宽 1.26 米，残深 1.4 米。东、西壁与山坡走势相同，北高南低。墓底向北倾斜，铺有墓砖，墓砖规格为 28 厘米 ×28 厘米 ×6 厘米。在靠近北壁处有人腿骨 2 个，向下倾斜，应该是扰乱所致（图一七七）。未见随葬品。

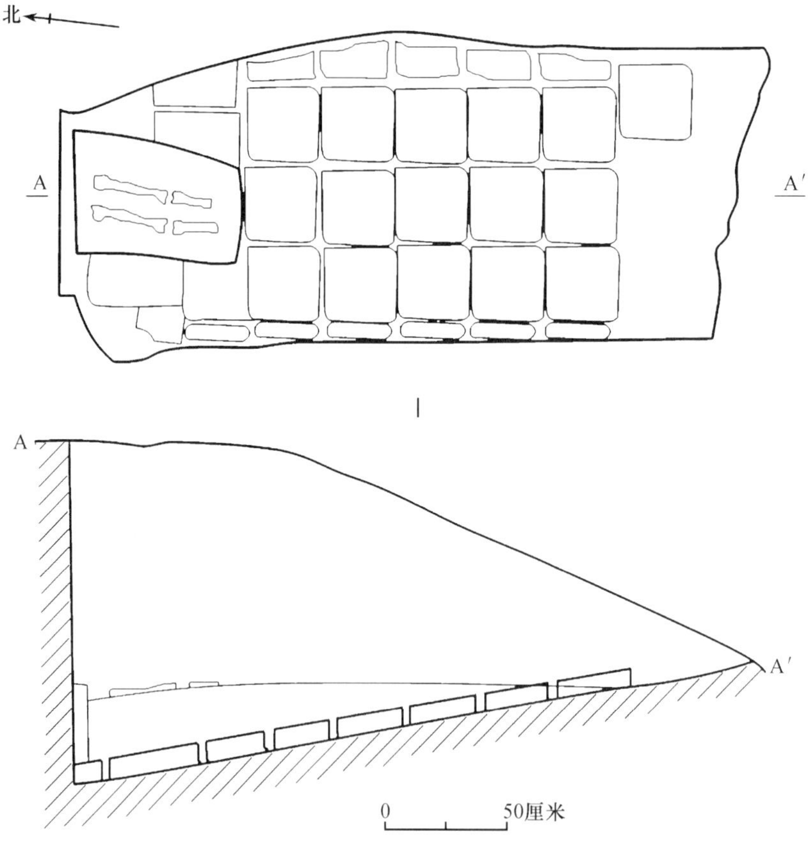

图一七七　2000IM1032 平、剖面图

2000IM1034

位于2000IT1031的北部。被扰乱。墓室长方形，墓底长2.55米，宽0.65米，残深0.96米。东、西壁与山坡走势相同，北高南低。墓底平坦，北低南高。人骨不完整，单人仰身直肢葬，头向160°（图一七八）。随葬品仅有三堆碎陶片，分属不同器物，无法复原。

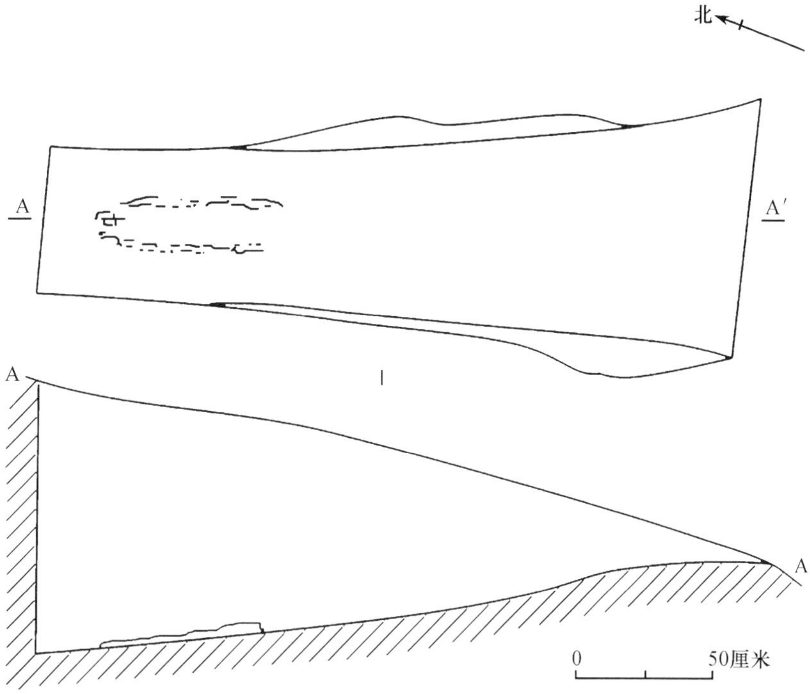

图一七八 2000IM1034平、剖面图

2000IM1035

位于2000IT1025内，被扰乱。墓室长方形，墓底残长0.99米，宽0.55米，残深0.6米。东、西壁均北高南低，依山坡走势，墓底平坦。仅见少量残骨，头向180°（图一七九）。未见随葬品。

2000IM1036

位于2000IT1013西南部，进入T1005北隔梁。被扰乱。墓室长方形，墓底长1.9米，宽0.7米，残深0.25米。墓底为坡形，南高北低。人骨不完整，单人仰身直肢葬，头向182°（图一八〇）。未见随葬品。

2000IM1040

位于2000IT1023东北角。被扰乱。墓室长方形，墓底长2米，宽0.72米，残深0.7米。东、西壁均北高南低，依山坡走势，墓底平坦。单人仰身直肢葬，头向155°（图一八一）。

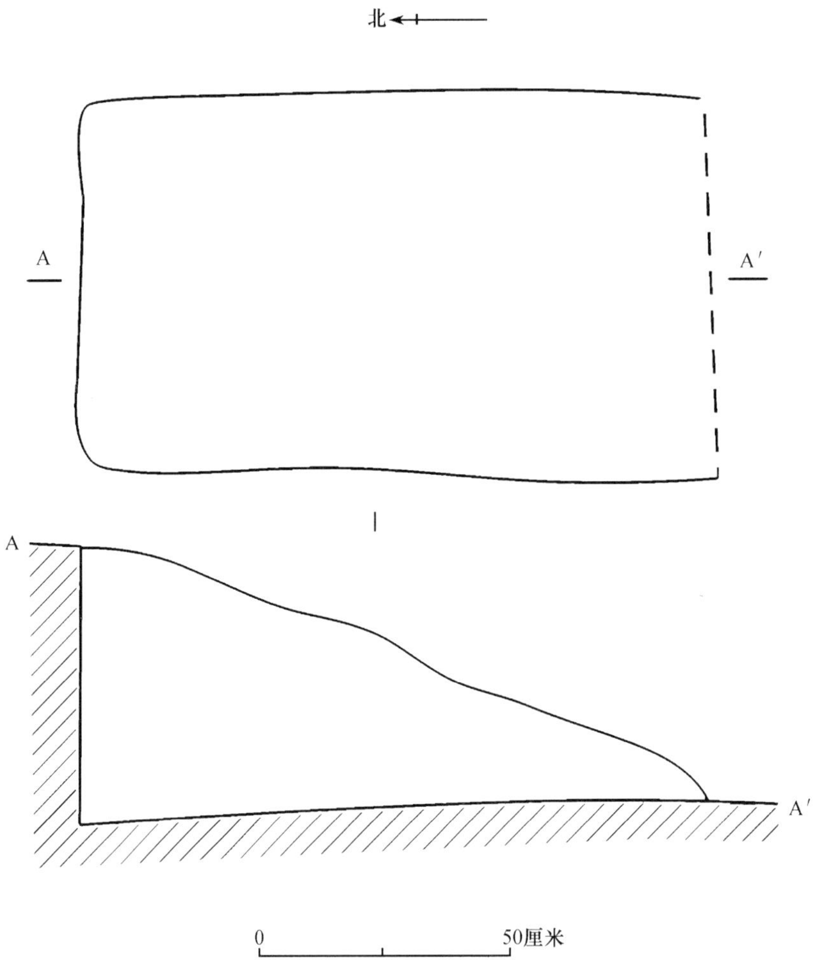

图一七九　2000IM1035 平、剖面图

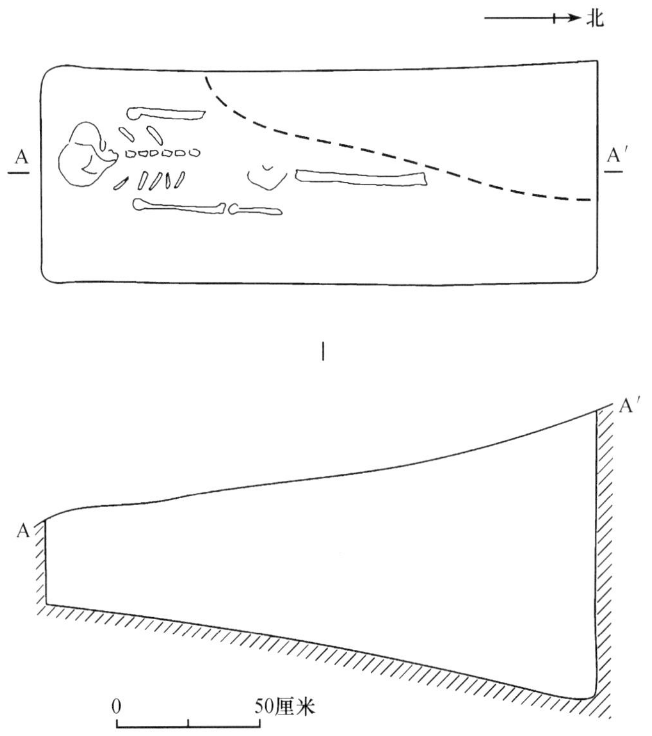

图一八〇　2000IM1036 平、剖面图

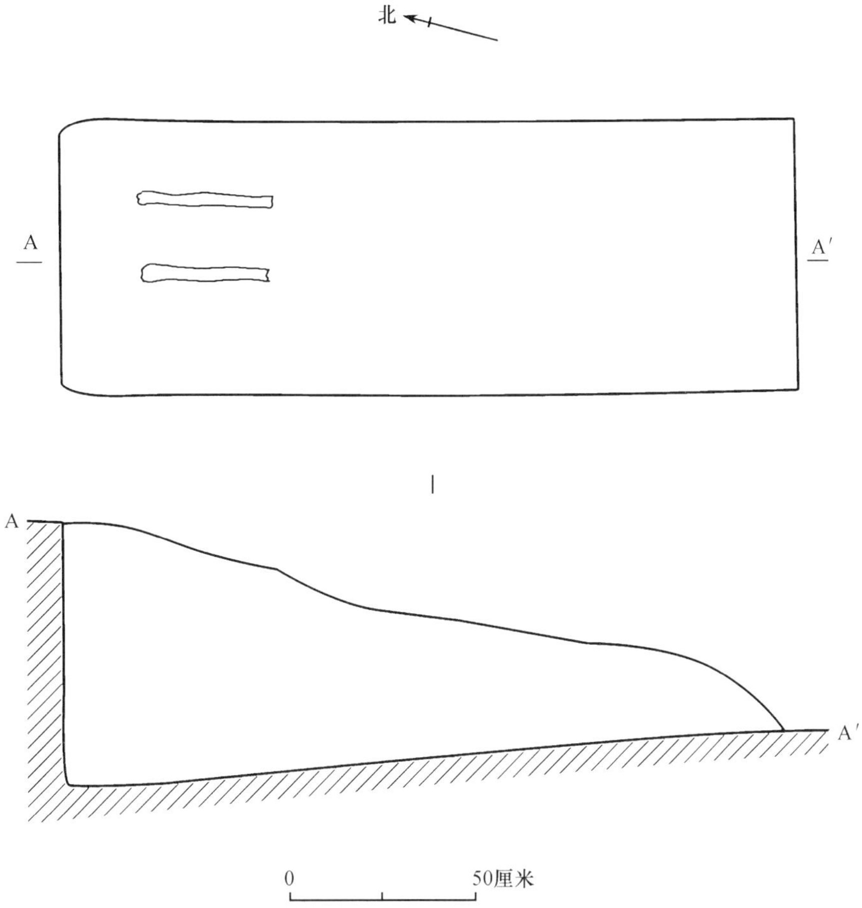

图一八一 2000IM1040平、剖面图

2000IM1042

位于2000IT1029中部。被扰乱。墓室长方形，墓底长2米，宽0.8米，残深0.9米。东、西壁均北高南低，依山坡走势，墓底平坦。未见人骨，葬式、头向不明。墓向为南向。未见随葬品（图一八二）。

2000IM1045

位于2000IT1025东南部。被扰乱。墓室长方形，墓底残长1米，宽0.5米，残深0.5米。东、西壁均北高南低，依山坡走势，墓底平坦（图一八三）。仅见少量残骨，葬式不明，头向173°。未见随葬品。

2000IM1046

位于2000IT1025东部。被扰乱。墓室长方形，墓底残长1.4米，宽0.75米，残深0.7米。东、西壁均北高南低，依山坡走势，墓底平坦。仅见少量残骨，葬式不明，头向166°。未见随葬品（图一八四）。

2000IM1047

位于2000IT1029北部，进入北隔梁。保存较好。墓室长方形，墓底长1.6米，宽0.8，残深0.88米。东、西壁依山体走势北高南低，墓底平坦，中部有一腰坑，内有1件釉陶罐。墓底散布铁钱121枚，扰动的填土中出土铜钗1件。单人仰身直肢葬，头向180°（图一八五）。

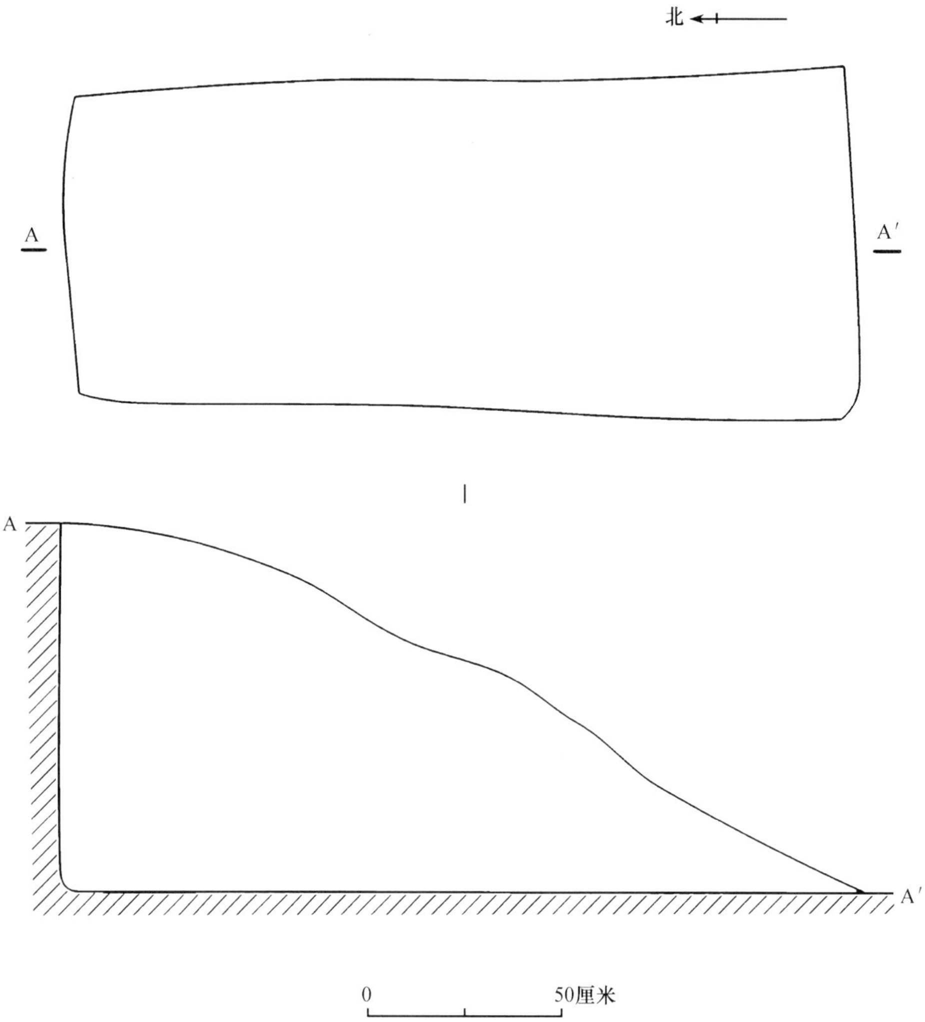

图一八二　2000IM1042 平、剖面图

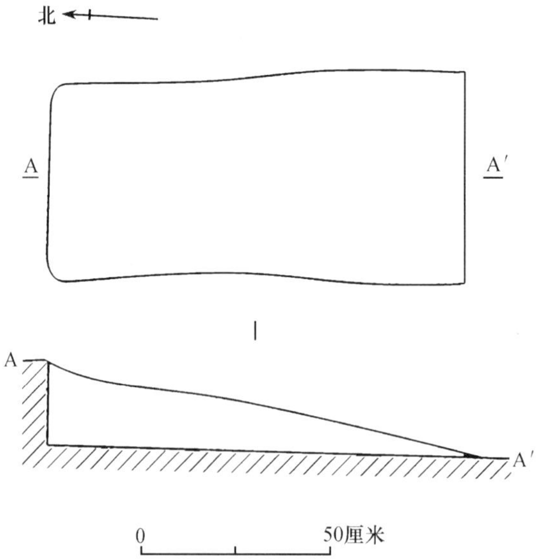

图一八三　2000IM1045 平、剖面图

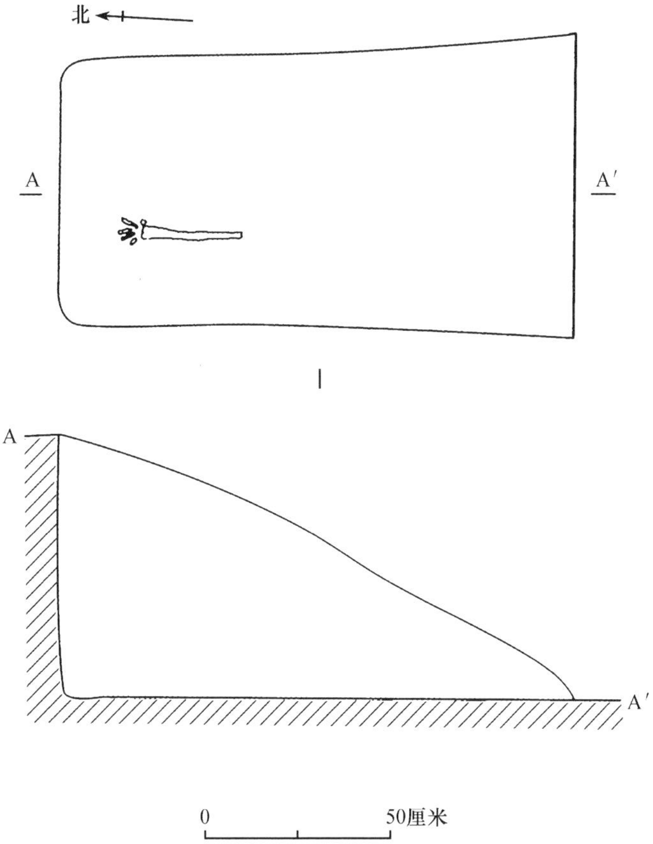

图一八四　2000IM1046平、剖面图

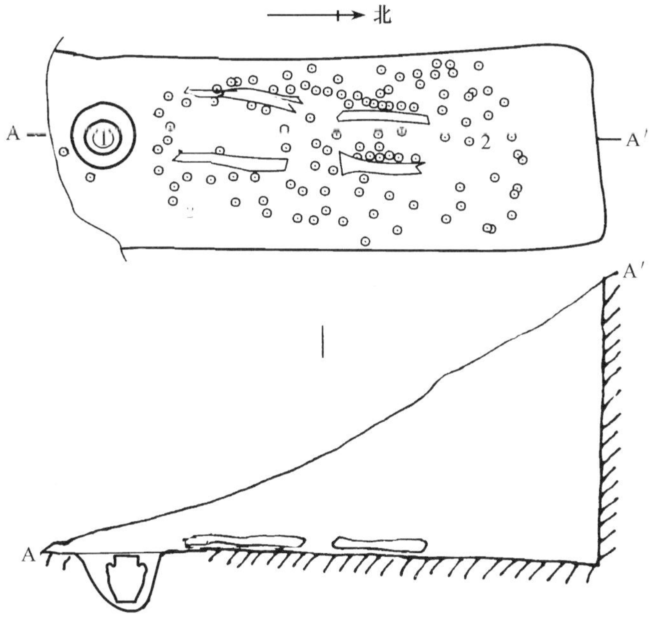

图一八五　2000IM1047平、剖面图
1. 釉陶罐　2. 铁钱

釉陶四系罐　1件。2000IM1047:2，砖红色硬胎，器表上部施灰黄色釉。直口，平方唇，直颈，颈肩部有竖向四条形系，颈中部有一道凹弦纹，溜肩，弧腹，平底。口径9厘米，腹径13.2厘米，底径7.2厘米，高16.2厘米（图一八六，1）。

铜钗　1件。2000IM1047:3，整体呈“U”字形，一端长，另一端短，弯曲部稍粗，端部均呈锐尖，一尖已残。残长5.5厘米（图一八六，2）。

铁钱　121枚。锈蚀严重，字迹不清。

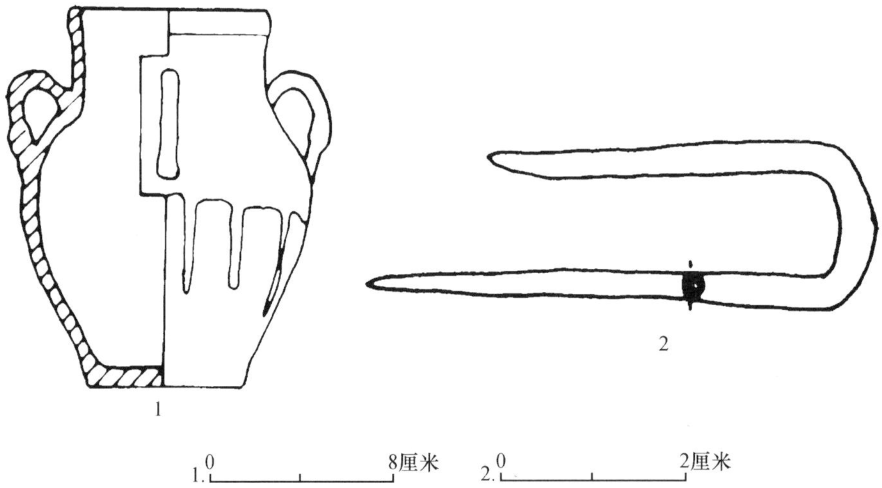

图一八六　2000IM1047出土器物

1. 釉陶四系罐（2000IM1047:2）　2. 铜钗（2000IM1047:3）

2000IM1048

位于2000IT1027北部。被扰乱。墓室长方形，墓底残长1.3米，宽0.68米，残深0.44厘米。东、西壁均北高南低，依山坡走势，墓底平坦。未见人骨，葬式、头向不明。墓向为南向。未见随葬品（图一八七）。

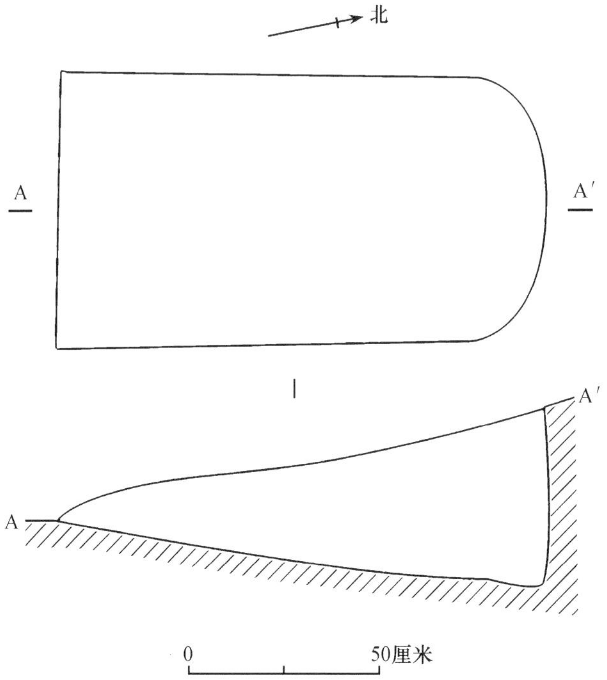

图一八七　2000IM1048平、剖面图

2000IM1049

位于2000IT1025南部。被扰乱。墓室长方形，墓底残长0.2米，宽0.7米，残深0.2米。墓底平坦。未见人骨，葬式、头向不明。墓向为南向。未见随葬品（图一八八）。

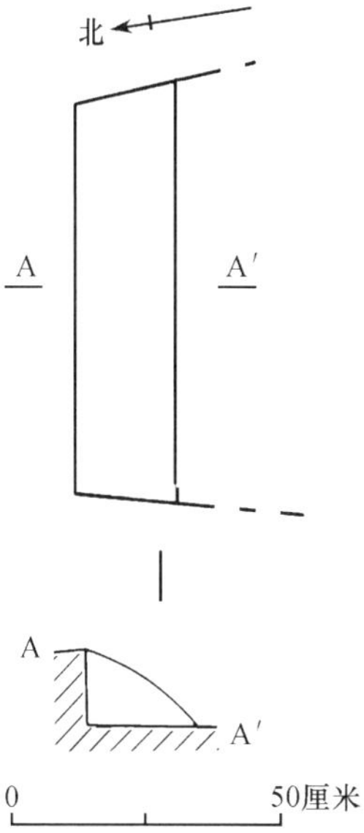

图一八八 2000IM1049 平、剖面图

2000IM1051

位于2000IT1026中部偏西。被扰乱。墓室长方形，墓底残长1米，宽1.1米，残深0.47米。东、西壁均北高南低，依山坡走势，墓底平坦。未见人骨，葬式、头向不明。墓向为南向。未见随葬品（图一八九）。

2000IM1055

位于2000IT1031西部。被扰乱。被破坏殆尽，只剩东北角，残留部分墓底铺砖。仅见少量残骨，葬式、头向不明。墓向为西北—东南向。未见随葬品（图一九〇）。

2000IM1056

位于2000IT1019东部。被扰乱。墓室长方形，墓底残长1.2米，宽1米，残深0.95米。东、西壁均北高南低，依山坡走势，墓底平坦。未见人骨，葬式、头向不明。墓向为南向。未见随葬品（图一九一）。

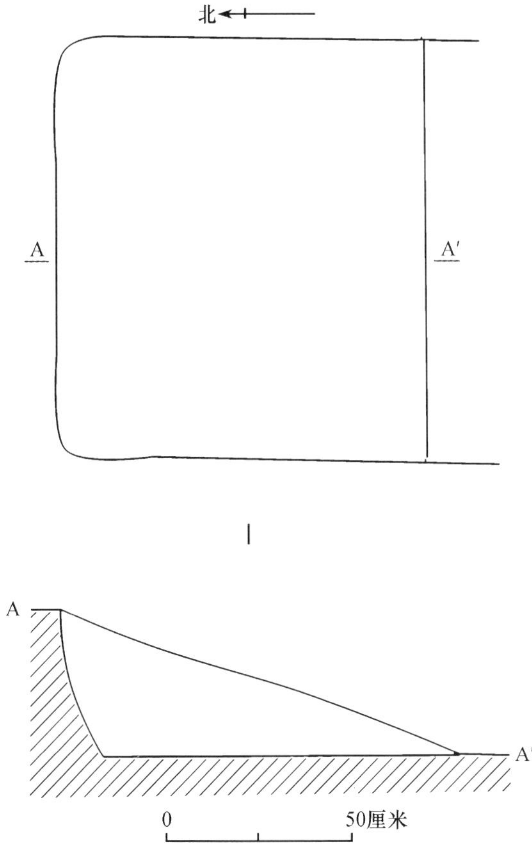

图一八九 2000IM1051 平、剖面图

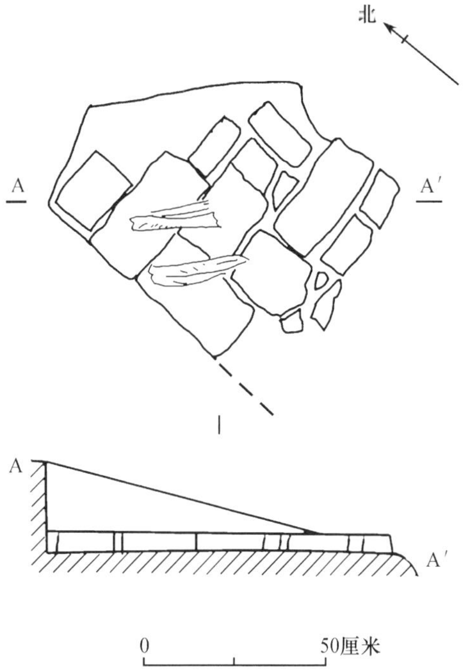

图一九〇 2000IM1055 平、剖面图

2000IM1058

位于2000IT1030东北部。被扰乱。墓室长方形，该墓的南部已被破坏。墓底残长1.02米，宽0.64米，残深0.4米。墓底用砖铺砌而成，成“人”字形分布，在现存部分的中央有一近似菱形的坑，是由两个残砖相对铺砌而成。墓的北壁高，东、西壁成南向分布，与山坡的走势相同，墓底略向北倾斜。仅见少量残骨，葬式头向不明。墓向东北—西南向。未见随葬品（图一九二）。

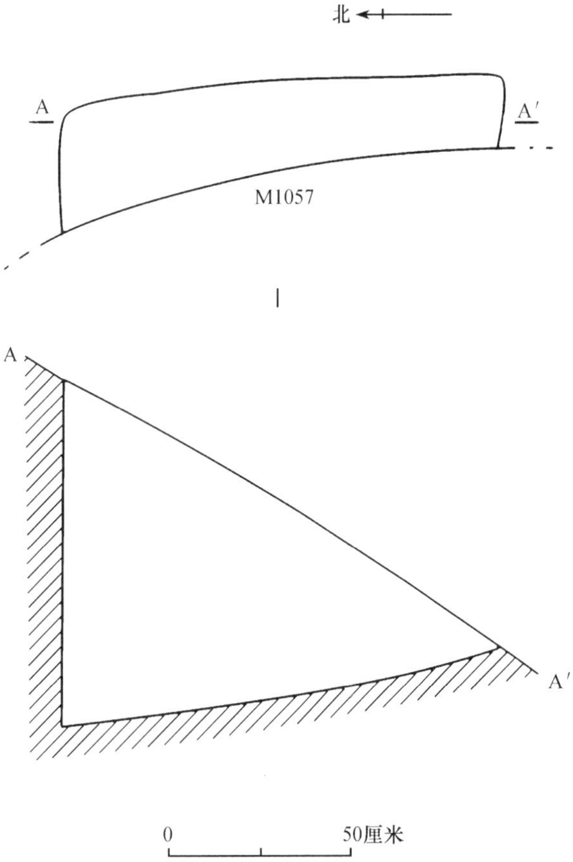

图一九一　2000IM1056平、剖面图

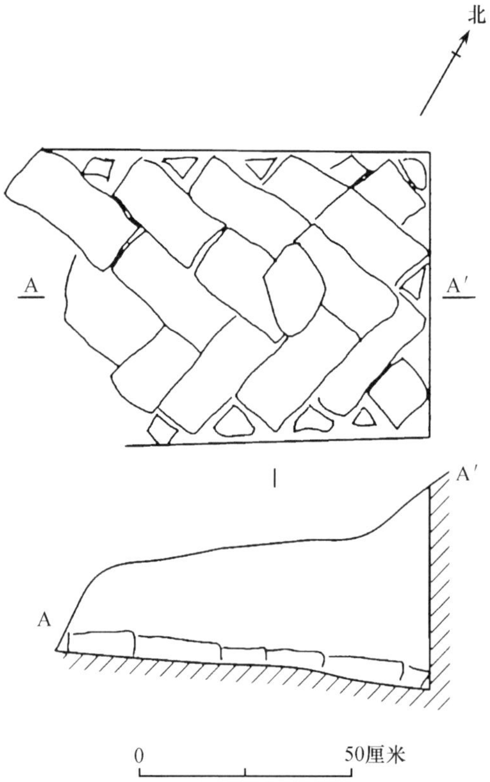

图一九二　2000IM1058平、剖面图

2000IM1059

位于2000IT1036东部。被扰乱。墓室长方形，墓底长2.6米，宽1.15米，残深1.25米。北壁较向南倾斜，东壁垂直，墓底平坦。未见人骨，葬式、头向不明。墓向为南向。未见随葬品（图一九三）。

2000IM1061

位于2000IT1029东隔梁和关键柱内。保存较好。墓室长方形，墓底长3米，宽0.5米，残深1.35米。东、西壁依山坡走势呈北高南低，墓底平坦。有少量人骨，脚朝北端（图一九四）。扰乱的填土中发现随葬品2件，有釉陶罐和铜丝。另有铁棺钉2枚。

釉陶四系罐　1件。2000IM1061∶1，紫红色缸胎，器外上腹施白色化妆土，下腹露胎。叠唇，直颈，溜肩，肩部有竖向四复系，弧腹，腹下部渐收。平底。口径8.8厘米，腹径19.2厘米，底径11.2厘米，高23.6厘米（图一九五，1）。

铜器　2件。

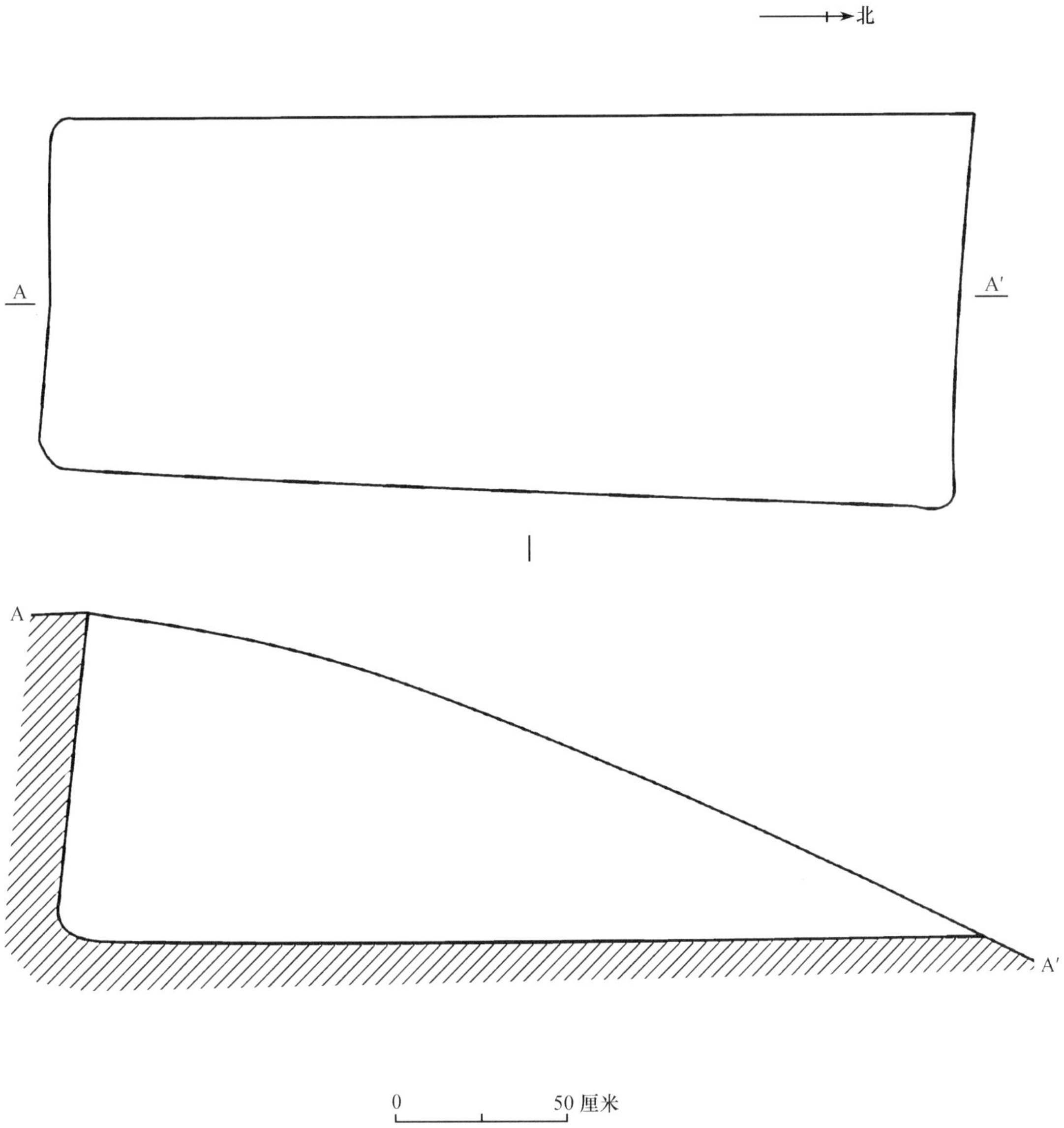

图一九三　2000IM1059平、剖面图

铜丝　1件。2000IM1061∶4，通体为一细长铜丝，曲折而成，折后呈弧形，铜丝横截面为圆形。长40厘米（图一九五，2）。

2000IM1064

位于2000IT1035东北部。被扰乱。墓室长方形，墓底残长1.2米，宽0.7米，残深0.54米。东、西壁北高南低，与山坡走势相同，墓底平坦，南高北低。单人仰身直肢葬，头向188°。随葬品仅见砚台1件（图一九六）。

砚　1件。2000IM1064∶1，泥质灰陶。外形为“风”字，呈簸箕状。底前部有两个对称分布的实足。长13.6厘米，宽10厘米（图一九七）。

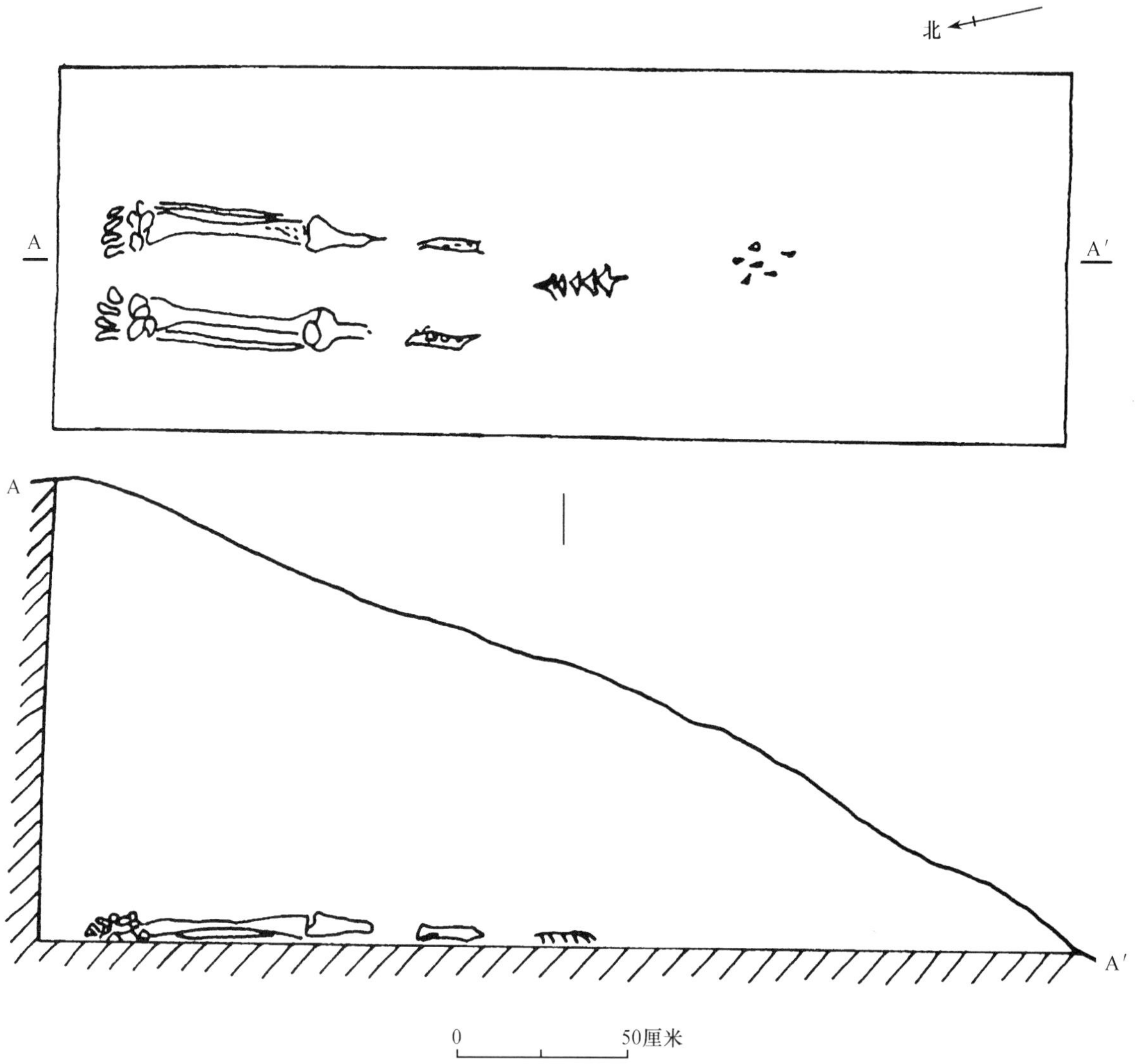

图一九四　2000IM1061 平、剖面图

2000IM1065

位于2000IT1033东南角。被扰乱，残存一小部分。墓室长方形，墓底残长1米，宽0.86米，残深0.9米。东、西壁均北高南低，依山坡走势，墓底平坦。仅见少量残骨，葬式不明（图一九八）。随葬品仅见铁钱1枚、螺壳2个。

2000IM1067

位于2000IT1039西南部。被扰乱。墓室长方形，墓底长2.8米，宽1.4米，残深0.8米。东、西壁均北高南低，依山坡走势，墓底平坦。未见人骨，葬式、头向不明。墓向为东南向。未见随葬品（图一九九）。

2000IM1071

位于2000IT1029东部，东北部被M1061打破。被扰乱。墓室长方形，宽0.9米，残深0.26米。墓底平坦。仅见少量残骨，葬式、头向不明。墓向为南向。未见随葬品（图二〇〇）。

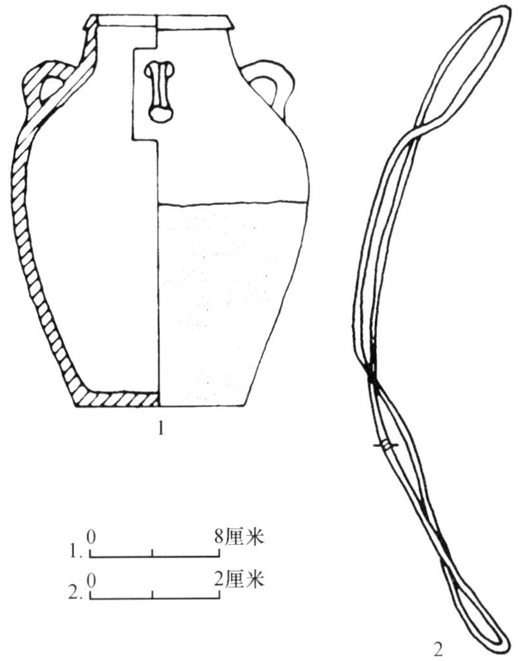

图一九五　2000IM1061 出土器物

1. 釉陶四系罐（2000IM1061∶1）　2. 铜丝（2000IM1061∶4）

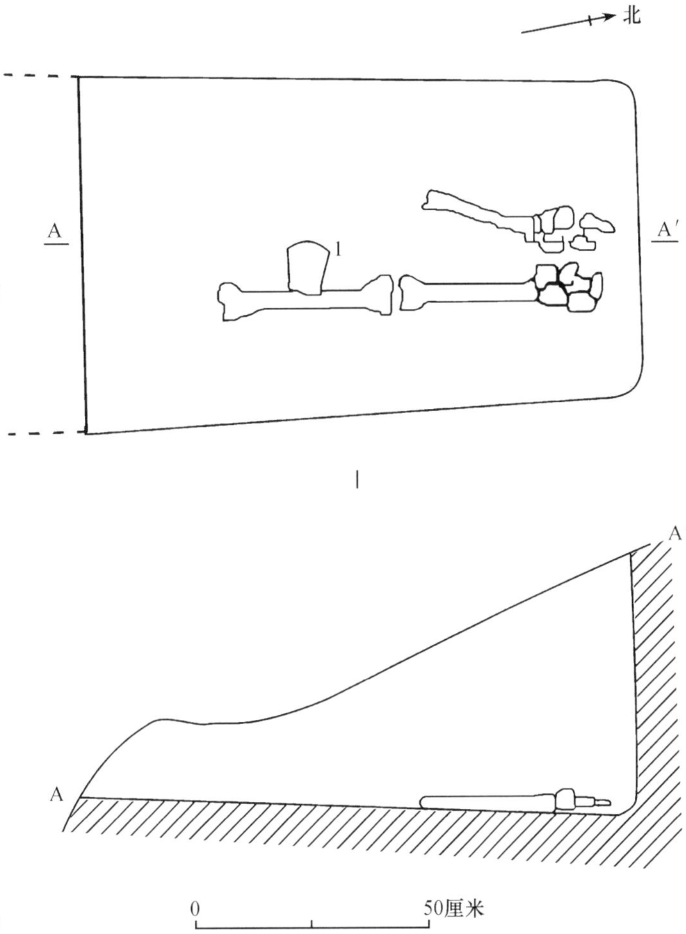

图一九六　2000IM1064 平、剖面图

1. 陶砚

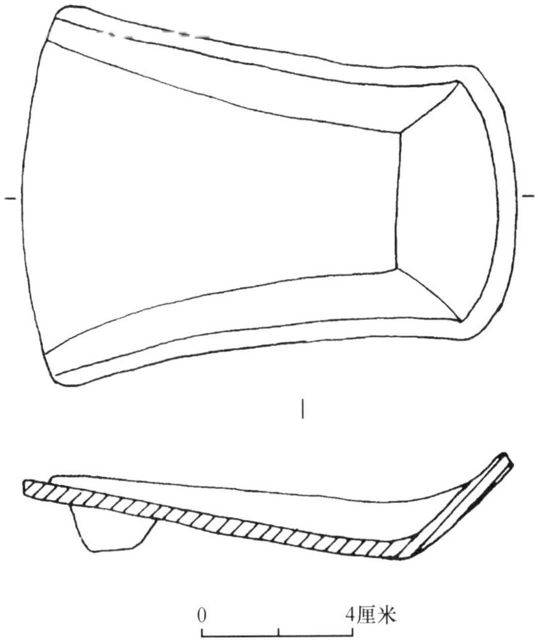

图一九七　2000IM1064 出土陶砚

（2000IM1064∶1）

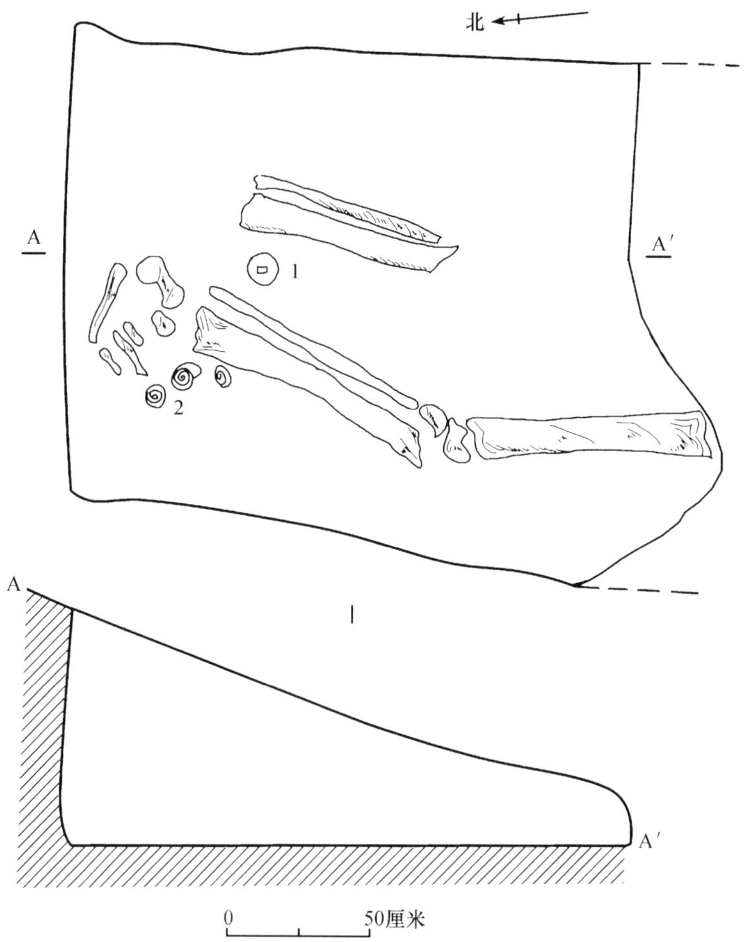

图一九八　2000IM1065 平、剖面图
1. 铁钱　2. 螺壳

2000IM1072

位于2000IT1025东北部。被扰乱。墓室长方形，墓底长1.9米，宽0.65米，残深0.25米。墓底平坦，北高南低。仅见少量残骨，葬式不明（图二〇一）。随葬品仅在填土中有铜镜1件（2000IM1072∶1，图二〇二）和铜钱1枚。

2000IM1073

位于2000IT1036东部。被扰乱。墓室长方形，墓底长2米，宽0.65米，残深1.1米。西部略宽，其余三壁基本垂直，墓底平坦。仅见少量残骨，葬式不明，头向185°。未见随葬品（图二〇三）。

2000IM1074

位于2000IT1028北隔梁的西部。被扰乱。墓室长方形，墓底长残1.2米，宽0.6米，残深0.8米。墓底平坦，墓壁垂直，整体北窄南宽。未见人骨。墓向为南向（图二〇四）。随葬品共8件，为釉陶和铜、铁钱。

釉陶双耳罐　1件。2000IM1074∶1，灰色陶质，器外上部施黄釉。口微敛，叠唇，溜肩，肩部有竖向条形双耳，弧腹，平底稍内凹。口径4.6厘米，腹径6.8厘米，底径5.2厘米，高8厘米（图二〇五，1）。

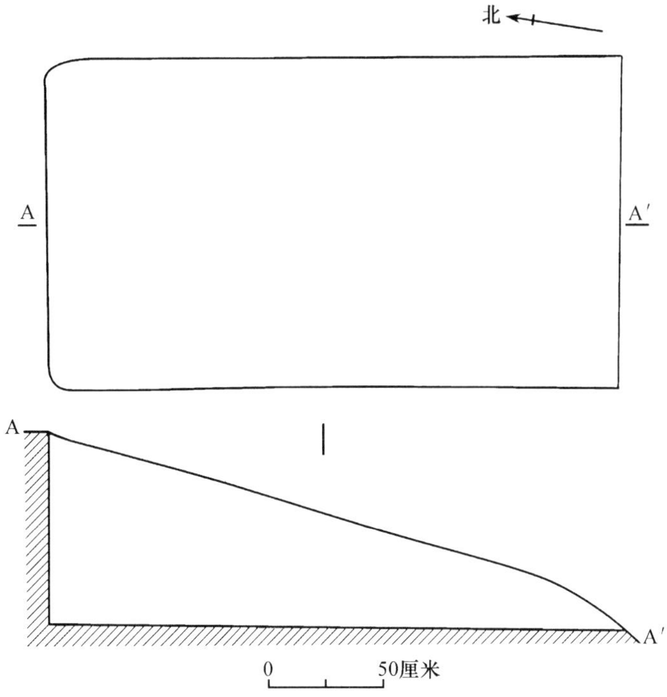

图一九九 2000IM1067平、剖面图

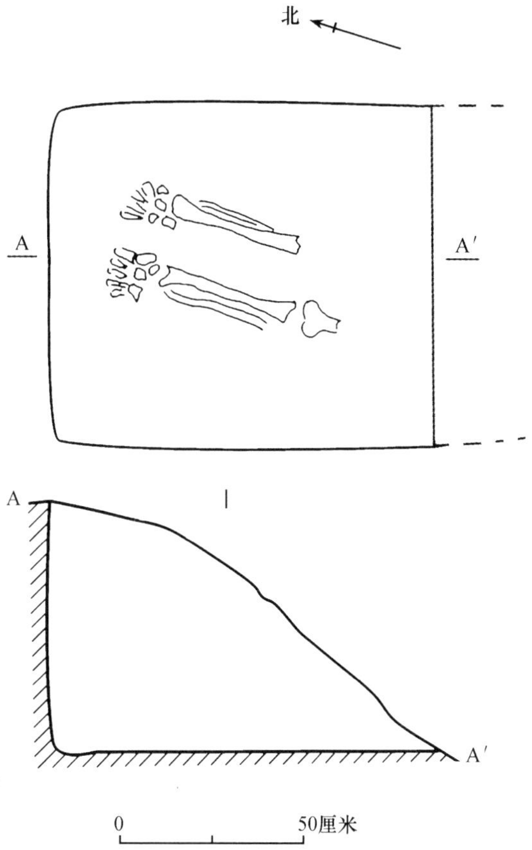

图二〇〇 2000IM1071平、剖面图

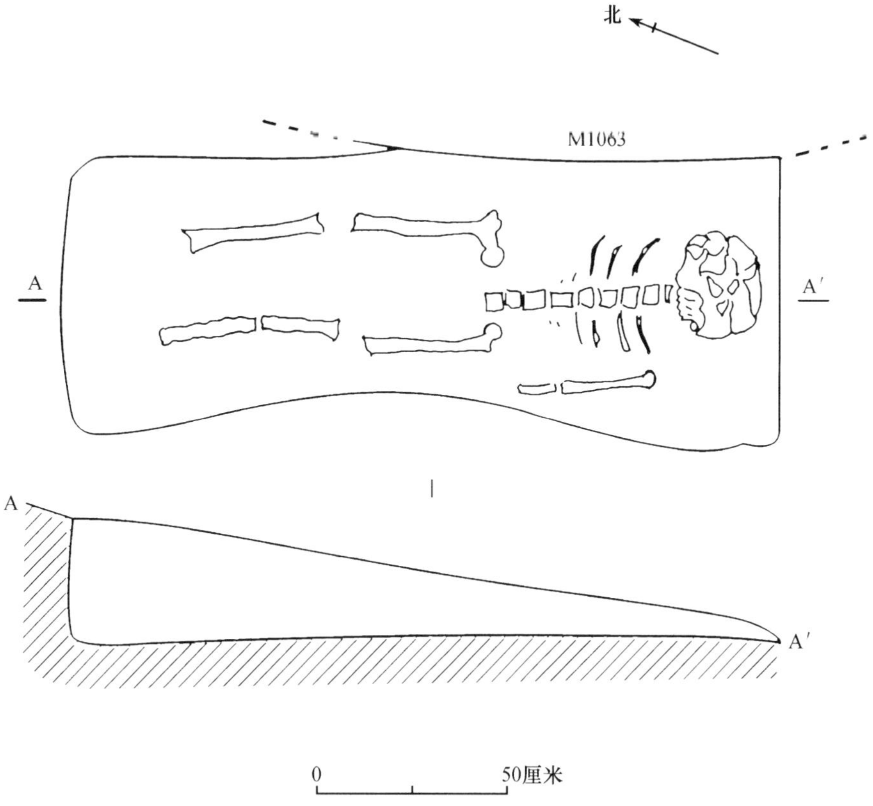

图二〇一 2000IM1072平、剖面图

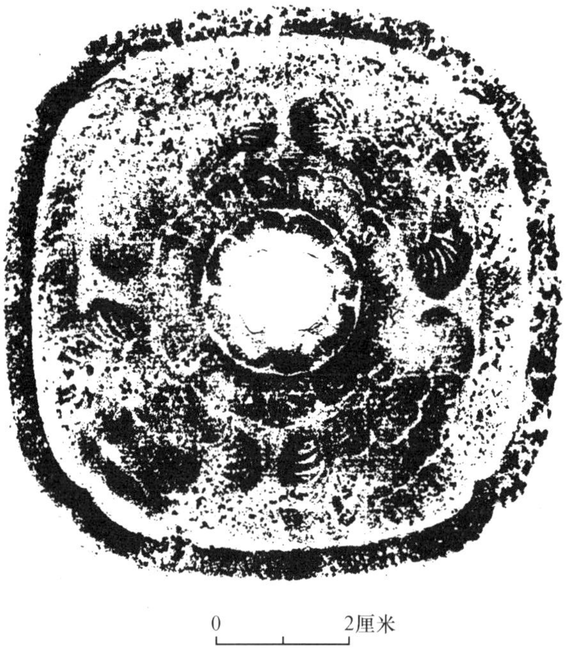

图二〇二　2000IM1072 出土铜镜
（2000IM1072：1）

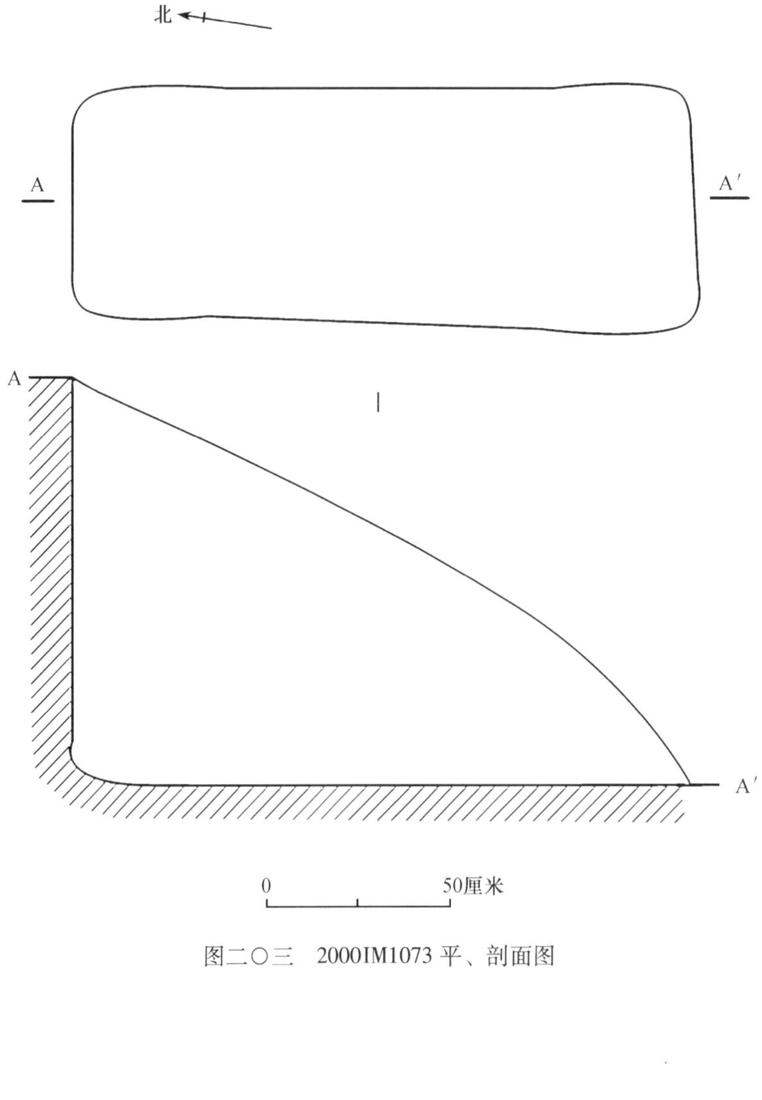

图二〇三　2000IM1073 平、剖面图

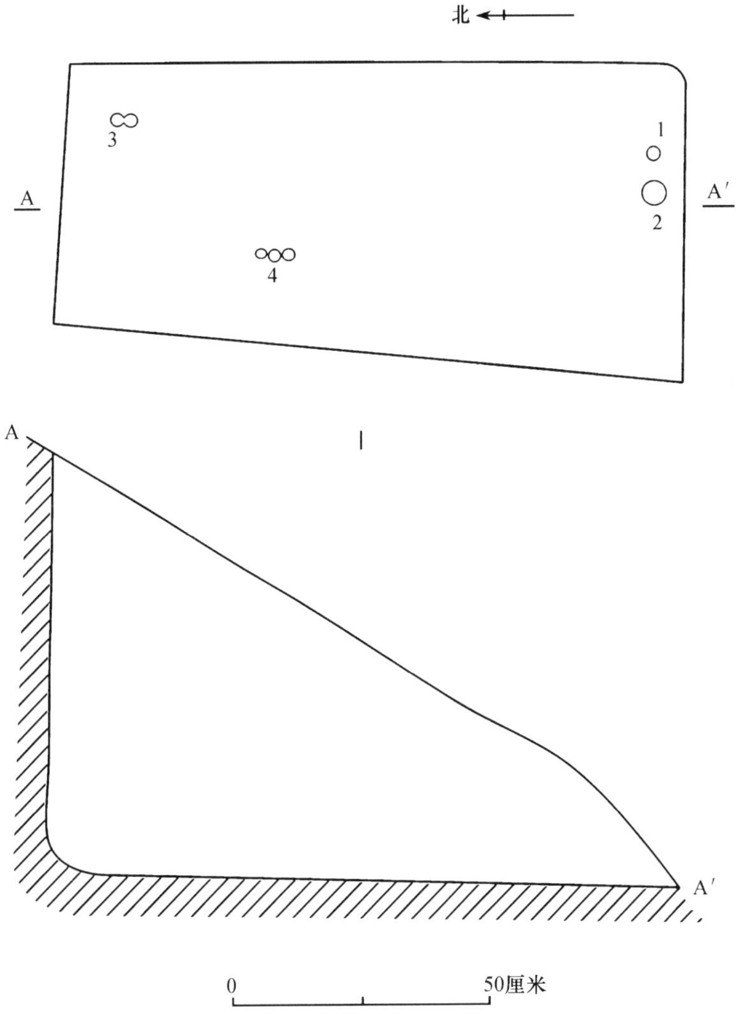

图二〇四　2000IM1074平、剖面图
1、3、4. 铜钱　2. 釉陶罐

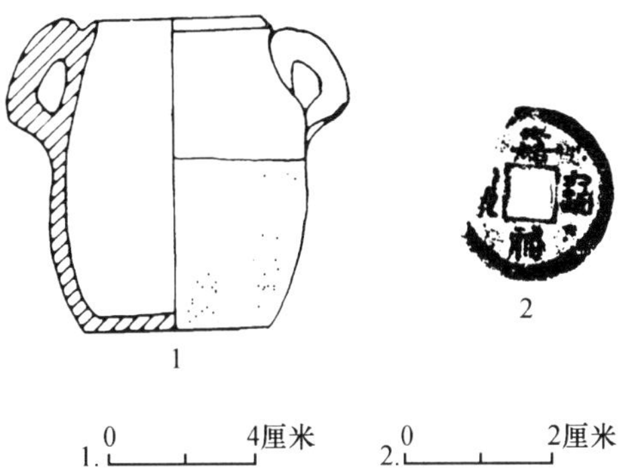

图二〇五　2000IM1074出土器物
1. 釉陶罐（2000IM1074∶1）　2. 铜钱（2000IM1074∶3）

铜钱　1枚。2000IM1074∶3，为嘉祐通宝，略残（图二〇五，2）。

铁钱　6枚。锈蚀严重。

2000IM1076

位于2000IT1032北部及北隔梁。被扰乱。墓室长方形，墓底残长1.7米，宽0.72米，残深1.04米。未见人残骨，葬式、头向不明。墓向为南向。未见随葬品（图二〇六）。

2000IM1077

位于2000IT1035西南角。被扰乱。墓室长方形，墓底长2.3米，宽0.73米，残深1米。东、西壁均北高南低，依山坡走势，南壁存高5厘米，墓底平坦。单人仰身直肢葬，头向190°。未见随葬品（图二〇七）。

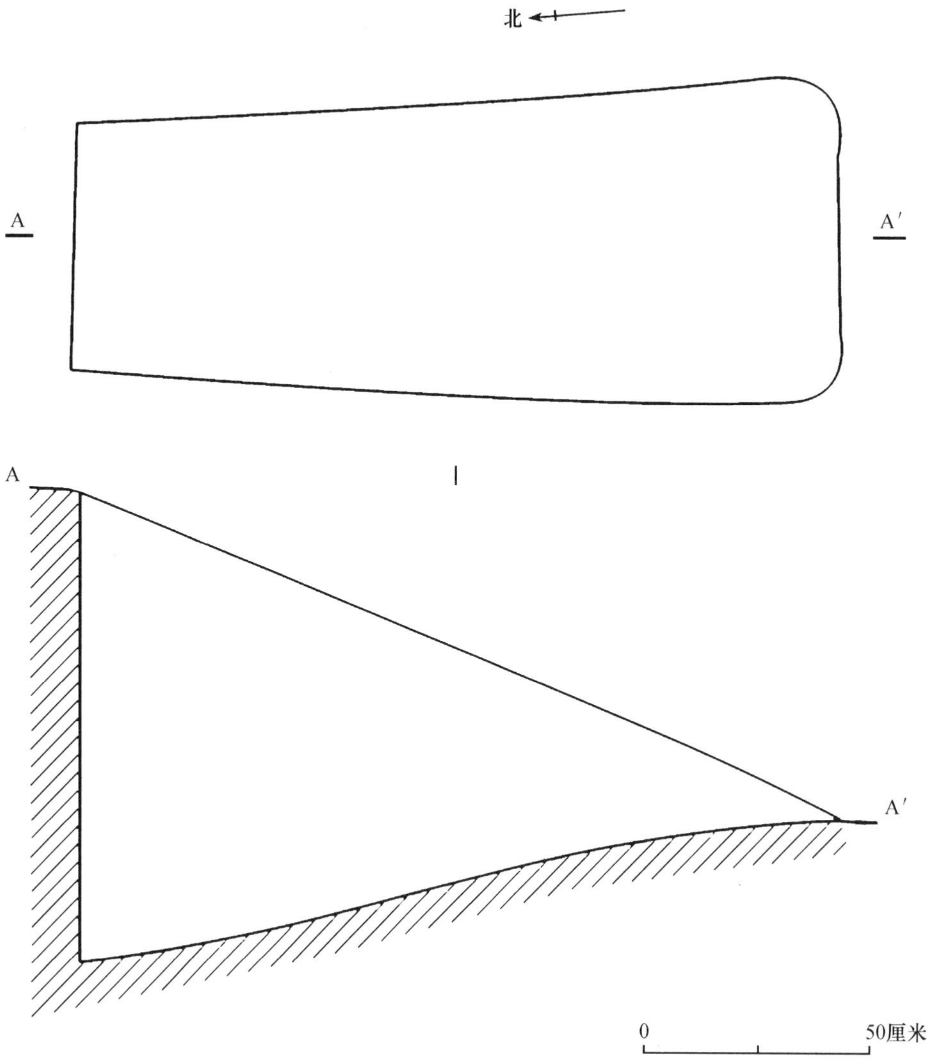

图二〇六　2000IM1076 平、剖面图

2000IM1080

位于 2000IT1037 西部。被扰乱。墓室长方形，墓底长 2.16 米，宽 0.7 米，残深 0.6 米。被 2000IM1079 打破，无东壁，西壁垂直于地面，北高南低，北壁垂直，墓底平坦。有少量人骨单人仰身直肢葬，头向 180°。未见随葬品（图二〇八）。

2000IM1081

位于 2000IT1040 东南部。被扰乱。墓室长方形，墓底长 3.17 米，宽 0.9 米，残深 0.9 米。东、西壁均北高南低，依山坡走势，墓底平坦。未见人骨。墓向为南向（图二〇九）。随葬品仅见陶罐 1 件。

釉陶罐　2000IM1081∶1，灰色胎，腹中上部施酱釉。卷沿，直口，鼓腹，平底。口径 5.2 厘米，底径 5.6 厘米，腹径 8.6 厘米（图二一〇）。

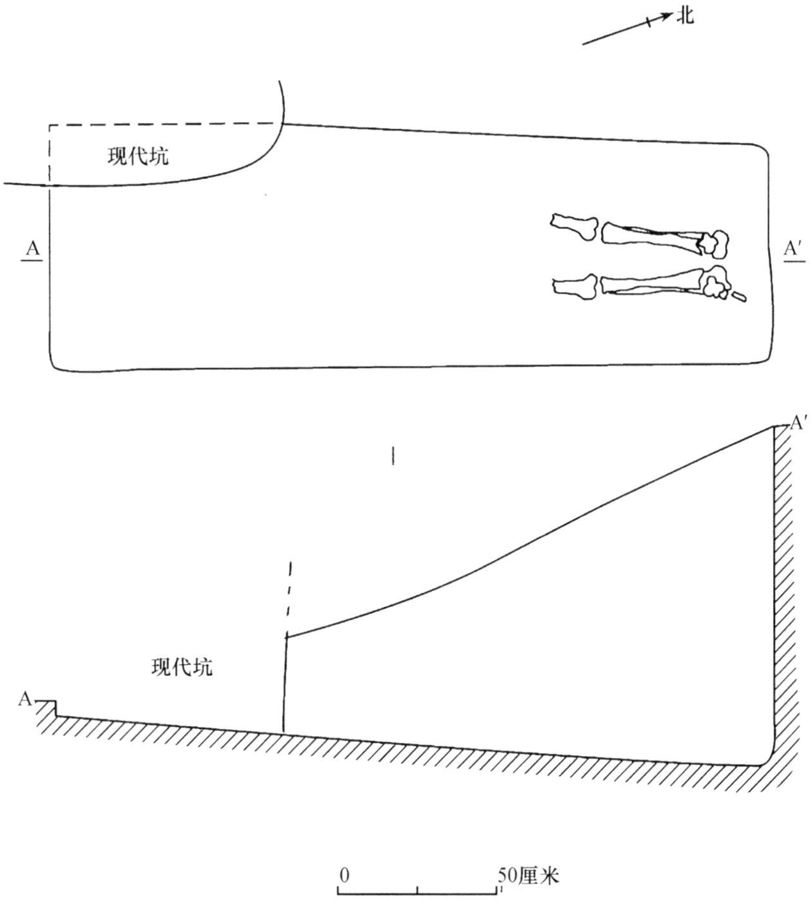

图二〇七　2000IM1077平、剖面图

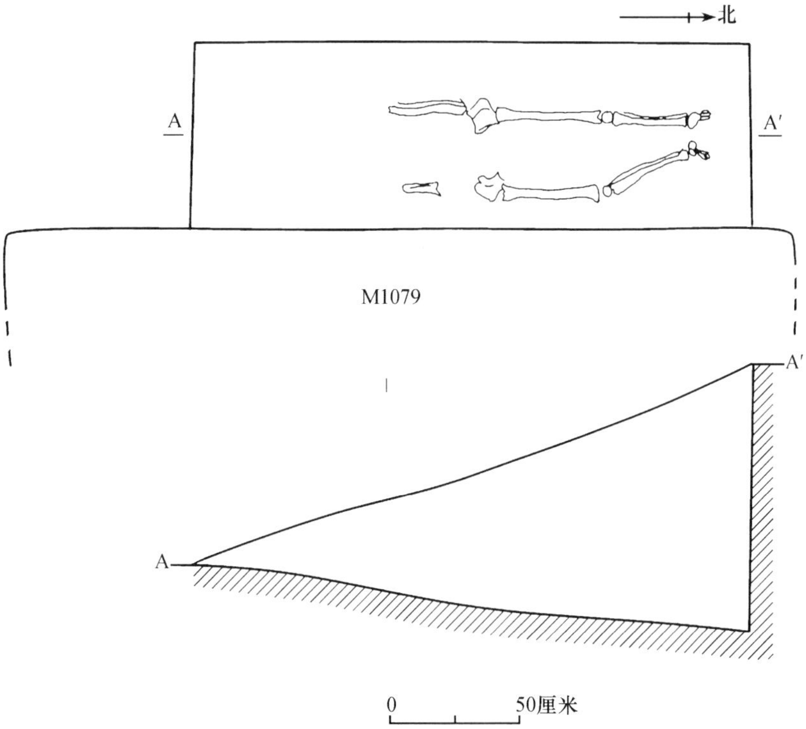

图二〇八　2000IM1080平、剖面图

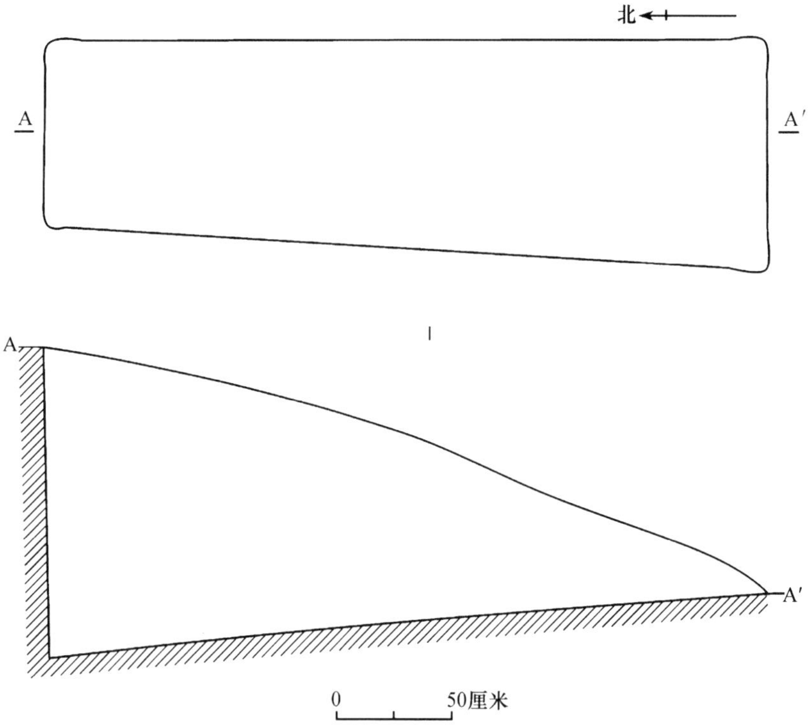

图二〇九　2000IM1081 平、剖面图

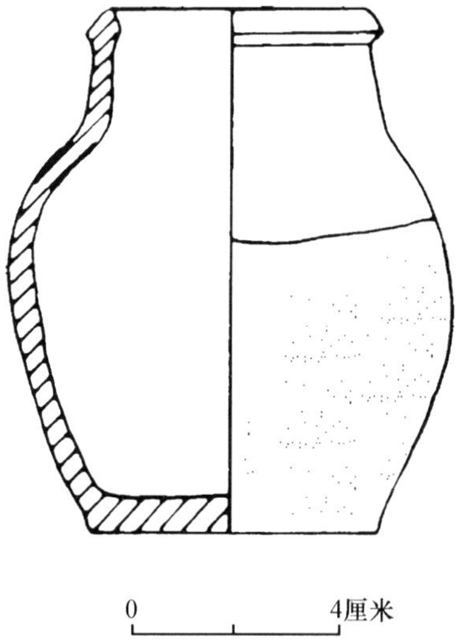

图二一〇　2000IM1081 出土釉陶罐
（2000IM1081∶1）

2000IM1082

位于2000IT1040中北部。被扰乱。墓室长方形，墓底长2.85米，宽1米，残深1.35米。东、西壁均北高南低，依山坡走势，墓底平坦（图二一一）。仅见少量残骨，葬式、头向不明。墓向为南向。未见随葬品。

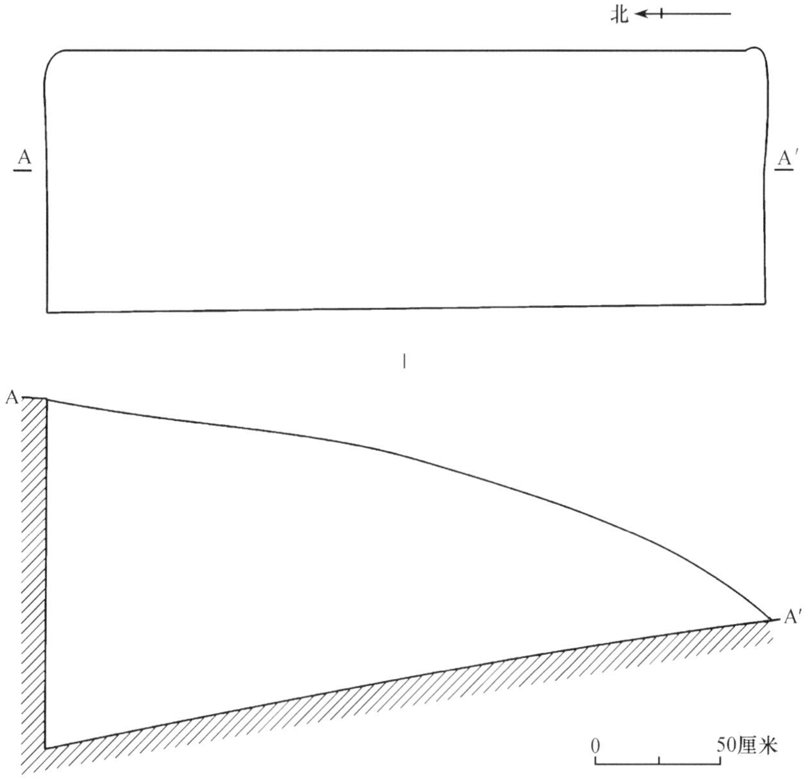

图二一一　2000IM1082平、剖面图

2000IM2001

位于2000IT2012西北部。被扰乱。墓室长方形，墓底残长1.5米，宽0.6米，残深0.7米。东、西壁均北高南低，依山坡走势，墓底平坦。仅见少量残骨，葬式、头向不明。墓向为南向（图二一二）。未见随葬品。

2000IM2002

位于2000IT2008北部，进入北隔梁。被扰乱。墓室长方形，墓底残长1.48米，宽0.64米，残深0.5米。北壁为弧形，顶被完全破坏，东、西壁均北高南低，依山坡走势，墓底平坦。未见人骨，葬式、头向不明。墓向为西南向（图二一三）。未见随葬品。

2000IM2007

位于2000IT2032北部，进入北隔梁。被扰乱。墓室长方形，墓底残长1.6米，宽0.8米，残深1.1米。东、西壁均北高南低，依山坡走势，南壁残高12厘米，墓底平坦，南高北低。未见人骨，葬式、头向不明。墓向为南向。未见随葬品（图二一四）。

2000IM2008

位于2000IT2031西南部。被扰乱。墓室长方形，墓底残长1.45米，宽0.8米，残深0.45米。东、西壁均北高南低，依山坡走势，南部被毁，墓底平坦。仅见少量残骨，葬式、头向不明（图二一五）。墓向为南向。未见随葬品。

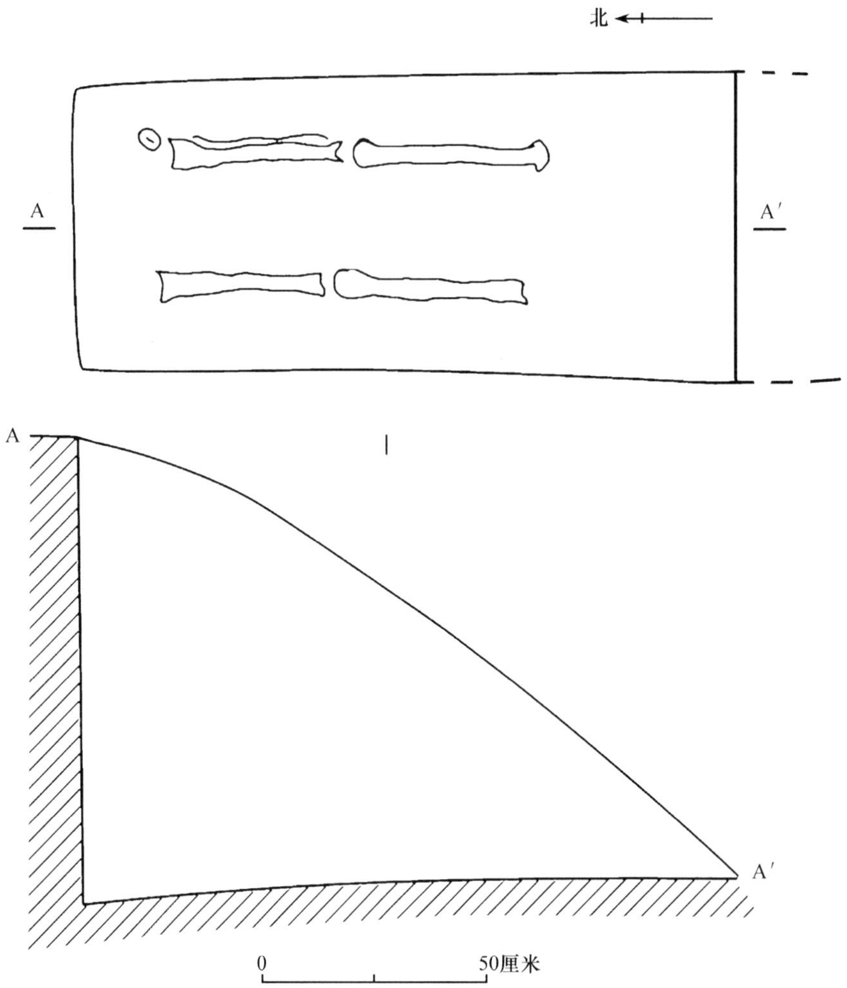

图二一二　2000IM2001 平、剖面图

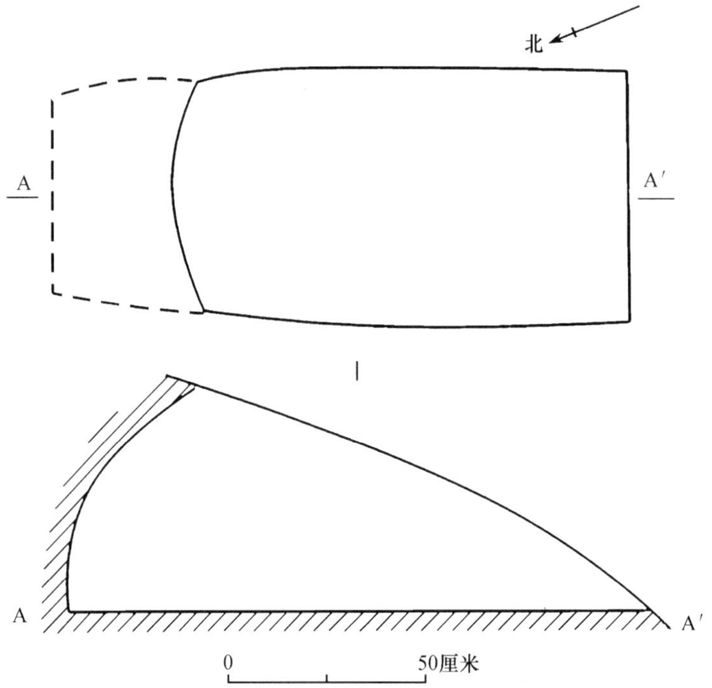

图二一三　2000IM2002 平、剖面图

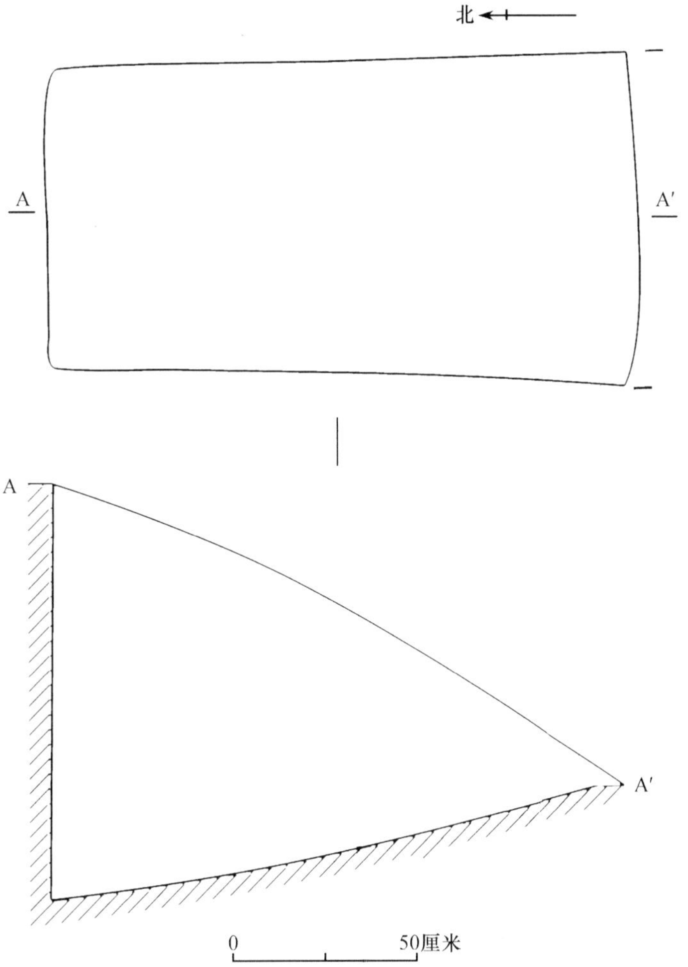

图二一四 2000IM2007平、剖面图

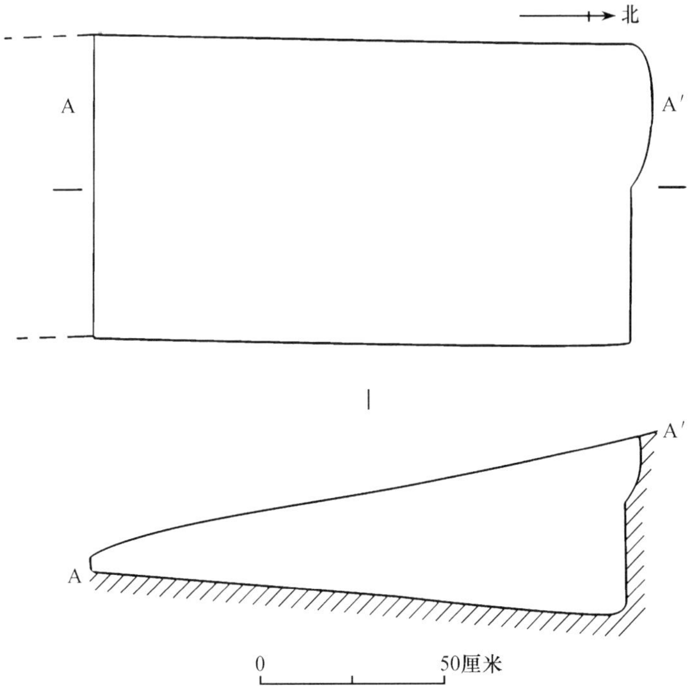

图二一五 2000IM2008平、剖面图

2001IM1001

开口于耕土层下，打破生土。土洞墓，梯形，墓圹只余北半部，顶部被完全破坏。墓底较平坦，呈南高北低的斜坡状。前宽后窄，残长 1.26 米，宽 0.5 ~ 0.76 米，残深 0 ~ 0.73 米。保存较差，只余下半部，且股骨和胫骨段断裂，髋骨丢失。单人仰身直肢葬。头向 164°。葬具完全腐朽，仅在脚部发现有铁棺钉。在人骨的下方，有一层 2 厘米左右厚的灰绿色朽灰。随葬品共出土 11 件。带具 10 件，分布于墓主人的腰部。有铊尾、带扣和带銙。銙的质地有铜和铁两类，锈蚀严重。铜钱 1 枚，位于右手掌骨的下侧（图二一六）。

铁带扣　1 件。2001IM1001∶2，扁环形，中部有活动扣舌。长 4.5 厘米，宽 3.2 厘米（图二一七，2）。

铁铊尾　1 件。2001IM1001∶5，长 5.6 厘米，宽 3.5 厘米（图二一七，1）。

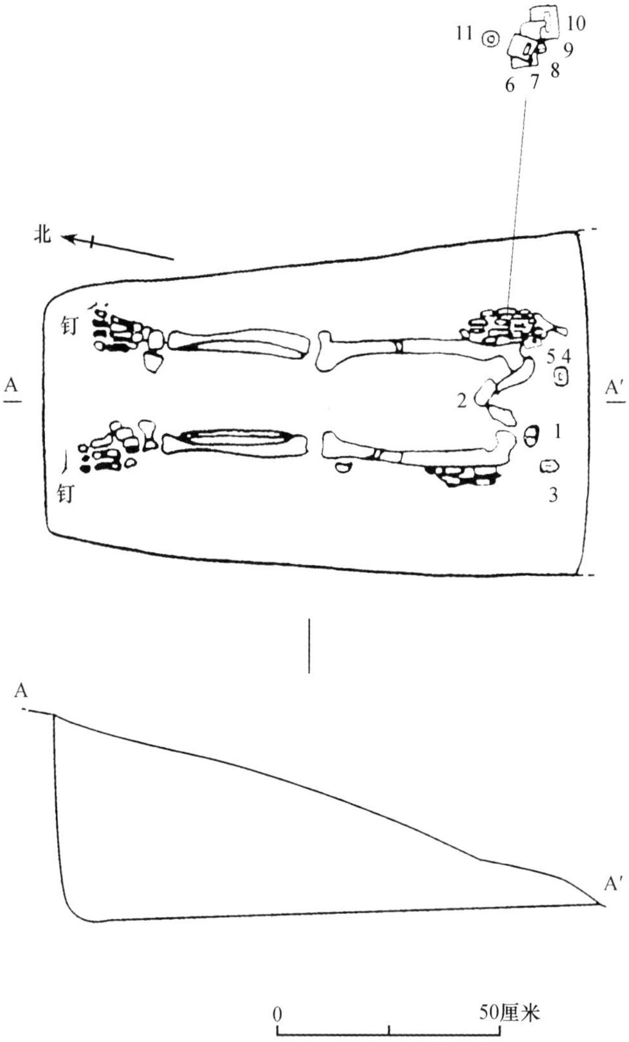

图二一六　2001IM1001 平、剖面图

1. 铁带扣　2. 铁铊尾　3 ~ 10. 铁带銙　11. 铜钱

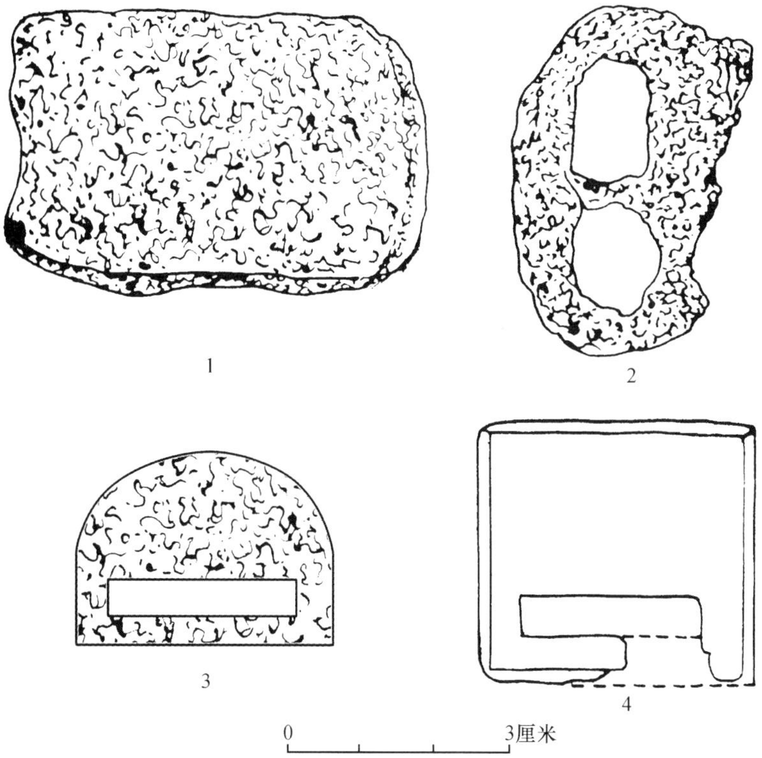

图二一七 2001IM1001出土铁带具

1. 铊尾（2001IM1001∶5） 2. 带扣（2001IM1001∶2） 3、4. 带銙（2001IM1001∶4、2001IM1001∶8）

铁带銙 一组8件，4铜，4铁。形状有两种。一种为一弧边三直边，如2001IM1001∶4，铁质。长3.4厘米，宽2.5厘米，孔长2.5厘米（图二一七，3）。另一种为长方形，2001IM1001∶8，铜质。长3.7厘米，宽3.5厘米。孔长2.5厘米，宽0.6厘米（图二一七，4）。

2001IM1002

开口于耕土层下，打破2001IM1003。土坑竖穴墓，被扰乱。长方形，墓底残长1.4米，宽0.42米，深0.52米（图二一八）。墓向为南北向。未见人骨和葬具。在填土中出土开元通宝2枚。

2001IM1003

开口于耕土层下，被2001IM1002打破。被扰乱。墓底长2.6米，宽0.8米，残深0.55～1.25米（图二一九）。有少量残骨，头向183°。有少量棺钉。随葬品仅见2枚开元通宝。

2001IM1012

该墓开口于耕土层下，M1012被M1009打破，同时又被M1013打破。长方形，正南向，该墓的底部呈坡形，南高北低（图二二〇）。长294厘米，宽81～93厘米，深44～150厘米。未见遗物。

2001IM1013

该墓开口于耕土层下，被M1009打破，又打破M1012。长方形土坑墓，直壁，墓底有一腰坑，直径19厘米，深14厘米。墓底散乱分布铁钱40枚。长4.05米，宽0.65～0.75米，深0.74～1.8米

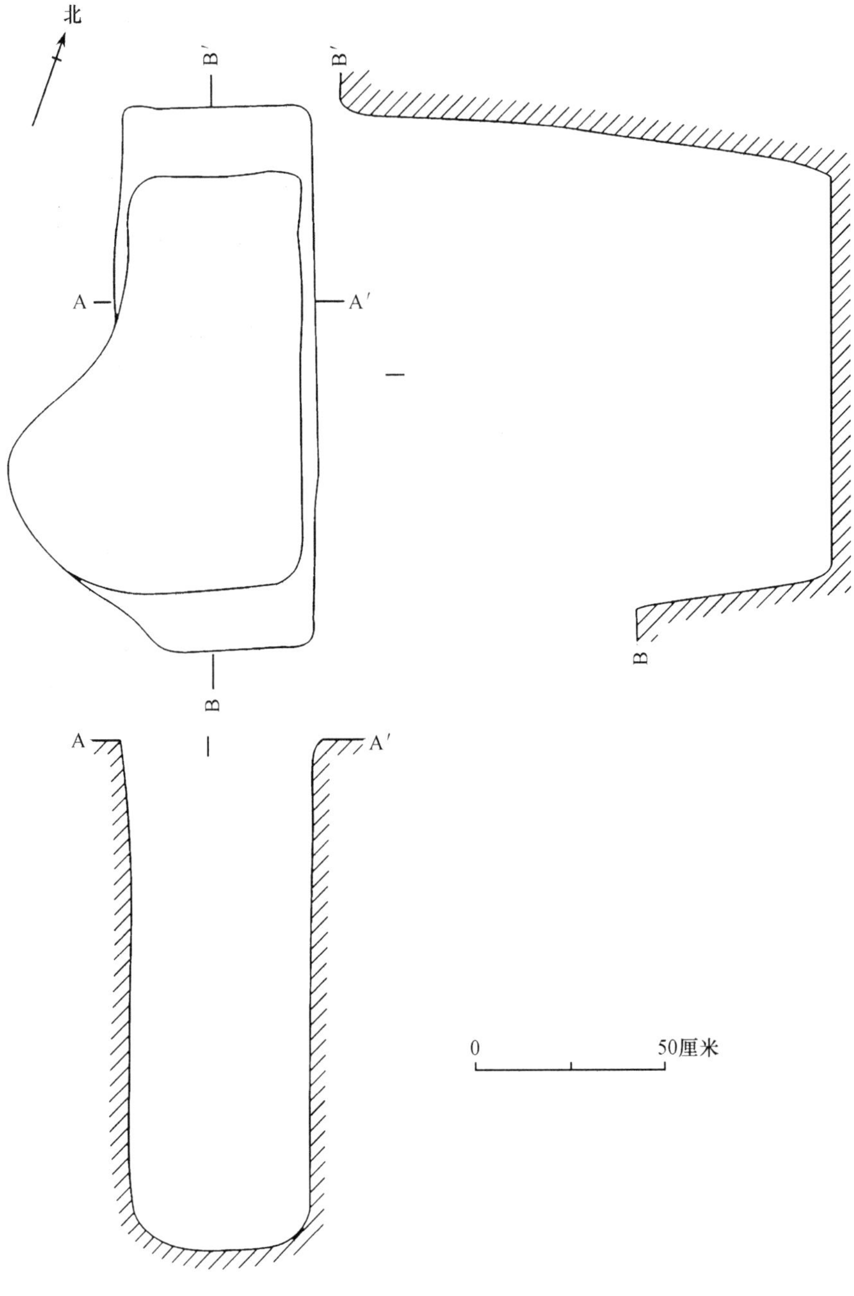

图二一八　2001IM1002 平、剖面图

（图二二一；彩版二二，1）。铁钱，锈蚀严重，钱文不辨。一件陶砚出土于股骨之间，砚台内还留有墨（图二二二；彩版二二，2）。

2001IM1014

开口于耕土层下，打破生土。土洞墓，长方形，上部被完全破坏。墓底平坦，呈南高北低的斜坡状。墓底长 2.96 米，宽 0.6～0.7 米，残深 0.35～1.32 米（图二二三；图版一五）。有残存人骨，单人仰身直肢葬，头向 169°。填土和墓底发现有棺钉。随葬品共出土 15 件。有釉陶器和铁钱。

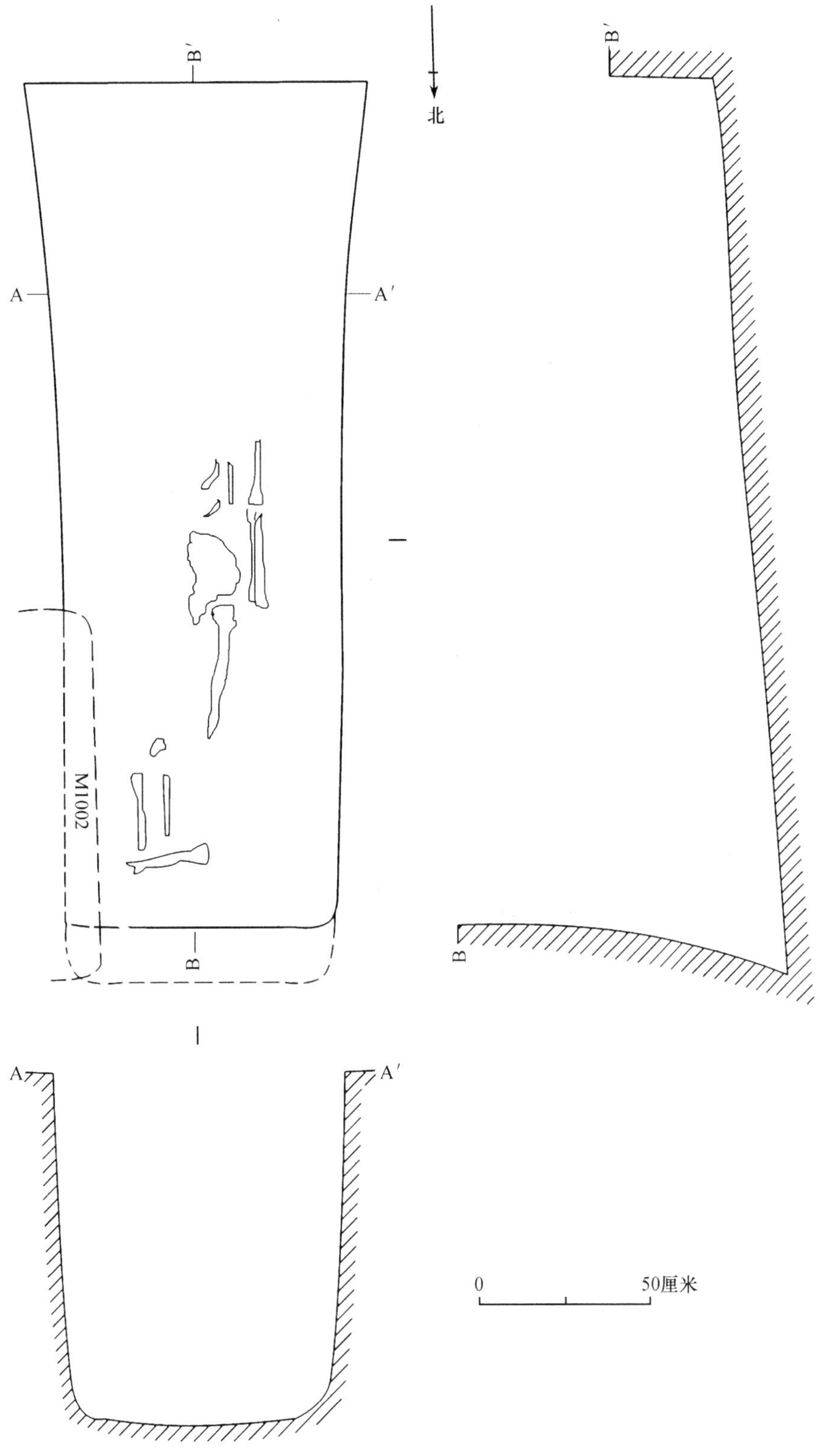

图二一九　2001IM1003 平、剖面图

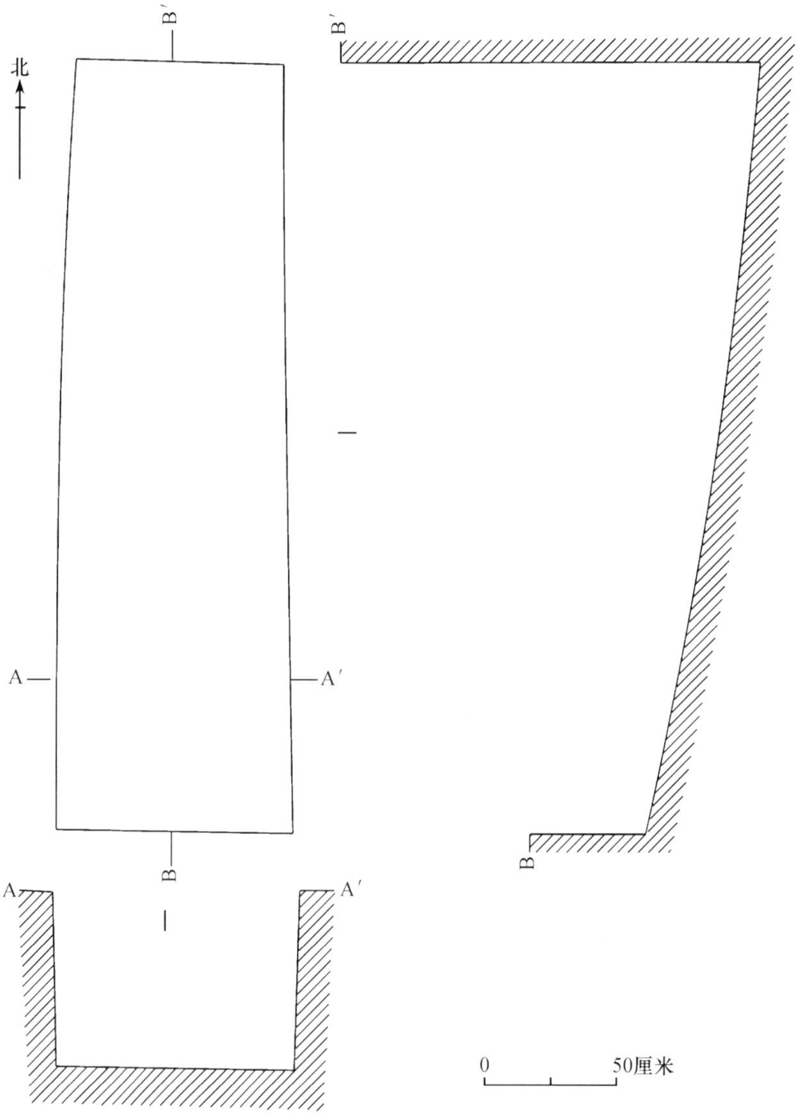

图二二〇　2001IM1012平、剖面图

釉陶　2件。

钵　2件。2001IM1014∶1，紫红胎，下腹部近黑，质硬，火候较高。胎面较平，腹近口部施有白色化妆土，其上残有黄釉。下部不施釉，但有黄色流釉痕迹。子母口，鼓肩，弧腹斜收，小平底。口外径14厘米，腹最大径17.5厘米，底径9.5厘米，高16.8厘米（图二二四，1；图版一六，1左）。2001IM1014∶2，形制与2001IM1014∶1相似，只是之较小。口径8厘米，腹最大径10厘米，底径6厘米，高6.4厘米（图二二四，2；图版一六，1右）。

铁钱　13枚。锈蚀严重，钱文不辨。

2001IM1015

位于2001IT1017西南部，开口于耕土层下，打破生土。土洞墓，墓顶全部被破坏。南向。墓底南部略高于北部，直壁，北壁与东、西两壁略呈直角，南壁缺失。残长1.22米，宽0.8米。该墓被盗扰严重，仅残留两腿骨和若干脚趾骨，棺钉十几枚（图二二五）。

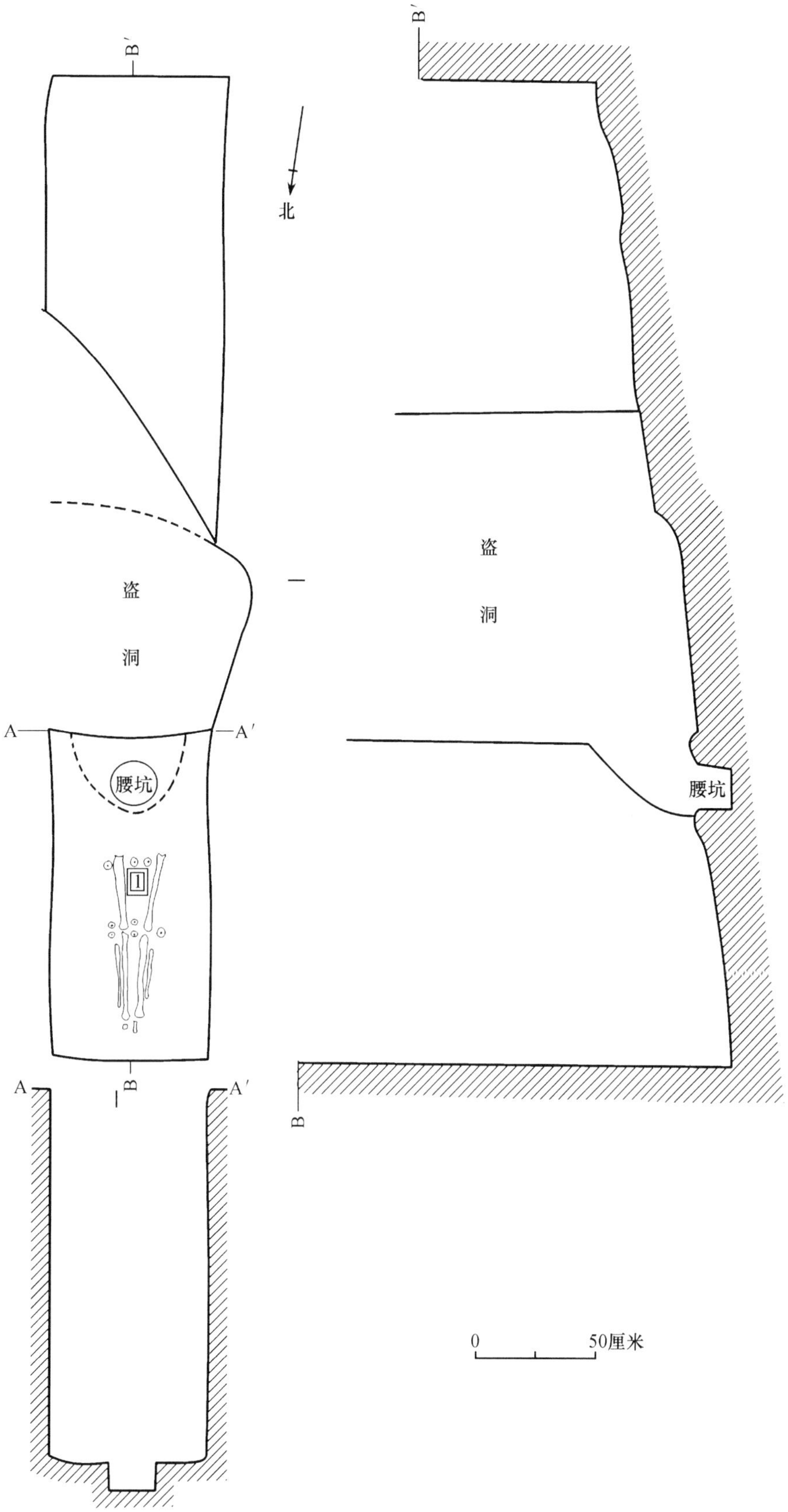

图二二一 2001IM1013平、剖面图
1. 陶砚

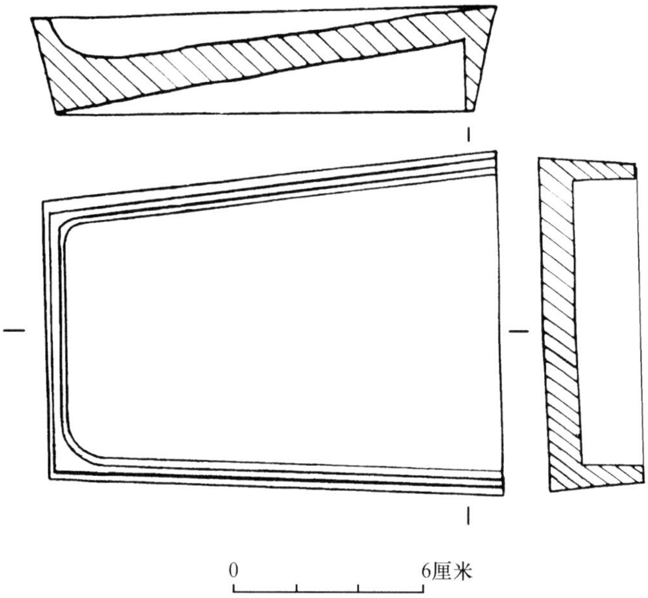

图二二二　2001IM1013 出土陶砚
（2000IM1013∶1）

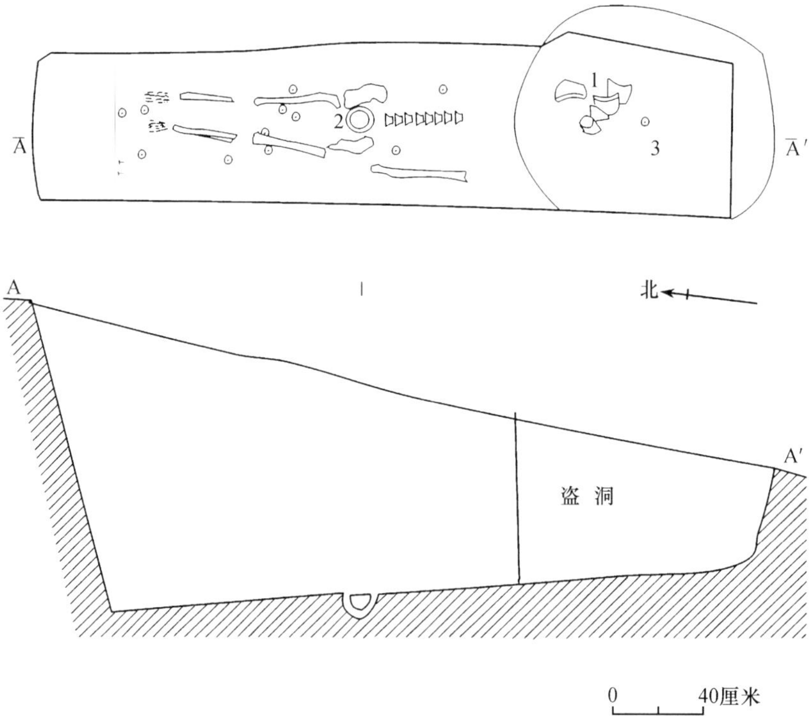

图二二三　2001IM1014 平、剖面图
1、2. 釉陶钵　3. 铁钱

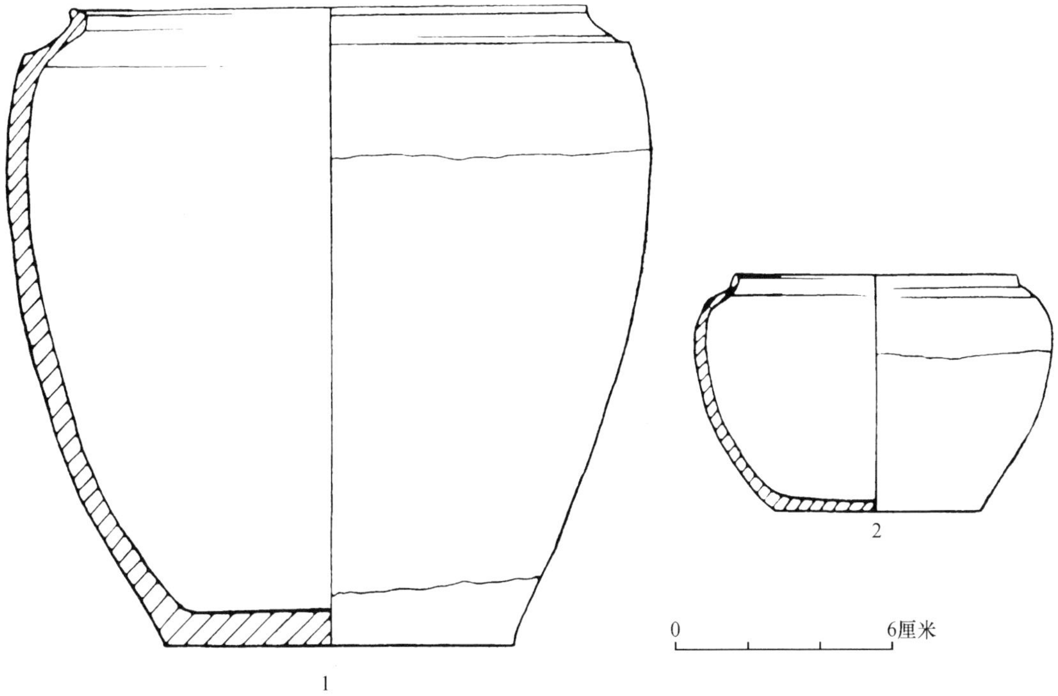

图二二四 2001IM1014 出土釉陶钵

1. 2001IM1014∶1 2. 2001IM1014∶2

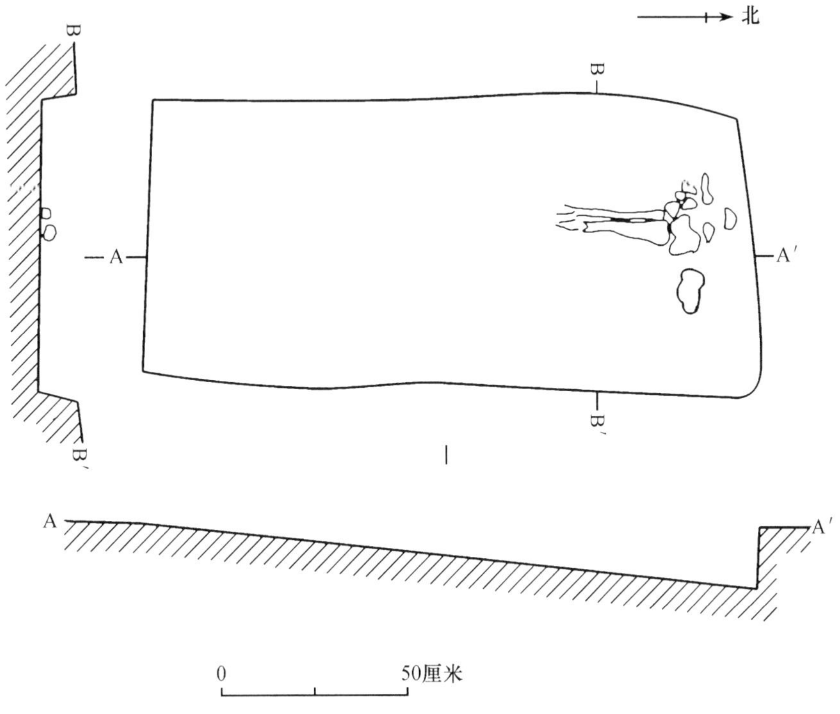

图二二五 2001IM1015 平、剖面图

2001IM1017

位于 T1011 北部中央。土坑竖穴墓，墓底较平，墓葬前半部被破坏，仅剩后半部分，方向 170°，残长 1.3 米，宽 0.8 米（图二二六）。

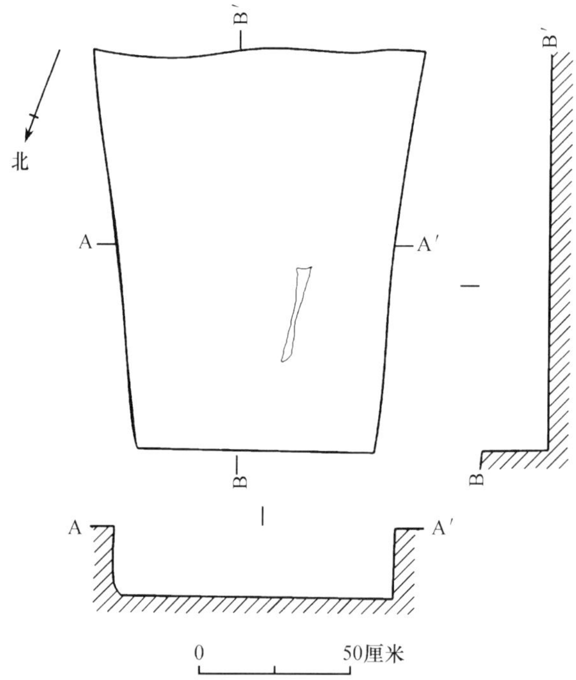

图二二六　2001IM1017 平、剖面图

2001IM1020

开口于耕土层下，打破生土。土洞墓，被 2001IM1023 打破，墓顶全被破坏。近似长方形，东、西壁与墓底的转角呈直角，墓底南高北低，墓顶全部被破坏。墓底长 3.6 米，宽 0.9 米，残深 0.6～1.2 米（图二二七）。有残存人骨，头向 180°。未见葬具。随葬品在填土中出土 3 件。有瓷器、陶器和釉陶。

瓷粉盒　2001IM1020∶2，胎呈白色，外表影青釉，大部分釉面脱落，花瓣纹沟处还保留少量影青釉。内部施黑色釉。合体呈八瓣瓜棱形，直壁，子母口。盖顶莲花形浅浮雕。矮圈足。底部微凹。底径 6.4 厘米，腹部最大径 6.6 厘米，通高 5.8 厘米（图二二八，1；彩版二九，1）。

陶炉　2001IM1020∶3，泥制灰陶，胎较厚。方唇，钵形，高圈足，下腹有波浪式附加堆纹。口径 10.2 厘米，高 8 厘米，底径 9.3 厘米（图二二八，2）。

釉陶四系罐　2001IM1020∶1，胎呈红色，质地坚硬。上半部施浅黄色釉，釉色均匀。小口，尖圆唇，颈较直，肩鼓，上有 4 个竖桥状耳，下腹缓收，较直。平底微凹。口径 11 厘米，腹部最大径 21.6 厘米，底径 12 厘米，通高 26 厘米（图二二八，3）。

2001IM1021

开口于耕土层下，打破生土。土洞墓，墓顶全部被破坏。墓底长 2.5 米，宽 0.56～0.64 米，北壁高 0.8 米，无南壁。东、西壁与墓底的转角呈直角，墓底南高北低。有残存人骨，头向 195°。填土中出土少量棺钉。在墓葬前部的填土中发现 1 件倾斜放置的釉陶盘口壶（图二二九）。

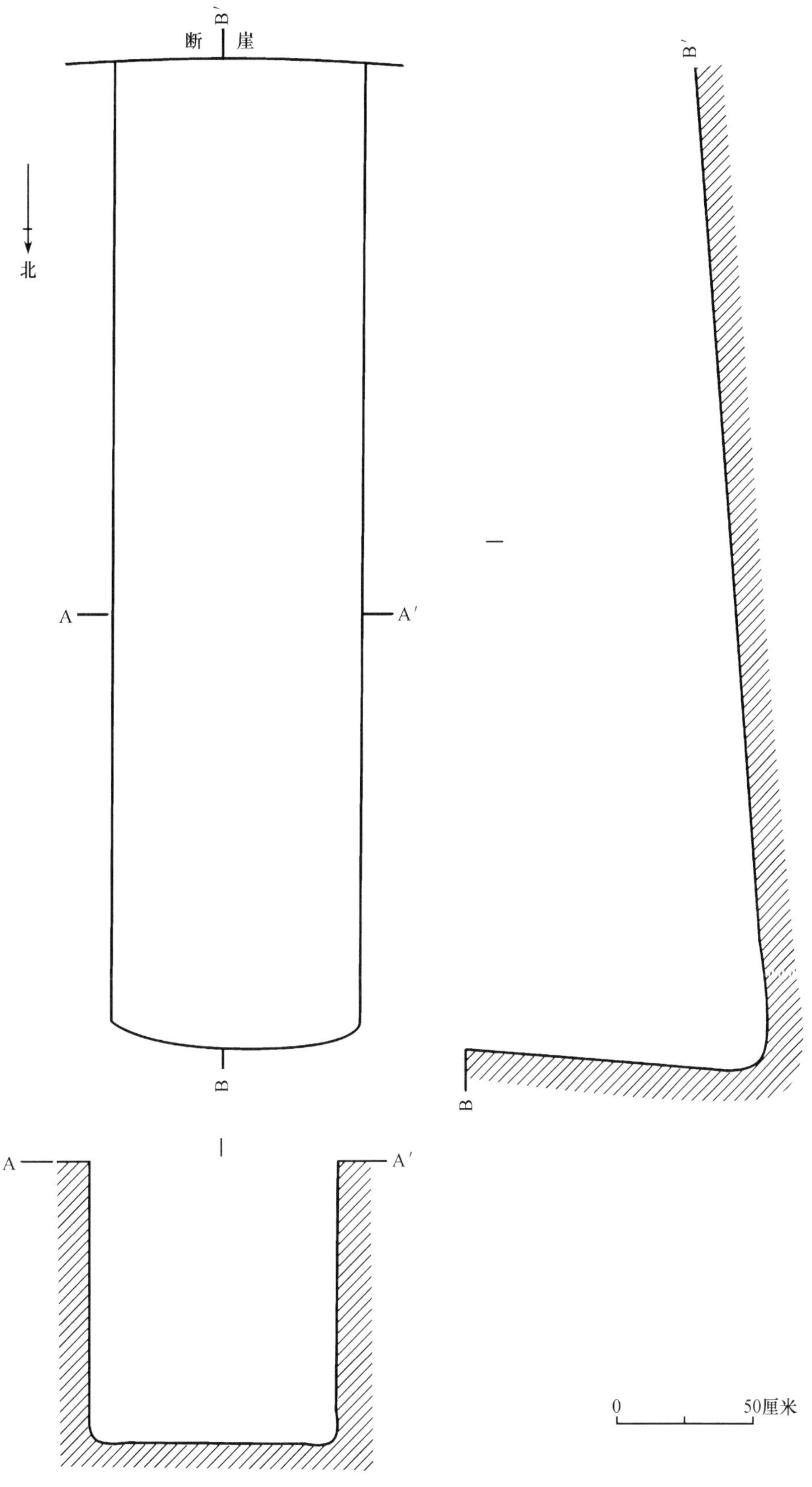

图二二七　2001IM1020平、剖面图

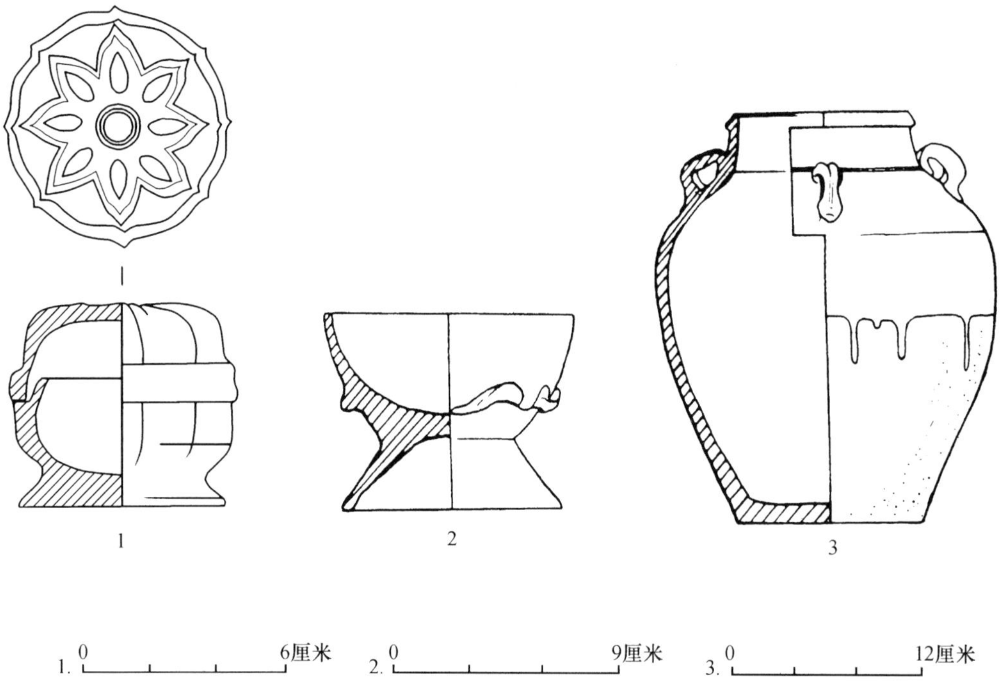

图二二八　2001IM1020出土器物

1. 瓷粉盒（2001IM1020∶2）　2. 陶炉（2001IM1020∶3）　3. 釉陶四系罐（2001IM1020∶1）

盘口壶　2001IM1021∶1，红色胎，质硬，表面粗糙，上部施黄褐色釉，其上残有黑釉痕迹，近底部不施釉。杯形口，稍残。长颈，鼓肩，弧腹斜收。小平底，微凹。肩上部有两对对称横桥耳。口径8.4厘米，腹最大径15.4厘米，底径9.6厘米，通高27.2厘米（图二三〇；图版一六，2）。

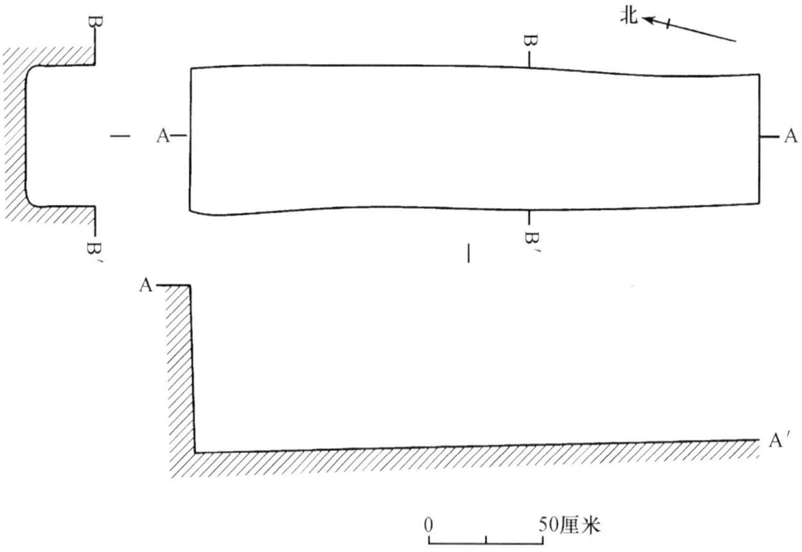

图二二九　2001IM1021平、剖面图

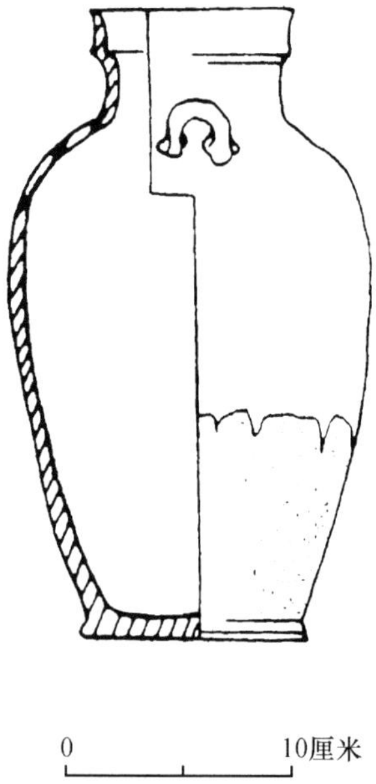

图二三〇　2001IM1021出土釉陶盘口壶（2001IM1021∶1）

2001IM1022

开口于耕土层下，打破生土。土洞墓，梯形，被2001IM1019打破，顶部被完全破坏。墓口南低北高，墓底较平坦，呈南高北低的斜坡状。墓底长3.28米，宽0.8～1.02米，北壁高1.38米，无南壁。未见人骨，有少量棺钉、棺环。墓向为南向。在墓葬的盗坑中发现一块铁牌（图二三一）。

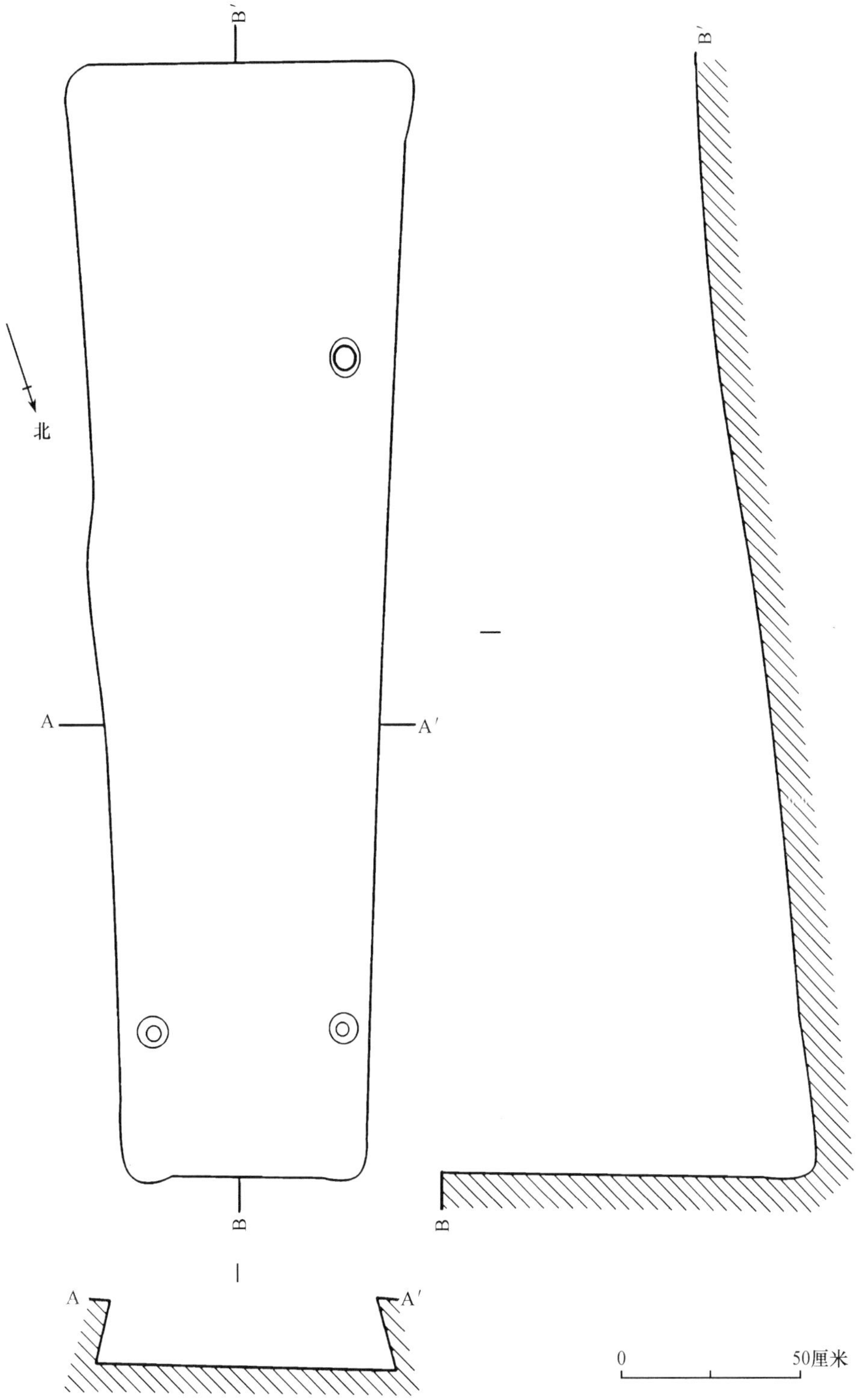

图二三一 2001IM1022平、剖面图

2001IM1023

开口于耕土层下，打破生土。土洞墓，近长方形。东、西壁与墓底的转角呈圆弧形，墓底南高北低，墓顶全部被破坏。墓底长3.35米，宽0.7米，残深0.55～0.7米。有残存人骨，头向195°。未见葬具。在墓葬中部近墓底处发现一件倾斜放置的残瓷碗（图二三二）。

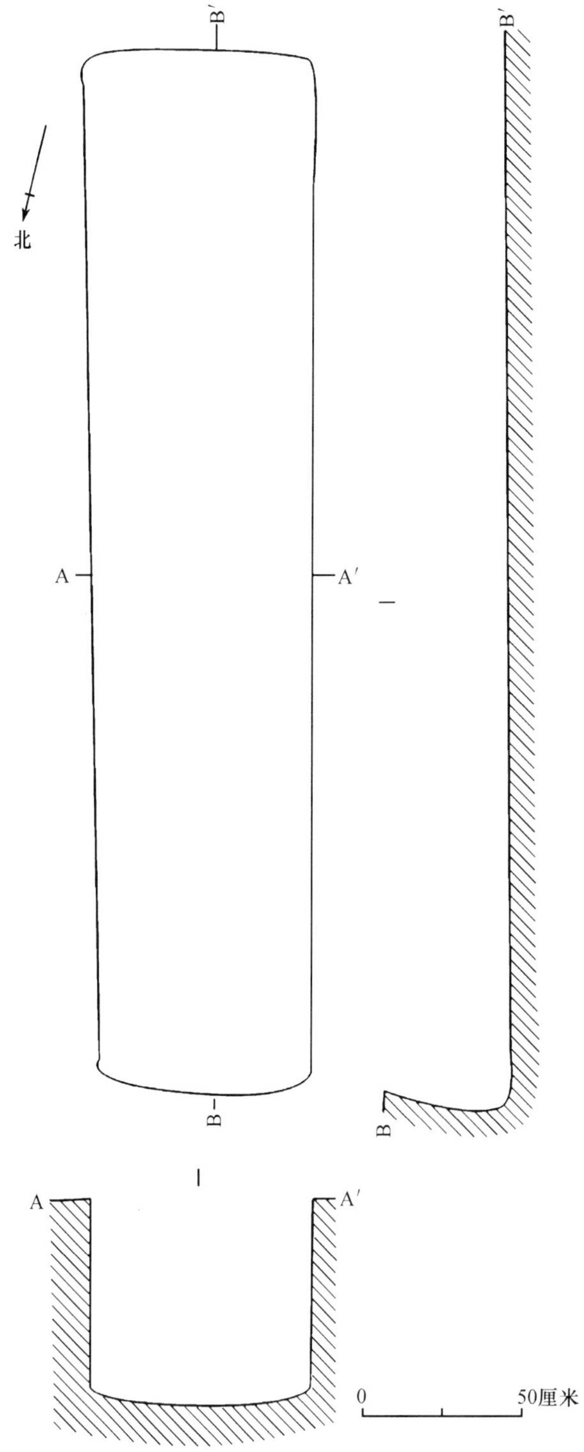

图二三二　2001IM1023平、剖面图

瓷碗　2001IM1023∶1，红褐色胎，表面较平，内侧及外侧近口部残有黄褐色釉痕。侈口，鼓肩，弧腹斜收。厚平底，微凹。口径12.4厘米，底径5.2厘米，高4.8厘米（图二三三）。

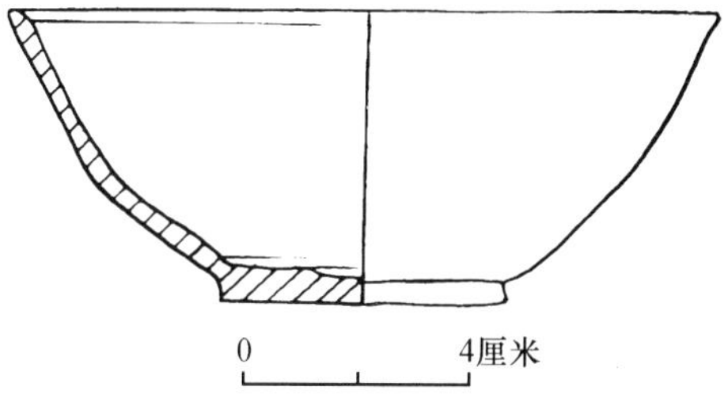

图二三三　2001IM1023出土瓷碗
（2001IM1023∶1）

2001IM1025

打破2001IM1024。该墓是在清理M1024的墓底时才发现的，上部已经全部被盗扰破坏掉，具体形制不清。墓底长方形，墓底南高北低。墓底长2.48米，宽0.76米，残深0.2米（图二三四）。墓向为南向。在墓底西北角填土中发现釉陶四系罐碎片若干。

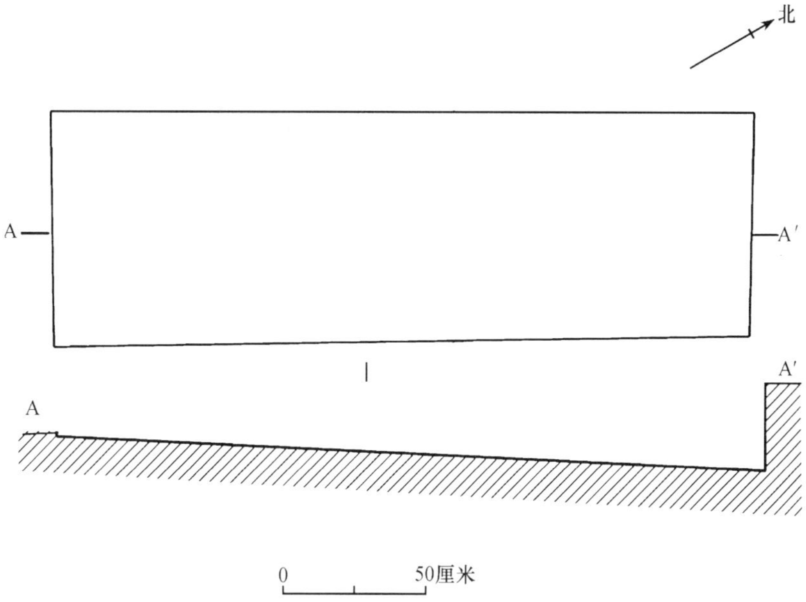

图二三四　2001IM1025平、剖面图

2001IM1026

开口于耕土层下，打破2001IM1024。土洞墓，被盗扰。长方形，墓顶缺失，只残留墓底，墓底南部由于自然原因缺失，较平，打破M1024。墓底长1.4米，宽0.8米，残深0.2米。仅存少量残骨，头向、葬式不明。墓向为南向。未见随葬品（图二三五）。

2001IM3001

开口于耕土层下，打破生土。土洞墓，全部被扰乱。长方形，底部铺砖。墓底长3.8米，宽1.3米，残深1～1.7米（图二三六）。未见人骨，墓向为南向。填土中有少量棺钉、棺环。在扰土中有残瓷壶2件。填土和墓底共出土铜钱48枚，铁钱6枚。

瓷器　2件。

瓷壶　2件。皆为青瓷，灰色胎，釉面均净。2001IM3001∶2，口残失，长颈，鼓肩，短直流，瓜棱腹，假圈底。残高19，底径10厘米（图二三七，1）。2001IM3001∶3，侈口，长颈，鼓肩，短直流，瓜棱腹，底残。口径7.8厘米（图二三七，2）。

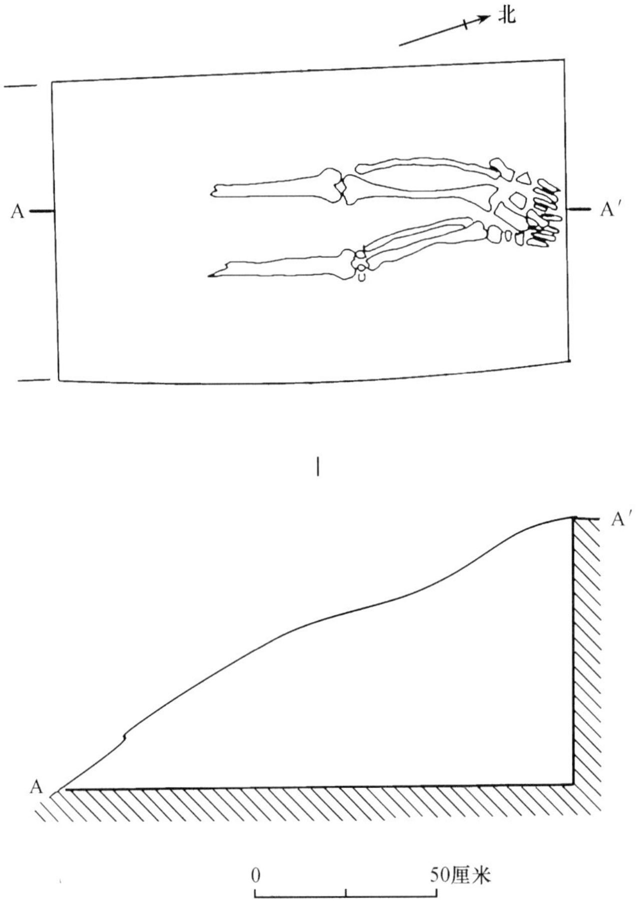

图二三五　2001IM1026 平、剖面图

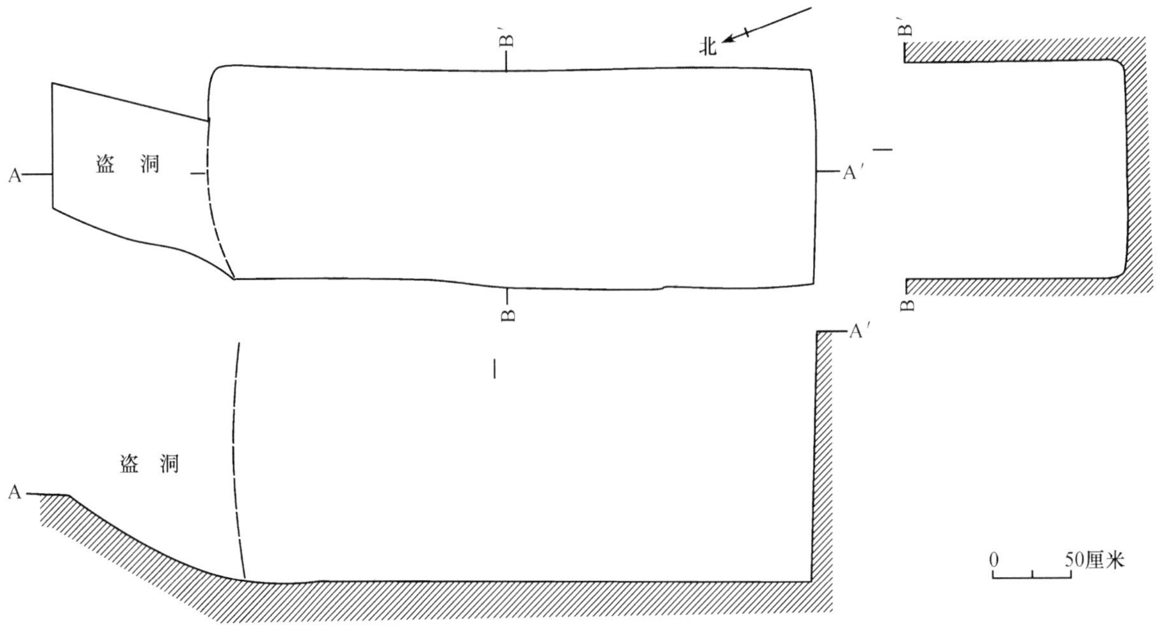

图二三六　2001IM3001 平、剖面图

铜钱 48枚。

开元通宝 45枚，其中三枚星月纹。

淳化元宝 1枚。

乾元重宝 2枚。

铁钱 6枚。字已不可辨认。

2001IM3003

开口于耕土层下，打破生土。土洞墓，全部被扰乱。长方形，直壁，墓底南高北低。墓底残长3.54米，宽0.8米，北壁高1米。未见人骨，墓向为南向。有少量棺钉。随葬品仅见残破陶器耳一件，出土于填土中（图二三八）。

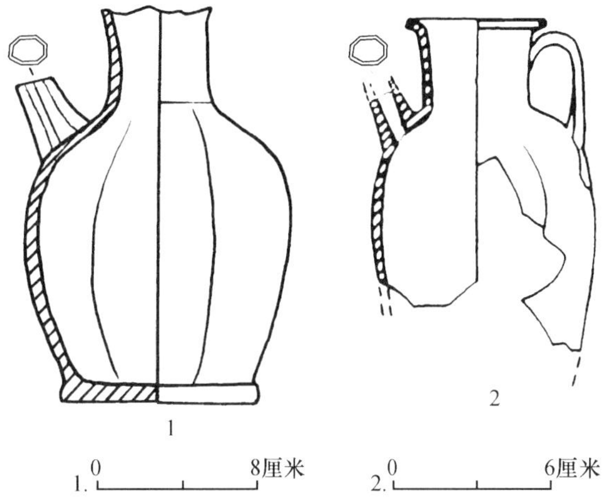

图二三七 2001IM3001出土瓷壶

1. 2001IM3001:2 2. 2001IM3001:3

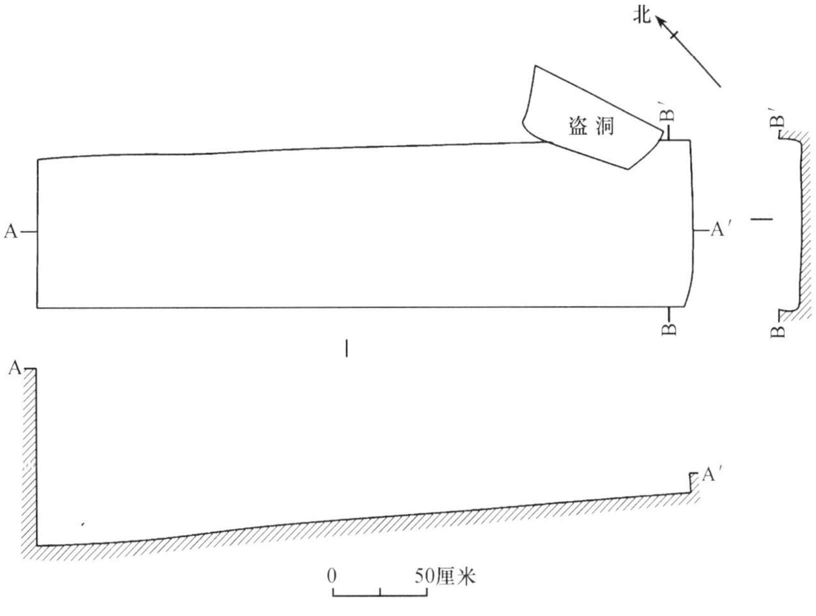

图二三八 2001IM3003平、剖面图

2001IM3005

开口于耕土层下，打破生土。土洞墓，全部被扰乱。梯形，直壁，墓底南高北低。墓底残长3.44米，宽1.05~1.2米，残深0.35~2.25米（图二三九）。未见人骨。墓向为南向。有少量棺钉。在填土中零散地发现一些陶瓷残片，拼对复原釉陶罐1件。

釉陶罐 2001IM3005:1，红褐色缸胎，火候较高，器身上半部施酱釉。敛口，尖唇，圆鼓肩，腹部弧收至底，平底。在颈肩交接处用泥条捏成四耳，耳上有一竖向凹槽。器身内有泥条盘筑的痕迹。口径13厘米，底径10厘米，高29厘米（图二四〇）。

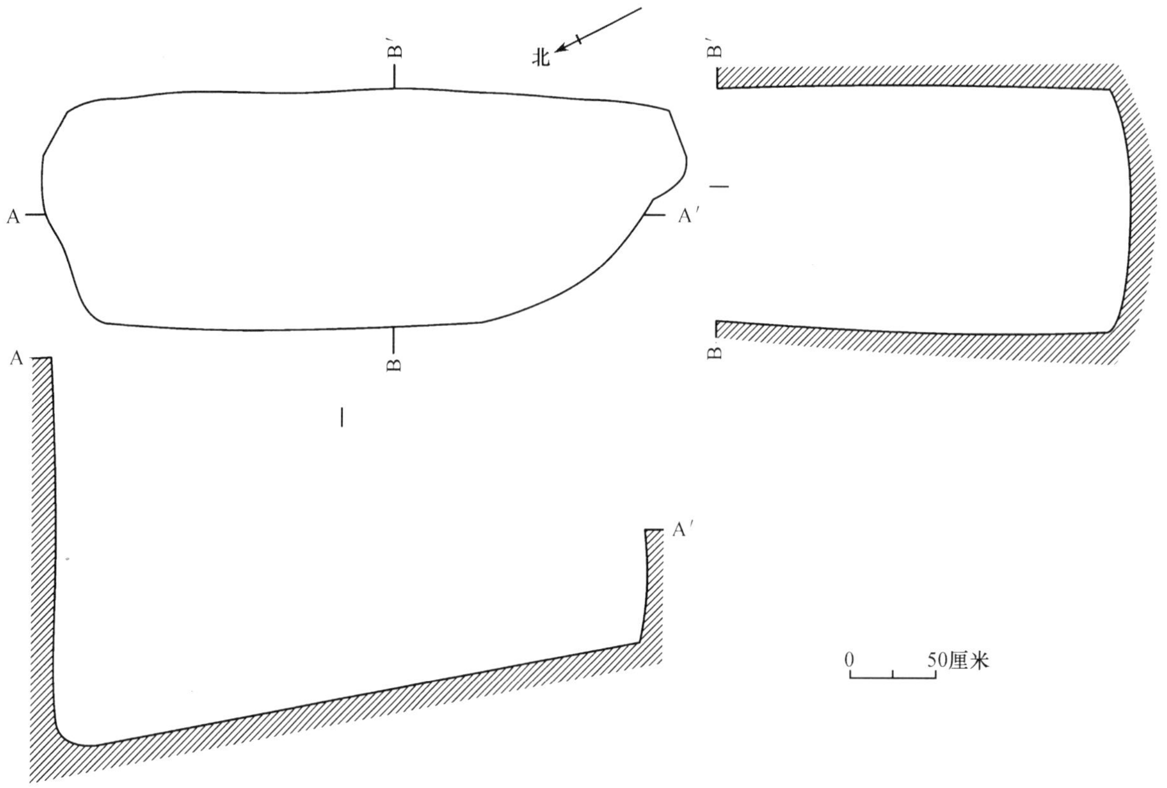

图二三九　2001IM3005 平、剖面图

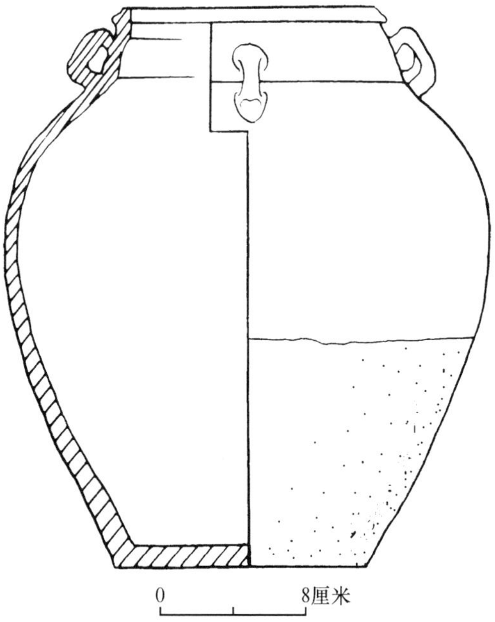

图二四〇　2001IM3005 出土釉陶罐
(2001IM3005∶1)

2001IM3006

开口于耕土层下，打破生土。土洞墓，全部被扰乱。长方形，直壁，墓底南高北低，墓口残留 5 层封门砖。墓底残长 2.5 米，宽 0.76 米，北壁高 0.7 米（图二四一）。未见人骨。墓向为南向。在填土中发现瓷器碎片和铜钱。

瓷器　3 件。

瓷碟　3 件。2001IM3006∶2、2001IM3006∶3、2001IM3006∶4，皆为影青瓷，形制和大小相同。2001IM3006∶2，侈口，十二瓣花形口，内壁瓣棱明显，平底。口径 11.8 厘米，底径 4.8 厘米，高 2.4 厘米（图二四二）。

铜钱　5 枚。皆为开元通宝。

2001IM3007

开口于耕土层下，打破生土。土洞墓，全部被扰乱。长方形，直壁，墓底南高北低，墓顶部被完全破坏。墓底残长 2.1 米，宽 0.88 米，北壁高 0.7 米，无南壁。未见人骨。墓向为南向。填土中有几枚棺钉外。填土中倾斜放置小罐 1 件，口部朝南，距墓底约 10 厘米（图二四三）。

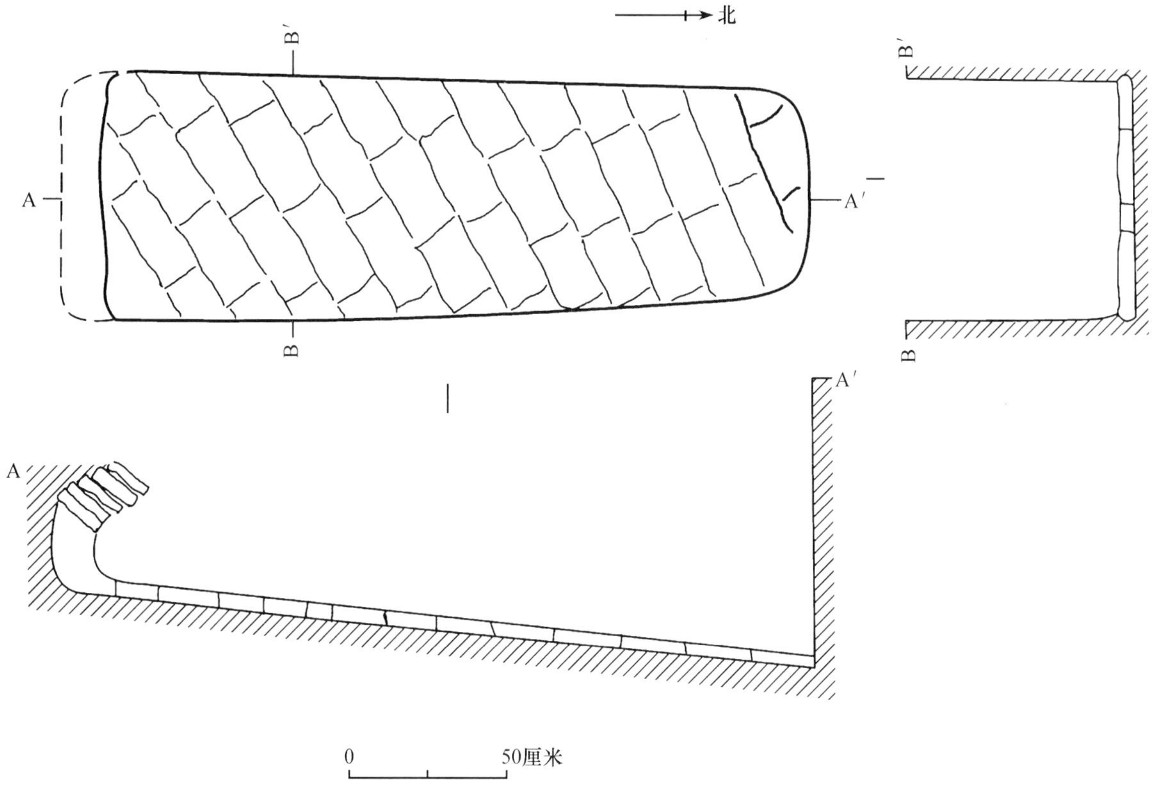

图二四一 2001IM3006平、剖面图

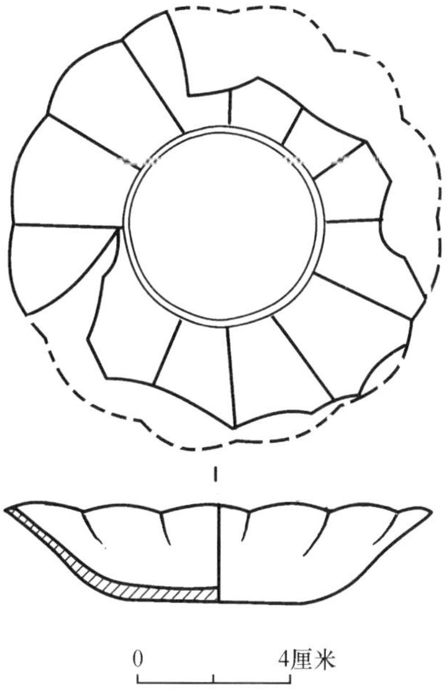

图二四二 2001IM3006出土瓷碟
(2001IM3006:2)

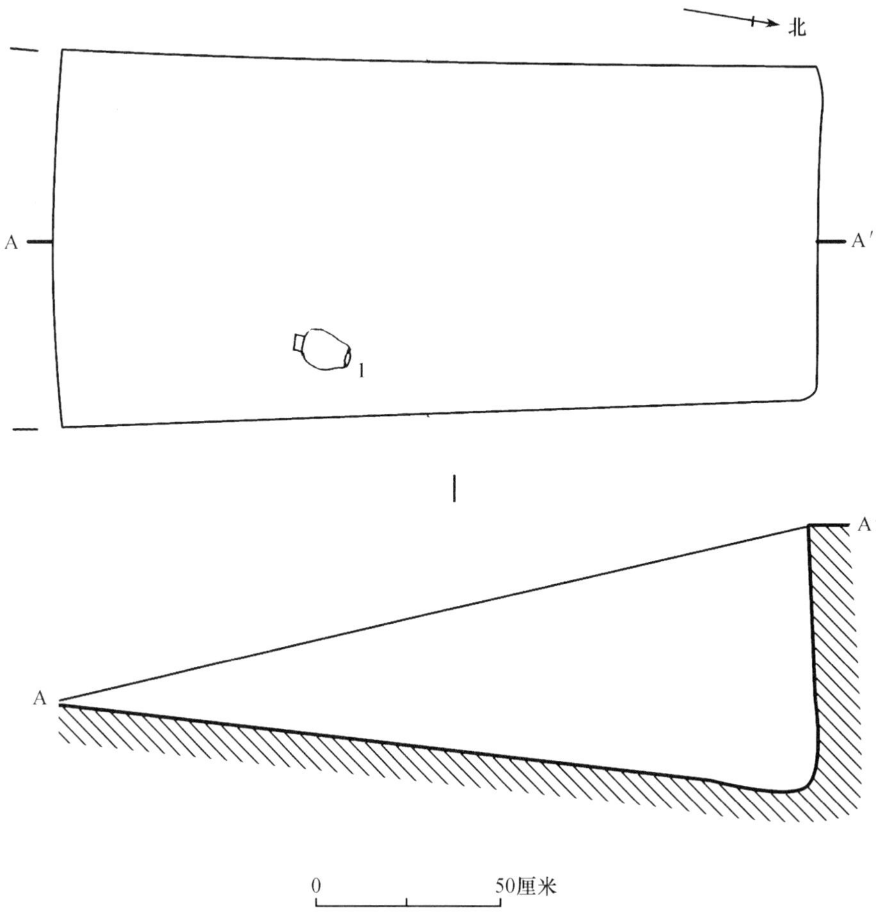

图二四三　2001IM3007 平、剖面图

1. 釉陶罐

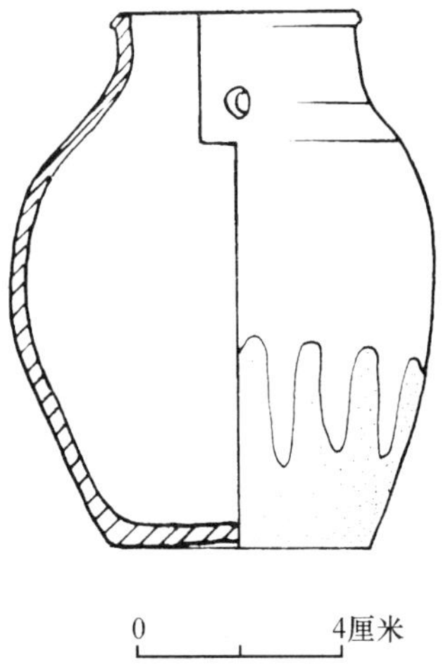

图二四四　2001IM3007 出土釉陶罐（2001IM3007∶1）

釉陶罐　1 件。2001IM3007∶1，缸胎，胎质粗糙，火候高。施半釉，釉已脱落，下半部有流釉。器型不规整，口下缘外突，直领，鼓肩，平底。口肩交接处，有两个对称穿孔。口径 4.6 厘米，底径 5 厘米，最大腹径 8.6 厘米，通高 10.2 厘米（图二四四；图版一四，2）。

2001IM3008

开口于耕土层下，打破生土，西半部被 2001IM3007 打破（图版一二,1）。土洞墓，全部被扰乱。长方形，直壁，墓底南高北低，墓顶部被完全破坏。墓底残长 0.58 米，宽 0.76 米，北壁高 0.5 米，无南壁。有少量肢骨，单人仰身直肢葬，头向 180°。填土中发现几枚棺钉。残存瓷器碎片若干，出于骨架腰部的西侧。铜蹀躞带具 8 件，出于骨架腰部（图二四五；图版一二，2）。另有一枚铁钱位于股骨头东部。

瓷碗　2001IM3008∶1，灰白胎，上部施灰青釉。直口，尖唇，深腹，玉璧底。口径 7.4 厘米，高 4.8 厘米，底径 4 厘米（图二四六，7）。

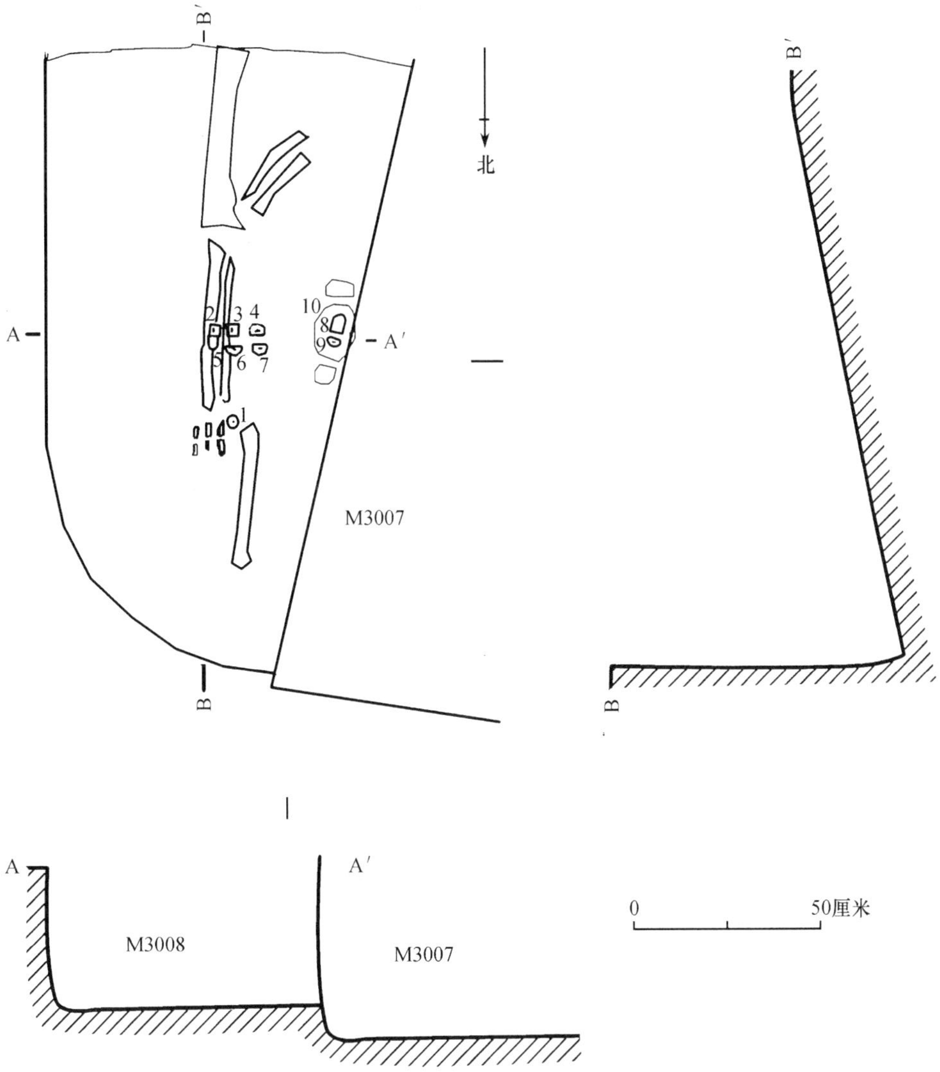

图二四五 2001IM3008 平、剖面图
1. 铁钱 2~9. 铜带具 10. 瓷碗碎片

铜蹀躞带具 8 件。

半圆形带銙 4 件。2001IM3008:3，带銙下部都有长方形透孔。由三片合成，底片与外片用三根穿钉相连，外片上又贴一个面片，使表面看不到穿钉的痕迹，面片边缘斜削。长 2.7 厘米，宽 1.6 厘米。孔长 1.8 厘米，宽 0.5 厘米（图二四六，2）。2001IM3008:5，带銙下部都有长方形透孔。由三片合成，底片与外片用三根穿钉相连，外片上又贴一个面片，使表面看不到穿钉的痕迹，面片边缘斜削。长 2.7 厘米，宽 1.7 厘米（图二四六，1）。2001IM3008:2、2001IM3008:7 同上。

长方形带銙 2 件。2001IM3008:4，带銙下部都有长方形透孔。底片与外片之间由四根穿钉连接。长 2.8 厘米，宽 2.5 厘米（图二四六，3）。2001IM3008:6，长方形，带銙下部都有长方形透孔。底片与外片之间由四根穿钉连接。长 2.6 厘米，宽 2.5 厘米（图二四六，4）。

铊尾 2 件。2001IM3008:9，呈舌形，由外片和底片合成，外片的边缘起突棱。长 3.5 厘米，宽 2.5 厘米（图二四六，5）。2001IM3008:10，呈舌形，由外片和底片合成，外片的边缘起突棱。长 3.5 厘米，宽 2.5 厘米（图二四七，6）。

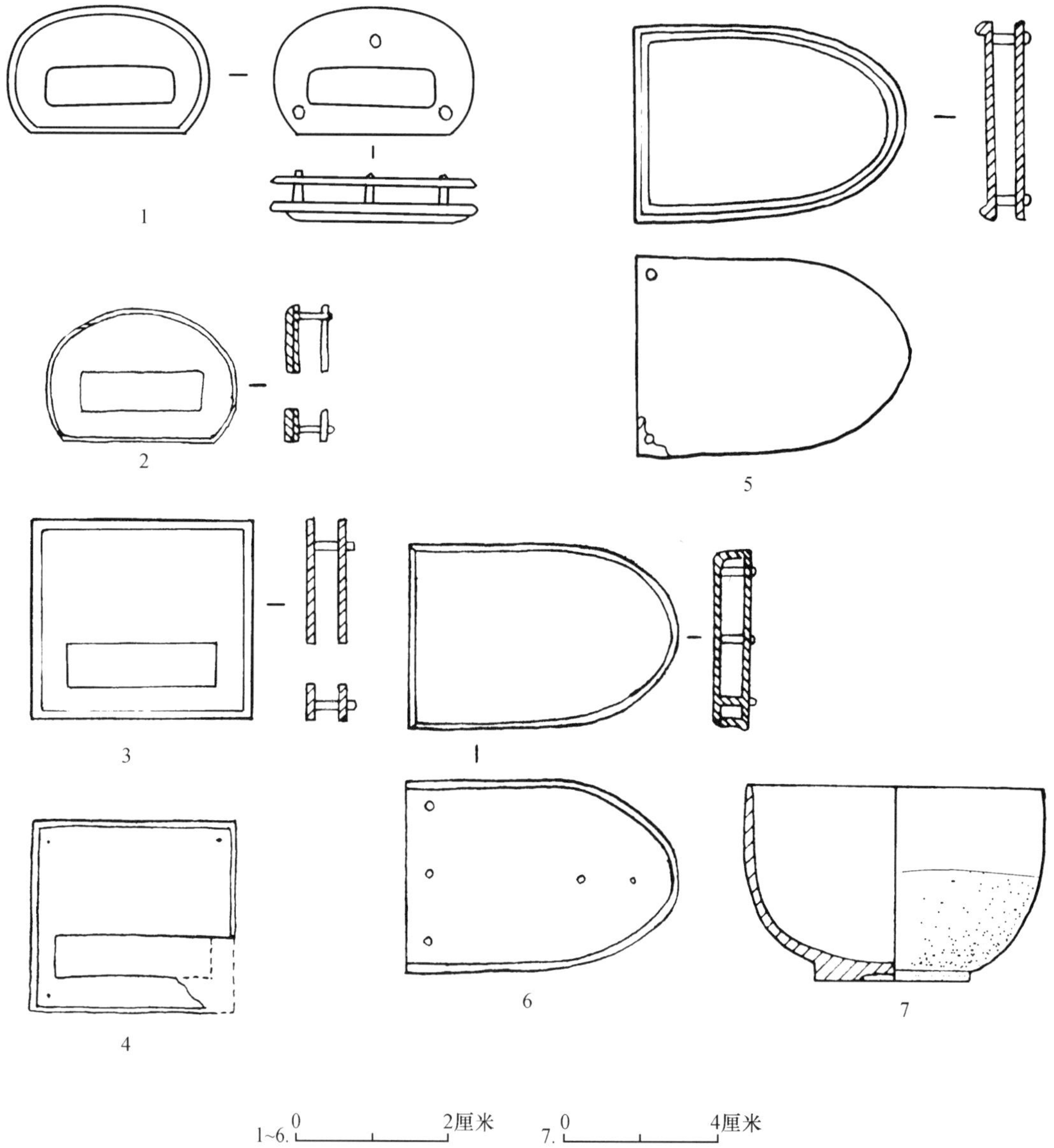

图二四六　2001IM3008 出土器物

1～4. 铜带銙（2001IM3008∶5、2001IM3008∶3、2001IM3008∶4、2001IM3008∶6）　5、6. 铜铊尾（2001IM3008∶9、2001IM3008∶10）　7. 瓷碗（2001IM3008∶1）

2001IM3009

开口于耕土层下，打破生土。土洞墓，全部被扰乱。长方形，直壁，墓底南高北低。墓底残长3米，宽1.05米，残深0.65～1.3米。有少量肢骨，单人仰身直肢葬，头向240°（图二四七）。有少量棺钉、棺环。随葬品有釉陶罐和瓷碗碎片。

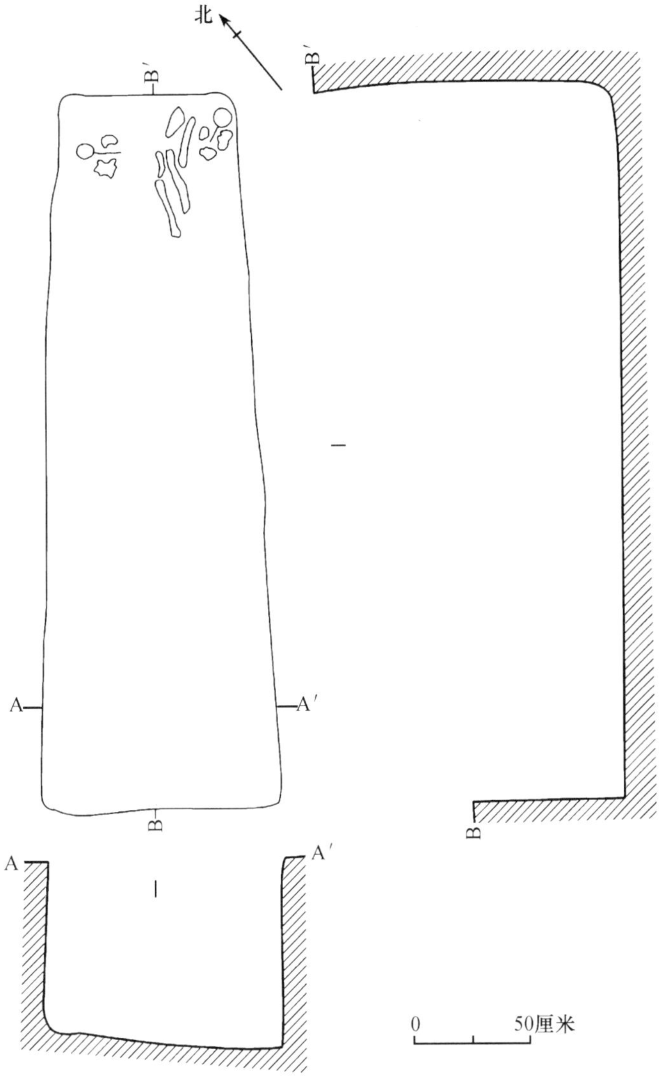

图二四七 2001IM3009平、剖面图

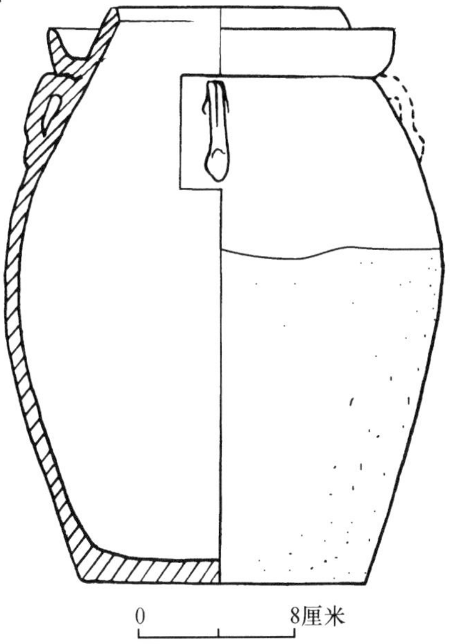

图二四八 2001IM3009出土釉陶罐（2001IM3009∶1）

釉陶罐 2001IM3009∶1，红褐色缸胎，烧制火候较高，上半部施釉但已有褪落。泡菜坛子口，内沿竖立，外沿倾斜，四竖系，残缺一系，鼓腹，平底。口内沿12厘米，口外沿15厘米，腹径22厘米，底径14.5厘米，高28厘米（图二四八）。

2001IM3010

土洞墓，方向192°。直壁，东、西壁与墓底的转角为圆弧形，墓底平整，南高北低，墓顶全部被破坏（图二四九）。在填土中发现铜簪一残段，在填土中发现5枚棺钉。长2.48米，宽0.64米，深0.8米。

2001IM3011

长方形土洞墓，方向250°。墓底南高北低，墓顶全部被破坏，直壁，东、西壁与墓底的转角呈直角。长2.16米，宽0.8米，深0.5～1.1米（图二五〇）。

2001IM3012

长方形土洞墓，方向188°。墓底南部略高于北部，直壁，北壁与东、西两壁的转角略呈圆角。墓顶已全部被破坏，西壁部分被盗洞破坏，墓的南端被M3015打破。残长1.7米，宽0.84米，深0.5~1.1米（图二五一）。填土中出有棺钉、铁钱3枚、红陶片。

2001IM3013

长方形土洞墓，方向195°。墓底南部略高于北部，直壁，北壁与东、西两壁的转角略呈圆角。墓顶已全部被破坏，墓的南部被2001IM3012打破。长1.2米，宽0.6米，深0.5米（图二五二）。墓底有人骨架半具，单人葬，存腿骨。骨架两侧有12枚铁棺钉，墓底股骨之间有9枚铁钱。

2001IM3014

长方形土洞墓，方向196°。直壁，北壁与东、西两壁的转角均为直角。墓顶全部被破坏，墓的南半部被M3027打破。墓底有一台阶，宽30厘米，高30厘米。人骨仅余两根小腿骨，放在台上，不是原来下葬时的状态。从墓底判断，可能是两个墓，因为墓内土都是后期盗掘形成的二次填土，已经无法判断打破关系。残长0.5米，宽0.6米，深0.45~0.7米（图二五三）。填土中出有棺钉。

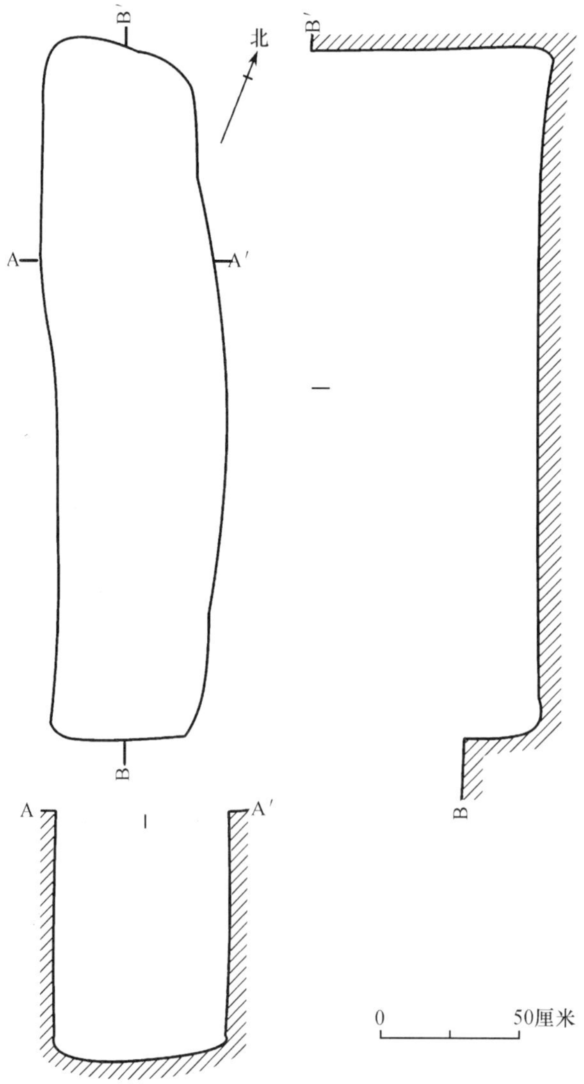

图二四九　2001IM3010平、剖面图

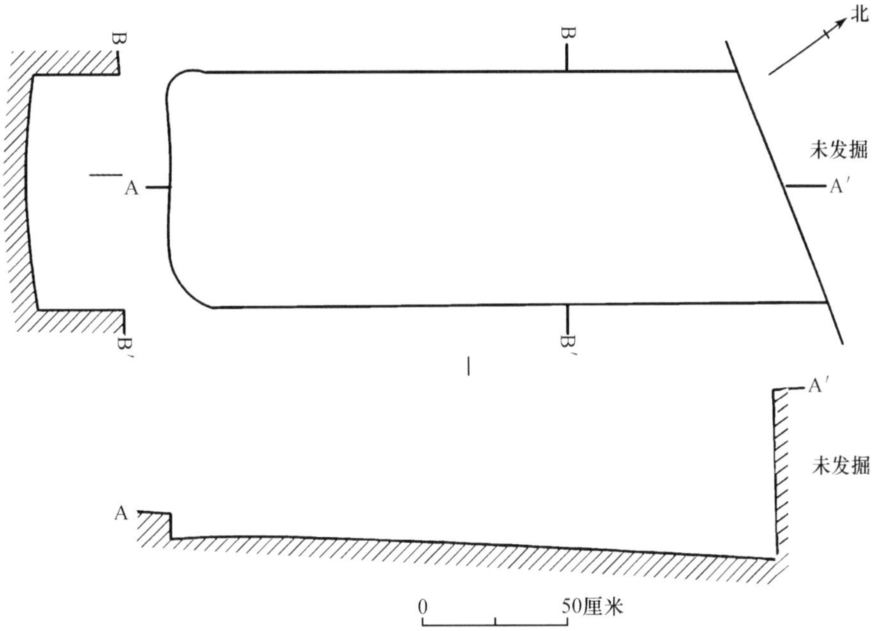

图二五〇 2001IM3011平、剖面图

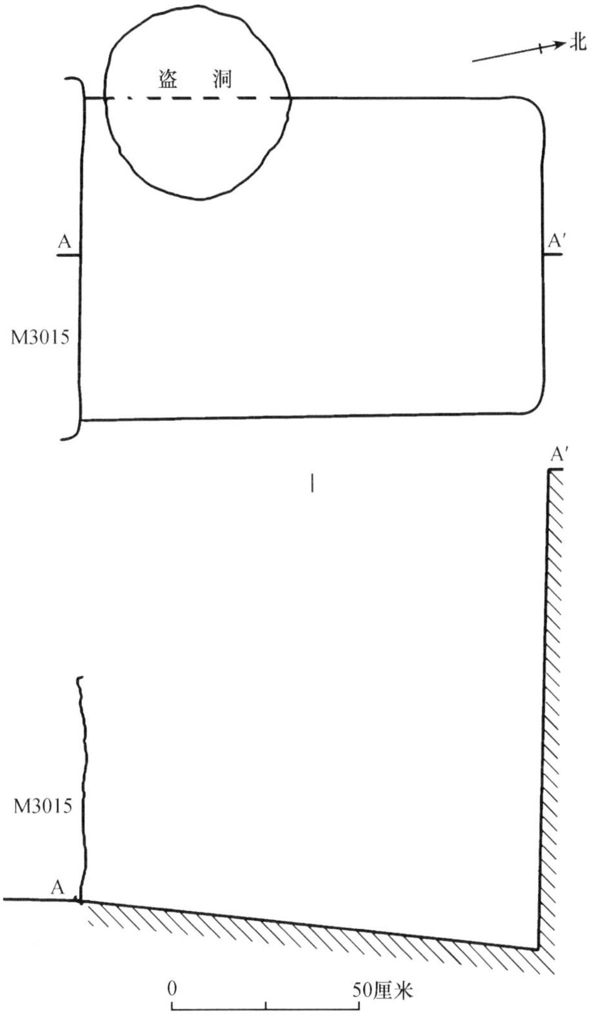

图二五一 2001IM3012平、剖面图

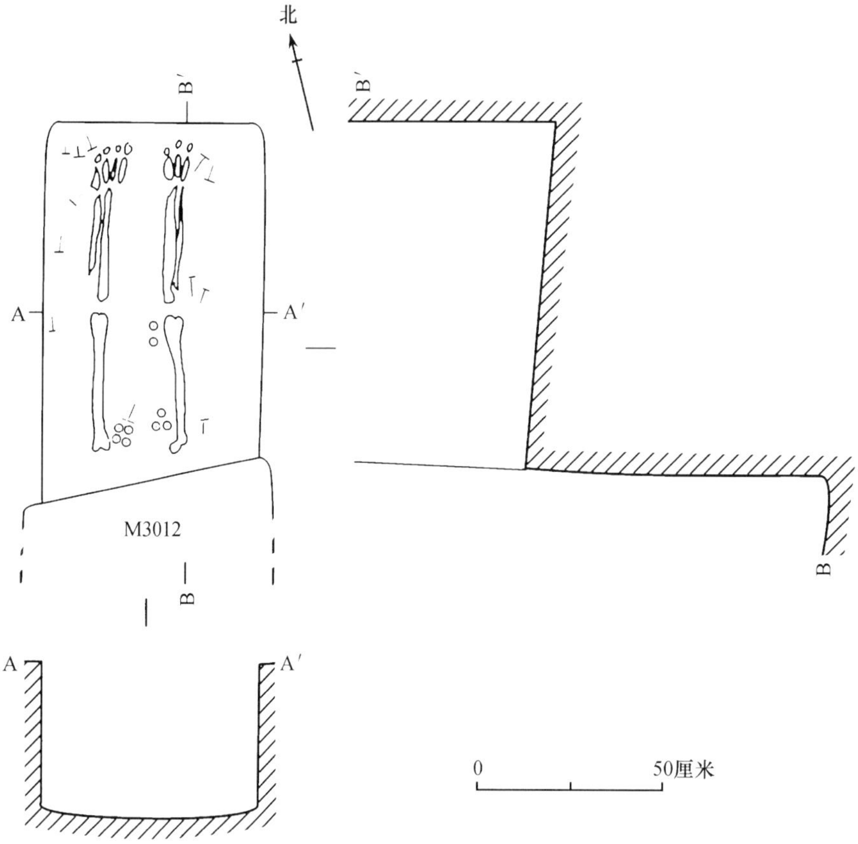

图二五二　2001IM3013 平、剖面图

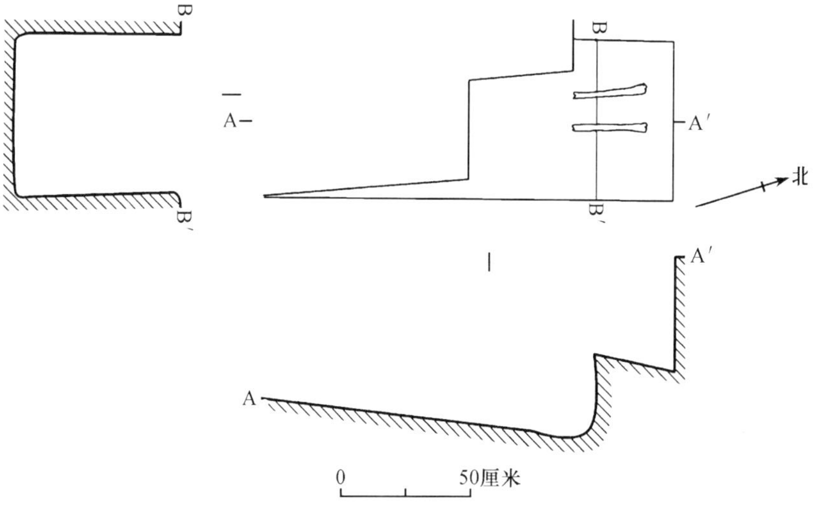

图二五三　2001IM3014 平、剖面图

2001IM3015

开口于耕土层下，打破生土。土洞墓，全部被扰乱。长方形，直壁，墓底南高北低。墓底残长1.8米，宽0.88米，北壁高0.68米。未见人骨，墓向为南向。有少量棺钉。随葬品仅见陶片、瓷片和铜钱（图二五四）。随葬品都出于墓底，6枚铜钱散乱，位于墓室的南部；另外6枚黏在一起，其中，开元通宝5枚，乾元重宝1枚。

瓷罐　1件。2001IM3015∶3，缸胎，厚重，施半釉，釉已脱落。器型不规整，口下缘外突，直领，鼓腹，平底。口径4.9厘米，底径6.3厘米，最大腹径9厘米，通高18厘米（图二五五）。

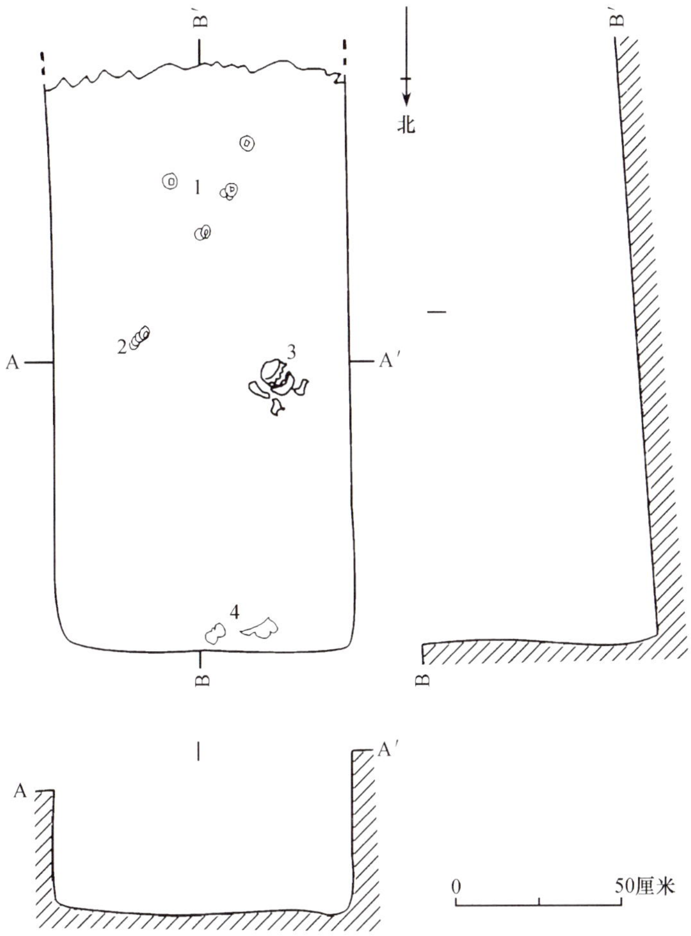

图二五四　2001IM3015 平、剖面图

1、2. 铜钱　3. 瓷罐　4. 陶片

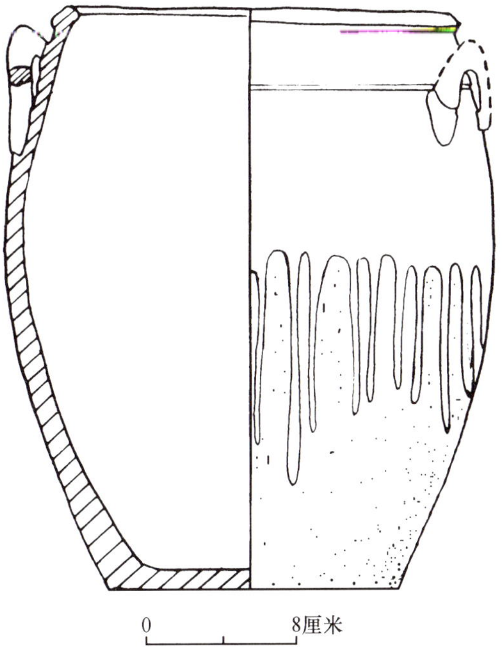

图二五五　2001IM3015 出土瓷罐

（2001IM3015∶3）

2001IM3016

开口于耕土层下，打破生土。土洞墓，全部被扰乱。长方形，直壁，墓底南高北低。墓底残长3米，宽0.68～0.96米，北壁高0.65米，无南壁。未见人骨，墓向为南向（图二五六）。有少量棺钉。未见随葬品。

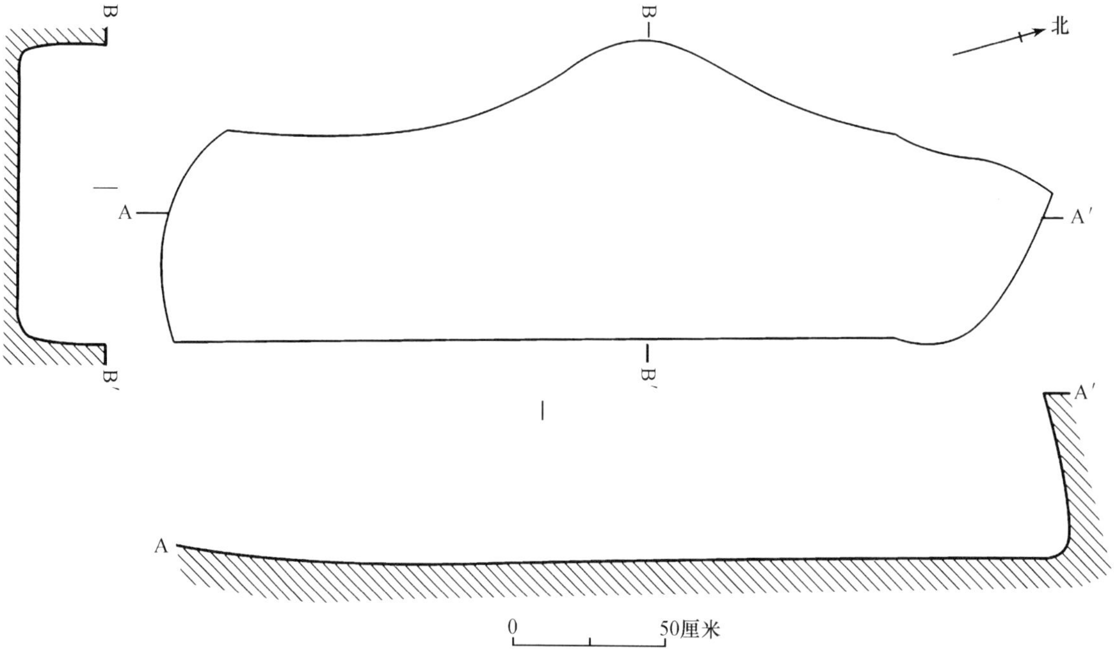

图二五六　2001IM3016平、剖面图

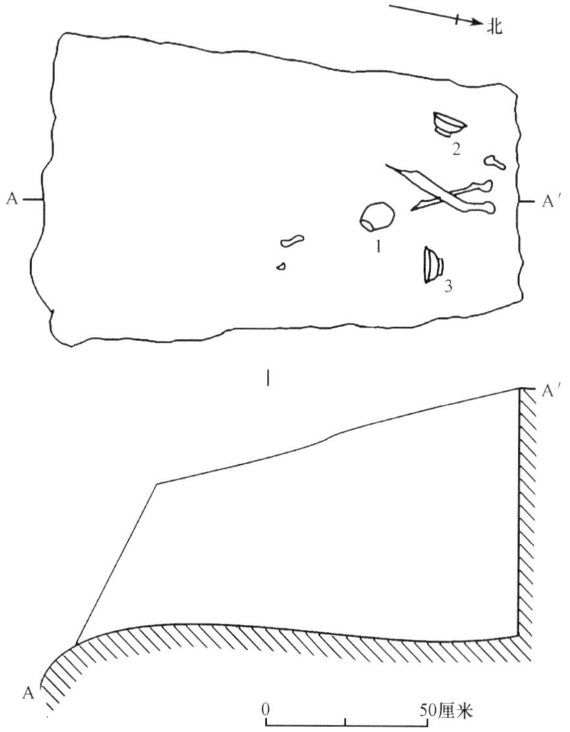

图二五七　2001IM3018平、剖面图
1. 釉陶罐　2、3. 釉陶碗

2001IM3018

开口于耕土层下，打破生土。土洞墓，全部被扰乱。长方形，直壁，墓底南高北低。墓底残长1.3米，宽0.66米，北壁高1.2米，无南壁。仅存少量肢骨，头向190°。有少量棺钉。上部被扰乱，仅存下部。在墓葬后半部的填土有釉陶罐1件和釉陶碗2件，均倾斜在填土中（图二五七）。

釉陶　3件（图版一四，3）。

釉陶罐　2001IM3018：1，红褐色胎，质地坚硬，厚重粗糙。器表施酱色釉，靠近器底部位无釉，釉有流淌现象。折沿，口沿外翻，鼓腹，底部略向内凹陷。高12厘米，口径7.8厘米，底径8.4厘米，腹径11.8厘米（图二五八，1；图版一四，3中）。

碗　2件。2001IM3018：2、2001IM3018：3，形制大小相同，红褐色胎。质地坚硬，厚重粗糙。碗的内部和口沿处施青色釉，部分已经脱落，口沿处有流釉现象。外部施青色半釉，基本脱落。碗底内部有一圈凹旋纹及支烧形成的五处支钉痕。碗底呈饼状，微微内凹。碗口由于火候不均，其形状不周正。口径16.4厘米，底径6.4厘米，高4.3厘米（图二五八，2、3；图版一四，3左、3右）。

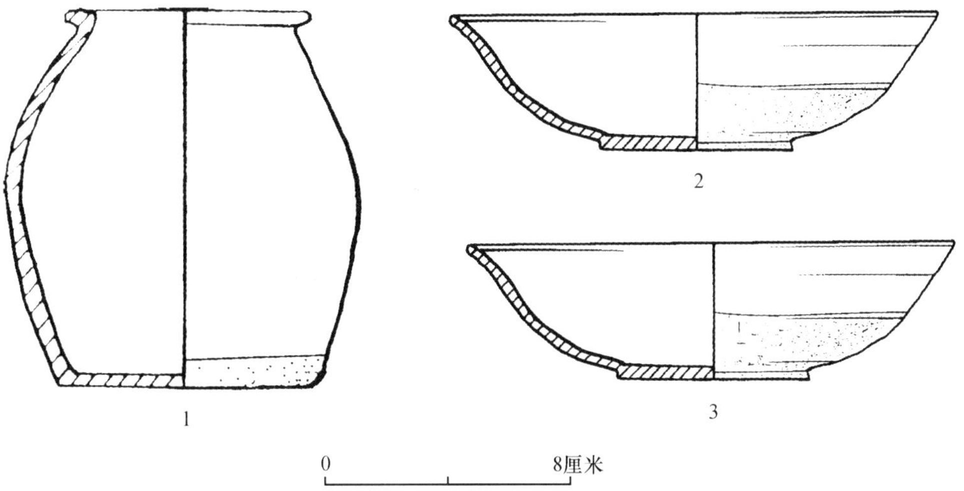

图二五八　2001IM3018出土釉陶器

1. 罐（2001IM3018∶1）　2、3. 碗（2001IM3018∶2、2001IM3018∶3）

2001IM3019

开口于耕土层下。被严重扰乱。长方形，直壁，墓底呈坡形，南高北低。墓向246°。填土中有少量凌乱人骨，根据头骨判断为女性，25岁。有少量棺钉和棺环1件。墓底长4.6米，宽1.3米，残深0.5~0.13米。随葬品仅存瓷器1件和铜钱1枚（图二五九）。

瓷瓶　1件，2001IM3019∶1，白胎薄壁，影青釉，芒口。方唇，口下有划的弦纹一周。腹呈七瓣瓜棱形。圈足，足内的底面也施釉，有支钉痕。肩上有4个横穿的管状耳。口径4.2厘米，底径5厘米，腹径6厘米，高7.6厘米（图二六〇；彩版二八，1）。

铜钱　1枚。为熙宁重宝，钱文楷书。

2001IM3020

开口于耕土层下。被严重扰乱。土洞墓，墓底南高北低，墓室北壁呈弧形，东、西壁较直，墓顶被完全破坏。发掘了在探方内的部分，墓葬伸出探方外的部分未发掘。方向178°。长1.5米，宽0.62米，深0~0.6米（图二六一）。单人葬，仅剩部分下肢骨除填土中出几枚棺钉外，未发现其他葬具。

2001IM3021

开口于耕土层下。被严重扰乱。土洞墓，直壁，墓顶全部被破坏，墓底南高北低。方向250°。长3.1米，宽1米，深0.2~1.3米（图二六二；图版一三，1）。铁钱20枚，零散出土于填土中，锈蚀严重。银簪1枚，出土于墓葬填土的中部。在墓底的西南部发现釉陶壶、釉陶罐、陶灯盏各1件，瓷碗（图版一三，2）。这些器物出土时均口部朝上。

瓷器　3件。

瓷碗　1件。2001IM3021∶5，胎呈灰色，质硬，火候较高。胎体表面较平，内侧及外侧近口部

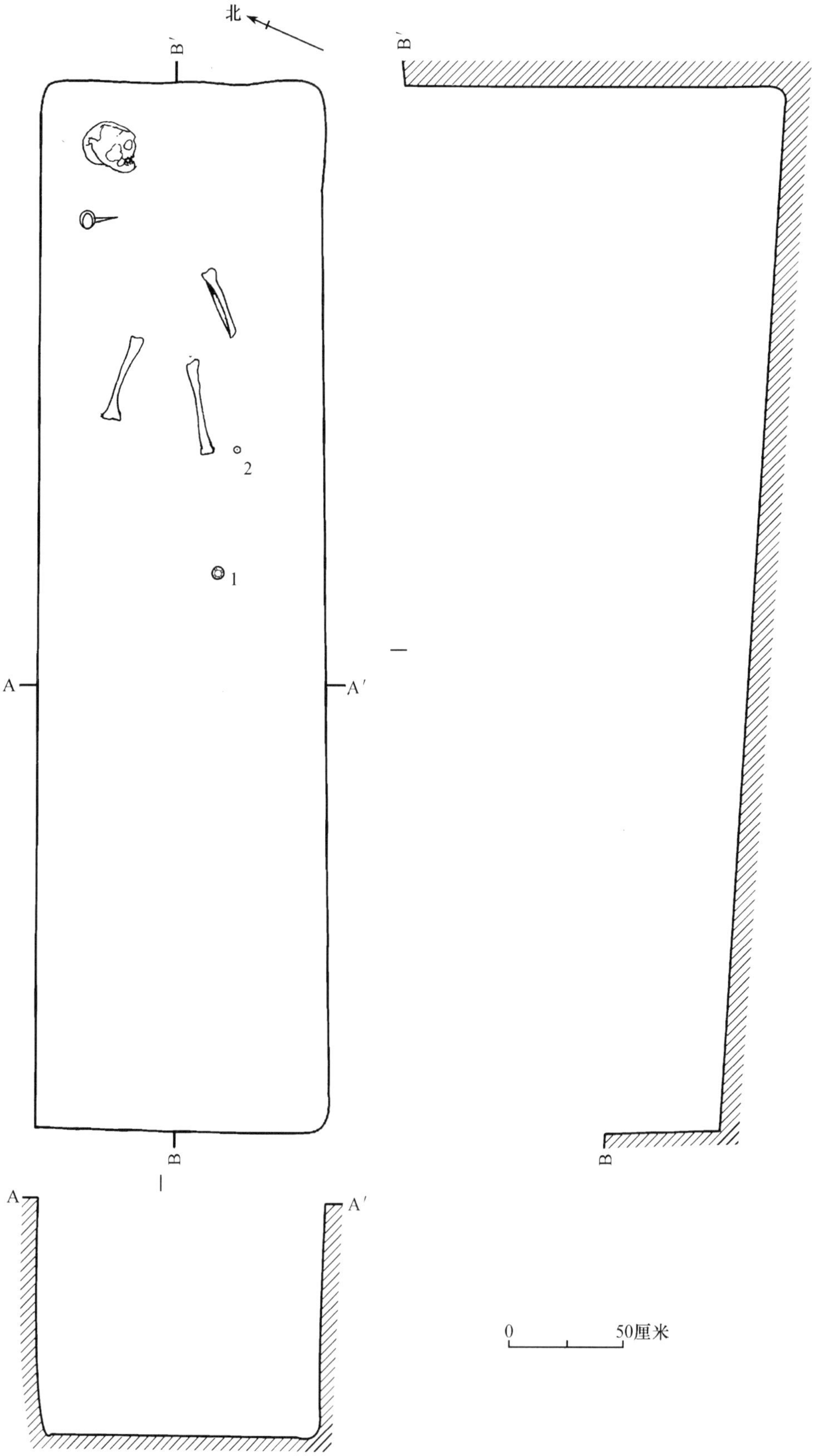

图二五九　2001IM3019平、剖面图
1. 瓷瓶　2. 铜钱

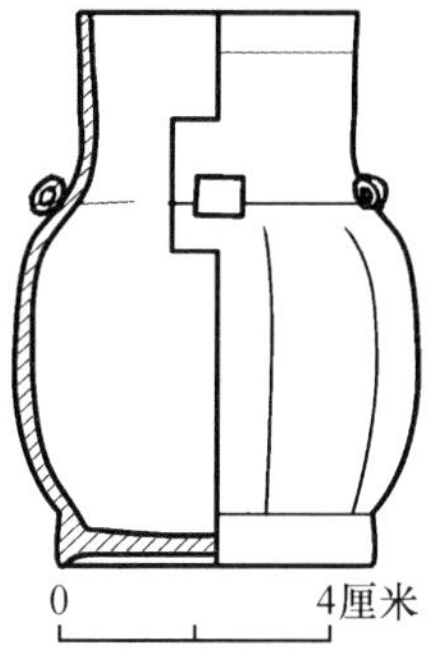

图二六〇　2001IM3019出土瓷瓶
（2001IM3019：1）

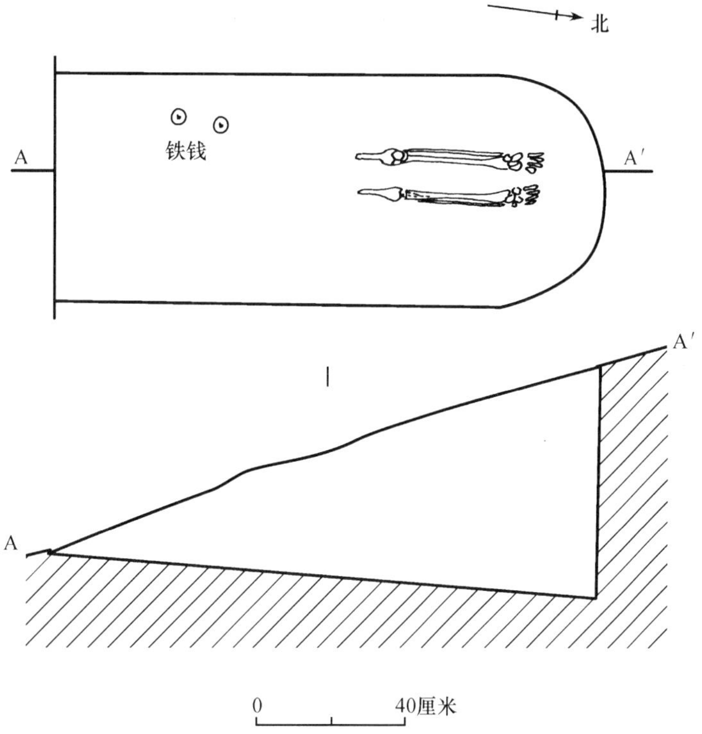

图二六一　2001IM3020平、剖面图

残有黄褐色釉痕，其下部不施釉，稍有流釉。侈口，弧腹斜收。平底，微凹。口径17.3厘米，底径6.6厘米，通高5厘米（图二六三，1；图版一三，2上中）。

瓷碟　2件。2001IM3021：6，白胎，较薄，胎质坚硬，上施白釉，泛黄。均匀光洁，釉较薄，有开片。假圈足，足底内部未施釉。尖唇，侈口，斜弧腹，腹部饰有莲花纹。通高3.8厘米，口径11.9厘米，底径6.8厘米。2001IM3021：7同前者（图二六三，2、3；图版一三，2下左、2下右）。

陶灯盏　2001IM3021：4，泥制灰陶，胎较厚。方唇，钵形，高圈足，下腹有波浪式附加堆纹。口径11.3厘米，底径9.2厘米，高8.9厘米（图二六三，4；图版一三，2下中）。

釉陶　2件。

壶　2001IM3021：3，胎体呈灰色，质硬，表面粗糙，凸凹不平。上部施绛釉，其上残有黑斑痕。近底部不施釉，饰白色化妆土。杯形口，因火候不均而呈不规则的圆形。长颈，溜肩，肩部有流。扁平把手，下部残。腹壁斜直。平底，微凹。底径6.6厘米，通高16厘米，口径6厘米（图二六三，5；图版一三，2上左）。

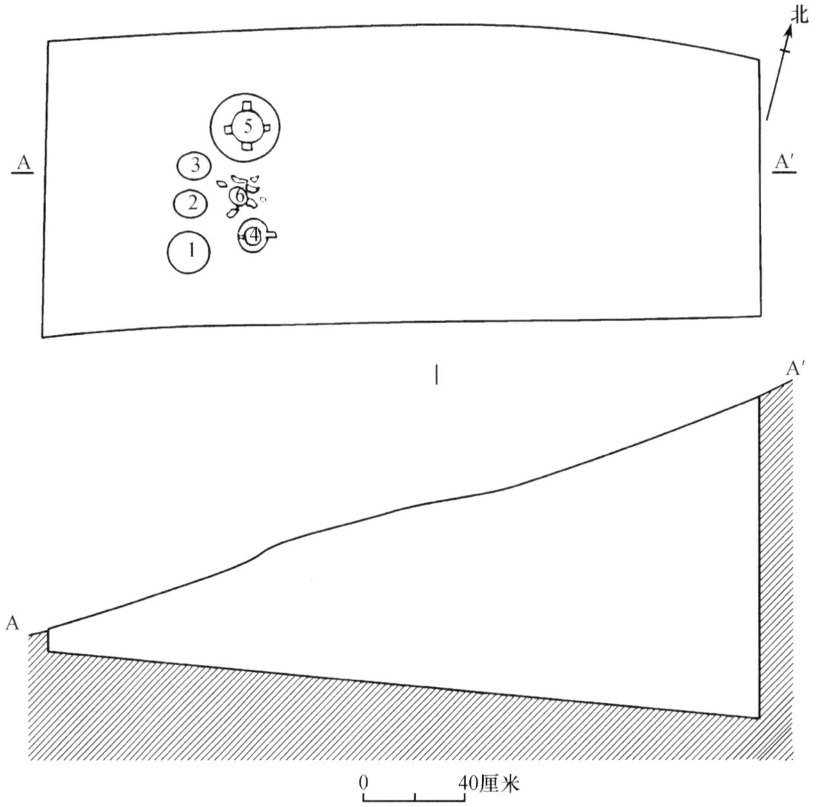

图二六二　2001IM3021平、剖面图

1. 瓷碗　2、3. 瓷碟　4. 釉陶壶　5. 陶灯盏　6. 釉陶四系罐

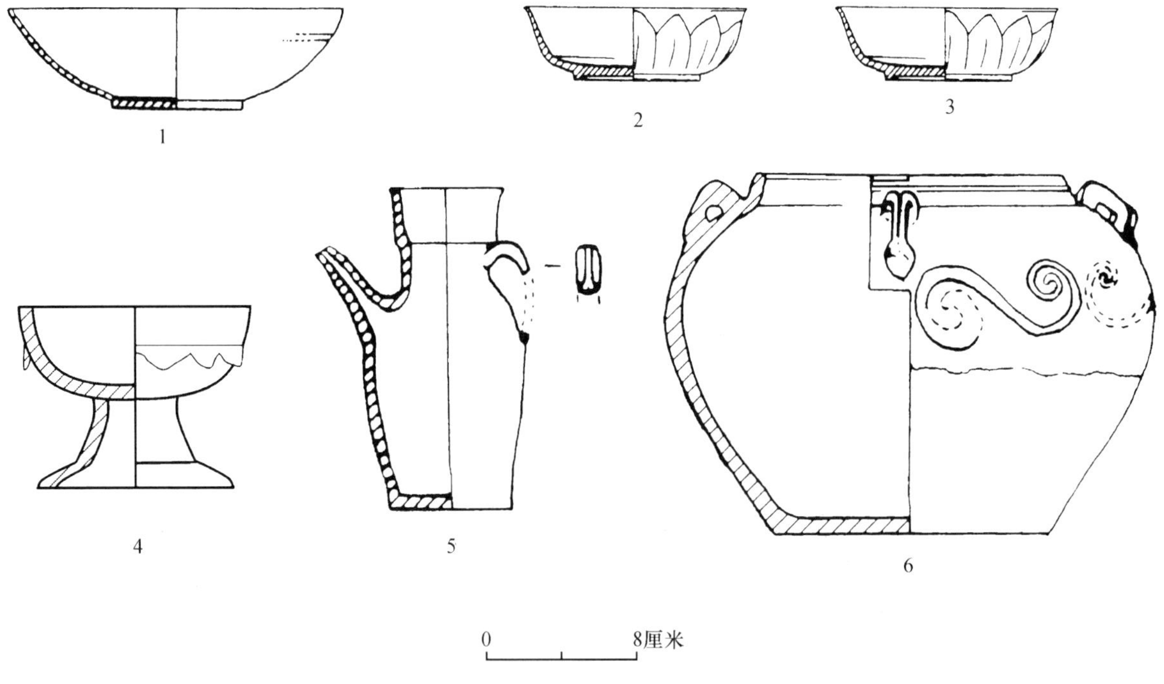

图二六三　2001IM3021出土器物

1. 瓷碗（2001IM3021∶5）　2、3. 瓷碟（2001IM3021∶6、2001IM3021∶7）　4. 陶灯盏（2001IM3021∶4）　5. 釉陶壶（2001IM3021∶3）　6. 釉陶四系罐（2001IM3021∶8）

四系罐　2001IM3021:8，胎呈红色，质地坚硬。上半部施浅黄色釉，釉色均匀，边缘整齐；下半部不施釉，有流釉现象。小口，尖圆唇，矮领，口沿部有一周凸棱，鼓肩，肩部有一周“S”纹，上有4个竖桥状耳，下腹缓收，平底微凹。内口径15厘米，外口径17厘米，腹部最大径25.8厘米，底径15厘米，通高18.8厘米（图二六三，6，图版一三，2上右）。

2001IM3022

开口于耕土层下。被严重扰乱。土洞墓，直壁，墓底南高北低，墓顶全部被破坏。方向160°。墓长3.48米，宽1米，深0~1.44米（图二六四）。墓底发现残存的少量的人骨和1枚开元通宝铜钱。

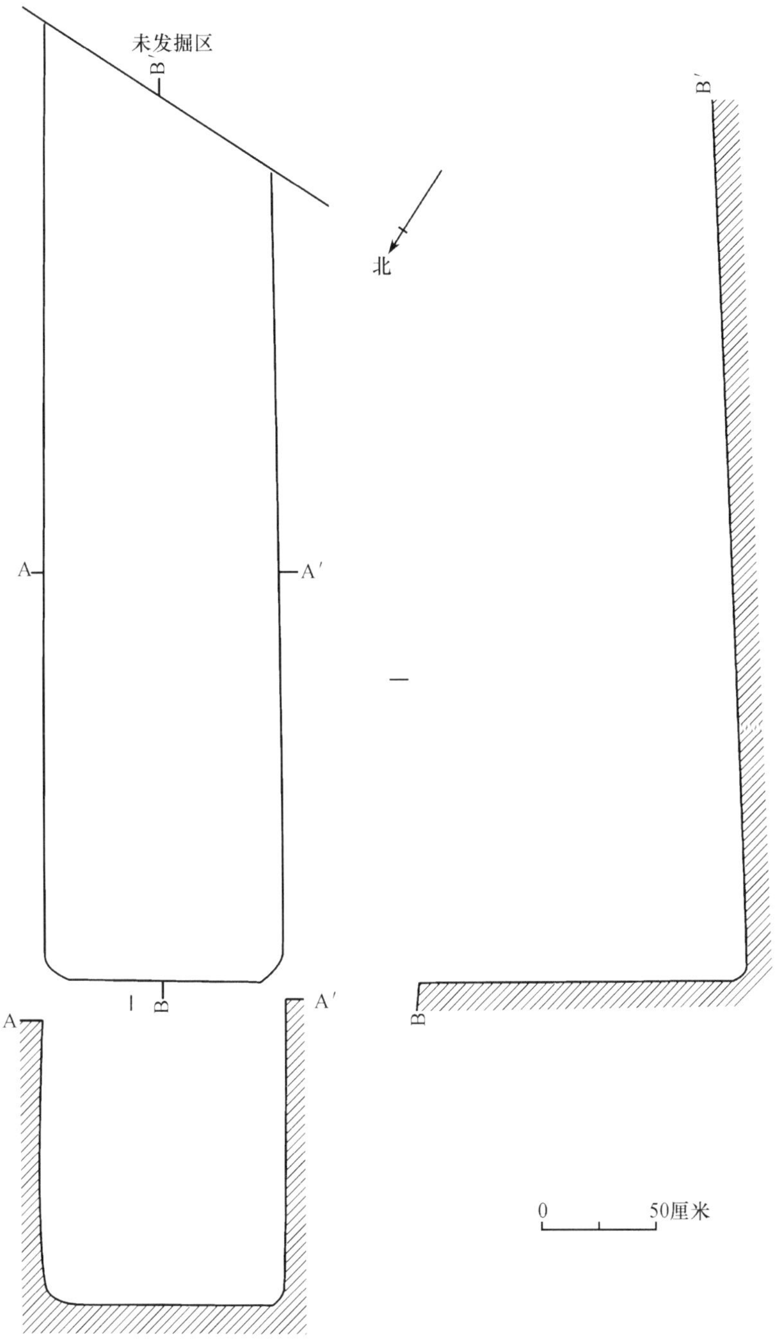

图二六四　2001IM3022平、剖面图

2001IM3023

开口于耕土层下。被严重扰乱。土洞墓，近直壁。东、西壁与墓底的转角呈圆弧形，墓底南高北低，墓顶全部被破坏。方向 195°。墓长 3. 2 米，宽 0. 7 米，深 0 ~ 0. 75 米（图二六五）。墓葬中部的盗扰填土中有铁棺钉和棺环，铁钱 3 枚。底部发现 2 件釉陶罐。

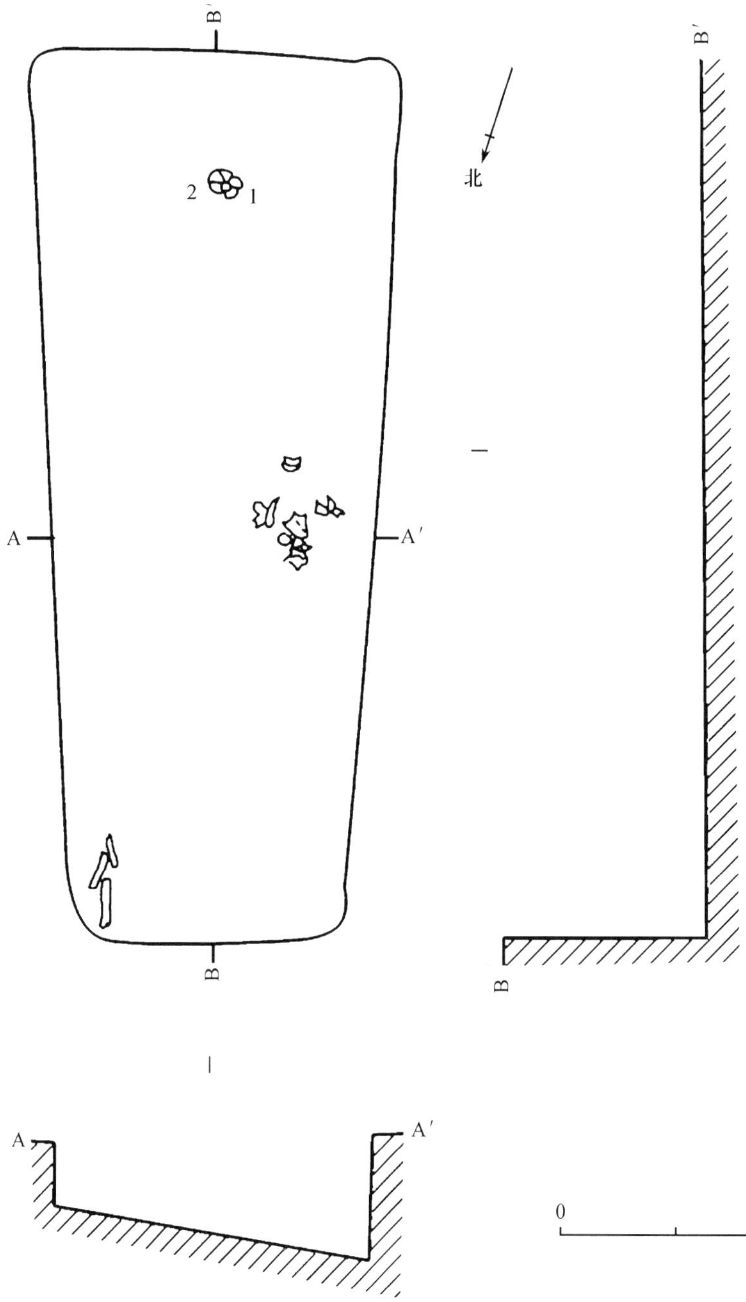

图二六五　2001IM3023 平、剖面图
1、2. 釉陶罐

釉陶罐　2 件。2001IM3023∶2，胎呈灰色，质地坚硬，表面有轮制痕迹，制作粗糙；肩部至口沿施青釉，流釉呈黄褐色。直领，口部稍内收，圆唇，鼓腹，平底。口径 4 厘米，高 8. 4 厘米，底径 4. 4 厘米（图二六六，1）。2001IM3023∶3，胎呈灰色，火候较高，表面有轮制痕迹，制作粗糙；

器身上半部施黄褐色釉，釉有脱落。口部略残。尖唇，卷平沿，沿面略上鼓，鼓腹，平底。口径5.6厘米，通高10.2厘米，腹径7厘米，底径4.2厘米（图二六六，2）。

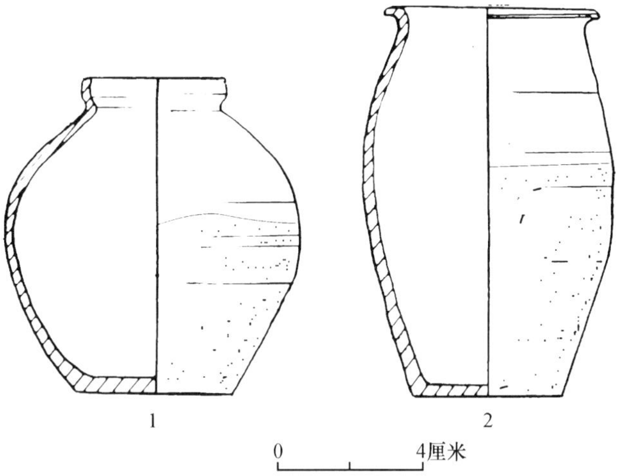

图二六六　2001IM3023出土釉陶罐

1. 2001IM3023∶2　2. 2001IM3023∶3

2001IM3024

开口于耕土层下。被严重扰乱。近似长方形，靠近北隔梁一端为圆形。土洞墓，直壁，墓底有青砖铺底，较平，墓顶全部被破坏。方向165°（图二六七）。长2.24米，宽1米，深0～0.7米。

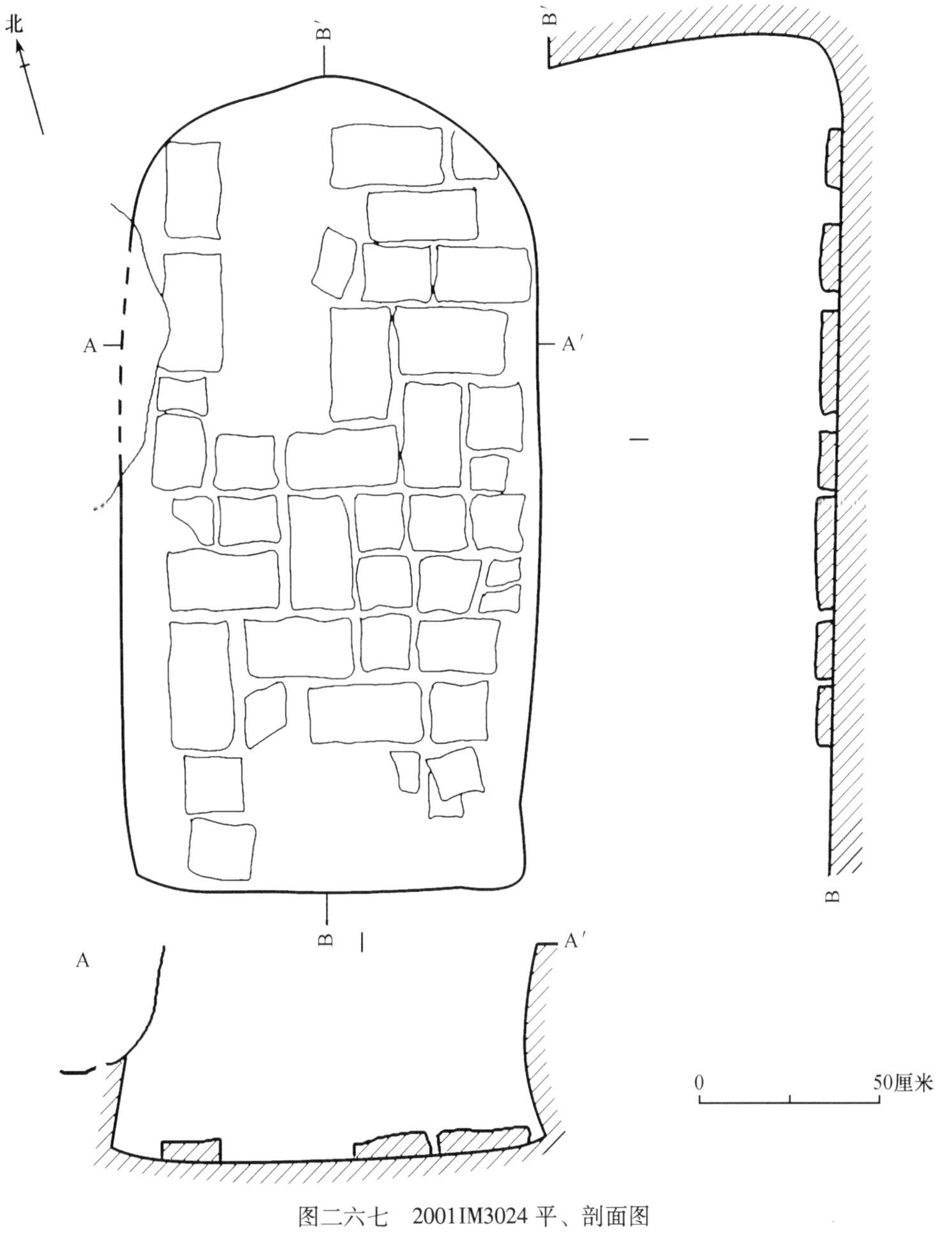

图二六七　2001IM3024平、剖面图

2001IM3026

开口于耕土层下。墓顶全部被破坏，墓的西半部被现代扰坑打破，被严重扰乱。土洞墓，方向119°（图二六八）。墓底南部略高于北部，直壁。在墓的南部的盗扰填土中出土釉陶瓶和瓷碗各1件，均已破碎，修复后瓶的口沿和1个器耳缺失，瓷碗完整。盗扰的填土中出2枚“开元通宝”铜钱，其中1枚背后有星月纹。在接近底部的填土发现被压破的1号头骨，在1号头骨下5厘米处又发现2号头骨，一段脊椎骨、一些肋骨。在1号头骨的口中有一颗透明珠子和1枚“开元通宝”铜钱。在1号头骨的东南边有1铁钱。

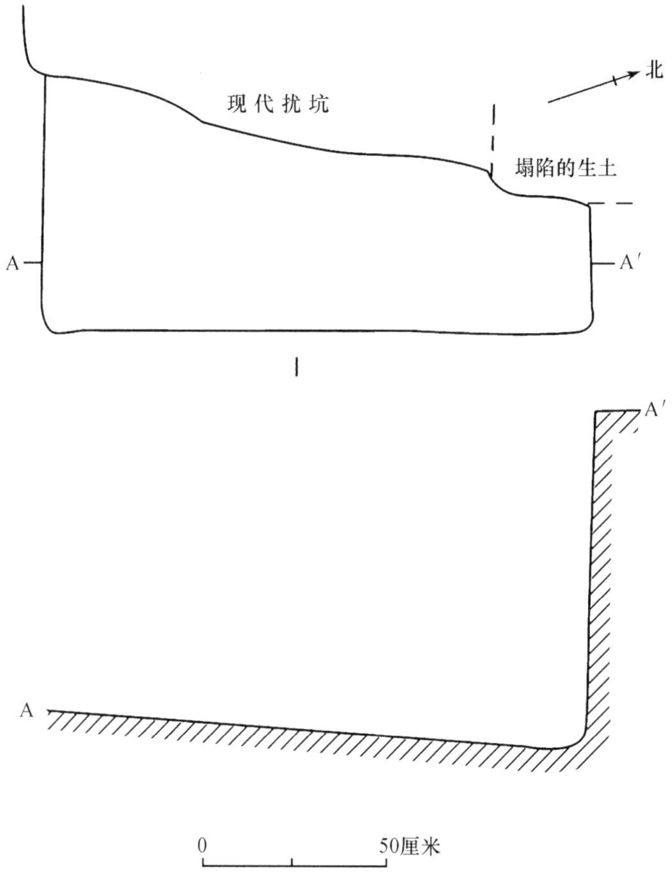

图二六八　2001IM3026平、剖面图

釉陶瓶　2001IM3026∶1，胎质厚重、粗糙、坚硬，火候较高，为红褐色胎。黑色釉，施釉不均，半釉。口沿残缺，细颈，鼓肩，腹线较直，平底，肩部有2个横桥耳。瓶高27厘米，最大腹径14厘米，残领高5厘米，底颈8.8厘米（图二六九，3）。

瓷碗　2001IM3026∶2，胎质灰白、坚硬，火候较高。影青釉，白中泛绿，器物内壁，壁与底交界处有1圈凹槽，槽沟内积釉为绿色。有细小开片。敞口、沿部略内敛、腹线较直、宽矮圈足。足底未施釉，圈足周围有支钉痕。高4.7厘米，口径14.9厘米，底径5厘米（图二六九，2；彩版二八，2）。

料珠　2001IM3026∶3，白色，扁圆形，中心有一穿孔。直径1.1厘米，厚0.5厘米（图二六九，1）。

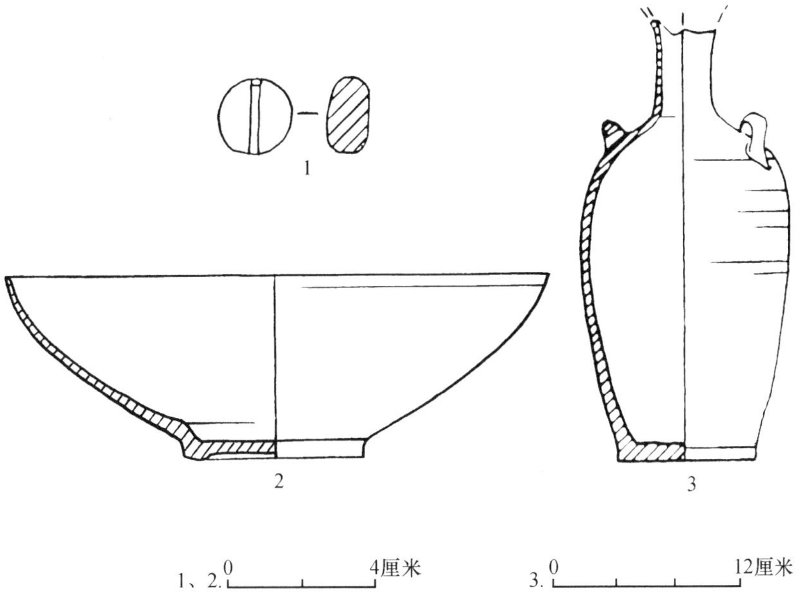

图二六九　2001IM3026出土器物
1. 料珠（2001IM3026:3）　2. 瓷碗（2001IM3026:2）　3. 釉陶瓶（2001IM3026:1）

2001IM3027

开口于耕土层下。被严重扰乱。墓顶全部被破坏，墓的大部分被其南部的M3026打破。土洞墓，墓底南部略高于北部，直壁，北壁与东、西两壁的转角略呈圆角。方向103°。残长0.2米，宽0.7米（图二七〇）。

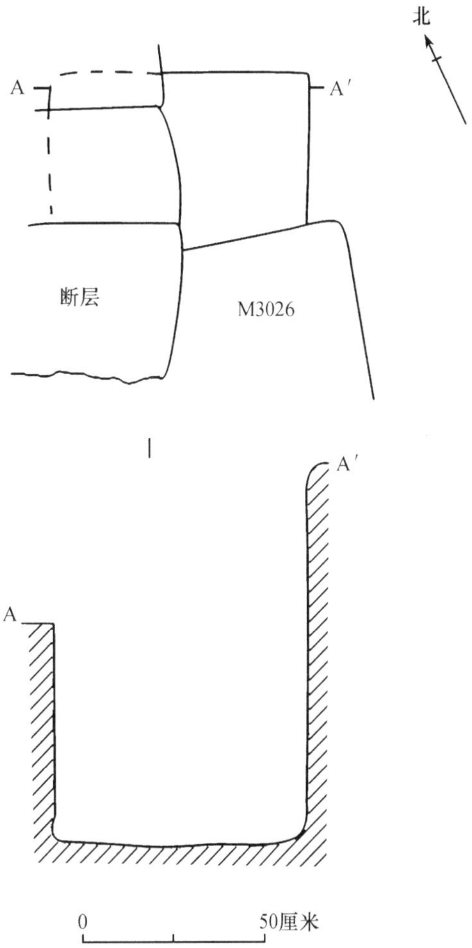

图二七〇　2001IM3027平、剖面图

2001IM3028

被M3007打破。土洞墓，墓底南高北低，墓壁较直，墓顶全部被破坏。方向190°。长2.63米，宽0.6～0.85米，深0～1.1米。除填土和墓底中发现几枚棺钉外，未发现其他葬具。人骨仅剩胸部骨骼（图二七一）。

2001IM3031

开口于耕土层下。被严重扰乱。土洞墓，直壁，墓底南高北低，墓顶已被完全破坏。方向215°。长2.3米，宽0.9米，深0.1～0.8米（图二七二）。在贴近墓西壁的填土中发现残破的乌银下颌托片，在填土中还发现散碎的瓷片。在墓底的北部中央出土正放的残缺的陶砚台。

2001IM3033

开口于耕土层下。被严重扰乱。墓顶部被破坏，墓

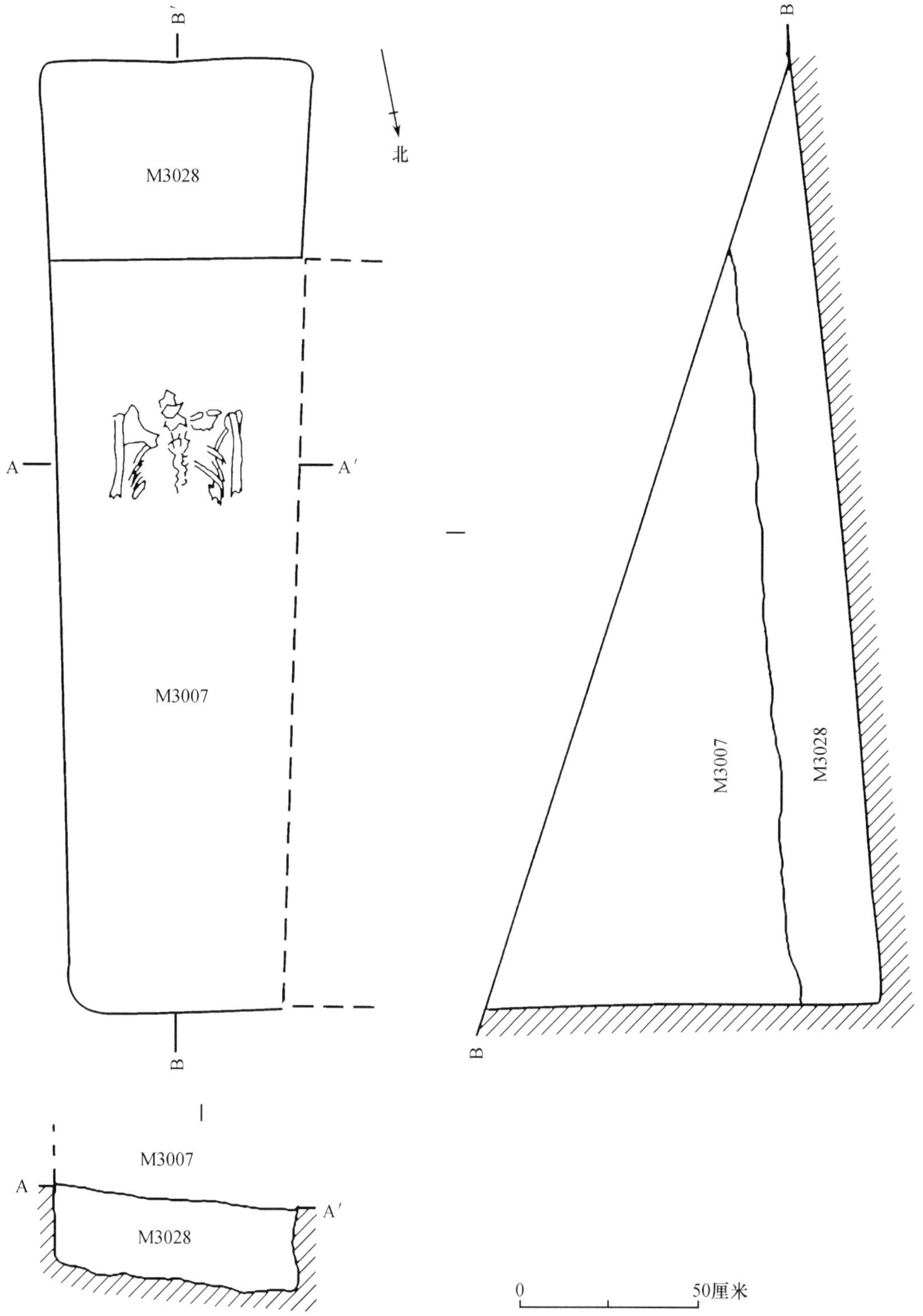

图二七一　2001IM3028 平、剖面图

室被盗空。长 3.4 米，宽 1.3 米，高 1.4～2.2 米。方向 235°。发现铁棺钉和铁棺环，木制葬具已完全腐烂。在墓室底部平铺一层黑砖，十分平整。在墓室中轴线的距离后壁 1.1 米处，有一个小底坑。直径 10 厘米，深 9 厘米。坑的上部是 4 块铺底砖的顶角处，4 块砖的顶角都被凿去，构成一个圆形的坑口。坑内嵌入 1 釉陶罐，腹径 9 厘米，口径 8 厘米，高 8.4 厘米。陶罐口略低于砖表面（图二七三；图版一四，1）。

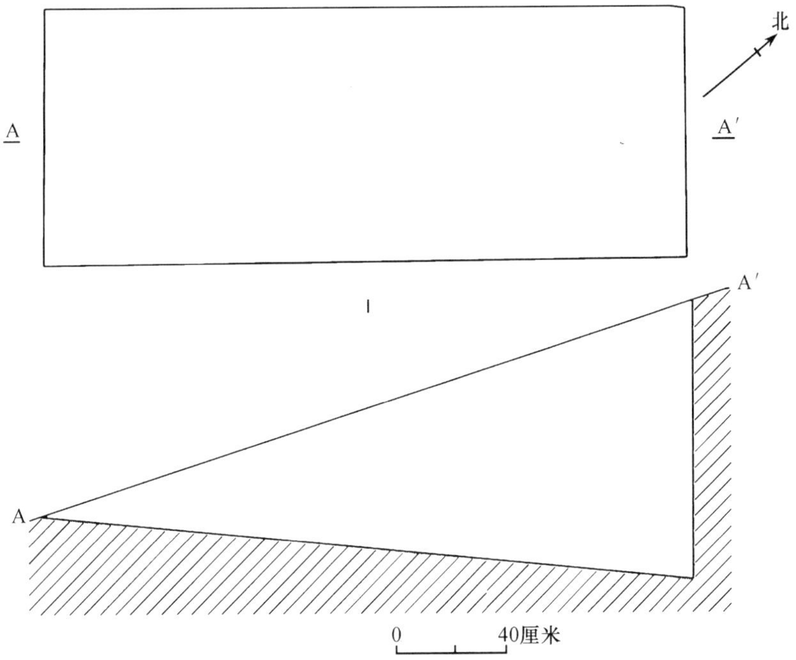

图二七二 2001IM3031平、剖面图

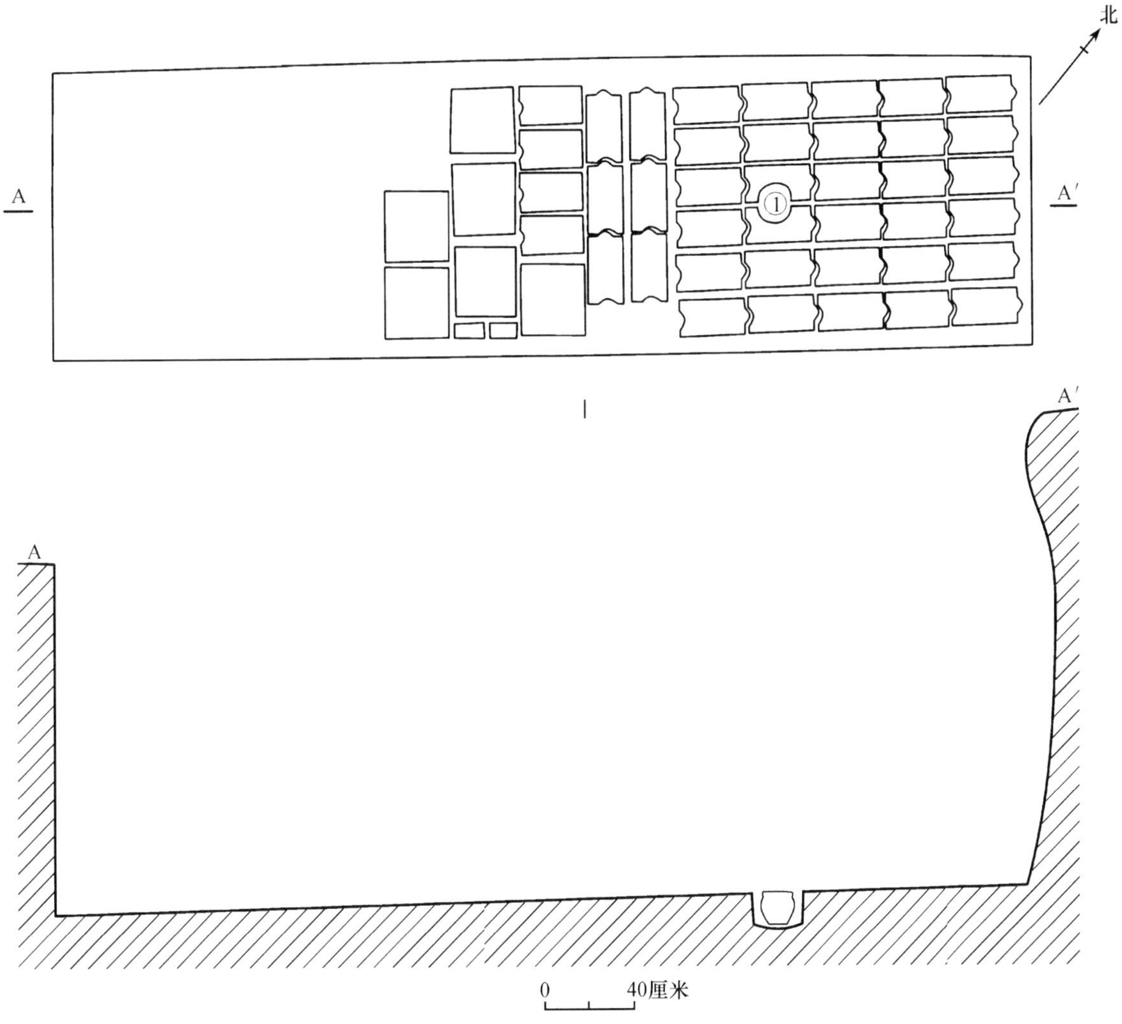

图二七三 2001IM3033平、剖面图
1. 釉陶罐

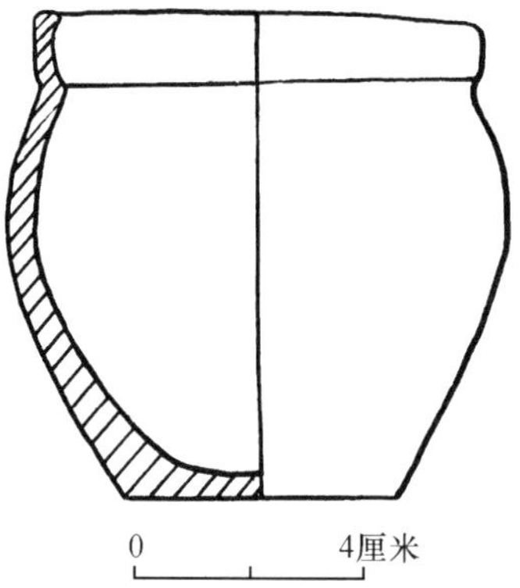

图二七四　2001IM3033 出土釉陶罐
（2001IM3033∶1）

釉陶罐　2001IM3033∶1，缸胎，口部施釉但不均匀，釉向下流淌；烧制火候不均，器表侧面一半为红褐色，另一半泛白。短直径，平唇且略倾斜，鼓肩，平底，表面不平整。唇部和底部较厚实，腹部相对较薄。口径 8 厘米，底径 5 厘米，腹径 9 厘米，高 8. 2 厘米（图二七四）。

2001IM5011

墓壁较直，墓底南高北低，判断也应该是土洞墓，洞顶被毁。成年男子骨架一具，在骨架下面保留了部分棺灰，另有大量棺钉。头骨下有一个小坑。墓方向 230°。长 2. 65 米，宽 0. 7 米，深1. 4 ~ 0. 3 米。头向 230°。墓的前半部放随葬品（图二七五）。在墓底前半部出土铁牌 1 块；正放的小釉陶罐 1 个，已被压裂的陶盆 1 件，已被压裂的大陶罐 1 件；在陶盆下压有破碎的瓷碗 1 个，在大陶罐下压有破碎的瓷碗 3 个，正放的釉陶壶 1 个，在头骨下的小坑中出土 1 个釉陶壶，已被压碎。在骨架附近和底部铜钱 8 枚：头骨两侧有 2 枚铜钱，胸部有 2 枚铜钱，左右两臂下各有 2 枚铜钱，股骨间 2 枚铜钱。另有铁钱 14 枚散布在骨架附近。在墓的前半部靠近西壁处有一片圆形的黑灰，形状完整，可能是木器朽掉的残灰。

图二七五　2001IM5011 平、剖面图
1. 铁牌　2. 釉陶小罐　3. 陶盆　4. 陶罐　5 ~ 8. 瓷碗　9. 釉陶壶　10. 釉陶壶　11. 铜钱　12. 铁钱

釉陶器　3件（彩版二九，3）。

釉陶壶　2001IM5011∶9，胎呈红色，胎质较硬；器表上半部施有酱釉，有流釉现象，并有脱落，釉上有树叶纹；尖唇，直领，领部有弦纹，共三耳，与流所对的耳较大；弧腹平底，底部略有残缺。口径7.4厘米，底径8.6厘米，高19.2厘米（图二七六，1）。2001IM5011∶10（图二七六，2）形态与特点与2001IM5011∶9相同。

釉陶小罐　2001IM5011∶2，胎呈红色，火候较高，质地坚硬；侈口，直领略内弧曲，鼓腹，腹部上半部施白化妆土，有脱落现象，下半部较粗糙；平底内凹。口径3.9厘米，底径4.6厘米，腹径7.2厘米，高7厘米（图二七六，3）。

陶器　2件。

陶罐　2001IM5011∶4，泥质灰陶，敛口，鼓肩，平底。高29.4厘米，口径20.4厘米，腹径30厘米，底径20.6厘米（图二七六，4）。

陶盆　2001IM5011∶3，胎呈灰色，胎质酥软，火候较低；表面粗糙，侈口，直腹斜收，带有两个横向的把；平底；略残。口径23厘米，底径16厘米，高8厘米（图二七六，9）。

瓷器　4件。

瓷碗　2001IM5011∶5，胎质纯白，轻且脆；表面施黄釉，部分已脱落，有细小的开片。唇部为六片花瓣，瓣与瓣之间有明显突棱，略有残缺。腹部稍有弧度，底为矮圈足，釉已基本脱落，口径12.5厘米，底径6.2厘米，高3.2厘米（图二七六，5）。2001IM5011∶6，胎质纯白，轻且脆；表面施黄釉，部分已脱落，有细小的开片。唇部为六片花瓣，瓣与瓣之间有明显突棱，略有残缺。腹部稍有弧度，底为矮圈足，釉已基本脱落。口径13.5厘米，底径6.4厘米，高3.4厘米（图二七六，6）。2001IM5011∶7，胎质纯白，轻且脆；表面施黄釉，部分已脱落，有细小的开片。唇部为六片花瓣，瓣与瓣之间有明显突棱，略有残缺。腹部稍有弧度，底为矮圈足，釉已基本脱落。口径12.5厘米，底径6.2厘米，高3.4厘米（图二七六，7）。2001IM5011∶8，胎质纯白，轻且脆；表面施黄釉，部分已脱落，有细小的开片。唇部为六片花瓣，瓣与瓣之间有明显突棱，略有残缺。腹部稍有弧度，底为矮圈足，釉已基本脱落。口径13.5厘米，底径6.4厘米，高3.4厘米（图二七六，8）。

铁器　15件。

铁牌　2001IM5011∶1，长方形，上面文字已经锈蚀不清。长22厘米，宽10厘米（图二七六，10）。

铁钱　14枚。锈蚀严重，钱文不清。

铜钱　8枚。

其中有“唐国通宝”（图二七六，13），“景德元宝”（图二七六，14）各1枚，“开元通宝”（图二七六，11、12）6枚。

2001IM7002

直壁，残存一部分。长2.2米，宽0.6～0.7米。方向140°。墓底南高北低。发现几枚棺钉，其余葬具全部腐烂。严重扰乱，后部有3段人骨，随葬品无（图二七七）。

2001IM7003

直壁，残存一部分。长2.6米，宽0.8～0.9米。方向140°。墓底南高北低。只发现几枚棺钉，其余葬具全部腐烂。墓底发现一件倾斜放置的残破釉陶罐（图二七八）。

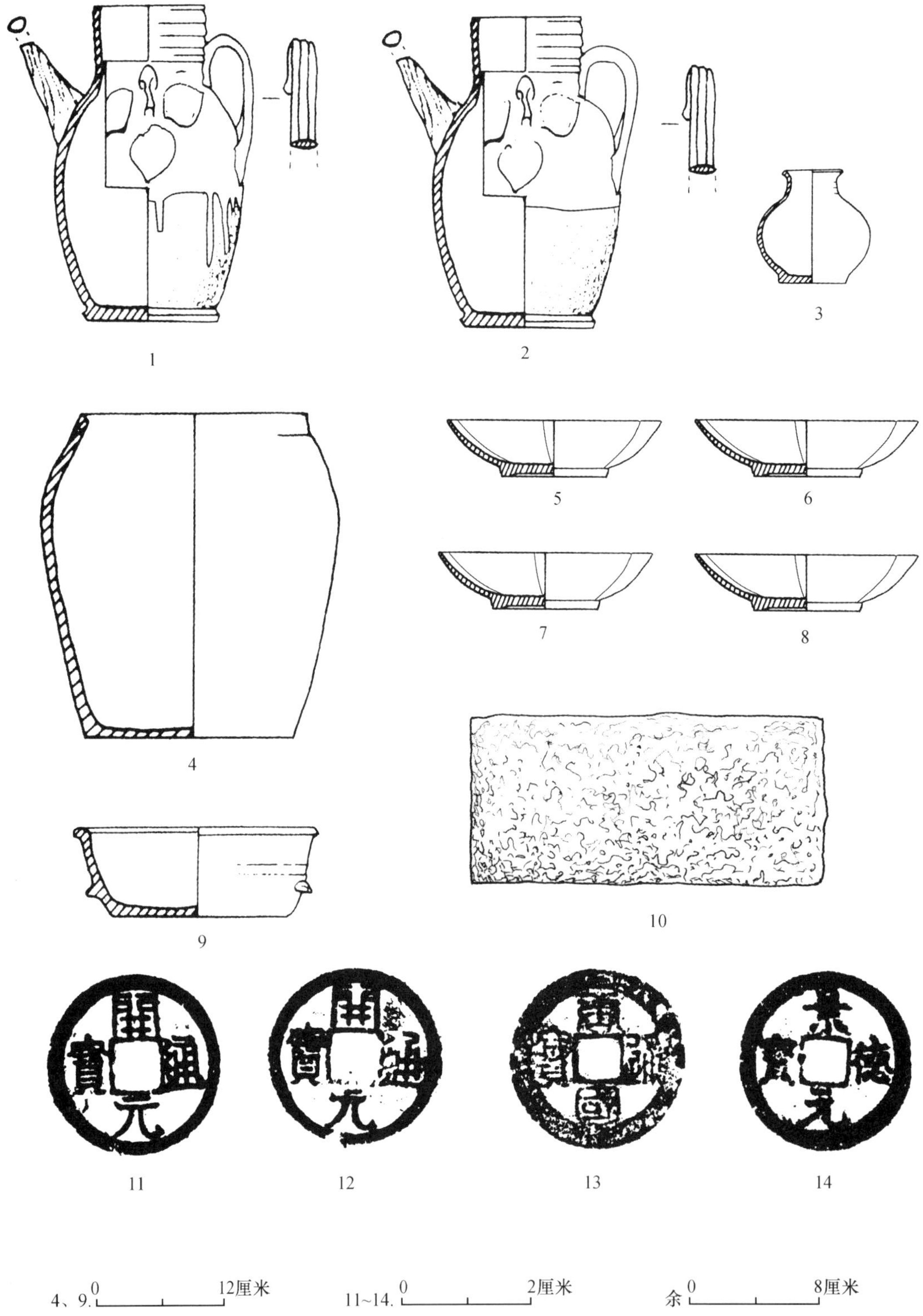

图二七六　2001IM5011 出土器物

1、2. 釉陶壶（2001IM5011∶9，2001IM5011∶10）　3. 釉陶小罐（2001IM5011∶2）　4. 陶罐（2001IM5011∶4）　5～8. 瓷碗（2001IM5011∶5、6、7、8）　9. 陶盆（2001IM5011∶3）　10. 铁牌（2001IM5011∶1）　11、12. 开元通宝（2001IM5011∶11、12）　13. 唐国通宝（2001IM5011∶13）　14. 景德元宝（2001IM5011∶14）

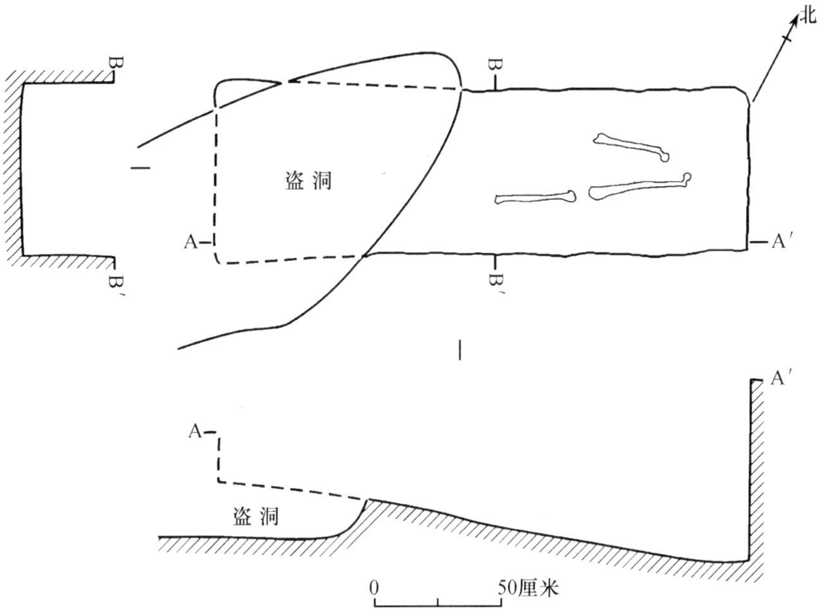

图二七七 2001IM7002平、剖面图

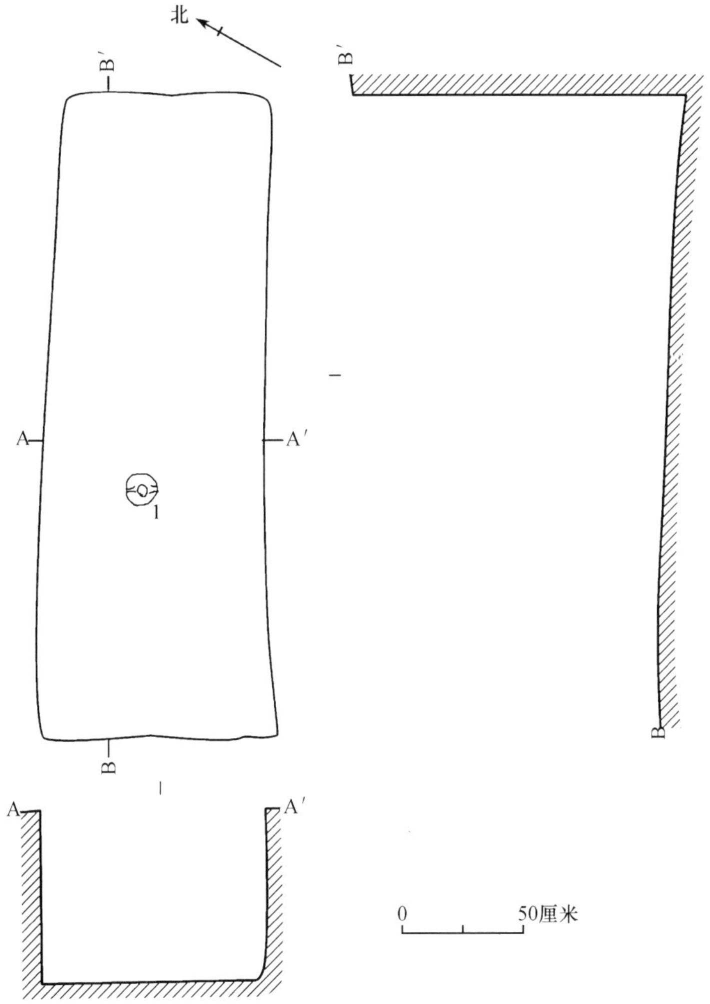

图二七八 2001IM7003平、剖面图

1. 釉陶罐

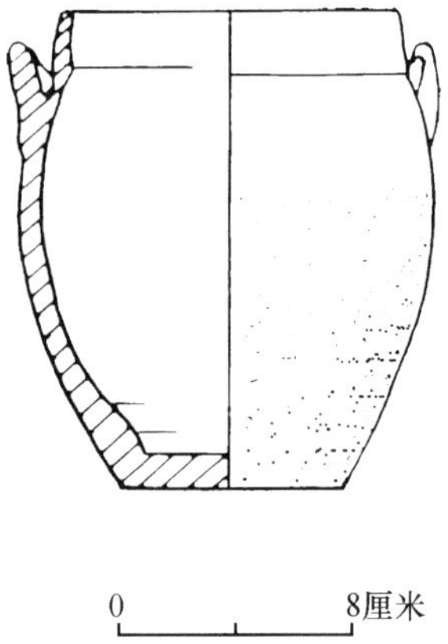

图二七九　2001IM7003出土釉陶罐（2001IM7003∶1）

釉陶罐　2001IM7003∶1，泥质红陶，胎坚硬，火候较高。肩和领部施釉，釉已经脱落。短领，直口，圆唇，腹略鼓，平底。口径12厘米，高16厘米，底径7.8厘米，腹14.4厘米（图二七九）。

（二）土坑竖穴幕

2000IM1062

西南角被2000IM1054打破。墓室长方形，墓底长3.05米，宽1.35米，残深1.3米。东、西壁与山坡走势相同，均北高南低。墓底中央偏北处有1个直径30厘米的腰坑，东西边对称分布两排直径13厘米的小坑，东边有7个，每坑间隔是统一的，西边残存5个（图二八〇）。未见人骨。随葬品共出土7件，为陶瓷器3件，铁钱1枚，铜钱3枚，钱文仅能识出“宝”字。另外，还有铁棺环2件，铁棺钉5件。

瓷碗　1件。2000IM1062∶4，胎质细密，通体施影青釉，外底露胎。敞口略外撇，斜直壁，小圈足浅平底。口径10.3厘米，底径3厘米，高4.5厘米（图二八一，1）。

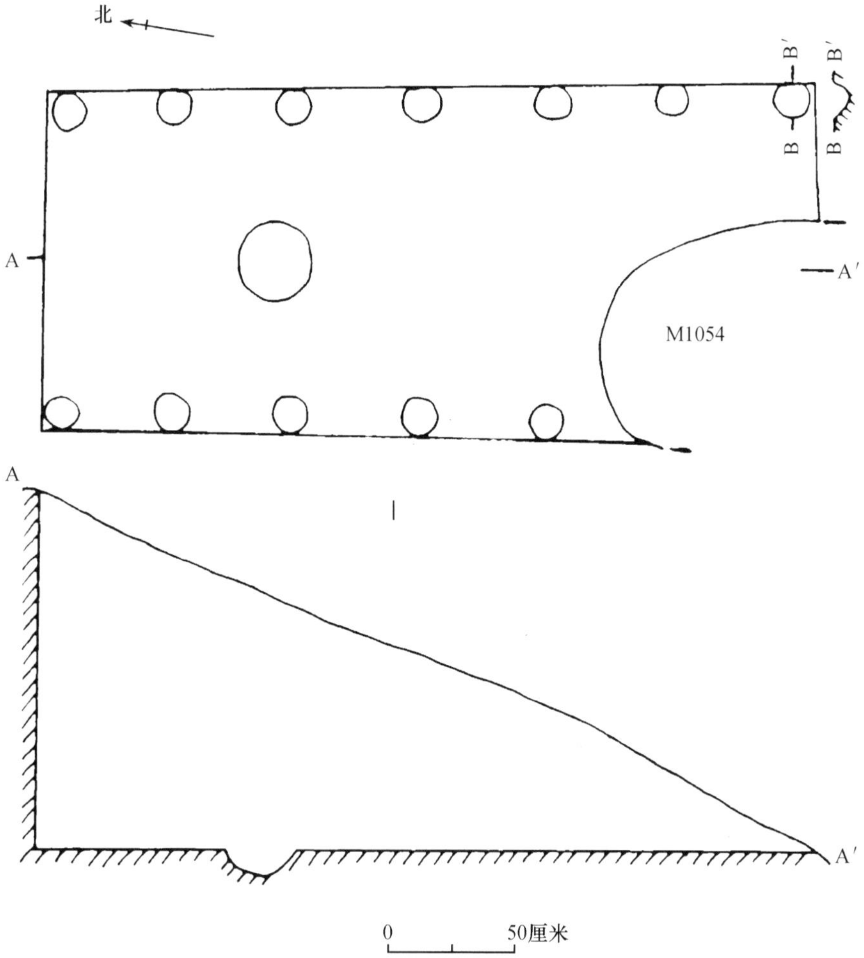

图二八〇　2000IM1062平、剖面图

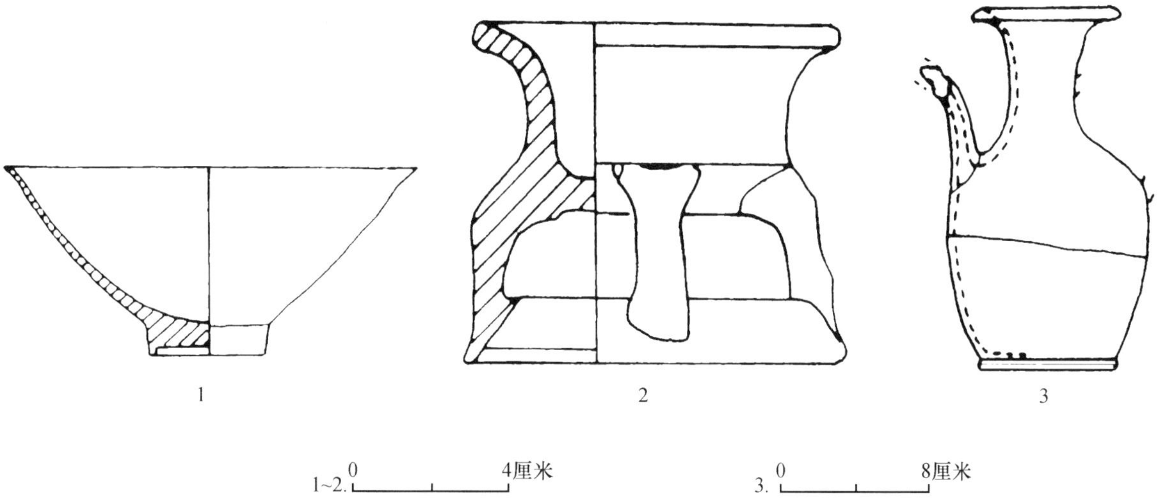

图二八一 2000IM1062 出土器物

1. 瓷碗（2000IM1062∶4） 2. 釉陶炉（2000IM1062∶3） 3. 釉陶执壶（2000IM1062∶6）

釉陶 2件。

炉 1件。2000IM1062∶3，胎质坚硬。器身上部为圆形，敞口，卷沿，斜腹，下腹束收，平底，下部为圆形底座，由四根立柱组成。口径9.2厘米，底座直径9.6厘米，高8.4厘米（图二八一，2）。

执壶 1件。2000IM1062∶6，胎质坚硬，器外上半部施一层白色化妆土，下部露胎。敞口，卷沿，束颈细长，圆肩，鼓腹，肩部一侧有一流，呈弧形，另一侧应有柄，已缺失。口径6.9厘米，底径7.8厘米，高18厘米（图二八一，3）。

2000IM1079

位于2000IT1037中部偏南。被扰乱。墓室长方形，墓底长3米，宽0.9米，残深0.8米。北壁垂直，东、西壁依地势呈北高南低。墓底铺砖，南部砖有子母口，北部长方形砖无子母口，中间铺方形砖。未见人骨，葬式、头向不明。墓向为南向。未见随葬品（图二八二）。

2001IM4006

开口于盗坑下，打破汉墓2001IM4014。土坑竖穴墓，盗扰严重，墓上部和南部被破坏掉，墓圹只余北半部。墓底残长1.7米，宽0.7~1米，高0.8米。单人仰身直肢葬，人骨保存情况较差，成年女性。头向355°。共出土随葬品5件。有瓷器和铜器（图二八三）。

瓷碗 1件。2001IM4006∶1，灰白色胎，质地坚硬，火候较高，上施淡青釉，均匀光洁，釉较薄。侈口，深腹，矮圈足，足底内部未施釉。口径12.3厘米，底径5厘米，高5.4厘米（图二八四，1）。

铜器 4件。

铜镜 1件。2001IM4006∶2，葵花形，有一长柄，背面有长方形栏，栏内有文字，文字模糊不可辨认。直径8厘米，通长15厘米（图二八四，2；彩版三〇，1）。

发钗 1件。2001IM4006∶3，铜质。双股，柄端扁而弯翘，前部截面呈长方形，尖端较锐。长12.6厘米，最大直径0.8厘米（图二八四，3；彩版三〇，2上）。

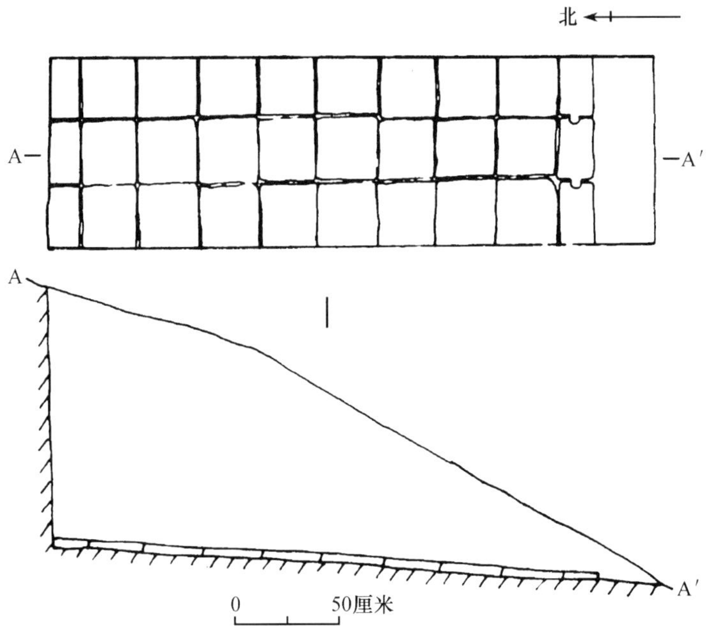

图二八二　2000IM1079 平、剖面图

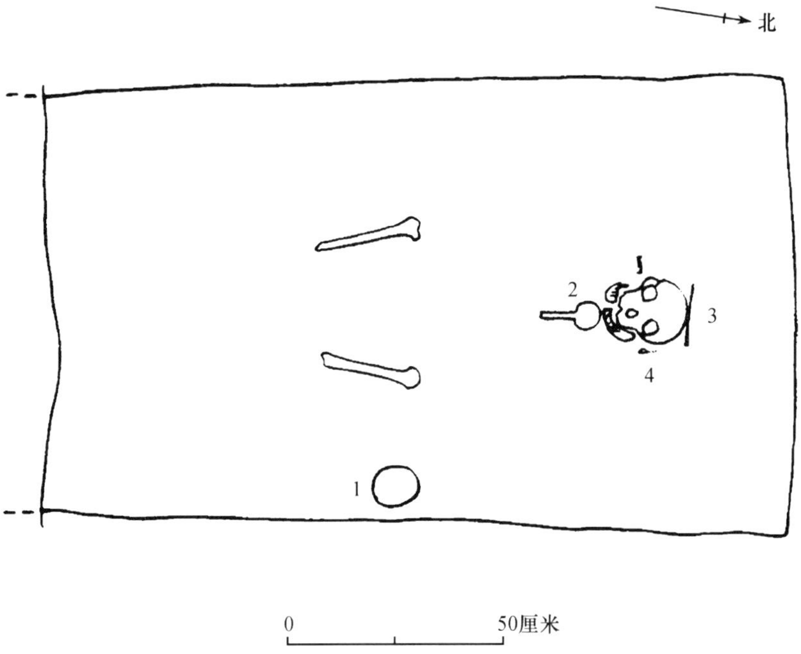

图二八三　2001IM4006 平、剖面图

1. 瓷碗　2. 铜镜　3. 铜发钗　4. 铜耳坠

耳坠　2 件（1 对）。2001IM4006∶4，铜质。几字形铜丝，双联珠上小下大，呈葫芦形。坠长 2.5 厘米，丝直径 0.1 厘米，小珠直径 0.5 厘米，大珠直径 0.6 厘米（图二八四，4；彩版三〇，2 下）。

2001IM5001

开口于耕土层下，打破生土。土坑竖穴墓，上部被完全破坏。长方形，墓底长 3 米，宽 0.88 米，残深 0.62 米。墓底铺青色方砖，三列九排，北部平坦，南部渐向下陷。墓北端长约 45 厘米的

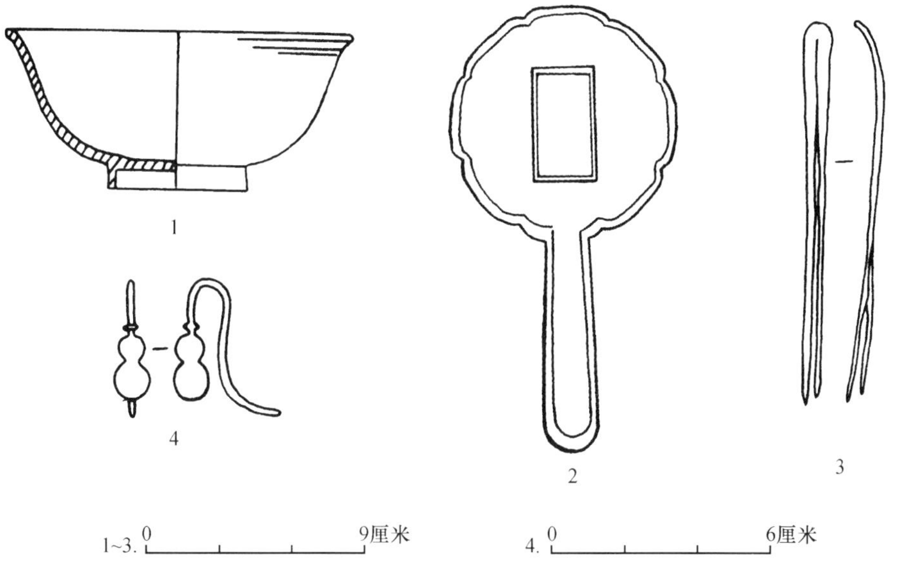

图二八四　2001IM4006出土器物

1. 瓷碗（2001IM4006∶1）　2. 铜镜（2001IM4006∶2）　3. 铜发钗（2001IM4006∶3）　4. 铜耳坠（2001IM4006∶4）

一段未铺砖，墓中部缺失砖3块。青砖边长28～28.5厘米，厚4～4.5厘米。未见人骨，葬式不明。墓北端铜钗处发现黑色头发残迹，推测墓主头向北。葬具只见少量棺钉，墓底青砖上有白灰，厚1～3厘米，多遭破坏，墓底边缘处保存较好。随葬品共出土8件。有釉陶器、铜饰、铜钱和铁钱。墓底东南有釉陶罐1件、铜钗1件，墓底北端正中有铜钗2件，墓底北部散置有铜钱3枚、铁钱1枚以及一些乌银下颌托残片（图二八五）。

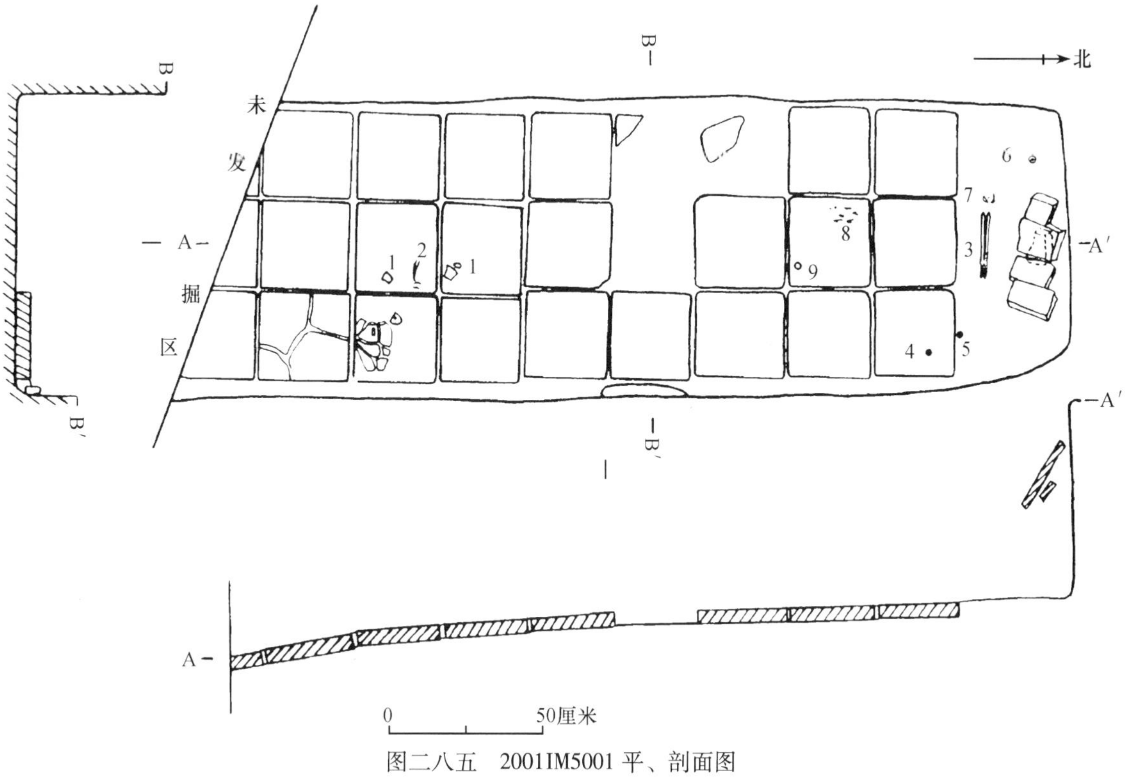

图二八五　2001IM5001平、剖面图

1. 釉陶四系罐　2、3. 铜发钗　4～6、9. 铜钱　7. 铜饰　8. 下颌托

釉陶四系罐　1 件。2001IM5001∶1，胎呈红色，胎质坚硬，器表呈灰褐色，上半部施黄色釉，多已脱落，下腹流釉较多。敛口，方唇，口缘下有一凸棱；斜肩，肩上饰一道不连续的凹弦纹，并有对称的竖桥形耳四个，鼓腹，下腹斜收，平底。口径 14.3 厘米、最大腹径 21.5 厘米、底径 11.5 厘米、高 25.4 厘米（图二八六，1）。

铜饰　3 件。

发钗　3 件。2001IM5001∶2，钗身扁长、弯曲，呈弧形，两股于上部焊接联成一体，一股的柄端为鱼形铜片，鱼体两侧都有密集的鱼鳞纹和鱼眼，另一股的柄端窄薄，从形状看，可能有同样的鱼形饰。长 20.6 厘米，宽 0.6 厘米，鱼形柄长 4.8 厘米（图二八六，2）。2001IM5001∶3，柄端扁平，向下分成两股，尾端渐粗。长 26 厘米。2001IM5001∶4，形制与 2001IM5001∶3 相同。长 28.5 厘米。

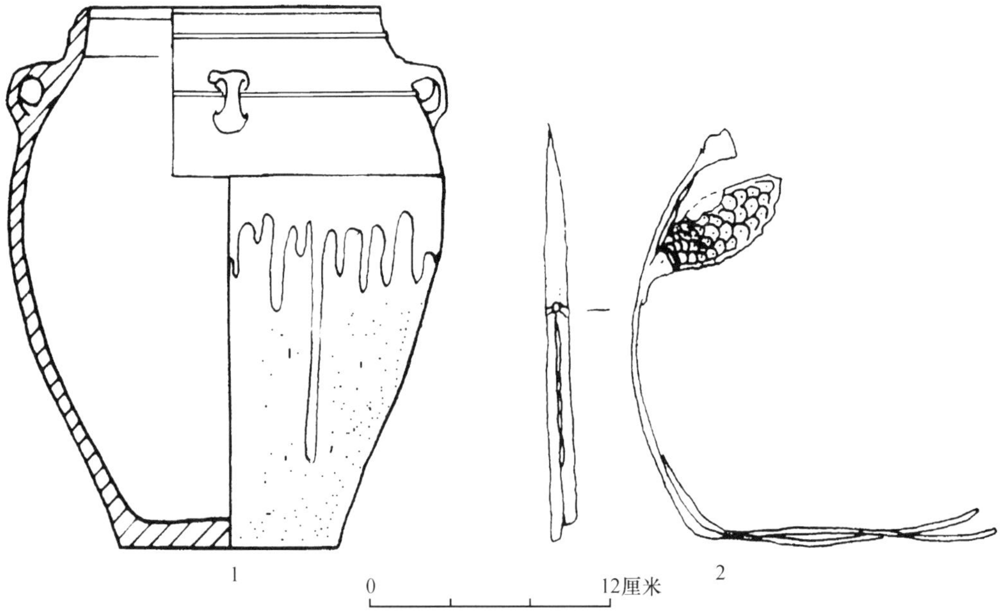

图二八六　2001IM5001 出土器物

1. 釉陶四系罐（2001IM5001∶1）　2. 铜发钗（2001IM5001∶2）

铜钱　3 枚。乾元重宝 1 枚，为剪轮钱。咸平元宝 1 枚，皇宋通宝 1 枚。

铁钱　1 枚。锈蚀严重。

2001IM5002

开口于耕土层下，打破生土。土坑竖穴墓，上部被完全破坏。长方形，墓底长 3 米，宽 0.88 米，残深 0.62 米。墓壁不平整，墓底南高北低，在其中部有一个直径 20 厘米，深 15 厘米的腰坑。在墓底前半部正放小釉陶罐 1 件，腰坑北侧发现正置的铁勺 1 个，在其南侧发现铁钱一串（图二八七）。

釉陶罐　2001IM5002∶1，红色胎，上半部施酱釉，部分釉已经脱落。侈口，折沿，垂腹，假圈足，平底。口径 5 厘米，最大腹径 21.5 厘米，底径 4.8 厘米，高 5.6 厘米（图二八八）。

2001IM5004

开口于耕土下，打破生土。土坑竖穴墓，上部被完全破坏，墓底平坦。长方形，墓底长 3.1 米，宽 1 米，残深 1.1 ~ 1.6 米（图二八九）。未见人骨，发现两块保存较完整的棺木铁皮转角，位于墓底的后半部，两者相距约 45 厘米。墓向为东北—西南向。在填土中发现铜手镯残段和釉陶罐碎片。

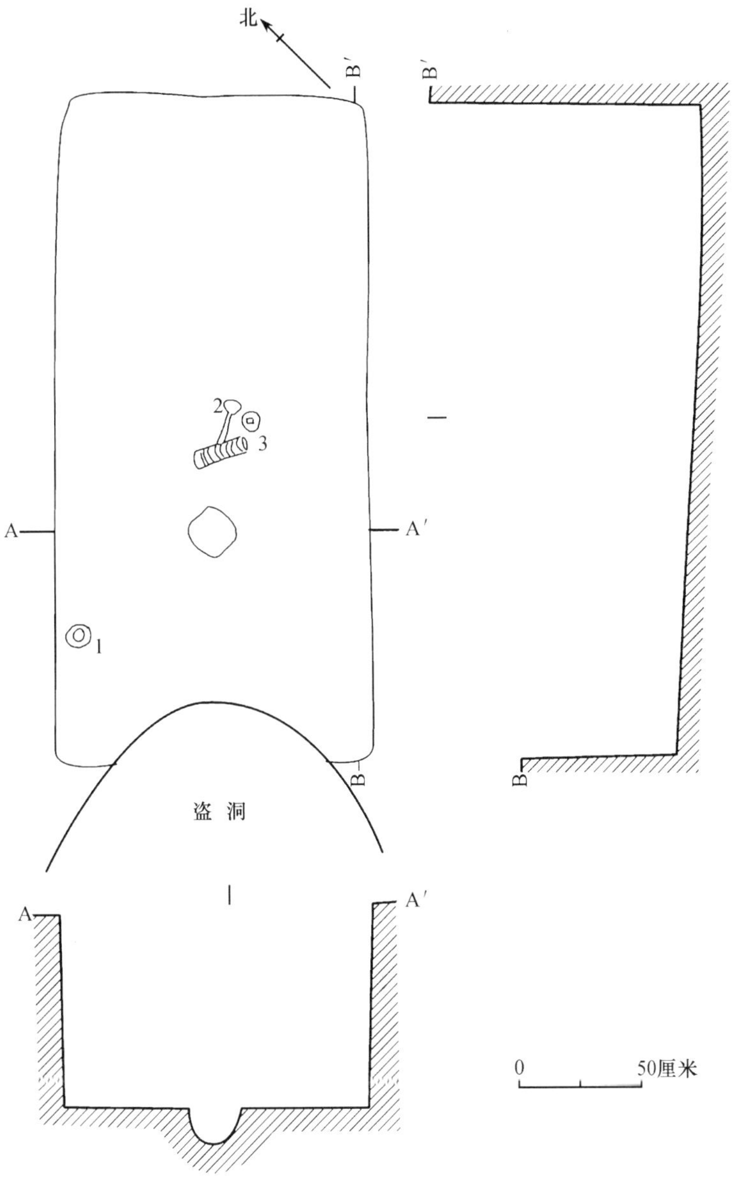

图二八七　2001IM5002 平、剖面图

1. 釉陶罐　2. 铁勺　3. 铁钱

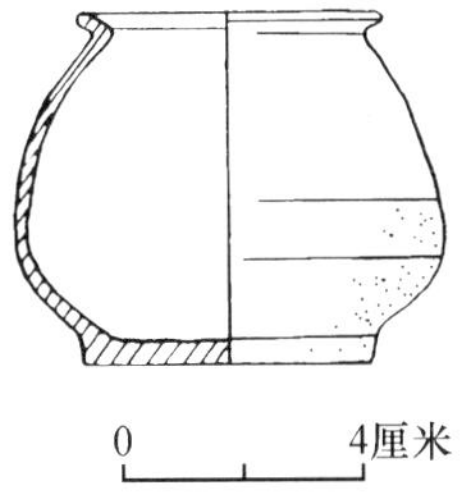

图二八八　2001IM5002
出土釉陶罐
（2001IM5002∶1）

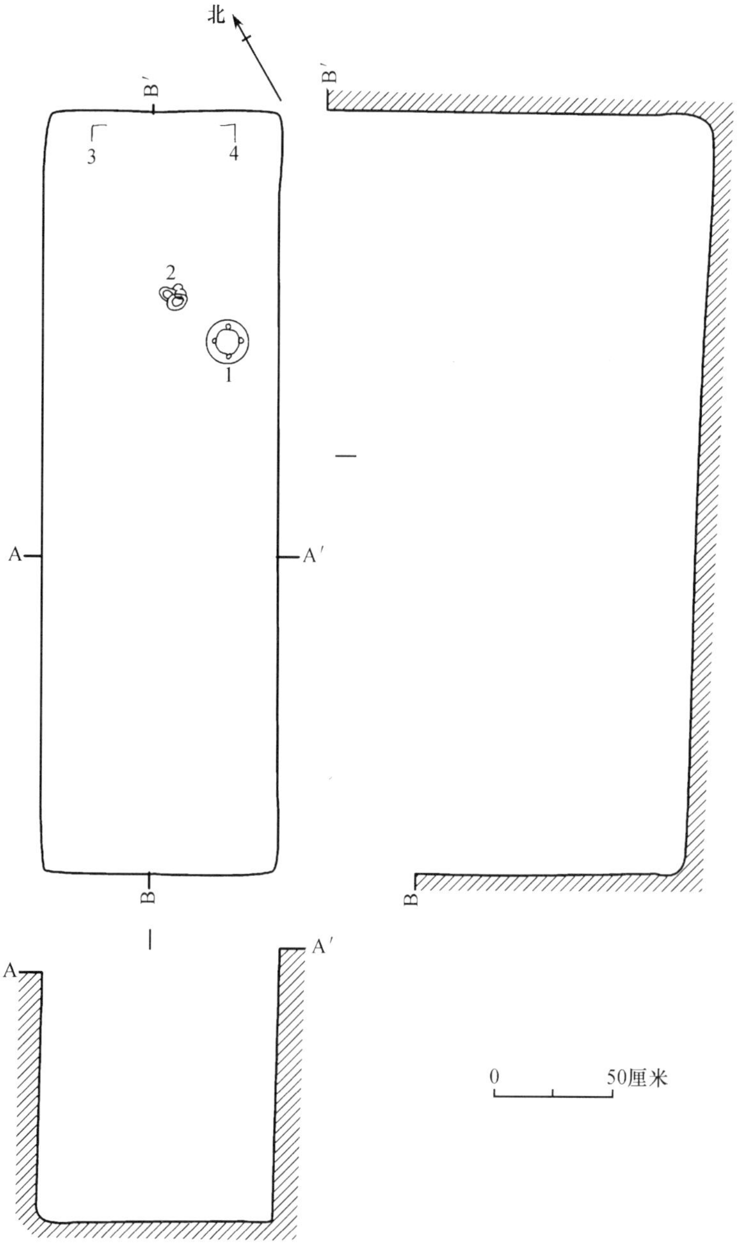

图二八九　2001IM5004 平、剖面图

1. 釉陶罐　2. 残铜手镯　3、4. 铁棺角

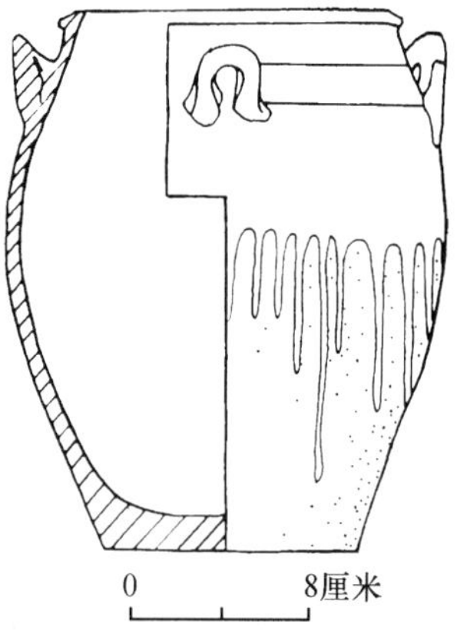

图二九〇　2001IM5004 出土釉陶罐

（2001IM5004∶1）

釉陶罐　2001IM5004∶1，红色胎，上半部施青灰色釉，大部分釉已经脱落。敛口，四横耳，鼓腹，平底。口径 15.6 厘米，最大腹径 19.6 厘米，底径 11.5 厘米，高 23.2 厘米（图二九〇，2）。

2001IM5005

开口于耕土下，打破生土。土坑竖穴墓，墓底较平，墓壁较直。上部被完全破坏，现代被人盗掘过，因为在墓底发现有现代遗物。长 2.65 米，宽 0.85 米，深 0 ~ 0.8 米（图二九一）。

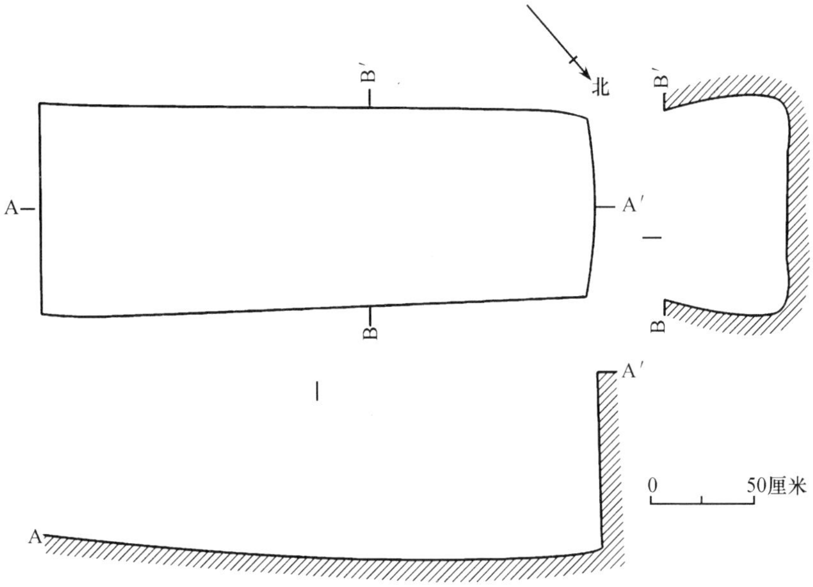

图二九一 2001IM5005平、剖面图

2001IM5006

长方形，墓底较平，墓壁较直，墓葬上部被破坏。长3.24米，宽1米。在墓底发现2件釉陶四系罐，1件正放于墓的东南角，另1件正放于墓的北部西壁处（图二九二）。

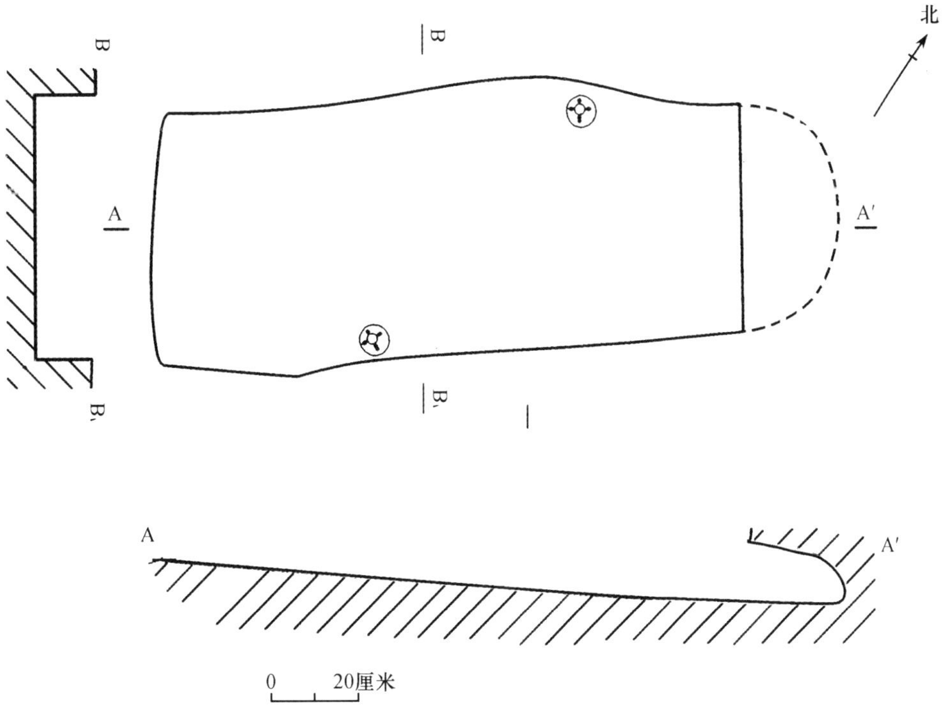

图二九二 2001IM5006平、剖面图

釉陶四系罐　2件，形态大小相同。2001IM5006∶1，胎质较粗糙，呈红褐色。直口、凸唇、短径、鼓肩，肩上有四竖耳，器耳为手捏制而成，腹部较直、假圈足，上细下粗，平底，器表施灰白色化装土到肩部，器表施绛釉，施釉到腹部，但釉质有流淌痕迹，釉质已经部分脱落，该器物为轮制，该器物口沿部分残破。器高13.5厘米，口径8.3厘米，底径6.2厘米，腹径13.6厘米（图二九三,1）。2001IM5006∶2（图二九三，2）同2001IM5006∶1。

2001IM5007

土坑竖穴墓，墓底较平，墓壁较直，被破坏严重，残留一边。方向40°。长2.24米，宽0.16～0.78米，深0.25～0.3米。墓底铺有一层白石灰。残留人的股骨2段。未见遗物（图二九四）。

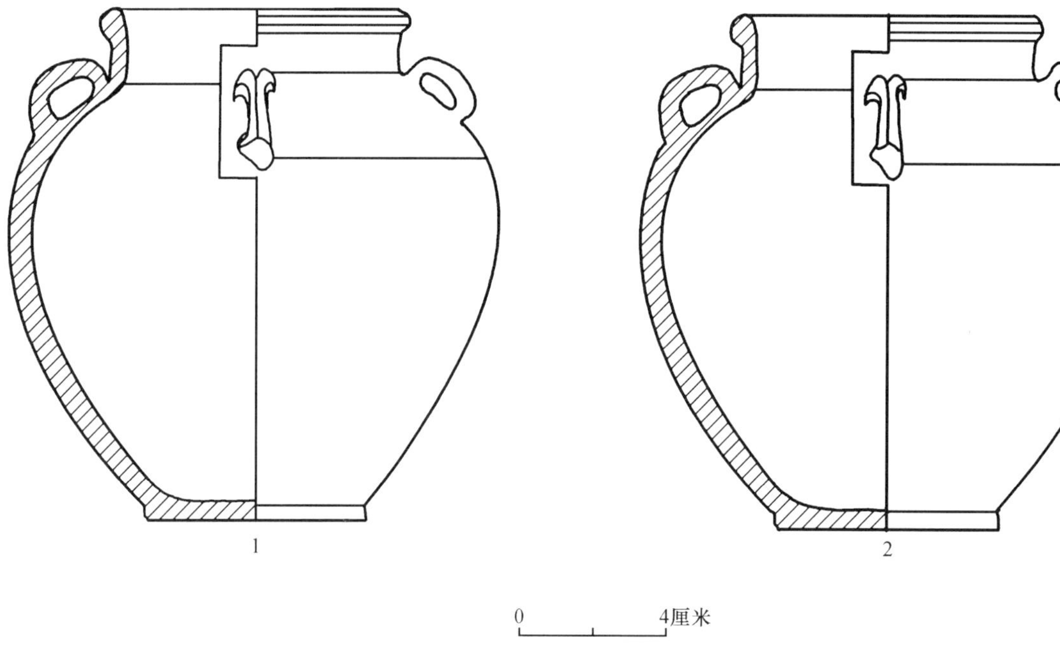

图二九三　2001IM5006出土釉陶四系罐
1. 2001IM5006∶1　2. 2001IM5006∶2

2001IM5009

开口于耕土下，打破生土。土坑竖穴墓，上部被完全破坏，墓底凸凹不平。长方形，墓底残长1.65米，宽0.82米，残深约0.4米。有少量残骨，判断头向北。墓向为南北向。墓北端发现两条东西向棺木残痕，长54厘米，厚0.2～0.5厘米，外侧的宽10厘米，内侧的宽4～5厘米。残痕上有不少棺钉，大致皆由外向内钉入。墓底中部偏东亦有一条南北向棺木残痕，长18厘米，宽4厘米。随葬品仅见铜钱和铁钱若干。铜钱4枚位于墓底中部，其中3枚南北向排列成一线，每枚间隔约18厘米，皆侧放，下半部留有朽木痕，推测应是竖向插入棺木中的。铁钱3枚位于墓底南部（图二九五）。

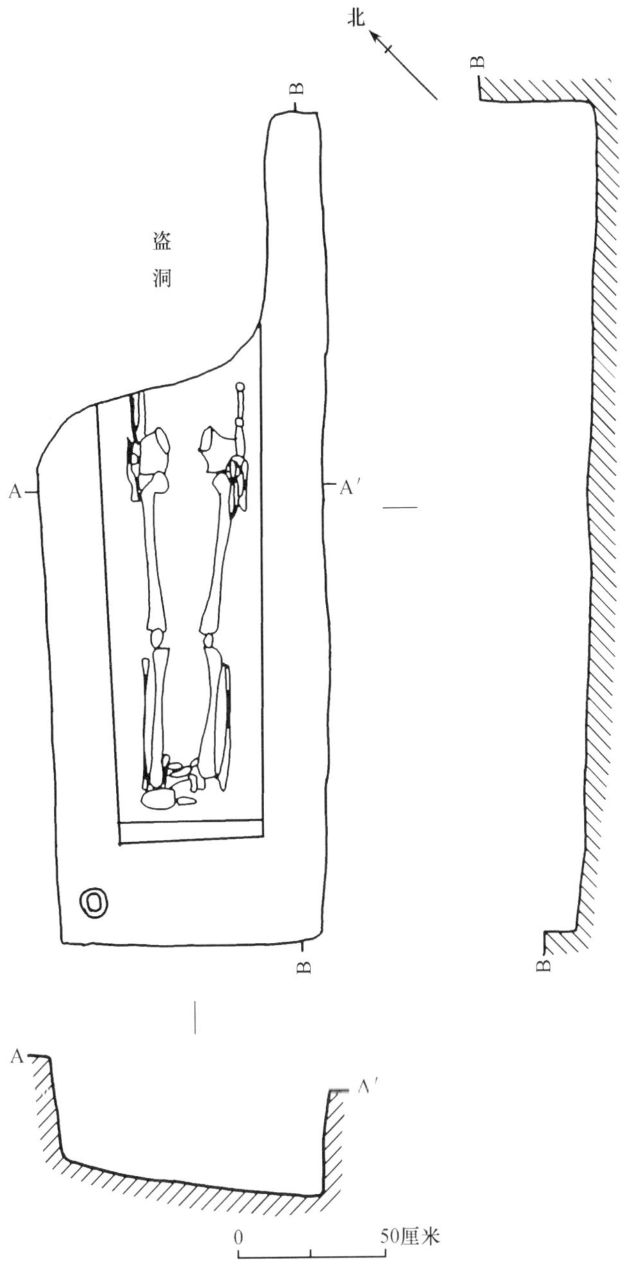

图二九四　2001IM5007平、剖面图

2001IM5010

开口于耕土下，打破生土。土坑竖穴墓，被扰乱。长方形，墓壁不规整，墓底铺青灰色石板，石板形状不规则，边长为30～50厘米，厚4～5厘米，表面平整。南部间有小型石块和砖块。石板间及石板与墓矿间多有间隙，填之以小石块。墓底长3.1米，宽1.12米，残深约0.5米。未见人骨，墓向为东北—西南向。紧贴墓葬北壁处发现两块棺的铁包角，较残破，两外侧端相距68厘米。西侧铁包角的内侧面附有数枚棺钉。石板上有白灰残迹。随葬品仅见釉陶器、铜钱、铁钱以及铜饰。釉陶罐位于墓底中部紧贴东壁，墓底中部石板上有一铜条。铜、铁钱散落于墓底（图二九六）。

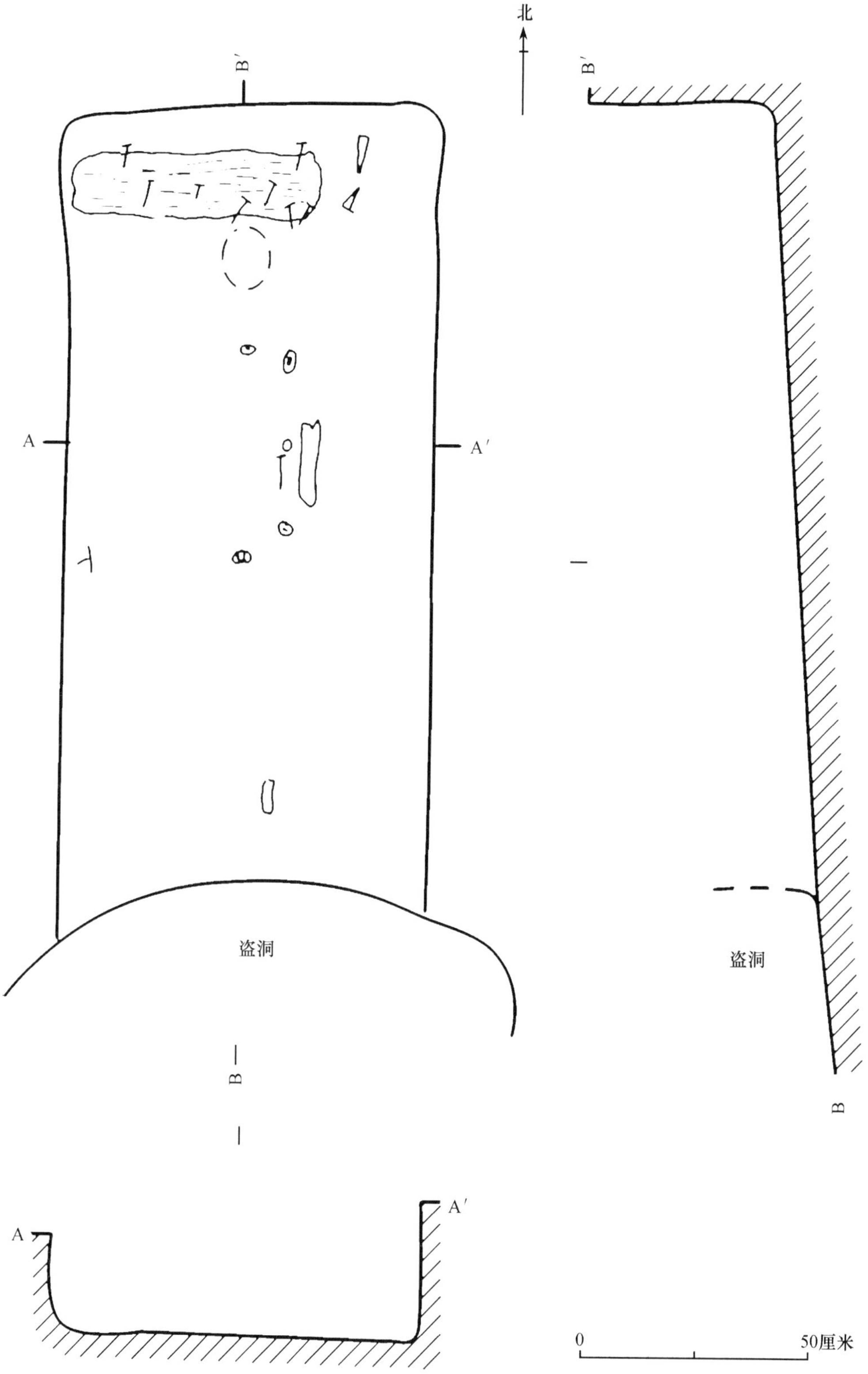

图二九五　2001IM5009 平、剖面图

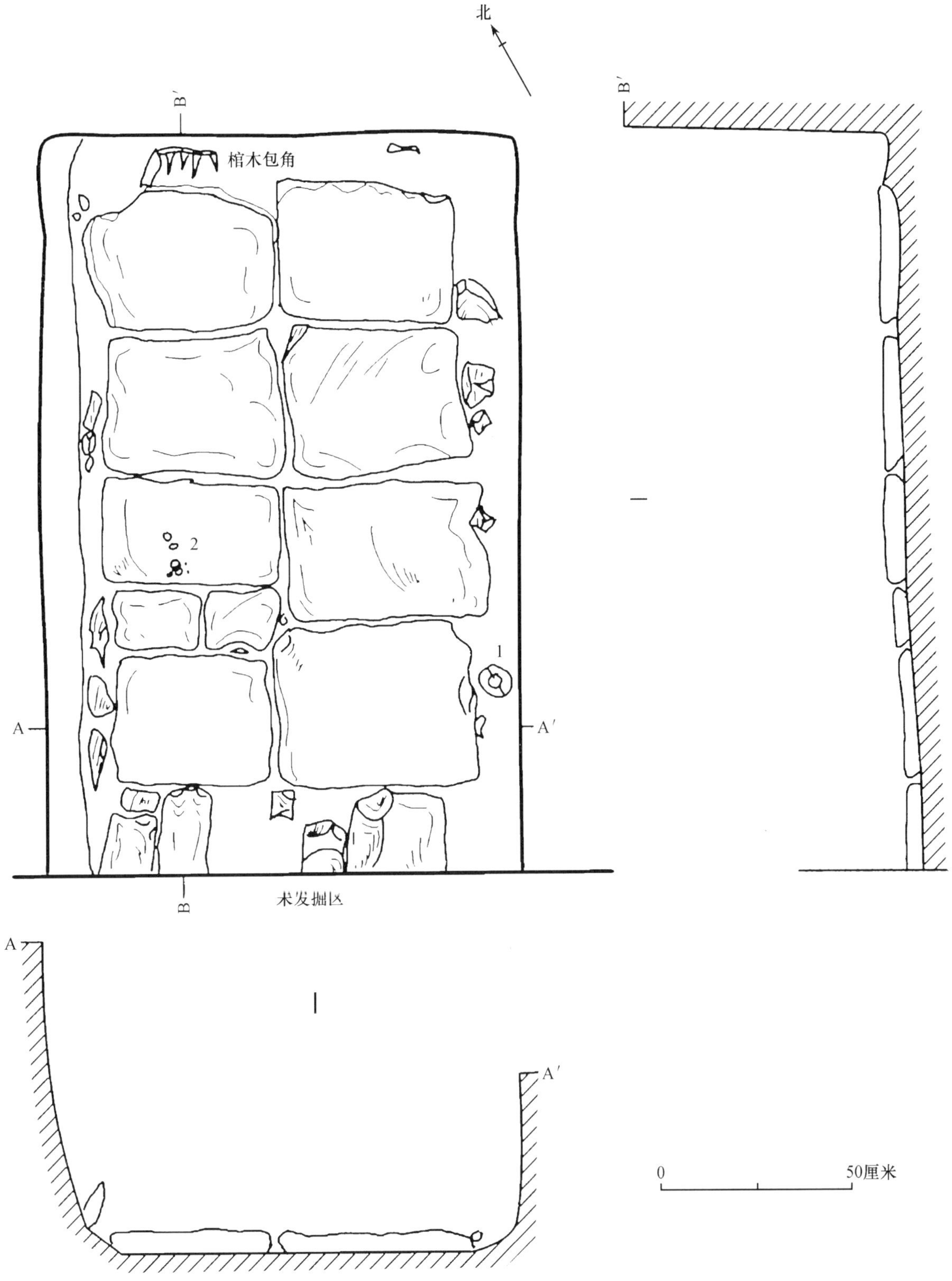

图二九六 2001IM5010平、剖面图

1. 釉陶罐 2. 铜钱

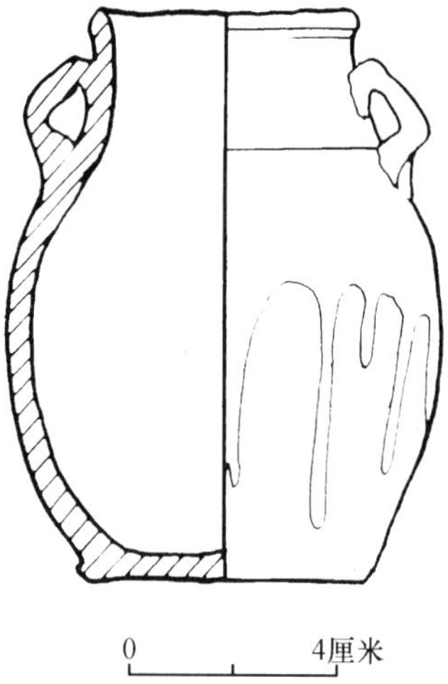

图二九七　2001IM5010 出土釉陶罐
（2001IM5010∶1）

釉陶罐　2001IM5010∶1，青褐色胎缸，器身上半部施黄色釉，釉面已经部分脱落。下腹流釉明显。直口，尖唇，高领，双耳，鼓腹，平底。高 10.7 厘米，口径 5 厘米，腹最大直径 8.5 厘米，底直径 5.8 厘米（图二九七）。

铜钱　5 枚，有“皇宋通宝”、“绍圣元宝”、“天圣元宝”、“元祐通宝”、“景祐元宝”。

铁钱　2 枚，钱文不清。

2001IM8001

长方形土坑竖穴墓，墓底较平，墓壁较直，墓葬北半部被现代水沟破坏。长 1.6 米，宽 0.7 米，深 0.6 米（图二九八）。方向南北向。在墓葬的填土中发现若干瓷片。

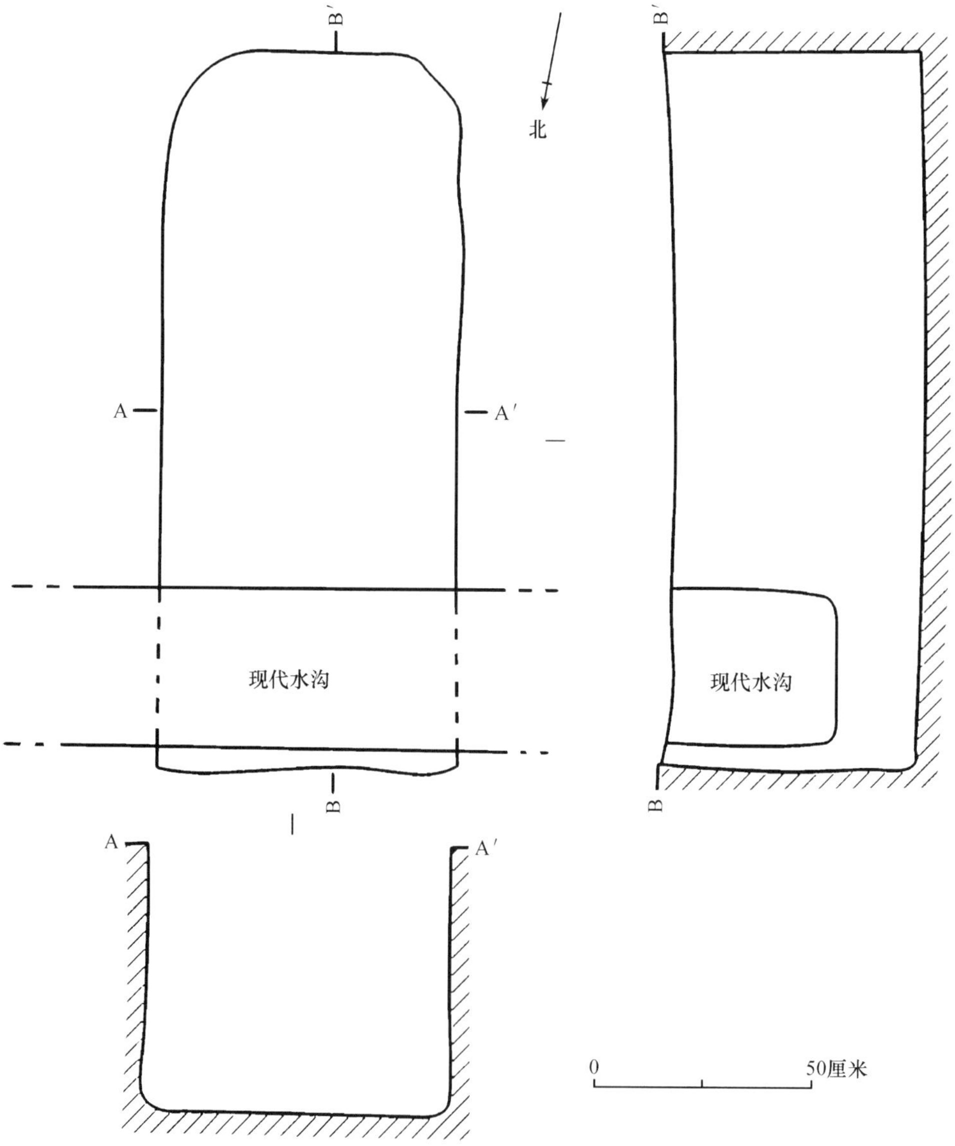

图二九八　2001IM8001 平、剖面图

2001IM8002

长方形土坑竖穴墓，墓底较平，墓壁较直，墓葬全部被扰乱。长1.6米，宽0.56米，深0.5米（图二九九）。方向南北向。

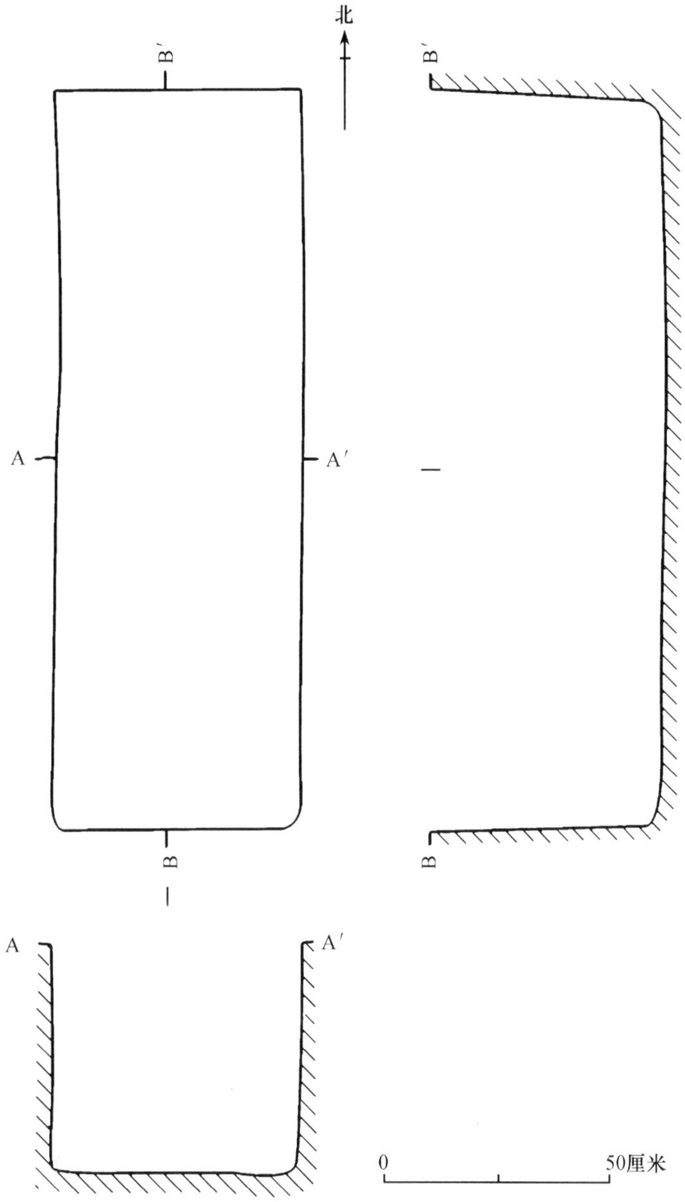

图二九九　2001IM8002平、剖面图

2003IM5013

长方形土坑竖穴墓，墓底较平，墓壁较直，墓葬全部被扰乱。长1.5米，宽0.88米，深0.2米（图三〇〇）。人骨仅剩两根小腿骨残片。

2003IM5014

土坑竖穴墓，被扰乱。梯形。墓底长2.8米，宽1米，残深0.15～0.85米。两侧墓壁有三道对称分布的竖槽，槽宽10厘米，深约6厘米，竖槽直贯墓底，在墓底形成深5厘米左右的浅圆坑。墓底东低西高，墓底中部有一个腰坑，椭圆形，长径30厘米，短径20厘米，深10厘米。未见人骨，葬式、头向不明。墓向为西北—东南向。未见随葬品（图三〇一；图版一七，3）。

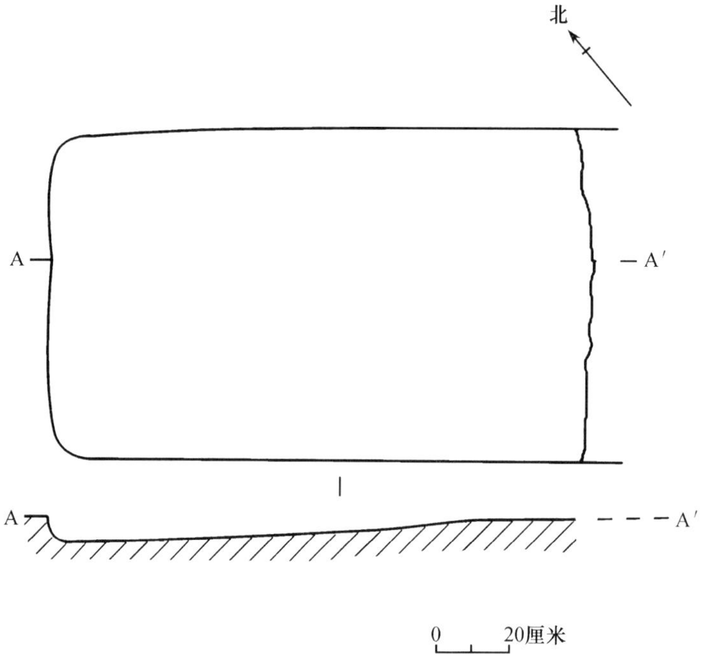

图三〇〇　2003IM5013平、剖面图

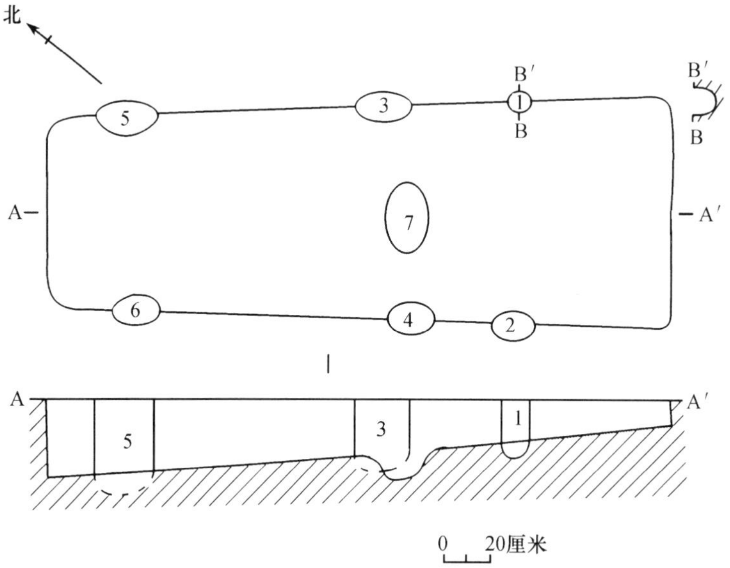

图三〇一　2003IM5014平、剖面图
1～6. 竖槽　7. 腰坑

2003IM5015

位于2003IT5022西部。土坑竖穴墓，被扰乱。梯形，墓底长3.3米，宽0.9～1.04米，深1.5～1.8米。墓壁两侧有竖槽8个，竖槽宽窄不一，竖槽直贯墓底，在墓底形成深6～10厘米的浅圆坑。

1号槽宽34厘米，深约10厘米。2号槽宽30厘米，深约10厘米。3号槽宽22厘米，深约8厘米。4号槽宽20厘米，深约8厘米。5号槽宽14厘米，深约6厘米。6号槽宽22厘米，深约14厘米。7号槽宽16厘米，深约6厘米。8号槽宽18厘米，深约12厘米。墓底略倾斜，墓底前部有一个底坑，椭圆形，长径26厘米，短径18厘米，深10厘米。未见人骨，葬式、头向不明。墓向为西北—东南向。墓底8号壁槽附近发现铁棺环1件。未见随葬品（图三〇二）。

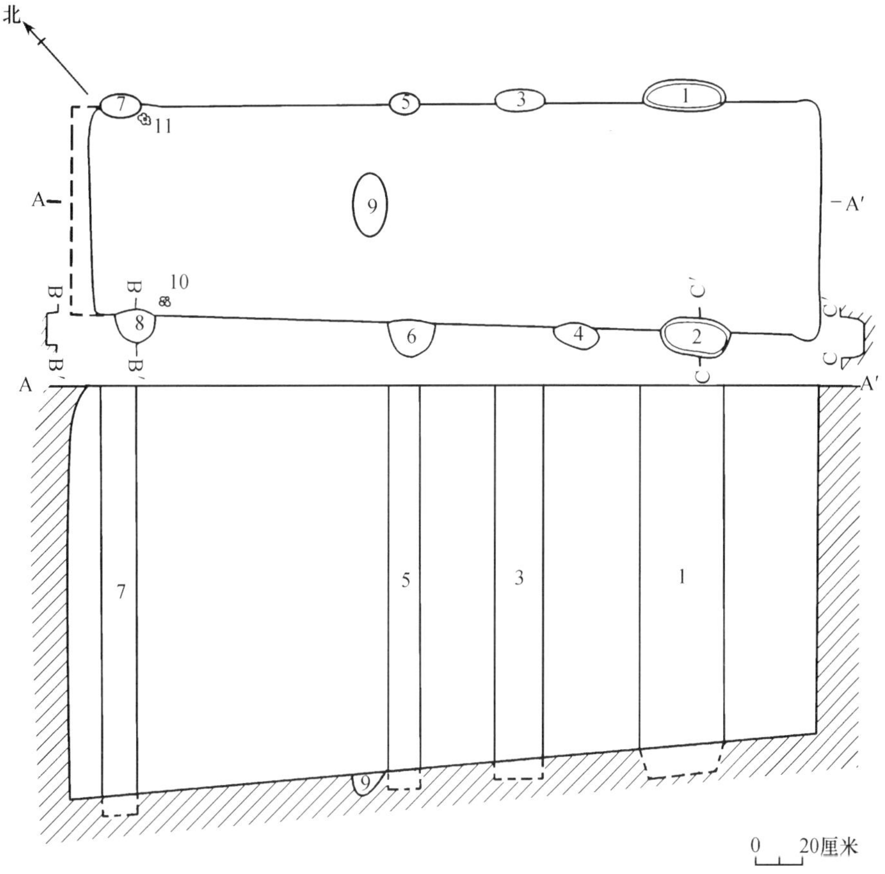

图三〇二 2003IM5015平、剖面图
1~8. 竖槽 9. 腰坑 10、11. 铁棺环

2003IM5016

长方形土坑竖穴墓，墓底较平，墓壁较直，墓葬全部被扰乱。长2米，宽0.7米，深0.3米（图三〇三）。单人葬，仰身直肢，不见头骨。头向25°。

2003IM5018

开口于2层下。土坑竖穴墓，被扰乱。长方形，墓底长2.4米，宽0.9米，残深0.9~1.2米。北壁带1龛，龛东西长90厘米，南北宽30厘米，高30厘米。龛底与墓底相通。墓前有一石碑，通高77厘米，宽34厘米，厚6厘米，石碑无有底座，直接立于墓前（图三〇四；图版一七，1）。未见人骨，葬式、头向不明。墓向为东北—西南向。填土中出土开元通宝1枚和瓷盘残片。

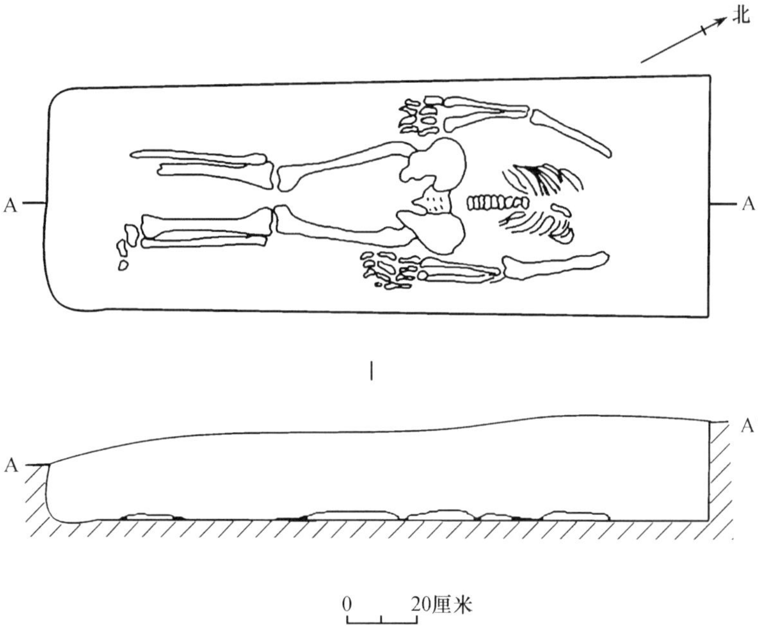

图三〇三　2003IM5016 平、剖面图

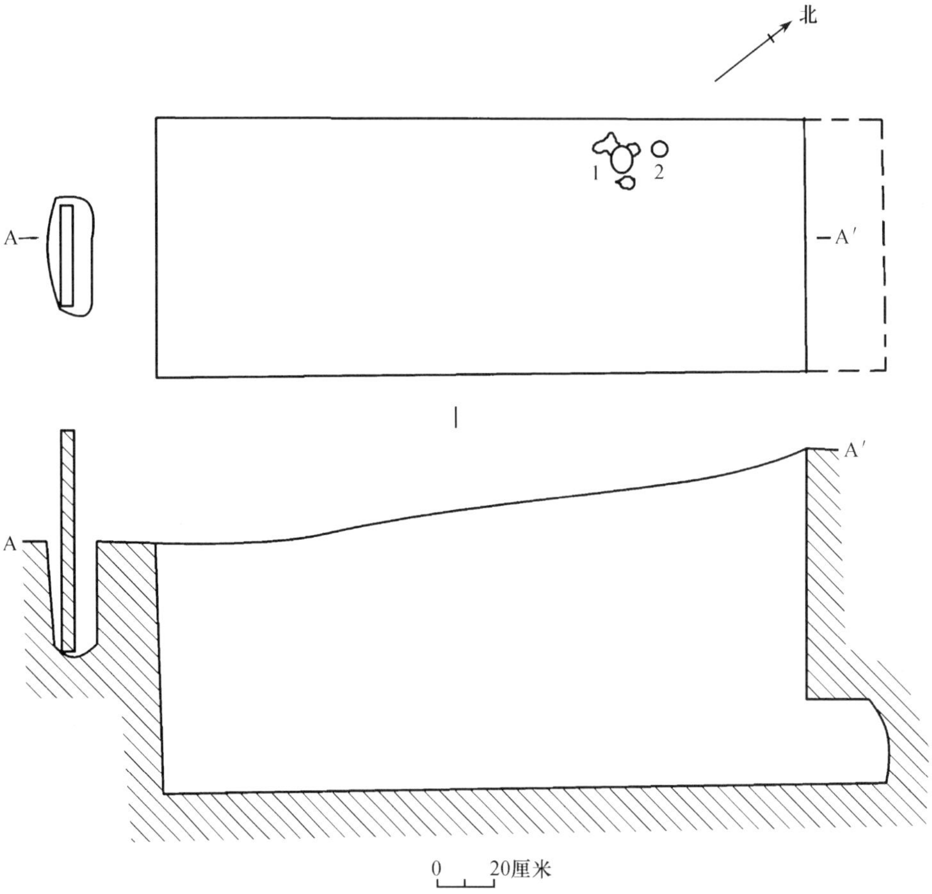

图三〇四　2003IM5018 平、剖面图

1. 瓷盘　2. 铜钱

瓷盘　1件。2003IM5018∶1，白色细腻薄胎，灰白釉，略泛黄，可见细碎开片，器底和圈足无釉。敞口，尖圆唇，五瓣花口，外壁斜直，浅圈足，足墙外壁内斜，内壁外削，外底中心有小乳突，内底与壁之间有一周浅刻纹饰，内底中心略向外凸。口径16厘米，高4厘米（图三〇五；彩版三〇，3、4）。

铜钱　1枚。为开元通宝。

石碑　用颗粒较大的砂岩石板制作，尖首，两侧边缘较平齐，斜尖底，下边不规则。下部有1个圆形穿孔。高80厘米，宽37厘米，厚6厘米。字迹潦草，大多漫漶不清（图三〇六；图版一七，2）。碑文可识文字如下：

"××××墓记：

夫人××州人也。温×德……六亲×为，长……其忽患夔府……遂。今年十月二十日命××当月二十八……林木……郎子。……觅石×记夫……女×宽，小男×，女×，小娘子陈×。

淳化元年十二月三十日立记。"

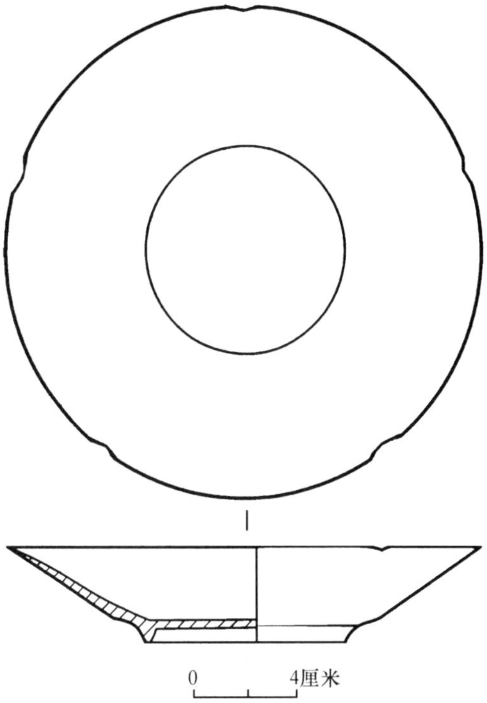

图三〇五　2003IM5018出土瓷盘
（2003IM5018∶1）

2003IM5019

位于2003IT5023的南部，进入南壁，一个现代电线杆的拉线坑横向打破墓的北部，上部和南壁也被破坏。土坑竖穴墓，长方形，墓底残长2.6米，宽1米，残深0.6米。墓底前部有一底坑，圆形，直径20厘米，深14厘米。未见人骨，葬式、头向不明。墓向为东北—西南向。未见随葬品（图三〇七）。

2003IM5020

位于2003IT5023东部，进入东壁。土坑竖穴墓，被扰乱。长方形，上部和北端已经被破坏掉，墓底残长1.6米，宽1.2米，残深0.66米。未见人骨，葬式、头向不明。墓向为南北向。在填土中出土了铜镜残片和瓷器小碎片（图三〇八）。

铜镜　残片1件。2001IM5020∶1，残碎，仅剩一角。委角方形镜，素面，缘面较平，断边处残留长方形铭文边框的一条直边（图三〇九）。

2003IM5022

开口于耕土层下，被扰乱。土坑竖穴墓，由墓道和墓室组成。墓道长1.7米，宽0.5米，残深0.6米。墓室为不规则形，大体呈南宽北窄的梯形，东南角向内探出一方折角。墓底长2米，宽1.2～1.52米，残深0.6米。未见人骨，葬式、头向不明。墓向为南北向。随葬品共出土2件。有陶器和瓷器（图三一〇）。

陶香炉　1件。2003IM5022∶1，泥质灰陶。筒形身，平底，三矮足。口径9厘米，高6.6厘米（图三一一，1）。

图三〇六　2003IM5018出土石碑拓片

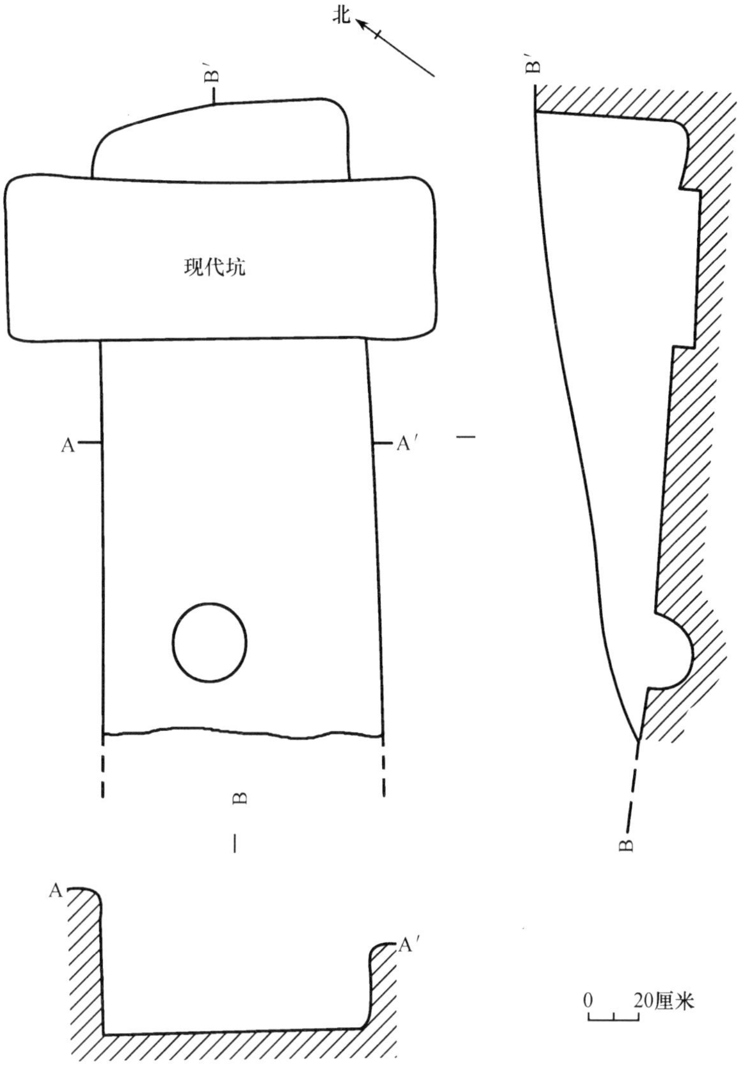

图三〇七 2003IM5019 平、剖面图

黑瓷碗 1件。2003IM5022:2，残片。胎质较粗，胎呈黄褐色，黑釉较厚，光亮，外底未施釉，釉表面有橘子皮样的孔眼和气泡。敞口微束，斜腹，底残缺。口径12厘米，残高4.8厘米（图三一一，2）。

2004ⅣM1004

土坑竖穴墓，被扰乱。长方形，墓底残长2.2米，宽0.7米，残深0.2米。仅见少量残骨，据残留人骨位置判断可能为仰身直肢葬，头向为50°。随葬品出土2件。有陶器和铜钱（图三一二）。

陶罐 1件。2004ⅣM1004:1，直口，厚唇，溜肩，肩部有双耳，深弧腹，腹部有轮制保留六道手指压痕，平底，腹下内收。烧制过程中严重变形，腹下部粘有窑渣。口径9.9厘米，底径8.4厘米，高18.9厘米（图三一三）。

铜钱 1枚。为绍兴元宝。

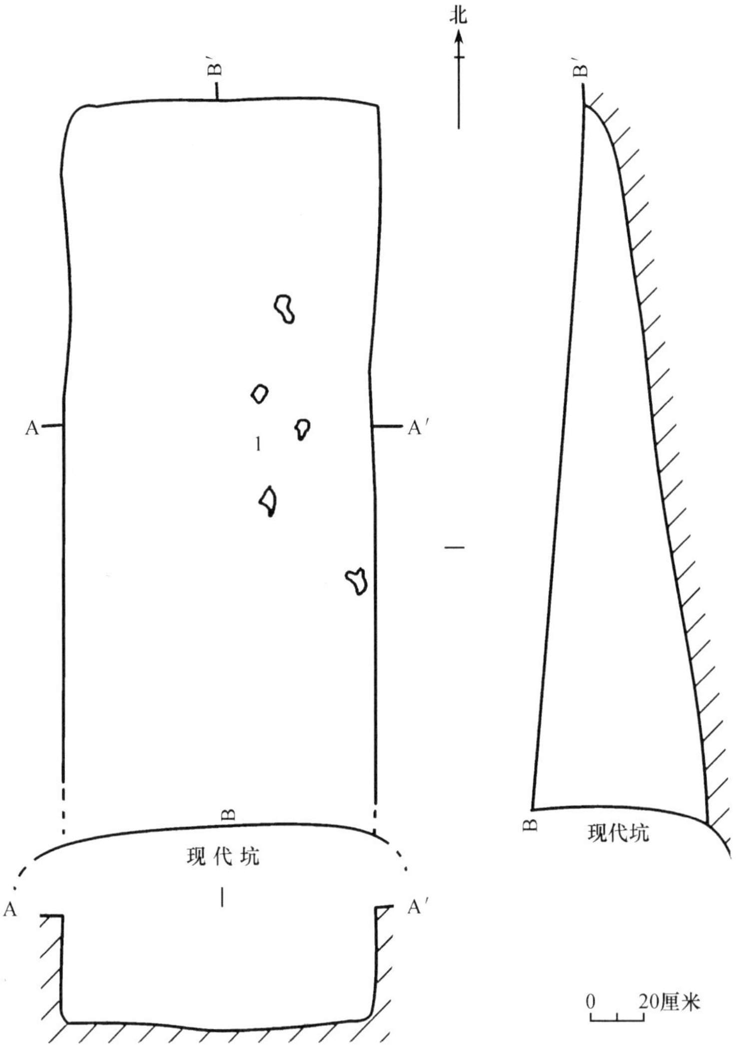

图三〇八　2003IM5020 平、剖面图

1. 铜镜残片

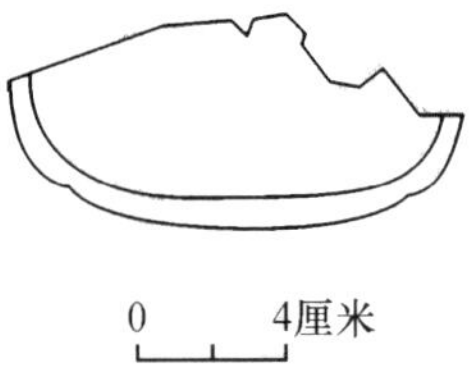

图三〇九　2003IM5020 出土铜镜

(2001IM5020∶1)

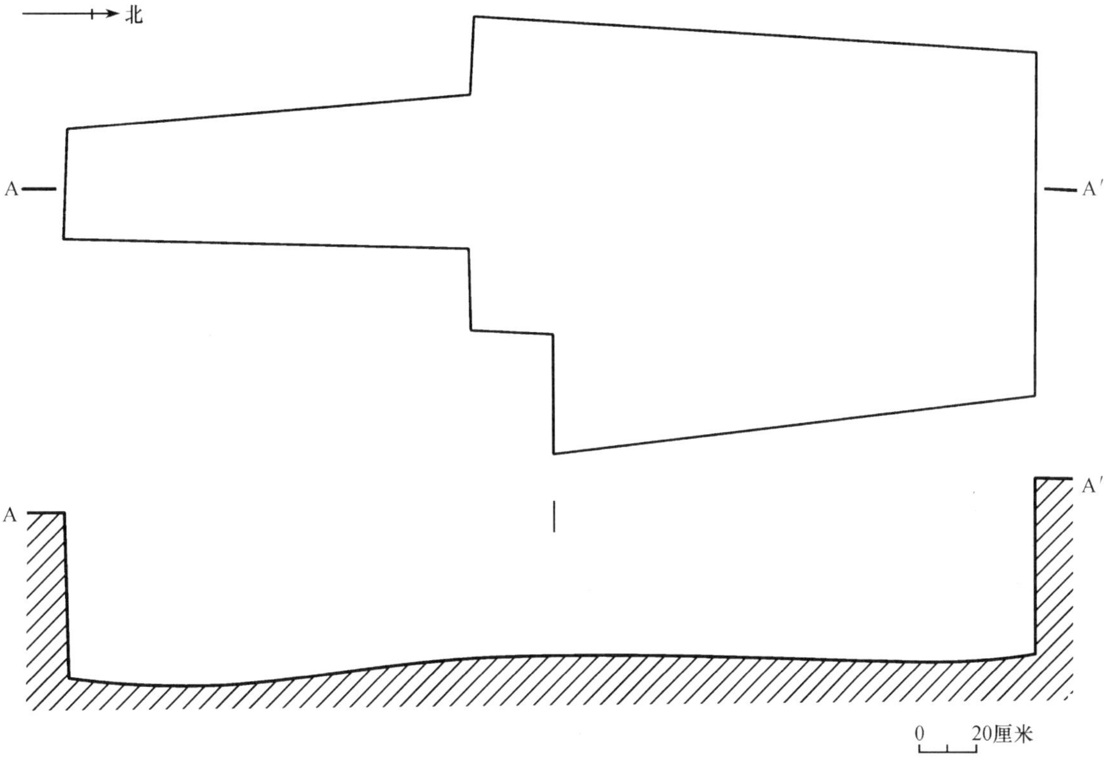

图三一〇　2003IM5022 平、剖面图

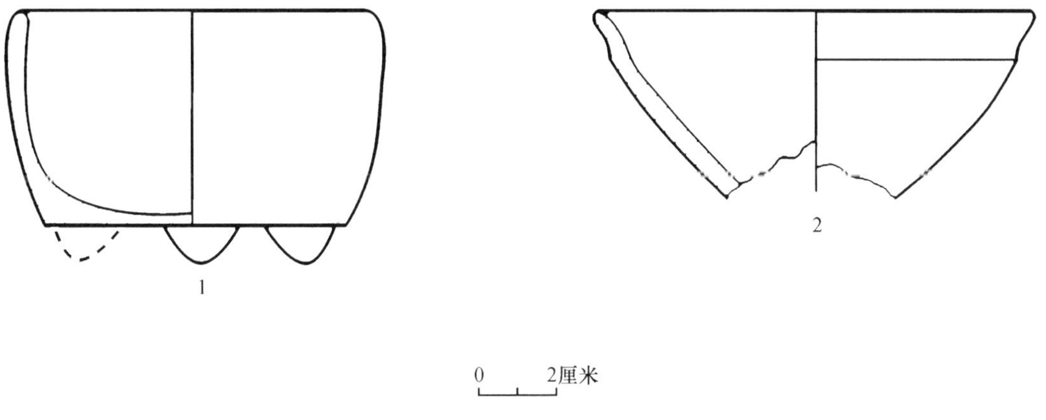

图三一一　2003IM5022 出土器物
1. 陶香炉（2003IM5022∶1）　2. 黑瓷碗（2003IM5022∶2）

2004ⅣM2007

位于2004ⅣT2002 西北角。土坑竖穴墓，被扰乱。长方形，墓底长 2.4 米，宽 1 米，残深 1.35 米。未见人骨，葬式、头向不明。墓向为东北—西南向（图三一四）。随葬品共出土 5 件。有釉陶器、瓷器、金饰，另有铜、铁钱数枚以及铁条若干。

釉陶器　2 件。

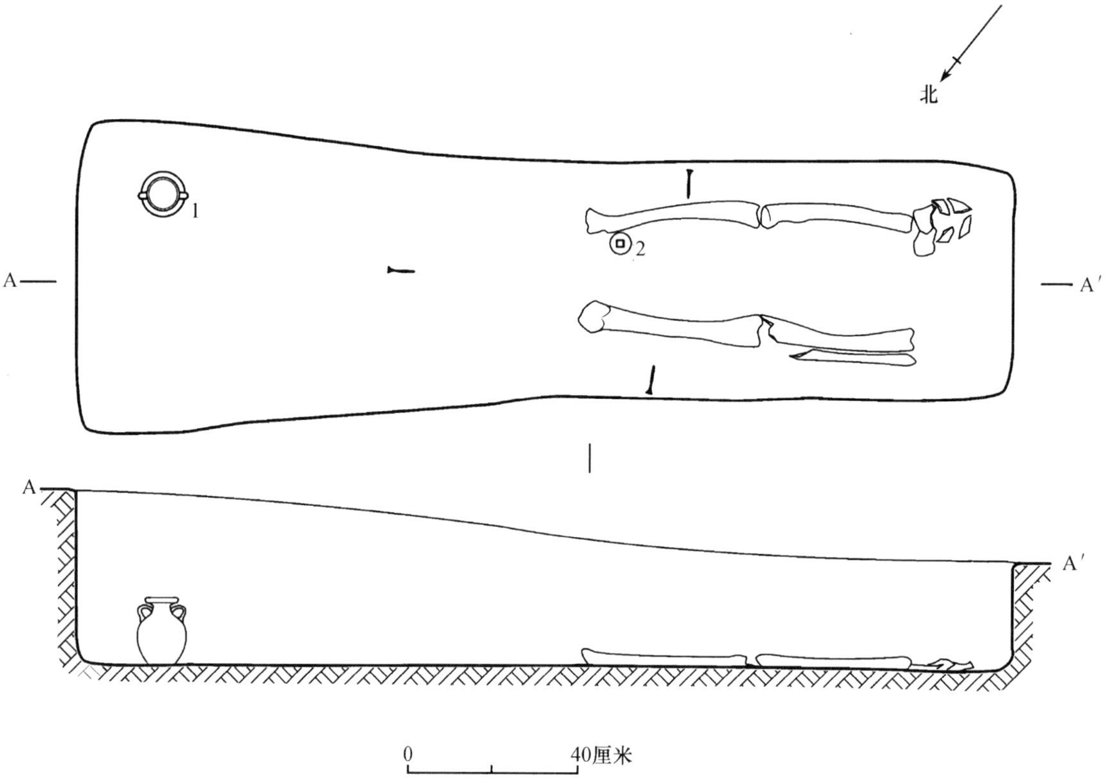

图三一二　2004ⅣM1004 平、剖面图
1. 陶罐　2. 铜钱

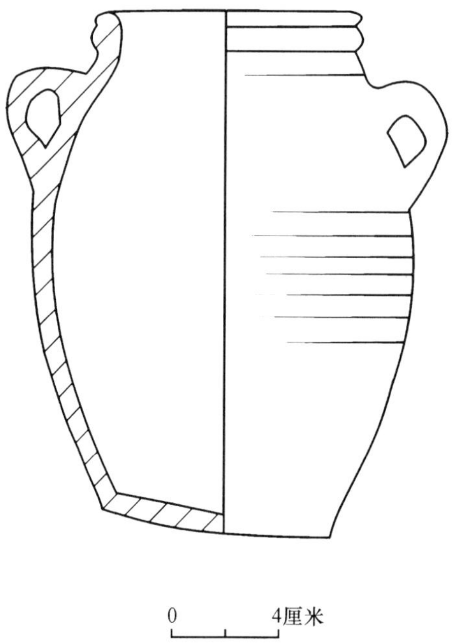

图三一三　2004ⅣM1004 出土陶罐
（2004ⅣM1004∶1）

罐　2件。2004ⅣM2007∶2，缸胎。直口，尖唇，溜肩，肩部有对称的双耳，鼓腹，腹壁上有六道附加堆纹，腹下收，假圈足。口径10.6厘米，腹径13.3厘米，底径5.9厘米，高16.2厘米（图三一五，1）。2004ⅣM2007∶3，缸胎。撇口，圆唇，直颈，垂腹，平底。罐内外壁饰有棕色化妆土，腹下部有制胎时留下的刀削痕（图三一五，3）。

瓷碗　1件。2004ⅣM2007∶4，浅红色粗胎，花釉，主釉为酱色，有白色条絮状流纹。敞口，圆唇，唇部略内收，玉璧底。口径10.4厘米，底径3.5厘米，高2.9厘米（图三一五，2）。

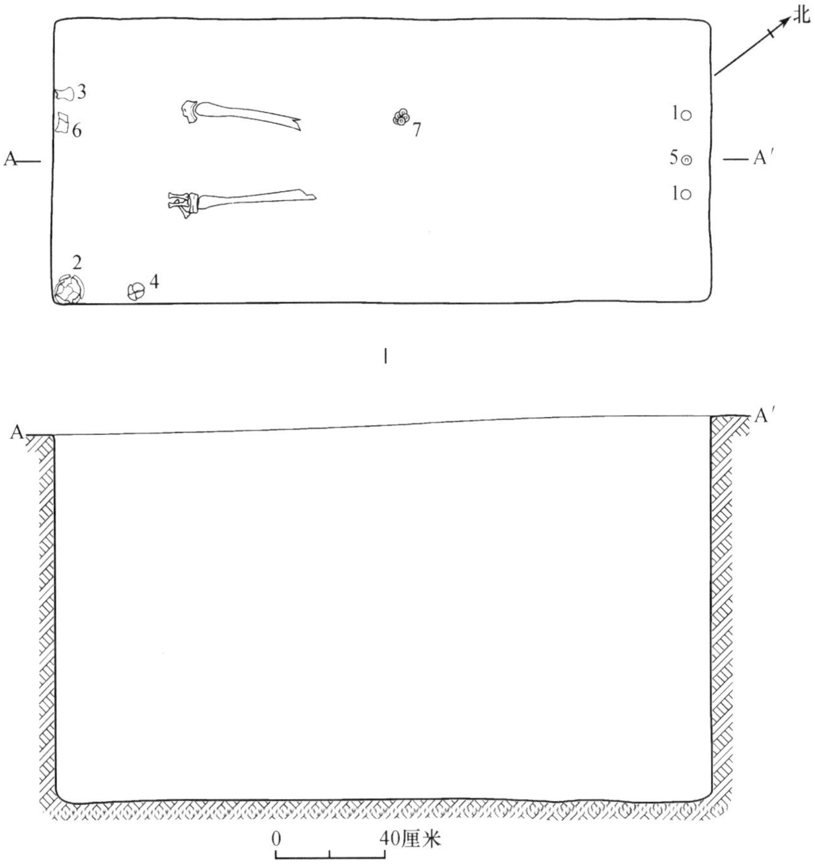

图三一四　2004ⅣM2007平、剖面图

1. 金耳环　2、3. 釉陶罐　4. 瓷碗　5. 铜钱　6. 铁器　7. 铁钱

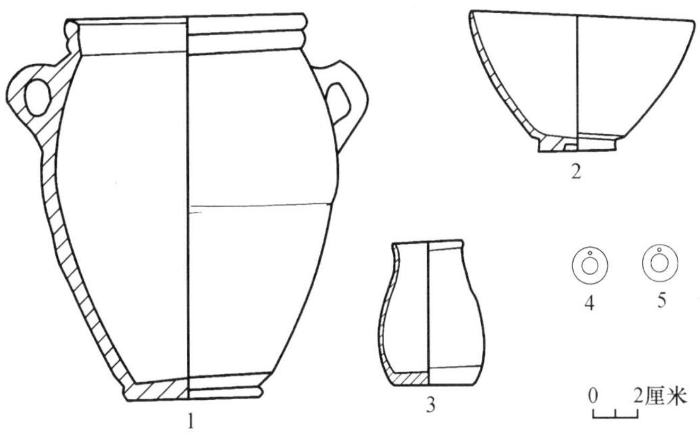

图三一五　2004ⅣM2007出土器物

1、3. 釉陶罐（2004ⅣM2007∶2、2004ⅣM2007∶3）　2. 瓷碗（2004ⅣM2007∶4）　4、5. 金耳环（2004ⅣM2007∶1）

金耳环　1对。2004ⅣM2007∶1，玉璧形，有小孔供悬挂使用。铁环外表面鎏金。外径1.6、内径0.7厘米（图三一五，4、5）。

2004ⅣM2010

位于2004ⅣT2001西南部，深入西壁及南壁。土坑竖穴墓，被扰乱。长方形，墓底长2.2米，宽1米，残深0.55米。人骨大多腐朽，可判断为仰身直肢葬，头向45°。随葬品出土3件。有瓷器和陶器（图三一六）。

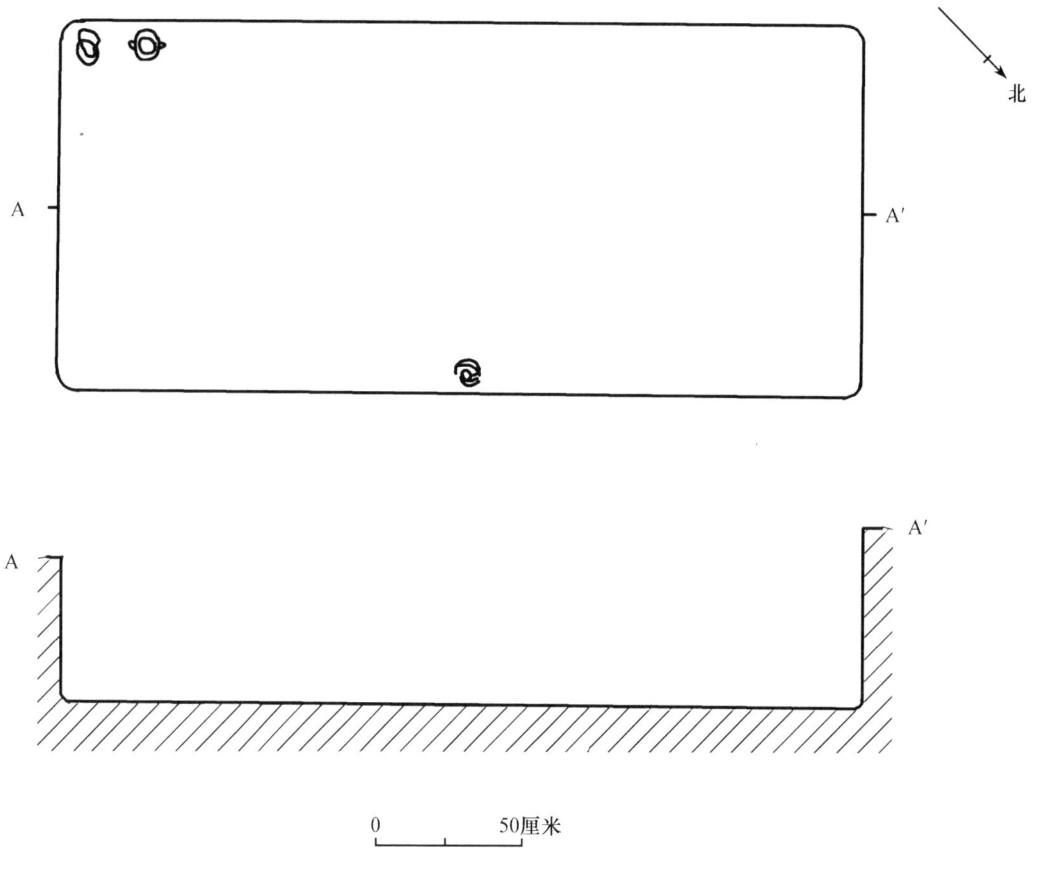

图三一六　2004ⅣM2010平、剖面图

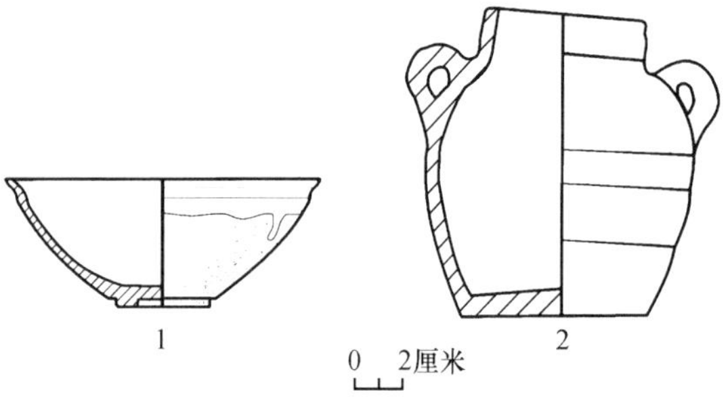

图三一七　2004ⅣM2010出土瓷器

1. 束口盏（2004ⅣM2010∶1）　2. 罐（2004ⅣM2010∶3）

瓷器　2件。

束口盏　1件。2004ⅣM2010∶1，浅红色粗胎，酱色釉，有冰裂纹，内壁和外壁上部有釉，外壁釉有流痕。圆尖唇，玉璧底。口径12.6厘米，底径3.9厘米，高5厘米（图三一七，1）。

罐　1件。2004ⅣM2010∶3，缸胎，腰部以上有黄白化妆土，有流痕。直口，直颈，圆唇，鼓肩，肩部有双耳，平底。口径6.4厘米，底径7.6厘米，高11.7厘米（图三一七，2）。

陶罐　1件。2004ⅣM2010∶2，仅余腹部，假圈足，腹部以下内收。

2005ⅣM1017

位于2005ⅣT1059东部。土坑竖穴墓，被扰乱。长方形，墓底长2.5米，宽1米，残深0.4米。仅见少量残骨，葬式、头向不明。墓向为东北—西南向。随葬品仅见釉陶器1件（图三一八）。

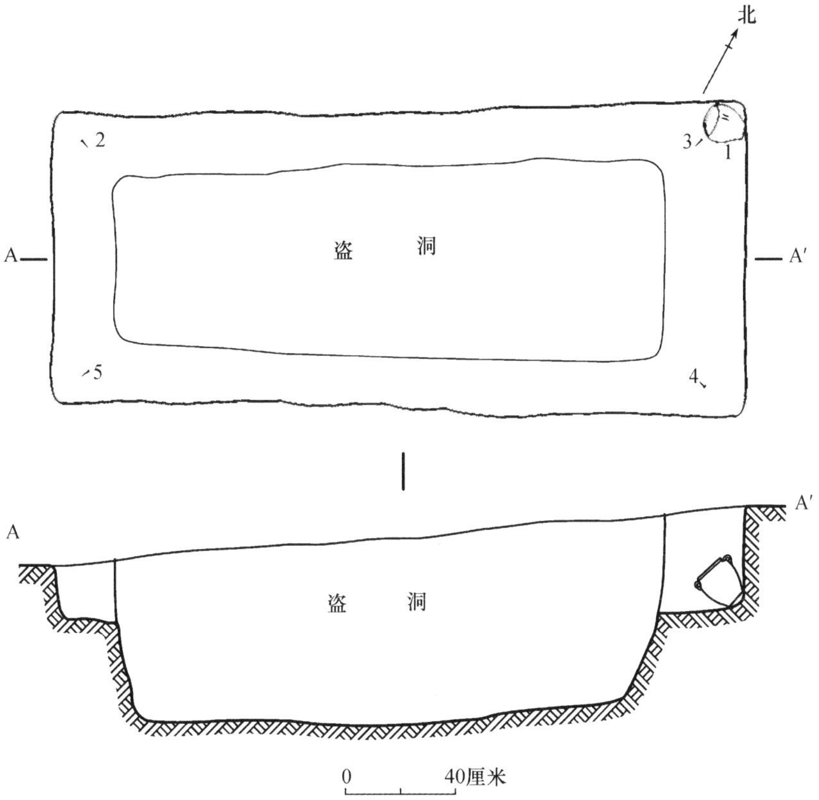

图三一八 2005ⅣM1017平、剖面图
1. 釉陶罐 2～5. 铁棺钉

釉陶罐 1件。2005ⅣM1017∶1，缸胎。敞口，方唇，溜肩，肩部有对称环形双耳，鼓腹，平底。口径10.6厘米，底径6.6厘米，高13.6厘米（图三一九）。

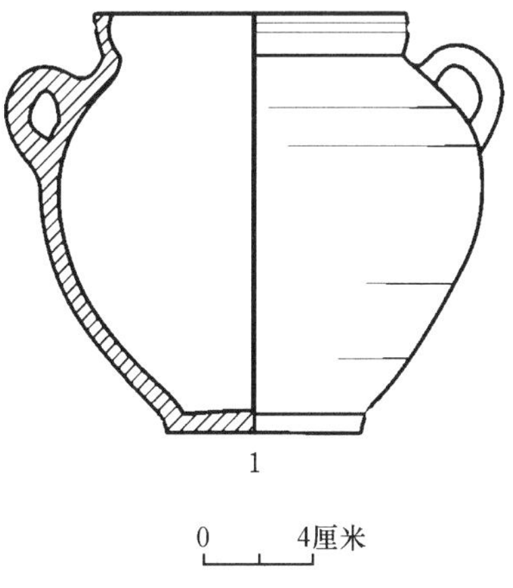

图三一九 2005ⅣM1017出土釉陶罐
（2005ⅣM1017∶1）

2005ⅣM2013

位于2005ⅣT2029东部。土坑竖穴墓，被扰乱。梯形，墓底长3.06米，宽0.6～1.26米，残深0.28米。墓底北部有二层台，台上放置随葬品。据残留人骨分析葬式为仰身直肢。墓向为东北—西南向。随葬品共出土44件。有瓷器、釉陶器、银饰和钱币（图三二〇）。

瓷碗 1件。2005ⅣM2013∶1，灰白胎，青釉，内底无釉。敞口，圆唇，圈足，斜收腹，圈足中心有鸡心点，外壁轮修痕迹明显。口径16.6厘米，底径5.5厘米，高6.4厘米（图三二一，4）。

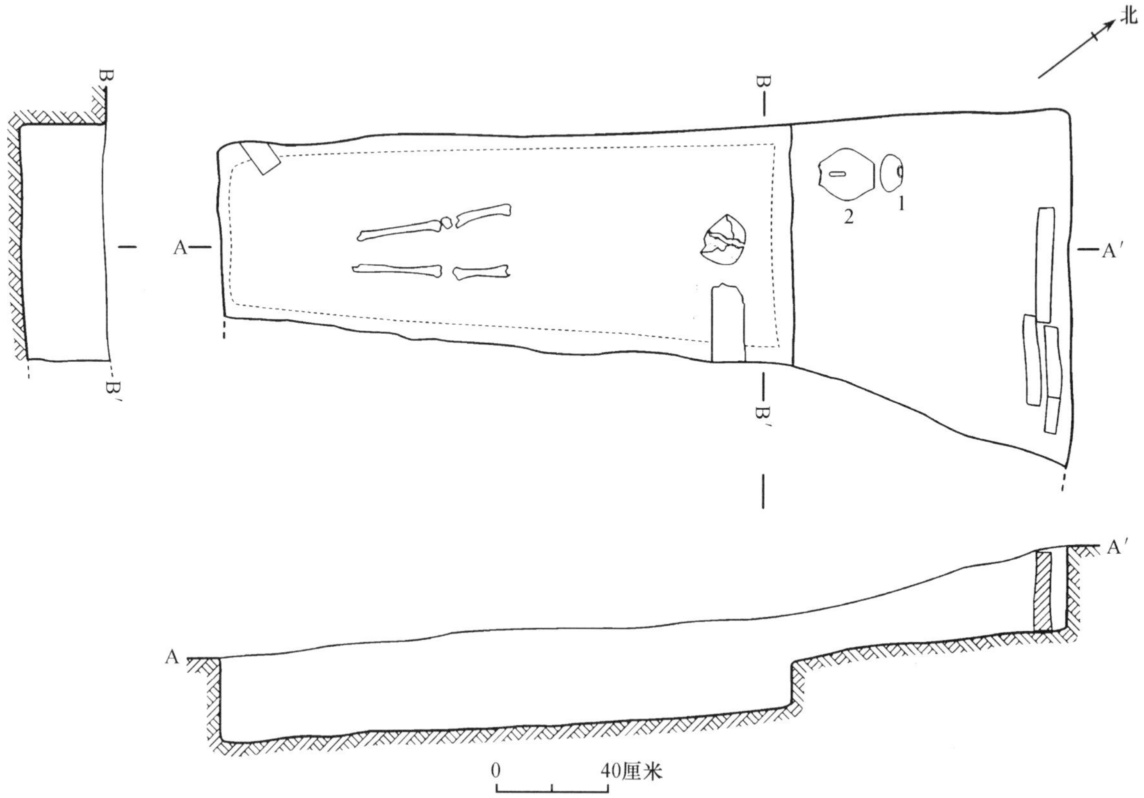

图三二〇　2005ⅣM2013 平、剖面图

1. 瓷碗　2. 釉陶罐

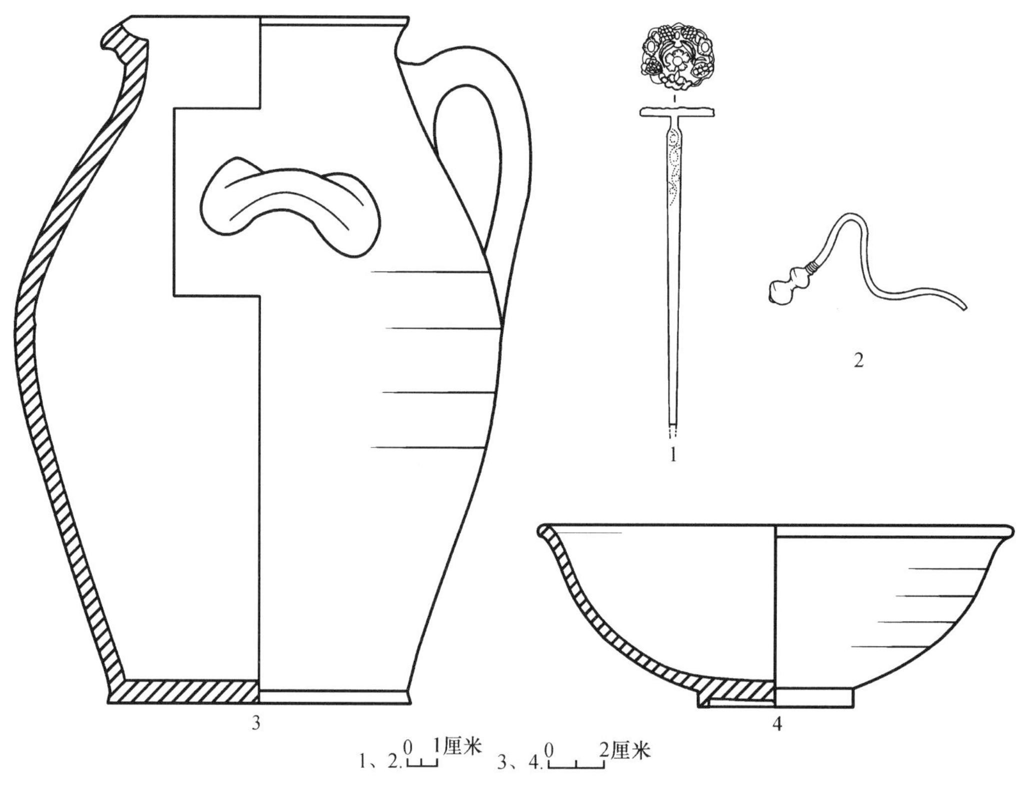

图三二一　2005ⅣM2013 出土器物

1. 银簪（2005ⅣM2013∶4）　2. 银耳环（2005ⅣM2013∶5）　3. 釉陶罐（2005ⅣM2013∶2）　4. 瓷碗（2005ⅣM2013∶1）

釉陶罐　1件。2005ⅣM2013:2，缸胎，腹上半部施青釉。侈口，短颈，喙状流，单柄，双系，鼓腹，平底。口径10.2厘米，底径11.2厘米，高24厘米（图三二一，3）。

银饰　3件。

簪　2件。2005ⅣM2013:3、2005ⅣM2013:4（图三二一，1），后者相对保存完整，丁字形，簪头圆形上面浮雕花卉纹饰。

耳环　1件。2005ⅣM2013:5，葫芦形耳坠，上接弯曲的银丝（图三二一，2）。

钱币　39枚。多锈蚀不可辨认。

2005ⅣM2015

位于2005ⅣT2028东南部，墓坑东部被2005ⅣZSQ2004打破。土坑竖穴墓，被扰乱。梯形，墓底长2.4米，宽0.8~1.08米，残深0.15米。骨架保存较好，单人仰身直肢葬，头向27°。随葬品出土2件。有釉陶器和金饰（图三二二）。

釉陶罐　1件。2005ⅣM2015:1，缸胎，罐内腹部以上施青釉。直口，平折沿，圆唇，短径，溜肩，肩部有对称的桥形耳，鼓腹，平底，器表可见明显的轮修痕迹。口径10.8厘米，底径6.7厘米，高21.4厘米（图三二三）。

金耳环　1件。2005ⅣM2015:2，用0.2厘米的金丝弯制成圆环。最大径1.5厘米。

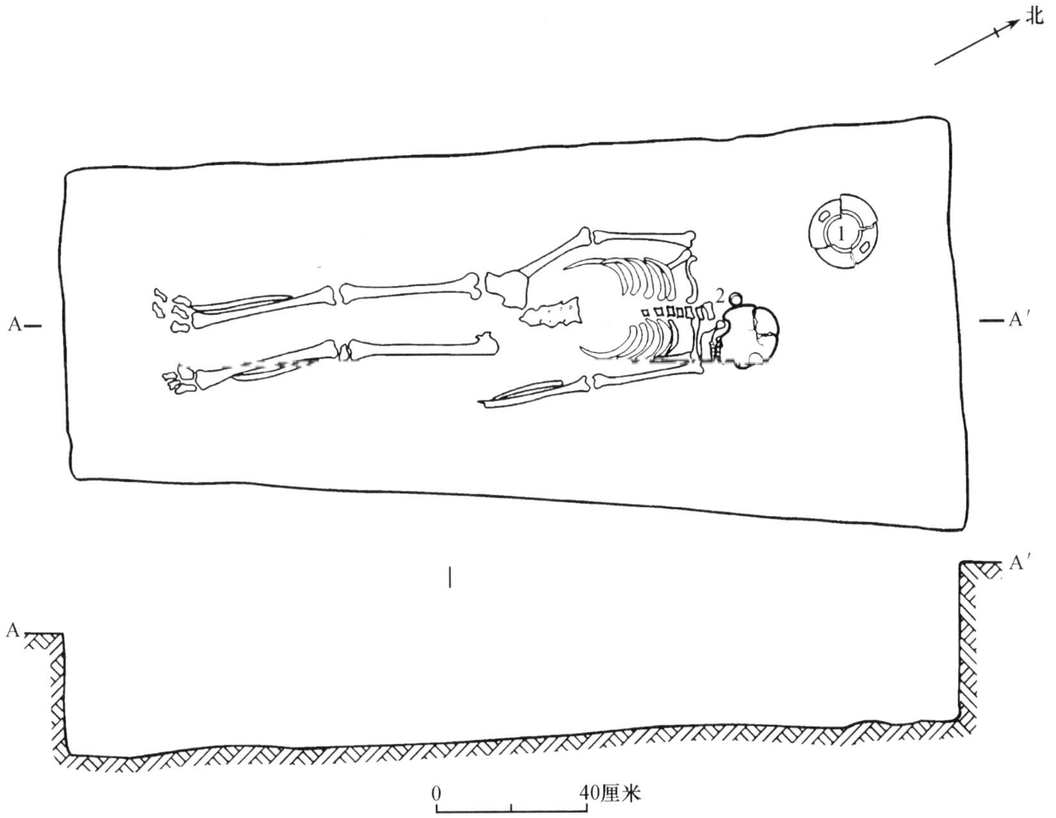

图三二二　2005ⅣM2015平、剖面图

1. 釉陶罐　2. 金耳环

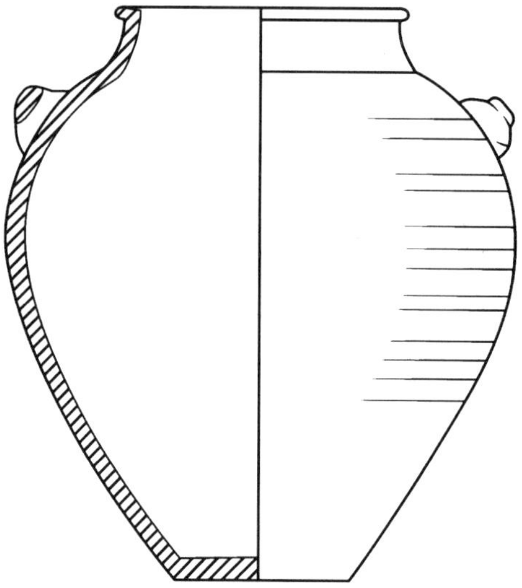

图三二三　2005ⅣM2015 出土釉陶罐
（2005ⅣM2015∶1）

（三）砖室墓

2000 年清理发掘砖室墓 3 座，编号为 2000IM1029、2000IM2005、2000IM2006，均遭严重破坏，未出土随葬品。

2001 年清理发掘砖室墓 1 座，编号 2001IM1008。

2004 年清理发掘砖室墓 6 座，编号 2004ⅣM1006、2004ⅣM1007、2004ⅣM2005、2004ⅣM2006、2004ⅣM2008、2004ⅣM2009。

2000IM1029

位于 2000IT1023 西部。砖室墓，被扰乱。长方形，单室，墓室残长 3.46 米，宽 1.34 米，北壁高 1.07 米，顶部和南壁被毁。墓底铺砖，平坦。墓砖有花纹，应是使用汉墓墓砖砌筑该墓。未见人骨，葬式、头向不明。墓向为南北向。未见随葬品（图三二四）。

2000IM2005

位于 2000IT2003 西部。砖室墓，被扰乱。长方形，单室。墓室残长 4 米，宽 2.3 米，残高 0.6 米，顶部被毁，南部被断崖破坏。砖室砌于土坑内，土坑北部有一个生土二层台，高 74 厘米，宽 76 厘米。二层台南部边沿用顺砖平砌错缝法砌墙，共垒 12 层条砖，砖墙仅有西半部残存，其上承券顶。距土坑西壁约 30 厘米处，自北往南铺一排长石板，石板上又有一排榫卯砖，残存 4 块，可能为砖室西壁墙底，其他部分破坏严重，结构不可辨。墓砖有两种，一种为楔形砖，长 30.5 厘米，宽 14 厘米，厚 3.4 ~ 5.7 厘米，一种为榫卯砖，长 28.5 厘米，宽 14 厘米，厚 6.5 厘米。未见人骨，葬式、头向不明。墓向为南北向。未见随葬品（图三二五）。

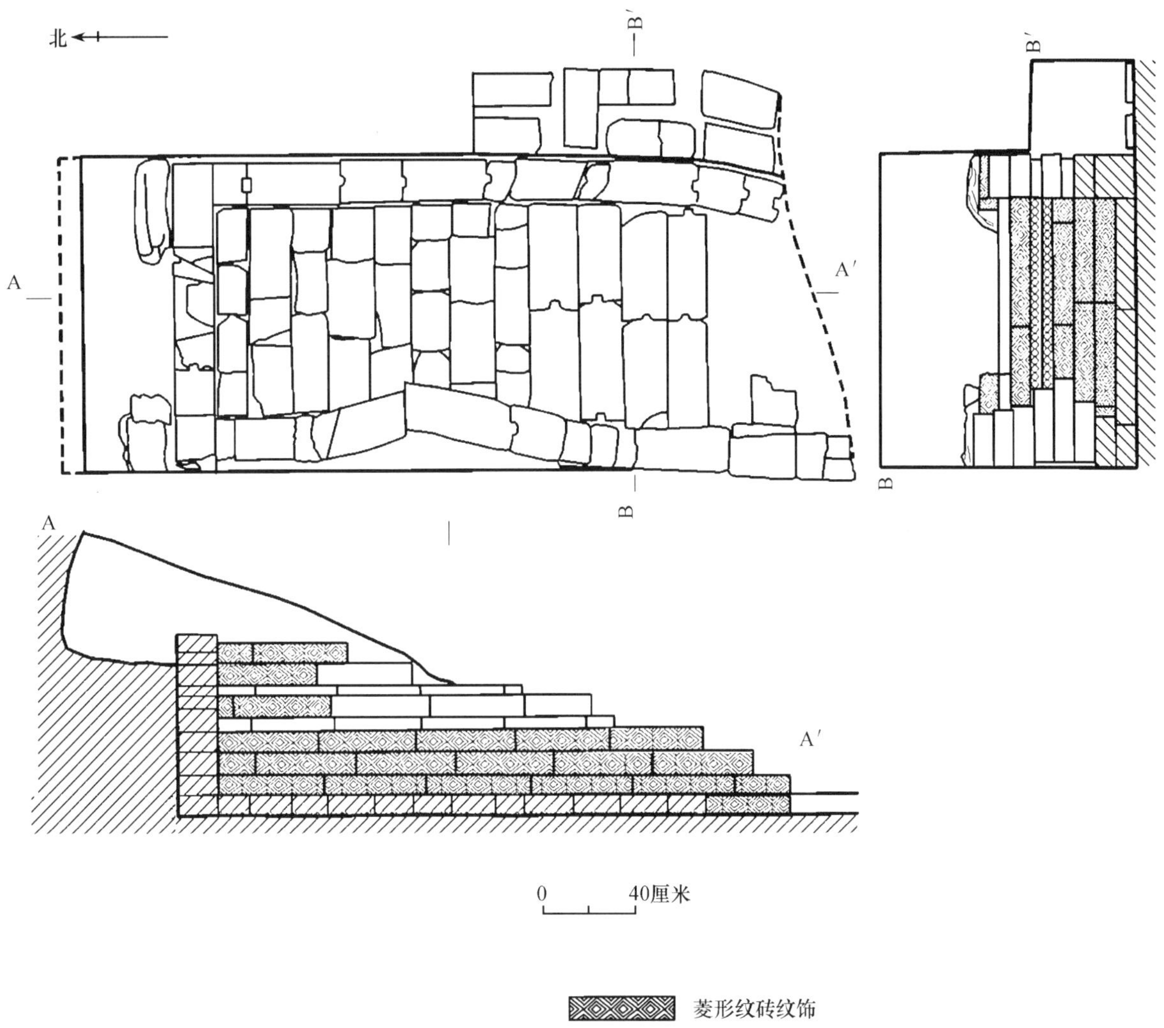

图三二四 2000IM1029平、剖面图

2000IM2006

位于2000IT2003东部。砖室墓，被扰乱。长方形，单室。墓室长2.5米，宽1.04米，残高0.37米，顶部被毁。砖室砌于土坑内，东、西壁北高南低，南部用经过粗加工的长石块封门。北、东、西三墓壁用青砖砌筑，采用两顺一丁的砌法。墓底铺青砖，以人字纹铺排。墓砖仅存两种，一种为楔形砖，残长26厘米，宽16厘米，厚2.3~4厘米，一种为长条砖，长31厘米，宽16厘米，厚4.2厘米。未见人骨，葬式、头向不明。墓向为南北向。未见随葬品（图三二六）。

2001IM1008

耕土层下开口，打破生土，被2001IM1007打破。砖室墓，被扰乱。长方形，单室。墓室长2.8米，宽1.74米，残高0.6米。墓顶全部被破坏，东、西壁与墓底的转角为直角，墓底北高南低。墓底及四壁均用几何纹砖垒砌而成，所用砖多为废砖二次利用，较为散乱。未见人骨，葬式、头向不明。墓向为西北—东南向。未见随葬品（图三二七）。

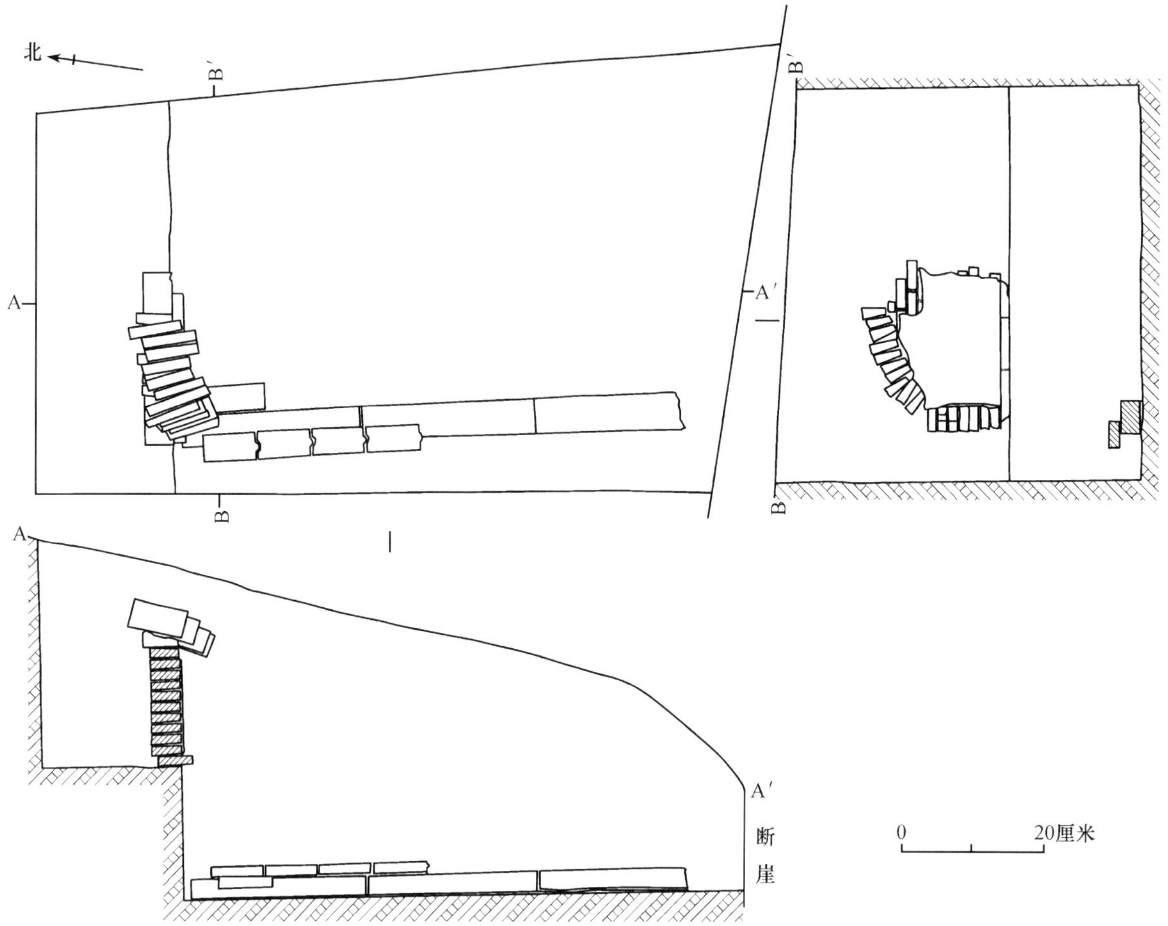

图三二五　2000IM2005 平、剖面图

2004ⅣM1006

位于2004ⅣT1028东北角，进入东隔梁。砖室墓，被扰乱。长方形，单室，墓室较小，长1.4米，宽0.9米，深0.6米。墓底铺砖，墓顶盖有石板，上半部被扰乱。未见人骨，葬式、头向不明。墓向为东北—西南向。随葬品仅见陶器，置于墓底方砖下。另外在扰土里出土了2枚铜钱，字迹已不可辨（图三二八；图版二〇，1）。

釉陶罐　1件。2004ⅣM1006∶3，红褐色粗胎。直口略内敛，口的顶面略向上弧鼓，而内外的边缘则起凸棱，形成内勾外檐的“丁”式口。竖颈，颈部有对称的双竖耳，弧腹，假圈足，底微凹。腹中上部先涂刷护胎浆水，形成薄而光滑的青褐色的护胎釉。再在青褐色的护胎釉上涂抹一层白色化妆土，表面白而干涩，无光泽。在白色化妆土部分有兰花图案，花叶没有白色的化妆土，显露出护胎釉的青褐色，花的边缘齐整。口径8.8厘米，底径7.4厘米，高12.8厘米（图三二九；彩版三一，3）。

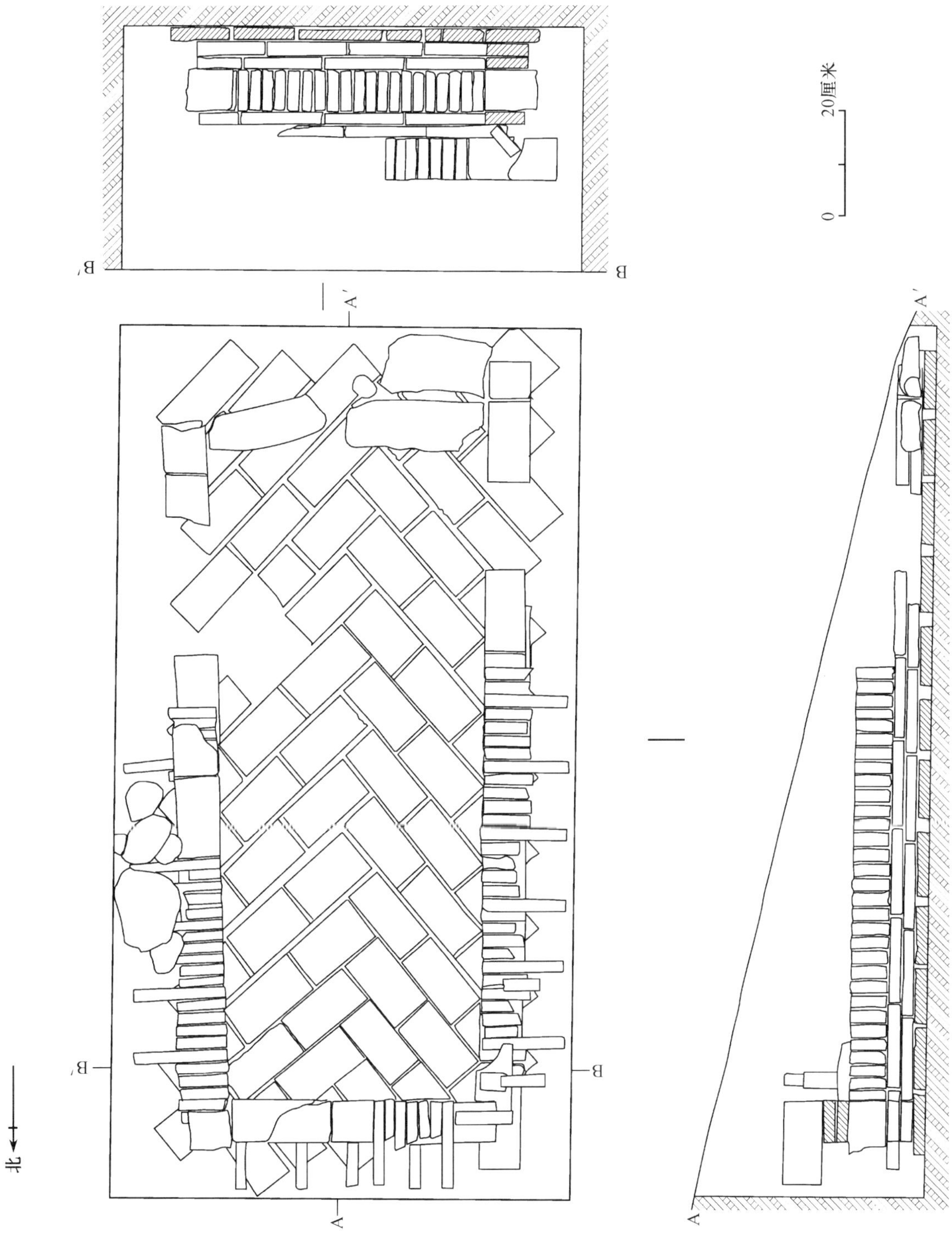

图三二六 2000IM2006 平、剖面图

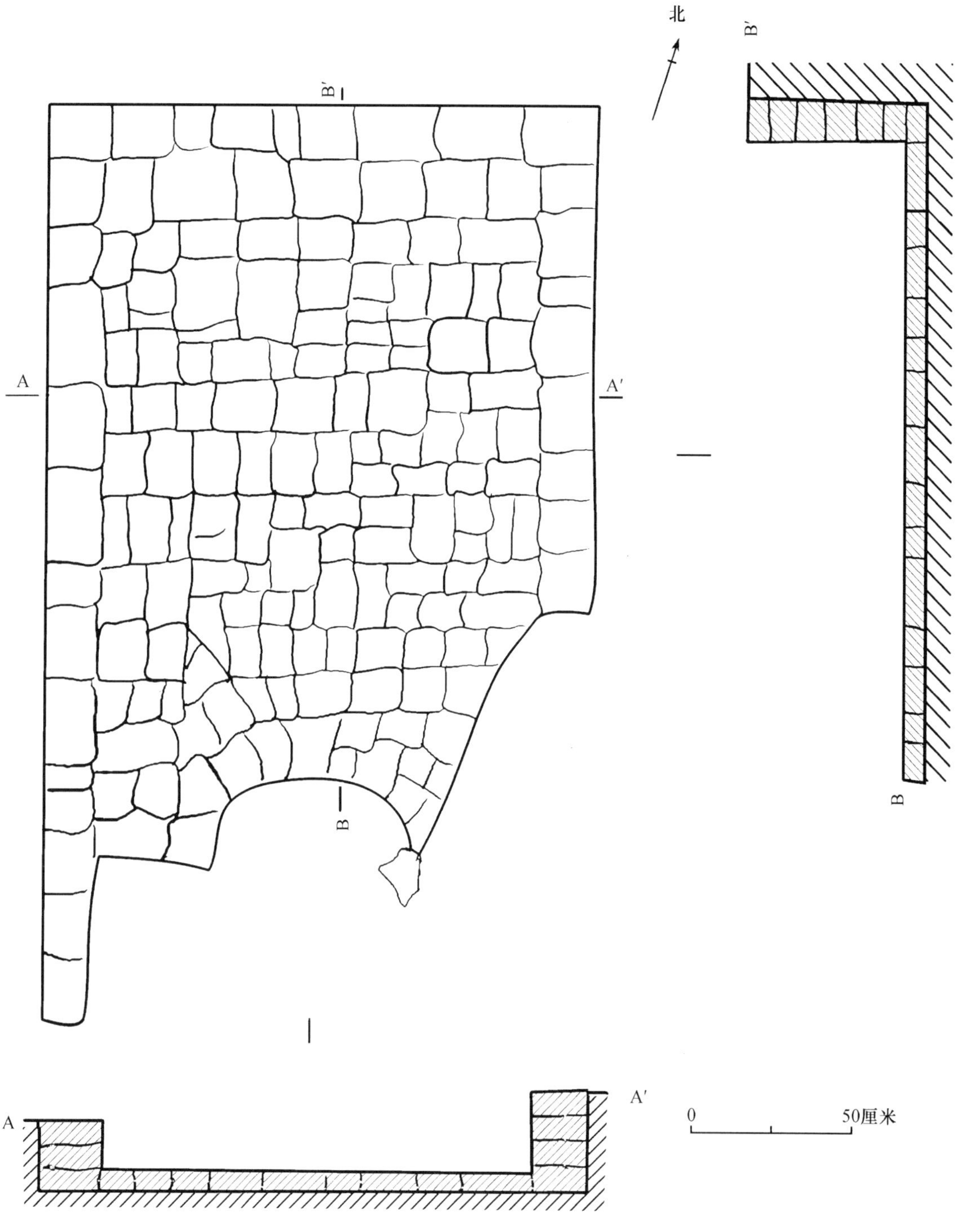

图三二七　2001ⅠM1008 平、剖面图

2004ⅣM1007

位于 2004ⅣT1024 东部，进入东隔梁。砖室墓，被扰乱。梯形，单室，墓室长 3 米，宽 1.2 ~ 1.4 米，残深 0.26 厘米。墓壁的砖是由下至上一纵一横垒砌，墓底铺砖为斜向对角铺设。仅见少量残骨，葬式、头向不明。墓向为 170°。未见随葬品（图三三〇；图版二一，1）。

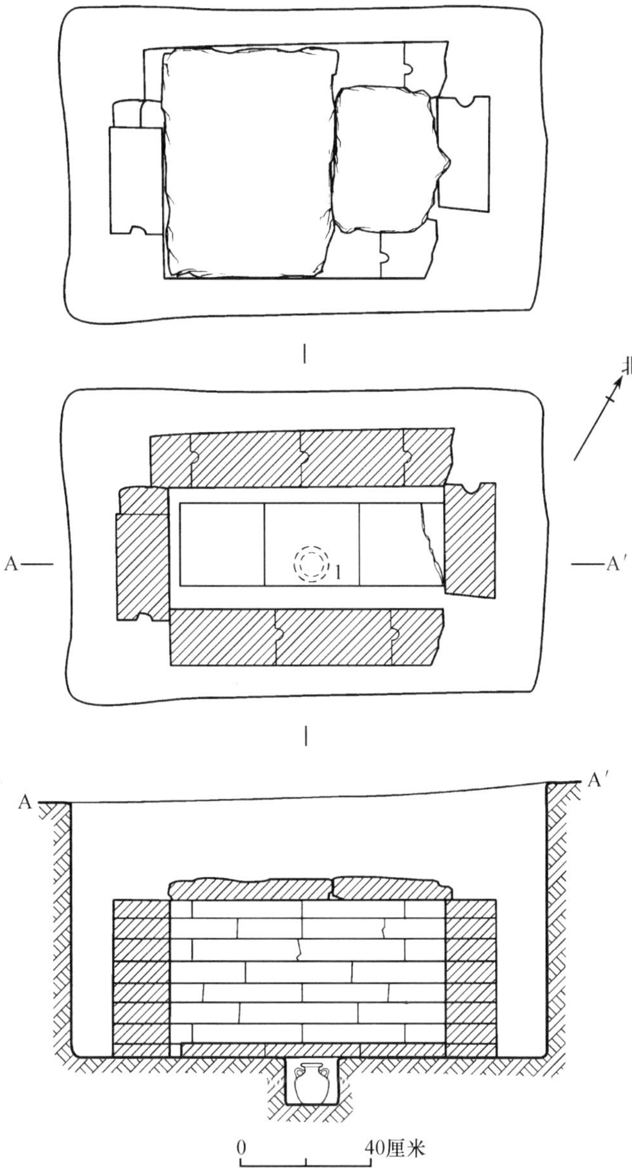

图三二八 2004ⅣM1006平、剖面图

1. 釉陶罐

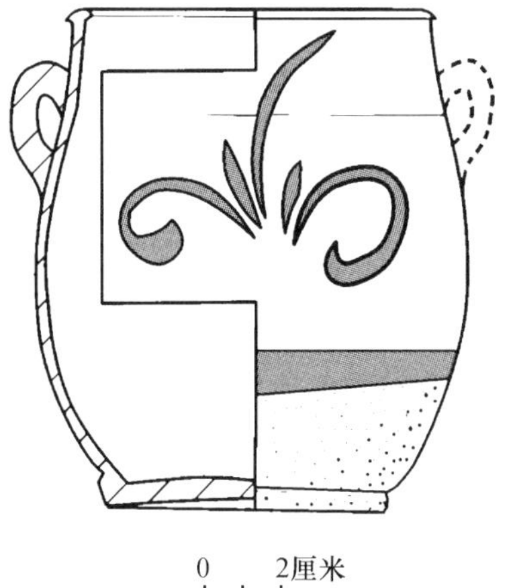

图三二九 2004ⅣM1006出土釉陶罐

（2004ⅣM1006∶3）

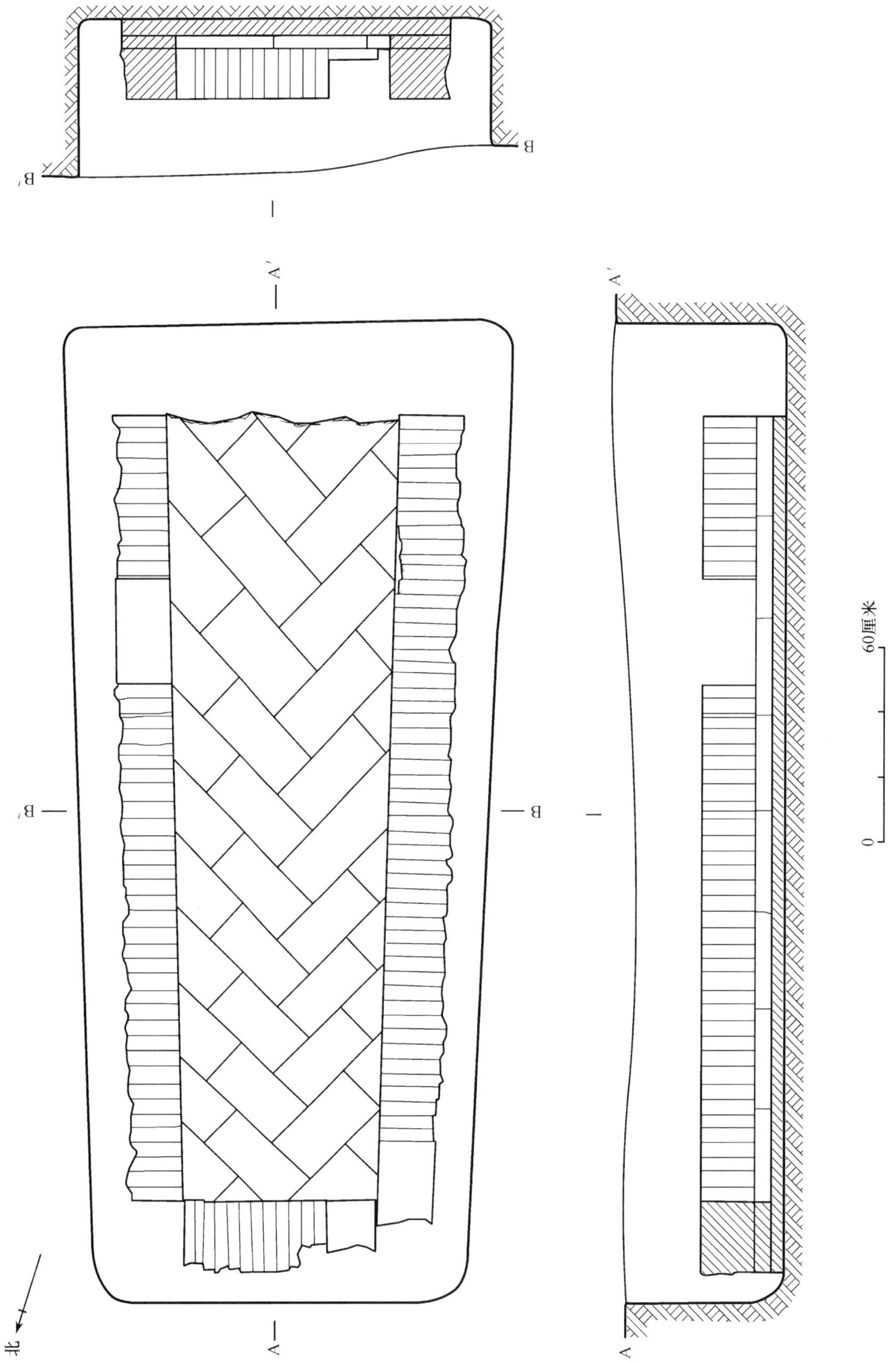

图二三〇　2004ⅣM1007 平、剖面图

2004ⅣM2005

位于2004ⅣT2002西南部，深入西壁和南壁。砖室墓，被扰乱。长方形，单室，墓室长2.8米，宽1.3米，深1.6米。墓底无砖，墓顶以长条石封顶。未见人骨，葬式、头向不明。墓向为185°。未见随葬品（图三三一；图版二〇，2）。

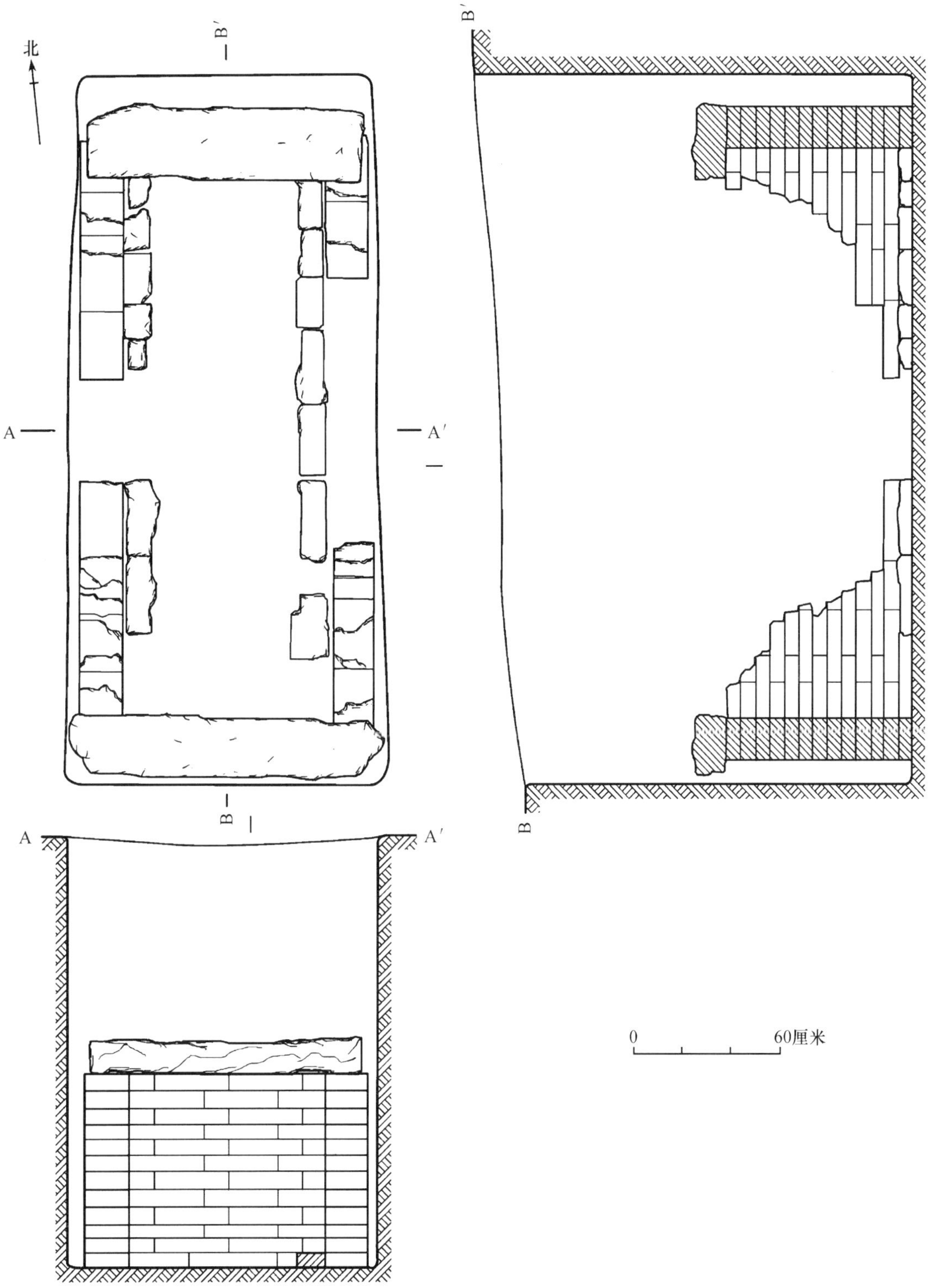

图三三一　2004ⅣM2005平、剖面图

2004ⅣM2006

位于2004ⅣT2003南部，进入2004ⅣT2006内。砖室墓，被扰乱。长方形，单室，墓室长2.6米，宽1.4米，深2.1米。石条盖顶，墓底铺砖，东壁已塌，仅保存最底层砖。墓底所铺的砖为长方形，单面有戳印的文字，共11字，由于戳印浅，不易辨识。北壁一个头龛，长66厘米，宽12

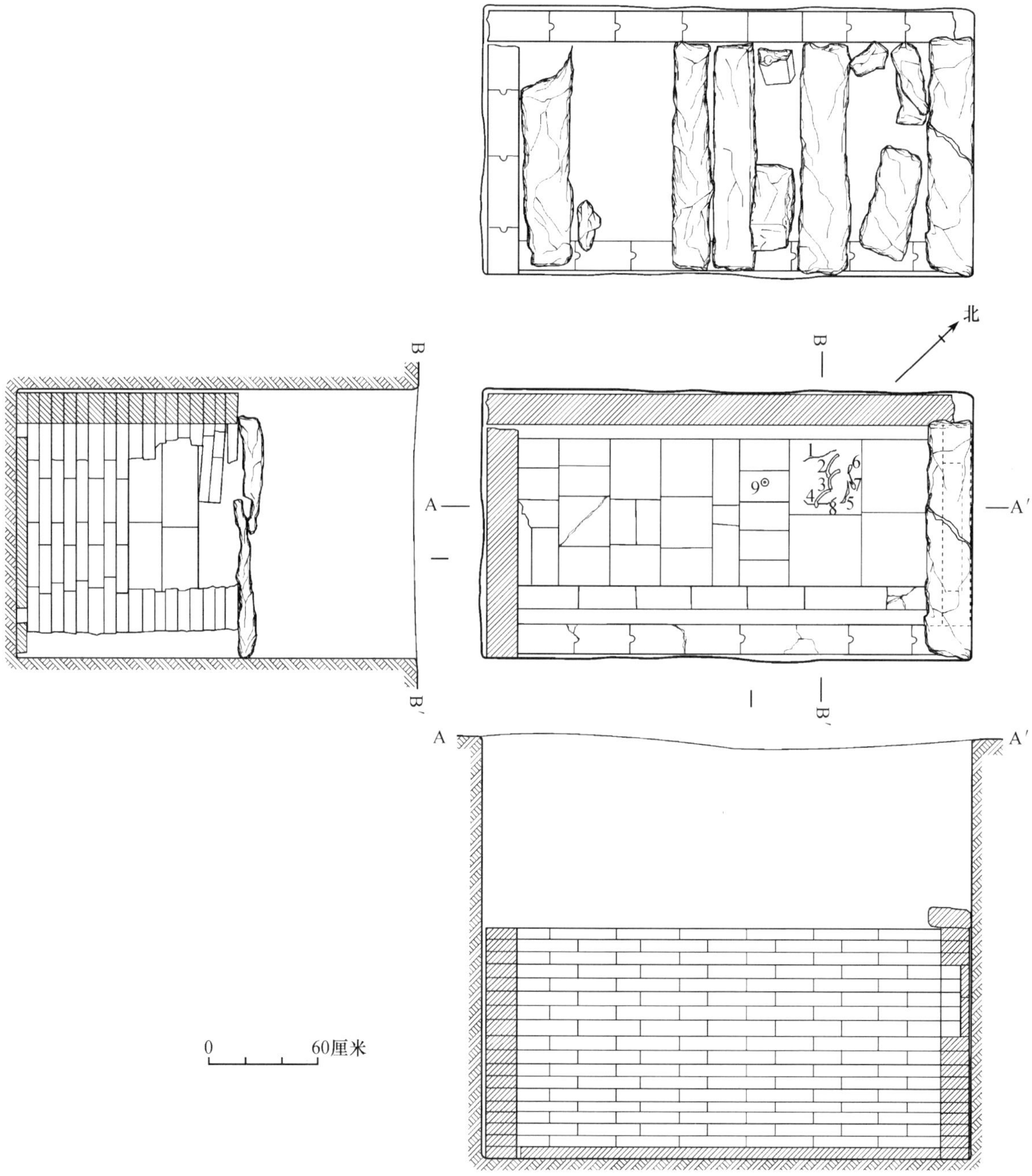

图三三二　2004ⅣM2006平、剖面图

1、8. 残铜条　2～4. 金箔片　5. 银簪　6. 银钗　7. 玉簪　9. 银冥币

厘米，高36厘米。仅见少量残骨，葬式不明，头向55°。随葬品共出土6件。有首饰、冥币和铜钱。首饰位于在墓主头部。此外墓中还出土有金箔三片，据摆放位置推测是镶嵌在包裹头部丝织品的边缘（图三三二；彩版二五，2）。

银簪　2件。2004ⅣM2006：5，截面为方形，尾部残。短簪头部有珠纹浮雕，残长4.9厘米。长簪残长7.6厘米（图三三三，1）。

银钗　1件。2004ⅣM2006：6，银片卷制，做工精细，尾部残，头部有复杂的花纹装饰，主题是各种花卉。残长12厘米（图三三三，3，彩版二五，4）。

玉簪　1件。2004ⅣM2006：7，天蓝色。长9.1厘米、最宽1.4厘米（图三三三，2；彩版二五，1）。

银冥币　1枚。2004ⅣM2006：9，圆形方孔，单面有阴文“早生天界”的字样。最大径2.3厘米（图三三三，4；彩版二五，3）。

铜钱　1件，开元通宝。

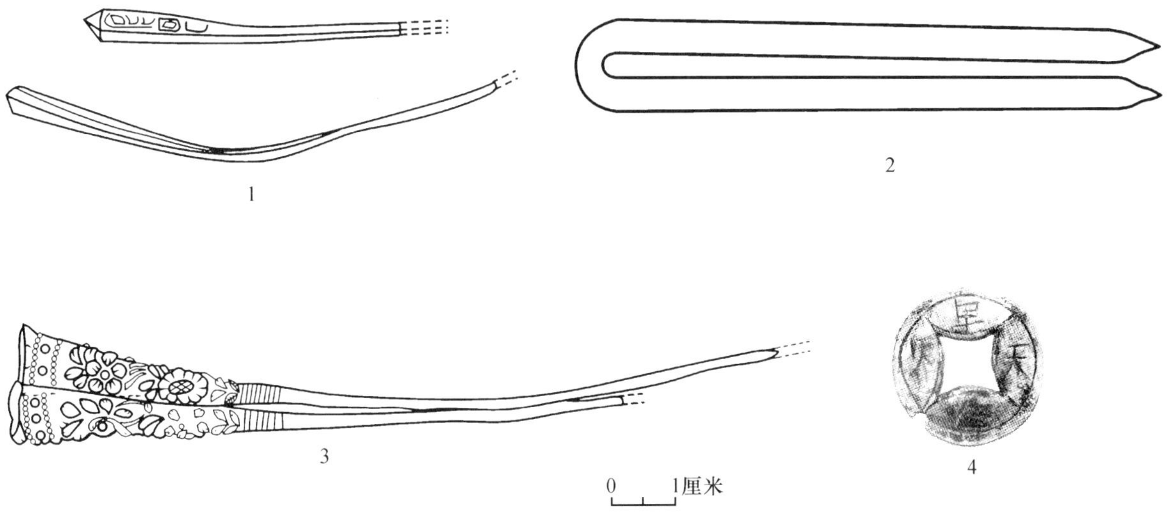

图三三三　2004ⅣM2006出土器物

1. 银簪（2004ⅣM2006：5）　2. 玉簪（2004ⅣM2006：7）　3. 银钗（2004ⅣM2006：6）　4. 银冥币（2004ⅣM2006：9）

2004ⅣM2008

位于2004ⅣT2001东南角，并深入东隔梁。砖室墓，被扰乱。长方形，单室，墓室长2.9米，宽1.3米，深3.25米。石条盖顶，墓底铺砖。未见人骨，葬式、头向不明。墓向为南北向。未见随葬品（图三三四）。

2004ⅣM2009

位于2004ⅣT2002北部，深入北隔梁。砖室墓，被扰乱。长方形，单室，墓室长2.9米，宽1.4米，深1.2米。石条盖顶，墓底无砖。未见人骨，葬式、头向不明。墓向为东北—西南向。未见随葬品，仅在扰土中发现半段石簪（图三三五）。

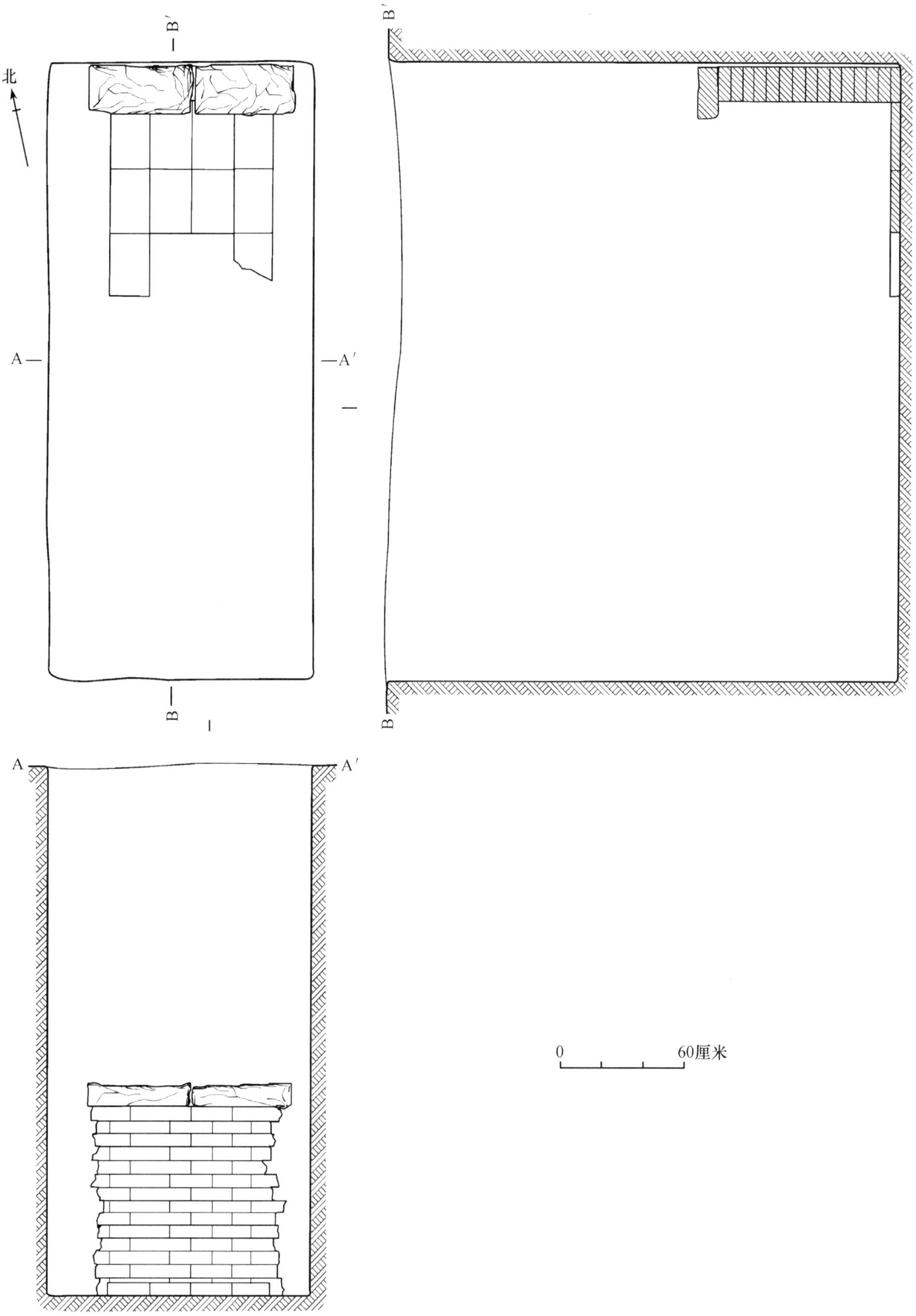

图三三四　2004ⅣM2008 平、剖面图

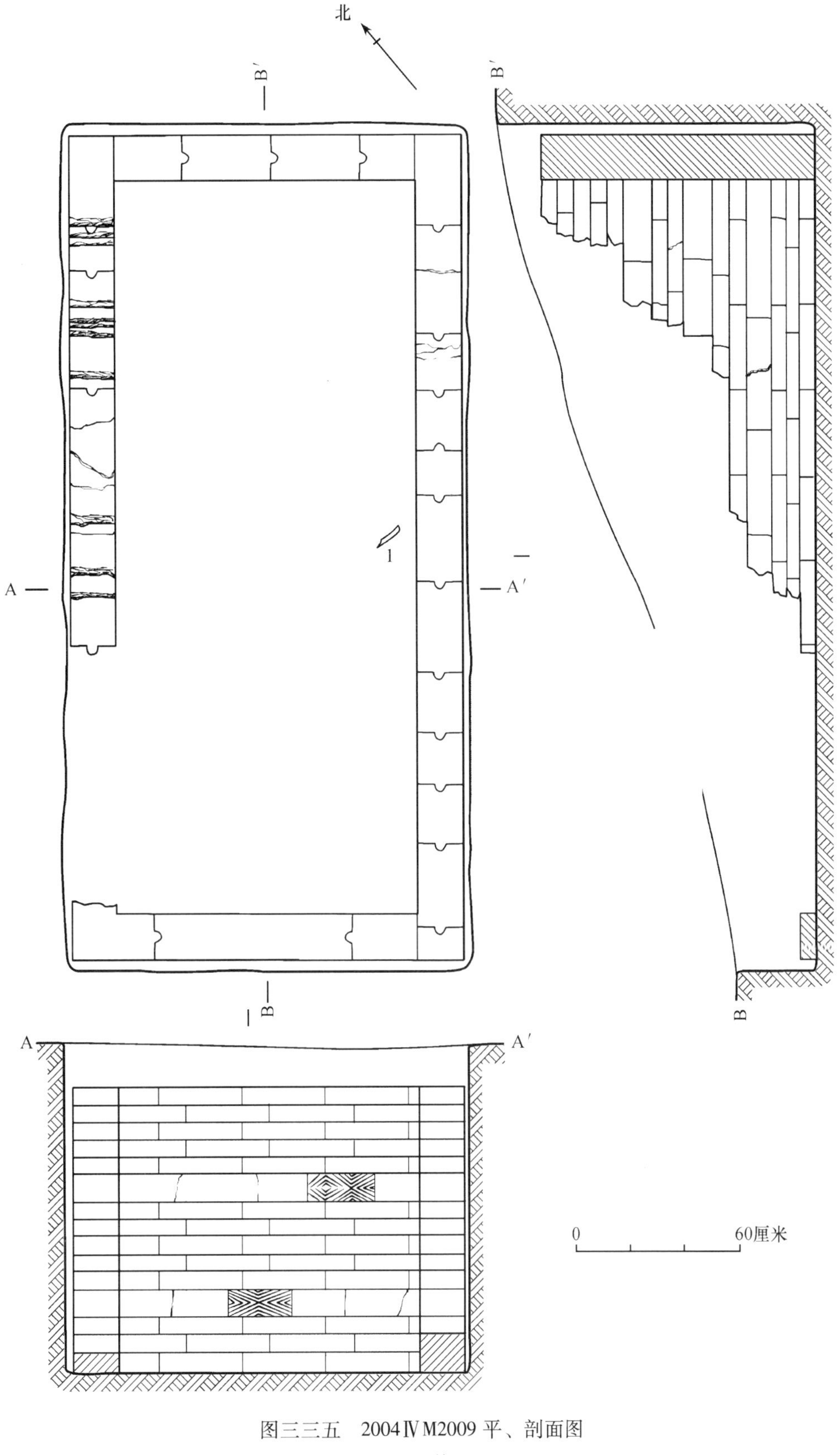

图三三五 2004ⅣM2009平、剖面图
1. 石簪

（四）石室墓

2001 年发掘 1 座，2001IM1009。

2003 年发掘 1 座，2003IM5017。

2005 年发掘 1 座，2005ⅣM3001。

2001IM1009

位于2001IT1004 的东北角处，向北深入北隔梁，并进入2001IT1005，向东进入东隔梁。此墓坑很浅，四壁基本被破坏，仅存最底层的基石保留原位。东、西两壁基石各为 4 块，每块是修理的长条石，其上表面有浅的凹形槽，凹形槽的槽底面保留斜向排列的钎痕（图三三六；图版二一，2）。北壁的长条基石也有凹形槽，以此推测本有石板立于基石上。南壁有长条石，但是没有凹形槽，推测是墓室门所在的位置。基石之上的被扰乱的土中有大石板，推测是墓壁石板或墓顶石板被破坏而倒塌形成的。墓室长 3. 82 米，宽 1. 6 米。方向 170°。该墓的底部呈坡形，南高北低。发现一些棺钉，其余葬具已完全腐烂。未发现遗物。

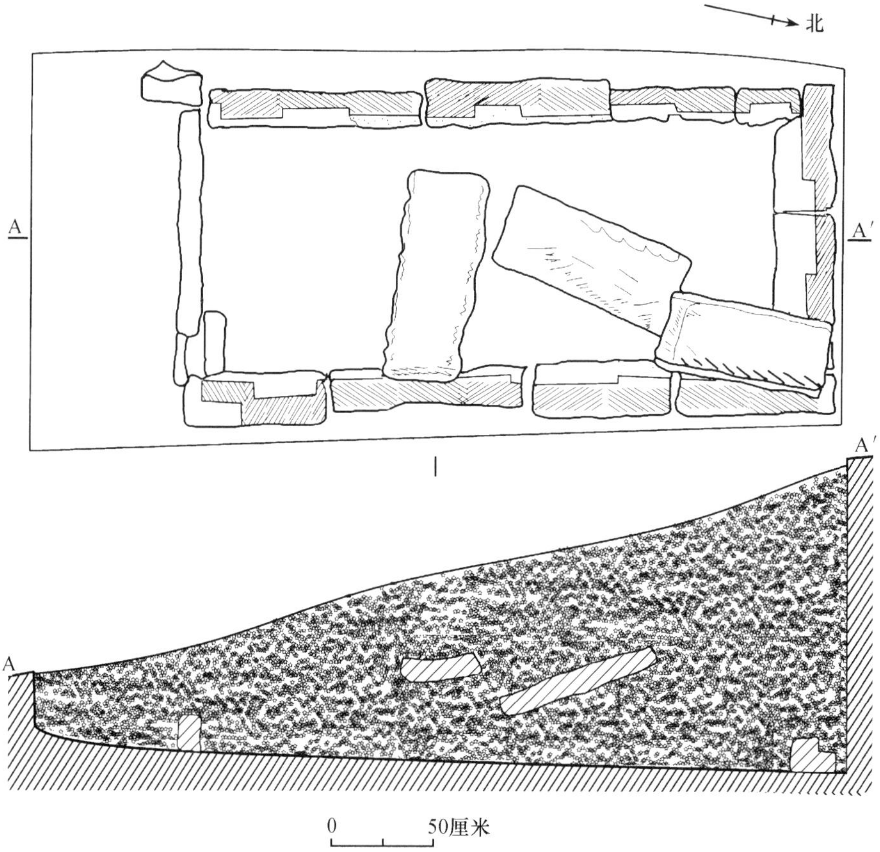

图三三六　2001IM1009 平、剖面图

2003IM5017

开口于耕土层下。石室墓，被扰乱。长方形，单室，由墓道和墓室组成。墓道为斜坡式，长 1. 24 米，宽 0. 9 米，残深 0. 36 ~ 1. 1 米。墓室长 2. 6 米，宽 0. 75 米，残高 1. 14 米。墓壁上部和墓

顶已被毁掉。墓室与墓道连接处有两块长条石呈“一”字形横陈于墓底，可能是墓门的地栿。墓室由规格不一的石板和石条构筑，后壁下部用两块大石条砌筑，石条上竖立石板砌成小龛，墓底平铺两排大石板，墓室前部两侧石壁已经被盗掘无存。未见人骨，葬式、头向不明。墓向为南向。未见随葬品（图三三七；图版一七，4）。

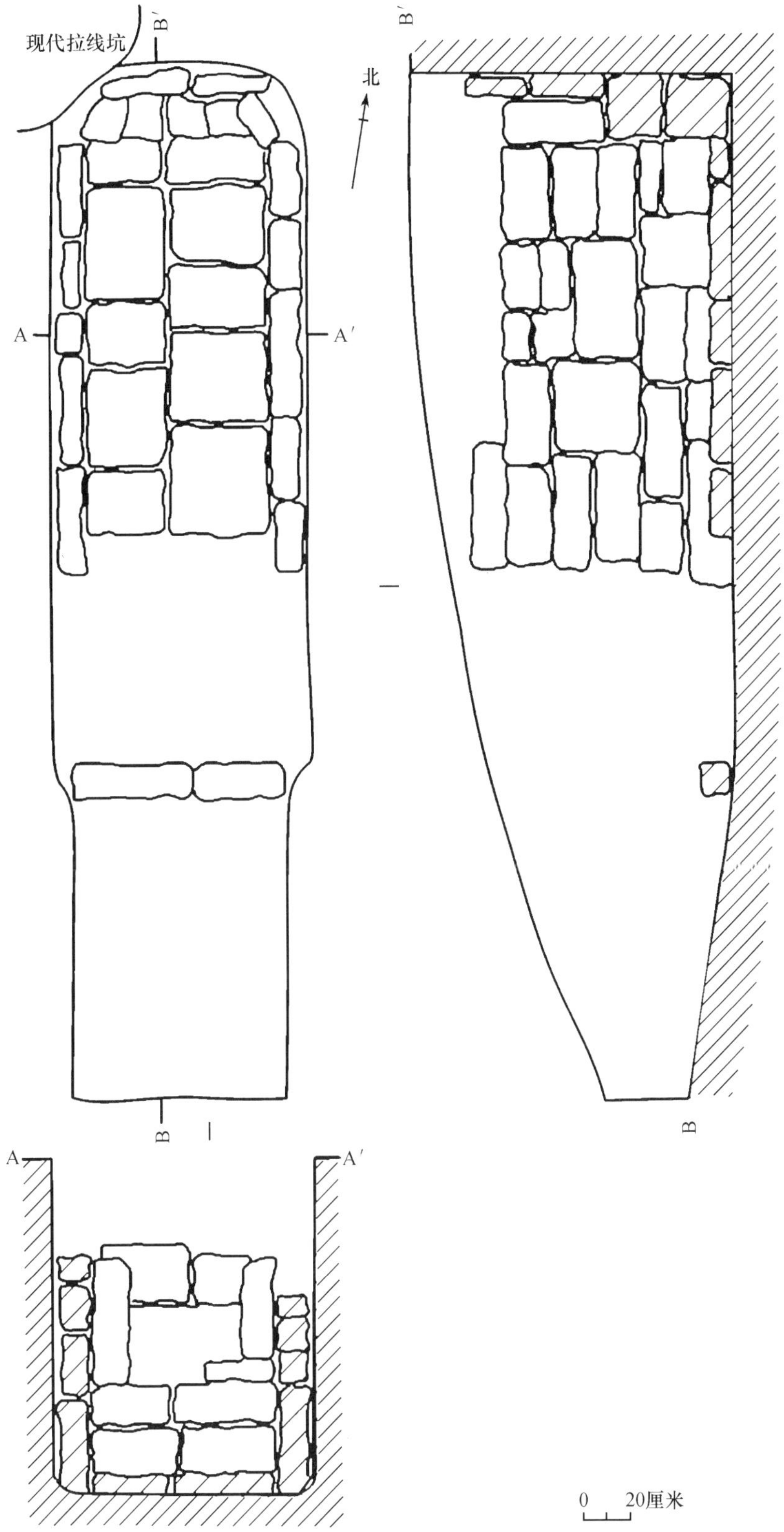

图三三七 2003IM5017平、剖面图

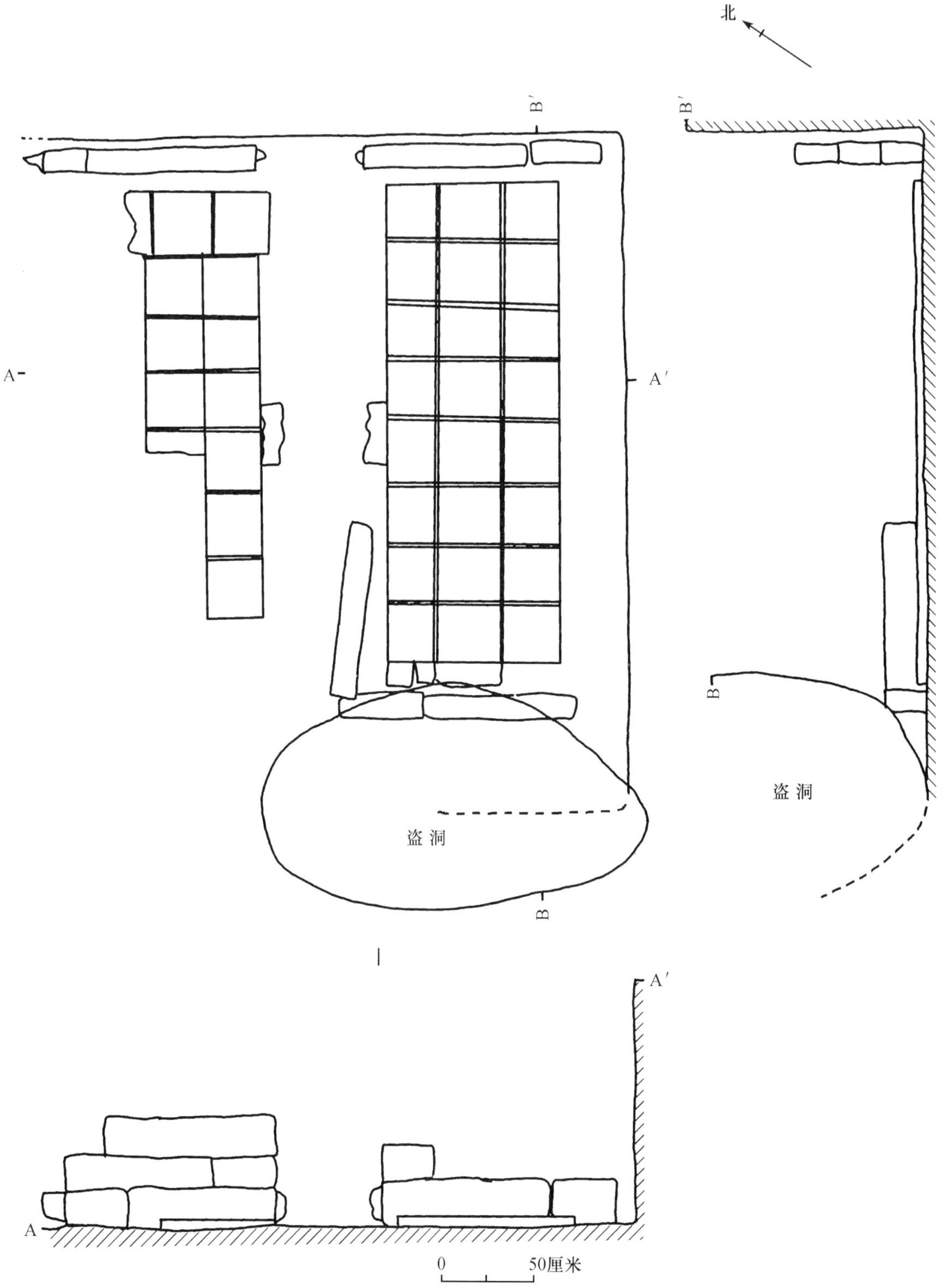

图三三八　2005ⅣM3001 平、剖面图

2005ⅣM3001

位于 2005ⅣT3032 中西部。石室墓，被扰乱。长方形，双室，墓室残长 3.1 米，残宽 2.8 米，残深 1.1 米。墓圹仅残存石条，墓底铺方砖（图三三八）。未见人骨，葬式头向不明。墓向为东北—西南向。未见随葬品，仅在扰土内发现铜钱 2 枚和残缺石造像 1 件，为后期混入。

（五）火葬墓

2001 年发掘 3 座，2001IM4001、2001IM4007、2001IM4008。

2004 年发掘 1 座，2004ⅣM2001。

2001IM4001

位于 2001IT4012 东南部，开口于耕土层下，打破生土。石室火葬墓，先挖出长 1.1 米，宽 0.6 米，深 0.6 米的土坑，在坑内用石块和石板构筑两个小墓室。每个墓室长 0.4 米，宽 0.34 米，高 0.4 米。墓室内各放置瓮棺 1 个，棺内有骨灰，瓮棺上压一块石板（图三三九；图版二二）。墓向为西北—东南向。无随葬品。

釉陶瓮棺　2 件，形制相同。2001IM4001∶1，黄褐陶。口径 19.2 厘米，底径 13.8 厘米，高 31 厘米（图三四〇，1）。2001IM4001∶2，红色缸胎，器表施釉，釉已脱落。敛口，平折沿，鼓腹，平底，颈部有一弦纹装饰。口径 19 厘米，底径 13.5 厘米，高 33 厘米（图三四〇，2）。

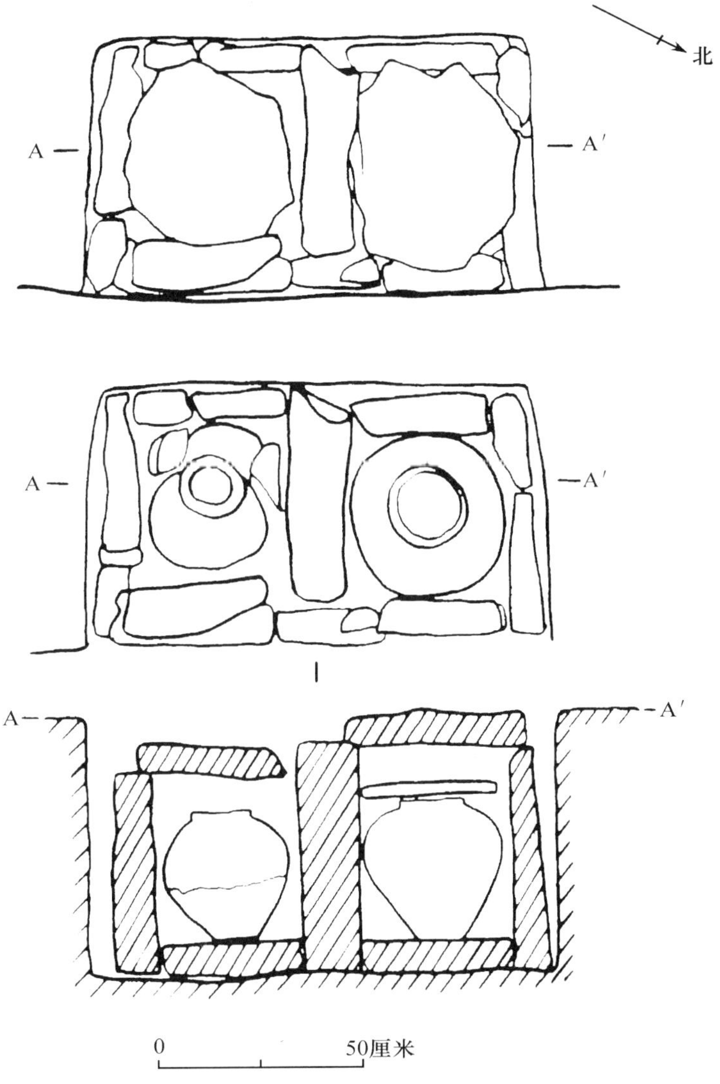

图三三九　2001IM4001 平、剖面图

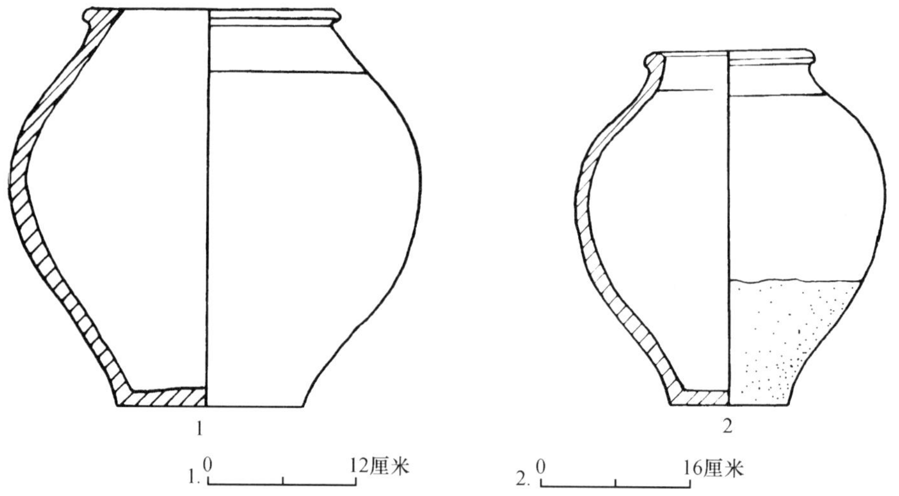

图三四〇　2001IM4001 出土釉陶瓮棺

1. 2001IM4001∶1　2. 2001IM4001∶2

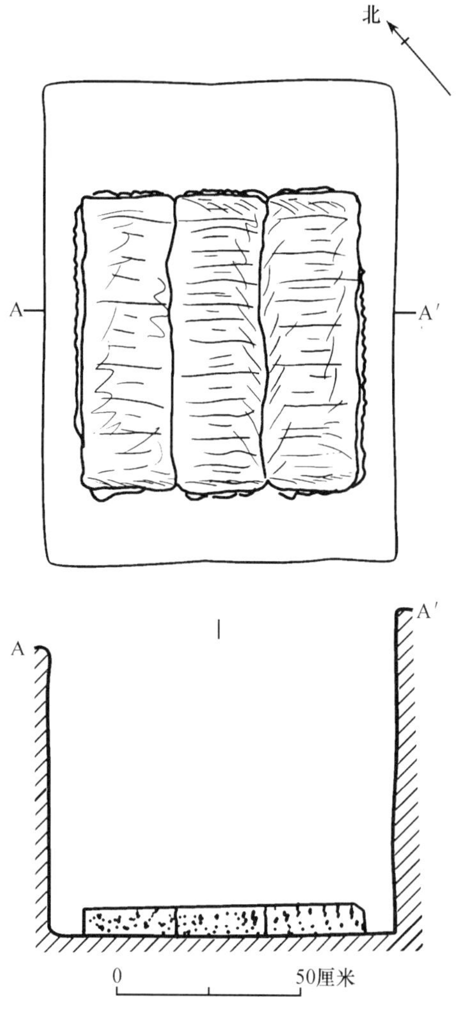

图三四一　2001IM4007 平、剖面图

2001IM4007

开口于表土层下，打破2层（唐代层），被扰乱。石室火葬墓，仅剩土坑和墓底的石板。墓坑长1.3米，宽0.95米，深0.8米。墓底平整，摆有3块石板，石板为长方形，长75厘米，宽25厘米，厚8厘米。上表面有钎痕，边缘有人工凿刻的凹槽，背面未经加工。3块石板紧密排列，总体呈正方形，边长75厘米。墓向为东北—西南向。墓室中无随葬品，仅在扰土中发现少量宋代瓷片（图三四一）。

2001IM4008

开口耕土层下，打破生土。石室墓，被扰乱。长方形，单室。在墓口前面的填土中发现少量烧过的人骨残片和骨灰，可能是火葬。墓室修筑在一个土坎边上，土坎为东北—西南走向，整个墓圹位于唐代建筑台基2001IF3上。在土坎的立面上，向北掏挖出直壁拱形的土洞，土洞高1.16米，宽1.1米，深0.98米。土洞内构筑墓室，墓室平面呈长方形，墓室长0.86米，宽0.44米，高0.46米。墓底顺铺3块窄长石板，边缘有浅槽。左右壁和后壁立置5块平滑的薄石板，石板与土坑壁之间填土压实。用大小不等的石块垒砌门脸，在与墓壁的结合处抹有白膏泥。盖顶用2块长方形石板，前块大，后块小，2块盖顶石板有浅槽，与墓壁的薄石板相扣合。靠近墓口的盖顶石板上压有3块石条，小石条中部有圆形穿孔。墓门有3块封门石，两大一小，两条大的封门石竖立封在墓口，小石条压在其上。墓顶石以上的空间又填满褐色胶泥。墓向为西北—东南向。无随葬品（图三四二）。

墓顶的大石板是利用一块北宋的墓志石，有文字面朝下，楷书，一部分字迹已经被利用时因打磨出浅槽而磨掉（图三四三）。盖顶的小石板上也有字，字迹潦草模糊，字数少，时代不明。

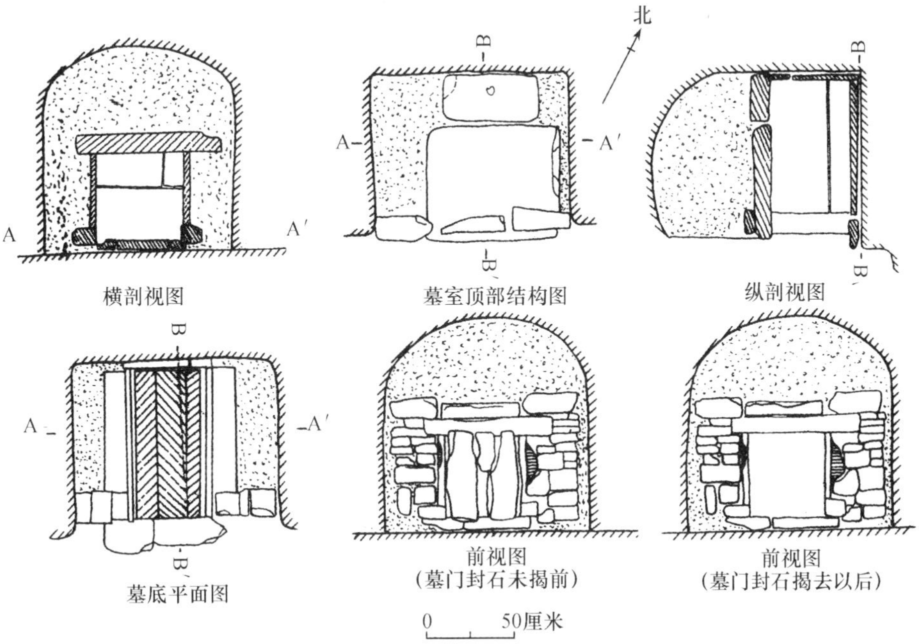

图三四二　2001IM4008 平、剖面图

图三四三　2001IM4008 出土墓志拓片

大石板上的北宋墓志文字可辨识的文字如下：

宋故清何二郎张公墓誌

宋□仲成乃本府张惟德母□□」氏□次子幼娶康氏有三男□□」次□一女先丧长男小男各□□」家□公存昔純朴俭素□□」□□女男幹运成业公　享年□」十□五于丁亥大观年正月□□」三□寿终以三白　于府东□□」之□尤虑年月深远子孙奠□□」冯□政和戊戌三月三十壬□□」□□室康氏立石　堂弟张明　弟妇任□」□□张之义　新妇李氏　小男张之道　新妇邓□」□□转运司都吏补充涪州额外都史张舜臣　新妇任□」□□大姑　二姑姨　四姑姨　引猪娘　冬娘　寿妹」□□寿郎　姪孙男灵应保　外孙男□□郎

由于该墓志石在做墓顶盖板时，在碑文的边缘凿出麻面浅槽，使得碑文有些字残缺。现场根据碑石残留的笔画、碑文排列的文字数量与语序、碑文内容，可以把碑文残损和部分缺失的字补上，现把补字后的碑文列于下：

宋故清何二郎张公墓誌

宋张仲成，乃本府张惟德，母曰（缺下横划）□氏。乃次子。幼娶康氏，有三男四（存上半部）女。次子一女先丧。长男小男各另（存口字头）有家室。公存昔性直，纯朴俭素，治（存上部）□□□，女男幹运成业。公享年□十有五，于丁亥大观年正月二（存上横）十三日寿终。以三白（葬）于府东祖（存上部）茔。之后，尤虑年月深远，子孙奠酌（存上部）□，冯□政和戊戌三月三十壬□□□，妻室康氏立石。堂弟张明，弟妇任氏；长男张之义，新妇李氏；小男张之道，新妇邓氏；堂侄转运司都吏补充涪州额外都史张舜臣，新妇任氏；大姑；二姑姨；四姑姨；引猪娘；冬娘；寿妹；□□寿郎；姪孙男灵应保；外孙男□□郎。

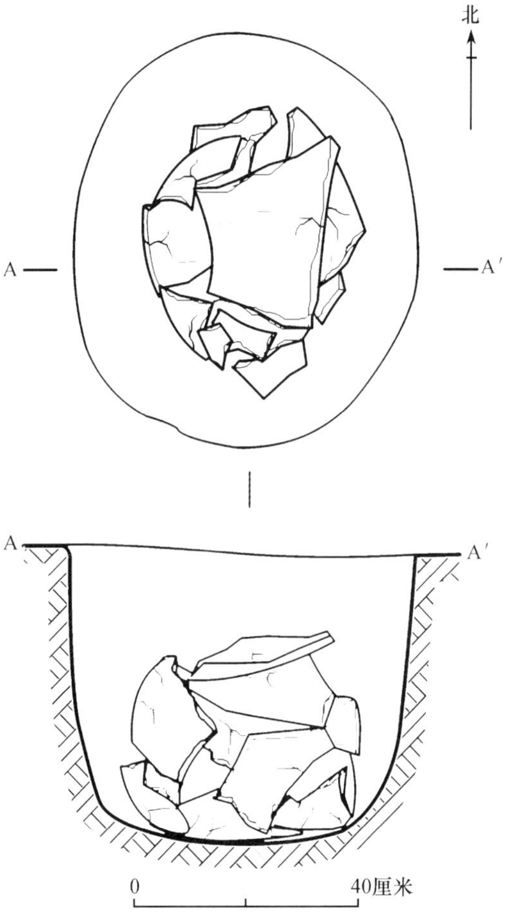

图三四四　2004ⅣM2001 平、剖面图

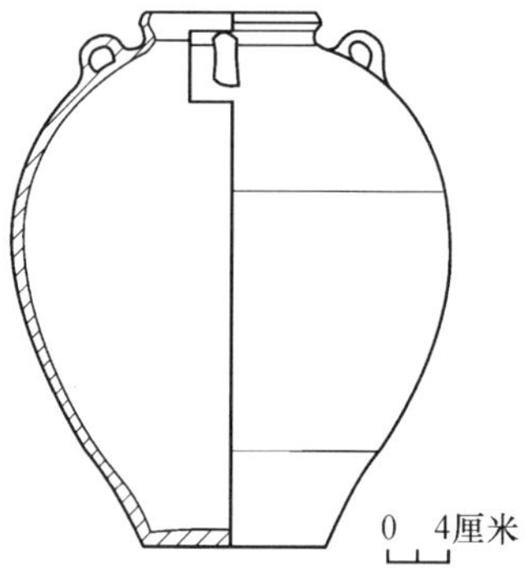

图三四五　2004ⅣM2001 出土瓮棺
（2004ⅣM2001∶1）

2004ⅣM2001

位于2004ⅣT2001东北部。土坑瓮棺火葬，锅底形墓坑，直径0.7米，深0.5米（图三四四）。葬具为釉陶罐，内有骨灰，出土时已碎，可复原。无随葬品。

釉陶瓮棺　1件。2004ⅣM2001∶1，缸胎，腹部以上施化妆土，肩部以上青釉。斜口，圆唇，溜肩，鼓腹，平底。口径11.2厘米，腹径29.2厘米，底径11.9厘米，高34.3厘米（图三四五）。

（六）第Ⅰ区第5小区墓地扰动地层出土的银钱、铜钗

银钱 2003IT5027②:1，钱文“政和通宝”（彩版三三，4）。

铜钗 2003IT5027②:2，铜钗长13.4厘米。双股，尖尾，钗头做连珠状（图三四六；彩版三三，5）。

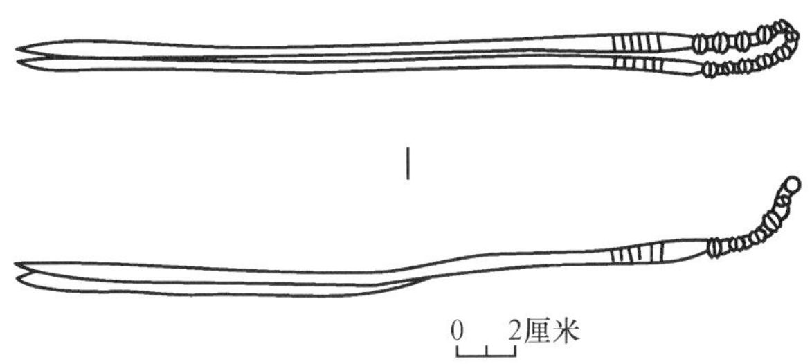

图三四六 铜钗
（2003IT5027②:2）

第5小区的第2层还出有塑料袋等现代物品，是现代形成的土层，这些遗物实际是被盗墓者盗挖墓葬时随墓土遗弃在墓外。

（七）东汉墓内扰土出土的宋代遗物

2003IM9001扰土出土遗物：

三彩俑 2003IM9001扰土:2，立俑，首缺失。挺胸，鼓腹，双手拢于腹前，手内一竖孔，似原本握一圆杆状物。身着广袖长衫，帽带垂于两肩，下身穿着地长裙，足登云头鞋，腰系带。红泥厚胎，施三彩釉，衣施绿釉，领施浅黄釉，略泛绿，帽带、袖里及长裙施棕黄色釉。通高26厘米（图三四七，1；彩版三三，1、2）。

瓷碗 2003IM9001扰土:16，白瓷，已残。胎质较细，呈荧白色，胎壁较薄。灰白色釉，略泛蓝。敞口，尖圆唇，外壁上部略外侈。近足部有一折棱，棱下内收。圈足，足外壁直立，内壁外斜削。宽平底，外底无釉，可见旋痕。盘内壁呈弧形外侈，内底下凹。壁与底之间有一圈浅刻弦纹。口径14.4厘米，通高3.6厘米（图三四七，6）。

莲花口碗 2003IM9001扰土:10，残片。影青，釉灰白色泛绿。灰色胎，胎质较粗，胎壁较厚。敞口，尖圆唇，莲花口，鼓腹。近足部有一周浅刻弦纹，圈足外壁略直，内壁外斜削。宽平底，外底无釉，可见旋痕，内底下凹，壁与底之间有一圈浅刻弦纹。

瓷灯盏 2003IM9001扰土:4，灰胎，敞口，厚圆唇，斜壁，略鼓腹，饼状足，足底可见漩涡状绳勒痕，施黑釉。通高2.4厘米，口径10厘米（图三四七，7）。

陶盆 4件，形制大致相同，尺寸有差别。泥质灰陶。敞口，平沿，厚圆唇，斜直壁，大平底，近底部有对称横錾耳。2003IM9001扰土:8，通高7.4厘米，直径21.2厘米（图三四七，2）。2003IM9001扰土:3，通高7.7厘米，直径28厘米（图三四七，3）。2003IM9001扰土:13，通高7.7厘米，直径24.3厘米（图三四七，4）。2003IM9001扰土:12，通高8.3厘米，直径23.5厘米（图三四七，5）。

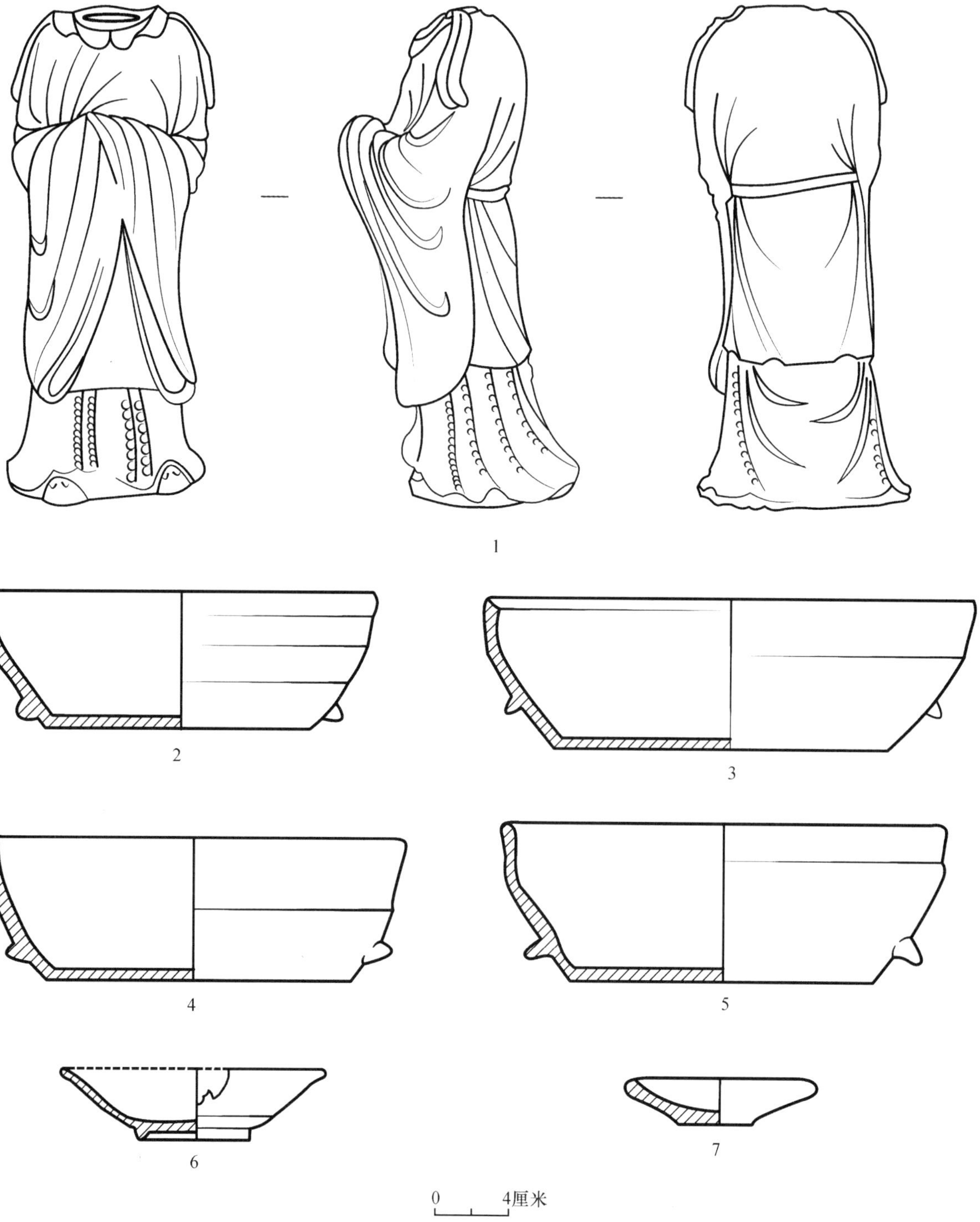

图三四七　2003IM9001 扰土器物

1. 三彩俑（2003IM9001 扰土：2）　2～5. 陶盆（2003IM9001 扰土：8、2003IM9001 扰土：3、2003IM9001 扰土：13、2003IM9001 扰土：12）　6. 瓷碗（2003IM9001 扰土：16）　7. 瓷灯盏（2003IM9001 扰土：4）

瓦当　2003IM9001 扰土:6，泥质灰陶。当缘宽高，缘面饰一圈连珠纹，计 29 珠。当面的纹饰为虎面纹，雕刻细致生动。枝眉竖立，怒目圆睁，小鼻阔口，獠牙尖锐。毛发须髯，浓密飘动。双耳后抿，隐约可见。虎额上有一“王”字。当面直径 13.5 厘米，当身残长 11 厘米（图三四八；彩版三三，3）。

图三四八　2003IM9001 扰土出土瓦当拓本
（2003IM9001 扰土:6）

二、建筑遗迹

（一）建筑遗迹分布

建筑遗迹分布在第Ⅰ区的第 4 小区，即在宝塔东南、三峡水库 175 线标志牌之上的较平缓的山脊上，高程为 175.6～180 米。这是一个较平缓的山脊背，山脊走向是北偏西 15°，东、西、南三面是陡坡，据当地居民讲，这里过去曾称为“华佗嘴”。第 4 小区北有几间民房，南有水泥预制板厂，一条南北向的道路把 4 小区分为东、西两部。由于中间有道路（这是水泥预制板厂唯一的道路）、电线杆和输水管路，所以中间没有布方。在路西部布方 12 个，东部布方 10 个。建筑遗迹分布在西部的探方内，并延伸到中间的未发掘的道路和电线杆下，东部探方只见到瓦砾层，没有发现建筑遗迹。西部探方中的 2001IT4006、2001IT4012，耕土层下就是生土层，其他探方的地层堆积较厚，一般有 4～7 层。地层土质土色、叠压关系与包含物情况，请参见第二章。

建筑遗迹分布较密集（图三四九），有打破现象，保存都很差，每个建筑单元仅保留残角，难以复原平面布局。

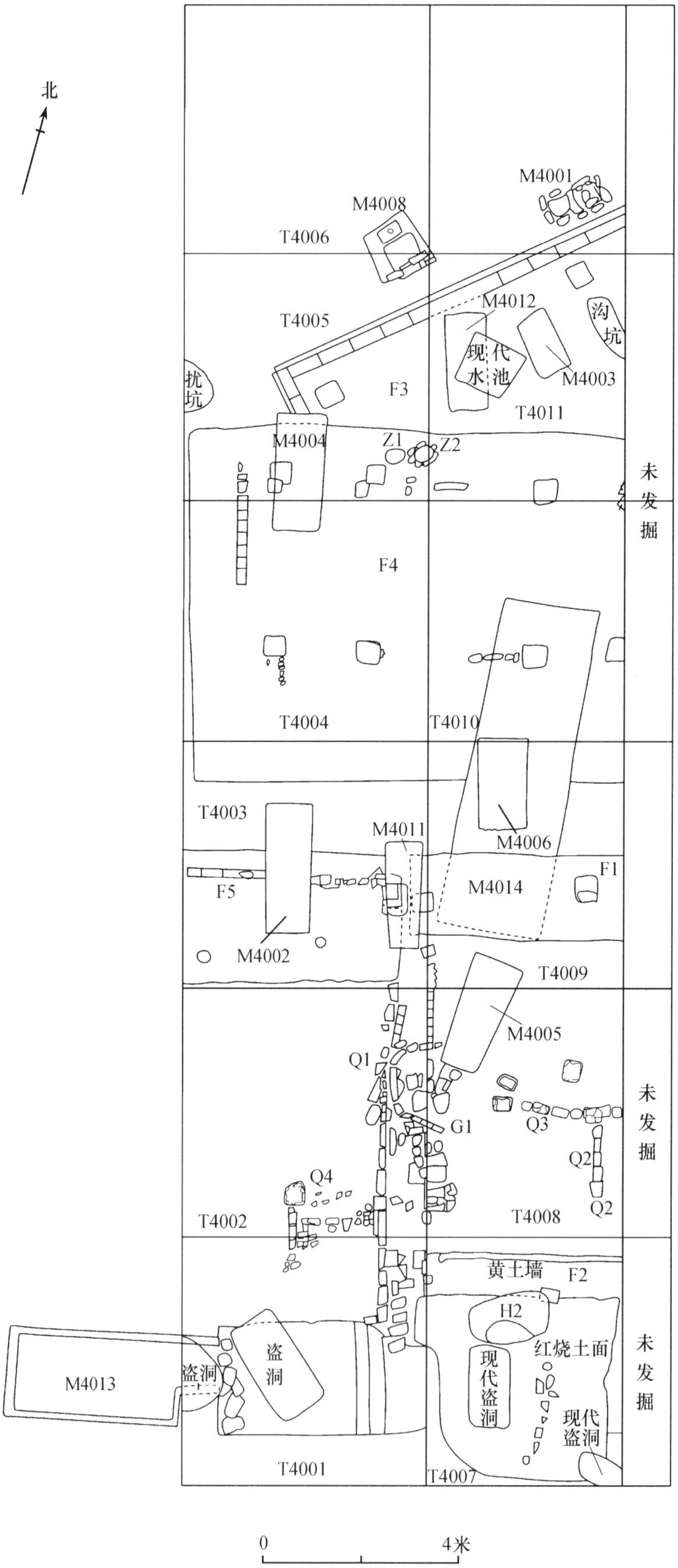

图三四九　建筑遗迹分布图

（二）地层出土的遗物

第4区的地层出土遗物主要是碎瓦片，日常用具很少。

1. 陶瓷器皿

釉陶坛子 2001IT4011北隔梁③:1，釉陶。高20厘米，口径10厘米，底径11厘米，腹径17.4厘米。胎质灰白，酱釉，大部分脱落，泡菜坛子口，口部有两圈圆圈状的戳印纹，肩部有4个的横桥状耳，腹部斜直，平底（图三五〇，5）。

瓷碗 分二型。

A型 2001IT4007⑤:8，残，可复原。青瓷。青黄釉，釉色均匀，较光滑。敞口，斜壁较直。玉璧底，外底无釉。口径16厘米，高4厘米（图三五〇，2）。

B型 2001IT4007⑤:9，残，可复原。青瓷。青黄釉，釉色均匀，较光滑。直口，斜直壁。玉璧底，外底无釉。口径14厘米，高4.3厘米（图三五〇，3）。

陶盘 2001IT4010③:1，残片。缸胎，较厚，火候较高。厚唇，浅腹，腹壁斜直，假圈足。酱色釉，外壁半釉。高2.6厘米，口径9厘米，底径2.8厘米。

釉陶双耳罐 2001IT4008③:1，釉陶。敛口，坡唇，口颈部略残，肩部有两对称横桥耳，一耳残缺；胎呈红色，质地坚硬。器体形状不规则，上半部施黄色釉，下半部及底部不施釉，有流釉现象。腹微鼓，下腹略变形。平底。口径10.8厘米，底径8厘米，通高15.3厘米，腹径13.2厘米。

瓷碗底 2001IT4008⑤:1，青瓷。胎呈红色，较厚，胎质坚硬，火候较高。碗内底涂有黄釉，釉色均匀，较光滑。玉璧底，无釉。底部有轮制痕迹。圈足直径5.5厘米，残高1.5厘米，厚0.2厘米。

陶器座 2001IT4008④:1，黄褐陶，火候较高，胎质坚硬，较粗。上部残掉，仅剩底座部分，整体形态不明。鼓肩，肩部环绕复瓣莲花。下部为须弥座，束腰部分有象征壶门的透孔。残高6厘米，底最大外径18厘米，壁厚0.8厘米（图三五〇，9）。

瓷香炉 2001IT4008④:6，黄釉，灰白陶。火候较高，胎质坚硬。子母口，直腹，下接须弥座式圈足，束腰部分有象征壶门的透孔。残高3.6厘米，底最大外径8.4厘米，腹径9厘米。

2. 石器

石棋盘与石棋子 2001IT4008④:2，棋盘残长17厘米，残宽14厘米，厚6厘米。棋盘上刻有棋格，残存9个小格，其中5个格完整。长方形小格长3.5厘米，宽3厘米，正方形小格长宽均为3厘米（图三五〇，4）。石棋子为黑色，扁圆形，棋子直径为1.5厘米，厚3毫米。质地较为坚硬，表面光滑，有人工加工的痕迹（图三五〇，1）。棋子出于与棋盘邻近的2001IG1内，在大小比例上与棋盘格相合。

3. 金属器

铜头饰 2001IT4007③:4，柳叶形，一端卷，另一端接细针。长4厘米（图三五〇，6）。可能是发卡。

铜坠饰 2001IT4002②:1，呈盾牌形，尖部有一小孔，表面略微有些凸出；质料为铜质。其中部有一裂痕。表面布满铜锈。长2.5厘米，厚0.1厘米。

鎏金铊尾 2001IT4020②:1，近长方形，表面鎏金。正面不平，背后有三根细圆柱，应与另一片相连。长5.4厘米，宽3.1厘米，厚1～2厘米（图三五〇，7）。

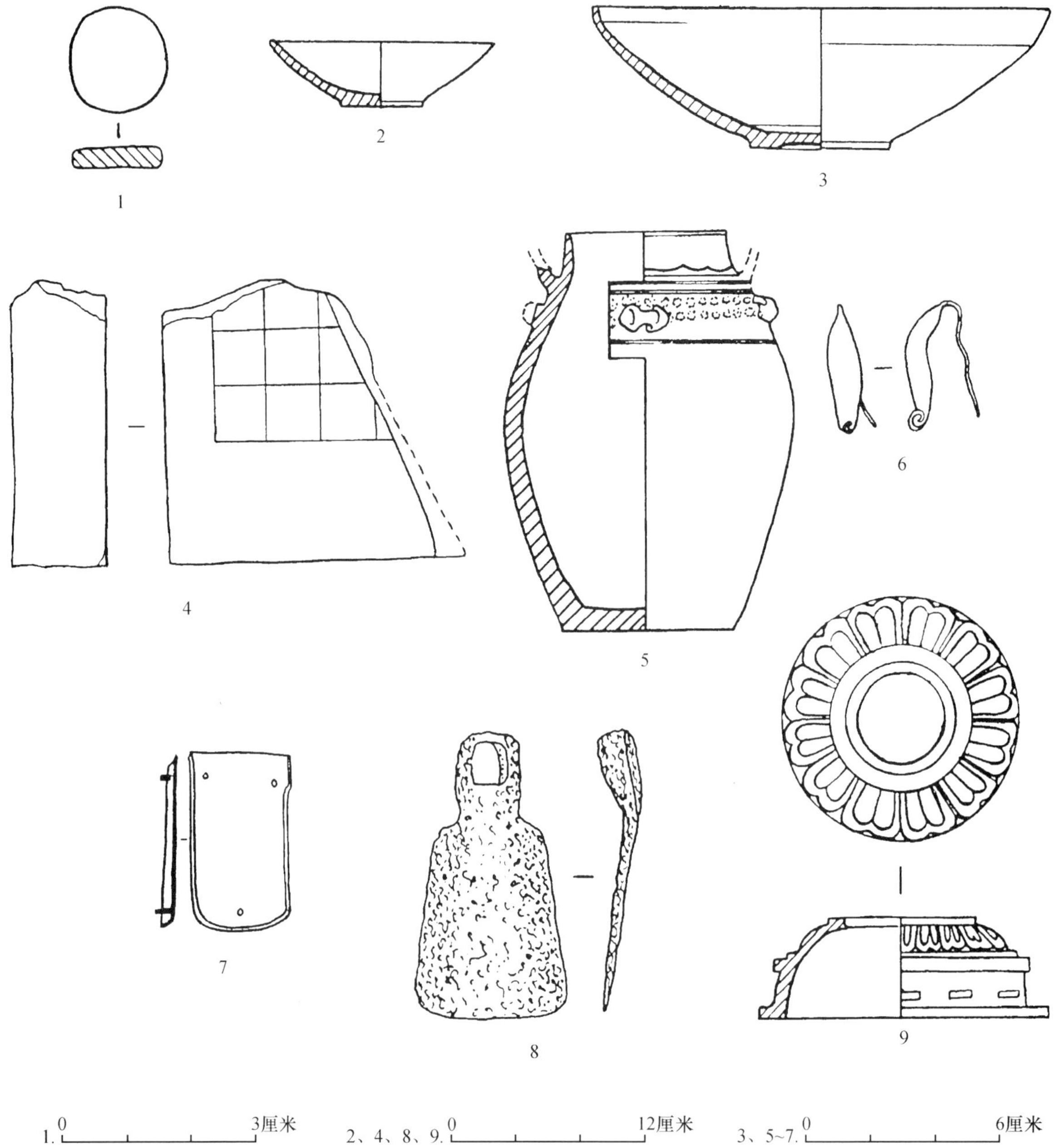

图三五〇　第4小区地层出土器物

1、4. 石棋盘与石棋子（2001IT4008④:2）　2. A型瓷碗（2001IT4007⑤:8）　3. B型瓷碗（2001IT4007⑤:9）　5. 釉陶坛子（2001IT4011北隔梁③:1）　6. 铜头饰（2001IT4007③:4）　7. 鎏金铊尾（2001IT4020②:1）　8. 铁锄（2001IT4004③:2）　9. 陶器座（2001IT4008④:1）

铁锄　2001IT4004③:2，锄头上窄下宽，凸刃。顶部为一弧边长方形的銎，用于穿木柄。銎与锄的夹角为135°。通长17.2厘米，刃宽9.6厘米（图三五〇，8）。

铁斧头　2001IT4002⑤:1，斧身锈蚀较为严重，整体大致呈长方形，形状与现代斧头相似，斧的刃部略有缺损，且较钝；斧头的穿孔中充满了木炭。长13厘米，最厚处3.5厘米，最薄处0.5厘米，最宽处7.5厘米，最窄处5厘米，穿孔长3厘米，宽1厘米。

铜钱　2001FBIT4008③:1，钱文楷体，元丰通宝。

4. 建筑构件

吻兽　没有发现完整的和可复原的，但是发现了一些属于吻兽的碎片，从残部的比例上可以看出，吻兽的规模很大。标本2001IT4004③:8，灰陶。可能是鸱吻或套兽的犄角。扁体，主枝上生一杈，角体刻划纵横线。长16厘米，宽2.4厘米，厚1厘米（图三五一，1）。标本2001IT4007③:2，黑灰陶。仅剩眼珠、部分眉毛、部分上嘴唇、獠牙、上牙。眼珠直径3.4厘米（图三五一，2）。标本2001IT4003③:10，黑灰陶。此件体大沉重，仅剩鼻头、上嘴唇一部分和1颗上牙。长鼻卷曲，鼻宽12~16厘米，鼻体扁平，两侧和中间起突棱，边棱高2.4厘米，中棱高4厘米，每个棱的两侧面刻划出与鼻体分界的卷曲线2条，再上曲线的上方刻划密集的与卷曲线垂直的短直线，表示鼻褶。方口大张，上嘴唇刻划稀疏的刻痕，嘴唇厚2厘米。牙齿裸露。牙齿长8.4厘米（图三五二，2；图版二四，3、4）。标本2001IT4007③:1，为鸱兽的一个左侧面。环眼，短鼻，口微张，耳向后抿，密集的胡须向后飘动，须尖向上卷。宽尾，尾向上卷。通长30厘米，头上下最大宽16.5厘米，尾上下最大宽25厘米（图三五二，1；图版二四，1）。标本2001IT4002③:2，灰陶。大型兽面构件，所剩形状大致呈长方形。方口大张，7颗牙齿毕露。牙齿宽扁，卷曲，贴于口内。4颗在上，3颗在下，下齿齿尖残缺，上牙均长3厘米，厚均为0.5厘米，宽为1.5~2厘米。兽鼻长5厘米，宽7厘米，厚2厘米。鼻子高高向上凸起，呈三角形，鼻孔宽1厘米，鼻孔间距离为1.5厘米。上嘴唇宽12厘米，上嘴唇宽8厘米。下颌处有拱形缺，高6厘米，最宽处3厘米。兽脸周围用斜向凹槽表示钢硬胡须。宽15厘米，残长13厘米，厚2.5厘米，最厚处8.5厘米（图三五一，3；图版二四,2）。这个构件可能也是套兽的嘴部。

鸟头　2001IT4010④:2，浅灰陶。残。垂直器表的双圆洞为双眼，眼洞直径2厘米，深达2.6厘米。双眼之间阴刻1条纵向直线，直达嘴尖。眼洞之下阴刻弧线把眼睑与鸟喙分开。鸟喙上又刻划4条纵线。残高9厘米，最大宽9厘米（图三五一，4）。

兽面瓦当　形式多样。

A型　2001IT4008③:1，灰陶。眉毛较浓，小眼。闭口，犬齿外露。兽面的额头上隐约有一“王”字。口下有两簇浓密的人字形胡须，兽面周围也胡须。直径为13厘米，厚2厘米（图三五一，5）。

B型　2001IT4007③:5，泥质灰陶。磨损严重，图案较模糊。阔眉上卷。大眼，鼻小。闭口，嘴角宽大。口下有两簇浓密的人字形胡须。直径12.4厘米（图三五一，6）。

C型　2001IT4007③:6，泥质灰陶。磨损严重，图案较模糊。细眉上飘，长眼向上斜。鼻小，口大，牙齿稍露。胡须浓密，向两侧飘动。直径11厘米（图三五一，7）。

D型　2001IT4004③:1，泥质灰陶。残。横眉细长，上缘呈锯齿状。长眼，阔鼻。口半张，露出牙齿和舌尖。口下有两簇浓密的人字形胡须。此瓦当的兽面风格与2001IF4的方形挂饰兽面一致。直径12厘米。

E型　2001IT4008⑤:6，灰陶。瓦当较为残破。弯眉细小。眼球凸起，眼眶较圆。鼻孔较小。方口大张，露出牙齿。直径11.4厘米，厚2厘米（图三五一，8）。

F型　2001IT4008⑤:5，鬃发如角竖起。长眉外伸，眉梢卷起。闭口。口下飘动细绺长须。直径13.2厘米（图三五一，9）。

莲花瓦当　形式多样。

A型　2001IT4020②:1，灰陶。当缘宽而高，当面中心是一圆突，外环绕一圆圈，再外是8个莲花瓣。花瓣之外环绕一圆圈。在圆圈周围均匀分布着连珠纹。直径为12.6厘米，厚为2厘米。

图三五一　第4小区地层出土建筑构件

1. 角（2001IT4004③:8）　2. 鸱吻（2001IT4007③:2）　3. 兽头（2001IT4002③:2）　4. 鸟头（2001IT4010④:2）　5. A型兽面瓦当（2001IT4008③:1）　6. B型兽面瓦当（2001IT4007③:5）　7. C型兽面瓦当（2001IT4007③:6）　8. E型兽面瓦当（2001IT4008⑤:6）　9. F型兽面瓦当（2001IT4008⑤:5）　10. B型莲花瓦当（2001IT4002③:1）　11. C型莲花瓦当（2001IT4013③:2）　12. D型莲花瓦当（2001IT4008⑤:2）　13. E型莲花瓦当（2001IT4013③:1）　14、15. 滴水（2001IT4007③:3、2001IT4008⑤:3）

B型　2001IT4002③:1，灰陶。当缘窄矮。瓦当较为完整，中心是一个圆突，直径为6厘米，在其中心有一变体莲花图案，莲花由8个花瓣组成，中心为一圆珠纹。花瓣长为2厘米，在每个花瓣之间均匀分布着1个圆点纹。在圆圈周围均匀分布着13个连珠纹。直径为11.6厘米，厚为2厘米（图三五一，10）。

C型　2001IT4013③:2，当缘是窄矮的突棱。当面内区较小，为变体莲花纹，外环绕一圆圈。外区是13个连珠纹。直径12厘米，厚2厘米（图三五一，11）。

D型　2001IT4008⑤:2，内区直径为6厘米，有一变体莲花图案，莲花由10个花瓣组成，中心为一圆点，花瓣长约1.5厘米；莲花环绕一圆圈。在外区均匀分布着2圈连珠纹。直径为12厘米，厚为2厘米（图三五一，12）。

E型　2001IT4013③:1，中心是圆突，环绕一圆圈。再外是变体重瓣莲花，12瓣。莲花外环绕一圆圈。再外是一条曲线环绕，两端止于上顶，合抱一珠。直径11.6厘米，厚2厘米（图三五一，13）。

F型　2001IT4001⑤:1，残。浅灰陶。当缘窄细低矮。当面中心是一圆突，外环绕一圆圈。圆圈外等距离分布6个三角形的变形莲花瓣，每个三角形花瓣之间有一大二小的圆珠纹，共18个圆珠纹。直径11厘米，厚1厘米。

花卉瓦当　2001IT4008⑤:4，灰陶。瓦当残破，在其中心为一花卉图案。直径残长为11.6厘米，厚1.4厘米。

板瓦　2001IT4002⑤:2，灰陶，板瓦形状呈长方形，质地坚硬，一端有麦穗纹，内侧布满布纹。长34.5厘米，宽27厘米，厚2厘米，弧度高为7厘米。

滴水　2001IT4007③:3，泥质灰陶。已残，上有模塑阳纹花卉图案，较模糊，底缘呈波浪状。长19厘米，最大宽6厘米（图三五一，14）。2001IT4008⑤:3，灰陶。质地坚硬，形状呈月牙形，下缘呈锯齿状。表面为枝花的图案。长20厘米，厚2厘米，最大宽处为8厘米，上弧高3厘米（图三五一，15）。

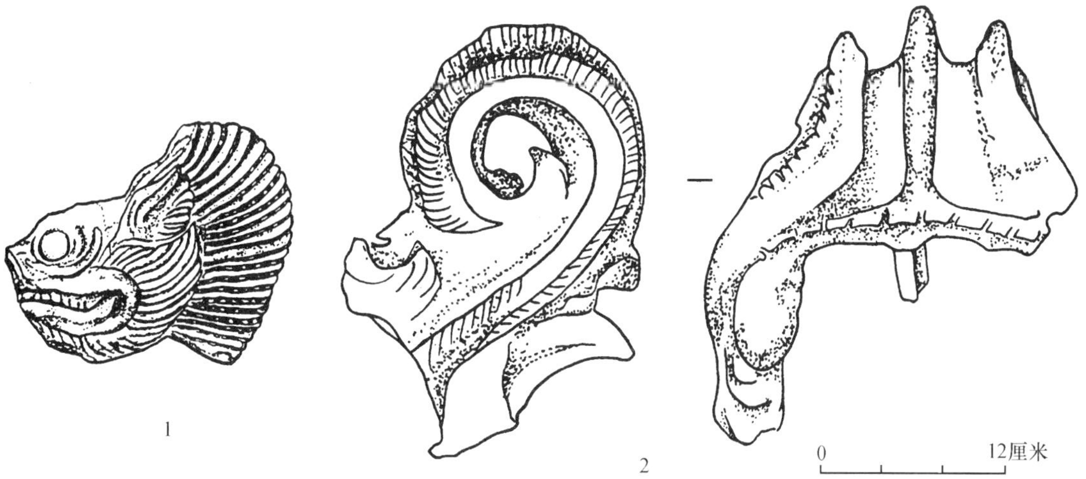

图三五二　第4小区地层出土建筑构件
1. 鸱尾（2001IT4007③:1）　2. 鸱吻（2001IT4003③:10）

（三）唐代建筑遗迹

唐代建筑遗迹共发现5座房子（编号2001IF1～2001IF5），2条墙基（编号2001IQ3、2001IQ4），2座灶（编号2001IZ1、2001IZ2）。

1. 2001IF3

（1）位置与层位关系

位于2001IT4005、2001IT4011、2001IT4012。耕土下发现台基。此建筑规模较大，只揭露出西北角，南部被2001IF4打破，东部未发掘。方向南偏东45°。

层位关系：M4003、M4004、M4008、M4012、2001IF4 ——→2001IF3——→生土

打破2001IF3的M4003、M4004和M4012，时代均为明代。

（2）形制与结构

2001IF3是高台基建筑，其上部已经被毁掉，南部被2001IF4毁掉，现只剩下台基北部，西窄东宽。台基揭露的长度为8米，西残宽1.18米，东残宽3.6米，高1.02～1.26米（图三五三）。

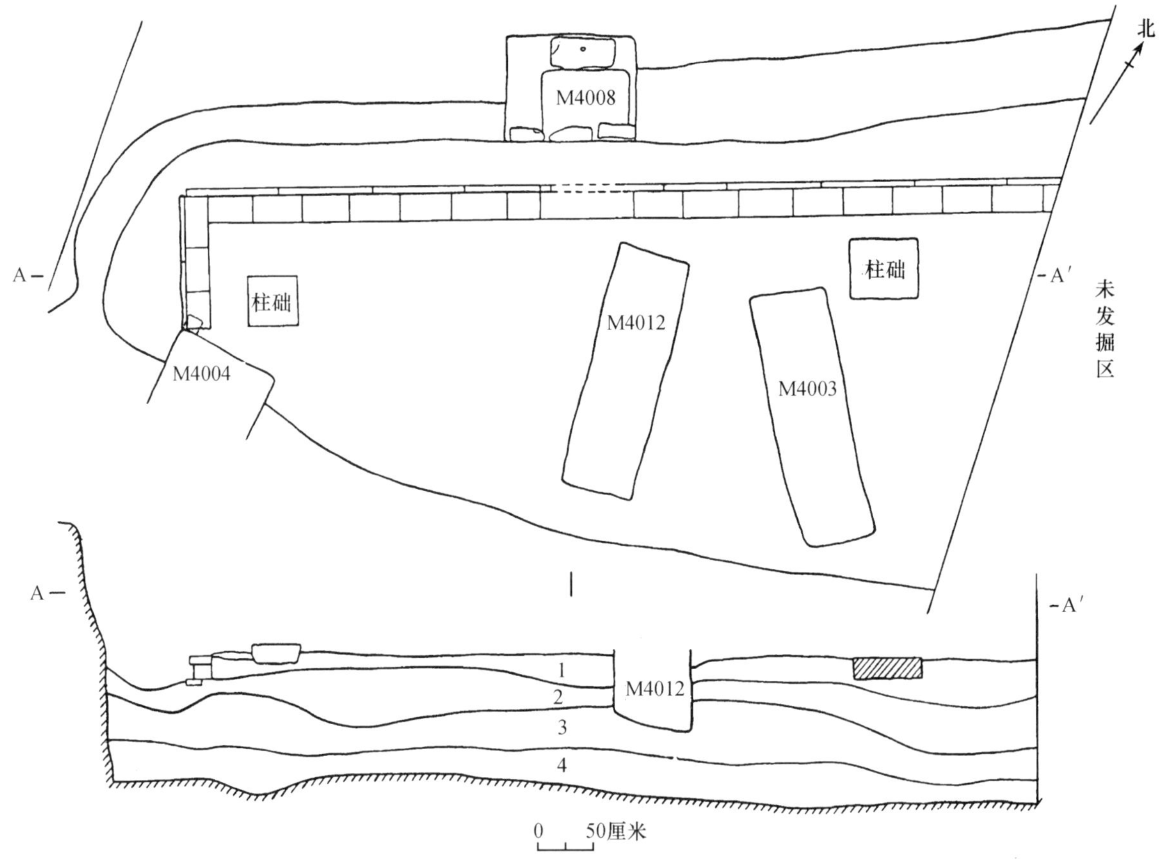

图三五三　2001IF3平、剖面图

台基是在平缓的坡地上，挖出底面水平的呈簸箕形的房基槽。在房基槽内，垫土夯实，石条包边。房基槽北壁深1.2米，西壁深达2.2米。包边石墙与房基槽的生土坎有间隔空间，北壁与生土坎的下间距30～65厘米，上间距60～130厘米。西壁与房基槽的间距较宽。

台基内的垫土共有4层：1层为红褐色泥土，厚18～34厘米；2层为黄白相间的花土，夹杂白色颗粒，厚20～40厘米；3层为红色胶土，较纯净，厚36～40厘米；4层为青白色土，厚14～40厘米。

其中第2、3、4层均压在包边石条墙之下，第1层位于包边石墙内。说明当时是在夯筑到第3层后开始加石条包边。

包边石墙由3层比较规整的石条砌成，总高0.26米。第1层石条，每块呈长方体形，既薄又窄，但很长，每块长85厘米，宽14厘米，厚4厘米。第2层石条压于第1层石条之上，比第1层向内缩进约6厘米，每块长68厘米，宽18厘米，厚14厘米。其中，位于台基北壁西侧转角处的第一、第二块石条的外侧有浮雕的忍冬纹饰（图三五四，1；图版二三，1），其余石条的纹饰均为钎痕斜纹。第3层石条压于第2层石条上，并向外探出2厘米，每块长42厘米，宽24厘米，厚8厘米，表面有钎痕斜纹。在距离西边3.1~4米处的石条缺失，此处正与土洞石室墓M4008的墓门相对，推测修建该墓时把石条取掉了。

台基转角呈直角。台基上表面靠后壁处有一排柱础，呈东西向分布，目前仅揭露出2个，柱础边线与台基的边线平行（图三五三）。

西侧柱础北距台基边72厘米（距石墙内边48厘米），西距台基边59厘米（距石墙内边35厘米）。上部平面略呈方形，长46厘米，宽44厘米，总厚16厘米。侧壁垂直到8厘米时向里收缩。上表面密布两排钎痕，两排钎痕呈“人”字形排列。侧面的上部雕刻简单的卷云纹。石柱础是大颗粒的砂岩，硬度低。围绕柱础边缘有因火烧烤形成的暗红色土，可能础坑周围曾用火烤硬。

东侧柱础北距台基边46厘米（距石墙内边22厘米），西距西柱础506厘米。呈长方形，长61厘米，宽52厘米，厚18厘米。其中有10~16厘米部分埋于台基内的垫土之下。

2001IF3表面被唐代瓦砾层覆盖，但筒瓦、板瓦都已经破碎，应该是台基毁坏时形成的废弃堆积。在台基与房基坑生土壁之间的空隙内，下部有4厘米厚的纯净土，可能是台基使用期间形成的淤泥。

2. 2001IF4

（1）位置与层位关系

2001IF4位于2001IT4004、2001IT4010，并且延伸至2001IT4005、2001IT4011南部，2001IT4003、2001IT4009北部，进入东部未发掘区。方向南偏东4°。

2001IF4被第4层叠压，北部打破2001IF3。南部打破和叠压汉代墓葬M4014。西边有现代沙坑打破房基坑边。西南部有1个现代盗坑打破房内废弃堆积，直达柱础石而止。

（2）形制与结构

2001IF4是在2001IF3废弃后，在其南部挖出房子基坑，基坑呈簸箕形，底部水平。上部已经全部被破坏，仅剩下基部，但是平面基本保留完整。房基坑东西揭露长度8.9米，南北残宽7.3米，北壁深1.02~1.26米（图三五五；图版二三，2）。

南北两排石柱础，两排间距3米左右。每排4个础位，南北相对应分布。北排西起第一、四个础位，石柱础下均压有一个石柱础；第二个础位的10号础石下垫有两块小石板，再下也有一块石柱础。推测是房屋反复修葺形成的。2001IF4的柱础石为方形，边缘和表面都修理得不精致，属于暗础。由于后期废弃后破坏，很多柱础石已经浮在“地面”，9号柱础石已经残缺一角。柱础石边长在50厘米左右，厚10~23厘米，其中10号柱础石最厚。

北排础位由西向东间距分别为：1.32米、3米、1.28米。北排础位第二个和第三个（由西向东）之间距离较大，中间有一宽50厘米、长250厘米、高20厘米的黄白花土墙，该墙与10号柱础相连，一部分墙土压盖在6号柱础上。其内夹杂一些瓦片和两条形状不十分规整的长条石，推测是墙基。该墙基修筑在6号柱础石废弃之后。

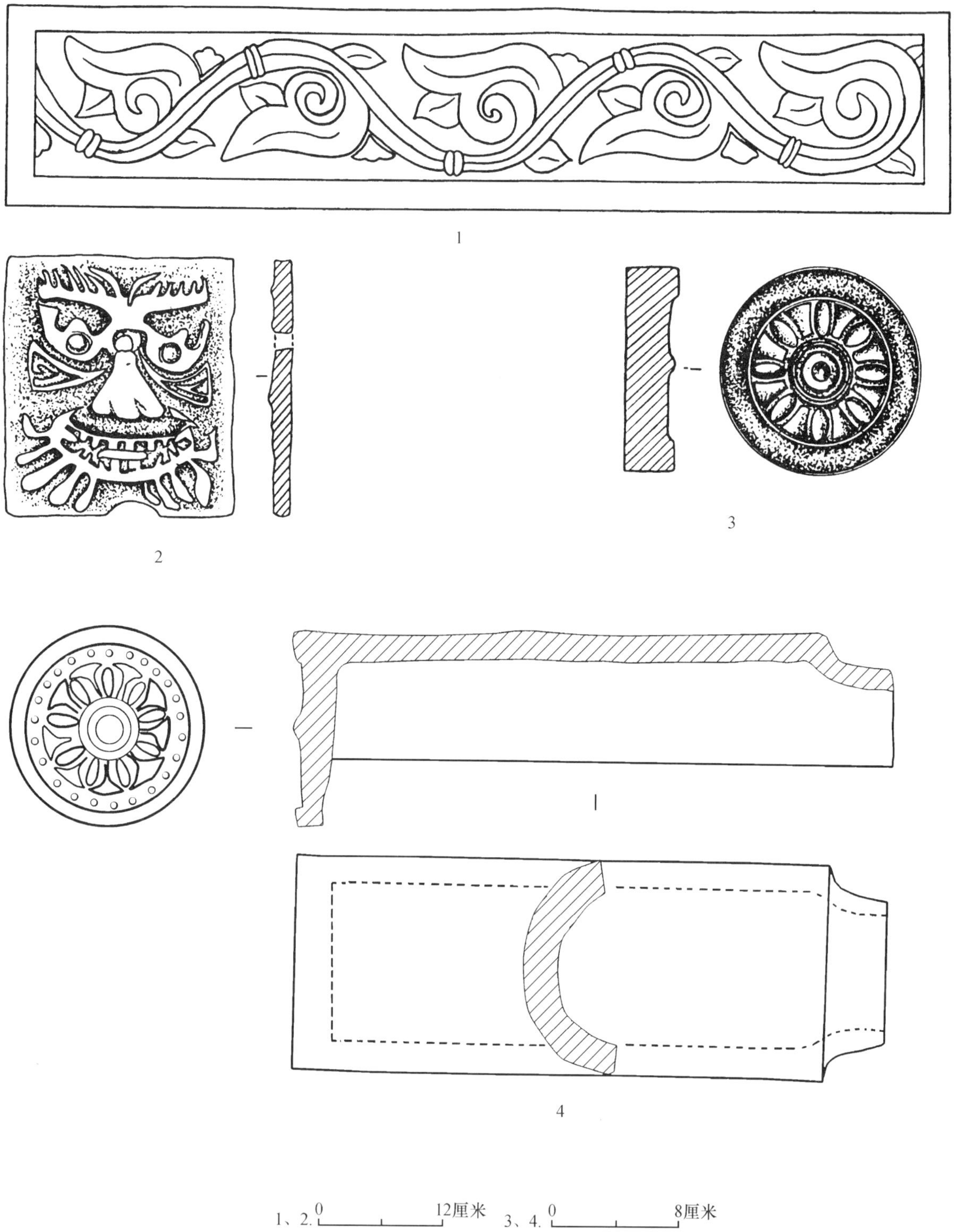

图三五四　2001IF3 与 2001IF4 出土建筑构件

1. 2001IF3 条石侧面的忍冬纹　2. 兽面挂饰（2001IF4∶13）　3、4. 莲花瓦当（2001IF4∶8、2001IF∶14）

南排础位由西向东间距分别为：1.42 米、2.84 米、1.2 米。南排 2 号柱础和 3 号柱础之间距离也比较大，第 2 号柱础东侧有一块摆放规整的砖（有榫头）。第 3 号柱础西侧有五块石头按东西向排成一条直线，与砖头相对。这些砖石应该是墙基。中间空缺处有门道之可能。

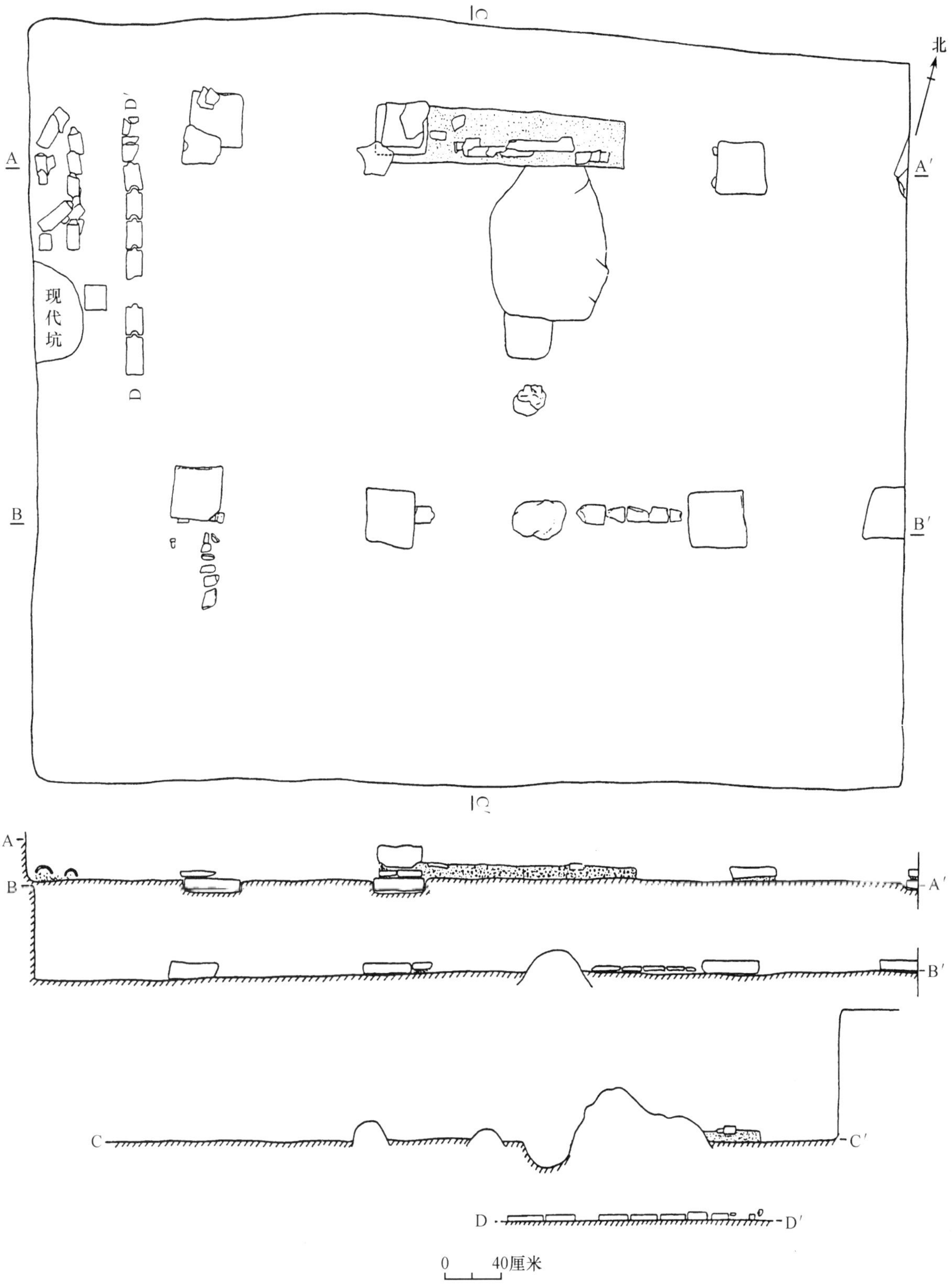

图三五五 2001IF4平、剖面图

在1号、5号柱础之西约40厘米处，有一排砖（有榫卯结构）南北向排成一条直线，长250厘米，可能是为该房址的台基包墙或房子的墙。墙砖灰色，素面，宽17厘米，厚6厘米；南起第1块长38厘米，其余长30厘米。

砖墙外（向西20厘米）出一方形兽面建筑构件，眉间有一穿孔（图三五四，2）。

砖墙向西50厘米处有一些瓦，纵向排列，上面一层是筒瓦，下面有板瓦，堆积得很有次序，逐个叠压，朝向北，推测这些瓦是由房顶滑落后未被扰动过的堆积。

南排1号柱础南侧有几块石头，按纵向排成一条直线，也应是台基的边缘。这条小石块构成的台基边缘位置在砖墙的里侧，也就是说，它向里收缩了50厘米。

房址中间，紧贴北墙基隆起的是一块长140厘米、最宽120厘米、高出地面50厘米的灰白色积岩。积岩南侧有一个直径约为40厘米、深30厘米的圆形坑，坑内、外均有烧火的痕迹（红烧土、黑色炭灰），但断断续续，分布不成片，所以不是灶。

根据已揭露的情况分析，这是一个面阔至少三间、进深一间的房子。

（3）出土遗物

2001IF4的倒塌堆积中有大量的筒瓦、板瓦、瓦当，多数破碎，少量保持完整。生活用品很少，且破碎。出有铜质佛教造像、铜质蹀躞带具、瓷鼎炉、铁鼎炉、陶盏、“开元通宝”铜钱。在房址西山墙外中部地面上出土方形兽面建筑构件1件。

佛教造像　2001IF4:1，铜质。造像有背光板，背光上部突起成锥状。人物较清瘦，右手举至胸侧，容貌不清晰。造像下部有一个台座，台座有四足。高6.7厘米（图三五六，5；彩版三四，1、2）。

蹀躞带具　2001IF4:4，青铜。长方形，其上有一长方形穿孔，长1厘米，宽0.4厘米。背板上有四个穿钉图。长1.8厘米，宽1.6厘米（图三五六，3）。

开元通宝　2001IF4:9，铜质。周郭规整，“元”字第二笔左挑，光背。直径2.4厘米（图三五六，10）。

铜钱　3枚。2001IF4:9，开元通宝（图三五六，10）。2001IF4:6、2001IF4:7，钱纹已不可辨。

铁鼎炉　2001IF4:2，残。圆凸唇，侈口，浅腹，平底，扁平足。残高6厘米，口径14厘米（图三五六，1）。

瓷鼎　2001IF4:5，残。青瓷。灰白胎，质粗胎厚，火候较高。施浅黄色薄釉，大部分已脱落。子母口，双腹，平底，兽爪足。器身轮制，爪足为后来捏附上去的。高10.8厘米（图三五六，4；彩版三四，4）。

陶盏　2001IF4:11，泥质灰陶，火候较低。敛口，圆唇，浅腹，腹壁斜直，小平底。手工制作，十分粗糙。直径7.2厘米，高3厘米（图三五六，6）。2001IF4:12，泥质灰陶，火候较低。敞口，圆唇，浅腹，腹壁斜直，小平底。手工制作，粗糙。口径8.4厘米，高3.2厘米（图三五六，7）。

釉陶盏　2001IF4:3，泥质灰陶，火候较低。敞口，圆唇，浅腹，腹壁斜直，小平底，通体施黑釉。手工制作，粗糙。口径8.2厘米，高3.8厘米。

兽面挂饰　2001IF4:13，模制。长方形，上下均有弧形凹缺。泥质灰陶，饰有高浮雕兽面。兽面眉毛粗大，双眼如珠，眼角上挑，鼻梁上有一穿孔，颧骨上有三角纹，鼻子为高浮雕，张口露齿，舌尖隐露，嘴下有须，胡须刚硬。长24厘米，宽21厘米，厚2厘米（图三五四，2；彩版三四，3）。

莲花瓦当　2001IF4∶8，瓦当为泥质灰陶，当沿较宽高。当面正中间有两个圆圈，内圈中饰一枚圆突，外圈外是一圈莲瓣，共九瓣，每瓣长为2厘米。莲瓣间以变形的“T”字形纹隔开。直径为12.5厘米，厚为3厘米（图三五四，3）。2001IF4∶14，前端为莲花瓦当，与筒瓦相连。泥质灰陶。瓦体横切面为半圆形，瓦体尾端内收成一榫状。当面正中为一圆突，外绕九枚莲瓣，莲瓣间以“T”字形纹相隔，其外有24枚连珠相环绕。当面直径12.5厘米，瓦体长37.6厘米，宽13.2厘米（图三五四，4）。

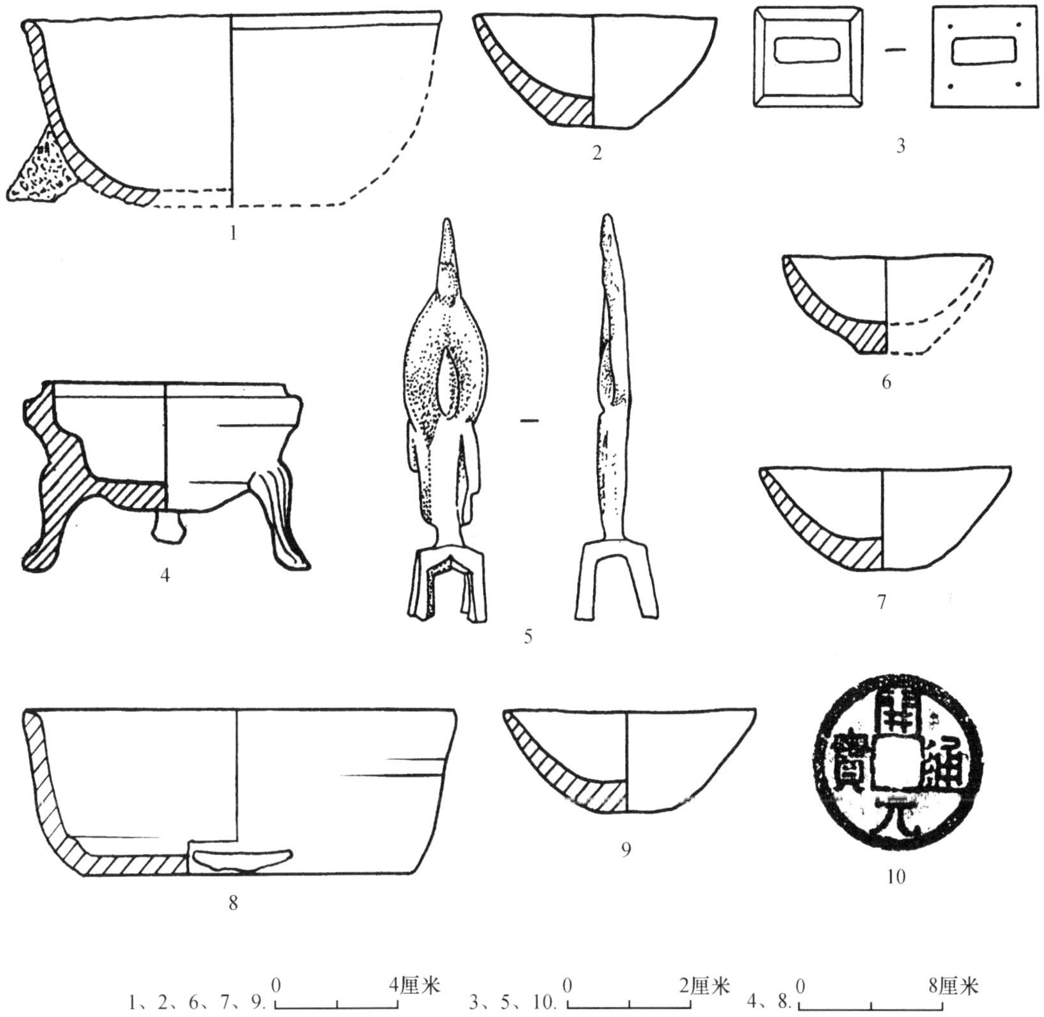

图三五六　2001IF4及2001IF5出土器物

1. 铁鼎炉（2001IF4∶2）　2. 釉陶盏（2001IF4∶3）　3. 铜蹀躞带具（2001IF4∶4）　4. 瓷鼎（2001IF4∶5）　5. 铜佛教造像（2001IF4∶1）　6、7、9. 陶盏（2001IF4∶11、2001IF4∶12、2001IF5∶2）　8. 陶盆（2001IF5∶1）　10. 开元通宝（2001IF4∶9）

3. 2001IF5

在2001IF4南侧，位于2001IT4003。2001IF5被第4层叠压，打破生土。北部被明代土坑墓M4002打破。西部边缘已经延伸到发掘区之外。

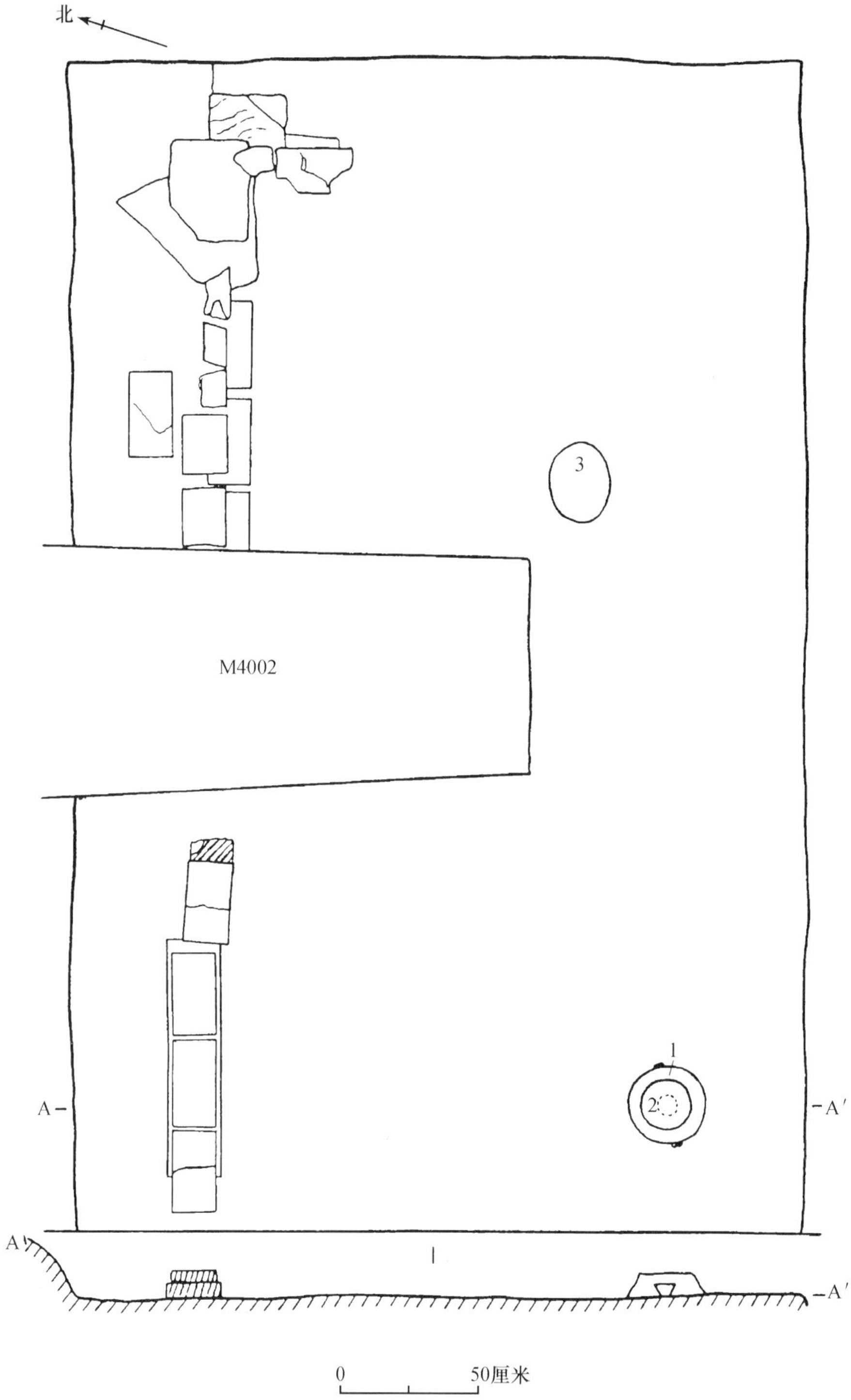

图三五七　2001IF5 平、剖面图

1. 陶盆　2. 陶盏　3. 灶

2001IF5 残存较少（图三五七）。北有房基坑的边缘，深 20 厘米。基坑向南延伸到 2.7 米时消失。在距离基坑北壁 34 厘米有东西向的一条砖墙基。砖墙由形状不规整的石块和砖块垒成，仅存两层，中间有泥加固。中间被明墓破坏掉。墙宽 18 厘米，高 13 厘米，西段残长 140 厘米，东段残长 160 厘米，东西总长 4 米。东北转角呈 90°。东墙残长 38 厘米。在东部有一瓢形土坑灶，长 30 厘米，宽 26 厘米，深 8 厘米。在西部有 1 件倒扣的陶盆，盆底朝上，底已经被土沉积下降压裂。

盆内正放1件陶盏。房内堆积土中有大量的瓦砾。

陶盆 2001IF5:1，灰胎，质地坚硬，做工粗糙。敞口，窄沿圆唇，腹直，平底。两侧下部有板耳各一。口径26厘米，高8.6厘米，底径19厘米（图三五六，8）。

陶盏 2001IF5:2，胎呈灰色，质地坚硬，火候较高，做工粗糙。敞口，口部略残，圜底。口径8厘米，通高3.2厘米（图三五六，9）。

4. 2001IF1

在2001IF4南侧，位于2001IT4009内。被第4层叠压，打破汉代砖室墓M4014。2001IF1建于生土之上，发现3个柱础和2个柱洞，并且有明显的生土基坑。基坑南北宽1.68米，东西长4米。房基坑的北壁是斜的，柱洞位于房基坑的北侧坎壁斜面上，但与基坑的边线并不平行。西边柱洞形状呈不规则的圆形，直径38厘米，深50厘米；东边柱洞形状也呈不规则的圆形，直径35厘米，深42厘米。柱础则分布于基槽内，都是一半埋入生土里。北侧的两柱础东西成排，与房基坑北边平行。该柱础长方形，长约18厘米，宽约40厘米，高20厘米，其右上角又有一块小柱础，形状近圆形，直径约28厘米，高18厘米。另一柱础形状不规整，长约48厘米，宽约50厘米，高20厘米。出土遗物只有莲花瓦当和少量唐代陶瓷片（图三五八）。

5. 2001IF2

在2001IF1之南，位于2001IT4007内，部分伸入到2001IT4001东隔梁内。被第5层叠压。方向北偏西15°。

2001IF2是地面式红烧土地面房子。北边以生土坎为边，东西残长3.68米，土坎高6厘米。红烧土地面大致呈方形，边长为3.68米。红烧土层有2层，厚4～6厘米。居住面中部保存较好，西侧、东侧保存较差。西侧被一个长1.46米、宽0.9米的现代盗洞打破，东南角被一长1.06米、宽0.52米的盗洞打破。居住面北侧边缘有一块石柱础，长32厘米，宽24厘米，厚14厘米。

在红烧土居住面与生土坎相距70厘米，这个宽70厘米的没有红烧土面的条带应该是房子的北墙（图二五九）。

在红烧土面东部、柱础石的南方，有些瓦片、石板断续排成大致南北向的直线。这些瓦片、石板插入红烧土面内。

2001IF2出土遗物较少。在居住面西南角出土饰珠1个，唐代青瓷瓷片1片。东南部出羊下颌骨残片1件，西北角也出1件羊的下颌骨。

6. 2001IQ4

第4号墙编号为2001IQ4，它位于2001IT4002南部，部分伸入到2001IT4001北隔梁内。2001IT4002的第6层叠压2001IQ4，2001IQ4打破生土。

2001IQ4是由砖及石块组成，分为东西两部。西部墙为南北向，共一层，由1块石块和4块青砖组成，残长110厘米。青砖长24厘米，宽14厘米，厚6厘米，石块长46厘米，宽32厘米，厚6厘米（图三六〇）。

东部由一段东西向墙与一段南北向墙形成一个转角，两段墙均由双层青砖组成，中部有缺失，墙周围散落有一些瓦，瓦排列密集。东西向墙残长60厘米，宽10厘米，残高12厘米；南北向墙残长70厘米，宽10厘米，残高12厘米。

墙周围发现有一些零散的红烧土块、碎砖头、瓦砾及烧过的食草动物骨骼。

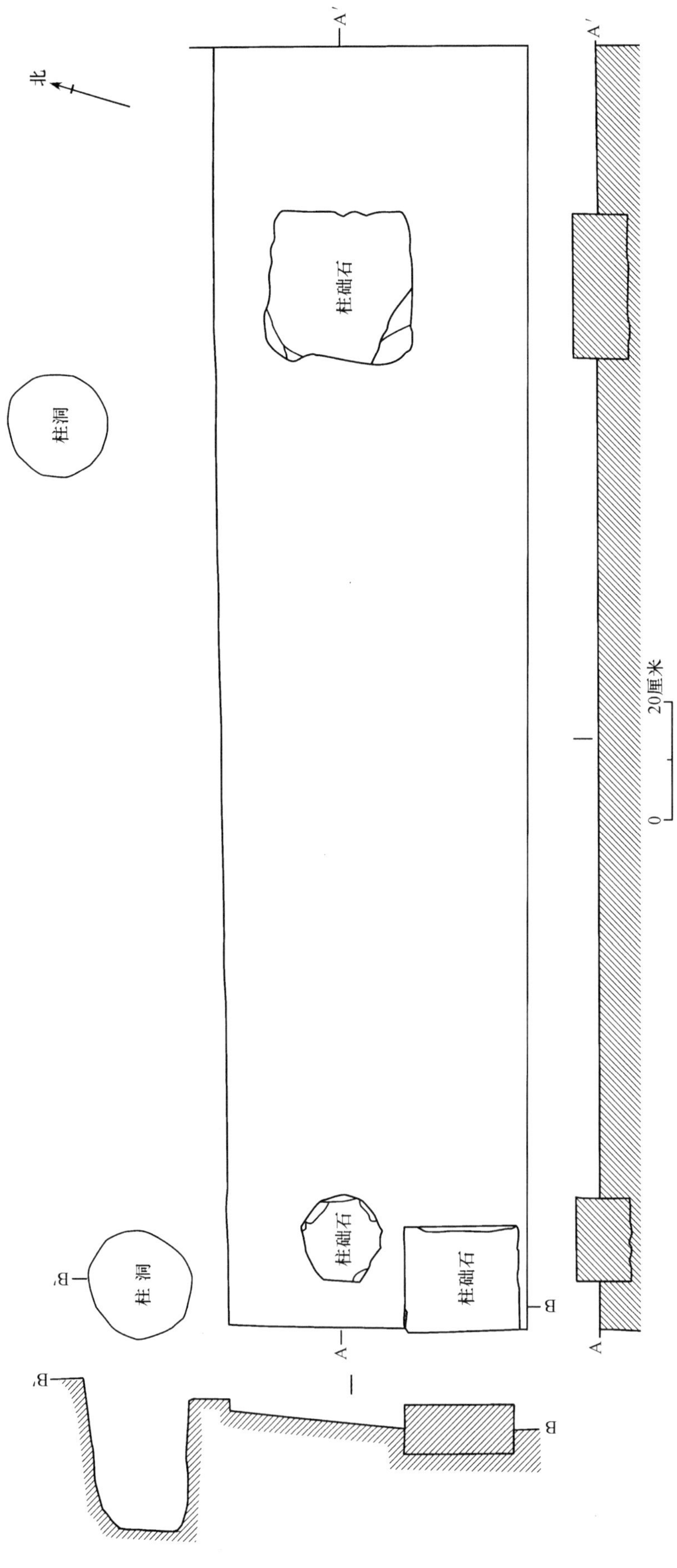

图三五八　2001IF1 平、剖面图

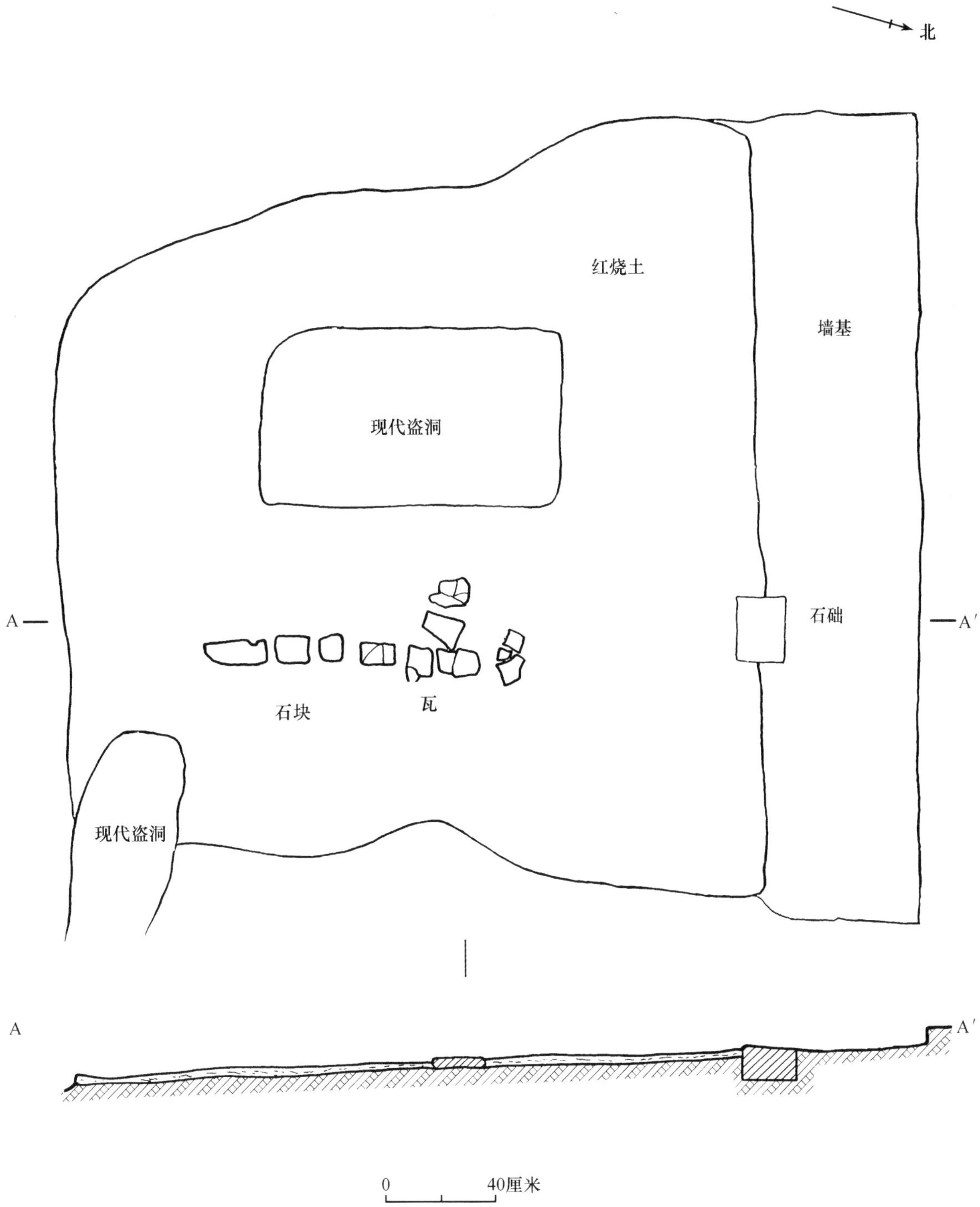

图三五九 2001IF2 平、剖面图

7. 2001IQ3

位于2001IT4008东北部，并伸入到2001IT4008东隔梁内。被第6层叠压，打破第7层。石墙为单层，东西向，由4块残砖及4块石块组成，西侧残。残长220厘米，宽30厘米，残高4～10厘米（图三六一）。

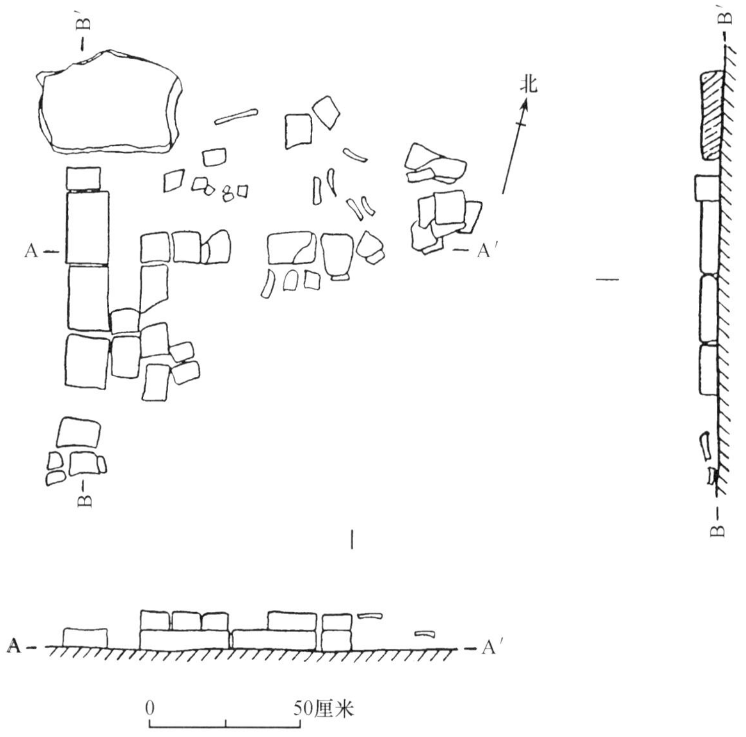

图三六〇　2001IQ4平、剖面图

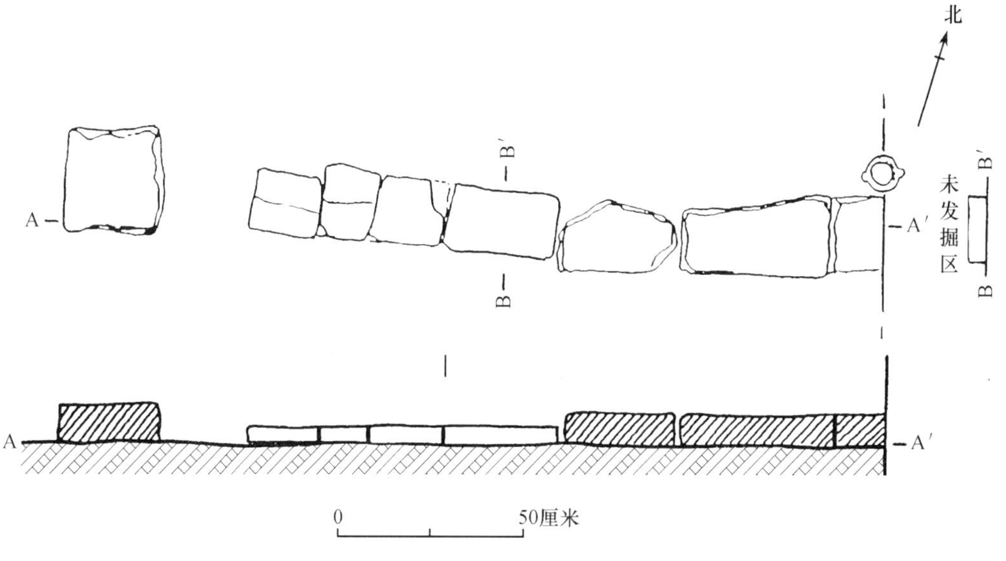

图三六一　2001IQ3平、剖面图

8. 2001IZ1、2001IZ2

在4小区还发现2个灶，编号为2001IZ1、2001IZ2（图三六二）。

2001IZ1、2001IZ2并列相连，位于宝塔坪遗址第Ⅰ发掘区4小区2001IT4004关键柱中，并且延伸至2001IT4010西北角。被第4层叠压，打破2001IF4的倒塌堆积。2001IZ1的南缘被一个盗洞（H3）打破。

2001IZ1为土坑灶，椭圆形，外绕石块和砖头。长径68厘米，短径66厘米，深16厘米。

2001IZ1 保存较差，灶底有 2 ~6 厘米厚的红烧土硬面，其上有一些白色灶膛灰。灶外的灶墙仅残留 1 个石块和 1 个砖块。周围还残留一些烧灰。

2001IZ2 在 2001IZ1 东侧，2001IZ2 也是土坑灶，灶膛基本为圆形，直径为 40 厘米，灶口长约 10 厘米。外绕石块、砖头和瓦片。长径 72 厘米，短径 64 厘米，深 26 厘米。保存情况比 2001IZ1 好。灶壁、灶底均保留有红烧土硬面、黑炭灰、白色灶膛灰。2001IZ2 灶膛中有灶的外壁倒塌后落入的石块、砖块，还出土了小铜管，残断为 3 段。

2001IZ1、2001IZ2 均十分简易，推测为室外灶，是在 2001IF4 废弃后修建的。

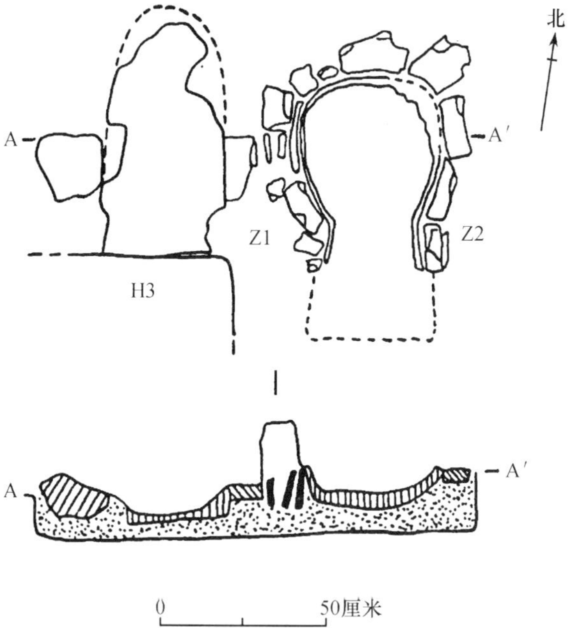

图三六二　2001IZ1、2001IZ2 平、剖面图

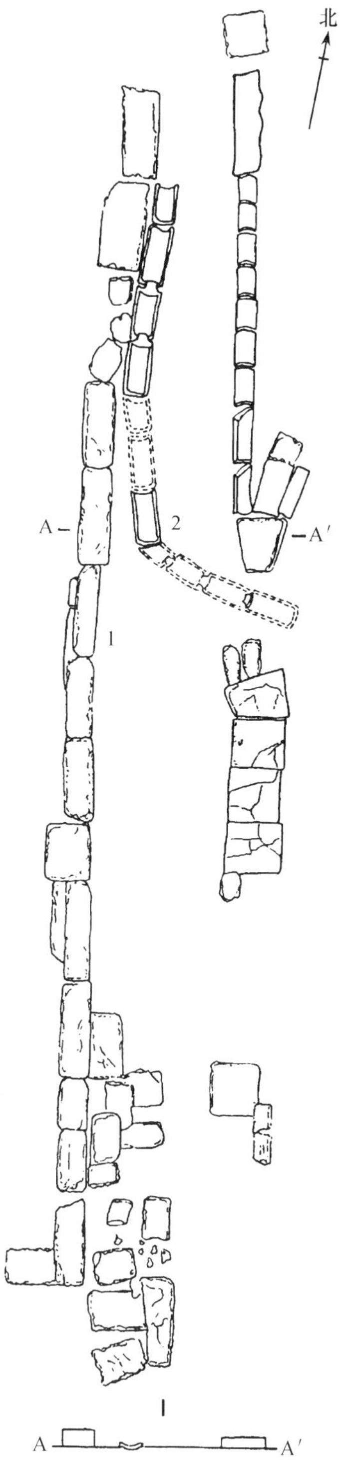

图三六三　2001IQ1 和 2001IG1 平、剖面图
1. 2001IQ1　2. 2001IG1

（四）I 区的宋代建筑遗迹

宋代建筑遗迹发现 2 条墙基（编号 2001IQ1、2001IQ2）和 1 条排水沟（编号 2001IG1）。

1. 墙基

2001IQ1、2001IG1 位于 2001IT4002 东隔梁内，部分伸入到 2001IT4001 和 2001IT4003 东隔梁内；2001IG1 部分伸入到 2001IT4008 内（图三六三）。

2001IQ1 和 2001IG1 被第 2 层叠压，打破第 3 层。

2001IQ1 残长 800 厘米，宽 100 厘米，残高 10 ~20

厘米。2001IQ1 由两部分组成，西部由石条砌筑，石条形状不规则，大致呈南北走向，其南半部有两层石条；北半部石条仅剩一层。石条下是第 3 层的瓦砾，在石墙下部分的瓦砾特别密集，可能是石墙借用瓦砾为墙基（图三六三，1）。

2001IQ1 的东部主要由 7 个覆扣的板瓦组成，南北向排列，向西距西部石墙 50 ~ 70 厘米，板瓦北端接南北向石条，石条长 50 厘米，宽 14 厘米，厚 4 厘米，石条北有一方形柱础，边长 24 厘米，厚 8 厘米；板瓦南端接 2 块倾斜放置的青砖，青砖长 28 厘米，宽 10 厘米，厚 4 厘米，青砖南部有一平放的石块，边长约 30 厘米。石板、板瓦、砖、石块排列紧密规整，总长 300 厘米。石块南 40 厘米处有 4 块南北向排列的青砖，青砖边长 30 厘米左右，厚 4 厘米，多残破，排列紧密，青砖北端有 2 块石块，南端有 1 块石块，石块高出青砖 12 厘米，形似石门柱和砖门槛，（可能利用了一个废弃的西向建筑的门基）。其南 1 米处有一方形柱础，边长 30 厘米，厚 8 厘米，与北部柱础南北相对，间距 6 米。柱础表面均有斜向排列的钎沟痕。

2001IQ2 位于 2001IT4008 东部，被第 2 层叠压，打破第 3 层。

2001IQ2 是一条砖墙。残长 170 厘米，宽 30 厘米，残高 4 ~ 8 厘米；砖长 30 厘米，宽 18 厘米，厚 4 厘米。墙为单层，南北向，由 5 块青砖及 1 块石块组成（图三六四）。

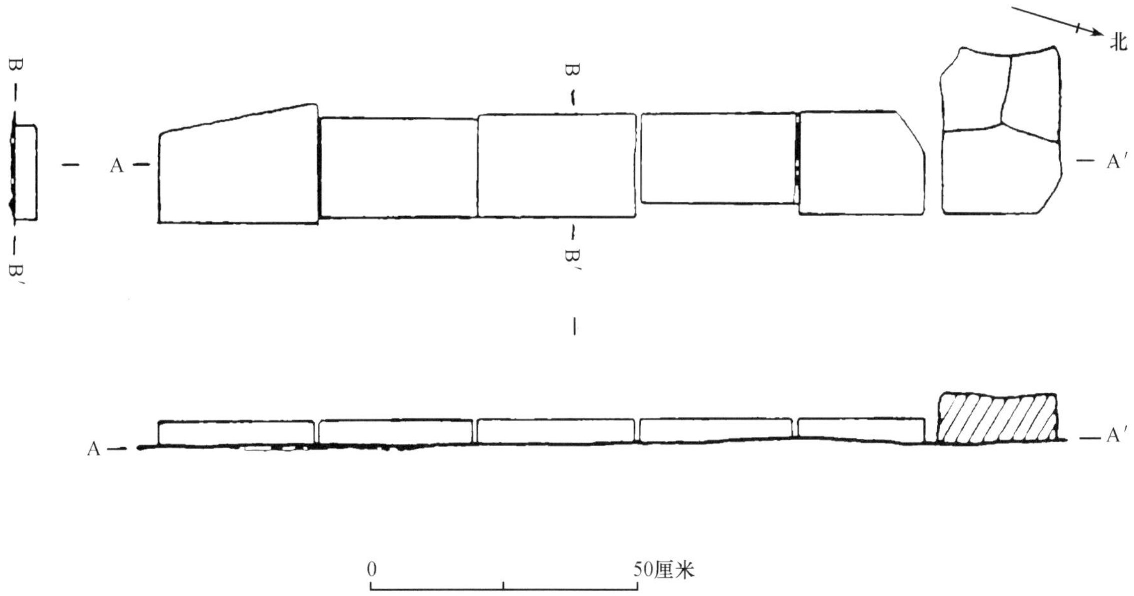

图三六四　2001IQ2 平、剖面图

2. 排水沟

2001IG1 是由瓦构成的排水沟。中部有残缺，整体呈“L”形，残长 320 厘米，宽 15 厘米，深 2 ~4 厘米。2001IG1 由 9 块仰置的筒瓦拼接而成，北高南低。筒瓦长 30 厘米，宽 10 厘米。2001IG1 北部呈南北向，紧贴 2001IQ1 西部石墙的东侧，北部残长 130 厘米；南部折向东，从 2001IQ1 东部墙与门道之间穿过，残长 130 厘米（图三六三，2）。

2001IG1 的筒瓦内出有 1 枚棋子、一些碎陶片、宋代瓷片及烧过的食草动物骨骼片。

第五章　明代墓葬

2001年发掘清理8座，分布在第Ⅰ区、第Ⅱ区。第Ⅰ区有2001IM4002、2001IM4003、2001IM4004、2001IM4005、2001IM4011、2001IM4012、2001IM4015，都集中分布在第4小区。第Ⅱ区有2001ⅡM1002。

2001IM4002

开口于耕土层下，打破第2层和唐代建筑F5。土坑竖穴墓，被盗扰。平面为梯形。墓底长2.64米，宽0.8～1米，深0.96～1.37米。单人仰身直肢葬，成年女性，头向345°。人骨下铺有一层2厘米左右厚的白色的石灰粉，保留部分深黑色的棺木腐烂的痕迹，在头脚部发现有棺钉。随葬品共出土2件。有金饰片和铜发簪。金饰片位于墓主人头骨前额部。铜发簪紧贴人头骨顶部（图三六五；彩版三五，4）。另外，填土中出瓷碗残底1件。

铜簪　1件。2001IM4002∶1，铜质，截面呈圆形，上面布满铜锈，一端较尖，上面有头发腐烂后留下的丝状痕迹。长13.6厘米，最大直径0.4厘米（图三六六，1；彩版三六，3上）。

金饰片　1件。2001IM4002∶2，圆形，外接一周花边，花边上卷。内区刻压钱纹，外区以刻压的放射线分为4格，格内刻字：上格“金”，右格“木”，左格“水”，下格“火”、“土”。直径3厘米，孔径0.2厘米（图三六六，2；彩版三六，1）。

2001IM4003

开口于耕土层下，打破第2层和唐代建筑F3。土坑竖穴墓，被扰乱。平面为梯形，墓底较平，墓底长2.28米，宽0.66米，深0.9米。仅存少量头骨片，葬式不明，头向不明。墓葬的底部和填土中出少量棺钉，另外在墓底有明显的棺材的黑色朽灰，发现少量腐朽的木灰，头骨残片上也有明显的黑色木灰。随葬品仅见釉陶罐1件，位于墓底的中部（图三六七）。

釉陶罐　1件。2001IM4003∶1，胎质坚硬，厚重粗糙，泥质灰黑陶，腹部以上施黄褐色釉，腹部以下施暗红色化妆土，有流釉现象。方圆唇，矮领，卷沿，鼓肩，肩部有3个竖状桥形耳，下腹斜直，平底。口径10厘米，腹径18厘米，高18.8厘米（图三六八）。

2001IM4004

开口于耕土层下，打破第2层和唐代建筑2001IF3。土坑竖穴墓，长方形，东、西壁与墓底的转角呈圆弧形，墓底北高南低。墓底长2.2米，宽0.84米，深0.38米。单人仰身直肢葬，成年男性，头向340°。在骨架头部和脚部各发现4枚棺钉。头骨下枕着石灰枕，石灰枕外表面有布纹，说明石灰原本是装在布枕套内。石灰枕下有两个并列横放的瓦，瓦的凹面朝上，石灰枕就放在瓦的凹槽内。小腿和脚部覆盖着两个完整的板瓦，板瓦顺放，凹面也朝上，内侧边缘压着人骨。两瓦之间也有小瓦片。在人骨下的墓底铺有石灰粉。在墓的北壁发现有朱红色棺材的漆皮痕迹。随葬品共出土2件。釉陶罐1件置于头骨上方，上面盖着一个瓦片，白瓷盏1件置于后壁西部有一小龛（图三六九；彩版三五，2）。

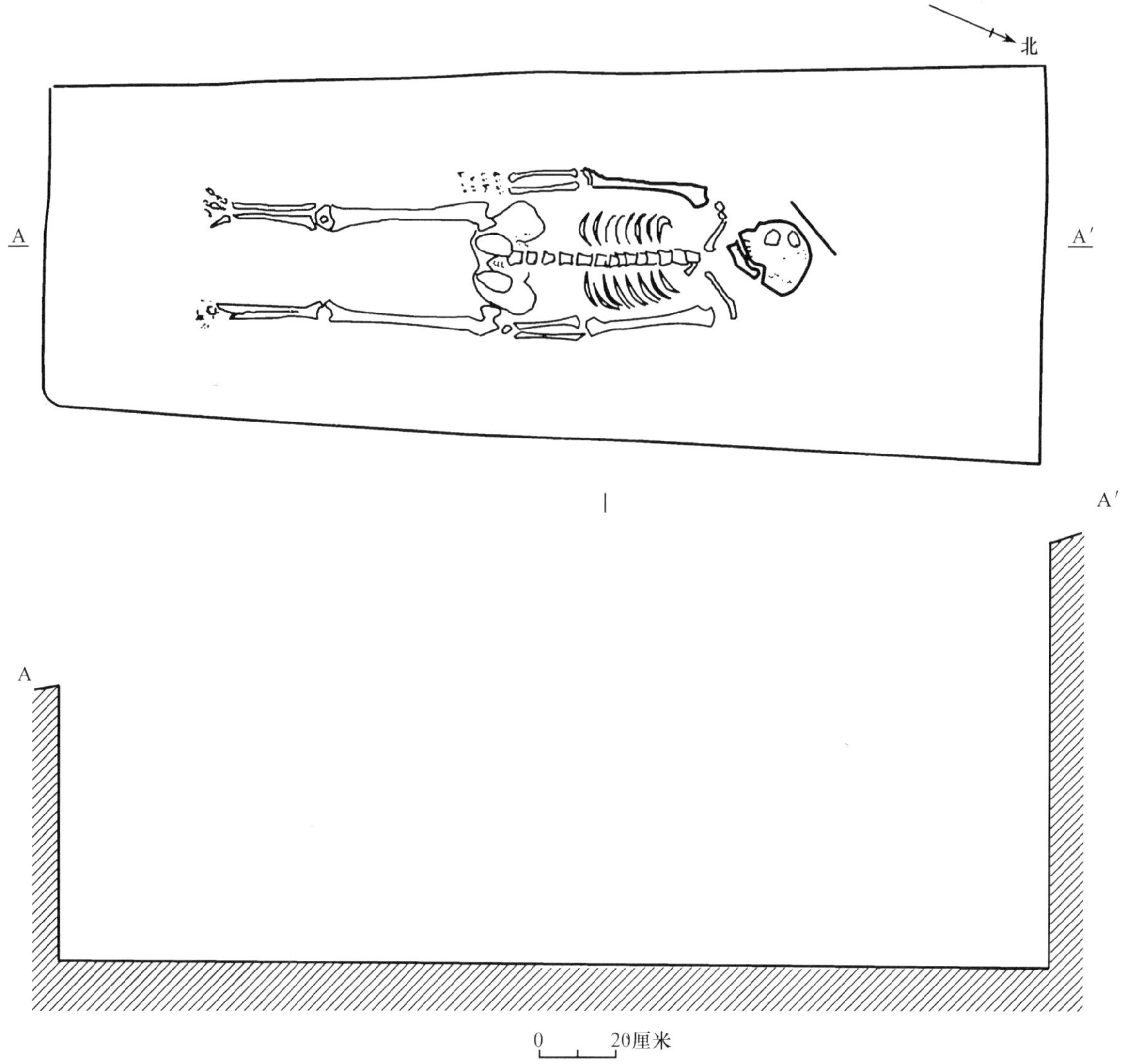

图三六五　2001IM4002 平、剖面图

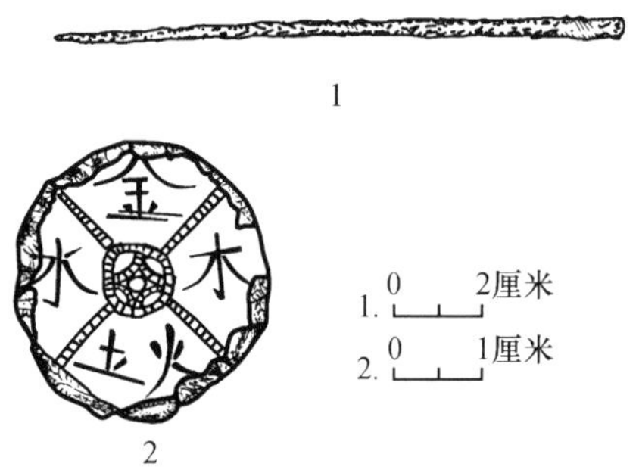

图三六六　2001IM4002 出土器物

1. 铜簪（2001IM4002∶1）　2. 金饰片（2001IM4002∶2）

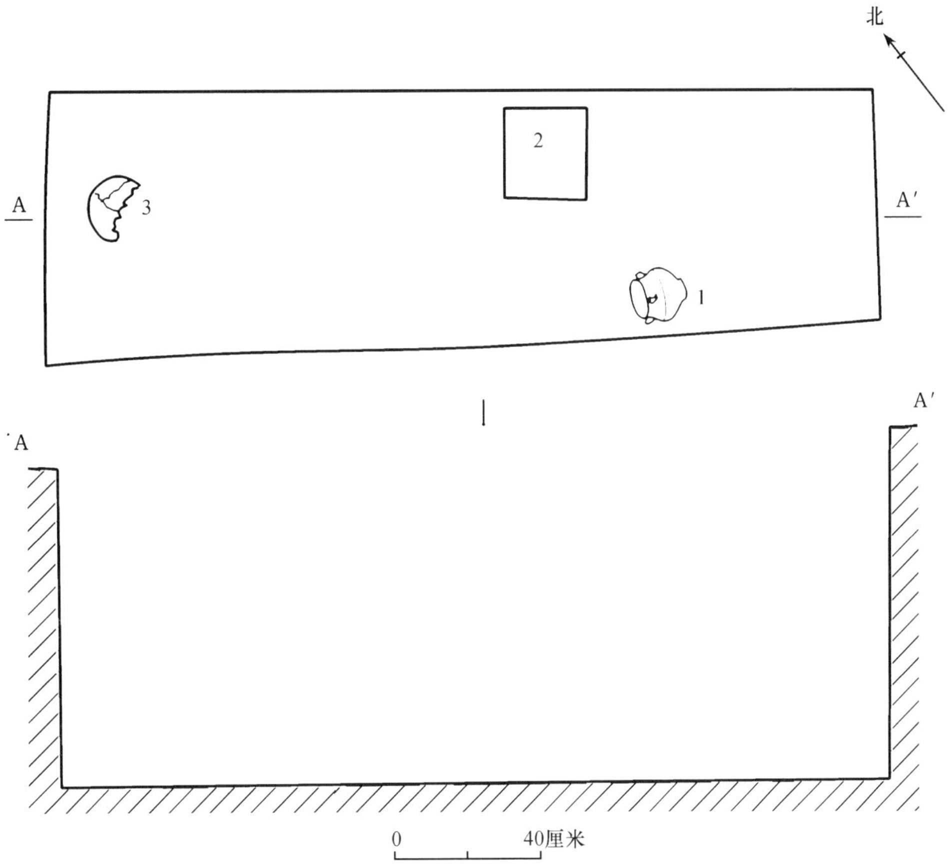

图三六七　2001IM4003 平、剖面图

1. 釉陶罐　2. 砖　3. 残头骨

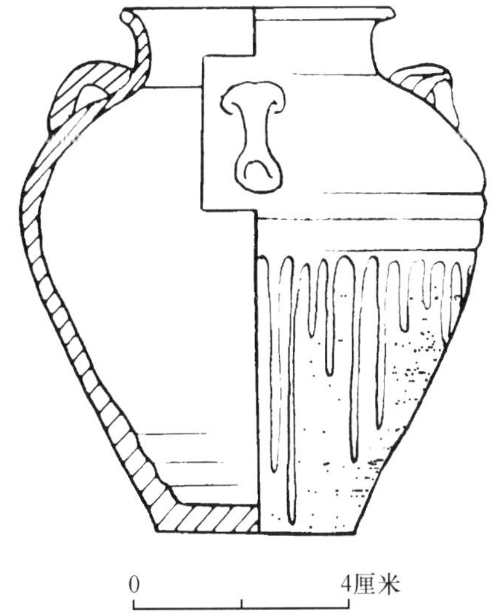

图三六八　2001IM4003 出土釉陶罐

（2001IM4003∶1）

釉陶罐　1 件。2001IM4004∶1，泥质灰褐陶，通体施黄褐色釉，部分已脱落。圆唇，矮领，鼓肩，假圈足，平底。口径 8.7 厘米，腹径 15.5 厘米，底径 9.8 厘米，高 16.4 厘米（图三七〇，1）。

瓷盏　1 件。2001IM4004∶2，白瓷，胎质轻薄。侈口，深腹，鱼背足。足内底有款，款文不识。口径 9.6 厘米，底径 4.2 厘米，高 4.8 厘米（图三七〇，2）。

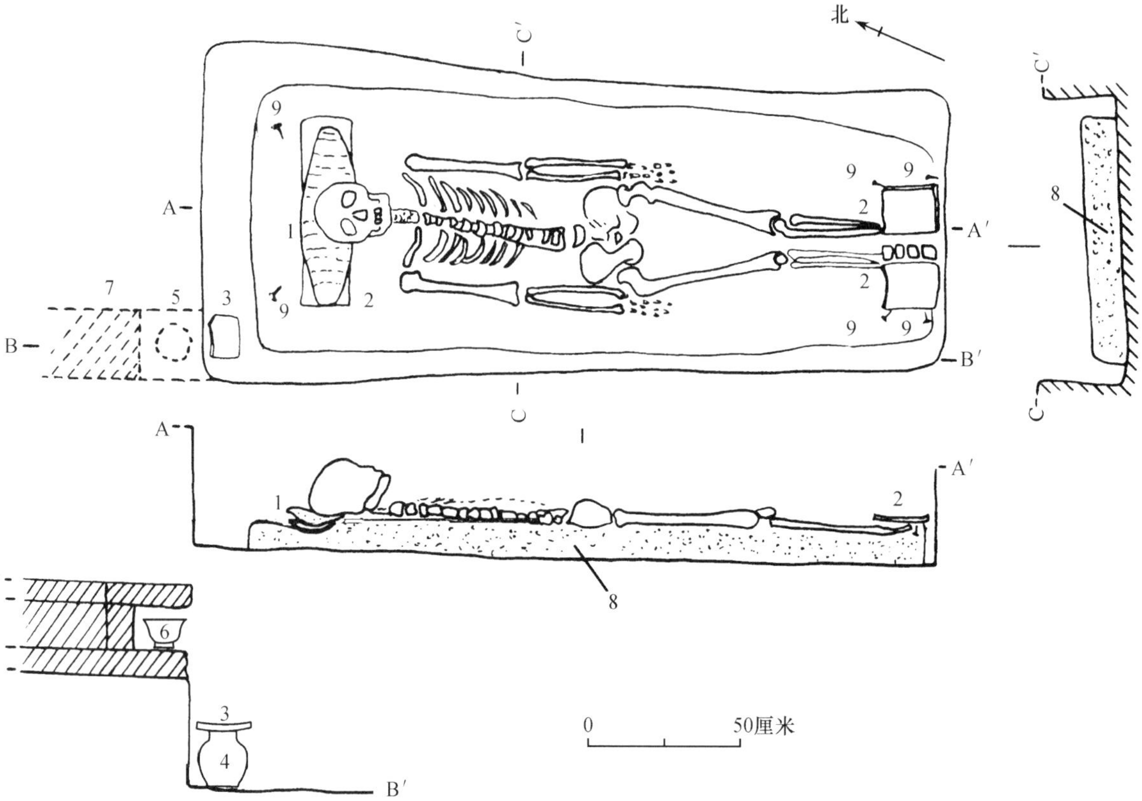

图三六九　2001IM4004 平、剖面图

1. 石灰枕头　2. 枕下板瓦　3. 罐上的盖瓦　4. 釉陶罐　5. 壁龛　6. 瓷盏　7. 石条（F3 的基石）　8. 石灰粉　9. 棺钉

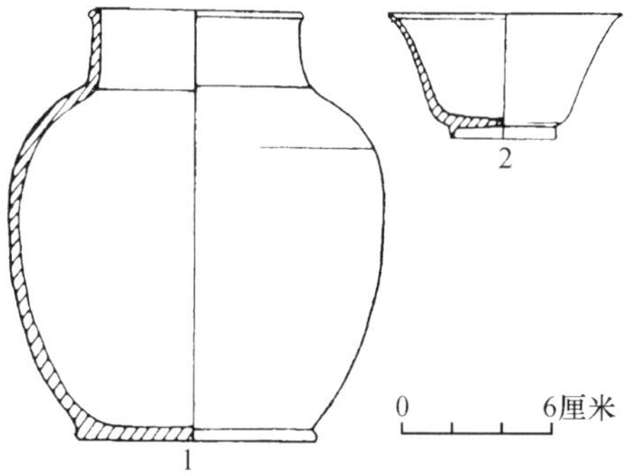

图三七〇　2001IM4004 出土器物

1. 釉陶罐（2001IM4004∶1）　2. 白瓷盏（2001IM4004∶2）

2001IM4005

开口于耕土层下，打破 2 层。土坑竖穴墓，平面为梯形，墓底北高南低。墓底长 2.26 米，宽 0.68 ~1 米，深 0.47 ~0.72 厘米（图三七一；彩版三五，1）。单人仰身直肢葬，保存不好，性别不明，成年，头向 350°。骨架头部和脚部各发现 2 枚棺钉，头部枕有四片对称摆放的瓦。人骨下铺有 2 厘米厚石灰粉。墓葬南壁发现有朱红色漆皮痕迹。随葬品共出土 4 件。陶瓶 1 件位于墓主人头部上方，青花瓷碗 2 件，上下相扣，铜簪 1 件，紧贴头骨上缘。另外，在墓葬东北部填土中发现瓷碗残底 1 件。

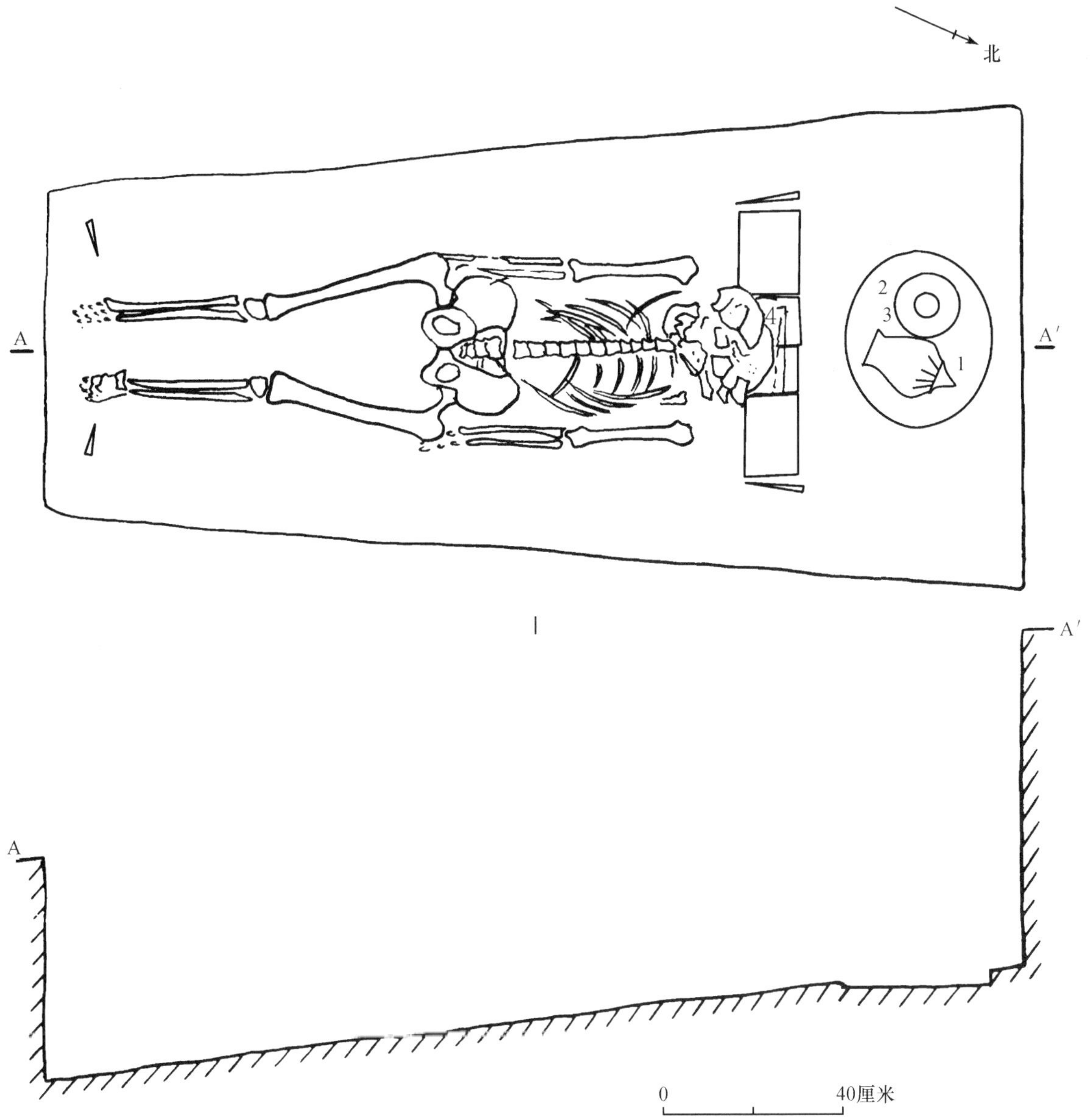

图三七一 2001IM4005 平、剖面图
1. 陶瓶 2、3. 瓷碗 4. 铜簪

瓷碗 2件。2001IM4005:2，灰白胎，施青白釉。侈口，深腹，鱼背足，足底内部未施釉。器身外壁青花纹饰为四只飞翔的雁，分布规则，嘴中衔一枝芦苇，下部接近器物底部有一圈整齐分布的波浪形云纹，云后隐露飞动的雁翅。器身内底青花纹饰为一只雁。口径14.5厘米，底径5.2厘米，高5厘米（图三七二，1）。2001IM4005:3，灰白胎，施青白釉。侈口，口沿呈规则的圆形，斜弧腹，矮圈足，足底内部未施釉。器身外壁青花纹饰为四只飞翔的雁，分布规则，嘴中衔一枝芦苇，雁的下部接近器物底部有一圈整齐分布的波浪形云纹，一排飞雁下身隐于云后。器身内底青花纹饰为一只雁。口径14.6厘米，底径5.3厘米，高5.4厘米（图三七二，2；彩版四〇）。

陶瓶 1件。2001IM4005:1，灰褐胎。盖中空，蘑菇形捉手，自纽下至盖缘有五条竖向的附加堆纹。敛口，折肩，自口缘以下至肩部折棱处有十三条竖向的附加堆纹，下腹斜收，坐呈双层台状。口径7.5厘米，腹径14.6厘米，底径8.8厘米，器身高18厘米，通高22.2厘米（图三七二，1）。

铜簪　1件。2001IM4005∶4，铜质。截面呈圆形，上面布满铜锈，一端有一圆纽，另一端较尖，上面有头发腐烂后留下的丝状痕迹。长12厘米，最大直径0.6厘米（图三七二，4；彩版三六，3下）。

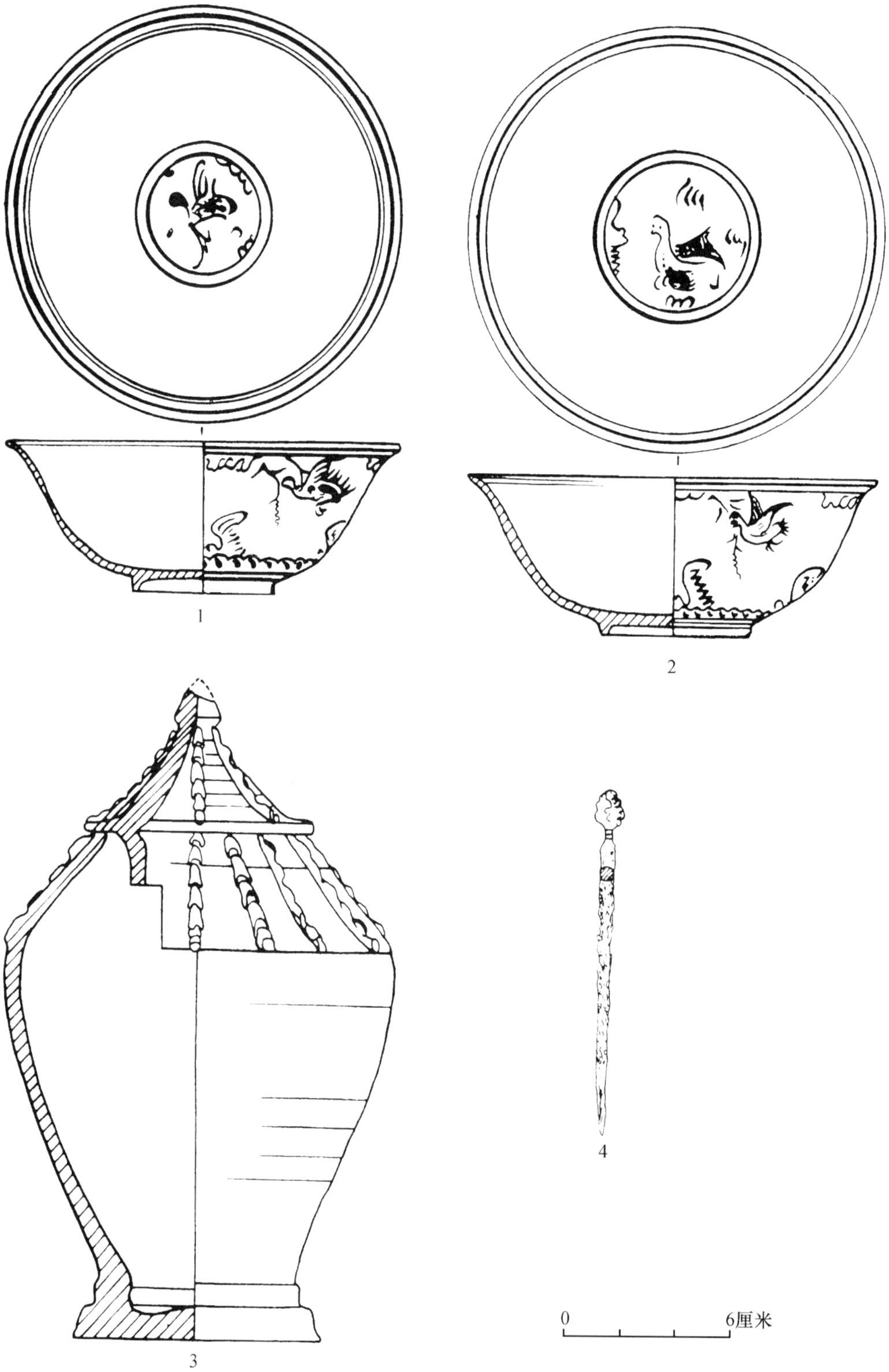

图三七二　2001IM4005出土器物

1、2. 瓷碗（2001IM4005∶2、2001IM4005∶3）　3. 陶瓶（2001IM4005∶1）　4. 铜簪（2001IM4005∶4）

2001IM4011

开口于耕土层下，打破第2层。土坑竖穴墓，梯形。墓底长2.15米，宽0.56～0.84米，深0.38米。单人仰身直肢葬。成年女性，头骨和脚骨略残，头向349°。在人骨的头部和脚部各发现4枚棺钉。头骨下枕着一个筒瓦。人骨下铺有白石灰。墓葬南部发现有深黑色的棺木腐烂的痕迹。随葬品共出土4件。墓主人口含金饰片1件，头上放1件釉陶罐，青花瓷碗2件，上下相扣，紧贴头骨的上缘有铜簪1件（图三七三）。

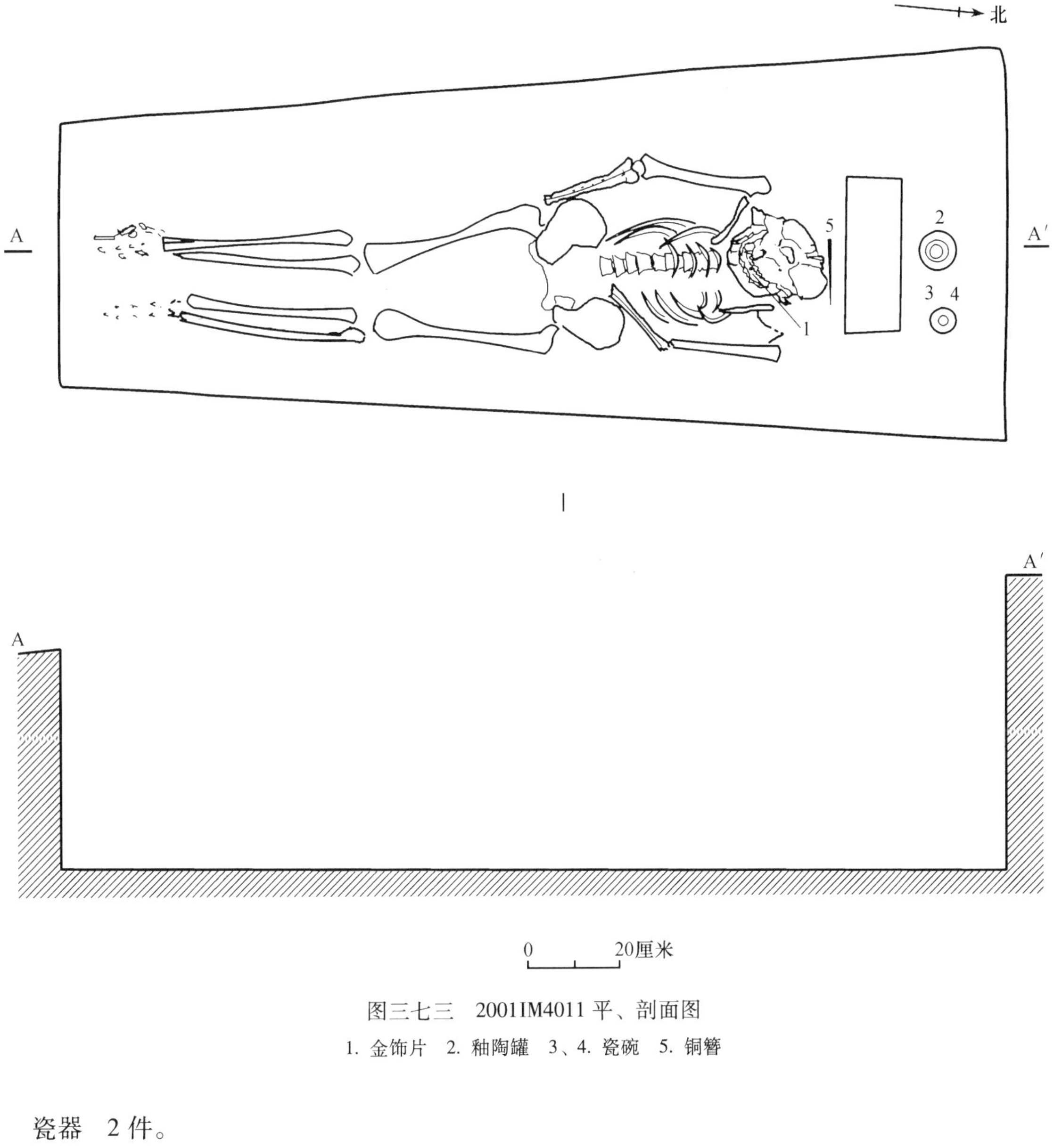

图三七三 2001IM4011平、剖面图

1. 金饰片 2. 釉陶罐 3、4. 瓷碗 5. 铜簪

瓷器 2件。

缠枝莲纹碗 1件。2001IM4011∶4，青灰色薄胎，上施白釉，泛蓝，均匀光洁。敛口，深腹，鱼背足，足底内部未施釉。器身外壁青花纹饰是缠枝莲。器物紧挨口沿有一圈抽象纹饰，下部及圈足上各有一同心圆。碗心青花纹饰为海螺纹。口径13厘米，底径5厘米，高6厘米（图三七四，1；彩版三七）。

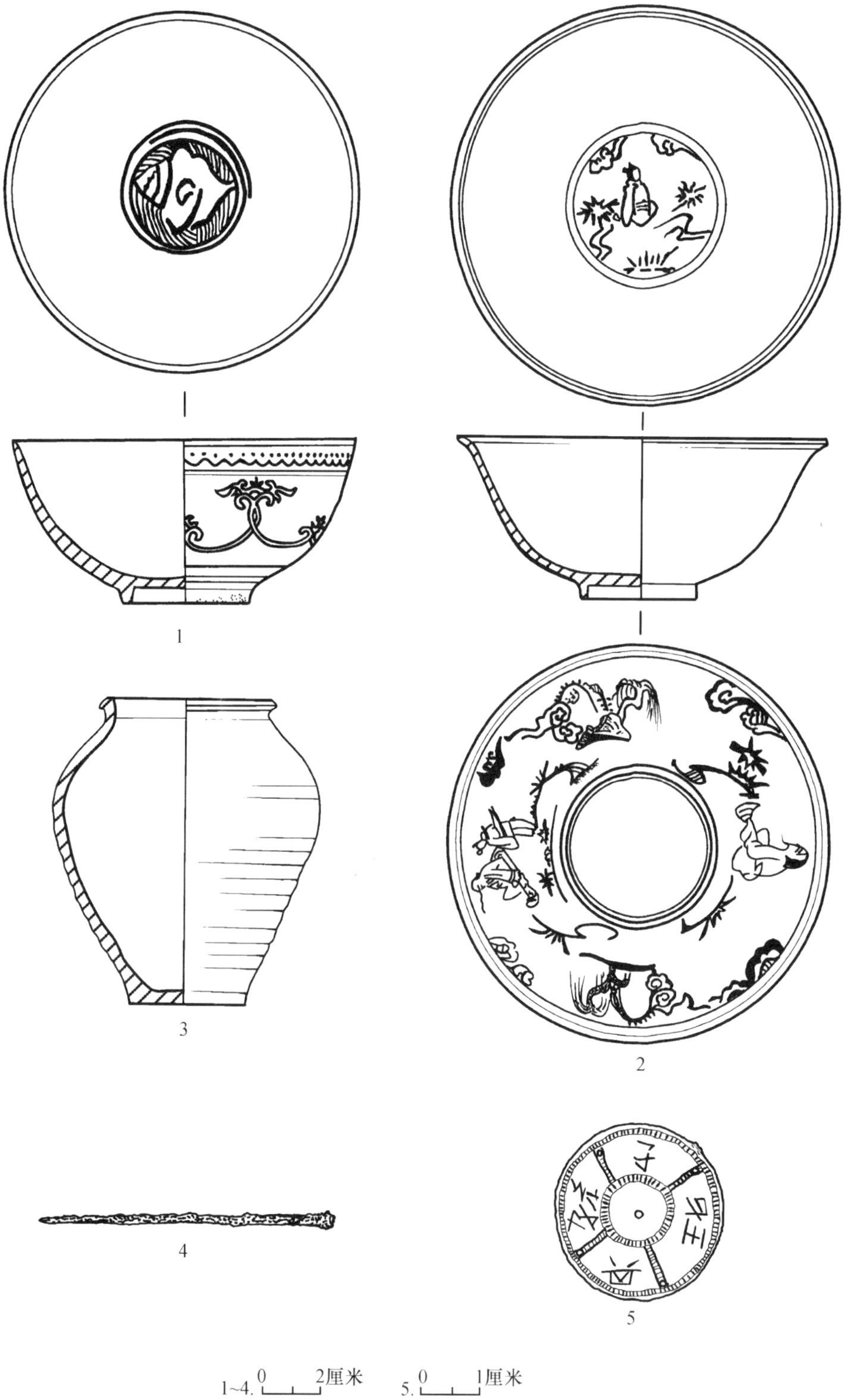

图三七四　2001IM4011出土器物

1. 缠枝莲纹瓷碗（2001IM4011∶4）　2. 高仕纹瓷碗（2001IM4011∶3）　3. 釉陶罐（2001IM4011∶2）　4. 铜簪（2001IM4011∶5）　5. 金饰片（2001IM4011∶1）

高仕纹碗　1件。2001IM4011∶3，青灰色薄胎，上施白釉，泛蓝，均匀光洁。侈口，深腹，鱼背足，足底内部未施釉。器身外壁青花纹饰分为二组：一组是一高仕，坐于岸边青草上，静观水中远山，青山危耸，流云仙气飘于其左，苍劲曲柳旁出其右；另一组亦有同样的山石云柳，对岸草地上有主仆两人，高仕坐于地面，展卷，童仆弯身抱琴，侍立其后。碗心青花纹饰是一名高仕昂首挺胸，站于岸边眺望。口径13.4厘米，底径4.2厘米，高5.6厘米（图三七四，2；彩版三八）。

釉陶罐　1件。2001IM4011∶2，紫红胎，质地坚硬。其上半部施黄色釉，釉色均匀，有黄色流釉现象，下半部及底部不施釉。竖颈，鼓肩，器物肩部至底部有瓦棱，弧腹斜收，小平底。口径12.8厘米，腹径19.6厘米，底径8厘米，高20.6厘米（图三七四，3）。

金属器　2件。

铜簪　1件。2001IM4011∶5，铜质。截面呈圆形，上面布满铜锈，一端较尖，上面有头发腐烂后留下的丝状痕迹。长11厘米，最大直径0.6厘米（图三七四，4；彩版三六，3中）。

金饰片　1件。2001IM4011∶1，圆形，中心与边缘有用尖状物刻压的圆周，将其分为内外两区。外区用刻压的直线等分4格。每格刻一字，按逆时针方向旋读为“子孙兴旺”4个字。中心有1穿孔，分格线外端各有1穿孔。直径2.8厘米（图三七五，5；彩版三六，2）。

2001M4012

开口于耕土层下，被现代水池打破。打破第2层和唐代建筑2001IF3。土坑竖穴墓，长方形，东、西壁与墓底的转角呈圆弧形。墓坑长380厘米，宽66厘米，深50厘米。单人仰身直肢葬，成年男性，头向340°。人骨头部和脚部各发现一些棺钉。头部枕有两片对称摆放的瓦，人骨下的墓底铺有石灰粉。随葬品共出土3件。陶罐1件置于墓底头骨上方，瓷碗2件，上下相扣，置于陶罐西侧（图三七五；彩版三五，3）。

陶罐　1件。2001IM4012∶1，泥质红陶，火候不均，导致器身有部分暗黑色。侈口，厚圆唇，矮斜领，领部有两个对称的竖状桥形耳，溜肩，腹部斜直，平底。口径9.2厘米，腹径17.8厘米，底径10厘米，高23.4厘米（图三七六，1）。

瓷碗　2件。2001IM4012∶2，灰白色素瓷，通体施乳白色化妆土，未施釉。侈口，尖圆唇，斜直壁，深腹，鱼背足。口径12.7厘米，底径5.5厘米，高5.8厘米（图三七六，2）。2001IM4012∶3，形制与2001IM4012∶2相同。口径12.7厘米，底径5.5厘米，高5.8厘米（图三七六，3）。

2001IM4015

开口于耕土层下，打破第2层和2001IM4009。土坑竖穴墓，长方形。墓底北高南低。墓底长2.36米，宽1米，深0.9米。后壁有1个头龛，头龛比墓底高40厘米，头龛底部放3块小石板。单人仰身直肢葬，成年女性，头向320°。在人骨的脚部发现2枚棺钉。头部枕有筒瓦，胳膊和腿的两侧都有筒瓦，脚完全插在对扣的两片筒瓦中间。随葬品共出土3件。头部正上方放置青花瓷碗2件，上下相扣，后壁头龛中放置陶罐1件（图三七七）。

瓷碗　2件。2001IM4015∶1，青灰色薄胎，上施青白釉。敞口，深腹，鱼背式矮圈足，足底内部施釉。器身外壁青花纹饰以两座山石分为两组：一组是两人同乘一带棚小船，主人坐于船头，向前观景，仆人在船尾吃力地撑篙；另一组是主人骑马前行，仆人在后抱琴步随。碗心青花纹饰是一

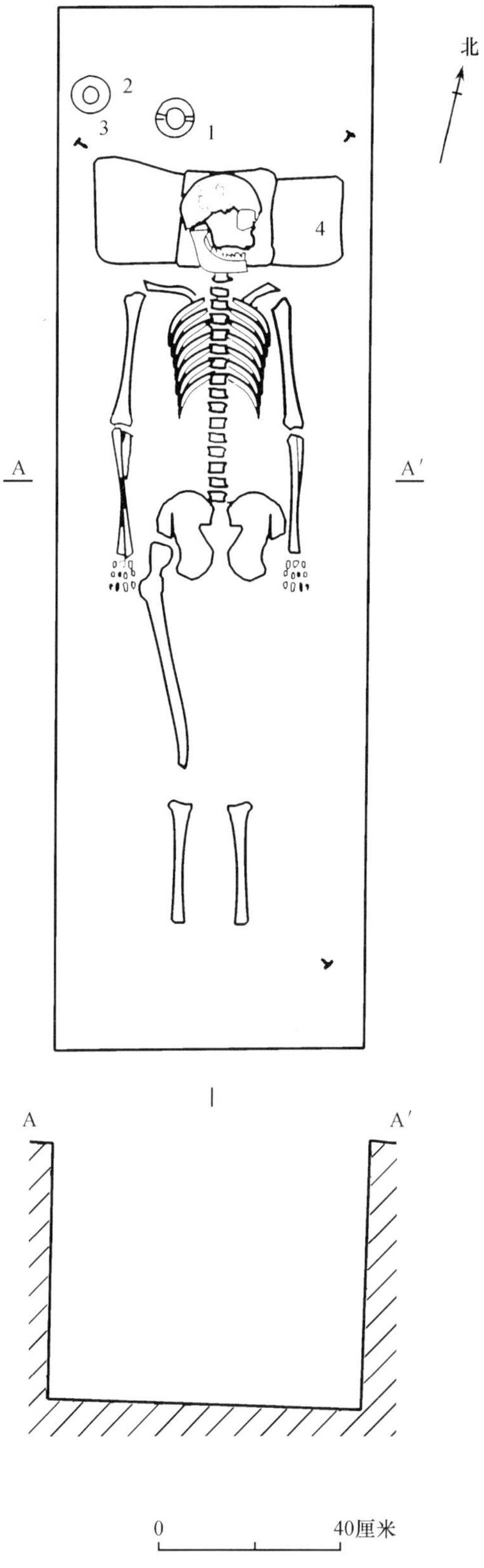

图三七五　2001IM4012平、剖面图

1. 陶罐　2. 瓷碗　3. 铁钉　4. 瓦

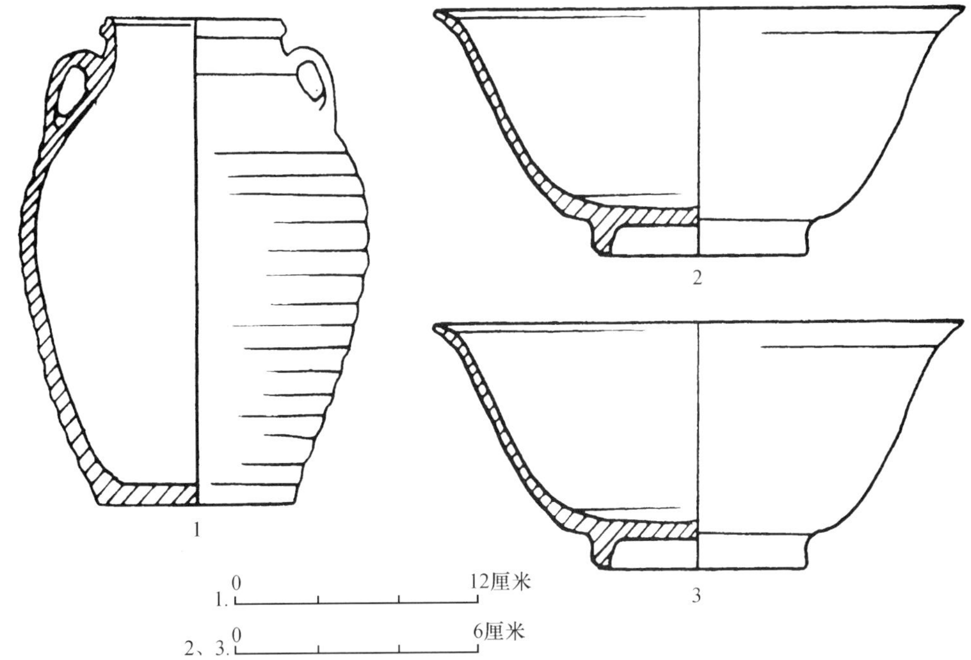

图三七六 2001IM4012 出土器物

1. 陶罐（2001IM4012∶1） 2、3. 瓷碗（2001IM4012∶2、2001IM4012∶3）

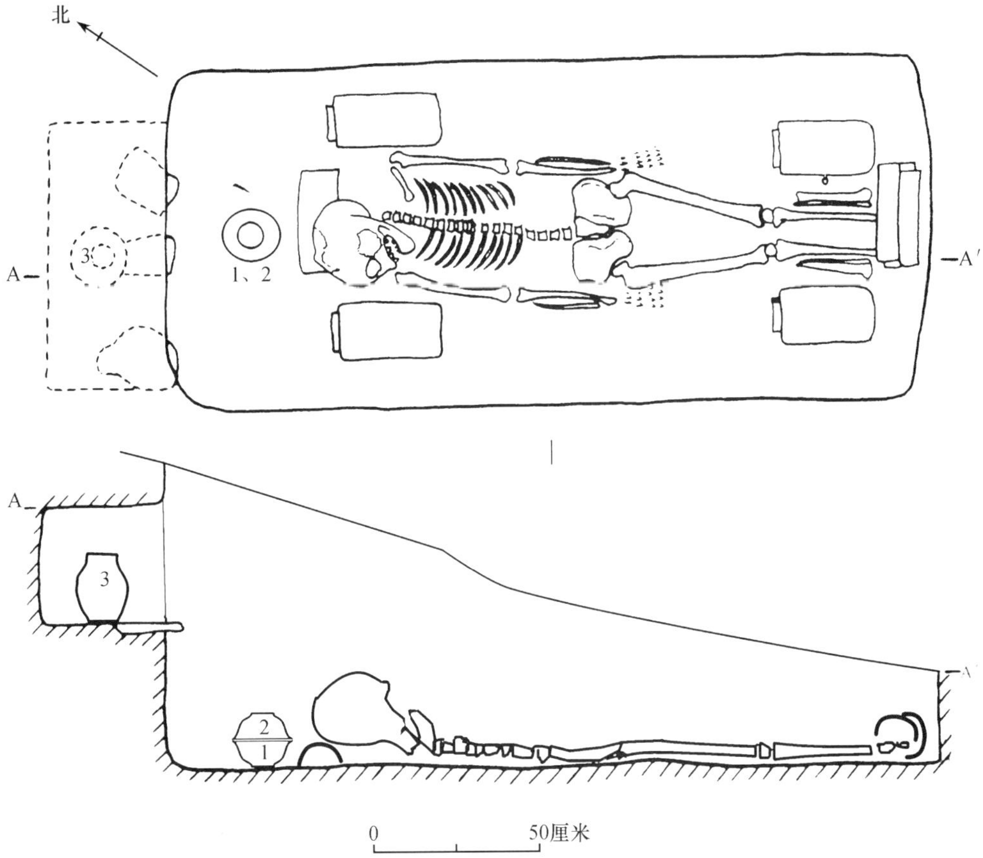

图三七七 2001IM4015 平、剖面图

1、2. 瓷碗 3. 陶罐

人独坐在山野中，上有云飘，周围饰以圆圈。口径 14.5 厘米，底径 5.8 厘米，高 6 厘米（图三七八，1；彩版三九）。2001IM4015∶2，青灰色薄胎，上施青白釉，均匀光洁，釉较薄，上有开片。鱼背式矮圈足，足底内部未施釉，底部较厚。碗底较大，足边黏有一些沙粒。器身外壁青花纹饰为抽象的云气纹饰。碗心有一同心圆，圆内青花纹饰为抽象的草叶纹。口径 14.5 厘米，底径 6 厘米，高 6.4 厘米（图三七八，2）。

陶罐　1 件。2001IM4015∶3，泥质红褐陶，火候较高。敛口，圆唇，鼓腹，最大径偏上。口径 9.2 厘米，底径 8.8 厘米，最大腹径 15.6 厘米，高 19.8 厘米（图三七八，3）。

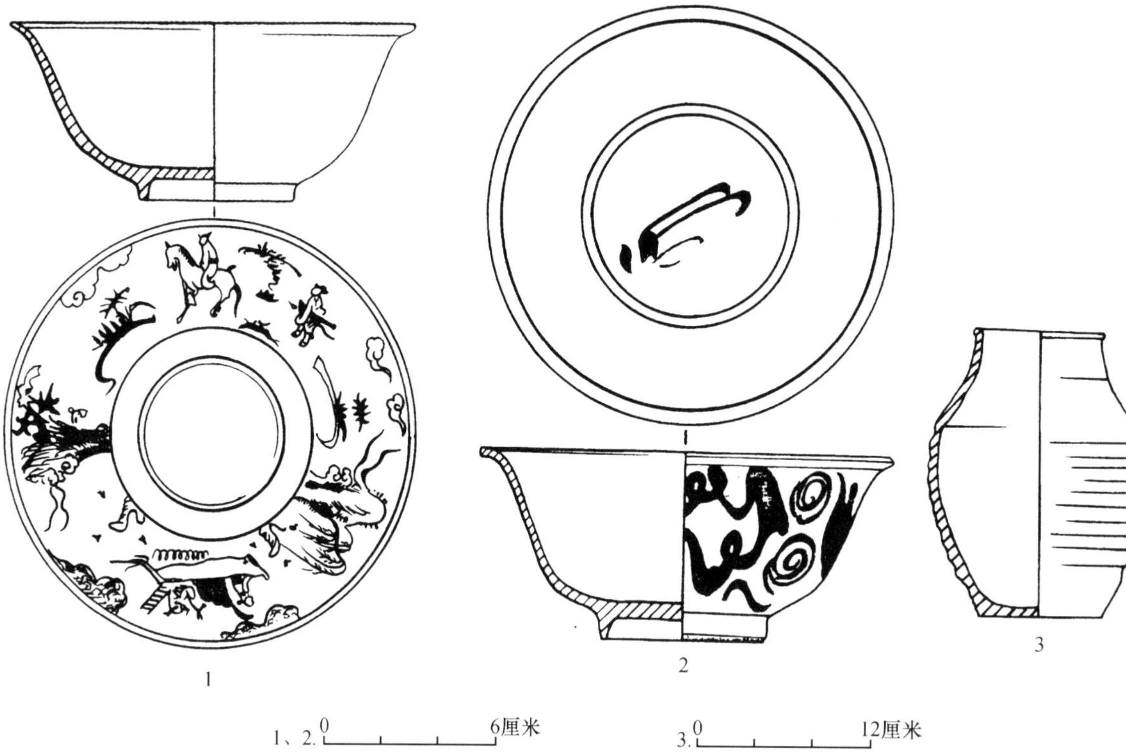

图三七八　2001IM4015 出土器物

1、2. 瓷碗（2001IM4015∶1、2001IM4015∶2）　3. 陶罐（2001IM4015∶3）

2001ⅡM1002

开口于耕土层下，打破生土。土坑竖穴墓，长方形，被盗掘坑打破。墓底长 2.7 米，宽 1 米，深 0.9 米。头下垫瓦，墓底铺白灰。仅见少量残骨，葬式、头向不明。头向为 325°。墓底未见随葬品，仅在填土中发现陶罐 1 件和一些青花瓷碗碎片（图三七九）。

瓷碗　1 件。2001ⅡM1002∶2，白色薄胎，施白釉，底部未施釉。敞口略向外侈，深腹。鱼背式圈足。器身外壁青花纹饰为缠枝纹，口沿内外侧各有一圈纹饰，近底部有内外两道弦纹。碗心青花纹饰为缠枝纹。口径 15 厘米，底径 6.2 厘米，高 6.8 厘米（图三八〇，1）。

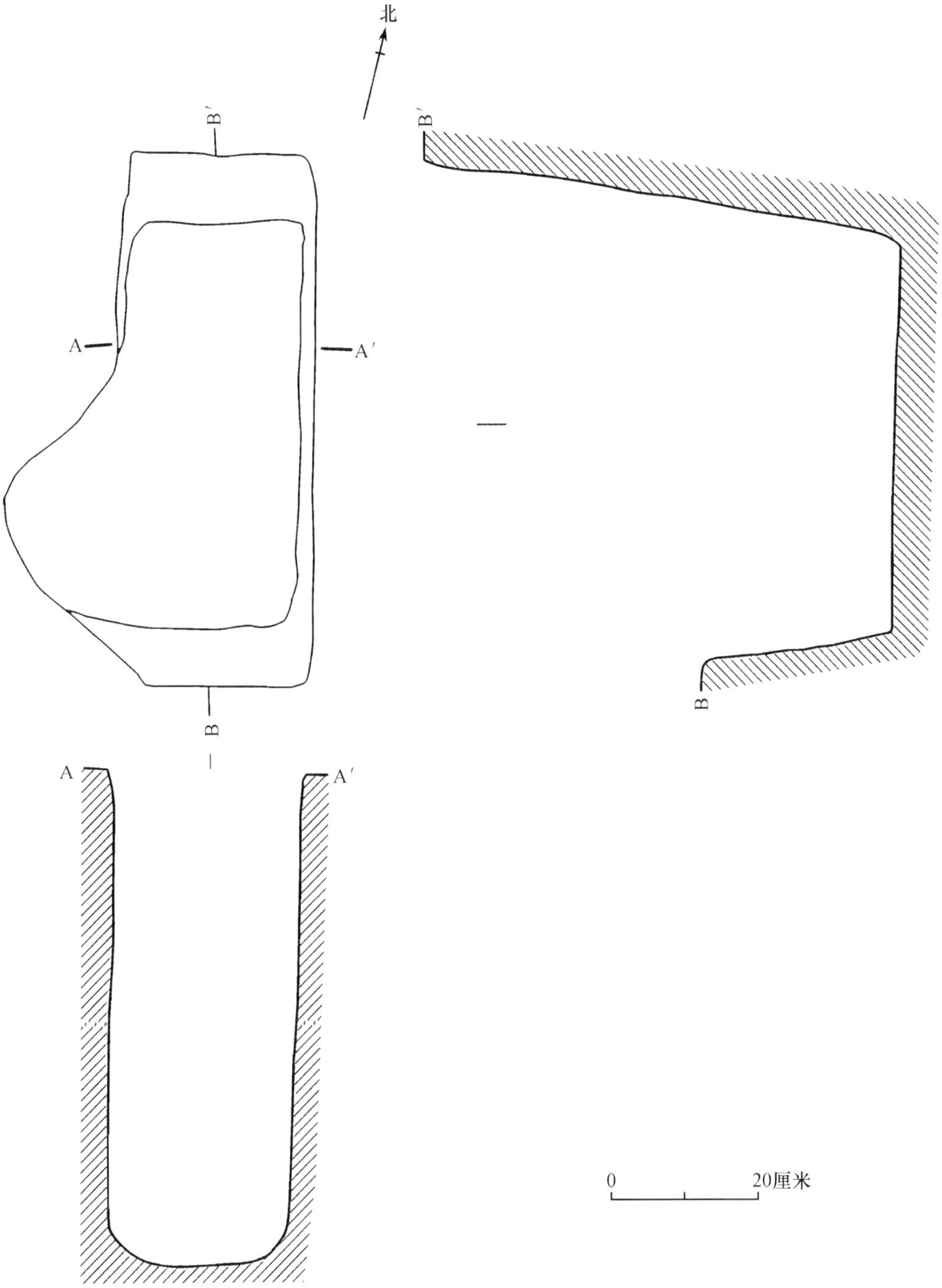

图三七九　2001ⅡM1002平、剖面图

陶罐　1件。2001ⅡM1002∶1，灰褐色厚胎，胎质粗糙，器内外均施黄白色化妆土，近底部无化妆土。敛口，口沿平折，尖圆唇，子母口，口沿略残缺，短颈，颈部有一道凸棱，鼓腹，下腹斜收，器身有泥条盘筑的痕迹，平底内凹。口径9.7厘米，高19厘米（图三八〇，2）。

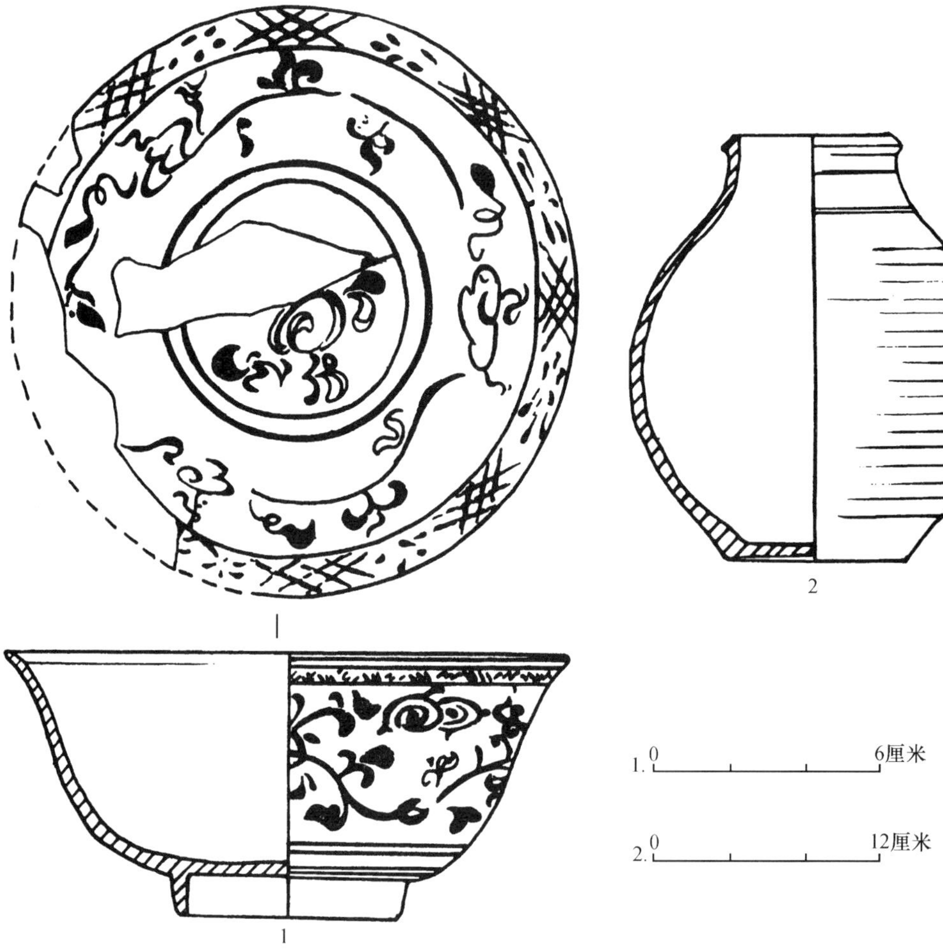

图三八〇　2001ⅡM1002出土器物

1. 瓷碗（2001ⅡM1002∶2）　2. 陶罐（2001ⅡM1002∶1）

第六章　时代不明遗迹

时代不明遗迹有墓葬、灰坑等遗迹。

一、墓　　葬

宝塔坪墓群被盗和被破坏的墓葬，根据多年的发掘认识，绝大多数能判断出所属的时代，有很少的残墓，因为缺乏可资比对的资料，难以辨别其时代。这些墓葬有：200IM1053，2001IM4010，2001IM8001，2001IM8002，2003IM1027，2003IM5021，2004ⅣM1003，2004ⅣM1005，2004ⅣM1010，2004ⅣM2002。墓形保存较好的简介如下：

2001IM4010

长方形土坑竖穴墓，墓壁较直，底部平整。长2.65米，宽0.85米，深0.7米。方向342°。中部被盗坑彻底打穿，仅存两端。墓葬南半段发现炭化的棺木，残长50厘米，宽40~42厘米，残高30厘米，顶板坍落，覆于人骨之上，底板中部不存。棺木东西两侧各有一大棺钉，长22厘米左右，尖部向上，将棺木夹在中间。棺木底有一层白灰，已板结，厚0.3~0.5厘米。另外，在棺木东2~4厘米处有一南北向木条，呈棕褐色，长36厘米，径长2~5厘米，距墓底12厘米左右。仅余小腿骨以下骨骼，骨骼位置未经扰动，胫骨长36厘米，可判断头向为342°（图三八一）。未发现任何随葬品。

2001IM8001

开口于耕土层，打破2001IM7001。土坑竖穴墓，后半部被扰乱。长方形，墓底南高北低，墓壁较直。墓底残长1.6米，宽0.7米，残深0.6米。有少量人骨，头向180°。有少量棺钉。随葬品仅见残破瓷器碎片若干（图三八二）。

2001IM8002

开口于耕土层。土坑竖穴墓，被扰乱。长方形，墓底南高北低，墓壁较直。墓底残长1.6米，宽0.56米，残深0.5米。有少量人骨，头向180°。有少量棺钉。未见随葬品（图三八三）。

2003IM1027

位于2003IT1025西北部，被扰乱。土坑墓，长方形。墓底长2.8米，宽1.8米，残深0.2米。有少量人骨，属于2个个体，葬式、头向不明。墓向为南北向。未见随葬品（图三八四）。

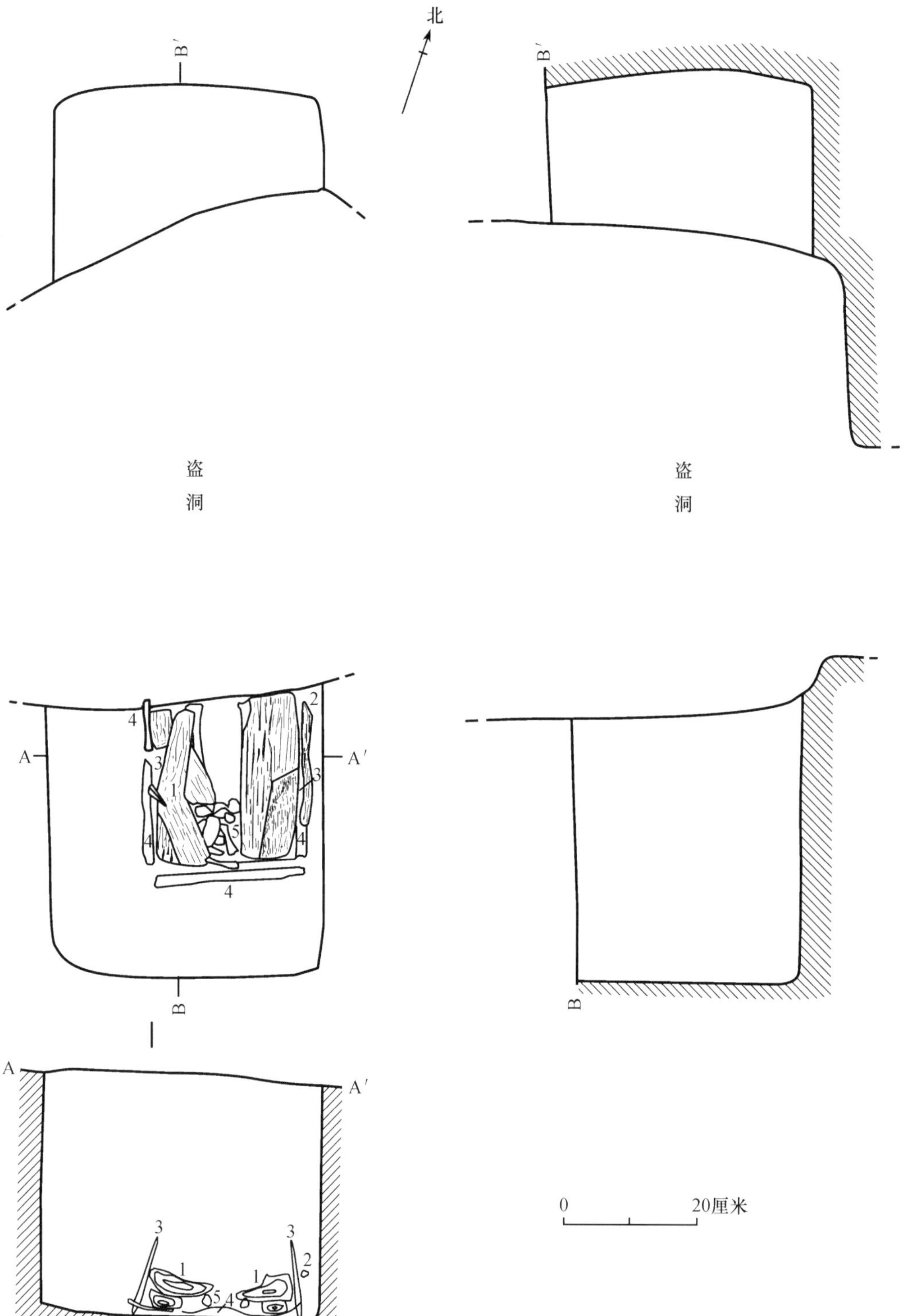

图三八一　2001IM4010 平、剖面图

1. 棺木　2. 棕木条　3. 棺钉　4. 白灰　5. 人骨

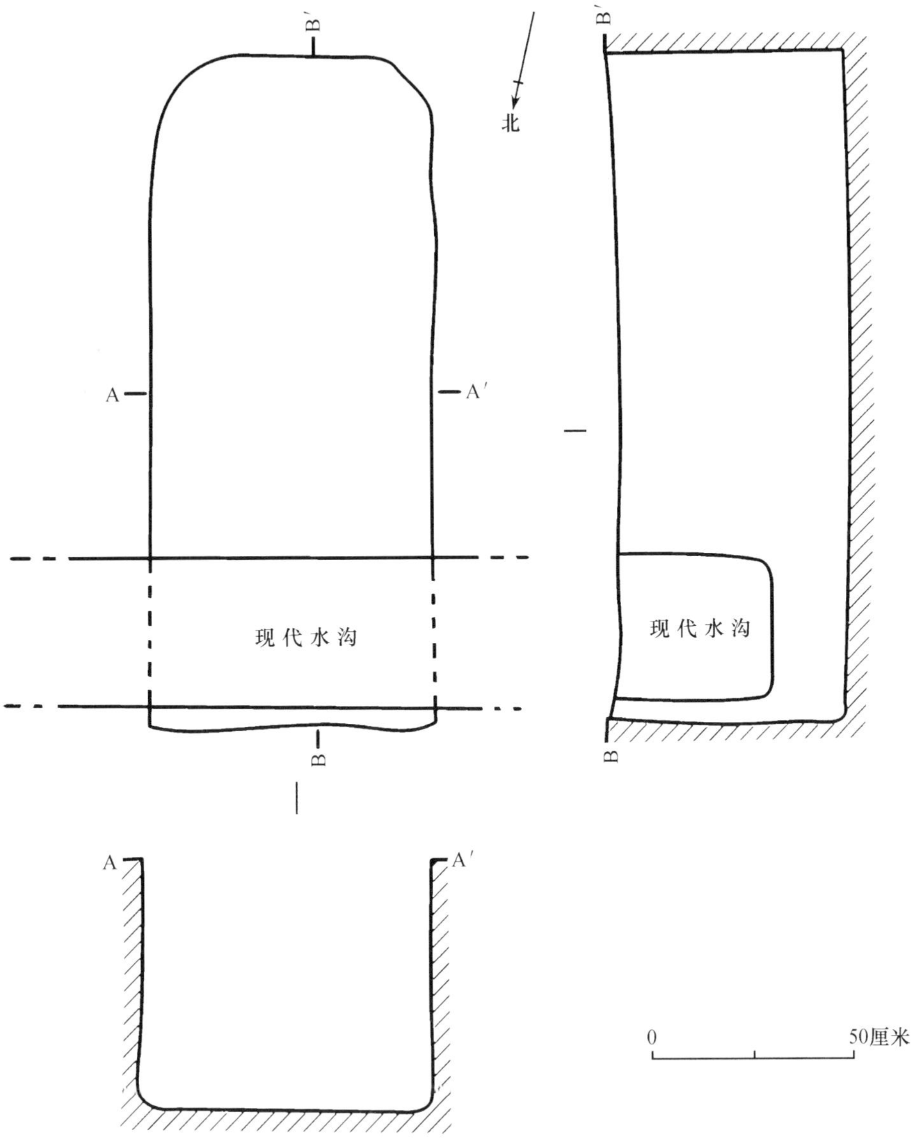

图三八二　2001IM8001 平、剖面图

2003IM5021

位于 2003IT。土坑墓，长方形，墓向 31°。墓底长 2.36 米，宽 0.8 米，残深 0.16 ~ 0.36 米。西南部墓底被现代盗坑打破。有人骨一具，仰身直肢葬，头向 31°。未见随葬品（图三八五）。

2004ⅣM1003

位于 2004ⅣTI031 东北部，被扰乱。土坑墓，长方形。墓底残长 1.4 米，最大宽 0.7 厘米，残深 20 厘米。未见人骨，葬式、头向不明。墓向为东西向。未见随葬品（图三八六）。

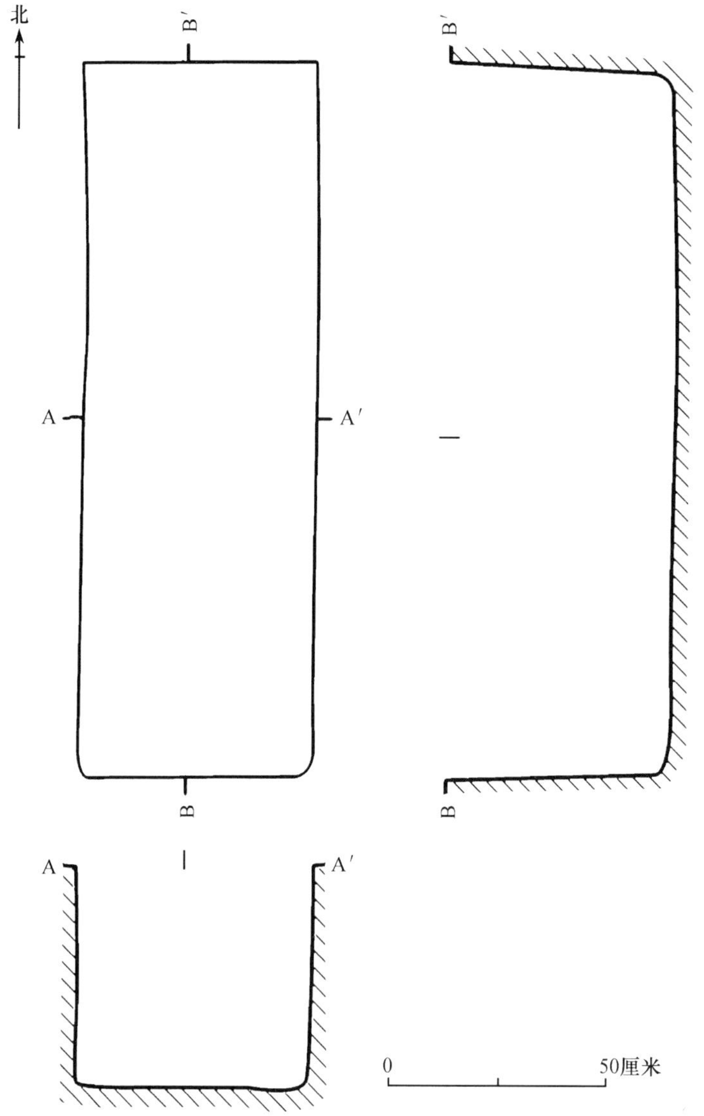

图三八三　2001IM8002 平、剖面图

2004ⅣM1005

位于 2004ⅣTI031 东南部，被扰乱。砖室墓，长方形，单室。墓室长 1.2 米，宽 0.8 米，残高 0.3 米。墓底铺有石灰，墓内有大量的木炭，可能是死者下葬后经过火烧，然后才向墓内填土。未见人骨和葬具，墓向为东北—西南向。未见随葬品（图三八七）。

2004ⅣM1010

位于 2004ⅣT1004 西部，进入 2004ⅣT1003 北隔梁，被扰乱。砖室墓，长方形，墓底铺砖。墓室长 1.8 米，宽 1.1 米，残深 0.2 米。仅见少量残骨，葬式、头向不明。墓向为东西向。未见随葬品。

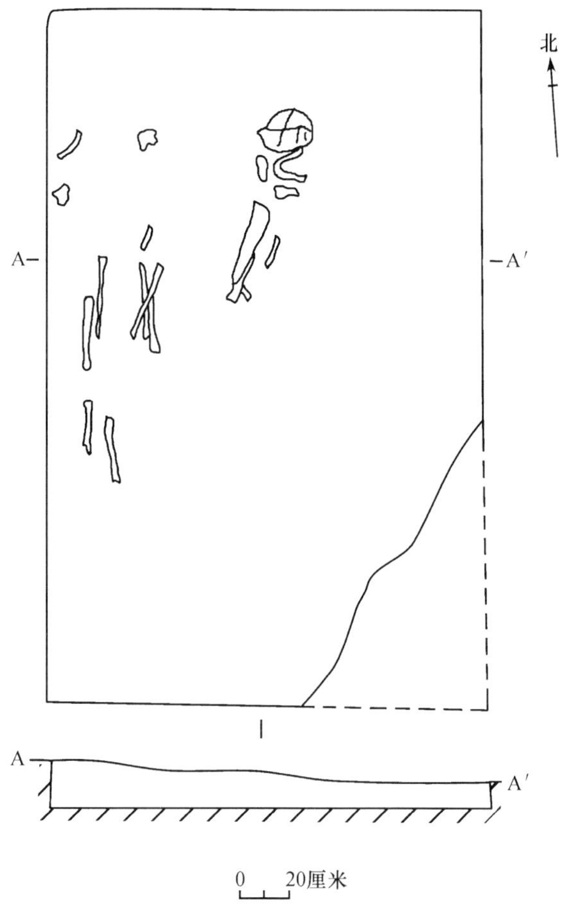

图三八四　2003IM1027平、剖面图

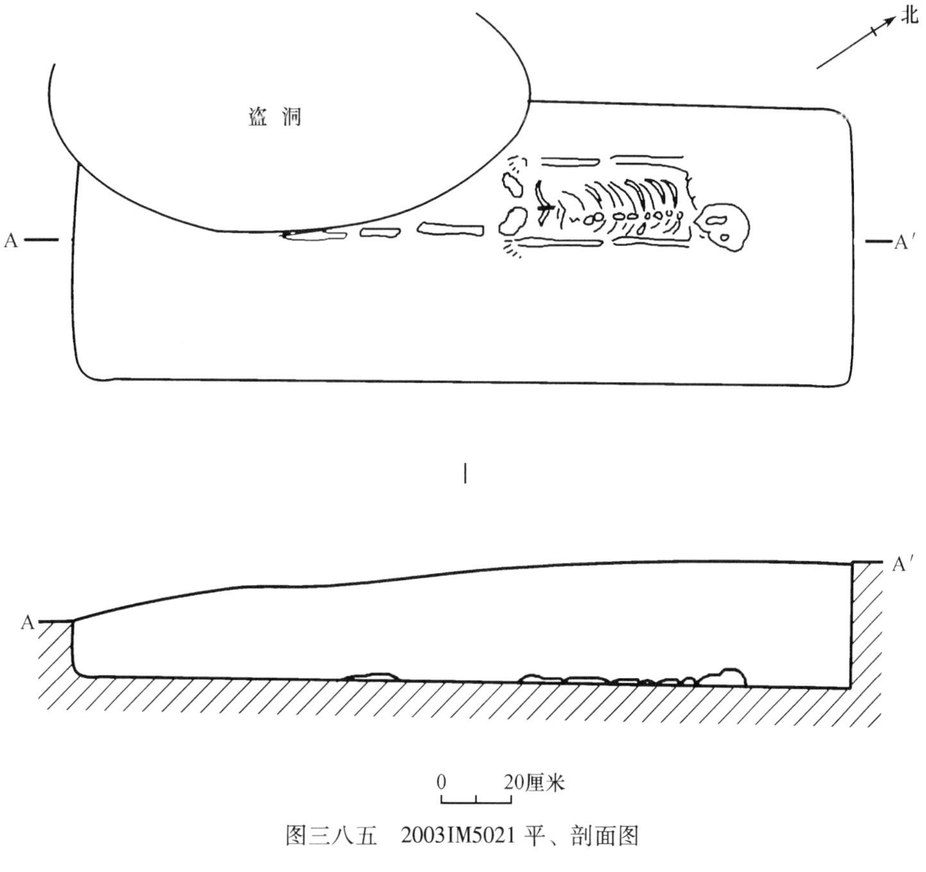

图三八五　2003IM5021平、剖面图

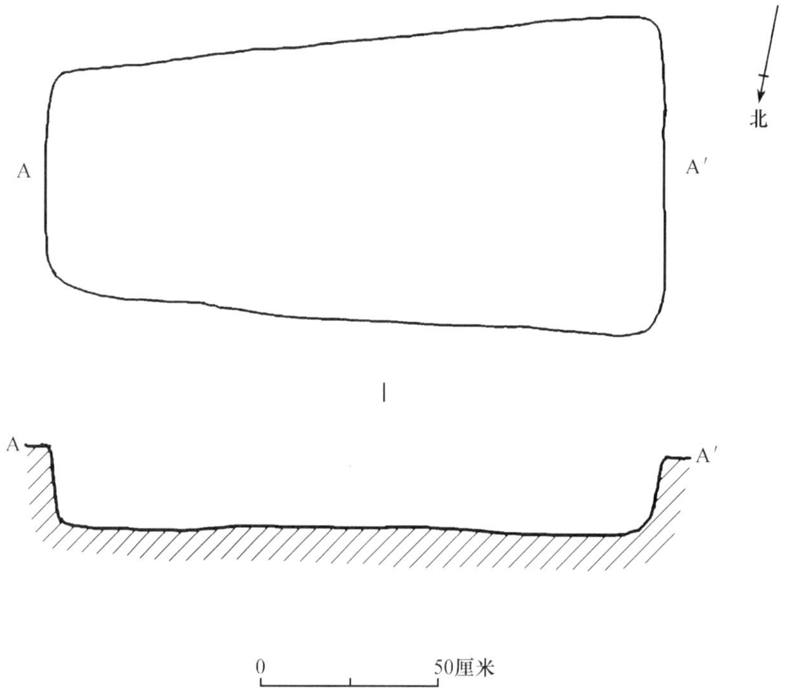

图三八六　2004ⅣM1003 平、剖面图

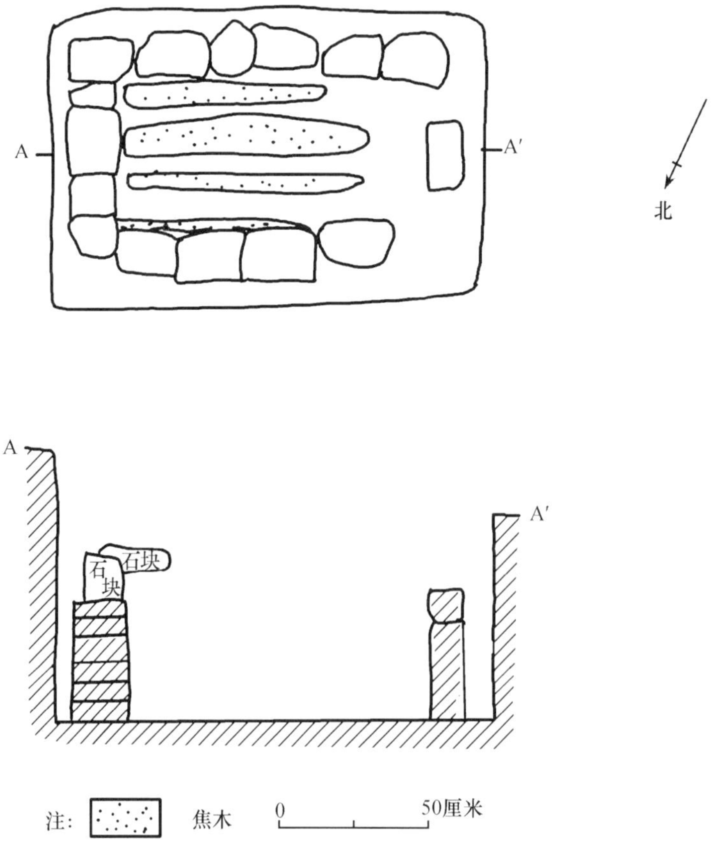

图三八七　2004ⅣM1005 平、剖面图

2004ⅣM2002

位于2004ⅣT2001南部，被扰乱。砖室墓，长方形。墓室长2.2米，宽0.9米，残高0.4米。有部分人骨，单人仰身直肢葬，头向5°。葬具腐朽，仅残留几枚棺钉。随葬品仅见铜指环1件。另外，填土中还出土铁器1件，锈蚀严重，器型难辨（图三八八）。

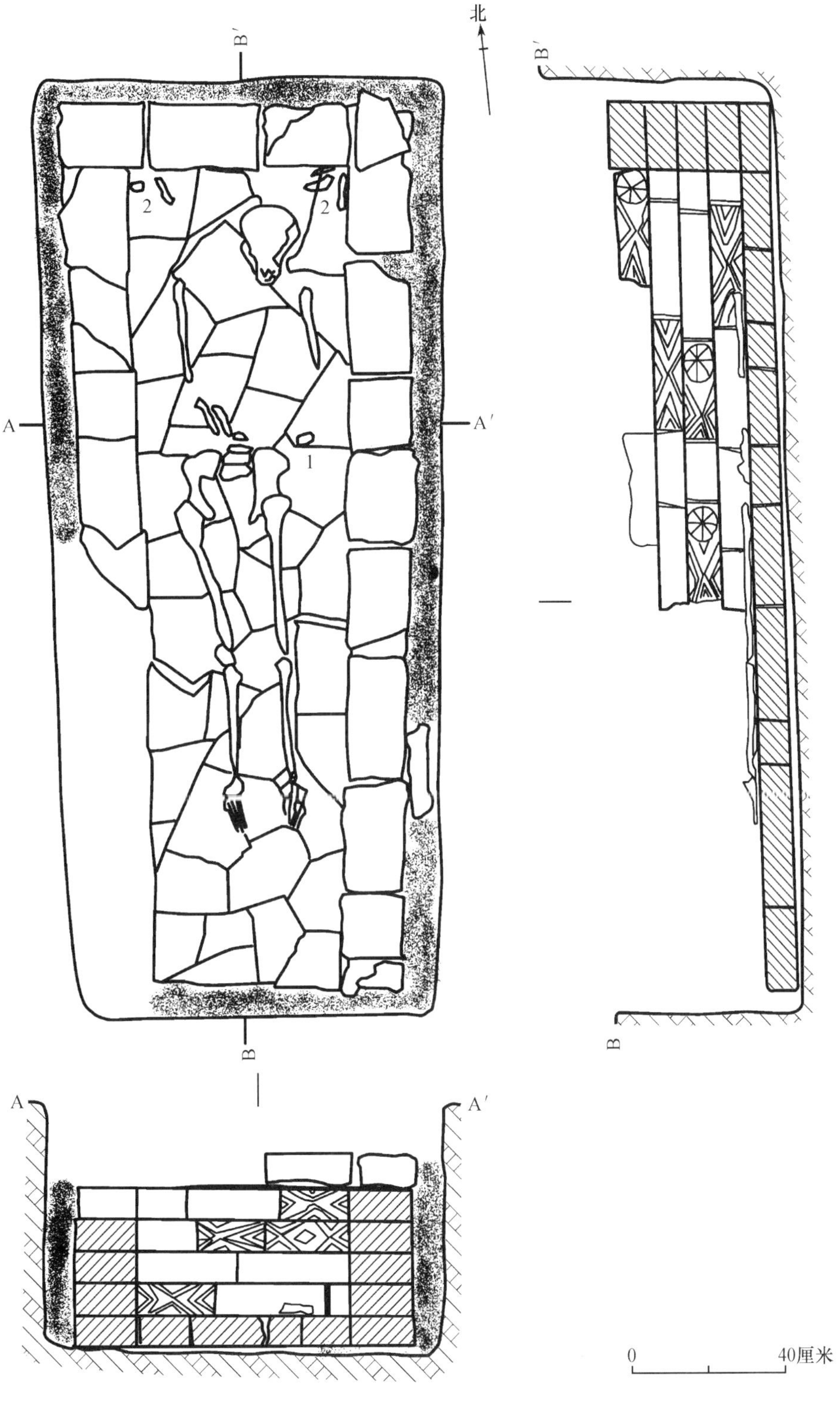

图三八八　2004ⅣM2002平、剖面图

1. 铜指环　2. 铁器

二、灰　　坑

2003IH1003

开口于耕土层下，打破生土。袋形坑，椭圆口、平底。坑口长径90厘米，短径80厘米，深80厘米。填土灰黄色，内含石块、几个青花瓷片、炭粒等（图三八九）。

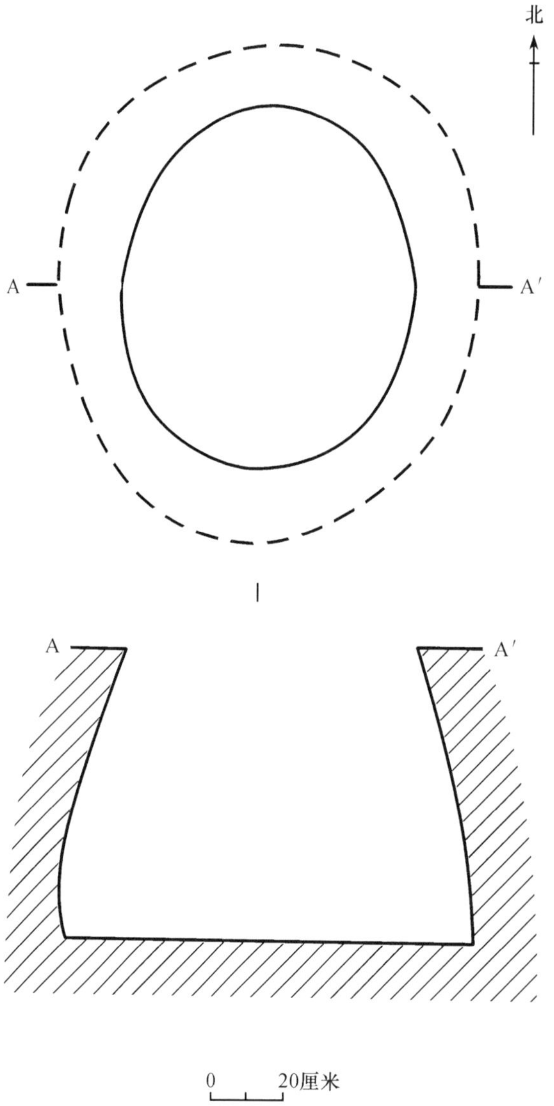

图三八九　2003IH1003平、剖面图

2003IH1005

开口于第2层下，打破2003IM1028。袋形坑，坑底经过抹泥处理。坑口长径1.1米，短径1.05米，深0.6米。没有出土遗物（图三九〇）。

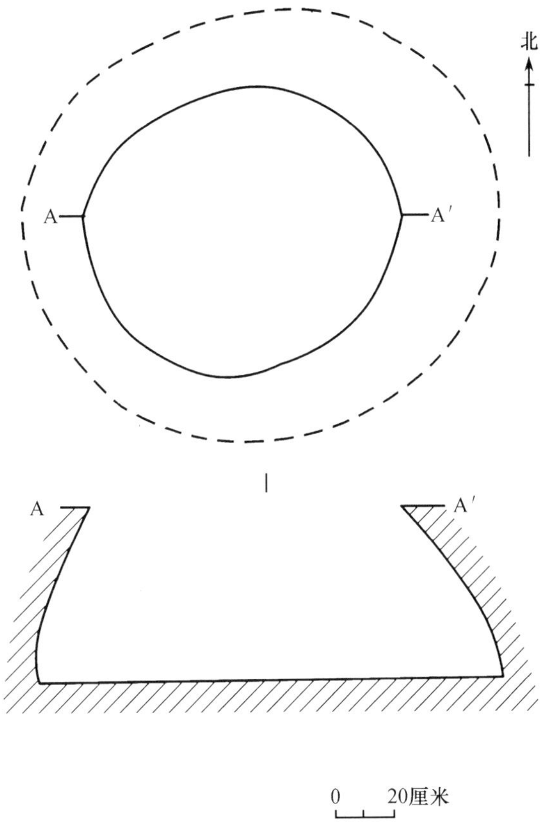

图三九〇　2003IH1005平、剖面图

2005ⅣH3001

圆角方形，锅底形坑，斜壁。坑底凸凹不平。最大径0.95米，最小径0.7米，深0.45米（图三九一）。坑内堆积较紧密，土色为深褐色，出土一些陶、瓷片，瓦片。

釉陶器　复原3件。

高足杯　1件。2005ⅣH3001∶4，白胎，施白色化妆土，有窑裂纹。敛口，尖唇，鼓腹，高圈足。口径10.6厘米，底径4.7厘米，高8厘米（图三九二，1）。

双耳罐　1件。2005ⅣH3001∶1，腹中部上施青釉，有流痕。直口，折唇，平折沿。短颈，小折肩，鼓腹，平底。双耳。外壁有轮制痕迹。口径11厘米，底径8.5厘米，高17.2厘米（图三九二,2）。

盆　1件。2005ⅣH3001∶2，红褐色胎，青釉，烧制粗糙，仅外壁腹之上施釉，有流痕。平沿，圆唇，弧腹，假圈足，内底有6个支钉痕。口径21.2厘米，底径10厘米，高7.1厘米（图三九二，3）。

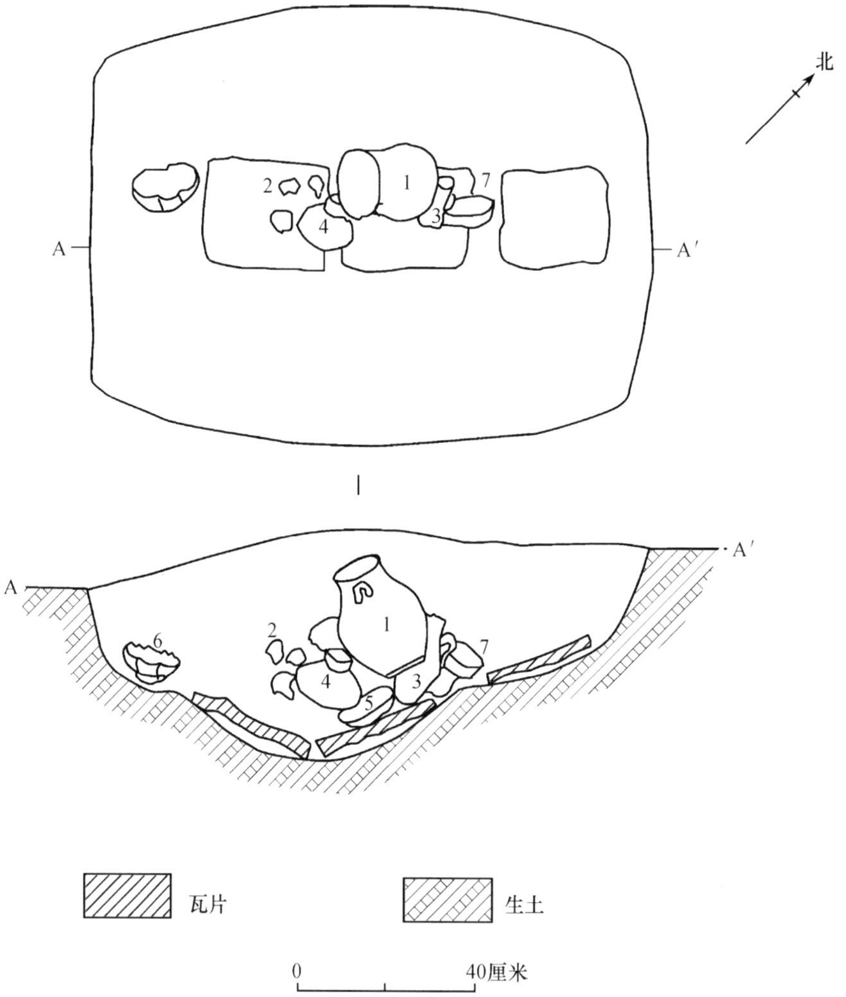

图三九一　2005ⅣH3001 平、剖面图

1. 釉陶双耳罐　2. 釉陶盆　3. 执壶　4. 釉陶高足杯　5. 碗　6. 莲瓣碗　7. 盘口壶

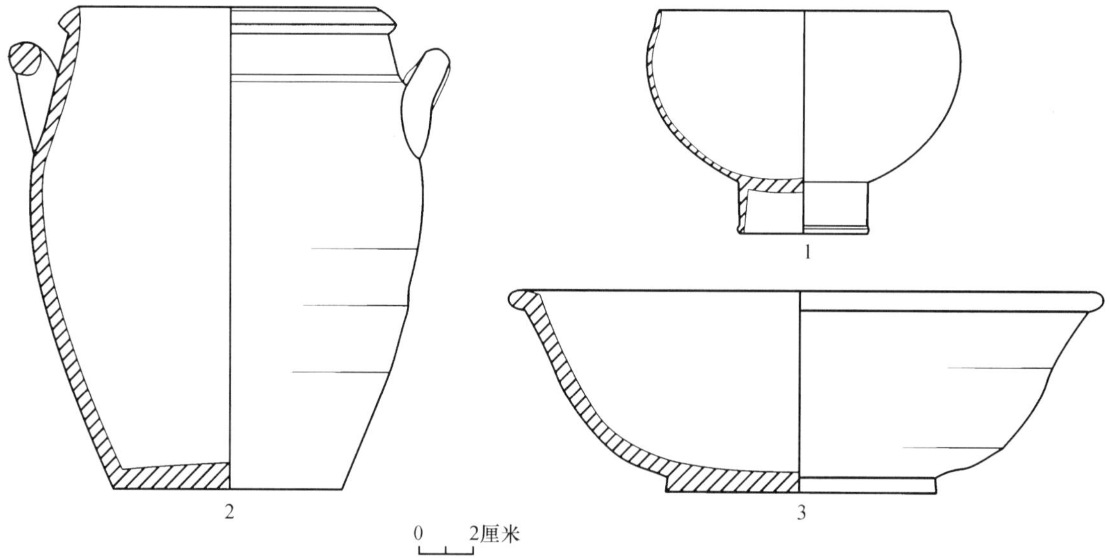

图三九二　2005ⅣH3001 出土釉陶器

1. 高足杯（2005ⅣH3001∶4）　2. 双耳罐（2005ⅣH3001∶1）　3. 盆（2005ⅣH3001∶2）

第七章　结　　语

宝塔坪遗址经过五次发掘，发掘结果表明它是以唐宋墓地为主体，兼有零散的战国至南朝墓、明墓，以及一处唐宋建筑址。通过整理，我们对宝塔坪遗址发掘资料得到一些粗浅的认识，供研究者参考。

一、对战国墓葬的认识

（一）墓葬年代

2000 年发掘的战国墓葬（2000IM1024）为一座小型土坑竖穴墓，墓穴平面长方形，有生土二层台，无墓道，单葬一人，未见棺椁。随葬的仿铜陶礼器置于头顶部位，为鼎 2、敦 2、壶 2 的成对组合形式。该墓结构以及随葬器物形制、组合等具有战国楚墓的一般特征①。出土的陶鼎（2000IM1024∶2、5）与湖北江陵雨台山楚墓所出二型陶鼎（M355∶15）及襄阳蔡坡战国墓所出Ⅲ式陶鼎（M7∶1）形制相近。出土的陶敦（2000IM1024∶7、8）与雨台山楚墓所出陶敦（M179∶4）及襄阳山湾东周墓所出Ⅳ式陶敦（M34∶1）形制接近。出土的陶壶（2000IM1024∶3、4）与雨台山楚墓所出二型陶壶（M355∶18）及蔡坡战国墓所出带盖圈足陶壶（M3∶6）形制略同②。上述墓葬的年代都为战国中晚期，2000IM1024 应与之大体相当。但 2000IM1024 出土的陶壶圈足较高腹较鼓，器形已有战国末期—汉初楚墓所出陶壶的风格。

2003 年发掘到的两座墓（2003IM1028、2003IM4016）也是鼎、敦、壶为基本组合，年代可能在战国晚期到秦代。

（二）文化特点

2003IM1028 为深穴土坑墓，没有被盗扰，仅出一套仿铜的陶礼器鼎、敦、壶、豆，可能等级比出两套陶礼器的 2000IM1024、2003IM4016 为低。虽然 2003IM1028 的墓口平面尺寸比 2000IM1024 为大，但是墓底的尺寸比 2000IM1024 小，与陶礼器反映的等级并不矛盾。3 座墓出土的陶鼎器身都有绳纹，具有一定的地方特色。

商周时期巴人的活动地域主要在渝东鄂西，范围不断变化。峡江地区商周时代属于巴人居住区，楚国向西扩张，在峡江内扶植建立了夔国，后又灭夔。巴受楚的分化蚕食，巴国疆域西缩。《华阳国志·巴志》说："七国称王，巴亦称王。"其疆域是"东至鱼复，西至僰道，北接汉中，南极黔涪"。这是战国时期巴的疆域，鱼复就是现在的奉节，宝塔坪遗址之下就是鱼腹浦，所以宝塔坪遗址正处于战国巴的东界，是巴楚争夺地带。

---

① 郭德维：《江陵楚墓论述》，《考古学报》1982 年第 2 期。

② 荆州博物馆：《江陵雨台山楚墓发掘简报》，《考古》1980 年第 5 期；湖北省博物馆：《襄阳蔡坡战国墓发掘报告》，《江汉考古》1985 年第 1 期；湖北省博物馆：《襄阳山湾东周墓葬发掘报告》，《江汉考古》1983 年第 2 期。

《华阳国志 · 巴志》："秦惠文王与巴、蜀为好。蜀王弟苴侯私亲于巴。巴蜀世战争，周慎王五年，蜀王伐苴侯。苴侯奔巴。巴为求救于秦。秦惠文王遣张仪、司马错救苴、巴。遂伐蜀，灭之。仪贪巴、苴之富，执王以归。置巴、蜀及汉中郡。分其地为四十一县。仪城江州。司马错自巴涪水，取楚商于地，为黔中郡。"公元前 316 年，秦惠王应巴的要求，使张仪、司马错率大军南下灭了蜀国。顺道向东灭了巴国。在江州设立巴郡，成为秦始皇 36 郡之一。宝塔坪遗址的战国墓葬为楚文化特点的墓葬，时代在战国晚期，应该是秦灭巴后，为秦控制的巴地楚人墓葬。墓葬只出陶礼器，不见兵器，也可能与秦占领该地有关。

二、对汉墓的认识

（一）墓葬年代

2000IM1006 为土坑竖穴墓，出土的五铢钱（2000IM1006∶4、41），五字交笔较直，金字头三角形，朱字头方折或稍圆折，相当"洛阳烧沟汉墓"所出第Ⅰ、Ⅱ型五铢钱，为西汉晚期通行的货币。出土的铜鍪（2000IM1006∶1）与湖北宜昌前坪 3 号墓所出铜釜（前 3∶1）形制略同。但 2000IM1006 出土铜鍪的口径明显小于最大腹径，而前 3∶1 铜釜的口径与最大腹径大体相等。发掘报告将前坪 3 号墓的年代推定为东汉前期[①]。考虑到铜鍪有口径逐渐增大的演变规律[②]。加之 2000IM1006 出土的五铢钱为西汉晚期形式，因此 2000IM1006 的年代应在西汉晚期。

2000IM1025 出土的"大泉五十"为新莽时期货币。出土的陶壶（2000IM1025∶22）与重庆巫山麦沱汉墓所出Ⅰ式釉陶壶（M10∶1），以及四川西昌礼州汉墓所出Ⅱ式陶壶（M2∶4）形制接近。出土的陶釜（M1025∶35）与巫山麦沱汉墓所出 C 型Ⅱ式盂（M40∶48）形制相似[③]。发掘报告将上述墓葬的年代推定为西汉晚期—东汉初，故 2000IM1025 的年代应在新莽—东汉初。

2001IM4009 共葬 5 个人，他们是在不同时间下葬的。从铜钱和棺灰的位置分析，后室西起第一人和第二人最早，可能是夫妻。随葬的铜钱都是王莽的大泉五十，年代可能是在新莽时期。第三人和第四人的位置偏下，可能是其晚辈。第三人随葬的钱是东汉早期五铢钱，下葬的年代可能是在东汉早期。第四人随葬的五铢钱与第三人不同，可能年代比第三人晚。第五人位于前室，辈分最低。随葬的钱与第四人的五铢钱相同，前室较窄，第五人位于中部，两侧遍布器物，当第五人下葬后，后室就无法再安葬其他人，所以，第五人的下葬年代应该比第四人还要晚。综合分析，该墓的使用年代推测在新莽到东汉中期。前室器物可能是属于第五人的，如果推测不误，这些器物的年代是东汉中期的。而后室四人的随葬品除了铜钱和王莽时期的带钩外，其他物品已经被盗。

2001IM3032 是石室墓，根据陶勺、五铢钱、盘口壶、石室墓等特征推测 2001IM3032 的年代为东汉。

2001IM7001 为砖室墓，出土陶听琴俑、抚琴俑、博山炉盖等在丰都的赤溪 M2、M3 出土的同类器相似[④]，墓的年代可能在东汉。

2001IM4014 出土的五铢钱与 IM4009 的 B 型五铢钱相同，陶器和釉陶器也是东汉墓中常见器，

---

① 湖北省博物馆：《宜昌前坪战国两汉墓》，《考古学报》1976 年第 2 期。

② 陈文领博：《铜鍪研究》，《考古与文物》1994 年第 1 期。

③ 重庆市文化局等：《重庆巫山麦沱汉墓群发掘报告》，《三峡考古之发现》（二），湖北省科学技术出版社，2000 年。礼州遗址联合考古发掘队：《四川西昌礼州发现的汉墓》，《考古》1980 年第 5 期。

④ 四川省文物考古研究所：《丰都县三峡工程淹没区调查报告》，《三峡考古之发现（二）》，湖北科学技术出版社，2000 年。

该墓年代在东汉中晚期。

2003IM2004 为土坑墓，出土的铜钱为西汉五铢，其年代可能在西汉时期。2003IM2003 近方形的土坑墓，与 2003IM1028 相近，所出斜腹平底盆与忠县崖脚墓地①新莽时期 BM22 出土的斜腹平底盆相似，该墓年代可定在西汉。

2003IM9001 为石室墓，墓室为被扰动部分的器物为三峡东汉墓葬常见，其中出土的陶子母鸡花纹与云阳故陵东汉 M11 相同②。所以可以确定是东汉墓。

2003ⅡIM1004 为砖室墓，出土的陶俑是三峡东汉墓中常见之物，可定在东汉。

2004ⅣM1012 为砖室墓，有并列的 3 个墓室，墓中出土了铜釜、凹弦纹灰陶罐、灰陶甑、灰陶灯、灰陶钵等东汉墓中常见的器物，可以确定为东汉时期。

2005ⅣM2017 为土坑墓，出土物仅的陶钵、釜与忠县崖脚墓地汉墓出土器物相似，可以认为是汉代墓。

（二）葬俗

2001IM3032 是石室墓，墓内被盗掘严重，人骨散乱，葬式不明，从出土了 10 件头骨残部分析，这些头骨片应属于 10 个个体，该墓应为多人合葬墓。

2001IM4009 共葬 5 个人，他们是在不同时间下葬的。从铜钱和棺灰的位置分析，后室西起第一人和第二人最早，甬道最晚。

2000IM1006 墓内共葬五人，墓穴的西部并葬二人，头向南，均有木棺痕迹。墓穴东部并葬二人，头向北；在墓道的东侧埋葬一人，头北向；三人均未见棺痕，但人架附近出有铁棺钉，推测原也应使用木棺。从发掘情况推测，位于墓穴西部头南向的两具人骨，应是最初埋葬的。后葬者与先葬者的头向相反，此类现象亦见于重庆万州塘坊 M12、瓦子坪 M15③。

宝塔坪东汉墓中多合葬，墓室和甬道都葬人，而且同墓室内头向有南北相反者。这些合葬墓可能属于家族合葬墓，以单室大墓为主，同时还发现了一座属于“同穴异藏”的一墓穴内三室并列的墓葬，可能是一夫二妻多合葬墓。

（三）2001IM4009 的墓葬形制

2001IM4009 的形制特殊。前室有石板砌筑的东西墙，门上有横梁的坎槽，清理室内时始终没有发现塌落的砖石材料，所以可以推测前室的顶部和墓门是用木质材料构筑的。这种形式的墓葬很少见到，过去曾经在南京栖霞山的西北山坡曾经清理过 3 座木顶石椁的汉墓④。后室也没有发现任何砖石建筑材料，土圹墙壁上有抹泥，而棺灰与墓室壁很近，没有建石墙的空间，所以，后室不是砖石建筑墓室。怀疑是用木材构筑墓室，但没有发现木材遗迹。木石结构的墓葬，可能是由木椁墓

---

① 北京大学考古文博院三峡考古队等：《忠县崖脚墓地发掘简报》，《重庆库区考古报告集·1998 卷》，第 715 页，图三十七，12，科学出版社，2003 年。

② 中国历史博物馆故陵考古队等：《云阳故陵楚墓发掘报告》《重庆库区考古报告集·1998 卷》，第 406 页，图二十一，3，科学出版社，2003 年。

③ 李大营、肖贵田：《重庆地区东汉六朝时期合葬墓中的有关问题》，《重庆 2001 三峡文物保护学术研讨会论文集》，科学出版社，2003 年。

④ 葛家瑾：《南京栖霞山及其附近汉代墓葬清理简报》，《考古》1959 年第 1 期。

演变到石室墓的过渡形式，过去发现资料很少。所以该墓形制对研究三峡地区汉墓演变有重要参考价值。

（四）铜印章

2003IM2004 出土的铜印章的印面文字笔画的高度不在一个平面上，不适合在平面纸上压印出印文。隋以前私印主要是在封泥上使用，属于“阴阳文”，隋以后在纸面上使用的印，称“朱白文”，这件私印的印面不平，应该是在封泥上使用的阴阳文印。

三、对六朝墓的认识

宝塔坪六朝墓可分 2 组。

第一组有 2001IM4013、2001IM2001。第一组墓的墓向特殊，墓的墓中轴方向与山坡的坡势方向垂直，即横在山坡处，与本遗址其他时代墓的方向都不相同。

2001IM4013 为砖墓，出土的钱币中有三国时期的直百五铢和太平百钱，其年代不会早于三国时期。五铢中有一枚沈郎五铢，沈郎即沈充，是东晋人，死于太宁二年（公元 324 年）。所以该墓的年代晚于三国蜀汉，属于东晋时期。出土的陶俑风格与汉俑和三国俑都不同，而与成汉时期墓葬陶俑有类似之处，所以，可以推测该墓是“十六国”之成汉的墓葬。

成汉是巴賨贵族李雄所建。西晋末年，秦、雍二州连年荒旱，略阳、天水等六郡賨人和汉人等不得不流徙至梁、益地区就食。他们入蜀后，由于地方官吏的贪暴和政府限期迫令流民还乡，賨人李特等利用流民的怨怒，于公元 301 年在绵竹聚众起义。李特死后，其子李雄继领部众，攻下成都，据有益州。公元 304 年李雄称成都王，公元 306 年改称皇帝，国号大成，都成都。公元 334 年雄病死。兄子李班继位，同年雄子李期杀李班自立皇帝。公元 338 年李特弟弟李骧之子李寿杀李期自立皇帝，改国号为汉，史称成汉。公元 343 年寿死，子李势继位。公元 347 年东晋桓温伐蜀，李势兵败出降，成汉亡。2001IM4013 出土的铜钱普遍铸造质量不好，多为减重钱。陶俑制作粗糙，相貌丑陋，反映了成汉时社会动荡严重影响了当地经济生活和精神风貌。

第二组有 2001IM1024、2001IM5012、2001IM5003、2004ⅣM1001、2004ⅣM1002、2005ⅢM1004、2005ⅣM1016，出土了形制相似的青瓷器。其中 2001IM5012、2001IM5003 出土的瓷罐（2001IM5012:1、2001IM5003:1）与丰都汇南 M12:4 相似①，该墓被断在东晋，也与南昌火车站东晋墓 M4 出土的四系罐类似②。所以这 2 座墓葬的年代推断在东晋。其他墓葬可定在六朝时期。

四、对唐宋墓的认识

（一）分期与年代

唐宋墓葬多数被盗掘严重，甚至形成空墓，只能有一部分墓葬可以进一步分期。根据出土时代特征明显的瓷器、铜钱、碑资料，可以把时代特征明确的唐宋墓分为三期。第一期为中晚唐、五

① 王力军：《丰都地区两汉—南朝墓葬的初步研究》，《重庆 2001 三峡文物保护学术研讨会论文集》，科学出版社，2003 年。

② 江西省文物考古研究所、南昌市博物馆：《南昌火车站东晋墓葬群发掘简报》，《文物》2001 年第 2 期。

代；第二期为宋代，第三期为南宋晚期到元代。《奉节宝塔坪墓地唐宋墓葬研究》一文对器物进行了细致对比分析和年代考证，读者若需要了解瓷器详细年代特征信息，可参考该文①。

第一期：2000IM1013、2000IM1037、2000IM1050、2000IM1066、2000IM1068、2001IM1005、2001IM1006、2001IM3002、2001IM1023、2001IM3001、2001IM3008、2001IM3018、2001IM5011、2004IM2007、2004ⅣM2010等。墓葬形制包括土坑墓、土洞墓和砖（石）室墓。代表性的器物有盘口壶、短流壶、台底碗、玉璧底碗、八卦铜镜、蹀躞带牌等。有的盘口深的盘口壶已经到五代时期。

第二期：2001IM1018、2001IM3025、2004ⅣM1008、2004ⅣM1009、2004ⅣM1011、2000IM1005、2000IM1047、2001IM1020、2001IM3006、2001IM3019、2001IM3029、2001IM1062、2001IM4006、2001ⅣM5018、2001ⅣM5022、2003IM5018、2004ⅣM1009、2005ⅣM2013等。墓葬形制包括土坑墓、土洞墓。代表性的器物有影青瓷器、黑釉束口盏、宋代铜钱、带柄铜镜等。2003IM5018前发现载立于土坑墓前的石碑，碑文剥蚀严重，但可知是北宋太宗淳化元年，即公元990年。该墓底出土的瓷盘是难得的有纪年的标准器。此外，在地层出土的政和通宝银钱也是少见之物。

第三期：2001IM4001、2001IM4007、2001IM4008、2004ⅣM1004、2004ⅣM1006等。墓葬形制包括土坑墓、土洞墓、石圹瓮棺火葬墓，还有石板搭建的火葬墓。在第Ⅳ区的2004ⅣM1004是长方形土坑竖穴墓，出土南宋绍兴元宝，属于南宋时期。2001IM4008的墓顶盖石是利用了北宋末的墓志石，墓志文记载墓主人张仲成于宋徽宗大观元年正月（1107年）寿终，宋徽宗政和八年（1118年）其妻康氏为其刻墓志。因此此墓建造应该在该墓地被破坏后，即南宋或更晚。如果考虑元代蒙古军队攻破白帝城对城内居民的影响，认为此墓的年代晚到元代的可能性很大。

（二）墓地分布范围与规模

唐宋墓葬是宝塔坪遗址主体遗存，墓葬集中分布在宝塔所在的第Ⅰ区的西部和北部，以第1、3、5小区为最密集。它们相互临近，这些墓葬可能本是一处大型墓地，今天被变电厂、公路、民房等未发掘区分割。经过发掘，这个墓地的公路以下的南边、东边和西边已经确定，墓地南边缘在第2小区，东边缘在第4小区西边缘，墓地西边缘在电厂公路下的陡坎处，墓地基本分布在宝塔所在的较缓的山坡和顶部平台。

在这个分布区内墓葬十分密集。在3区每个5米×5米探方内都有墓葬发现。这里的墓葬埋藏浅，又随葬有经济价值高的瓷器，随着一些盖房、修路、修梯田等破土行为被发现后，被盗挖十分严重，有的探方内已经被挖掘成连体多叉的深沟，可能是本有几个打破的古墓，被盗掘者顺填土掏挖得面目全非，只能做现代坑处理，形成“空方”。在5区，据一位居民反映，20世纪60年代修建房子时曾发现过大量陶、瓷器。90年代修建新公路（现在的鱼复开发区街道）时穿过遗址的北部，也曾经收集到很多唐宋瓷器（现存白帝城博物馆），唐宋墓地的北部可能已经延伸到新公路之北。那么这个墓地是很庞大的，我们估计原有600座以上墓葬。

（三）墓地的性质

唐宋时期的夔州建制与名称几经改变，治所或在白帝城，或在奉节县城。在唐武德二年（公元

① 王晶：《奉节宝塔坪墓地唐宋墓葬研究》，吉林大学考古系硕士论文，2006年。

619年）改信州为夔州，并设总管府于白帝城。贞观二十三年（公元649年），为旌表蜀国丞相诸葛亮奉刘备“托孤寄命，临大节而不可夺”的忠君爱国品质，改人复为奉节县，为州治。唐天宝元年（公元742年）废州，置云安郡，隶属山南东道，奉节为其属县。乾元元年（公元758年），改云安郡为夔州。宋朝时，夔州路辖数十县，治白帝城。景德二年（公元1005年），将路、州、县治迁至梅溪边的奉节县城。重庆市考古所在白地城的考古工作中发现了宋城遗迹，面积5万平方米，其中保留下来的南宋城墙7000余米。今日白帝城与奉节老县城相距7.5公里，宝塔坪位于两地之间，这处墓地，墓葬数量多，分布密集，缺乏大墓，应该是白帝城或奉节县城城内普通居民之墓地。

这个墓地虽然墓的数量多，但是墓葬无大型墓，多小型墓，等级低，是城内一般居民的墓地。墓葬形制复杂，有土坑墓、土洞墓、砖室墓和石室墓，与城内居民文化来源复杂相关。土洞墓的形制较以前墓葬形制大不相同，在当地找不到来源，应该是来自北方地区。安史之乱（公元755～762年）后，北方地区战乱不断，大量北方人南迁。北人大量存在于夔州等地，时任夔州刺史的刘禹锡（任夔州刺史时间公元821～824年）吸收巴渝民歌创作了《竹枝词》九首，其一曰：“白帝城头春草生，白盐山下蜀江清，南人上来歌一曲，北人莫上动乡情”。其七曰：“楚山巴水江雨多，巴人能唱本乡歌，今朝北客思归去，回入纥那披绿罗。”这些诗歌正说明了当时的夔州乃至整个峡江地区都存在着大量南迁的北人。宝塔坪唐宋墓地墓葬数量多，从一个侧面反映了唐宋夔州府治的繁华，而土洞墓的大量存在证实了夔州城内有很多北人定居于此。墓地分期结果显示，土洞墓的比例不断下降，这种现象反映了唐代中晚期迁入的北人随着时间的推移而受当地习俗的影响加深，越来越多的人接受当地的墓葬形制。

（四）毁器葬俗

在2000IM1010、2000IM1066、2000IM1028墓中出土的盘口壶的四系均系有意被打掉；2000IM1041出土的1枚铜镜（2000IM1041∶2）也系被故意断为两半，2000IM1050出土的1枚铜镜（2000IM1051∶1）有一道裂纹，正背面位置重合，似人为所致，只是尚未完全断开。2001IM1006的墓底没有被盗扰，出土了两个半枚开元通宝，其中，有一半还有明显的折断的弯痕，而盘口壶、陶片都不是完整器。这些均说明该墓地存在着毁器现象。

（五）中国首次发现乌银工艺产品

2001IM1006所出的下颌托经过检测分析是乌银，基片是银质，银片纯度可达92%以上，所含杂质元素主要为铜和金。该器物使用捶揲工艺冷锻而成，表面涂有一层银和铜硫化物的混合物，系使用了喷涂乌银工艺。是在表面刻花纹，然后往花纹的沟内填银和铜硫化物，使黑色花纹与白色银体呈现对比鲜明的花纹。这是中国首次发现乌银工艺产品，这个工艺来源于中亚，是唐朝的中外文化交流的重要物证。

五、对唐宋建筑遗迹的认识

宝塔坪遗址唐宋建筑遗迹仅分布在第Ⅰ区的第4小区，为三峡地区唐宋考古增加了重要资料。对这些建筑遗迹的初步认识如下：

2001IF3 被唐代瓦砾层叠压，在第 4 小区地层内没有发现比唐代更早的遗物，所以，推测 F3 的年代是唐代的。它被 F4 打破，与其他房子相比，偏向东，所以，它是这些房子中年代最早的。

2001IF3 是本次发掘中规格最高的房子，有深厚的垫土基础和华丽的包石条台基，而且后壁接近转角处有两块带忍冬纹的条石，柱础石上也有花纹，可以想象该建筑是宝塔坪最雄伟的建筑。揭露出的两个柱础石，大小不同，距离北壁间距不同，高低也不同。相对而言，西侧的柱础石小而薄、距离北壁远、位置高，可能是它承重小，柱子细；东侧柱础石大而厚、距离北壁远、位置低，可能它承重大，柱子粗。西侧柱础所承是次间的角柱，东侧柱础所承是主间和次间共用的连间柱，柱础的区别是与各自功能差别有关。该建筑台基的中层石条内收，属于须弥座形式，条石上的忍冬纹也有佛教色彩，这座较雄伟的建筑可能与宗教建筑有关。

2001IF4 的倒塌堆积出有莲花瓦当、“开元通宝”铜钱，推测为唐代房址。F4 是本次发掘保存最好的房子，有前后两排石柱础，至少三开间，有华丽的瓦当和兽面饰件，房子内出土了佛教造像、铁鼎炉、瓷鼎炉，而粗糙的盏也有可能是烧香的用具，缺乏住房日常用品，房子的性质可能不是一般的民用住房，有可能是与佛教有关的建筑。方形兽面建筑构件，眉间有一穿孔。该构件正处于 F4 房脊外侧，可能是悬挂在房脊上。

2001IF2 是地面式红烧土房子，没有台基，面积很小，室内地面和废弃堆积中有羊的下颌骨，反映了房子的功能与 F3、F4 不同，可能是生活住房。唐代的红烧土居住面房子，在三峡地区还没有发现过，为研究三峡唐代住房增添了新资料。

六、对明墓的认识

宝塔坪明代墓葬都是小型的土坑竖穴墓，出土瓷器、釉陶罐，墓葬使用白灰铺底和用瓦的葬俗在三峡地区常见。随葬刻“金木水火土”、“子孙兴旺”金饰片，是三峡地区首次发现。2001IM4002 出土的金饰片刻“金木水火土”，应该是五行牌饰。《云笈七签》：“元气分叛，天地开张，阴阳贯位，化生五行，金木水火土，总御中元。”① 道家的世界观认为，混沌世界，分为阴阳，析为五行。也就是说世界是变化的，变化的规则是按照阴阳五行运行。“子孙兴旺”金饰片与“金木水火土”金饰片风格相同，大小相等，都是圆形轮廓，内区圆形，外区分 4 格，应该是同一类型的饰物。“子孙兴旺”金饰片虽然出在女性头骨的口内，但饰片面有 5 个穿孔，下葬之前也应该是缀挂之饰件。二者共见于一个墓地，形制的类似表明相互应有关联。圆形的轮廓，外 4 内 1 的五格布局，包含五行之义。宝塔坪明墓女子以寓五行之“子孙兴旺”金饰片为口含入葬，其目的也是希望家族五行调和而子孙兴旺②。

---

① （宋）张君房《云笈七签》卷五十一，《道藏》1987 年版，第 22 册。

② 冯恩学：《奉节宝塔坪出土的铭文金牌饰》，《文物》2008 年第 7 期。

附　　表

附表一　战国墓葬登记表

编号	形制	方向	规格	人骨与葬具	随葬品
2000IM1024	土坑竖穴墓	头向90°	墓口长2.7米，宽1.83米，深2.3米	单人仰身直肢葬	陶鼎2件、陶敦2件、陶壶2件
2003IM1028	土坑竖穴墓	头向305°	墓口长3.6米，宽2.5米。墓底长2.3米，宽1米，深2.8米	单人仰身直肢葬，骨骼保存很差	陶鼎1件、陶敦1件、陶壶1件、陶豆2件、铜铃3件、铁带钩1件、骨簪1件
2003IM4016	土坑竖穴墓	东西	墓残长1.1~3.2米，宽2.18米，残深0.35米		陶盘1件、陶鼎2件、陶壶2件、陶敦2件
2005IVM2017	可能为土坑竖穴墓	西北—东南	墓残长0.84米，残宽0.38米，残深0.16米		陶釜1件、陶盆1件

附表二　汉—六朝墓葬登记表

编号	形制	方向	规格	人骨与葬具	随葬品	年代
2000IM1006	土坑竖穴墓	东西	墓道南北长1.86米，东西宽2.06米。墓口东西长3.64米，南北宽2.51米，深1.73米	墓内共葬五人，骨架大都腐烂无存，只保存部分下肢骨和头骨碎片；发现有木棺痕迹和铁棺钉	陶壶1件、陶罐7件、陶盒2件、陶盒盖1件、陶钵5件、陶盆1件、陶甑2件、陶釜1件、陶灶1件、石板1件、石方形器1件、铜鍪1件、铜钱8枚	西汉晚期
2000IM1025	土坑竖穴墓	头向180°	墓道南北长0.94米，东西宽1.22米。墓口东西长2.82米，南北宽2.9米，深0.55米	骨架扰乱严重，只在墓穴的西南角及中部，存有少量肢骨碎片；骨架周围出有铁棺钉	陶壶3件、陶盆1件、陶罐9件、陶盒2件、陶盒盖1件、陶碗1件、陶魁2件、陶勺1件、陶钵9件、陶釜2件、陶鍪2件、陶甑1件、陶灶1件、陶灯2件、陶仓1件、铜钱7枚	东汉初
2001IM4009	土圹石墙双室墓，由墓道、前室、后室组成	南北	墓道长6.8米。前室石墙内东西长2.6米，南北长2.2米。后室南北长3.4米，东西长4.5米，深4.2米	骨架大都腐烂无存，只在后室残留一段上肢骨和一段下肢骨；发现有棺灰和木棺漆痕	铜箍1件、铜带钩1件、大泉五十72枚、铜五铢142枚、铁釜1件、铁支架1件、陶碗8件、陶甑2件、陶灶1件、陶罐12件、陶子母鸡1件、陶公鸡1件、陶狗1件、釉陶盘口壶1件、釉陶博山炉1件、釉陶钵2件、釉陶器盖1件、釉陶竹节杯1件	新莽到东汉中期

续表

编号	形制	方向	规格	人骨与葬具	随葬品	年代
2001IM3032	石室墓，有长方形墓道	东北—西南	墓道长1.46米，宽2.1米。墓室长6.34米，宽2.5米，高2米	填土中发现一些人骨，其中有头骨10个	釉陶勺1件、陶盘口壶1件	东汉
2001IM7001	砖室墓，有甬道，券顶	东北—西南	甬道宽1.64米，长2.2米，残高1~1.2米。墓室揭露出的长1.6米，宽3米，残高1.8米		陶博山炉盖1件、陶灶1件、陶钵1件、陶盏1件、陶猪1件、陶侍俑8件、陶武士俑1件、陶拍鼓俑1件、陶抱琴俑1件、陶抚琴俑1件、陶坐俑1件、陶听乐俑1件、陶屋1件、釉陶带把钵1件、釉陶器盖1件、釉陶魁1件	东汉
2001IM4014	砖室墓	西北—东南	墓室长6.3米，宽2.04~2.26米，残高0.7~1.6米		铜碗1件、五铢钱45枚、陶勺1件、陶罐1件、陶盏1件、釉陶杯3件、釉陶甑1件、釉陶碗1件	东汉中晚期
2001IIM1003	砖室墓	东北—西南	墓道残长1.4米，宽1.9米，深1.5米。墓室长4.8米，宽2.56米，残高1.8米		只剩数片红陶片、绳纹灰陶片	东汉
2001IM4013	砖石混筑墓，有甬道、墓道，券顶	东北—西南	墓道平面大致呈梯形，长3.2米，东宽1.6米，西宽2米。甬道长0.8米，宽0.8~0.98米，高1.4米。墓室长3.2米，宽1.5米，高1.4米	棺钉	陶虎子1件、陶钵1件、陶罐2件、铁套头1件、铜弩机1件、直百五铢3枚、五铢钱20枚、太平百钱2枚、半两钱1枚、陶男俑1件、陶女俑1件、陶人俑1件（无头）、陶镇墓俑1件、陶猪2件、陶狗1件、陶牛1件、陶鸭1件、陶水塘1件	成汉
2001IM1024	石室墓，有墓道，券顶	西北—东南	墓道残长0.6米，宽1.5米。墓室长6.3米，宽2.2米，残高1.6米	人骨保存不好，仅余残破头骨和部分肢骨	铜釜1件、五铢钱5枚、陶屋1件、瓷四系罐1件	东晋
2001IM5012	砖室墓	西北—东南	墓室残长2.3米，宽1.4米	棺钉	瓷四系罐1件、铜熨斗1件、铁剪刀1件	东晋
2001IM5003	石室墓，有墓道	东北—西南	墓道长0.73米，宽0.72米。墓室长3.6米，宽1.84米		瓷四系罐1件	东晋
2001IM2001	砖室墓，有墓道，券顶	西北—东南	墓道斜坡形，底坡长2.4米，宽1米。墓室长3.16米，宽1.33米，高1.2米		铜泡钉2个	成汉

续表

编号	形制	方向	规格	人骨与葬具	随葬品	年代
2003IM2003	土坑竖穴墓	东北—西南	墓长2.8米，宽1.8米，深1.1～1.7米		陶盆1件	西汉
2003IM2004	土坑墓，有墓道	南北	墓道长2.7米，宽1.6米，深1.1～1.5米。墓东西长3.2米，南北宽2.9米，深3.4米		铜印章1件、五铢钱25枚、陶饰件4件	西汉时期
2003IM9001	石室墓，券顶	东北—西南	墓室长6.45米，宽2.55米，高2.58米		釉陶碗3件、釉陶器盖1件、釉陶杯2件、釉陶壶1件、釉陶博山炉盖1件、釉陶鼎1件、釉陶灯盏1件、釉陶勺2件、陶碗1件、陶甑1件、陶罐2件、陶仓1件、陶灶1件、陶猪1件、陶雄鸡1件、陶羊1件、陶子母鸡1件、陶狗1件、铁刀1件	东汉
2003IIIM1004	砖室墓，有墓道（被破坏）、甬道，券顶（被毁）	东北—西南	甬道长2米，宽1.76米。墓室长6.7米，宽2.2米，残高1.5米	残存一小块长骨和少量的棺具漆皮痕	陶倾听俑1件、陶舞俑1件、陶击鼓俑1件、陶男立俑1件、陶抚琴俑1件、陶罐1件、釉陶碗1件、铜钱9枚	东汉
2004IVM1012	三室并列砖室墓，有头箱	头向240°	墓室长3.26米，宽2.6米，深0.8米	人骨保存相对完好，西室为成年男性，其他两室均是成年女性。三人均为仰身直肢葬，葬具腐朽，仅发现少量的棺钉	陶罐2件、陶甑1件、陶灯1件、陶钵1件、铜釜1件	东汉
2004IVM1014	砖室墓，券顶	东北—西南	墓室长6.45米，宽2.75米，高1.9米		五铢钱3枚	六朝
2004IVM2003	砖室墓，双室，有头箱	南北	墓室长3米，宽1.5米，深0.4米	棺钉	陶钵3件	东汉六朝
2004IVM1001	石室墓	东北—西南	墓室长4.7米，宽2.4米，高1.2米		瓷碗2件、瓷盆1件	六朝
2004IVM1002	砖室墓	东西	墓室残长0.7米，宽1米，高0.6米	发现少量人骨	瓷碗1件	六朝
2005IVM2011	砖室墓，券顶	东北—西南	墓室长7米，宽2.8～3.2米，高3.35～3.5米		陶俑1件（修复）、铜钱数枚	东汉
2005IIM1004	砖室墓，券顶（部分塌落），有墓道	东西	墓室长7米，宽3米，深2.4米	发现散乱人骨，但部位已不可辨	陶坐俑1件、陶子母鸡1件、陶公鸡1件、瓷碗1件、陶碗1件、陶罐6件、铜钱30余枚	六朝
2005IVM1016	砖室墓，券顶（坍塌），有墓道	东北—西南	墓室残长5.2米，宽1.34～1.75米，深1.6～2米	人骨零星错乱散布且保存极差	瓷罐1件、瓷钵3件、瓷碗5件	六朝

附表三 唐宋保留或部分保留墓顶的土洞墓登记表

编号	形制	方向	规格	人骨与葬具	随葬品
2000M1008	土洞墓	南北	墓室平面呈长方形。墓底长2.7米，宽1.14米，北壁残高0.86米，无南壁	仅见少量残骨	
2000M1009	土洞墓	东北—西南	墓底残长1.3米，宽0.8米，北壁残高0.6米，无南壁		
2000M1010	土洞墓	头向159°	墓室平面近正方形。墓底长4.8米，宽0.94米，北壁残高1.1米，无南壁	单人仰身直肢葬	瓷盘口壶1件、瓷执壶1件、瓷瓜棱双耳罐1件、铜镜1件、铜饰1件、铜钱4枚
2000M1011	土洞墓	头向180°	墓室平面呈长方形。墓底长2米，宽0.76米，北壁残高0.67米，无南壁	仅见少量残骨，单人仰身直肢葬	开元通宝1枚
2000M1013	土洞墓	头向180°	墓室平面呈梯形。墓底长3.9米，宽0.6~1.25米，北壁残高0.72米，无南壁	墓室墙外放置骨架1具，仰身直肢，墓室墙内另有一些人骨残片	瓷盘口壶1件、铜笄1件、铜钱1枚
2000M1014	土洞墓	南北	墓底残长1.5米，宽0.5米，北壁残高1.1米		
2000M1021	土洞墓	南北	墓底长2.15米，宽80米，北壁残高0.8米，无南壁	仅见少量残骨	
2000M1023	土洞墓	南北	墓室平面呈长方形，墓顶呈拱形。墓底残长1米，宽0.92米，北壁残高1米		
2000M1026	土洞墓	头向200°	墓室平面呈长方形。墓底长2.5米，宽0.84米，北壁残高0.65米，无南壁	仅存完整的下肢，单人仰身直肢葬	
2000M1028	土洞墓有墓道	南北	墓室平面呈长方形。墓道长1.6米，墓底长3.6米，宽1.6米		残盘口壶1件
2000M1033	土洞墓	南北	墓室平面呈长方形，墓顶呈拱形。墓底长2米，宽0.7米，北壁残高1米，无南壁		
2000M1037	土洞墓	头向169°	墓室平面呈长方形。墓底长3.6米，宽0.94米，北壁残高1.06米，无南壁	单人仰身直肢体葬	瓷器1件、铜钱2枚
2000M1038	土洞墓	南北	墓室平面呈长方形。墓底长2.44米，宽0.84米，北壁残高0.64米，无南壁		
2000M1039	土洞墓	南北	墓底残长1.9米，宽0.8米，北壁残高1.14米，无南壁		
2000M1041	土洞墓	南北	墓室平面呈长方形。墓底长3.76米，宽0.96米，北壁残高0.7米，无南壁	仅存部分残骨	瓷四系罐1件、石俑1件、铜镜1件、铜饰2件、铁刀1件、铜钱10枚

续表

编号	形制	方向	规格	人骨与葬具	随葬品
2000M1043	土洞墓	南北	墓室平面呈长方形，墓顶呈拱形。墓底长 2.1 米，宽 0.7 米，北壁残高 0.7 米，无南壁	保留部分人骨，单人仰身直肢葬	
2000M1044	土洞墓	南北	墓室平面呈长方形。墓底长 2.8 米，宽 0.8 米，北壁残高 0.8 米，无南壁		
2000M1050	土洞墓	南北	墓室平面略呈长方形，墓顶呈拱形。墓底残长 1.8 米，宽 0.9 米，北壁残高 0.7 米，无南壁		瓷双耳罐 1 件、小瓷罐 1 件、铜镜 2 件
2000M1052	土洞墓	南北	墓室平面呈长方形。墓底长 1.6 米，宽 0.8 米	仅见少量残骨	
2000M1054	土洞墓	南北	墓室平面呈长方形。墓底长 2.3 米，宽 0.92 米，北壁残高 0.98 米，无南壁		小罐 1 件
2000M1057	土洞墓	南北	墓室平面呈长方形。墓底残长 1.6 米，宽 0.98 米，北壁残高 0.52 米，无南壁		开元通宝 1 枚
2000M1060	土洞墓	南北	墓室平面呈长方形。墓底长 2.1 米，宽 1 米		
2000M1063	土洞墓	西北—东南	墓室平面呈长方形。墓底长 2.35 米，宽 0.9 米，北壁残高 0.8 米，无南壁	保留部分人骨，单人仰身直肢葬	
2000M1066	土洞墓	东北—西南	墓室平面呈长方形，墓顶呈拱形。墓底长 3.8 米，宽 1.1 米，北壁残高 1.7 米，无南壁		瓷盘口壶 1 件、瓷双系罐 1 件
2000M1068	土洞墓	南北	墓室平面呈长方形。墓底长 3.85 米，宽 1 米，北壁残高 0.86 米，无南壁		瓷碗 1 件
2000M1070	土洞墓	南北	墓室平面呈长方形。墓室底部长 2.5 米，宽 0.8 米，北壁残高 0.98 米，无南壁		瓷四系罐 2 件
2000M1075	土洞墓	南北	墓室平面呈长方形。墓底长 1.8 米，宽 0.8 米	保留部分人骨，单人仰身直肢葬	
2000M1078	土洞墓	南北	墓室平面呈长方形。墓室残长 0.4 米，残深 0.8 米	仅见少量人骨	
2000M2003	土洞墓	南北	墓室平面呈长方形。墓底长 2.15 米，宽 0.65 米，北壁残高 0.92 米		残铜簪 1 件
2000M2004	土洞墓	南北	墓室平面呈长方形。墓底残长 0.6 米，宽 0.72 米	仅见少量人骨	

续表

编号	形制	方向	规格	人骨与葬具	随葬品
2000M2009	土洞墓	南北	墓室平面呈长方形。墓底残长0.76米，宽0.73厘米，残深0.1～0.8米	仅见少量人骨	
2001IM1004	土洞墓	头向170°	墓室平面近长方形。墓底长2.5米，宽0.5～0.6米，残深0.6～1.3米	有残存人骨，单人仰身直肢葬，发现少量棺钉	开元通宝1枚、残破陶壶1件
2001IM1005	土洞墓	南北	墓室平面呈梯形。墓底长0.7米，宽1.1～1.3米，残深0.95～2.66米	发现有散乱的铁棺钉、2个铁棺环	瓷四系罐1件、釉陶盘口壶1件、釉陶壶1件、砚台1件、半枚开元通宝铜钱
2001IM1006	土洞墓	头向193°	墓室平面呈长方形。墓底残长3.92米，宽0.8米，深0.2～1.7米	骨架保存较好，单人仰身直肢葬，成年男性；发现有黑色棺痕和头箱痕迹以及大量棺钉	釉陶四系盘口壶1件、乌银下颌托1件、铜钱11枚、铁牌1件
2001IM1010	土洞墓	头向180°	墓室平面呈梯形。墓底长3.6米，宽0.8～1.1米，残深1.2～1.9米	有残存人骨	在墓葬填土中发现瓷碗、陶罐、铁牌各1件
2001IM1011	土洞墓	头向176°	墓室平面呈长方形，弧形顶。墓底长3.9米，宽0.78米，残深0.5～2.04米	有残存人骨，单人仰身直肢葬	开元通宝1枚、蚌壳1片
2001IM1016	土洞墓	南北	墓室平面呈长方形，拱形顶。墓底长3.2米，宽1米，北壁残高0.7米，无南壁		
2001IM1017	土洞墓	南北	墓底较平，墓葬前半部被破坏，仅剩后半部分。墓顶残留一小块。残长1.3米，墓坑宽0.8～1.1米	墓底后部有2段人的腿骨和棺环	
2001IM1018	土洞墓	头向180°	墓室平面呈梯形。墓底长3.7米，宽0.52～1.2米，残深0.1～0.8米	仅见少量残骨	瓷盏1件、瓷碟2件、釉陶罐2件、陶盏1件、铜镜1件
2001IM2002	土洞墓	东北—西南	墓室平面呈长方形。墓底长3米，宽0.9米，残深0.35～1.1米	出土了大量棺钉	
2001IM3002	土洞墓	头向232°	墓室平面呈梯形。墓底长3.8米，宽0.76～0.9米，北壁残高1.12米	有人骨和少量棺钉	釉陶四系盘口壶1件
2001IM3004	土洞墓	头向230°	墓室平面呈长方形。墓底残长2.7米，宽0.8米，残深0.65～1.25米	残存少量肢骨，单人仰身直肢葬，有少量棺钉	残破铜镜碎片

续表

编号	形制	方向	规格	人骨与葬具	随葬品
2001IM3020	土洞墓	南偏东7°	墓室平面呈长方形，墓室北壁呈弧形，东西壁较直。墓顶被完全破坏，墓底南高北低。残长1.54，宽0.62米	仅剩部分下肢骨	靠近骨架有铁钱2枚
2001IM3025	土洞墓	头向190°	墓室平面呈长方形。墓底残长1.3米，残宽0.25米，北壁残高1米，无南壁	有少量肢骨，单人仰身直肢葬，有少量棺钉	仅见瓷碗1件，出土于填土中
2001IM3029	土洞墓	头向220°	墓室平面近似长方形，墓壁较直。墓室残长2.76米，宽0.9米，深0～0.8米。墓底南高北低，顶部部分被破坏，顶残长0.4米，高0.8米	在去除填土的过程中，发现27枚棺钉及头盖骨残片与陶器残片。清理墓底时，发现平行排列的两节下肢骨	
2001IM3030	土洞墓	220°	直壁，墓室长3.75米，宽0.8米，深0～0.8米。墓底南高北低，墓顶为弧形顶，大部分被破坏，顶残长0.5米，高1.1米	人骨架仅余右侧少部分下肢骨和残乱的趾骨。填土中发现6枚棺钉	
2001IM5008	土洞墓	东北—西南	墓室平面呈梯形。墓底残2.24米，宽0.88～1.08米，残深0.4～0.65米	有少量棺钉	
2004IVM1008	土洞墓有墓道	东北—西南	墓道为长方形斜坡式，长2.7米。墓底长3米，宽1.2米	人骨腐朽严重	瓷碗1件、瓷杯1件、釉陶壶1件、釉陶罐1件、釉陶瓶1件、残铁片1件、元祐通宝1枚
2004IVM1009	土洞墓有墓道	东北—西南	墓道长3.24米，宽1.3米。墓底长2.88米，宽1.28米	人骨腐朽严重	瓷碟3件、瓷托盏2件、瓷注子1件、瓷温碗1件、瓷碗1件、瓷碟2件、瓷杯1件、瓷罐1件、瓷壶1件、金耳环2件、金头饰1件、铜镜1件、铜钱3枚、铁钱1枚、腰坑出1件罐
2004IVM1011	土洞墓有墓道	南北	墓室平面呈长方形。墓道长2.4米。墓底长3.6米，宽1.5米	有一圈石条	釉陶罐1件、釉陶壶1件、瓷注子1件、瓷碟6件、瓷器盖1件、瓷杯1件、瓷托座2件、瓷碗1件、瓷托盏1件、开元通宝3枚
2004IVM1013	土洞墓有墓道	235°	墓室平面呈长方形。墓道上口长2.5米，宽1.2～1.3米，距离地面深0.6米。墓道下口长2.5米，宽1.2～1.3米，距离上口深1.7～2米。墓室长2.1米，宽1.3～1.4米	有人骨残段	

附表四　唐宋墓顶完全被破坏掉的土洞墓登记表

编号	形制	方向	规格	人骨与葬具	随葬品
2000IM1001	土洞墓	头向350°	墓底长2.1米，宽0.6米，残深0.1米	人骨保存完好，单人仰身直肢葬	铜钱3枚
2000IM1002	土洞墓	头向175°	墓底长2.3米，宽0.72米，残深0.7米	肢骨保存较好，单人仰身直肢葬	铁钱1枚
2000IM1003	土洞墓	南北	墓底长2.34米，宽0.74米，残深0.92米	仅见少量残骨	铜簪1件、银簪1件
2000IM1004	土洞墓	头向190°	墓底长2.1米，宽0.6米，残深0.64米	有部分人骨，单人仰身直肢葬	陶罐1件
2000IM1005	土洞墓	南北	墓底长2.85米，宽0.78米，残深约0.6米	铁棺环	釉陶双系罐1件、釉陶奁1件、黑瓷碗1件、白瓷碗1件、四系罐1件、铜饰1件、铜钱1枚
2000IM1007	土洞墓	南北	墓底残长1.35米，宽0.6米，残深0.17米		
2000IM1012	土洞墓	南北	墓底残长1.45米，宽0.65米，残深1.15米		
2000IM1015	土洞墓	南北	墓底残长0.6米，宽0.5米，残高0.4米		
2000IM1016	土洞墓	头向180°	墓底长2米，宽0.7米，残深0.5米	有少量残骨，单人仰身直肢葬	
2000M1017	土洞墓	头向160°	墓底长1.95米，宽0.88米，残深0.4米	有少量残骨，单人仰身直肢葬	
2000IM1018	土洞墓	南北	墓底长2米，宽0.8米，残深0.8米		
2000IM1019	土洞墓	南北	墓底长2.8米，宽1.5米，残深1米		铜簪3件
2000IM1020	土洞墓	南北	墓底长1.9米，宽1.1米，残深1.1米		铜钱2枚、铁钱若干
2000IM1022	土洞墓	头向186°	墓底长2.8米，宽0.6米，残深0.8米	有少量人骨，单人仰身直肢葬	
2000IM1027	土洞墓	头向180°	墓底长2.4米，宽0.63米，残深1.1米	有少量人骨，单人仰身直肢葬，男性	黑陶残罐1件
2000IM1030	土洞墓	南北	墓底长1.9米，宽0.75米，残深0.98米		
2000IM1031	土洞墓	头向180°	墓底残长1.15米，宽0.6米，残深0.38米	仅见少量残骨	
2000IM1032	土洞墓	头向180°	墓底长2.86米，宽1.26米，残深1.4米	人骨不完整，单人仰身直肢葬	
2000IM1034	土洞墓	头向160°	墓底长2.55米，宽0.65米，残深0.96米	人骨不完整，单人仰身直肢葬	仅有三堆碎陶片，分属不同器物，无法复原

续表

编号	形制	方向	规格	人骨与葬具	随葬品
2000IM1035	土洞墓	头向180°	墓底残长0.99米，宽0.55米，残深0.6米	仅见少量残骨	
2000IM1036	土洞墓	头向182°	墓底长1.9米，宽0.7米，残深0.25米	人骨不完整，单人仰身直肢葬	
2000IM1040	土洞墓	头向155°	墓底长2米，宽0.72米，残深0.7米	单人仰身直肢葬	铁刀1件
2000IM1042	土洞墓	南北	墓底长2米，宽0.8米，深0.9米		
2000IM1045	土洞墓	头向173°	墓底残长1米，宽0.5米，残深0.5米	仅见少量残骨	
2000IM1046	土洞墓	头向166°	墓底残长1.4米，宽0.75米，残深0.7米	仅见少量残骨	
2000IM1047	土洞墓	头向180°	墓底长1.6米，宽0.8，残深0.88米	单人仰身直肢葬	釉陶四系罐1件、铜笄1件、铁钱121枚
2000IM1048	土洞墓	南北	墓底残长1.3米，宽0.68米，残深0.44厘米		
2000IM1049	土洞墓	南北	墓底残长0.2米，宽0.7米，残深0.2米		
2000IM1051	土洞墓	南北	墓底残长1米，宽1.1米，残深0.47米		
2000IM1055	土洞墓	西北—东南		仅见少量残骨	
2000IM1056	土洞墓	南北	墓底残长1.2米，宽1米，残深0.95米		
2000IM1058	土洞墓	东北—西南	墓底残长1.02米，宽0.64米，残深0.4米	仅见少量残骨	
2000IM1059	土洞墓	南北	墓底长2.6米，宽1.15米，残深1.25米		
2000IM1061	土洞墓	头向190°	墓底长3米，宽0.5米，残深1.35米	有少量人骨	釉陶四系罐1件、铜丝1件、铜钱1枚
2000IM1064	土洞墓	头向188°	墓底残长1.2米，宽0.7米，残深0.54米	单人仰身直肢葬	陶砚1件
2000IM1065	土洞墓	头向187°	墓底残长1米，宽0.86米，残深0.9米	仅见少量残骨	铁钱1枚、螺壳2个
2000IM1067	土洞墓	西北—东南	墓底长2.8米，宽1.4米，残深0.8米		
2000IM1071	土洞墓	南北	宽0.9米，残深0.26米	仅见少量残骨	
2000IM1072	土洞墓	头向150°	墓底长1.9米，宽0.65米，残深0.25米	仅见少量残骨	铜镜1件、铜钱1枚

续表

编号	形制	方向	规格	人骨与葬具	随葬品
2000IM1073	土洞墓	头向185°	墓底长2米，宽0.65米，残深1.1米	仅见少量残骨	
2000IM1074	土洞墓	南北	墓底残长1.2米，宽0.6米，残深0.8米		釉陶双耳罐1件、铜钱1枚、铁钱6枚
2000IM1076	土洞墓	南北	墓底残长1.7米，宽0.72米，残深1.04米		
2000IM1077	土洞墓	头向190°	墓底长2.3米，宽0.73米，残深1米	单人仰身直肢葬	
2000IM1079	土洞墓	南北	墓底长3米，宽0.9米，残深0.8米		
2000IM1080	土洞墓	头向180°	墓底长2.16米，宽0.7米，残深0.6米	有少量人骨，单人仰身直肢葬	
2000IM1081	土洞墓	南北	墓底长3.17米，宽0.9米，残深0.9米		陶罐1件
2000IM1082	土洞墓	南北	墓底长2.85米，宽1米，残深1.35米	仅见少量残骨	
2000IM2001	土洞墓	南北	墓底残长1.5米，宽0.6米，残深0.7米	仅见少量残骨	
2000IM2002	土洞墓	东北—西南	墓底残长1.48米，宽0.64米，残深0.5米		
2000IIM2007	土洞墓	南北	墓底残长1.6米，宽0.8米，残深1.1米		
2000IM2008	土洞墓	南北	墓底残长1.45米，宽0.8米，残深0.45米	仅见少量残骨	
2001IM1001	土洞墓	头向164°	墓室平面呈梯形，墓底较平坦，呈南高北低的斜坡状。前宽后窄。墓底残长1.26米，宽0.50～0.76米，残深0～0.73米	人骨保存较差，只余下半部，且股骨和胫骨段断裂，髌骨丢失。单人仰身直肢葬。葬具完全腐朽，仅在脚部发现有铁棺钉。在人骨的下方，有一层2厘米左右厚的灰绿色朽灰	铁带扣1件、铁铊尾1件、带具一组8件（4铜4铁）、铜钱1枚
2001IM1002	土洞墓	南北	墓底残长1.4米，宽0.42米，深0.52米		在填土中出土开元通宝2枚
2001IM1003	土洞墓	头向183°	墓底长2.6米，宽0.8米，残深0.55～1.25米	有少量残骨和少量棺钉	开元通宝2枚

续表

编号	形制	方向	规格	人骨与葬具	随葬品
2001IM1012	土洞墓	正南	墓室平面呈长方形，该墓的底部呈坡形，南高北低。长2.94米，宽0.81～0.93米，深0.44～1.5米		
2001IM1013	土洞墓		平面呈长方形，直壁，墓底有一腰坑。腰坑直径19厘米，深14厘米。墓室长4.05米，宽65～75米，深74～180米	有残存人骨	墓底散乱分布铁钱40枚，一件陶砚出土于股骨之间，砚台内还留有墨
2001IM1014	土洞墓	头向169°	墓室平面呈长方形。墓底平坦，呈南高北低的斜坡状。墓底长2.96米，宽0.6～0.7米，残深0.35～1.32米	有残存人骨，单人仰身直肢葬，填土和墓底发现有棺钉	釉陶钵2件、铁钱13枚
2001IM1015	土洞墓	南	墓顶全部被破坏，墓底南部略高于北部，直壁，北壁与东西两壁略呈直角，南壁缺失。残长1.22米，宽0.8米	仅残留两腿骨和若干脚趾骨，棺钉十几枚	
2001IM1020	土洞墓	头向180°	墓室平面近似长方形。墓底长3.6米，宽0.9米，残深0.6～1.2米	有残存人骨	釉陶四系罐1件、瓷粉盒1件、陶器1件
2001IM1021	土洞墓	头向195°	墓底长2.5米，宽0.56～0.64米，北壁残高0.8米，无南壁	有残存人骨，填土中出土少量棺钉	釉陶盘口壶1件
2001IM1022	土洞墓	南北	墓室平面呈梯形。墓底长3.28米，宽0.8～1.02米，北壁残高1.38米，无南壁	发现少量棺钉、棺环	墓葬的盗坑中发现一块铁牌
2001IM1023	土洞墓	头向195°	墓室平面近长方形。墓底长3.35米，宽0.7米，残深0.55～0.7米	有残存人骨	瓷碗1件
2001IM1025	土洞墓	南北	墓室平面呈长方形。墓底长2.48米，宽0.76米，残深0.2米		墓葬的盗坑中发现一块铁牌
2001IM1026	土洞墓	南北	墓室平面呈长方形。墓底长1.4米，宽0.8米，残深0.2米	仅存少量残骨	
2001IM3001	土洞墓	南北	墓室平面呈长方形。墓底长3.8米，宽1.3米，残深1～1.7米	填土中有少量棺钉、棺环	瓷壶2件、铜钱48枚、铁钱6枚
2001IM3003	土洞墓	南北	墓室平面呈长方形。墓底残长3.54米，宽0.8米，北壁残高1米	出土少量棺钉	残破陶器1件

续表

编号	形制	方向	规格	人骨与葬具	随葬品
2001IM3005	土洞墓	南北	墓室平面呈梯形。墓底残长3.44米，宽1.05～1.2米，残深0.35～2.25米	有少量棺钉	填土中发现一些陶瓷残片，拼对后为残的陶罐、瓷碗和陶盏
2001IM3006	土洞墓	南北	墓室平面呈长方形。墓底残长2.5米，宽0.76米，北壁残高0.7米		瓷碟3件、铜钱5枚
2001IM3007	土洞墓	南北	墓室平面呈长方形。墓底残长2.1米，宽0.88米，北壁残高0.7米，无南壁	填土中有几枚棺钉	釉陶小罐1件（填土）
2001IM3008	土洞墓	头向180°	墓室平面呈长方形。墓底残长0.58米，宽0.76米，北壁残高0.5米，无南壁	有少量肢骨，单人仰身直肢葬，填土中发现几枚棺钉	铜蹀躞带具8件、铁钱若干、瓷器碎片若干
2001IM3009	土洞墓	头向240°	墓室平面呈长方形。墓底残长3米，宽1.05米，残深0.65～1.3米	有少量肢骨，单人仰身直肢葬，有少量棺钉、棺环	仅见残破的陶罐和瓷碗碎片
2001IM3010	土洞墓	192°	直壁，东、西壁与墓底的转角为圆弧形，墓底平整，南高北低。长2.48米，宽0.64米，深0.8米	在填土中发现铜簪一残段，在填土中发现5枚棺钉	
2001IM3011	土洞墓	250°	平面呈长方形，墓底南高北低，墓顶全部被破坏，直壁，东西壁与墓底的转角呈直角。长2.16米，宽0.8米，深0.5～1.1米		
2001IM3012	土洞墓	280°	平面呈长方形，墓底南部略高于北部，直壁，北壁与东、西两壁的转角略呈圆角。墓顶已全部被破坏。残长1.7米，宽0.84米，深0.5～1.1米	填土中出有棺钉、铁钱3枚、红陶片	
2001IM3013	土洞墓	195°	平面呈长方形，墓底南部略高于北部，直壁，北壁与东、西两壁的转角略呈圆角。墓顶已全部被破坏。长1.2米，宽0.6米，深0.5米	墓底有人骨架半具，单人葬，存腿骨。骨架两侧有12枚铁棺钉	墓底股骨之间有9枚铁钱

续表

编号	形制	方向	规格	人骨与葬具	随葬品
2001IM3014	土洞墓	196°	平面呈长方形，直壁，北壁与东、西两壁的转角均为直角。墓顶全部被破坏，墓底有一台阶，宽30厘米，高30厘米。墓室残长0.5米，宽0.6米，深0.45～0.7米	人骨仅余两根小腿骨，放在台上，不是原来下葬时的状态，填土中出有棺钉	
2001IM3015	土洞墓	南北	墓室平面呈长方形。墓底残长1.8米，宽0.88米，北壁残高0.68米	有少量棺钉	仅见残破的陶片、瓷片和铜钱、瓷罐1件（复原）
2001IM3016	土洞墓	南北	墓室平面呈长方形。墓底残长3米，宽0.68～0.96米，北壁残高0.65米，无南壁	有少量棺钉	
2001IM3018	土洞墓	头向190°	墓室平面呈长方形。墓底残长1.3米，宽0.66米，北壁残高1.2米，无南壁	仅存少量肢骨，有少量棺钉	在墓葬后半部的填土有陶罐1件和釉陶碗2件
2001IM3019	土洞墓	头向246°	墓底长4.6米，宽1.3米，残深0.25米	有少量人骨和少量棺钉、棺环	瓷直颈瓶1件、铜钱1枚
2001IM3020	土洞墓	178°	墓底南高北低，墓室北壁呈弧形，东西壁较直，墓顶被完全破坏。长1.5米，宽0.62米，深0～0.6米	单人葬，仅剩部分下肢骨除填土中出几枚棺钉外，未发现其他葬具	
2001IM3021	土洞墓	东北—西南	墓室平面呈长方形。墓底长3米，宽1米，北壁高1.2米		瓷盘2件、釉陶执壶1件、釉陶四系罐1件、釉陶碗1件、陶炉1件、铁钱20枚、银簪1枚
2001IM3022	土洞墓	南北	墓室平面呈长方形。墓底残长1.87米，宽0.56～0.8米，北壁残高0.69米，无南壁	有少量残骨和少量棺钉	填土中有陶罐残底1件以及铜钱若干
2001IM3023	土洞墓	南北	墓室平面呈长方形。墓底残长3.48米，宽1.04米，北壁残高1.79米，无南壁	有少量棺钉	釉陶罐2件、填土中出土铁钱若干
2001IM3024	土洞墓	南北	墓室平面呈长方形。墓底残长2.24米，宽1.04米，北壁残高0.7米，无南壁	有少量棺钉	蹀躞带4件
2001IM3026	土洞墓	头向198°	墓室平面呈长方形。墓底残长1.5米，残宽0.4米，残深0.7～1.12米	有属于2个个体的人骨和少量棺钉	陶瓶1件、瓷碗1件、开元通宝3枚、透明珠子1颗、铁钱1枚

续表

编号	形制	方向	规格	人骨与葬具	随葬品
2001IM3027	土洞墓	103°	墓顶全部被破坏，墓底南部略高于北部，直壁，北壁与东、西两壁的转角略呈圆角。残长0.2米，宽0.7米		
2001IM3028	土洞墓	190°	墓底南高北低，墓壁较直。长2.63米，宽0.6～0.85米，深0～1.1米	除填土和墓底中发现几枚棺钉外，未发现其他葬具。人骨仅剩胸部骨骼	
2001IM3031	土洞墓	215°	直壁，墓底南高北低。长2.3米，宽0.9米，深0.1～0.8米	在贴近墓西壁的填土中发现残破的乌银下颌托片，在填土中还发现散碎的瓷片	
2001IM3033	土洞墓	235°	长3.4米，宽1.3米，高1.4～2.2米	发现铁棺钉和铁棺环，木制葬具已完全腐烂	釉陶罐1件
2001IM5011	土洞墓	头向230°	墓壁较直，墓底南高北低，头骨下有一个小坑。长2.65米，宽0.7米	成年男子骨架一具，在骨架下面保留了部分棺灰，另有大量棺钉	釉陶壶2件、釉陶小罐1件、陶罐1件、陶盆1件、瓷碗4件、铁牌1件、铁钱14枚、铜钱8枚
2001IM7002	土洞墓	140°	直壁，残存一部，墓底南高北低。长2.2米，宽0.6～0.7米	发现几枚棺钉，其余葬具全部腐烂。后部有3段人骨	
2001IM7003	土洞墓	140°	直壁，残存一部，墓底南高北低。长2.6米，宽0.8～0.9米	只发现几枚棺钉，其余葬具全部腐烂	釉陶罐1件

附表五　唐宋土坑竖穴墓登记表

编号	形制	方向	规格	人骨与葬具	随葬品
2000IM1062	土坑竖穴墓	南北	墓底长3.05米，宽1.35米，残深1.3米	发现铁棺环若干	釉陶熏炉1件、釉陶执壶1件、瓷碗1件
2000IM1079	土坑竖穴墓	南北	墓底长3米，宽0.9米，残深0.8米		
2001IM4006	土坑竖穴墓	头向355°	墓底残长1.7米，宽0.70～1米，高0.8米	人骨保存情况较差，单人仰身直肢葬，成年女性	瓷碗1件、铜镜1件、铜钗1件、铜耳坠2件一对
2001IM5001	土坑竖穴墓	南北	墓底长3米，宽0.88米，残深0.62米	少量棺钉	釉陶四系罐1件、铜钗3件、铜钱3枚、铁钱1枚
2001IM5002	土坑竖穴墓	东北—西南	平面呈长方形。墓底残2.6米，宽1米，残深0.64～1.1米	有少量棺钉	瓷碗1件（填土中）、釉陶罐1件、铁勺1件、铁钱1串

续表

编号	形制	方向	规格	人骨与葬具	随葬品
2001IM5004	土坑竖穴墓	东北—西南	墓底长3.1米，宽1米，残深1.1~1.6米	发现两块保存较完整的棺木铁皮转角	扰土中发现铜手镯残段若干和釉陶碎片
2001IM5005	土坑竖穴墓	东北—西南	平面呈长方形。墓底残2.65米，宽0.85米，残深0.1~1.1米		
2001IM5006	土坑竖穴墓		平面呈长方形，墓底较平，墓壁较直。长3.24米，宽1米		釉陶四系罐2件
2001IM5007	土坑竖穴墓	40°	墓底较平，墓壁较直，被破坏严重，残留一边。长2.24米，宽0.16~0.78米，深0.25~0.3米	墓底铺有一层白石灰，残留人的股骨2段	
2001IM5009	土坑竖穴墓	南北	墓底残长1.65米，宽0.82米，残深约0.4米	有少量残骨和两条东西向棺木残痕，残痕上有不少棺钉以及一条南北向棺木残痕	铜钱4枚、铁钱3枚
2001IM5010	土坑竖穴墓	东北—西南	墓底长3.1米，宽1.12米，残深约0.5米	紧贴墓葬北壁处发现两块棺木铁包角，较残破内侧面附有数枚棺钉	仅见陶器、铜钱、铁钱以及铜饰
2001IM8001	土坑竖穴墓	南北	平面呈长方形，墓底较平，墓壁较直。长1.6米，宽0.7米，深0.6米		
2001IM8002	土坑竖穴墓	南北	平面呈长方形，墓底较平，墓壁较直。长1.6米，宽0.56米，深0.5米		
2003IM5013	土坑竖穴墓		平面呈长方形，墓底较平，墓壁较直。长1.5米，宽0.88米，深0.2米	人骨仅剩两根小腿骨残片	
2003IM5014	土坑竖穴墓	西北—东南	墓底长2.8米，宽1米，残深0.15~0.85米		
2003IM5015	土坑竖穴墓	西北—东南	墓底长3.3米，宽0.9~1.04米，深1.5~1.1.8米	铁棺环1件	
2003IM5016	土坑竖穴墓	25°	长方形，墓底较平，墓壁较直。长2米，宽0.7米，深0.3米	单人葬，仰身直肢，不见头骨	

续表

编号	形制	方向	规格	人骨与葬具	随葬品
2003IM5018	土坑竖穴墓	东北—西南	墓底长2.4米，宽0.9米，残深0.9～1.2米		瓷盘1件（修复）、开元通宝1枚、石碑1座
2003IM5019	土坑竖穴墓	东北—西南	墓底残长2.6米，宽1米，残深0.6米		
2003IM5020	土坑竖穴墓	南北	墓底残长1.6米，宽1.2米，残深0.66米		扰土中出土了铜镜残片一件和瓷器小碎片
2003IM5022	土坑竖穴墓，由墓道和墓室组成	南北	墓道长1.7米，宽0.5米，残深0.6米。墓底长2米，宽1.2～1.52米，残深0.6米		陶香炉1件、黑瓷碗1件
2004IVM1004	土坑竖穴墓	头向为50°	墓底残长2.2米，宽0.7米，残深0.2米	仅见少量残骨，据残留人骨位置判断可能为仰身直肢葬	陶罐1件、绍兴元宝1枚
2004IVM2007	土坑竖穴墓	东北—西南	墓底长2.4米，宽1米，残深1.35米		黑瓷碗1件、釉陶罐2件、金耳环1对
2004IVM2010	土坑竖穴墓	头向45°	墓底长2.2米，宽1米，残深0.55米	人骨大多腐朽，可判断为仰身直肢葬	瓷碗1件、瓷罐1件、陶罐1件
2005IVM1017	土坑竖穴墓	东北—西南	墓底长2.5米，宽1米，残深0.4米	仅见少量残骨	釉陶双耳罐1件
2005IVM2013	土坑竖穴墓	东北—西南	墓底长3.06米，宽0.6～1.26米，残深0.28米	残留部分人骨，判断为仰身直肢葬	瓷碗1件、釉陶壶1件、银簪2件、银耳环1件、钱币39枚
2005IVM2015	土坑竖穴墓	头向27°	墓底长2.4米，宽0.8～1.08米，残深0.15米	骨架保存较好，单人仰身直肢葬	釉陶罐1件、金耳环1件

附表六　唐宋砖室和石室墓登记表

编号	形制	方向	规格	人骨与葬具	随葬品
2000IM1029	砖室墓	南北	墓室长3.46米，宽1.34米，北壁残高1.07米，顶部和南壁被毁		
2000IM2005	砖室墓、券顶	南北	墓室残长4米，宽2.3米，残高0.6米		
2000IM2006	砖室墓	南北	墓室长2.5米，宽1.04米，残高0.37米，顶部被毁		
2001IM1008	砖室墓	西北—东南	墓室长2.8米，宽1.74米，残高0.6米，墓顶被毁		
2004IVM1006	砖室墓	东北—西南	墓室长1.4米，宽0.9米，深0.6米		陶罐1件、填土中出土2枚铜钱

续表

编号	形制	方向	规格	人骨与葬具	随葬品
2004IVM1007	砖室墓	南北	墓室长3米，宽1.2~1.4米，残深0.26米	仅见少量残骨	
2004IVM2005	砖室墓	南北	墓室长2.8米，宽1.3米，深1.6米		
2004IVM2006	砖室墓	头向55°	墓室长2.6米，宽1.4米，深2.1米	仅见少量残骨	银簪2件、银钗1件、玉簪1件、银币1枚
2004IVM2008	砖室墓	南北	墓室长2.9米，宽1.3米，深3.25米		
2004IVM2009	砖室墓	东北—西南	墓室长2.9米，宽1.4米，深1.2米		盗扰土中发现半段石簪
2003IM5017	石室墓，有墓道	南北	墓道为斜坡式，长1.24米，宽0.9米，残深0.36~1.1米。墓室长2.6米，宽0.75米，残高1.14米。墓壁上壁和墓顶被毁		
2005IVM3001	石室墓，双室	东北—西南	墓室残长3.1米，残宽2.8米，残深1.1米		墓底没有发现遗物。盗扰土内发现铜钱2枚和时代不明的石造像1件

附表七　唐宋火葬墓登记表

编号	形制	方向	规格	人骨与葬具	随葬品
2001IM4001	石室火葬墓两个小墓室	西北—东南	每个墓室长0.4米，宽0.34米，高0.4米	釉陶瓮棺2件，内有骨灰	
2001IM4007	石室火葬墓	东北—西南	墓坑长1.3米，宽0.95米，深0.8米		
2001IM4008	石室墓，可能是火葬墓	西北—东南	墓室长0.86米，宽0.44米，高0.46米	在墓口前面的填土中发现少量烧过的人骨残片和骨灰	
2004IVM2001	土坑瓮棺葬		锅底形墓坑，直径0.7米，深0.5米	釉陶瓮棺1件，内有骨灰	

附表八 明清墓葬登记表

编号	形制	方向	规格	人骨与葬具	随葬品
2001IM4002	土坑竖穴墓	头向345°	墓底长2.64米，宽0.8~1米，深0.96~1.37米	单人仰身直肢葬，成年女性，保留部分深黑色的棺木腐烂的痕迹，在头脚部发现有棺钉	金饰片1件、铜簪1件、扰土中出瓷碗残底1件
2001IM4003	土坑竖穴墓	头向325°	墓底长2.28米，宽0.66米，深0.9米	仅存少量头骨，墓葬的底部和填土中出少量棺钉，另外在墓底有明显的棺材的黑色朽灰	釉陶罐1件
2001IM4004	土坑竖穴墓	头向340°	墓底长2.2米，宽0.84米，深0.38米	单人仰身直肢葬，成年男性，在骨架头部和脚部各发现4枚棺钉	釉陶罐1件、白瓷盏1件
2001IM4005	土坑竖穴墓	头向350°	墓底长2.26米，宽0.68~1米，深0.47~0.72米	单人仰身直肢葬，骨架头部和脚部各发现2枚棺钉	陶瓶1件、瓷碗2件、铜簪1件
2001IM4011	土坑竖穴墓	头向349°	墓底长2.15米，宽0.56~0.84米，深0.38米	单人仰身直肢葬，头骨和脚骨略残，成年女性，在人骨的头部和脚部各发现4枚棺钉，发现有深黑色的棺木腐烂的痕迹	金饰片1件、釉陶罐1件、瓷碗2件、铜簪1件
2001IM4015	土坑竖穴墓	头向320°	墓底长2.36米，宽1米，深0.9米	单人仰身直肢葬，成年女性，在人骨的脚部发现2枚棺钉	瓷碗2件、陶罐1件
2001IM4012	土坑竖穴墓	头向340°	墓坑长3.8米，宽0.66米，深0.5米	单人仰身直肢葬，成年男性，人骨头部和脚部各发现一些棺钉	陶罐1件、素瓷碗2件
2001IIM1002	土坑竖穴墓	头向325°	墓底长2.7米，宽1米，深0.9米	仅见少量残骨	填土中发现陶罐1件、瓷碗1件
2001IIM1001	土坑竖穴墓	头向307°	墓底长1.86米，宽0.42~0.72米	单人仰身直肢葬，成年男性	釉陶罐1件
2005IVM2012	土坑竖穴墓	东北—西南	墓底长2.25米，宽1.1米，残深0.85米		
2005IVM4001	石室墓	东北—西南	墓室长3.3米，宽1.5米，高1.7米		

附录一　奉节县宝塔坪遗址人骨鉴定报告

张全超

（吉林大学边疆考古研究中心）

吉林大学考古学系为了配合三峡库区的抢救性发掘，于2001年秋季对重庆市奉节县宝塔坪遗址进行了正式发掘，共发掘墓葬96座，时代分别为东汉、两晋、唐、宋、明、清，并采集到一批人骨。

笔者参加了宝塔坪遗址的田野发掘工作，并对上述人骨标本进行了现场人类学鉴定。宝塔坪遗址发现的墓葬多被盗掘，人骨的保存情况较差，多数标本已与坚硬的黏土胶结在一起，剥离时已成粉末状，无法修复。由于该工地负责人的高度重视和细心保护，这批人类学标本才得以保存下来。尽管本文搜集到的可供观察的材料并不多，但在目前三峡地区先民的体质人类学资料尚属空缺的情况下，这批材料就显得较为珍贵了。

一、材　　料

本文所鉴定的宝塔坪遗址各个时期古代居民的遗骸共计16例，其中包括汉代人骨2例、唐代人骨3例、唐宋之际人骨1例、明代人骨6例、清代人骨1例。上述人骨材料中除少数颅骨、下颌骨和四肢长骨比较完整外，其余大多数骨骼保存欠佳，破损较为严重，无法鉴定。

二、方　　法

本文对该批人骨标本的性别、年龄鉴定主要依据《人体测量方法》（邵向清，上海辞书出版社，1985年）和《人体测量手册》（吴汝康，吴新智，张振标，科技出版社，1984年）中提出的鉴定标准。由于多数个体的骨骼保存情况较差，无法对所有个体的观察项目进行全面的考察，我们只能根据现有材料尽可能地多作一些具有性别、年龄鉴定意义的项目，以便提高鉴定的准确性。

我们主要通过观察这批人骨标本颅骨、下颌骨、骨盆的性别差异，并结合四肢长骨和肩胛骨等部位的性别特征作出性别的鉴定。在年龄的鉴定时则主要观察了牙齿的萌出和磨耗、四肢长骨骨骺的愈合以及骨骼上所表现出的老年性变化等几个方面。对于那些只能依靠牙齿磨耗情况判断年龄的个体，一般采取从牙齿磨耗等级得出的判断结果减去5岁的方法来推算年龄。

三、结　　果

宝塔坪遗址出土人骨性别、年龄鉴定的结果见表：

表一

编 号	墓 号	年 代	性 别	年 龄（岁）
01	M3032∶1	汉	不详	成年
02	M3032∶2	汉	男	20～25
03	M1002	唐	男	成年
04	M1003	唐	不详	成年
05	M1006	唐	男	35～40
06	M1010	唐宋之际	不详	成年
07	M3019	宋	女	25±
08	M4006	宋	女	25±
09	M5011	宋	男	25～30
10	M4002	明	女	25～30
11	M4004	明	男	25～30
12	M4011	明	女	20～25
13	M4012	明	男	成年
14	M4015	明	女	成年
15	M5007	明	男	成年
16	M1	清	男	20～25

由上表的鉴定结果可知，经鉴定的16例个体中，有7例个体缺乏可靠的年龄判断指征，故仅能鉴定为成年个体，其余9例个体均为壮年个体。虽然标本的例数较少，不能代表宝塔坪遗址居民的实际寿命，但也可以反映出该遗址居民多死于青、壮年的倾向。

关于三峡地区古代居民的体质人类学研究，目前因材料较少，不能作进一步的研究，系统的比较研究需要在更多古代人骨资料积累的前提下进行，本文仅为了解我国三峡地区古代居民的体质特征提供一份科学的鉴定资料。

附录二　重庆宝塔坪墓地出土两件青白釉瓷片成分及产地的初步分析

刘　爽[1,2]　崔剑锋[1]　吴小红[1]

（1 北京大学考古文博学院，2 吉林大学边疆考古研究中心）

一、样品简介

两件青白瓷片皆出于重庆宝塔坪宋墓，编号分别为 M1011∶4、M1018∶2。

二、分析方法及仪器

本文使用激光剥蚀电感耦合等离子体发射光谱方法分析了这两件青白釉瓷片的胎釉的主要成分。激光剥蚀电感耦合等离子体发射光谱是目前国际上较为先进的化学成分分析设备，使用该分析设备可以在微损状态下定量分析元素周期表中的大多数元素。数据校正方法采用多固体标样加硅内标校正，最后数据作归一化处理。

实验仪器规格及实验条件：实验中使用的 ICP—AES 测量仪器是美国 Leeman 公司的 prodigy 型号全谱直读电感耦合等离子体发射光谱仪（Prodigy High Dispersion ICP—AES）：

高频发生器频率（RF generator）：40. 82MHz

高频发生器功率（RF power）：1. 1kw

气体流量（Argon flow rate）

氩气等离子体载气（Plasma）：1. 41/min

辅助器压力（Auxiliarypressure）：0 psig

雾化器压力（Nebulizer pressure）：35 psig

激光剥蚀系统：北京大学考古文博学院的 UP-266Marco（制造商：美国 New-Wave Inc.）

激发晶体（Laser）：Nd-YAG 激发模式（Laser mode）：Q-switched

激光波长（Laser Wavelength）：266nm 能量输出（Output energy）：10mJ

光斑直径（Facular aperture）：515μm 氦气流量（Helium flow rate）：1050mL/min

三、分析结果

两件样品的成分分析结果见表一：

表一　单位:%

Sample ID	Na_2O	MgO	CaO	Fe_2O_3	Al_2O_3	SiO_2	P_2O_5	K_2O	TiO_2	MnO
M1011∶4（胎）	0.84	0.32	0.95	0.65	15.77	78.21	0.07	3.06	0.02	0.11
M1011∶4（釉）	0.89	0.68	14.90	0.88	12.57	67.73	0.07	2.12	0.01	0.14
M1018∶2（胎）	0.51	0.44	1.05	0.84	16.65	76.99	0.07	3.29	0.05	0.12
M1018∶2（釉）	0.35	0.62	15.47	1.06	13.00	67.69	0.09	1.54	0.04	0.14

四、结果讨论

对胎的分析结果显示：这两件瓷片都是高硅低铝质胎，接近于当地淘洗过的瓷石的成分①，胎中（K_2O+Na_2O）的含量小于4%，Fe_2O_3的含量都小于1%，和景德镇晚唐五代至宋元时期各窑厂，如石虎湾窑、胜梅亭窑、湖田窑等生产的青白釉瓷胎的组成基本一致②。特别需要指出的是，胎中TiO_2含量非常低，在0.01和0.05之间，这种情况亦和景德镇各窑厂的相类似。而在已经发表的同时期其他窑厂生产的青白瓷数据中，TiO_2含量通常都在0.5%以上，由此表明宝塔坪墓地出土的这两件青白瓷很有可能来自当时景德镇的某一窑厂。

对釉的分析结果显示：这两件青白釉瓷都为典型的“灰釉”瓷，釉中CaO的含量很高，均在15%左右，而Al_2O_3的含量略低于CaO的含量，K_2O+Na_2O含量均低于3%。釉中的P_2O_5含量很低，表明釉中所配灰可能为石灰并添加草木灰。以上的种种情况也类似于景德镇各窑厂在五代至宋代时期产品的特征。

五、结　论

重庆宝塔坪墓地出土的这两件宋代青白釉瓷片的成分分析结果显示：它们的胎皆以瓷石为原料，而釉均为灰釉；根据其胎釉成分特征，可以判断这两件青白釉瓷是当时景德镇窑（宋代称饶州窑）产品的可能性极大，从某种程度上说明了当时广泛存在着瓷器长距离贸易交换。

① 张福康：《中国古陶瓷的科学》，上海人民美术出版社，2000年。

② 李国桢、郭演仪：《中国名瓷工艺基础》，上海科学技术出版社，1988年。

附录三　宝塔坪墓地出土下颌托金属片的检测分析报告

崔剑锋[1]　刘　爽[1,2]　吴小红[1]

（1 北京大学考古文博学院，2 吉林大学边疆考古研究中心）

一、样品背景及形貌描述

本实验样品（表一）系出土于重庆市奉节县宝塔坪墓群中墓葬编号为01FBIM1006的一座唐代墓葬中的金属圈残片，该金属圈在墓主人头部由两侧顶骨经翼区至下颌，环绕颅骨一周，其下颌部位稍宽，其余部分细长平直，表面通体覆盖蓝绿色锈蚀产物，已残损断裂为数段。发掘者将其命名为下颌托，编号为01FBIM1006∶3。

表一　样品描述

实验室编号	原编号	名称	出土地点	时代
LS-XHT	01FBIM1006∶3	下颌托金属片	重庆市奉节县宝塔坪墓地	唐

二、实验目的

通过显微结构和成分分析，明确该金属圈的合金成分及制作工艺。

三、实验步骤

首先对金属残片表面进行清理打磨，发现锈壳成片状剥落，露出里面银白色金属基体。使用盐酸和硝酸加热溶解时，有大量的白色沉淀生成。由此我们初步判断，金属成分里可能含银。为了确证这一点，我们对该样品采用金相显微观察和扫描电镜观察以及外接能谱成分分析的方法进行了检测。

其中金相观察分析方法如下：样品使用酚醛树脂镶嵌，金相砂纸打磨至1000目，金相抛光机抛光，在Leica3000型金相显微镜上观察并拍照。浸蚀剂分别使用了三氯化铁盐酸酒精和硫酸重铬酸钾氯化钠水溶液。

扫描电镜观察方法如下：在中国文化遗产研究院，使用Hitachi S-3600N扫描电子显微镜，分析电压为20KV；美国EDAX公司Genesis 2000XMS型X射线能谱仪。选取典型位置进行观察并拍照，并使用其外接能谱进行各部分的无标样定量（ZAF）成分分析。

四、实验分析

1. 金相观察

金属片的显微观察结果参见图一。从图一 a 中可以看到金属片基体存在严重的织构组织，据此说明这件金属片是使用冷加工而成的。需要指出的是，部分基体的表面呈现了分层翘曲的现象，参见图一 b，这说明该金属片可能并非一次锻成，而很可能是经过多次折叠锻打成型，这和宏观观察结果显示的该金属片极易分层脱落的结果相符合。图一 c 为该器物的暗场照片，据此可以判断，其表面的锈蚀产物为较典型的铜的腐蚀产物，包括绿色的孔雀石、蓝色的蓝铜矿和暗红色的赤铜矿，证明该器物的合金元素中很可能含铜。

从图一 a 可以看出，在器物的上下表面，锈层和金属基体之间，都有一层厚薄均匀边界平直的蓝灰色薄层，该层和基体分界明显。图一 b 显示基体的锈蚀产物将这一层顶起，说明该层并非埋藏生出的锈层，应是人为有意添加的镀层。

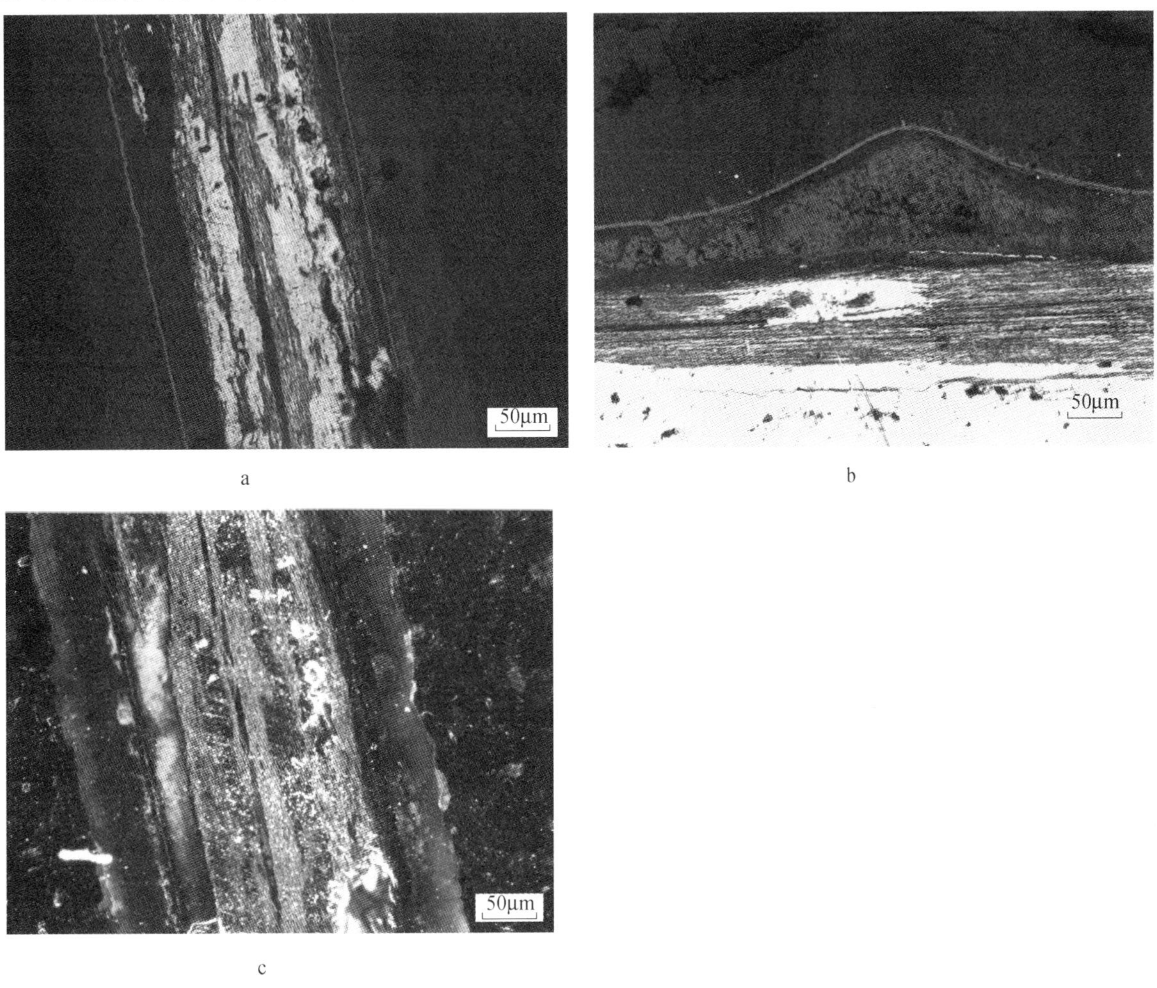

图一　金属片的金相和偏光观察结果

2. 扫描电镜观察

图二为扫描电镜背散射电子照片。由于背散射照片的明暗对比反映了各区域之间原子序数的差

别，因此从图二中可以更清楚地看到表面层和基体的不连续，以及各部分的成分差异。按照照片中从上至下的顺序，每层分别选择特定区域进行了能谱面扫描，分析其各自的成分，结果参见表二，分析顺序号见图三。

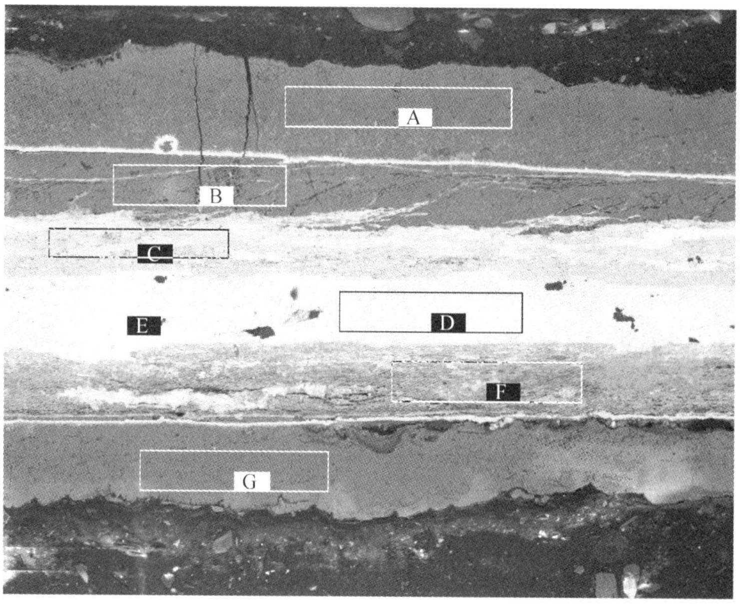

图二　银片基体扫描电镜背散射照片

表二　基体成分 SEM-EDS 分析结果

顺序号	Ag（%）	Cu（%）	S（%）	Au（%）	Cl（%）	O（%）
A	2.21	64.50				33.30
B	4.26	62.18	0.56		0.97	32.30
C	74.10	5.16	0.90		11.18	7.93
D	92.32	4.15		1.74	0.60	
E	92.16	4.22		1.65	0.80	
F	56.60	26.80	2.39	2.94	9.84	大量
G		66.13				33.87

注：C、D、E、F 还分析到极少量的 Al、Mg 等元素，而 F 点还有较多量的氧。

能谱的分析结果表明，这件金属片为含少量铜、金的银质残片（参见 D、E 两点的分析结果）。平均成分为 Ag：92.24%，Cu：4.19%，Au：1.7%。其中所含有的金和铜应为银中所含的杂质元素。

最表面一层（A、G）为铜的锈蚀产物，分析结果显示氧和铜的原子比接近 2∶1 左右，和孔雀石或者蓝铜矿［$Cu_2CO_3(OH)_2$］的比例近似，由此表明的表面锈蚀产物和金相观察的情况一样，为孔雀石和蓝铜矿。

此外，基体内部靠近外表面的地方也发生了腐蚀，成分分析的结果（参见 C、F 两点的分析结果）表明腐蚀产物主要为氯化银—角银矿。

对锈层和金属基体之间的镀层还进行了局部放大观察分析，扫描电镜照片参见图三。根据图中标尺测量，这两层的厚度为 20 微米左右，厚度十分均一，涂层也相当平直。用能谱分析了该层的主要成分，分析结果见表三，共分析了两个区域，分析顺序号如图中所做标记。

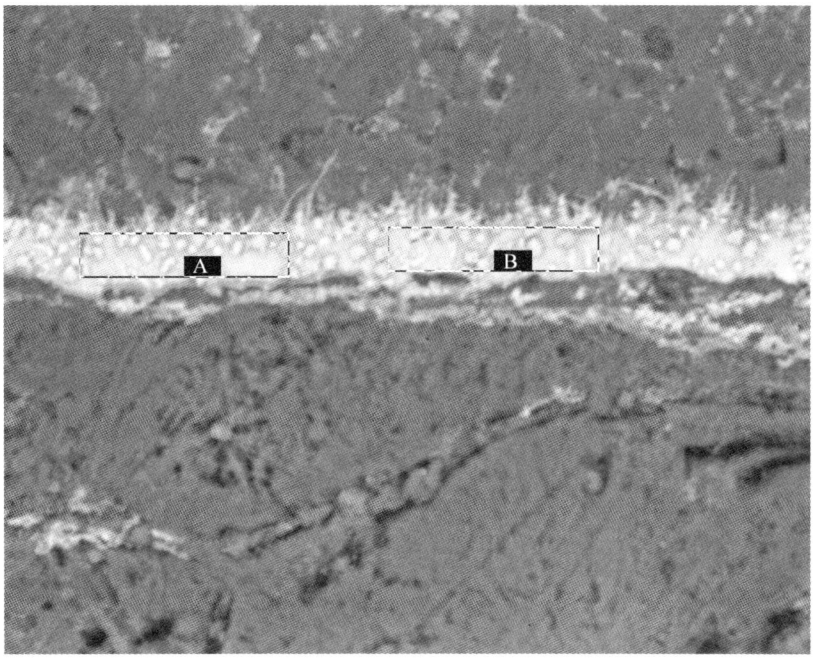

图三　金属片表面层扫描电镜背散射照片

表三　表面涂层 SEM-EDS 分析结果

顺序号	Ag（wt%）	Cu（wt%）	S（wt%）
A	85.68	3.87	9.59
B	81.35	7.86	10.07

分析结果显示，这一层以银的硫化物为主，同时还兼有少量的铜的硫化物。根据原子比计算以Ag:S 为 1:2 和 Cu:S 为 1:1 计算，其中似仍应有少量的金属银。该层物质的确切分子结构需要对其进行 X 射线衍射方能确定。但基本结果是可以肯定的，就是金属片所涂敷的表面层为 Ag 和 Cu 的硫化物的混合物。

五、结　　论

综上分析，宝塔坪墓地唐墓所出的这件金属片质地为银质，银片纯度可达 92% 以上，所含杂质元素主要为铜和金。该器物使用捶揲工艺冷锻而成，表面涂有一层银和铜硫化物的混合物，系使用了喷涂乌银工艺。这个工艺来源于中亚，是在表面刻花纹，然后往花纹的沟内填银和铜硫化物，使黑色花纹与白色银体呈现对比鲜明的花纹。这是中国首次发现乌银工艺产品（详见崔剑锋等专文《中国乌银工艺的首次发现和初步研究》，《边疆考古研究》第 7 辑，科学出版社，2008 年）。

致谢：北京大学考古文博学院陈建立副教授和中国文化遗产研究院张治国先生在实验分析方面给予了大力支持，在此深表谢忱。

附录四　简析奉节宝塔坪出土的佛教造像

谢　浩

（吉林大学边疆考古研究中心）

宝塔坪遗址位于长江北岸山坡上，西距奉节旧县城1公里。此次发掘期间，在房址F4中出土了建筑构件及少量其他遗物，其中就包括一座佛教造像。造像编号为2001IF4∶1，通高6.7厘米，像高5.5厘米，铜质，造像有背光，背光上部高耸呈柱状，人物较消瘦，容貌不清晰（图一，1）。它对研究中古时期金铜造像具有一定价值，本文试对其细部结构之表象、定名等问题进行初步探讨，有不当之处，敬请斧正。

一

本文将宝塔坪造像分为四个部分展开分析，从下而上分别为：a. 四足方座；b. 圆台；c. 背光；d. 背光上部柱状物（图一，1）。

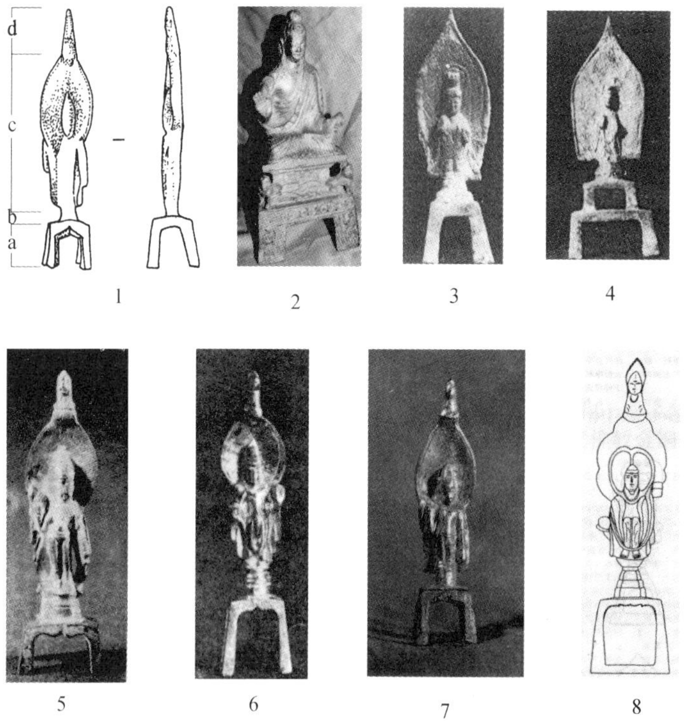

图一

1. 宝塔坪造像线图　2. 内蒙古托县古城出土　3、4. 山东博兴窖藏出土　5. 陕西临潼窖藏出土　6. 陕西千叶窖藏出土　7. 山西平陆窖藏出土　8. 重庆中坝子遗址出土

1. 宝塔坪造像 a 部分

宝塔坪造像下部为一四足方座，四足细瘦，两足之间的横梁下边缘呈倒“V”形，前视呈尖形壶门状。十六国时金铜佛造像在中国出现，与此同时四足方座也随之出现。到南北朝时期，四足方座总体粗壮安稳，厚重结实，足面及横梁均较为宽阔，有的足面刻有供养人等。如内蒙古托县古城就出土一件带“太和八年”款的鎏金佛造像[①]，这尊造像的四足方座敦厚结实，纹路细密精美，在足面上就刻有供养人，横梁上饰卷草纹（图一，2）。北魏中期以后四足变轻变窄，例如山东博兴窖藏出土的一件观音像[②]，赤足立于覆莲台之上，下为方形座，座下为四足方座，右面、后面刻铭文：“永安三年五月三日，孙容为自己身造观世音像一躯”，足较北魏早期明显变窄且瘦高（图一，3）。进入北齐以后出现双层四足方座，在山东博兴窖藏中出有一件佛立像[③]，赤足立于覆莲台上，台下为双层四足方座，足的前、右两边刻铭文：“河清三年四月三日，佛□□□思保造像一躯。”（图一，4）这就在继承北魏晚期四足方座足轻窄传统的同时，发展出了两层座的特殊形式。到隋代，尖形壶门状的四足方座出现，并在唐时成为金铜佛造像上最流行的样式。如在陕西临潼邢家村窖藏中出土有一件观世音立像[④]，观音像四足方座即呈典型的尖形壶门状，同时造像正面左足刻“供养天宝九载造”，右足刻“吕温王造观世音像”（图一，5）。另外，在陕西千叶县窖藏中也出土一件鎏金立佛铜造像[⑤]，它的尖形壶门状四足方座和山西平陆圣人涧窖藏出土另一件鎏金铜造像[⑥]的四足方座（图一，6、7）一样，都与宝塔坪造像的四足方座极为相似，差别仅是宝塔坪造像壶门横梁的倒“V”形部分较前三者更为平直，不甚舒展，这也可能是制作粗糙的缘故。因此，通过对尖形壶门状的四足方座的分析，宝塔坪造像的四足方座具备了明显的唐代金铜造像装饰特征。

2. 宝塔坪造像 b 部分

宝塔坪造像四足方座之上，人物之下有束腰形的圆柱，初视之似为人的小腿，但若为人腿不应出现束腰造型，而应是竖直立于四足方座之上，故推测宝塔坪造像在人与四足方座之间另有一物。通过对比考古出土同类造像可知，唐代几乎不见造像人直接立于四足方座之上的，绝大部分为方座与造像人之间有一圆台，如山西平陆圣人涧出土的一件唐代鎏金铜造像[⑦]，人就跣足立于圆形台座之上（图一，7），同类造像在陕西临潼、千叶和重庆万州中坝子等地也多有发现（图一，5、6、8）。因此宝塔坪造像的 b 部分可能为圆台，这也从一个侧面印证宝塔坪造像的铸造时代为唐。

3. 宝塔坪造像 c 部分

宝塔坪造像的背光呈瘦桃形，在背光上部有一高耸呈柱状之物。根据对历年发掘出土的资料对比，我国十六国时期金铜佛造像多为举身舟形大背光[⑧]，到了南北朝早期背光呈大莲瓣形，背光底边延至造像脚踝，顶部尖拱形较为钝缓，如山东博兴窖藏出土的一件铜观音像[⑨]，头戴三瓣宝冠，

---

① 金申：《佛像真赝辨别》，图 206，177 页（注：原文中称该像观音立像，显误），上海古籍出版社，2004 年。
② 李少男：《山东博兴出土百余件北魏至隋代铜造像》，《文物》1984 年第 5 期，24 页。
③ 李少男：《山东博兴出土百余件北魏至隋代铜造像》，《文物》1984 年第 5 期，26 页。
④ 临潼县博物馆：《陕西临潼邢家村发现唐代鎏金铜造像窖藏》，《文物》1985 年第 4 期，7 页。
⑤ 千叶县文化馆、宝鸡市博物馆：《千叶县发现大批唐代鎏金铜造像》，《考古与文物》1984 年第 5 期，53 页。
⑥ 卫斯：《山西平陆圣人涧发现唐代鎏金铜造像窖藏》，《考古》1991 年第 12 期，1101 页。
⑦ 同⑥。
⑧ 丁明夷：《中国金铜佛造像》，《中国大百科全书·考古学》，中国大百科全书出版社，1992 年。
⑨ 李少男：《山东博兴出土百余件北魏至隋代铜造像》，《文物》1984 年第 5 期，21 页。

后有圆形头光，身后有火焰纹背光，足上刻造像铭："太和二年□□□□落陵委为亡父母造观世音像一躯……"（图二，1）时代越晚，背光外形越趋秀美轻盈，顶部呈锐角状，底边也多上收，整体呈瘦桃形，在山东博兴窖藏中出土的另一件观世音像[①]，身后有同心圆头光和同心圆火焰纹背光，足背面刻有发愿文："大魏武定三年岁次乙丑……程次男敬造观世音像一躯。"（图二，2）而到了隋唐时期，金铜佛造像的背光多仅及肩或腰部，代替附通身背光的形式成为主流，在陕西唐长安西明寺遗址就出土有多件鎏金铜造像[②]，背光呈瘦桃形仅及肩部（图二，3）。而宝塔坪造像的背光仅及肩部，具有明显唐时造像的风格特征。

宝塔坪出土的这尊佛教造像身体匀称，结构合理，造像背光仅及肩部，造像采用唐代广泛采用的尖形壶门状四足方座。因此，可以确定此造像的时代为唐。

4. 宝塔坪造像 d 部分

在这尊造像的背光板上部突起成柱状，可能为背光尖锐上部挑出或化佛这两种可能。

正如前文中所述，我国鎏金铜佛造像的铸造时代越晚，背光的外形就越显得秀美轻盈，顶部也多呈锐角状，背光纹饰的顶端也会向外挑出，极为挺拔有力。如重庆万州中坝子遗址就出土了一批这样的造像[③]，其中有一件编号为ⅣT1701③A∶13 的标本，背光为尖状桃形（图二，4）。

但是如图中所示，此种尖状背光并非如宝塔坪造像背光上部突出高耸呈现出柱状，而是顶端向外挑出，或自然成桃形，与背光浑然于一体。既然此柱状突起非背光之尖锐顶端，那就存在于另一种可能，即为经典中记载的观音造像顶饰阿弥陀佛，即化佛。在陕西省唐长安西明寺遗址中出有多件在背光中顶部饰化佛的佛教造像[④]，化佛多为简单铸造出坐佛的形象，并未清晰表现出坐佛的面部特征（图二，5）。同时在山西平陆圣人涧发现的唐代鎏金铜造像窖藏和浙江省考古研究所对雷峰塔的发掘中也出土有一批相当数量在背光中顶部饰化佛的佛教造像[⑤]（图二，6、7）。此外，在三峡地区的重庆万州中坝子遗址也出土了数尊背光顶端饰坐姿化佛的造像[⑥]，与宝塔坪出土造像在台座、背光等方面都有很多相似之处（图一，8）。

故此，笔者认为此柱状突起是化佛而非火焰，只是因为制作工艺粗糙，使得化佛的部分不甚清晰。至于本次发现的菩萨像将化佛置于头光顶端，而未置于天冠中，可能是考虑到铜造像个体较小，以及造像有时不严格遵循仪轨的特殊性。

在对比了陕西临潼邢家村唐代鎏金铜造像窖藏、扶风贤官村唐鎏金铜造像窖藏和千叶县出土的鎏金铜造像，以及山西平陆圣人涧唐代鎏金铜造像窖藏等地出土的金铜造像后（图二，8～11），笔者从已公布资料中得出如下认识，仅佛像和观音菩萨像饰有顶化佛。该造像五官虽已不清，但仍可辨认出其头部无肉髻，故应为观音菩萨像，但因做工粗糙，宝冠已然无从辨认。

观世音、大势至是西方阿弥陀佛的两个上首菩萨，而观世音菩萨形象的特点，首先就是宝冠上有坐佛。《佛说观无量寿佛经》中记："顶上毗楞伽摩尼妙宝，以为天冠。其天冠中有一立化佛。"这个立佛，日本承澄《阿娑缚抄》卷八十三中曾解释是："戴弥陀事，此菩萨孝顺师长德深故。"[⑦]

---

① 李少男：《山东博兴出土百余件北魏至隋代铜造像》，《文物》1984 年第 5 期，25 页。

② 中国社会科学院考古研究所西安唐城工作队：《唐长安西明寺遗址发掘简报》，《考古》1990 年第 1 期，图版捌，1。

③ 西北大学文博学院：《重庆万州中坝子遗址发现唐代佛教金铜造像》，《考古与文物》2004 年第 2 期，22 页。

④ 中国社会科学院考古研究所西安唐城工作队：《唐长安西明寺遗址发掘简报》，《考古》1990 年第 1 期，图版捌，1。

⑤ 卫斯：《山西平陆圣人涧发现唐代鎏金铜造像窖藏》，《考古》1991 年第 12 期，图版伍，6；浙江省文物考古研究所：《雷峰遗珍》，104 页，文物出版社，2002 年。

⑥ 西北大学文博学院：《重庆万州中坝子遗址发现唐代佛教金铜造像》，《考古与文物》2004 年第 2 期，22 页。

⑦ 阎文儒：《中国石窟艺术总论》，130 页，广西师范大学出版社，2003 年。

同时《首楞严经》的讲解上大德也都提到了顶无相（即化佛）的问题。可见观世音菩萨头上的顶庄严是有着深刻寓意的，所有的造像都只是想通过外相示内义，给人们一种用以“观想念”的途径，使世人通过一个表相来更好的理解佛理。佛教思想中，一个世界中只有一个佛教化众生，但空间是无限的，无限的空间有众多的世界，也有无数的佛。菩萨的头顶带有阿弥陀佛的化佛是希望众生能够往升到阿弥陀佛的佛所，接受他的教育，因为阿弥陀佛的国土对于众生来说是最容易到达的。

综上，通过对宝塔坪造像的台座和背光以及背光上部突出高耸呈现出柱状物等诸多方面特征的分析，可以确定其为唐代铜观音造像。

图二

1、2. 山东博兴窖藏出土　3. 陕西唐长安西明寺遗址出土　4. 重庆中坝子遗址出土　5. 陕西唐长安西明寺遗址出土　6. 山西平陆窖藏出土　7. 雷峰塔遗址出土　8. 陕西扶风贤官村窖藏出土　9～11. 陕西千叶县窖藏出土

二

在本次发掘中，建筑基址 F4 的东面分布着一片排列密集的唐宋时期墓葬，其中绝大部分为土洞墓，这一墓葬形制不是本地固有的传统，唐代后期普遍出现于这一地区，这一现象可能与“安史之乱”后社会、经济原因所带来的两京地区移民有关。隋唐时期金铜造像中心的关中地区①，这一地区移民涌入三峡，关中地区的佛教造像技法也随之传入，同在三峡地区的重庆市云阳县明月坝唐宋寺庙遗址出土有大量与宝塔坪铜观音造像一样粗糙不甚精致的佛教造像，在湖北巴东寺庙遗址也出土一件，说明这一时期三峡地区的居民也大量铸造佛教造像，进行供养，从事宗教活动，只不过三峡地区所铸造像普遍粗糙。

同时根据在 F4 中与造像共出的铜质蹀躞带具、瓷鼎炉、铁鼎炉等物推测，F4 为一座小型佛教建筑，虽然规模不及重庆市云阳县明月坝唐宋寺庙遗址②，但是也是反映峡江地区佛教建筑特点的重要材料。同时，F4 的毁弃可能与唐武宗会昌四年（844 年）开始的会昌法难有莫大关系。据史料记载，唐武宗时宰相李德裕“后在蜀，毁树下浮屠私庐数千，以地予民。”③ 武宗灭佛期间拆天下寺 600 余所，还俗僧尼 26 万余人，拆招提兰若 4 万余所，并规定“上州留寺一所，下州并废，上都东都留十寺，寺僧十人”④，相信在此全国大范围灭佛的大背景下，宝塔坪的这座佛教建筑亦不能幸免，大尊造像被毁，而本次出土的铜观音造像似为无意的遗落才得以保存至今。

奉节宝塔坪铜观音造像的发现对于研究唐代佛教净土宗这一以观世音信仰为主要内容的宗派在三峡地区的流布补充了实物资料，同时也有助于唐代佛教在地理分布上的诸多问题，并为进一步研究峡江地区的历史及相关问题提供必要的材料。

---

① 李静杰：《金铜佛的文献考察》，《青果集》第一集，228 页，知识出版社，1993 年。

② 四川大学历史文化学院考古学系、重庆市云阳县文物管理所：《重庆市云阳县明月坝唐宋寺庙遗址发掘简报》，《文物》2006 年第 1 期，30 页。

③ 《旧唐书》卷一七四及《新唐书》一八〇《李德裕传》。

④ 《唐会要》卷四十九，《旧唐书》卷十八上。

后　　记

本报告是资料性报告，以发表发掘资料为宗旨，所得的有限的、初步的结论还有待以后学界研究修正。由于编者水平有限，还存在一些不足，敬请读者谅解。

本报告唐宋时期的“釉陶”，目前有人称为青瓷，有人称为粗瓷，有人称为低温瓷器，等等。本报告暂用“釉陶”一词，但不是指铅釉陶器，请读者使用时注意。

本考古发掘报告是集体劳动的结果。在5次发掘中有3届考古和博物馆的本科生、研究生参加了实习，此外吉林省的李秋虹、张雪、孔蜀筠等同志参加了2001年的发掘实习。双辽博物馆邵海波，内蒙古乌盟博物馆李树国、哈尔滨市博物馆的杜赤和李斌，黑龙江省双鸭山市文物管理站黄震亚，吉林市文物管理委员会刘力多次参加发掘。历次发掘都是白帝城文管所余卫东配合工作。吕军老师整理了2000年的唐宋墓简报。张全超对部分人骨进行了鉴定。王庆华、王灯亮等修复器物。郝晓飞绘制了2001年发掘器物的底图和简报用图。本报告是由冯恩学为主编，魏东、王培新为副主编，余卫东、吴敬、黄震亚、邵海波、刘力、李树国以及研究生马晓光、刘辉、谢浩等也参加了报告文稿的整理与编写。各章的编写分工如下：

第一章　　余卫东、魏东、冯恩学

第二章　　王培新、冯恩学、黄震亚

第三章　　王培新、魏东、冯恩学

第四章　　魏东、王培新、刘力

第五章　　魏东、冯恩学、邵海波、

第六章　　余卫东、魏东、李树国

第七章　　冯恩学、王培新、魏东

在发掘期间，张忠培先生、林沄先生、黄景略先生、陈雍先生、刘豫川先生、许永杰先生、卜工先生、乔梁先生、魏航空先生、邹后曦先生、周国平先生等多次到工地检查和指导发掘工作。奉节县白帝城文管所的胡黎明先生、张昌龙先生、雷庭军先生等领导始终对发掘和整理工作给予大力支持。在此表示深深的谢意！

编　者

2010年6月

(K-1443.0101)
ISBN 978-7-03-028524-9
9 787030 285249 >

1．2001年Ⅰ区第4小区、5小区发掘现场远景

2．2001年Ⅰ区第1小区发掘完现场

宝塔坪发掘现场

1. 林沄先生视察发掘出土器物（2001年）

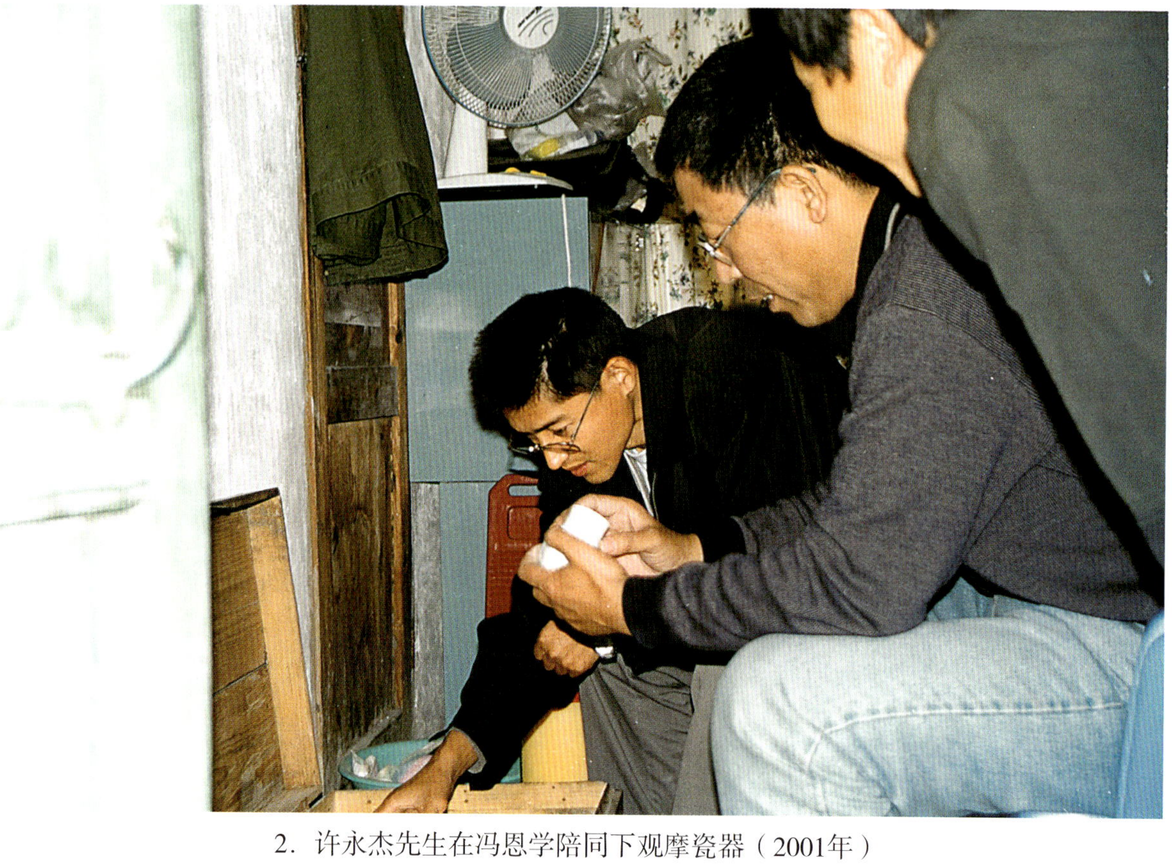

2. 许永杰先生在冯恩学陪同下观摩瓷器（2001年）

专家莅临工地指导

1．2003IM1028 墓底

2．陶鼎（2003IM1028：3）

3．陶壶（2003IM1028：1）

战国墓和出土器物

1. 铁带钩（2003IM1028：11）

2. 铜铃（2003IM1028：10）

3. 陶敦（2003IM1028：2）

4. 陶鼎（2003IM4016：2）

战国墓出土器物

1. 2001IM4009 全景

2. 2001IM4009 局部

3. 2001IM4009 器物出土状态

汉墓 2001IM4009 发掘现场

1. 釉陶盘口壶（2001IM4009：23）

2. 釉陶博山炉（2001IM4009：27）

3. 陶罐（2001IM4009：20）

汉墓出土器物

1. 猪（2001IM7001：15）

2. 狗（2001IM4009：10）

3. 子母鸡（2001IM4009：8）

4. 公鸡（2001IM4009：9）

汉墓出土陶俑

1．带钩（2001IM4009：28）

2．碗（2001IM4014：2）

3．篮（2001IM4009：1）

汉墓出土铜器

1．2001IM7001 出土

2．2003IIM1004 出土

汉墓出土人物俑

1. 羊（2003IM9001：5）

2. 狗（2003IM9001：14）

汉墓出土陶俑

1．釉陶壶（2003IM9001：9）

2．铜印（2003IM2004：1）

3．釉陶杯（左：2003IM9001：17；
右：2003IM9001：20）

4．铜印文（2003IM2004：1）

汉墓出土器物

1. 2001IM4013 墓室器物放置位置

2. 2001IM4013 出土俑

六朝墓和出土陶俑

1. 陶水塘（2001IM4013：16）

2. 铜弩机（2001IM4013：3）

3. 陶虎子（2001IM4013：1）

六朝墓出土器物

1．2001IM5003 墓室底部

2．2001IM5003 青瓷罐放置位置

六朝墓全景和出土器物情况

1. 陶屋（2001IM1024：4）

2. 青瓷四系罐（2001IM1024：2）

3. 铜釜（2001IM1024：1）

六朝墓出土器物

1. 铜熨斗（2001IM5012：2）

2. 青瓷四系罐（2001IM5012：1）

六朝墓出土器物

1．2004ⅣM1001出土青瓷器

2．2005ⅣM1016器物组合

3．铜釜（2004ⅣM1012：5）

4．陶钵（2004ⅣM1012：4）

汉、六朝墓出土器物

1. 2001IM1006乌银下颌托出土状态

2. 2001IM1006器物分布状态

3. 釉陶四系盘口壶（2001IM1006：2）

唐宋墓2001IM1006发掘情况

1. 双系罐（2000IM1066：2）

2. 盘口壶（2000IM1010：5）

3. 盘口壶（2000IM1066：1）

唐宋墓出土瓷器

1. 铜镜（2000IM1050：1）

2. 瓷四系罐（2000IM1041：1）

3. 瓷双耳罐（2000IM1051：3）

4. 瓷双耳罐（2000IM1051：3）

唐宋墓出土器物

1．铜镜（2001IM1018：7）

2．瓷盏（2001IM1018：2）

3．器物分布位置

4．瓷碟（2001IM1018：4、6）

唐宋墓 2001IM1018 出土器物

1. 2001IM1013 墓底

2. 2001IM1013 砚台及墨出土状态（2001IM1013：1）

唐宋墓2001IM1013墓底及出土砚台

1. 圆口盏（2004ⅣM1009：5）

2. 圆口盏和盏托（2004ⅣM1009：5、8）

3. 圆口盏（2004ⅣM1009：5）

4. 圆口盏（2004ⅣM1009：5）

唐宋墓出土瓷圆口盏与盏托

1. 金花饰（2004 ⅣM1009：15）

2. 金耳环（2004 ⅣM1009：13、14）

3. 铜镜（2004 ⅣM1009：11）

唐宋墓出土器物

1．玉簪（2004 ⅣM2006：7）

2．金箔片（2004 ⅣM2006：2～4）

3．银冥币（2004 ⅣM2006：9）

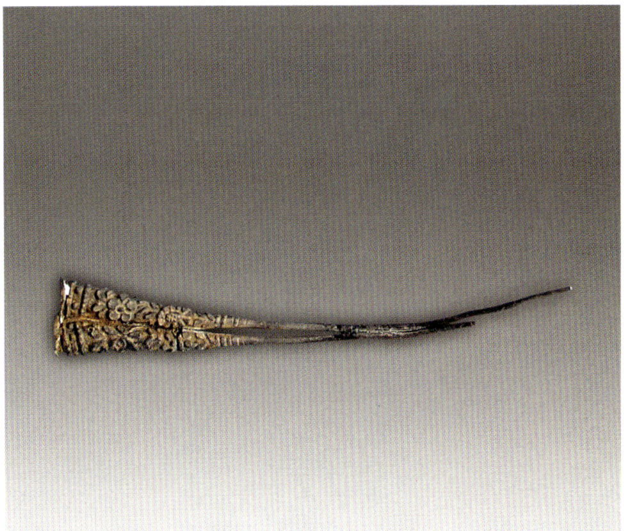

4．银钗（2004 ⅣM2006：6）

2004ⅣM2006 出土器物

1．注子（2004 ⅣM1009：2）

2．杯（2004 ⅣM1009：4）

3．注碗与注子（2004 ⅣM1009：6）

4．盏托（2004 ⅣM1009：8）

唐宋墓出土瓷器

1. 2004ⅣM1009 瓷器组合

2. 碗（2004ⅣM1009：10）

3. 花口碟（2004ⅣM1009：9）

唐宋墓出土瓷器

1．瓶（2001IM3019：1）

2．碗（2001IM3026：2）

3．影清碗（2001IM3026：2）

唐宋墓出土瓷器

1．瓷粉盒（2001IM1020：2）

2．瓷高足碗（2001IM3025：1）

3．2001IM5011出土器物

唐宋墓出土器物

1．铜镜（2001IM4006：2）

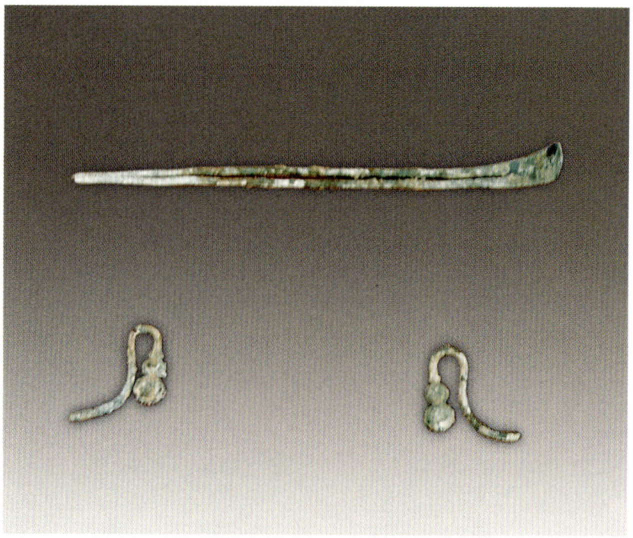

2．上：铜发钗（2001IM4006：3）
下：铜耳坠（2001IM4006：4）

3．淳化元年墓出土瓷盘（2003IM5018：1）

4．瓷盘底视（2003IM5018：1）

唐宋墓出土器物

1. 瓷器（2004 ⅣM1011：13、14）

2. 瓷碗（2004 ⅣM1011：12）

3. 釉陶罐（2004 ⅣM1006：3）

唐宋墓出土瓷器及釉陶罐

1．碗顶视（2004ⅣM1008：3）

2．碗侧视（2004ⅣM1008：3）

3．杯（2004ⅣM1008：4）

4．碟顶视（2004ⅣM1011：3）

5．碟侧视（2004ⅣM1011：3）

唐宋墓出土瓷器

1．三彩俑（2003IM9011 扰土：2）

2．三彩俑后视（2003IM9001 扰土：2）

3．瓦当（2003IM9001扰土：6）

4．银钱“政和通宝”（2003T5027②：1）

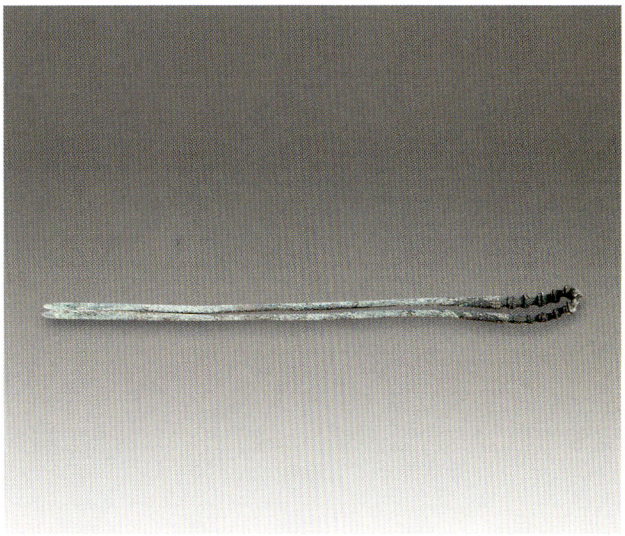

5．铜钗（2003T5027②：2）

唐宋墓出土器物

1．铜佛教造像正面（2001IF4：1）

2．铜佛教造像背面（2001IF4：1）

3．兽面挂饰（2001IF4：13）

4．瓷鼎（2001IF4：5）

唐宋房址出土器物

1．2001IM4005

2．2001IM4004

3．2001IM4012

4．2001IM4002

明墓

彩版三六

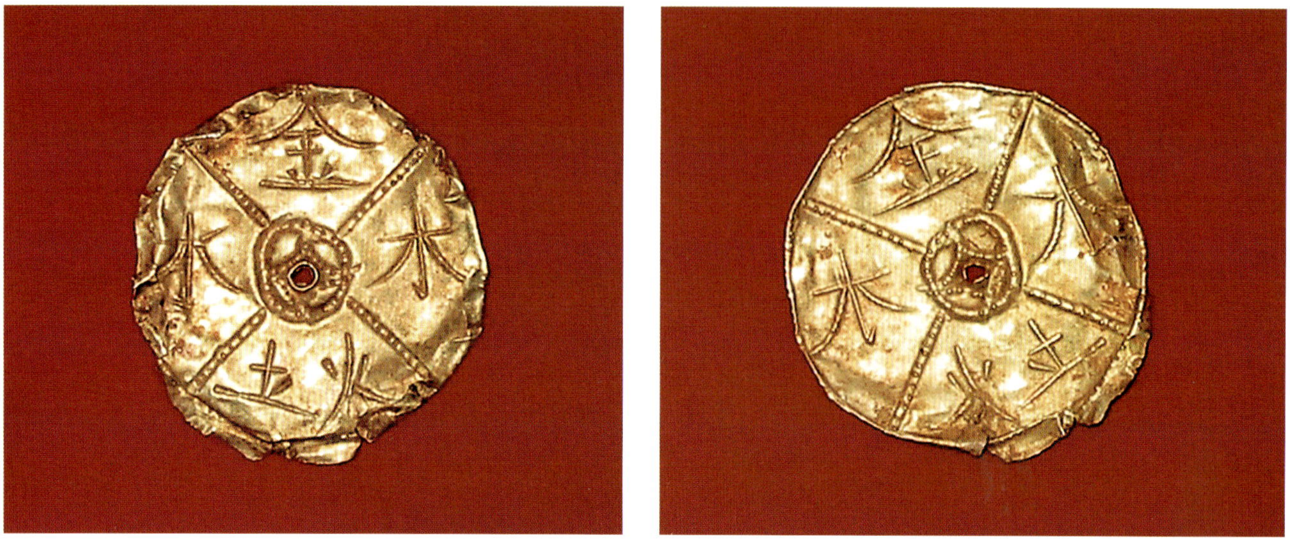

1.“金木水火土”金饰片（2001IM4002：2）

2.“子孙兴旺”金饰片（2001IM4011：1）

3. 铜簪（上：2001IM4002：1；中：2001IM4011：5；下：2001IM4005：4）

明墓出土器物

明墓出土青花瓷碗（2001IM4011：4）

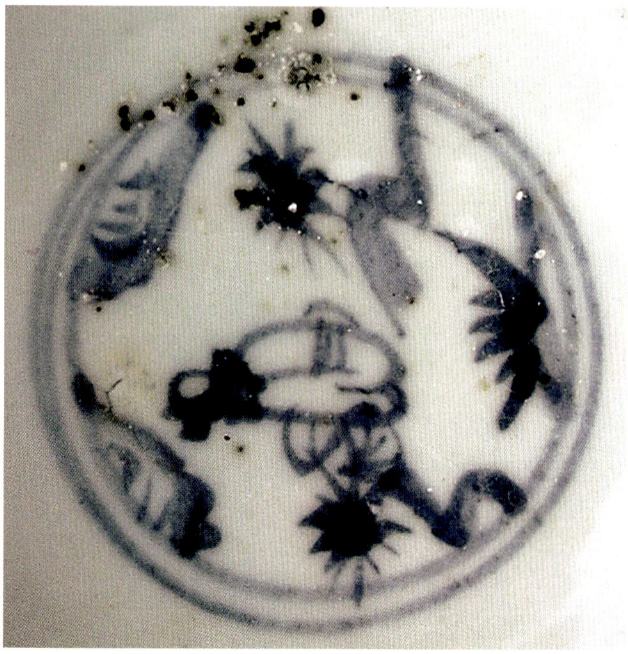

明墓出土青花瓷碗（2001IM4011：3）

明墓出土青花瓷碗（2001IM4015：1）

明墓出土青花瓷碗（2001IM4005：3）

1. 陶豆（左：2003IM1028：5；右：2003IM1028：4）

2. 陶敦（左：2003IM4016：1；右：2003IM4016：4）

3. 陶盘（2003IM4016：5）

战国墓出土器物

图版二

1. 陶壶（2003IM4016：6）

2. 陶鼎（2003IM4016：3）

3. 汉代石室墓（2001IM3032）

战国墓出土器物及汉代石室墓

1．釉陶盆
（2001IM4009：31）

2．墓室铜钱及带钩
分布状态
（2001IM4009）

3．墓室左侧铜钱及
带钩（2001IM4009）

汉墓出土器物

1. 陶坐俑（2005IIM1004：2）

2. 陶子母鸡（2005IIM1004：6）

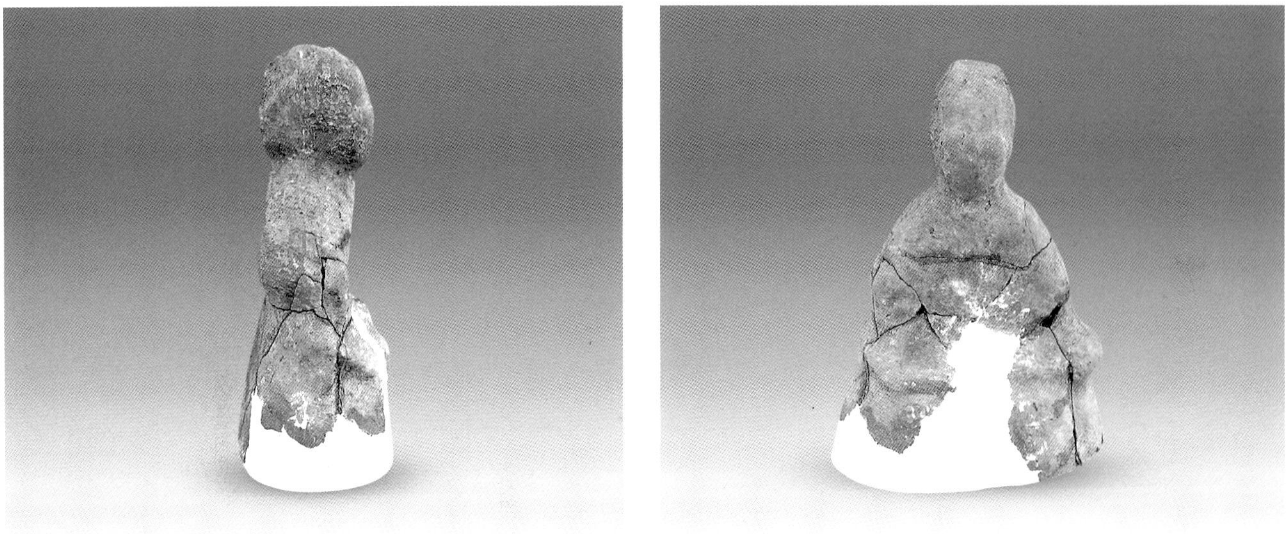

3. 陶坐俑（2005IIM1004：2）

4. 陶罐（2005IIM1004：3）

5. 陶罐（2005IIM1004：9）

六朝墓出土器物

1. 石室墓（2003IM9001）

2. 陶猪（2003IM9001：3）

3. 陶鸡（2003IM9001：8）

4. 陶灶（2003IM9001：18）

5. 陶灶的侧面（2003IM9001：18）

汉墓及其出土器物

1. 子母鸡（2003IM9001：12）

2. 甑（2003IM9001：25）

3. 罐（2003IM9001：15）

4. 罐（2003IIIM1004：8）

汉墓出土陶器

1．陶罐（2003IM9001：24）

2．釉陶碗（2003IM9001：23）

3．釉陶碗（2003IM9001：7）

4．陶鍪（2000IM1025：21）

汉墓出土陶器及釉陶器

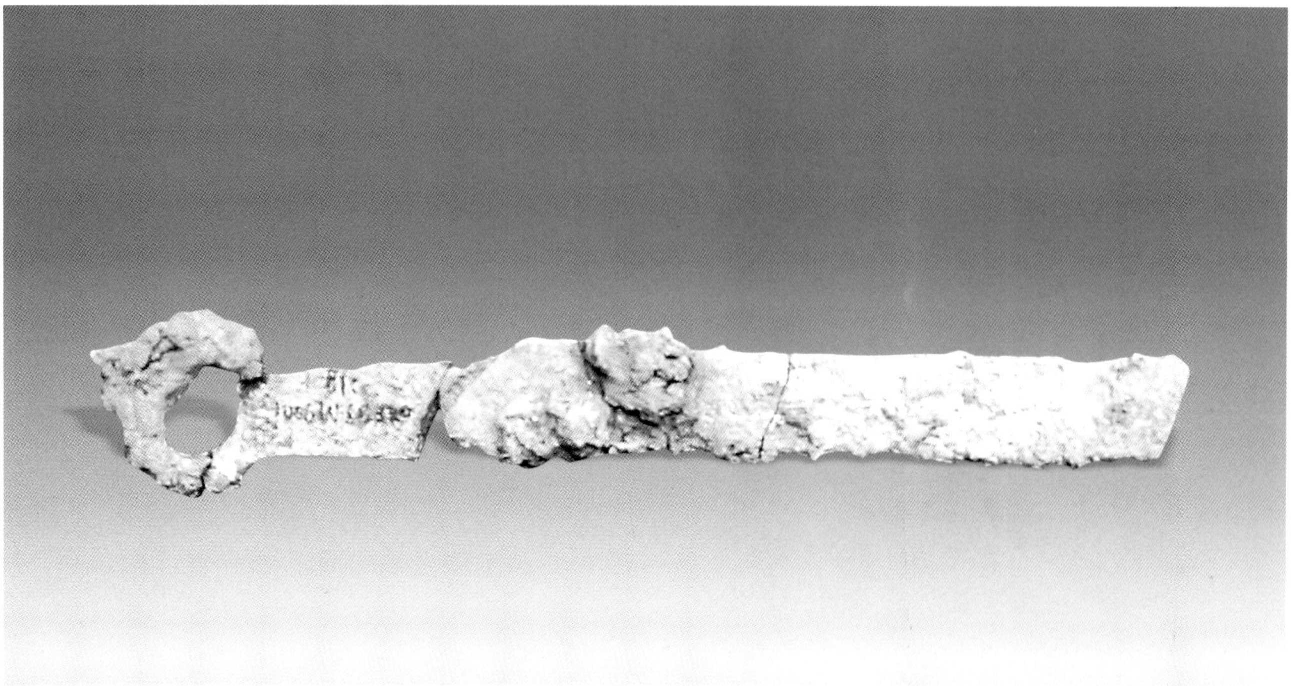

1．铁刀（2003IM9001：10）

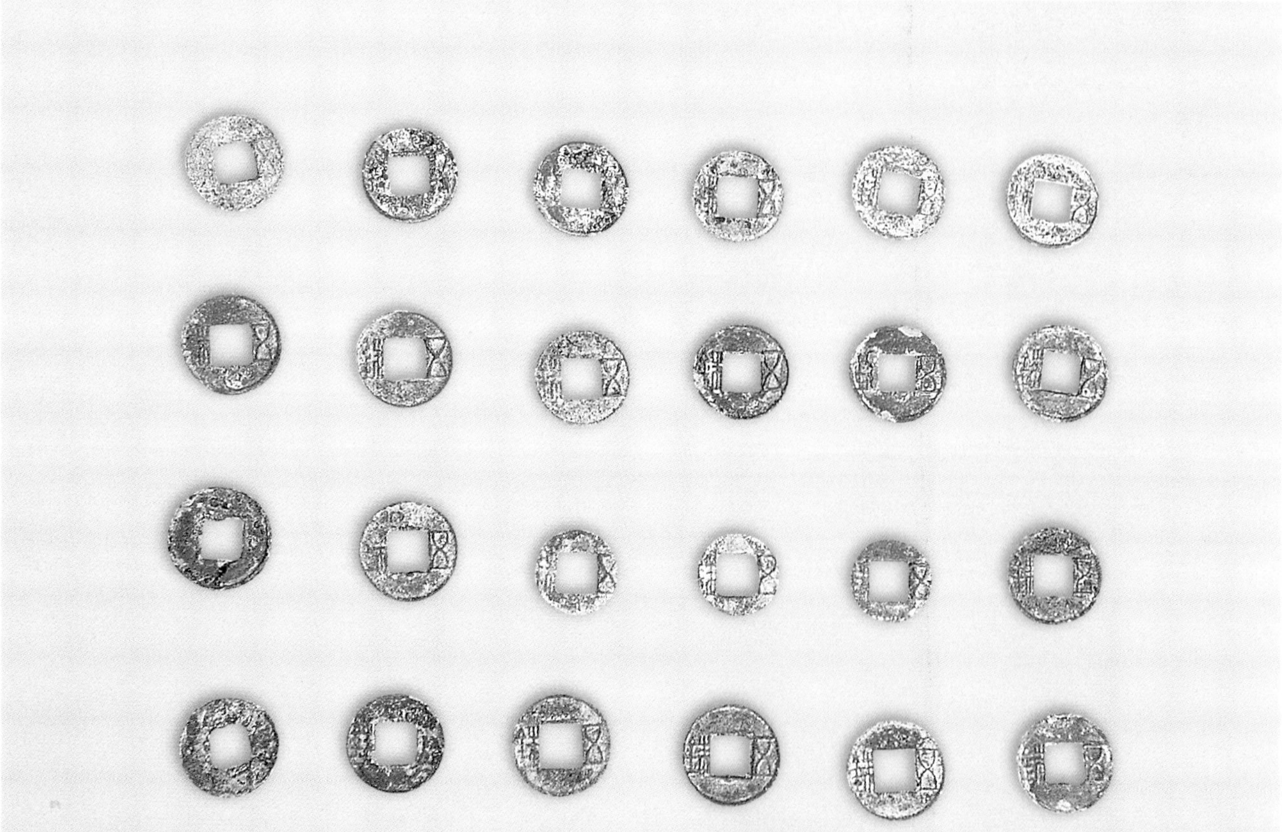

2．铜钱（2001IM4014：5）

汉墓出土器物

1．2004ⅣM1001（六朝）

2．2004ⅣM2003（六朝）

3．2004ⅣM1012全景（汉墓）

汉、六朝砖、石室墓

图版一〇

1. 2001IM1011 全景

2. 2001IM1011 墓底

1. 2004 ⅣM1009

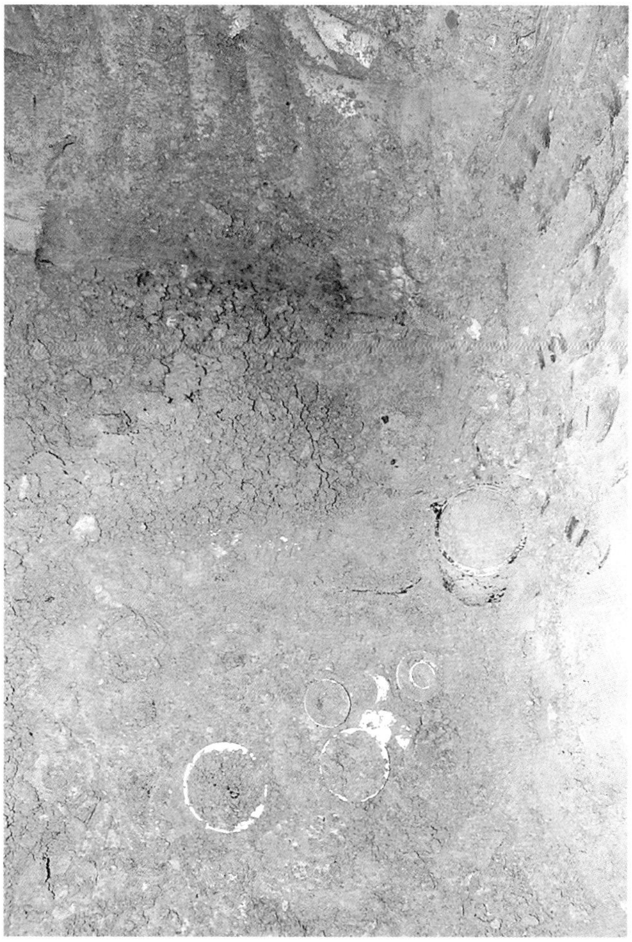

2. 2004 ⅣM1009 器物出土时状态

唐宋土洞墓及其器物出土情况

1. 2001IM3007 打破 M3008

2. 2001IM3008 器物出土位置

唐宋坑墓及其出土器物位置

1. 2001IM3021 全景

2. 2001IM3021 出土器物

唐宋土洞墓及出土器物

图版一四

1．2001IM3033 墓底腰坑器物发现状态

2．釉陶罐（2001IM3007：1）

3．2001IM3018 出土器物

唐宋墓出土器物及其腰坑情况

1．2001IM1014 墓底

2．2001IM1014 腰部釉陶器

唐宋土坑墓及器物分布情况

1. 钵（左：2001IM1014：1；右：2001IM1014：2）

2. 盘口壶（2001IM1021：1）

3. 四系盘口壶（2001IM3002：1）

唐宋墓出土釉陶器

1．淳化元年墓（2003IM5018）

2．墓碑（2003IM5018）

3．2003IM5014 的侧壁立柱遗迹

4．2003IM5017 全景

唐宋土坑墓及砖室墓

图版一八

1．2004ⅣM1008 全景

2．2004ⅣM1008 腰坑器物发现时的现场

3．2004ⅣM1008 出土部分器物

唐宋墓及其出土器物

1. 2004ⅣM1011 墓底石基

2. 2004ⅣM1011 器物出土状态

2004ⅣM1011 墓底及出土器物分布情况

1．2004ⅣM1006

2．2004ⅣM2005

唐宋砖室墓平面图

1. 2004ⅣM1007残墓底

2. 石室墓（2001IM1009墓底）

唐宋墓葬平面图

图版二二

2001IM4001 发掘过程及瓮棺情况

1. 2001IF3平面图

2. 2001IF4平面图

唐宋房址平面图

1．陶兽头（2001IT4007③：1）

2．陶兽头（2001IT4002③：2）

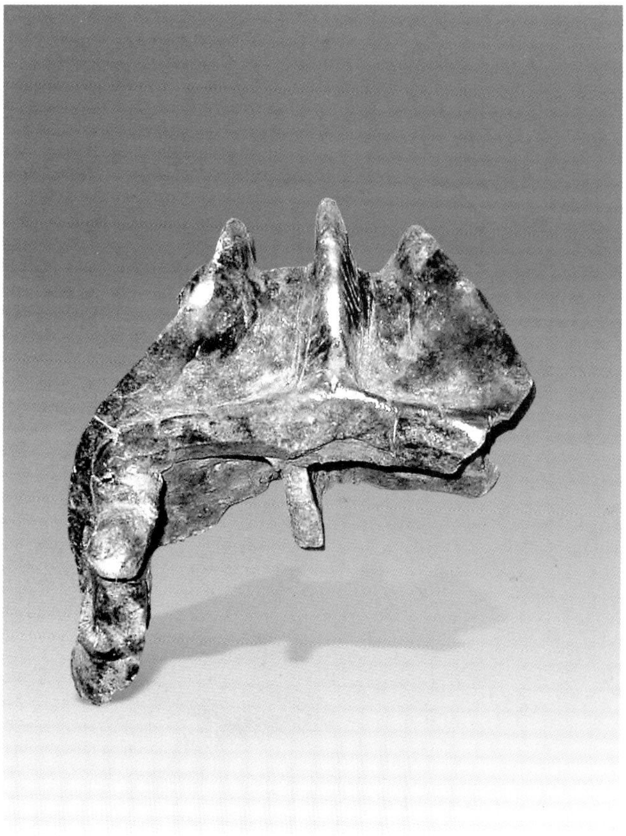

3．陶兽头正面（2001IT4003③：10）

4．陶兽头侧视（2001IT4003③：10）

唐宋建筑构件